Deutsche Ausgabe

Jäger-Tempel am Bauchberg Göbekli Tepe

Kultur und Religion der Steinzeit vom Jagen bis zum Überdomestizieren

Karl W. Luckert

Mit einem Vorwort von

Klaus Schmidt

A Triplehood Publication

Library of Congress Cataloging-in-Publication Data

Luckert, Karl W., 1934 –

Jäger-Tempel am Bauchberg Göbekli Tepe:
Kultur und Religion der Steinzeit vom Jagen bis zum Überdomestizieren.
A slightly modified German Edition of: "Stone Age Religion at Göbekli Tepe: from Hunting to Domestication, Warfare and Civilization" – Copyright © 2013.

Vorwort von Klaus Schmidt
Enthält Literaturangaben und Index

ISBN 978-0-9839072-5-1 Paperback/Taschenbuch

1. Archäologie des Göbekli Tepe, eine persönliche Interpretation aus der Sicht der Ethnologie und Entwicklungsgeschichte der Religion; prähistorische Religion; präbiblische Religion.
2. Kultur und Religion, Theorie und Übersicht. Vom Jagen zur Domestikation und Überdomestizierung (Zivilisation).
3. Beispiele aus der Entwicklung der Religion:
Wemale, Ainu, Navajo, Bandkeramiker Kultur (LBK), altes Ägypten, Minoa und altes Israel, China.

IN DANKBARER ERINNERUNG AN

KLAUS SCHMIDT

DEM WISSENSCHAFTLICHEN ENTDECKER
UND ERFORSCHER DES GÖBEKLI TEPE

1953–2014

Vorwort von Klaus Schmidt

Direktor der Ausgrabungen am Göbekli Tepe
Deutsches Archäologisches Institut, Berlin

Karl W. Luckert liefert im vorliegenden Band, vor dem Hintergrund seiner religionsgeschichtlichen und ethnografischen Forschungen, eine erfrischend eigene Deutung. Ich kann nicht verhehlen, dass ich seine Gedanken zur Bedeutung der T-Pfeiler des Göbekli Tepe nicht durchgängig teilen kann, doch sollen in diesem Vorwort nicht mit Krämerseele geurteilt oder einzelne für das Ganze unerhebliche Details aufgelistet und kommentiert werden. Gerne habe ich dem Ansinnen des Autors eingewilligt, diese Zeilen zur Einleitung seines Werkes beizusteuern, und ich danke Karl W. Luckert, sich der Mühen eines mehrtägigen Besuches des Göbekli Tepe unterzogen und den Platz mit eigenen Augen begutachtet zu haben. Ich danke ihm für die so mögliche persönliche Begegnung und dafür, dass er im vorliegenden Band ein derart reiches Material zur Deutung des Ortes zusammengetragen hat.

Auf die wichtige Frage, warum der Mensch, der während der Eiszeit Jahrzehntausende lang als Jäger und Sammler sein Auskommen gefunden hatte, im Holozän zum nahrungsproduzierenden Bauern wurde, kann die Archäologie heute weitaus schlüssigere Antworten geben als noch vor einigen Jahrzehnten. Es waren nicht, wie es Gordon Childe, einer der führenden Archäologen des 20. Jahrhunderts formuliert hatte, die zu knapp werdenden Ressourcen, die die Menschen zu einem neuen Verhältnis zur Natur führten und die letztlich die sesshafte und nahrungsproduzierende Lebensweise hervorgebracht hatten, es war offenbar kein von der Natur verursachter Mangel, der als Urheber des Neuen wirkte—zumindest, wenn wir die allerersten Anfänge der Entstehung der neuen Subsistenzform betrachten.

Zwar gab es mit dem Ende der Eiszeit global eine grundlegende Klimaveränderung. In Nordamerika und Europa verschwanden die riesigen Inlandsvereisungen, die Küstenlinien nahmen angesichts des über 100m ansteigenden Weltmeeresspiegels einen völlig neuen Verlauf an. Dass das Asien und Amerika verbindende Land Beringia im Meer versank und sich zur Beringsee wandelte, die Asien von Amerika trennt, ist weithin bekannt, weniger bekannt ist, dass auch in Vorderasien weite Landstriche verschwanden. Der persische Golf in seiner heutigen Gestalt entstand z. B. erst durch die Überflutung der westlich der Straße von Hormus liegenden, im Pleistozän trockenen Gebiete. Ähnlich, nur noch komplizierter verläuft die Geschichte des Schwarzen Meeres.

Doch gab es in Vorderasien durch die abrupte Klimaänderung zu Beginn des Holozäns keine Verknappung des Nahrungsangebots, die die Menschen gezwungen hätte, neue Überlebensstrategien zu entwickeln. Wie wir heute wissen, war es umgekehrt. Nach einer ausgeprägten Trockenphase im Pleistozän folgte ein deutlich feuchteres, für Tier und Mensch wesentlich günstigeres Klima. Zu den naturräumlichen und klimatischen Faktoren waren dann lange Zeit wenig beachtete soziale Veränderungen getreten, die für die Kulturentwicklung nicht folgenlos blieben. Das Phänomen der großen Feste und die monumentalen Heiligtümer haben wir erst kürzlich kennengelernt, beides Faktoren, die in Vorderasien eine wichtige Rolle bei der im weltweiten Maßstab erstmals stattfindenden Entwicklung vom Wildbeuter hin zum Bauern hatten.

Wie kam es zu dieser weltweit frühesten Neolithisierung? In weiten Teilen Eurasiens hatten sich die riesigen, von der eiszeitlichen Tundra eingenommenen Flächen nach dem Ende der letzten Kältephase dauerhaft in Waldgebiete verwandelt. Auch an Euphrat und Tigris erblühte angesichts der jetzt reichlichen Winterregen eine üppige Vegetation, in den Tälern breiteten sich dichte Auwälder aus, auf den Höhenzügen entstand eine savannenartige Parklandschaft. Den Hochgebirgszügen des Taurus und Zagros im Süden vorgelagert bot der sogenannte „Fruchtbare Halbmond" (*Fertile Crescent*), der nach Süden hin die Wüsten der arabischen Halbinsel halbmondförmig umschließt, ideale Lebensbedingungen für Tier und Mensch.

Für die steinzeitlichen Wildbeuter gab es in dieser Landschaft nicht nur reiche Jagdbeute. Zusätzlich standen viele pflanzliche Nahrungsmittel wie Mandeln, Pistazien und Nüsse, Linsen und Erbsen, Kichererbsen und Wildgetreide zur Verfügung, auch wenn deren Wildformen bei Weitem nicht so ergiebig waren wie die uns heute bekannten Kulturpflanzen. Die reichen Ressourcen ermöglichten zusammen mit optimierten Aneignungsstrategien, dauerhaft an einem Ort zu bleiben und sesshaft in Dörfern zu leben.

Zur Sesshaftigkeit gesellte sich bald ein zweites Phänomen, das den elementaren Punkt für die „Neolithisierung" liefert, die Nahrungsproduktion. Die Nutzung der Wildpflanzen wurde abgelöst durch das Ernten auf Feldern mit absichtsvoll ausgebrachter Saat. Einkorn und Gerste stehen hier an erster Stelle. Durch Zuchtwahl wurden die Körner und damit die Erträge bedeutend vergrößert. Erstmals in der Menschheitsgeschichte kam es zur Domestikation ausgewählter, zunächst pflanzlicher Spezies. Bald folgten die Tiere. Die immer schon von Jägern vorgenommene Zähmung einzelner Jungtiere wurde transformiert zur Strategie der Haustierhaltung. Dieser Prozess, der angesichts seiner umfassenden Konsequenzen von Gordon Childe nicht völlig zu Unrecht als „Neolithische Revolution" bezeichnet wurde, macht aus den Wildbeuter am Ende Landwirtschaft treibende Bauern. Und es entstand im ausgehenden 10. und im 9. Jt. v. Chr. im Fruchtbaren Halbmond nicht nur die Domestikation von Pflanzen und Tieren, sondern es verbreiteten sich rasch zahlreiche weitere Innovationen auf dem Gebiet der Architektur, der Stein- und Knochengeräte, der Kunst und der Symbolik. Hier wurde das „Paket" verschnürt, dessen Besitz eine Überlegenheit denjenigen gegenüber garantierte, die es nicht besaßen. Von hier aus kam es dann zur schon erwähnten schnellen Ausbreitung des Neolithikums vorderasiatischer Prägung nach Europa, Nordafrika und Mittelasien.

Doch warum entstand dieses Innovationsbündel erstmals im Fruchtbaren Halbmond, an Euphrat und Tigris, warum kam es im Frühholozän nicht auch an Donau, Nil oder Kongo zu ähnlichen

Entwicklungen? Hier treten die monumentalen Heiligtümer des Göbekli Tepe auf den Plan. In keiner anderen Großlandschaft treffen wir am Beginn des Holozäns auf derartige Monumente.

Die Interpretation der steinzeitlichen Monumente des Göbekli Tepe stellt nicht nur für die Ausgräber eine Herausforderung dar. Wir betreten am Göbekli Tepe Neuland, und so ist es nur folgerichtig, dass sich unsere Forschungen nicht nur auf die Bereiche Subsistenz und Ökologie beschränken können. Sie führen uns weit über die Welt des Homo necans hinaus, auch wenn die von Joachim Hahn formulierte und seither nicht nur für das Aurignacien gültige Maxime „Kraft und Aggression als Botschaft der Eiszeitkunst" sicher auch in den frühholozänen Gesellschaften Vorderasiens volle Gültigkeit besitzt. Dank der ikonischen Befunde dieser Zeit können wir erstmals wirklich tief in das spirituelle Denken der Jäger am Übergang zum Bauerntum eindringen, sie führen uns in die Welt des „Homo pictor", sie lieferten wertvolle Materialien für eine Bildgeschichte der Steinzeit, wie sie z. B. von Hans Belting für eine „Neue Bildwissenschaft" gefordert wird, Materialien auch für eine Gedächtnisgeschichte im Sinne Jan Assmanns. Ein wesentliches Ziel der Grabungsarbeiten lag—und liegt auch zukünftig, denn hier sind wir noch lange nicht am Ziel—in der Erschließung und Bewertung dieser neuen Quellen.

Das Zeichensystem und die Monumentalarchitektur des Göbekli Tepe lassen jedenfalls eine steinzeitliche Gesellschaft erkennen, die weit entfernt ist von unserer Erwartungshaltung im Hinblick auf die Menschen des 10. Jt. v. Chr. Offenkundig war die Gesellschaft befähigt zur Errichtung von Großbauten und deren künstlerischer Ausstattung. Es bedurfte weitreichender Kenntnisse auf dem Feld der Technik und der Logistik, und es bedurfte der Versammlung von Man-power. Diese war indessen leicht zu garantieren. Das Fest, das *„feasting"*, als Motor sozialer Systeme und als Impetus kollektiver Arbeitsleistung rückt in der Forschung zunehmend ins Zentrum von Erklärungsansätzen für überraschende Leistungen, die von einfach strukturierten Gesellschaften erbracht werden. „Sagenhafte Feste", mit diesem Schlagwort kann ein Sachverhalt beschrieben werden, der offenbar wie ein Taktstock den Lebensrhythmus der Menschen nicht nur in den historischen Perioden, sondern schon im jägerischen Zeitalter bestimmte.

Wie bei der eiszeitlichen Kunst fehlen alle über das Denkmal selbst hinausgehenden Hilfestellungen, denn es liegt auf der Hand, dass jeder Versuch eine besondere Problematik beinhaltet, der die uns dank der Schriftlichkeit späterer Epochen erhaltene Mythenstoffe mit den tief im Brunnen der Vergangenheit verborgenen Bildwelt der frühholozäen Wildbeuter verbinden will. Es ist klar, dass jetzt und zukünftig noch viele verschiedene Deutungsansätze vorgelegt werden.

Berlin im August 2012, Klaus Schmidt

Vorwort zur deutschen Ausgabe

In seinem freundlichst beigetragenen Vorwort zu diesem Buch hat der inzwischen verstorbene Professor Klaus Schmidt sich für eine „erfrischend eigene Deutung“ sowie für das Zusammentragen von „reichem Material zur Deutung des Ortes“ bedankt. In unserer Korrespondenz hat er sogar die Forschungsweise unserer Arbeit als „wissenschaftlich“ anerkannt. Der Professor, der selber das erste Sachbuch über den Göbekli Tepe geschrieben hat verstand es, dass alle Deutungen von archäologisch erfassten Daten, in weiterem Zusammenhang vorerst Hypothesen bleiben müssen. Am Ende seines Vorworts schrieb er: „Es ist klar, dass jetzt und zukünftig noch viele verschiedene Deutungsansätze vorgelegt werden.“ Dieses Buch versucht einen „jetzt möglichen“ von diesen vorzulegen.

Ein "Vorwort zur deutschen Ausgabe“ schuldet dem Leser eine Erklärung wie das Buch, das rund um die Erde wohl häufiger auf Englisch gelesen wird, nun auch in deutscher Sprache erscheinen soll. Zum Ersten sind die Ausgrabungen am Göbekli Tepe ein wissenschaftliches Unternehmen unter deutscher Leitung. Und zum Andern kam der Ansporn zu einer Übersetzung, ins Deutsche, eigentlich aus dem Englischen. Ein guter Freund, ein lupenrein-englischer Gelehrter, hat bis zum Sommer 2013 den Fortschritt der letzten zwei Etappen meines englischen Manuskripts mit bewundernswerter Begeisterung verfolgt. Zwischendurch hat er sogar versucht meine Gedanken einigen seiner englischen Freunde anzubieten. Ich habe nie genau erfahren wie das alles lief, weil der liebe Freund plötzlich an einem Schlaganfall gestorben ist.

Jedoch, als wir uns das letzte Mal gesehen haben, waren seine letzten Worte an mich: "*Karl, I wished you could have written this Book in German* (...ich wünschte Du hättest dieses Buch auf deutsch schreiben können)."

Eines Freundes letzte Worte haben manchmal die Gewohnheit sich im Gedächtnis des Hinterbliebenen einzunisten und dann das Weiterfliegen zu verweigern. So blieb also mir, dem Überlebenden, keine andere Wahl als mein Buch aus der Muttersprache des Robert Hamerton-Kelly heraus in die meinige umzuschreiben. Im Rückblick hat sich die Arbeit der Übertragung als eine recht fruchtbare Übung zu weiteren Einsichten erwiesen. Im gleichen Sinne und mit großer Dankbarkeit erkenne ich auch die Hilfe an, die Johann Huber mir beim Korrekturlesen geleistet hat.

Doch nun zum Thema Göbekli Tepe selber, dem ältesten heiligen Tempelberg auf unserem Planeten. Im südöstlichen Anatoliens wurde dieser Hügel von dem kürzlich verstorbenen Direktor der archäologischen Ausgrabungen dort, Professor Klaus Schmidt, im Jahre 1995 als etwas archäologisch Wichtiges erkannt und als solches bekannt gegeben. Schon in den Jahren vor seiner großen Entdeckung hatte dieser Mann, mit anderen Rettungsarchäologen zusammen, am oberen Lauf des Euphrat gearbeitet und hat dort, im Voraus wissend, das Wettrennen mit den steigenden Wassern am Atatürk Stausee mitverloren. Die Ausgrabungsstelle, das Nevah Çori, war der Ort wo er seinen ersten „T-Pfeiler" kennen lernte.

Im Herbst 2011 ist der Autor diesem Entdecker des Göbekli Tepe zum ersten Mal auf seinem heiligen Berg begegnet. Die augenblickliche Zuneigung, welche der ältere Besucher damals verspürte, spiegelte die Tatsache, dass er selber sich auf Jahrzehnte hin als ein Rettungswissenschaftler in der Ethnologie betätigt hatte. Und die Erfahrungen von zwei ähnlich engagierten Rettungsarbeitern, sind nun zur Entschlüsselung des Bauchbergs zusammengebracht worden. Professor Schmidt schrieb in seinem Vorwort, dass er meine Gedanken über die T-Pfeiler „nicht durchgängig teilen kann." Es lässt sich über die Nuanzen einer Professorensprache mancherlei vermuten; jedoch „durchgängig" gibt es im Bezug auf eine steinzeitliche Symbolik sowieso nirgends wissenschaftliche Beweise.

Es wäre vielleicht noch anzumerken, dass in den Jahren 2011 bis 2013 dem Professor Schmidt mehrmalig elektronische Kopien von meinem wachsenden Manuskript übersandt wurden—nicht etwa um ihn zu beeindrucken, sondern lediglich um ihm meine Gedanken zugängig zu machen, falls diese zufällig ihm bei seinen Ausgrabungsarbeiten zu nützlichen Einfällen verhelfen könnten. Auf Grund dessen hat dann der Professor, auf meine Anfrage nach einem Vorwort, innerhalb von wenigen Stunden geantwortet und zugesagt. Er war unter keinerlei Zwang, für einen Außenseiter vom anderen Ende der Welt sich diese Mühe zu machen.

Der Unterschied zwischen uns beiden ist ebenso ausschlaggebend. Klaus Schmidt war ein Vertreter der stärksten deutschen wissenschaftlichen Organisation, die sich das Erfassen von archäologischen Daten zum Ziel gesetzt hat. Im Gegensatz zur Archäologie versuchte dieser Autor nur einige noch lebende zeremonielle Gebräuche im Bereich der Ethnologie zu erfassen.

Obwohl ein Rettungsethnologe mit höchster Empathie an alte Religionen heranzutreten versucht, so hegt er doch nicht das Verlangen, eine oder die andere der lebenden Traditionen vor ihrem Aussterben retten zu wollen. Alte Religionen erlöschen wie auch alte Kulturen und Wissenschaften als verbrauchte Gewohnheiten sich auflösen. Sie sterben wenn unter neuen Verhältnissen sie keine nutzbaren Lösungen zu den Fragen des Lebens beitragen können. Sie sterben wegen Vernachlässigung vonseiten ihrer Erben. Es gibt keine ewige Kultur oder Wissenschaft, keine ewig gültigen Religionen oder Antworten in menschlichen Sprachen.

Mit der Ethnology und der Archäology kann man gerade noch Erinnerungen aus frühen menschlichen Erfahrungen für die Archive zu Gunsten eines längeren Geschichtsverständnisses retten. Der erste Wandel vom Sammeln und Jagen zur Domestizierung, den wir in der Göbekli Tepe Archäology zu finden glauben, hat zum Glück an manchen Plätzen der Erde noch bis in unsere Zeit hinein bestanden und ist, hier und dort, sogar noch ethnografisch erfassbar geblieben.

Dazu ist es uns in der westlichen Welt zum Teil gelungen, die Paläontologie von der Primatologie her oberflächlich zu beleuchten. Dies gelang, sobald man sich nicht mehr schämte, mit Affen oder anderen Tieren—oder gar nur mit einem Erdenkloß—einmal verwandt gewesen zu sein. Evolution ist, grob gesagt, die Vorgeschichte von allem was schon gestorben ist, und deshalb auch von allem dem was noch auf der Erde lebt oder anderweitig sich verändert.

Ob nun der erfolgreiche Frans deWaal oder die mutig forschende Jane Goodall religiöses Benehmen unter den Schimpansen erkennen konnten oder nicht, ob im Grunde wie bei deWaal die „Politik" oder wie bei Jane Goodall hauptsächlich menschenähnliche Gesten im Gegensatz zur „Wildheit" sichtbar wurden, das schmälert nichts an der Bedeutsamkeit ihrer Daten Sammlungen. Unsere Dankbarkeit für ihre Arbeit soll für immer als gesichert gelten. Für uns ist aber wichtig, dass wir nun ihre Daten und Filme prüfen können und aus unseren jeweiligen Forschungsperspektiven heraus anders vergleichbare Erscheinungen erkennen können.

Das zehnte Kapitel dieses Buches hätte wohl eine ausreichende Einleitung zu dieser Arbeit sein dürfen, wenn diese nur als ein Beitrag zur Religionswissenschaft *(History of Religions)* ausgerichtet gewesen wäre. Weil aber viele Religionswissenschaftler es gewohnt sind, konkrete anthropologische Beobachtungen sowie Daten aus der Archäologie zu vernachlässigen und weil man dem Göbekli Tepe bis jetzt noch ungenügend Aufmerksamkeit geschenkt hat, wurde der erste Teil dieses Buches zuerst an die Archäologen und Anthropologen adressiert.

Unsere Abhandlung befasst sich hauptsächlich mit der religiösen Dimension der „jungsteinzeitlichen Revolution" und somit dann auch mit der größten kulturellen Umwälzung die es je in der Entwicklung der Menschheit gegeben hat.

Das elfte Kapitel wurde mit mannigfaltigen Beobachtungen angefüllt, die zur Interpretation des allgemeinen Übergangs vom Sammeln und Jagen zur Domestikation in Betracht genommen werden müssen. Ohne diese Einzelheiten dürfte das daraus hervorquellende Thema unseres zwölften Kapitels—die Überdomestizierung der Menschheit; das heißt, das sogenannte "Zivilisieren"—wohl unverständlich bleiben.

Portland, Oregon, im Frühling 2015 — Karl W. Luckert

Inhaltsverzeichnis

Verzeichnis der Abbildungen

Abb. 1: Weltweite Temperaturschwankungen nach dem letzten glazialen Maximum. Nach Daten von Steven Mithen, *After the Ice,* 2004, Seite 12.

Abb. 2: Göbekli Tepe. Einer der vielen Arbeitsplätze mit Feuersteinabfällen. Einlage: Abbildung eines Feuersteinknollens. Fotos vom Autor mit freundlicher Genehmigung Deutsches Archäologisches Institut, Berlin (DAI).

Abb. 3: Kalksteinschichten am südwestlichen Knie des Göbekli Tepe, Blick von Südwesten. Vermutlicher erster Anstiegspunkt der ersten Bergleute. Foto vom Autor mit freundlicher Genehmigung des DAI.

Abb. 4: Vereinfachte topografische Karte vom Göbekli Tepe. Die Zahl der archäologischen Auskünfte ist hier stark reduziert und die Topografie ist hervorgehoben, um die Zugaben dieses Buches zu illustrieren. Das Original ist in Klaus Schmidt, 2008, auf Seite 101 zu finden. Mit freundlicher Genehmigung des DAI.

Abb. 5: Die zwei Öffnungen, nach denen der erste Tempel angelegt wurde, bezeichnen den nördlichen Rand der Anlage. Links sieht man hier die ausgesparte erhöhte Lippe. Fotos vom Autor mit freundlicher Genehmigung des DAI.

Abb. 6: Anlage E—*Felsentempel.* Am südwestlichen Ausläufer des Göbekli Tepe Plateau. Blick nach Süden. Siehe Schmidt, 2008, Seite 107. Foto mit freundlicher Genehmigung des DAI.

Abb. 7: Einige Schritte zurücktretend, nordwärts vom vorhergehenden Foto findet man zwei größere aus dem Grundgestein gehauene Gruben. Foto vom Autor, mit freundlicher Genehmigung des DAI.

Abb. 8: Pfeiler 18, Anlage D, zeigt einen Fuchs Totem und ein verschränktes Stola-Band. Foto mit freundlicher Genehmigung des DAI.

Abb. 9: Nevah Çori Totempfahl. Vorläufige Rekonstruktion von Klaus Schmidt. Mit freundlicher Genehmigung des DAI.

Abb.10: „Löwen-Mann" Totempfahl vom Südwest Hügel am Gobekli Tepe. Autor Foto mit freundlicher Erlaubnis vom Sanli Urfa Museum.

Abb. 11: Eine etwas spätere Statue aus Sanli Urfa. Sie mag einen Priester oder auch eine anthropomorphe Gottheit darstellen. Es mag die erste lebensgroße menschliche Statue auf unserem Planeten sein. Foto vom Autor mit freundlicher Erlaubnis des Sanli Urfa Museums.

Abb. 12: Das zentrale Menhiren Paar 18 und 31 der Anlage D. Autor Komposition Foto mit freundlicher Genehmigung des DAI.

Abb. 13: Pfeiler 33, Anlage D. Autor Komposition Skizze auf vier Fotos basiert, in Schmidt 2008, Seiten 182 und folgende. Rechts: Autor Foto mit freundlicher Genehmigung des DAI.

Abb. 14: Eine Decke aus Schlangen gewoben. Auf dem T-Pfeiler 1, Anlage A. Mit freundlicher Genehmigung des DAI.

Abb. 15: *Viertes Sandpainting* im Navajo *Coyoteway* Zeremoniell. Anthropoide Kojote-Götter tragen gestopfte „Kojote" Felle und Körbe. Foto vom Autor.

Abb. 16: Szene aus der Navajo *Coyoteway* Heilungs Zeremonie. Von links nach rechts: 1. Patient. 2. Der *Talkinggod.* 3. Maskiertes Kojote Mädchen von einer Frau dargestellt. 4. Maskiertes Kojote Mädchen von einem Mann dargestellt. Er trägt ein ausgestopftes graues Fuchsfell. Foto vom Autor.

Abb. 17: Pfeiler 31 in Anlage D. Foto mit freundlicher Genehmigung vom DAI.

Abb. 18: Menhir Phallusse, die zu langsam waren, um aus dem Weg zu gehen. Junge Tiere am Pfeiler 43 und 27. Mit freundlicher Genehmigung vom DAI.

Abb. 19. Drei Kraniche und ein Kojote begegnen sich in Neu Mexiko. Foto von Arne Hassing.

Abb. 20. Schneegänse und Kraniche weiden am Rande von Neu Mexiko Maisfeldern. Foto von Arne Hassing.

Abb. 21a: Südöstlicher Hügelvorsprung. „Das linke Knie." Autor Foto mit freundlicher Genehmigung vom DAI.

Abb. 21b: Südwestlicher Hügelvorsprung: „Das rechte Knie." Autor Foto mit freundlicher Genehmigung des DAI.

Abb. 20. Schneegänse und Kraniche weiden am Rande von Neu Mexiko Maisfeldern. Foto von Arne Hassing.

Abb. 22: Das Löwengebäude, vom Osten her gesehen. Eine Kalkstein Gravur der Göbekli Tepe Erdmutter (Abb. 25, unten) wurde am Fuße des nordöstlichen Menhirs gefunden. Es ist in der unteren Mitte des Bildes und als dunkleres Rechteck zu sehen, teils hinter dem Menhir versteckt. Foto mit freundlicher Genehmigung des DAI.

Abb. 23: Neue Ausgrabung im westlichen „Schritt“ zwischen dem südwestlichen und dem nordwestlichen Hügel. Foto vom Autor mit freundlicher Genehmigung vom DAI.

Abb. 24: Frühe bedeutende Funde aus der neuen West Ausgrabung, 2011. Autor Fotos mit freundlicher Genehmigung vom DAI.

Abb. 25: Die Göbekli Tepe Erdmutter im Löwen Gebäude auf einer Steinbank zwischen dem östlichen Paar freistehender Pfeiler eingraviert gefunden. Foto von Dieter Johannes. Mit freundlicher Genehmigung vom DAI.

Abb. 26: Pfad für eingeweihte verstorbene Männer. Angewandt von Temes Savsap, der Unterwelt Wächterin auf der Insel Malekula. Vom Autor nachgezeichnet, nach A. B. Deacon, 1934, Seiten 127 und folgende.

Abb. 27: Oben Ansicht der Anlage C. Bis aufs Grundgestein ausgegraben. Foto mit freundlicher Genehmigung des DAI.

Abb. 28: Anlage C, DAI Rekonstruktion; http://www.urgeschichte.org/DieBeweise/GobekliTepe/gobeklitepe.htm. Foto mit freundlicher Genehmigung des DAI.

Abb. 29: Anlage C, Autor Zeichnung auf die vorhergehende DAI Rekonstruktion basiert; http://www.urgeschichte.org/DieBeweise/GobekliTepe/gobeklitepe.htm.

Abb. 30: Der Heilige Stall und Hof. Eine vor kurzem gefundene „Port Hole“ Skulptur am Göbekli Tepe, auf dem nordwestlichen Hügel. Ein ähnliches Foto wurde in Klaus Schmidt, 2010, Seite 252, veröffentlicht. Mit freundlicher Genehmigung vom DAI.

Abb. 31: Felszeichnung einer Kuh in der Nähe eines natürlichen Auslaufs, der einer Rinder Vagina ähnlich erscheint. Foto mit freundlicher Genehmigung des DAI.

Abb. 32: Menhire mit Vertiefungen in die Oberfläche geschabt. Anlage B in Klaus Schmidt, 2010. Foto von Irmgard Wagner. Mit freundlicher Genehmigung des DAI.

Abb. 33: Anhäufung der fünf Kulturschichten.

Abb. 34: Schaukel-Totter Skala, kulturelles und religiöses Erleben und Erwidern.

Abb. 35: Stab Figur. Navajo Ersatz Opfer für ein totemistisches Raubtier. Autor Foto.

Abb. 36: Wilder Eber mit Kokosnuss. Bild ist vom Autor, mit Kokosnuss, der Geschichte von "Ameta und Hainuwele" angepasst worden. Auf ein Umwelt Foto von Richard Bartz basiert, München; http://creativecommons.org/licenses/by-sa/2.5/deed.en.

Abb. 37: Ainu *iomante*. Japanische Gemälde Rolle. Mit freundlicher Genehmigung, Trustees of the British Museum.

Abb. 38: Die Narmer Palette. Mit freundlicher Genehmigung: Trusties of the British Museum.

Abb. 39: Drachenreiter. Begräbnis 45, Raum Drei, im Yangshao Grab at Xishuipo, Puyang. *Archaeology*, 1989, 12, Seite. 1069, 4. Von Du Xiaoyu freundlichst zur Verfügung gestellt. Excerpted und nachgezeichnet vom Author.

Abb. 40: Raum Eins von Begräbnis M45, Yangshao Grab zu Xishuipo, Puyang. Quelle: Seite 5, Platte Eins, in Cultural Relics of Central China, 1988 (1). Freundlicherweise von Du Xiaoyu zur Verfügung gestellt. Gezeichnet und zusammengefasst vom Autor.

Abb. 41: Anyang, China: Shang Dynastie Ausgrabung aus einem Feld von Menschenopfern. Autor Foto mit freundlicher Erlaubnis vom Anyang Museum.

Abb. 42: Wagen, Pferde, und Wagenlenker Opfer. Autor Foto mit freundlicher Erlaubnis vom Anyang Museum.

Abb. 43. Der dritte Jahrestag der Beerdigung von Zhang Jucai, im Sommer 2002 zu Fanmagou in Ningxia. Vier Yin-Yang Schamanen amtieren (unten links).

Abb. 44: Sündenbock, Gemälde von William Holman Hunt (1827-1910). Mit freundlicher Erlaubnis von Wikimedia Commons.

Erster Teil:
Buße, Versöhnung und die jungsteinzeitliche Revolution

Sechs Millionen Jahre bis Göbekli Tepe

Im Laufe von sechs Millionen Jahren entwickelten unsere Vorfahren ihren Appetit als Raubtiere, und darauf bauend dann ihre Jägerkultur. Der menschliche Intellekt entfaltete sich als unsere Vorfahren Stöcke, Knochen und Steine experimentell in künstliche Zähne und Klauen umgestalteten. Während die Jäger so ihre Kultur entfalteten, wurde dieselbe zunehmend religiös problematisch. Ihre kulturelle Aggression, und ihr experimentell erlerntes Wissen, forderten einen Ausgleich durchs Gewissen, mit Schuldgefühl und religiöser Zurückziehung. Gleichzeitig entwickelten die Menschen dabei eine Arbeitsteilung zwischen den Geschlechtern. Das heißt, wenn ihre gemeinsame Nahrungsuche es zuließ sammelten die Frauen und die Männer jagten.

1

Sechs Millionen Jahre bis Göbekli Tepe

Im Wald der Affen: Die ersten Heiligtümer, die vor zwölftausend Jahren von Feuerstein-Bergleuten am Göbekli Tepe aus Kalkstein erbaut wurden, liegen dem Strom der Zeit entlang etwa sechsmillionen Jahre von den Lagerplätzen unserer Primaten-Vorfahren flussabwärts. Die Heiligtümer auf dem künstlichen Hügel „Göbekli Tepe" im östlichen Anatolien markieren in der Entwicklungsgeschichte menschlicher Jäger und Sammler einen kulturellen Wendepunkt. Diese Tempel gehören zu einer Zeitspanne, die jetzt als *Pre-Pottery Neolithic* (*PPN*) benannt wird. Als Kultstätte bezeichnet der Göbekli Tepe den Anfang eines langen Übergangs von der Sammler- und Jägerkultur zur Domestizierung sowie zur Überdomestizierung. In den vergangenen zehntausend Jahren, während Besucher an der alten Kultstätte seltener wurden, hat sich dieser Wechsel von der Sammler- und Jägerkultur zur Domestikation und Sesshaftigkeit hin rund um unseren Planeten vollzogen, und er hat sich mehrfach wellenartig wiederholt. Doch bis heute hat diese kulturelle Umschichtung sich immer noch nicht vollständig über die ganze Welt erstreckt. Jeder Domestizierer, der gelegentlich noch Jagd betreibt oder der aus Steinschichten gewonnene Materialien in Konstruktionen verwendet, schöpft heute noch aus Erfahrungen und religiösen Rechtfertigungen zu welchen sich einst unsere steinzeitlichen Vorfahren durchgerungen haben.

Gruppen von Handwerkern, welche die zeremoniellen Plätze am Göbekli Tepe erbaut haben und dort ihre rituellen Utensilien schufen, ahmten und modifizierten altes Wissen, das schon mit Lernversuchen anfing als die Hominiden noch kaum von Affen zu unterscheiden oder zumindest noch viel urtümlicher waren, als es sich dieser Autor vorstellen kann. Doch trotz der Wahrnehmungsdefizite des Schriftstellers scheint ein Versuch, sich in die Vergangenheit zurückzudenken, empfehlenswert. Wir werden von den Belegen der Archäologen geradezu herausgefordert eine etwaige Vorgeschichte für die Göbekli Tepe Kultur zu skizzieren. Wir wollen Einblicke gewinnen in das, was während den letzten sechsmillionen Jahren an Entwicklung und nun auch in den zwölftausend Jahren unserer "Geschichte" hätte geschehen müssen, um uns an den Punkt an dem wir heute sind zu bringen.

Aus welcher akademischen Richtung kann man solche evolutionäre Einblicke erwarten? Als ein Religionshistoriker habe ich mich über sechs Jahrzehnte im Rahmen der Ethnologie um derartige Erkenntnisse an verschiedenen Orten rund um den Globus bemüht. Ich habe zwar nicht überall spektakuläre Entdeckungen aufzuweisen, doch einige bescheidene Lichtblicke, welche meinen persönlichen Forschungspfad erhellten, wage ich hier trotzdem mitzuteilen.

Verwandte Schimpansen: Dieses Anfangskapitel über die Schimpansen kann nur sehr vage Andeutungen über die Religion unserer hominiden Vorfahren machen. Trotzdem müssen wir aber bei ihnen anfangen. Die frühen Arten von Affenmenschen sind alle ausgestorben. Ich vermute, dass dem Pfad ihrer Entwicklung entlang einige von ihren jüngeren Vettern im Kampf erfolgreicher waren als sie. Als denkende und einzig Überlebende der *Homo* Art schulden wir es uns selber, im Namen unserer eigenen Vernunft, am Schicksal dieser alten weitläufigen Verwandten interessiert zu bleiben. Es gibt gute Gründe zu vermuten, dass unsere relativ näheren Vorfahren etwas mit dem Verschwinden der älteren Arten zu tun hatten. Es ist nicht auszuschließen, dass unsere frühen Vorfahren dem gleichen Benehmensmuster zum Opfer gefallen sind, dem auch heute noch weniger wehrhafte Bevölkerungen ausgesetzt sind. Diese Frage wird wahrscheinlich von den Nachkommen der Schuldigen nie klar beantwortet werden. Aber wir können trotzdem vorläufig noch einiges über weiter entfernte Verwandte daraus ableiten, um dann, auf diesem Umweg eventuell auch unsere näheren Vorfahren am Göbekli Tepe uns besser vorstellen zu können. Dass die Schimpansen sich sicherlich mehr von uns unterscheiden als unsere verschwundene hominide Vorfahren, daran besteht kein Zweifel.

Wenn unsere suchenden Australopithecus oder Ardipithecus Vorfahren den Wald verließen, blieben die Schimpansen auf ihren Bäumen zurück, ängstlich und vermutlich mit einem Gefühl der Erleichterung darüber, dass jene stolzen Progressiven weggingen und sie nunmehr in Ruhe ließen. Die Schimpansen blieben „zuhause" in relativer Sicherheit, bei ihren Bäumen. Ich schätze diesen Konservatismus, der uns heute noch ein Muster von Erinnerungen bietet welche unserer eigenen Species schon meist verloren gegangen sind. Es ist sogar möglich, dass die uns am fernsten verwandten Menschenaffen aus jener Vorzeit einige reaktionäre Überlebensstrategien gelernt haben, während sie ihre emigrierten Verwandten noch aus der Ferne beobachteten und dabei zusahen, wie diese Progressiven bei ihrem Suchen auf neue Schwierigkeiten stießen und sich für neue komplexe Fehltritte entschieden.

Auf jeden Fall kann die mutmaßliche Geschichte von den Affen, die auf ihren Bäumen blieben, von uns jetzt als Analogie erzählt werden in Bezug auf Tierarten, die offenbar noch nicht unbedingt über Sünden des Fleischfressens nachdenken mussten. Bis zum gegenwärtigen Zeitpunkt in ihrem Entwicklungsgang haben diese Menschenaffen gelegentlich schon mal die Grenzen gegen das Leben ihrer Artgenossen überschritten. Es gab seltenen, jedoch wirklichen Kannibalismus unter ihnen. Auch nutzen die Schimpansen vielerlei Objekte als Werkzeuge. Doch sind diese Tiere noch nicht so weit fortgeschritten, dass sie einen harten Stein gegen einen andern harten Stein schlugen, um nachgeahmte Zusatzzähne oder Krallen anzufertigen, welche dann auf Stöcke montiert zum Angriff in Händen gehalten werden konnten. Das bedeutet, dass diese Tiere noch keine Beweise für vorsätzliches oder langfristig geplantes Morden hinterlassen haben. Auch haben sie deshalb, unter sich, wohl auch noch keine Geschichte, die irgendwie eine „Feuerstein-Zahnsünde" vertuschen sollte. Das heißt, sie mussten sich nachträglich noch keine Ersatzgeschichte erzählen welche auf das Essen einer verbotenen pflanzlichen Baumfrucht hinausläuft, welche aus einem Garten gestohlen werden konnte und deren Eigentümer eine Gottheit war die ein Gartenparadies ihr Eigen nannte. Alles das ist heute selbst in der Religion der intelligenten Bonobo Schimpansen noch unnötig.

Vor noch nicht zu vielen Jahrzehnten haben wir gelernt, dass unsere Schimpansen Vettern durchaus fähig sind, spontane kannibalische Jagdzüge zu unternehmen. Trotzdem sind aber diese Tiere von der brutalen Natur, die ihnen zuvor weitgehend zugeschrieben wurde, noch weit entfernt. Sie teilen ihre Nahrung weit über den Bereich der elterlichen Zuneigung und Kinderpflege hinaus. Das Schimpansen Alphamännchen behält nicht immer den größeren Teil einer Beute für sich selber, und besondere Unterstützung seitens niedrig stehender Tiere wird anerkannt und etwa so häufig wie in der menschlichen Gesellschaft belohnt. Es scheint als ob im Einklang mit anerkannten Eigentumsrechten besonders das Fleisch umsichtig verteilt wurde. Auch ist es interessant, dass solche Rechte irgendwie als abhängig von der Jagd, dem Fang und der Tötung erscheinen. Große Tiere wurden beobachtet, wie sie manchmal kleine Stücke Fleisch von niedriger stehenden Eigentümern bettelten.[1]

Der Größenunterschied zwischen Schimpansenmännchen und Weibchen ist fast unbedeutend. Gleichzeitig ist aber die lebenschützende Autorität der Weibchen auffallend. Im Laufe einer einzigen Beobachtungsrunde vermerkte der Forscher Frans de Waal nicht weniger als sechs Sicherstellungen von Steinen, die aus den Händen eines aggressiven Männchen von einer weiblichen Friedensstifterin konfisziert wurden. Aber Einschränkungen werden in der Ethik männlicher Schimpansen nicht nur durch aktive weibliche Zugriffe auferlegt. Der typische männliche Schimpanse kommt irgendwie auch zu seinen eigenen Hemmungen. Wenn er in einen Streit mit einem weiblichen Tier gerät benutzt er nicht seine großen Eckzähne. Vielmehr zwickt er mit seinen Kürzeren. Er konnte das nicht von einem typischen Schimpansenweibchen gelernt haben, denn wenn diese sich selbst oder ihre Jungen verteidigt, dann zeigt sie keinerlei Bedenken darüber, welcherlei Zähne dabei anzuwenden sind, um Kerben zu hinterlassen.

Die Pionierarbeit der Jane Goodall unter den Schimpansen der Gombe Range, in Afrika, hat uns exzellente Einblicke in das Leben unserer nächstverwandten noch lebenden Primaten gegeben, in Bezug darauf wie diese heute auf der freien Wildbahn interagieren.[2]

---

[1] Frans de Waal, *Chimpanzee Politics.* New York, 1982, Seiten 200 und folgende.

[2] Jane Goodall. *Reason for Hope: The Spiritual Journey.* New York, 1999.

Primatenforscher und Interessenten an der menschlichen Entwicklungsgeschichte werden die Bemühungen und Beobachtungen dieser Frau für immer zu schätzen wissen. Mit ein wenig mehr Abstand ist es aber Frans de Waal gelungen, den breiteren Vorgang der „politischen Wechselwirkungen" unter diesen Tieren zu beobachten.

Doch was können wir über die Religion der Schimpansen etwa wissen? Ist es denkbar, dass der gewaltsame Ausbruch eines kannibalischen Konflikts zwischen entfremdeten Männchen im Gombe Bereich etwas mit einem menschlichen Missverständnis betreffs der Schimpansen Kultur und Religion zu tun hatte? Ich vermute, dass dieses der Fall hätte sein können.

Versetzen wir uns einmal in die Lage eines jugendlichen Schimpansen Männchens, welches ohne Störungen von außen her, und ohne Verlegenheit, persönliche Freundschaften ganz normal mit den führenden Matriarchinnen pflegen konnte. Ist es nicht denkbar, dass die Anwesenheit einer immer still beobachtenden *Homo sapiens* Göttin, Jane Goodall, diese halbstarken Jungs abgeschreckt und störend in Abstand gehalten hat? Unter den gegebenen Umständen ehrte sie mit ihrer Anwesenheit den sich langsamer bewegenden inneren Kreis der Matriarchinnen mit ihren kleinsten Jungtieren. Könnte es nicht wohl sein, dass die pubertierenden Jungs die normalerweise von den Müttern toleriert und, solange diese selber zuschauten, mit den Jüngsten spielen durften frustriert wurden, weil sie dieses nicht mehr tun konnten? Könnte diese Aberkennung von sanfteren Familienerfahrungen nicht die männliche Jugend in die Frust und Entfremdung getrieben haben, sodass solche Missverständnisse dann in Verzweiflung und Gewalt ausarten mussten? Wenn auch nach menschlicher Sicht weiter nichts übermäßig Tragisches geschah, dann hat doch wenigstens die relativ „göttliche" (das heißt, überlegene) Erscheinung der Jane Goodall die Jugendlichen an ihrer Ausbildung als Kinderbetreuer gehindert. Sie hat vielleicht einen Generationeneinschnitt zwischen pubertierenden Jugendlichen und den noch heranwachsenden jüngeren Tieren der Truppe bewirkt. Am jetzigen Zeitpunkt unseres Verstehens können wir natürlich noch nicht mit Sicherheit die Antworten auf solche Fragen wissen.

Aus diesem Grunde müssen wir elementare Fragen zur Religion als solche noch systematisch genauer im zweiten Teil dieses Buches zur weiteren Einleitung ansprechen. Einige Leser mögen auf eine Weile vorauseilen wollen, um dort sich einiges zu ihrer Vorschau und Orientierung einzuholen.

Für einen allgemeinen Überblick über die Entwicklung der Religion der einstigen Hominiden ist es nützlich, sich diesen Vorgang als einen kontinuierlichen Prozess des Intellektualisierens vorzustellen. Es war ein langsames aber andauerndes Rinnsal von Lernen, das sogar schon früher als auf der Affen Ebene begonnen haben dürfte. Die Phänomene der Dominanz und der Hierarchiebildung sind für das Verständnis von Kultur und Religion grundlegend. Unter den sozialisierten Arten im Reich der Tiere drängen sich diese Benehmensfaktoren in den Vordergrund. Dazu gehören dann auch noch die grundlegenden Tatsachen der Nahrungskette einschließlich der ökologischen Nischen. Jedes von diesen könnte ein schwach dämmerndes Bewusstsein leicht überwältigt und beeinflusst haben. Impliziert ist deshalb auch der Existenzkampf ums Überleben. Fragen des Konkurrierens wurden nicht alle abgeschafft, wenn eine Affenmutter ihre ersten Ardipithecus Nachkommen erzog. Sie wurden nicht zugunsten der zerebralen Funktionen abgeschafft, wenn ein *Homo erectus* Paar einige *Homo sapiens* Typen hervorbrachte. Die Intelligenz eines *Homo sapiens* musste wahrscheinlich zuerst seinen Wert beweisen. Andererseits hatten die Mütter keine andere Wahl, als das zu lieben, was sie gebaren.

Der Überlebenskampf innerhalb der allgemeinen Nahrungskette sowie die Konkurrenz und Mobilität in sozialen Hierarchien ist im Laufe der Zeit nicht vernünftiger geworden, sondern nur komplexer. Die grundlegenden Wahrnehmungen über das, was oben und unten oder stark und schwach ist, wurden im besten Fall unter den späteren Generationen sublimiert und rationalisiert, allesamt nach Wahl und Möglichkeiten. Was auf der tierischen Ebene mit Aufteilen der Nahrung begann und was hominide Räuber künstlich durch Verfolgung, List, Raub, Mord und schließlich mit Versöhnungsopfern für übermenschliche Mächte aufboten, alles das wurde nur allmählich erlernt und zusammengefasst. Es musste alles schrittweise und zusammen mit anderen Bestrebungen, Fähigkeiten und Grenzen ausgeglichen werden.

Um etwas mehr Licht auf die Gegenseite der übermenschlichen Erscheinungen und auf die entsprechenden menschlichen Einschränkungen zu werfen, kann man anmerken, dass die Ziele aller menschlichen Tätigkeit schon von jeher von natürlichen und/oder göttlichen Begrenzungen eingeschränkt worden sind. Menschliche Errungenschaften wurden schon immerfort durch Angst, Vorsicht und Rückzug vonseiten gesunder religiöser Vernunft her moduliert.[3]

Drei Arten der Anpassung: Drei Stile der Nahrungssuche gehören in die älteste erkennbare Existenzstufe der Hominiden und deren früheste Kultur in Afrika. Diese sind (1) Sammeln, (2) das Bergen der Überreste, welche andere Raubtiere zurückgelassen haben und (3) darauf folgend dann noch das Selberjagen. Die ersten beiden Stile führten schließlich zur Etablierung der dritten, das heißt zur selbstinitiierten Jagd. Wenn unsere Jägervorfahren erfolgreich waren, auf frühen Stufen als Menschenaffen und später als Menschen, übernahmen sie volle Kontrolle über die Pflanzen und Tiere, welche sie besiegten, das heißt, welche sie töteten. Wie alle Lebewesen auf diesem Planeten, „borgten sie" oder „beschafften sie sich" einfach andere Lebensformen als ihren Eigenbesitz, um sich selber zu erhalten und zu fördern. Sie beendeten dabei das Leben von Pflanzen und Tieren an Land, im Wasser und aus der Luft. Sie versuchten dabei Nahrung zu gewinnen, manchmal aber auch um Materialien für ihre Kleidung oder ihr Obdach anzusammeln.

Als Sammler und Jäger züchteten, pflanzten oder pflegten unsere Vorfahren noch keine Nachkommen außer den ihrigen, welche aus ihrer eigenen Art entsprangen. Sie kannten noch nicht viele Kniffe, mit denen sich andere Tiere zähmen oder domestizieren ließen. Die einzige Ausnahme war vielleicht ihr Verhältnis zum Hund und vorübergehend vielleicht zu einigen Jungtieren von verschiedenen anderen Arten. Sie sammelten Wildfrüchte, Blätter, Gemüse, Wurzeln, Nüsse und essbare Samenkörner. Sie fingen Klein- und Jungtiere und raubten Eier, die von Vögeln oder Reptilien gelegt worden waren. Aus Skeletten und dem Überfluss, welche sich andere Raubtiere

---

[3] Lesern, denen es ungewohnt erscheint, die Kultur, Religion und Wissenschaft als verflochtene Kategorien zu betrachten, ist an diesem Punkt empfohlen einiges im Kapitel Zehn vorweg zu lesen.

erlegt hatten, holten sie was sie konnten, und entdeckten dabei eine Vorliebe fürs Fleisch. Mit inkrementellen Verbesserungen an ihren Werkzeugen ersannen sie schließlich Angriffsweisen, welche es ihnen ermöglichten, Beutetiere mit eigenen Händen frisch von deren Hufen herunter zu erlegen. Durch die Umgestaltung von Feuersteinsplittern und dank der Erfindung des Dolchs erlernten unsere Jägervorfahren, wie man sich die Opfer effizienter erlegen und zerlegen konnte.

Über mehrere Millionen Jahre waren die Waffen unserer Ahnen ärmlich und kaum von Dingen zu unterscheiden, welche natürlich zerstreut in der Umwelt zu finden waren. Ihre Jagdfähigkeiten waren begrenzt, und sie ernteten sozusagen noch weitgehend dem Rand eines mysteriösen Bereichs entlang. Wenn es ihnen schlecht genug ging und wenn sie den Mut aufbrachten, dann wagten sie sich auf die Wildbahn der größeren Raubtiere, welche rund um sie herum ihren Lebensraum einzuengen drohten.

Es war eine besondere Art von Tier, ein mutierter Nachkomme aus einer Rasse von Primaten, das in seiner Entwicklung lange Zeit zwischen einem Vegetarier und einem Raubtier schwankte. Wenn immer es ihnen möglich war, entschieden sich die menschlichen Weibchen für eine sanftere Lebensweise, um ihre Jungen in Sicherheit großzuziehen. Sie neigten dazu, Sammlerinnen zu bleiben. Im Gegensatz zu ihnen befanden sich die Männchen im offenen Wettkampf mit größeren Raubtieren. Sie fühlten sich herausgefordert es diesen gleichzutun, was dann auch bedeutete, dass sie im großen Ganzen die Fähigkeiten ihrer mächtigen Gegner respektieren lernten. Sie wurden neidisch auf das, was diese von der Natur besser ausgerüsteten Raubtiere sich leisten konnten. Auch fühlten sie sich herausgefordert diese leibhaftigen Götter zu imitieren. Sie versuchten die gleichen Beutetiere wie diese zu jagen und zu verspeisen und, wenn es nötig wurde, sich auch gegen solche Größen zu verteidigen.

Wenn Männer Knochen und Steine in ihre Hände nahmen, um diese intensiv als Waffen zu nutzen, begannen sich die biologischen Geschlechter der menschlichen Art in kulturelle Gegensätze auszusortieren. Beruflich wurden die Männer zu Raubtieren, während die Frauen eher Pflanzen- und Kleintiersammlerinnen blieben. Alle kamen oft nur noch als Familie zusammen, um miteinander zu essen und um Nachkommen zu zeugen. Grundsätzlich kann gesagt werden, dass Steinwerkzeuge und die Herstellung von Waffen die Geschlechter auseinandertrieben und dass die Erträge der Jagd sie dann wieder für Intervalle zur Nahrungsteilung zusammenführten. Die Kinder wurden von ihren Müttern großgezogen, und wenn pubertierende Jungen alt genug waren, um vollwertige Jäger zu werden, so wie ihre Väter es waren, dann brauchte man ein traumatisches Initiationsritual, eine Art Umschulung die mit einer Art Wiedergeburt bestätigt wurde. Man wurde so ein erwachsener Mann, ein besessenes Eigentum einer Raubtiergottheit.

Die göttlichen Raubtiere: Zoologisch und auch anthropozentrisch gedacht begann auf dem Planeten Erde eine neue Ära, als vor mehreren Millionen Jahren unsere Vorfahren ihre Finger und Daumen ernsthaft benutzten, um Steine aufzuheben. Sie taten es nicht länger zum Abreagieren bei einem Wutanfall, um Steine um sich her fliegen zu lassen wohin diese eben auch fallen wollten, sondern um auf ein Ziel zu werfen, das man treffen wollte, um genauer zu werfen, als man spucken konnte. Im Laufe der Zeit durch ihr Geschick in der Herstellung von künstlichen "Zähnen" und „Krallen", welche sie aus Holz, Knochen und Steinen anfertigten, erkannten sich die Männer unserer Spezies als künstliche und als zeremoniell selbstgeschaffene Raubtiere.

Ein Hang zur lernfreudigen Verwegenheit und ihre lernwillige Experimentierfreude rückten während dieser Phase menschlicher Entwicklung in den Vordergrund. Die Männer ersannen Methoden, wie man über größere Entfernungen hin sicherer „beißen" und töten konnte. So haben sie sich schrittweise selber neu erfunden und ihren Fortschritt sogar als Sport betrieben, um sich selbst gegenüber zu beweisen, was sie nun leisten konnten. Ihr Sport wurde ihr Beruf. Und ihr Beruf als Jäger bestätigte ihr Selbstbewusstsein als künstlich schaffende und ausgerüstete Raubtiere, denen es gelingen könnte, selbst ihre leibhaftigen Totemgötter zu besiegen. Insgesamt und mit noch ein paar feinen kulturellen Zutaten haben sich die fernen Nachkommen dieser Jäger schließlich als *Homines sapientes* ausgezeichnet—sich selbst als denkende Wesen erkannt.

Kultur ist, was der Mensch der natürlichen Weltordnung antun oder auferlegen kann. Im Gegensatz dazu wird die „natürliche Weltordnung“ als das betrachtet was in unserer Welt zu finden ist, mit Ausnahme von dem, was der künstlerisch selbstsichere Umgestalter, der *Homo sapiens*, zeitweilig dem Planeten antun kann. Durch Benennung von Projektionen, welche die menschliche Vernunft den verschiedensten Zwecken anzuheften versteht, haben sich die Menschen teils willig der natürlichen Welt entfremdet. Wissenschaftliches und technologisches Denken ist die Rüstung des Tieres *Homo sapiens*, ähnlich wie einem Stinktier sein Geruch als ein Mittel zur Verteidigung dient oder auch wie geschleuderte Widerhakengeschosse einem Stachelschwein dienlich sein mögen. Unsere Spezies rüstete sich in der sogenannten „Steinzeit“ mit Zähnen und Krallen aus Feuerstein auf. Heute tun wir es mit Stahlklingen, Kugeln, Bomben und Raketen. Es sind im Grunde immer noch die selbstmodifizierten „Stacheln“ von intelligenten Raubtieren, welche gegen schwächere Tier- und Menschentypen oder gegen die übermenschlichen Götter, übertrieben eingesetzt werden. Die größte Anwendung von Gewalt geschah wohl aus ihrer schuldgetriebenen Überangst, aus der vagen Hoffnung um langlebige Kräfte für sich selber. Ihre Überangst zwang zur blinden Verteidigung und zur Rechtfertigung ihrer Gewalt.

Das Wettrüsten begann mit der Modifizierung von Stöcken, Knochen und Steinen. Es wurde mit Abänderungen an härteren Quarzitnodulen wie Feuerstein und Obsidian fortgesetzt. Noch später wurde diese Waffentechnologie mit der Zugabe von Feuer gestärkt und in jüngerer Zeit auch noch mit Metallen und explodierenden Chemikalien sowie mit Kernenergie erweitert. Alle diese Aufwertungen zielen auf das Übertreffen von Feuerstein und Muskelkraft. Wahrscheinlich war die Erfindung des Feuerschlagens ein natürliches und logisches Resultat des Umgangs mit Feuersteinen, beim Abschlag von Splittern und deren Umarbeitung zu Klingen und Waffenspitzen.

Steinhaufen, die vor dreimillionen Jahren zusammengetragen wurden, hat man nach verschiedenen Größen sortiert in Afrika neben alten Wasserstellen gefunden. Keine der wilden Tiere, die dort zum Trinken hingingen und nebenbei zur Beute wurden oder die dort Beute erlegen wollten, für welche solche Steinhaufen bestimmt waren, mochten hagelnde Steine auf ihren Köpfen gut ertragen. Natürlich waren diese Steine für die Aggression und zur Vertreibung aus sicheren Entfernungen gedacht, und Notfluchtwege wurden sehr wahrscheinlich vorgeplant. Zudem darf man vermuten, dass diese fernen Vorfahren zu ihrer Verteidigung im Nahkampf nebst Steinen und zugespitzten Stöcken auch Dornenruten anwendeten. Selbst die Löwen dürften sich bemüht haben, derartige Dornenzweige auf ihren Schnauzen und in ihren Augen zu meiden, wenigstens solange ihnen ihr Temperament dieses Maß von Vorsicht noch erlaubte.

Stellen wir uns folgendes Szenario vor: Auf den Steppen Afrikas ist ein abgesondertes Gnu von einer erfolgreichen Löwin niedergestreckt worden. Das Raubtier beginnt zu reißen und zu verschlingen. Doch drei starke Hyänen könnten die Löwin wegtreiben. Eine einzelne Hyäne könnte durch fünf Hunde verdrängt werden. Heute noch entscheiden derartige Größenunterschiede das Schicksal solcher Konkurrenten, wie sich ihre Futterkreise bilden und in welcher Reihenfolge hungrige Raubtiere zu ihrer Nahrung kommen.

Dieses Szenario ist natürlich hypothetisch. Die meisten Löwinnen ziehen mit Rudeln, aus hungrigen Verwandten und Jungen bestehend, durchs Land. Das würde eine einfache Eroberung durch Hyänen verhindern. Und auch die Hyänen jagen in Gruppen. Bis es deshalb Hunden gelingt, an Beutetiere heranzukommen, wären die meisten Tierkörper schon auf ihre Knochen heruntergefieselt. Aber dann gibt es immer noch die Chance, dass zu einem günstigen Zeitpunkt sich weniger Raubtiere in einem bestimmten Bereich befinden. Unsere theoretischen Futterkreise sind deshalb nur Skizzen von eventuellen Abläufen, die nur zur Einschätzung einer Vielzahl von Möglichkeiten dienen können.

Während ihrer frühen Jagdversuche mussten unsere hominiden Vorfahren wohl um diese Futterkreise herum noch weit außen warten. Doch dann, bewaffnet mit Steinen, Stöcken und intelligenten Strategien und später noch mit tragbaren Feuerfackeln, konnten sie schließlich Teile der Tierleichen direkt aus der Mitte im Nahkampf sich aneignen. Werkzeugnutzende Hominide hatten einen unmittelbaren Vorteil. Während andere Raubtiere die gefällten Karkasse mit ihren Zähnen-im-Maul und Maul-am-Kopf reißen mussten, um dann schnell so viel wie möglich hinunterzuschlingen, konnten die späteren Menschen mit Waffen und Dolch in der Hand mit ihrem Schneiden beginnen. Ihre Köpfe und Augen blieben über der Beute erhoben. So konnten sie jegliche Annäherung von Gefahr erkennen. Und selbst nachdem alles Fleisch genommen war, konnte ein werkzeugnutzender Hominide immer noch etwas Knochenmark durch die Zerschlagung von Gebeinen zwischen Amboss- und Hammersteinen gewinnen. Und nebenher konnte er auch noch erlernen, wie man zusätzlich die rohen Knochen zu spitzen Waffen umgestalten kann.

In ihrem Überschwang entwickelten unsere Vorfahren ihren Arbeitssport weiter in einen Spielsport und schließlich bis an den Punkt, an dem sie gegen ihresgleichen kämpften. Die Grenze zwischen Spiel und ernsthafter Konkurrenz entschwand, wenn Rivalitäten zwischen Klans oder Stämmen in Kriege ausarteten. Der Sport ist etwas, das wir inzwischen zu schätzen gelernt haben, als abgemildertes Heldentum und als normalen Bestandteil einer geordneten Zivilisation. Doch im Laufe dieses Buches werden wir wohl die Zivilisation selbst als etwas weniger Ideales erkennen. Wir werden diese wohl neu als eigentliche „Über-Domestikation" oder als „übertriebenes Domestizieren" betrachten müssen. Den Sport bewerten wir als ein soziales Äquivalent von einem medizinischen Impfstoff, der uns eventuell helfen könnte, unser ererbtes und mörderisches Kulturgift aus der alten Jägerei und Räuberei abzuschwächen, um uns selber einigermaßen dagegen zu immunisieren.

Sünde und Schuld: Im Laufe von sechsmillionen Jahren hat die angeborene Neugier der menschlichen Sammler und Jäger, die schon den ersten Primaten zu Eigen war, ihren Erfindergeist entscheidend gefördert. Zur Abgrenzung zwischen Kultur und Religion im allgemeinen Verlauf der Entwicklung brauchen wir uns nicht allzu sehr um die Zuordnung von genau gesetzten Schwellendaten zu kümmern. Es spielt keine Rolle, zu welchem Zeitpunkt zum Beispiel eine bestimmte Unterart der Gattung *Homo* erschienen oder ausgestorben sein könnte. Die Ursünde des Werkzeuggebrauchs ist eine beträchtliche Zeitspanne älter als der Typ des *Homo sapiens*. Hier klassifizieren wir religiöses Verhalten unter der Kategorie von "angst- und schuldinduziertem Rückzugsverhalten." Ein kausaler Zusammenhang im Gehirn eines *Homo sapiens* zwischen diesen beiden Emotionen von Angst und Schuld kam wohl schon durch den vorgeplanten Gebrauch und durch die planmäßige Herstellung von Waffen zustande. Das allgemeine

Schuldgefühl der Jägers entstand aus dem steigenden Bewusstsein über Unwohlsein betreffs vorausgeplantem Töten. So viel kann jedenfalls postuliert werden. Sogar Affen und Hunde sind fähig, eine Last von Schuld zu erkennen. Hunde respektieren ihre strengen überhündische menschliche Herren. Genau so wie für ernste Theisten „die Furcht vor Gott den Anfang ihres religiösen Verstehens" bedeuten mag, ist auch die Furcht eines Hundes vor seinem menschlichen Herrn der Anfangspunkt, an dem für diesen sein gesellschaftliches und religiöses Verständnis beginnt.

Während der Zeit der westlichen philosophischen Aufklärung sind Gefühle wie Sünde und Schuld allgemein als irrationale Lasten, als lähmende Phobien und anhaltende Paranoia verpönt worden. Ich glaube aber trotzdem, dass unsere entfernten Vorfahren über einen Zeitraum von Millionen von Jahren laufend auf natürlich besser ausgestattete überhominide Raubtiere gestoßen sind. Ohne ein gesundes Maß von rationell religiöser und lebensschützender Angst, hätten diese Vorfahren nicht lange genug überleben können, um schließlich humane Nachkommen zu haben. Sozial verbundene Lebewesen konnten nur auf ein Überleben hoffen, bis zu dem Ausmaß wie sie ihre Verhältnisse richtig spüren und einschätzen konnten oder sich realistisch darüber informieren konnten. Das heißt, sie konnten sich in Augenblicken, in denen bloße emotionale Reaktionen bestimmt zu Katastrophen geführt hätten, verständigen.

Es ist mit Intellekt, kombiniert mit Strategien, dass unsere fernen Vorfahren ihre größten Ängste handhaben lernten. Das gelang ihnen mit jener Fähigkeit, welche wir hier als den wichtigsten Aspekt ihrer Rationalität sowie ihrer Religion einschätzen. An einem entscheidenden Punkt ihrer Entwicklung haben unsere Vorfahren das Bedürfnis verspürt, über die Grenzen ihrer Kräfte und über ihre Ängste zu kommunizieren. Sie mussten Worte, Namen und Taten realistisch symbolisieren lernen, um von den übermenschlichen Realitäten, von denen sie sich umringt und konfrontiert sahen, gemeinsame sicherere Abstände zu gewinnen.

Zur Untersuchung der Religion in diesem Buch werden wir diese nicht nur von seiten der Menschen betrachten müssen. Wir sind auch bereit, unseren Blick gegenüber anderen Raubtierarten zu öffnen. Wir erschließen uns vor allem solchen Tieren, denen wir schon irgendwie einmal als *Homines sapientes* unsere Einfühlungsbereitschaft gezeigt haben. Zumindest bin ich geneigt alle Tiere, mit denen wir bei Zähmungsversuchen vertraut geworden sind oder die wir schon als Haustiere adoptiert haben, in Betracht zu ziehen. Die Zahl der Tiere, über die einige von uns zu wissen glauben dass sie fähig sind, menschliche Emotionen zu teilen oder Schuldgefühle und angst-induzierte Manieren zu erlernen und mitteilen zu können, ist in der Tat recht groß. Von den Tieren, mit denen dieser Autor in Berührung kam, waren Hunde am ehesten in diesem Sinne religiös. Viele von ihnen akzeptieren einen Menschen als überhündischen Meister, welchen sie damit als ihren Gott bekennen. Schon vor mehr als dreißigtausend Jahren haben sich, möglicherweise in Europa, einige Hunde den Menschen angeschlossen und unterstellt. Ihre Domestizierung darf wohl als eine Art eigene religiöse Bekehrung verstanden werden, in Übereinstimmung mit den Maßstäben welche für die „Religion der Hunde" bestehen.

Unvorhergesehen von den Menschen selber, konnten ihre künstlich gefertigten Waffen nicht unbeschränkt über die Grenzen der ökologischen Gegebenheiten hinaus nutzbar gemacht werden. Als direkte Folge ihrer verbesserten Jagdwerkzeuge wurden Beutetiere seltener, und der drohende Mangel an Fleisch zwang zur Anpassung an Erntemethoden und zu einer anders organisierten Suche nach Nahrung. Holz, Knochen und Steine wurden in den Händen der „künstlerisch etablierten Raubtiere“ zu Klauen und Zähnen, welche dank solcher Verwandlungen dann wetteiferten, Wölfe, Löwen und andere Tiere zu übertreffen. Jagdwerkzeuge beförderten die menschliche Bevölkerung auf eine neue Ebene des Gedeihens. Ihre Waffentechnologie wurde während der Jungsteinzeit mächtig genug verbessert, um ihre lebenden Nahrungsmittelvorräte, welche sich früher auf freier Wildbahn noch erhalten konnten, zu reduzieren.

Man darf vermuten, dass die halbsesshaften Jäger dem nördlichen Rand des „Fruchtbaren Halbmond“ entlang vor zehntausend Jahren zunehmend den von ihnen selbst verursachten Mangel an wilden Tieren zu spüren bekamen. Anscheinend spürten einige Wölfe und Hunde die herannahende Menschenkrise zwanzigtausend Jahre früher, bevor es die Menschen selber merkten. In der Hoffnung auf ein besseres Überleben, freundeten sich diese Tiere mit den Menschen an. Sie gewöhnten sich an die notwendig gewordene „religiöse“ Anpassung gegenüber ihren stärker werdenden menschlichen Konkurrenten.

Jungsteinzeitliche Männer, endlich gut genug ausgestattet, um die besten Jäger auf dem Planeten zu sein, strebten danach, ihren Wohlstand und ihren Nahrungsgewinn auf zweierlei Weisen zu erhöhen. Erstens erhofften sie die Verbesserung ihrer Waffentechnik und Jagdstrategien, und zweitens suchten sie die Zahl ihrer befähigten Jäger zu vergrößern.

Technische und strategische Fortschritte haben eine zeitlang dazu verholfen, dass die Bevölkerungszahl übermäßig in die Höhe schnellte. Dementsprechend erlebte man dann ganz logisch einen schnelleren Rückgang der Jagd. Wir vermuten, dass sich vor zehntausend Jahren, gestützt von der Feuersteinindustrie am Göbekli Tepe, entlang des nördlichen Bogens des Fruchtbaren Halbmonds die Menschen sich stark vermehrten. Und infolgedessen verbreitete sich eine überraschende „Krise um den Überfluss.“ Diese Krise wurde von einer übermäßigen Bejagung der Gegend ausgelöst. Wie dabei zu erwarten war, führten die Erfolge der vermehrten Jäger bald zu einem zunehmenden Mangel an Beutetieren. Den steigenden Mangel an Fleisch mussten diese Menschen mit Sammeln von wilden Körnern, Gemüse, Nüssen und Früchten kompensieren.

Berufliche Jäger, die weiter nichts als jagen wollten, fanden sich zur Suche nach allerlei Ersatznahrungsmitteln genötigt. Vor etwa zehntausend Jahren waren sie an dem Punkt angelangt, an dem es notwendig geworden war, sich um die Vermehrung und den Schutz einiger Nutzpflanzen, von denen ihre weiblichen Sammler schon länger abhängig geworden waren, zu bemühen. Sie merkten auch, dass zum Schutz ihrer gezähmten jungen Wildtiere sie sich auf deren Ebene herablassen und sozusagen deren „Kindermädchen“ werden mussten. Und daraufhin merkten manche von ihnen, dass sie für die erwachsenen Tiere, die sie zähmten und aufzogen, buchstäblich zu deren Diener wurden. Zur Pflege ihrer Tiere mussten sie Strategien ausarbeiten, um übriggebliebene, auf der freien Wildbahn noch umher irrende Tiere, durch Zähmung unter ihren Schutz zu bringen. Einige weitblickende Jäger verstanden die Zeichen ihrer Zeit, während andere absolut und weiterhin in Übereinstimmung mit orthodoxen Gewohnheiten in ihrem felsenfesten Glauben auf einen unbegrenzten Nachwuchs von wilden Tieren beharrten. Aber weil nun die Erfolge der technischen menschlichen Intelligenz gegenüber den begrenzten Vorräten direkt zum Darben führten, hat die Orthodoxie der Jäger eben auch dazu herhalten müssen, die menschlichen Begierden und alte Frömmigkeit zusammen zu rechtfertigen. Sie glaubten, dass die große Erdmutter schon wieder zur rechten Zeit für einen Nachwuchs von Beutetieren sorgen kann und würde—doch vielleicht aber nur wenn sie entsprechende menschlich-kultische Beteiligung, Aufmunterung und Unterstützung erhalten würde. Und in diese Richtung ließ sich Einiges erfinden und machen.

2

Jagen mit Hilfe eines Schamanen

Den ältesten Jägern waren ihre Totems höhere Wesen, meistens Raubtiere deren Jagdfähigkeiten die der Erstmenschen übertrafen und deshalb als vorbildliche Gottheiten erkannt wurden. Manche totemische Wesen wurden als Meister der Jagdtiere und wieder andere als Förderer der Jagd erkannt. Als menschliche Jäger mit ihren göttlichen Jagdvorbildern enger vertraut wurden, konnten diese innerhalb von mütterlichen Klans als eine Art von Schutz- oder Ehren-Ahnen weitervererbt werden. Totems stammen aus einem urmenschlich-mythischen Verwandlungszustand, welcher von der Mystik und von menschlicher Abhängigkeit geprägt ist. Sie konnten als tierische, pflanzliche, sowohl als auch weitere übermenschliche Erscheinungen auftreten. Schamanen waren die intellektuellen Eliten in Jäger- und Sammlergesellschaften welche Beziehungen zu mehreren Totems oder Hilfsgöttern pflegten. Schamanische Vermittlungen, zwischen verschiedenen Totem-Göttern und den Menschen waren für allerlei Krankheitsprobleme sowie zur Unterstützung bei der Jagd nach Nahrung engagiert.

Schamanen als die Klasse der Intellektuellen. Der einstige Göbekli Tepe Kult gilt heute in der Wissenschaft als ein bewundernswertes archäologisches Faktum. Doch unser Vorsatz, das Buch auf menschliche Zusammenhänge hin geschichtlich zu fokussieren, erfordert, dass wir unsere geistigen Antennen auf ähnliche und schon besser verstandene Situationen anderswo in der Welt gerichtet halten.

Wir müssen anderswo suchen, im weiteren geschichtlichen Zusammenhang, was man da noch über die menschliche Entwicklung, im Bezug auf den allgemeinen Übergang von der Jäger- und Sammlerkultur zur Domestizierung, eventuell heute noch davon beobachten kann.

Ehe die Reliefbilder an Kalksteinmenhiren am Göbekli Tepe zu uns sprechen können, müssen wir die totemischen, sozialen und religiösen Hintergründe, welche diese definiert haben, einigermaßen verstehen lernen.[4] Es ist ziemlich offensichtlich, dass die totemischen Bilder nicht aus dünner Luft in die Köpfe der steinzeitlichen Bildhauer gefallen sind. Es muss im alten Ostanatolien eine kulturelle und religiöse Tradition gegeben haben, eine zusammenhängende kulturelle und religiöse Tradition, wovon die in Stein gemeißelten Formen abgeleitet werden konnten.

Prädisposition: Wie kann man zu diesem Zweck die Worte „totemistisch“ und „Totem“ erläutern? Ich erinnere mich noch gut an eine kurze Zeitspanne während meiner frühen Kindheit, als ich beim Wettlauf das Geräusch eines Automobilmotors nachahmte. Mein Bruder und ein Nachbarjunge begannen mit der gleichen Gewohnheit drei Jahre später, als ich diese schon aufgegeben hatte. Wir liefen alle als Autos, ermächtigt durch den starken Geist des Motorfahrzeugs und wir konnten in der Tat einige unserer Altersgenossen beim Wettlauf übertreffen. Es war ein zeitweiliger Totemismus der Kindheit. Später während meinen Universitätsjahren in Kansas war ich ein Jayhawk, eine mythologische Kreuzung zwischen einem Blauhäher und einem Habicht. In der weiteren Sicht der Dinge stellen kollegiale Totems eine Spielart von archaisch religiöser Unterwerfung dar. Während moderne Schüler das Uran zu spalten und den Wasserstoff zu fusionieren lernen, ziehen sie sich dennoch „religiös“ in eine Zeit zurück, da ihre Vorfahren sich noch weniger tödlichen Raubtiergöttern und Schutzgöttern unterstellten, welche uns jetzt als harmlos erscheinen, welche aber immer noch groß genug sind um Siege im Ballspiel zu bescheren.

Mein erster Einstieg in eine steinzeitliche Jägertradition, in ihrer Abenddämmerung, geschah im Jahr 1971 auf dem Diné (Navajo) Reservat. Es geschah im Rahmen einer Feldstudie, welche die Berücksichtigung von vergleichbaren Jägertraditionen an anderen Orten in der Welt erforderte. Weitere Studien über Themen wie Jagen, Sam-

---

[4]„Menhir“ in diesem Buch bedeutet, dem keltisch-megalithischen Bereich entsprechend, einen länglichen und aufrecht gestellten Stein.

meln, Domestikation, Krankenheilung und Gebete um Regen folgten in der Buchreihe „American Tribal Religions.“[5]

Gewisse Unterschiede müssen von vornherein zugestanden werden. Viele unserer Vergleichsdaten wurden von einer halben Welt weit entfernten Orten hergeholt, und sie stammen von Erlebnissen, die sich zehn Jahrtausende nach der Blütezeit der Kultur am Göbekli Tepe ereignet haben. Doch meine Begegnungen mit Diné (Navajo) und mit Pueblo Indianern in Nord-Amerika, welche mir den alten Göbekli-Tepe-Kultus interpretieren halfen, sind unter vergleichbaren Umständen in der Entwicklungsphase des gleichen Übergangs geschehen, das heißt, während des Wechsels vom Sammeln und Jagen zur Domestizierung hin. Und natürlich baut jede Untersuchung, welche ältere Kulturen mit Hilfe von jüngeren Resultaten zu interpretieren sucht, direkt oder mittelbar auf praktische Erfahrungen aus der Ethnologie.

Für die jüngeren Daten muss man dementsprechend und natürlicherweise auch die Mehrdeutigkeiten späterer Intrusionen und eventuelle Missverständnisse in Betracht ziehen. Es stimmt, dass zeitgenössische und überlagernde Denkweisen frühere Situationen verschleiern und entstellen können. Trotzdem sind aber die meisten meiner Deutungen für die Hintergründe von Göbekli Tepe, die ich in diesem Buch anbiete, noch im Umgang mit der tatsächlichen Mentalität von Steinzeitjägern erlebt und erkannt worden, das heißt mit Schamanen, die in ihrem Denken selbst noch ähnliche Probleme des Übergangs vom Jagen zur Domestizierung zu bewältigen suchten.

Ein typisch aktiver Schamane in einer steinzeitlichen Sammler- und Jägergesellschaft war eine intellektuelle Führergestalt. Er hatte die gleichen totemistischen Mitgliedschaften in mütterlichen Klans sowie auch in gelegentlichen Jagdvereinigungen wie alle seine Kollegen, die mit ihm auf die Jagd gingen. Doch er pflegte und genoss freundschaftliche Beziehungen mit zusätzlichen anderen Totems und göttlichen Helfern. Er hatte extra religiöse „Verbindungen“ mit der ganzen übermenschlichen Dimension.

---

[5]Siehe Karl W. Luckert. *The Navajo Hunter Tradition,* University of Arizona Press, 1975; auch *Coyoteway,* 1979, und die "American Tribal Religions", Band 1—12 (1977-1987), Museum of Northern Arizona und University of Nebraska Presses.

Unsere Erläuterungen werden hier den Lesern vorgelegt, die vielleicht nie näher an einen steinzeitlichen Klan oder Stamm herankommen werden als über diese Buchseite. Ein Näherrücken würde dann die Berücksichtigung von örtlichen Gegebenheiten und Unterschiedlichkeiten erfordern. Nirgends auf der Welt laufen lebende Gesellschaften und Religionen nach mechanisch berechenbaren Gesetzen. Im wirklichen Leben sind in allen Fällen das Fließen und die Ausnahmen die Regel. Die Köpfe der *Homines sapientes* benötigen, um zu funktionieren, eine große Menge von experimenteller Toleranz und Raum zur Weitläufigkeit. Verallgemeinernde Feststellungen sind am Ende oft nur Abkürzungen, welche bestenfalls als Anfangseinschätzungen nutzbar sind.

Von traditionellen Jägerschamanen wurden allgemein zweierlei Aktivitäten erwartet. Zunächst erhoffte man von ihnen eine gewisse Unterstützung für Menschen, die an irgendeiner Krankheit litten oder in Lebensgefahr gerieten. Zweitens glaubte man auch noch an die Fähigkeit der Schamanen, Aufenthaltsorte der Jagdtiere besser als andere Leute erraten zu können.

Hilfe bei der Krankenheilung wurde unabhängig davon benötigt, ob Beutetiere reichlich oder nicht zu finden waren. Jäger, die ohnehin schon einen scharfgeübten geografischen Orientierungssinn hatten, erwarteten etwas mehr von derartigem Können von ihren Schamanen, sodass man von solchen Menschen auch noch erfahren konnte, wo und wie man eventuelle Vertreter oder Quellen der Gesundheit finden oder erjagen konnte. Diese waren manchmal in Kräutern zu finden, die in der Nähe wuchsen, in Mineralien im Boden oder auf den Bergen oder in Sonstigem, was irgendwie unter der Obhut von Göttern gestanden haben mag und das natürlich oft auch in weiter Ferne vermutet werden musste. Alle Örtlichkeiten mussten mit viel Konzentration und während manchen intelligenzintensiven rituellen Wanderungen ausgeforscht werden, gerade so, als ob Meisterschaft über die Jagd sowie das weit ausgreifende medizinische Denken eines Menschen ein und dasselbe geografische Talent für das Jagen erforderte. Nahrung und Heilkräfte mussten beide mit Mühe eingeholt und vor allem irgendwie „erjagt" werden.

Es ist in einigen westlichen wissenschaftsdominierten Kulturen üblich, den archaischen Schamanen „übernatürliche" Kräfte zuzuschreiben. Doch haben wir dabei überhaupt keinen Grund zu vermuten, dass vor zehntausend Jahren die Schamanen irgendein Konzept entwickelt hatten, das unserem säkularen Begriff von „Natur“ ähnlich gewesen wäre. Daher sollte man die Weltanschauung der alten Jäger nicht „wissenschaftlich“ unvorsichtig darstellen oder gar als einen Glauben an etwas Übernatürliches (bzw. als an etwas das in Wirklichkeit nicht existiert) diffamieren wollen. Bei einem Versuch, ferne Begriffe erklären zu wollen, sollte man sich bemühen, wenigstens solche zu vermeiden, welche die fernen Menschen unmöglich hätten erfassen können.

Es gibt Jäger Gesellschaften rund um den Globus, sogar noch in unserer Zeit, die noch von neuzeitlichen westlichen Historikern und Wissenschaftlern beobachtet werden konnten. Wenn man Überreste vom alten Denken dieser Jäger, welche immer noch im Übergang zur Domestikation schweben mithilfe von Beobachtungsberichten nochmals aufsucht, und wenn man auf Momente fokussiert an denen alten Kulturträgern erlaubt war, sich mit ihren eigenen Worten zu erklären, dann kann es wohl geschehen, dass wir mit Quantensprüngen den Gedanken der alten Göbekli-Tepe-Steinzeitjäger näher kommen. In den Kapiteln im dritten Teil dieses Buches werden wir versuchen diese Annäherungsmethode dann noch etwas systematischer anzuwenden.

Der Schamanismus ist ein integraler Teil der gemeinschaftlichen Existenz der Jäger ebenso wie höhere Bildungsebenen wichtige Aspekte von modernen industriellen Gesellschaften darstellen. Konfrontiert mit gigantischen Beute- und Raubtieren, mussten die frühen Jäger zusammenhalten und zusammen arbeiten. Sie mussten ihre Kämpfe gemeinschaftlich und als größere Gruppen gewinnen sowohl der allgemeinen Sicherheit wegen als auch um Nahrung zu beschaffen. Als Beutetiere noch zahlreich waren, da war die Hilfe eines Schamanen fürs Auskundschaften nicht unbedingt notwendig. Jedoch war es immer eine gute Idee, in einer Jagdgesellschaft einen Mann bei sich zu haben der etwas vom Heilen verstand—falls im Kampf eventuelle Verletzungen entstehen sollten.

Und dann, als die Tiere knapp wurden und die Jäger sie über große Entfernungen hin aufspüren mussten, dann war es sinnvoll die besten Köpfe mit sich auf die Jagd zu nehmen. In solchen Fällen war es oft der Hellste oder manchmal auch der exzentrischte Mann, der angesprochen und eingeladen wurde, als Schamane mitzukommen. Jeder Jäger wusste, wie man einige schamanische Riten ausführt, aber nicht jeder von ihnen konnte diese bestens oder auch nur gut genug ausführen. Ein Schamane, welcher eine schöne Stimme hatte, wurde schneller beliebt. Als aber später die Tiere im Göbekli-Tepe-Bereich sich ausdünnten und nach Norden durch die Berge sich verliefen, wurde für einen Schamanen das Hellsehen über den Verbleib der Tiere zunehmend schwieriger.

Es gab eigentlich nicht viel Unheimliches am Auftreten eines durchschnittlichen Schamanen das ihn in der Gesellschaft von andern Jägern unterschieden hätte. Er war gewöhnlich ein vernünftiger Mensch und seine Fremdheit bezog sich in der Regel auf eine Exzentrik, welche Menschen in solchen Kulturen erwarteten. Darüber hinaus wird ja jeder weise Mensch, der Fragen aus seiner eigenen Kultur heraus beantwortet, von Außenstehenden als jemand erkannt der seltsame Antworten gibt. Das Wissen über eine Weltanschauung und die logischen Zusammenhänge in einer anderen Kultur erfordern ein gemeinsames Verständnis von Fakten welche den meisten gut informierten Köpfen in solchen Umgebungen allgemein zur Verfügung stehen.

Das westliche Verständnis über den Schamanismus: In den 1950er Jahren arbeitete Mircea Eliade daran, den Sinn und Zweck des sibirischen Schamanismus zu erforschen, mittels westeuropäischer, indischer, und russischer ethnologischen Quellen. Die Ergebnisse veröffentlichte er in seinem umfangreichen Band mit dem Untertitel *„Archaic Techniques of Ecstasy."* Es war eine rationale Auslegung mit deren Hilfe jemand, der in Richtung westlicher Psychologie orientiert war, Anschluss an das Thema finden konnte.[6] Aber dann wurde die Metapher, welcher Eliade sich in seinen Darlegungen bediente, die *„Techniques"*, von Leuten wie Mark Levy und anderen entleert. Archaische Schamanen wurden plötzlich zu „Technikern der Ekstase", welche dann, vergleichsweise zusammen mit allen ihren arktischen Eigenheiten für die „Normalität" moderner künstlerischer Genies

---

[6]Mircea Eliade, *Shamanism: Archaic Techniques of Ecstasy,* New York, Bollingen Foundation, 1964.

bürgen sollten. Während es hier legitim zu sein scheint, die Aktivitäten von Schamanen auf ihre Gewohnheiten hin zu beschreiben, im gleichen Sinne wie jeder Redner die *„techniques"* einer einheimischen Rhetorik nutzen mag, so wirkt es aber trotzdem irgendwie banal im Zeitalter einer hochgebauschten modernen Industrie alle technique-habituierten archaischen Schamanen als „Techniker" zu bezeichnen.[7]

Als im Verlauf meiner *Diné* Feldforschungen ich persönlich versuchte, Eliades Charakterisierung der sibirischen Schamanen auf das Weltbild von Indianer Zeremonien anzuwenden, bin ich auf ein ähnliches Problem gestoßen. Das englische Wort *„ecstasy"* erschien, während es sich noch sinnvoll für eine oberflächliche Beschreibung sibirischer Schamanen verwenden lässt, als hoffnungslose Übertreibung für die Empfindungen, die ich von seriösen priesterlichen Sängern und schamanischen Praktikern der *Navajo Diné* ausgeführt sah.

Zum Beispiel gibt es im älteren Navajo Schamanismus streng genommen kein Konzept einer „Seele." *Diné* Personen im mythischen „Prehuman Flux" Zustand (siehe Kapitel 15) ändern ihre Erscheinungen, je nachdem wie sie gerade aussehen oder unerkennbar sein wollen. Normalerweise gibt es da keine Seelen oder Geister, die in der Lage wären in irgendwelche Personen oder Leiber einzudringen, um diese zu bewohnen. Leiber werden also nicht von Geistern besessen und Geister müssen nicht ausgetrieben werden. Es gibt deshalb dort auch keine verlorene oder wandernde Seelen, die aus weit entfernten Orten heimgebracht werden müssen. Frisch Gestorbene, die manchmal gerne noch unter Lebenden herumgeistern würden, die sollten schnell aus der Umgebung weggeschickt werden, nach Norden hin, in das alte Land ihrer Toten.

Inzwischen hatte ich auch die Gelegenheit in China mit einem asiatischen Schamanismus in Berührung zu kommen. Und auch dort zeigt sich die Arbeit der Schamanen in vernünftigem Benehmen. Der chinesische Yin-Yang Schamanismus betreibt einen einfachen ländlichen Verhaltensstil, etwa gleich einfach wie eine akademische Disziplin es sich noch leisten kann, wenn sie sich allgemein gleichzeitig im

---

[7]Vergleiche Mark Levy, *Technicians of Ecstasy: Shamanism and the Modern Artist.* Ruth-Inge Heinze Books, 1993.

Bereich der Ontologie, Theologie, Kosmografie, im Klimawandel sowie in der Geografie herumtummelt.

Zu meiner asiatischen Orientierung möchte ich hier von einer Begegnung mit einer chinesischen Mutter in einem kleinen Bauerndorf in Ningxia berichten. Sie zeigte uns, wie sie die Seelen eines kranken Kindes zurückholen würde oder wenn nötig auch die Seelen eines erwachsenen Familienmitglieds, falls Erste Hilfe dieser Art benötigt werden sollte. Sie tat es mit einem Papierausschnitt in der Form eines Kindes, welches eine entfremdete Seele des Kindes oder möglicherweise das Kind selber als Lockmittel repräsentierte sowie mit einem Angelstab, an dessen oberes Ende einige Meter von einer zerzausten Schafwollschnur angebunden waren. Keine groben Tricks oder gefährlichen Haken wurden eingesetzt, nur mütterliche Geduld und Liebe, um den Papierausschnitt, der eine auf dem Boden weilende Seele an sich lockte in die weiche Wollschnur zu verwickeln. Die Mutter angelte auf diese Weise die Papierfigur zurück und schwang sie auf den Patienten, welcher zu dieser Demonstration neben ihr auf dem Kang, dem heizbaren Lehmbett, lag. Die nichtekstatische, schamanisch aktive Mutter verließ dabei nie den Rand des Bettes, auf dem ihr gedachter Patient lag.

Natürlich wäre die Pathologie, die ein professioneller Schamane voraussetzt, nicht ganz so einfach wie das, was anhand eines dazugedachten kranken Kindes diese Mutter uns vorführte. Im Großraum von Asien gibt es weite Entfernungen und kalte Klima Zonen. Die sibirische Psychologie und Kosmologie sind hier und dort komplex geworden. Mit sieben Geistern pro Person, einen für jede Fensteröffnung im menschlichen Schädel zusammen mit drei zusätzlich identifizierbaren Haupt- oder Lebensseelen konnte der Versuch, diese kleine Herde zuhause zusammenzuhalten, in einem Kopf als ein einziges Persönlichkeitsbündel, wohl zu einer wahren Management Herausforderung werden. Wer jemals im Leben den Wunsch hatte, von zu Hause wegzulaufen, dem dürften die Qualen jener zehn meist unsichtbaren menschlichen Einheiten, der sieben Geister und drei Seelen, möglicherweise verständlich werden. Diese Teile sind zum Zusammenleben prädestiniert und müssen daher lernen, wie sie miteinander auskommen. An einem bestimmten Punkt in chinesischer Geschichte, als Räume der Kosmologie in irdische und unterirdische Areale aufgeteilt wurden, standen mehr Plätze bereit in denen man sich verlieren konnte. Der genaue Ursprung von allen diesen Problemen liegt wohl in einer Zeit, als die Menschen noch in Höhlen wohnten. Und das ist übrigens in China eine Zeitspanne, die hier und dort noch bis in die Gegenwart hinein reicht.

Die Hilfe eines erfahrenen und professionellen Retrievers anzuwerben, eines Super-Jägers oder Super-Schamanen, scheint deshalb in Siberien sinnvoll gewesen zu sein. Ein wirksamer Schamane musste in der Lage sein über eisige Weiten und Entfernungen zu reisen, über Strecken, wo mehrfache Teilseelen sich leicht verlieren konnten. Beim Versuch, eine Heilung im kalten Raum zu erzielen, sollte man sich nicht verwundern, wenn so eine Kur feierlich und mit sichtbarem Zittern inszeniert wird. Darüber hinaus wurden weite Lufträume am leichtesten durch symbolisch ekstatische oder auch mit einfach geistig-poetisch-gefiederten „Flügeln" überwunden.

Der sibirische Schamane sollte nicht in Bezug auf westliche psychologische Vergleiche hin erklärt werden, nicht mit Begriffen, welche unter schattigen Bäumen in sanften lauen Lüften formuliert wurden. Es wäre authentischer die Schamanen in ihrem eigenen Dienstgebiet unter ihren Leuten, aufzusuchen in ihren eigenen Regionen und Klimazonen, um dort ihre Überlebenskämpfe aus naher Sicht mitzuerleben. Es gab wohl nie eine legitime Pathologie von „arktischem Wahnsinn", wohl nicht eher, als es eine ausgeprägte Pathologie für europäische oder amerikanische Akademiker gibt. Etliche Exzentriker werden zur Unterhaltung und Betonung in den meisten Kulturen geschätzt. Aber diese waren im Arktik sicherlich nicht eigenartiger als einige meiner Professoren an der Universität, welche sonderbare Aufführungen hinzauberten, um die Aufmerksamkeit ihrer Schüler zu sichern. Mit etlichen Erfolgen, würde ich sagen.

Schamanen beim Göbekli Tepe: Man darf vermuten, dass Schamanen auch am Göbekli Tepe Auskunft über den Verbleib von Beutetieren zu vermitteln suchten, so wie es Jäger auch an anderen Orten und weltweit versuchten, Jagdprobleme zu lösen. Sie schöpften aus ihrem allgemeinen Wissen über die Geografie, die figurenhafte Landschaft zu verschiedenen Jahreszeiten, über regionale Vegetation, Tierspuren und Weidegewohnheiten, und sie verließen sich auf Handlungsmuster, die sich im Laufe der Zeit durchgesetzt haben. Die meisten Huftierarten pflegen territoriale Weidegewohnheiten, sie wandern in Kreisen und kehren zu alten Plätzen zurück. Manches von diesem allgemeinen Wissen enthielt alte Erinnerungen an Dinge, an die man sich mit göttlicher Hilfe natürlich besser als ohne diese erinnern konnte. Solches Wissen wurde von Einzelpersonen erahnt und aktiviert, von solchen, die dazu intellektuell besonders fähig waren.

Alle die überlebenden Steinzeit Schamanen, die ich selber noch getroffen habe, wurden nicht zu Schamanen weil sie für ihren Beruf eiferten, sondern weil sie, wenn sie gebeten wurden Hilfe zu leisten, sich den Bitten ihrer Nachbarn nicht entziehen konnten. Sie willigten ein, die zusätzliche Verantwortung für existenzielle Sorgen von anderen zu übernehmen, um zu helfen. Jemanden, der in Not ist, seine Hilfe zu verweigern wäre undenkbar. Es könnte als Feindschaft empfunden werden, so als ob ein anderweitig fähiger Schamane absichtlich wünschte, dass eine bedürftige Person leiden oder untergehen sollte.

Bis zu einem gewissen Grad der Dichte von Herden grasender Beutetiere funktionierte die schamanische Methode und Beratung der Jäger durch göttliche Inspiration ziemlich annehmbar. Wenn nach einer Runde ekstatischer Gesänge und sorgfältigem Denken der Schamane seine erste Prognose verfehlte, dann war das nicht besonders tragisch. Keiner sonst hätte so schön für die Mitjäger singen können, so wie die Gottheit es tat, welche die Stimme eines begnadeten Mannes befähigte und mit welcher der singende Mann sich identifizierte. Um einen Schamanen von „Haftpflicht" zu befreien und seine persönliche Glaubwürdigkeit trotzdem zu sichern, mussten alle möglichen Erfolge samt den Liedern, die erhofft und erbittet werden konnten, den Göttern zugeschrieben werden. Der nächste Versuch des Wahrsagens wurde einem Schamanen durch die einfache Tatsache erleichtert, dass eine geografische Richtung schon bereits geprüft und ausgeschlossen worden ist. Dazu kommt auch, dass es einem Tal entlang an einem Punkt in der Regel jeweils nur zwei bequeme Richtungen zu gehen gibt: Talauf oder talabwärts.

Der Schamane kann wieder singen und seinen göttlichen Helfern zusätzliche Fragen stellen, wohin die Beutetiere geflohen sein mögen.

Vielleicht würden diese Helfer dann genauer darauf achten, wenn sie ihre eigenen persönlichen Kontaktgesänge erneut zu hören bekamen. Daraufhin würden dann die Jäger ihren Weg den neu gewonnenen Erkenntnissen anpassen. Früher oder später trifft dann eine Jagdgesellschaft auf frische Spuren—oder auch auf keine Spuren. Wenn ein Schamane total versagt, so kann die Gruppe beim nächsten Mal einfach einen anderen Jagdführer wählen, jemand, der wie sein Vorgänger auch die Bitten seiner Nachbarn nicht abweisen kann.

Alte Schamanen mögen wohl privat darüber nachgedacht haben, von woher die Nahrungs-Essenzen der Tiere stammen oder wo Lebewesen nach ihrem Ende hingingen. Doch in ihrem Dienst für die Menschen mussten diese geistlichen Führer sich erst die direkte Frage stellen, wohin so viele Tiere verschwunden sein könnten. Diese vorläufige Frage wurde in dem Moment wichtig, als Schamanen in der Göbekli-Tepe-Gegend zuerst erkannten, dass in der Tat die Tiere seltener wurden. Die Tempel-Logen beim Feuerstein Bergbau hatten ihre Blütezeit während ihren letzten zwei Jahrtausenden des noch ganzzeitigen Jagens. Es war die Zeit, als die Populationen wildlebender Tierarten rückläufig wurden. Wenn die Gefahren des Leerseins zunahmen und menschliches Leben bedrohten, respondierten neolithische Jagdverbände mit industriellen sowie mit religiösen Maßnahmen.

Es geschah wahrscheinlich in unvermeidlichen Momenten des Scheiterns, wenn ein Schamane anfangen musste über das Wesen der wilden Tiere, welche er zu jagen, zu schlachten und zu essen gewohnt war, nachzudenken. Über deren „Wesen" eröffnet sich sofort eine Frage des Gewissens. Welche Wesen, welche Arten, dürfen welche andere Arten verzehren und absorbieren? Diese Frage ist leichter auf umgekehrte Weise zu bewältigen. Welche Tierkörper existieren um andere Lebewesen zu ernähren? Diese zweite Formulierung beruht auf einer Bestätigung für Nahrung.

An einem Punkt wo die Struktur der menschlichen Vernunft in sich zusammenbricht, können Gesänge und Gebete uns in der Regel noch ein Stück weiterhelfen. Um lauernde Unsicherheiten und Zweifel, welche menschliche Seelen drangsalieren, zu vertreiben, beruft sich der Mensch oft auf eigene beherrschbare rhythmische Bewegungen mit Tanz, Gesang und Maskierung. Die meisten Menschen wissen, dass man im Dunkeln summen oder pfeifen kann. Doch die meisten schamanischen Akteure verstehen nicht, was darüber hinaus ihnen wirklich ihre Kraft gibt oder wo ihre Lieder genau herkommen. Wenn genauere Antworten dieser Art erfragt werden, müssen sie irgendeinen Glauben an undefinierbar größere Wesen bekennen. Ist ja auch verständlich! Denn welcher säkulare moderne Mensch weiβ genau wo alle seine eigenen Gedanken hergekommen sind?

Es ist denkbar, dass diesem breiten philosophischen Pfad entlang, des Nachdenkens über den Ursprung und die Art der Wesen, einige Steinzeitjäger beim Bau ihrer ersten dachlosen Heiligtümer am Göbekli Tepe sich Gedanken gemacht haben. Solche Gedanken verfolgten den allgemeinen Zweck, die Fruchtbarkeit der Erdmutter und ihr Wohlwollen zu erwecken.

Das zeremonielle Repertoire der Jäger musste der Wirklichkeit entsprechen und einschließlich dem Schema, dass Tiere geboren werden um zu sterben, sodass menschliche Jäger davon zehren und überleben können. Weil nun diese Jäger üppigere Fruchtbarkeit für die Tierwelt herbeisehnten, in einer Zeit, in der sie selbst aktiv die Tierbevölkerung reduzierten, mussten sie wohl auch allgemein über die kollektiven Eierstöcke der Mutter Erde nachgedacht haben sowie über den Bauch der Mutter, woraus alles Leben zu entspringen schien. Dieser Gedanke hob die menschliche Denkweise auf die Ebene, wo Erbauer des Göbekli Tepe dinghaft ihre Heiligtümer errichtet haben. Vieles von dem, was diese Leute gebaut und anschließend geglaubt haben, wurde ihnen erst allmählich offenbar, während sie sich gegenseitig beschäftigten und belehrten und während sie das, was sie bauten verbesserten. Menschliche Theologie, Philosophie und Wissenschaft sind in ihren grundlegenden Anfängen meist nur Rechtfertigungen für das was Menschen im Augenblick gerade zerstören oder anders zusammenfügen wollen.

Es versteht sich von selber, dass die gerundeten, ovalen oder rechteckigen Zeremonialplattformen an dem industriellen Jäger-Heiligtum, Göbekli Tepe, von und für die Männer selber gebaut wurden. Kinder und ihre Mütter hatten keine Gründe regelmäßig solche Plätze aufzusuchen. Das ist nicht die Aussage eines Religionshistorikers, der irgendwie von seiner patriarchischen Erziehung oder von einer Art theologischem Sexismus gebissen wurde. Nein, es ist die Auffassung eines Historikers, der weit und breit nach Religionen gesucht hat die von Frauen gegründet worden sind. Aber nein, mit wenigen Ausnahmen wurden die Religionen als Antworten auf Probleme, welche gewalttätige Männer auf der Jagd, in der Domestizierung und der Überdomestizierung verursachten, ins Leben gerufen. Die meisten Religionen wurden von Männern die im Laufe von sechsmillionen Jahren ihre Hände im Spiel hatten und die mit ihren spielenden Händen und Köpfen allerlei gewalttätige Maßlosigkeiten ersonnen haben, gegründed, weil zu ihrem Überlebensgleichgewicht die Menschheit religiöse Korrekturen benötigte. Selbst die am wenigsten chauvinistic veranlagten Religionen unter ihnen, welche Geschlechtergleichheit respektieren, wurden entweder von Männern gegründet oder bald nach ihrer Gründung männlicher Verwaltung unterstellt, wahrscheinlich um sich in einer Welt die von männlicher Gewalt vordefiniert ist durchsetzen zu können.

Die großen Konflikte, welche ganze Kulturen, Völker und Zivilisationen umgewälzt oder verschlungen haben, wurden überwiegend von Männern ausgekämpft. Während des Schreibens über Männer, beziehe ich mich in diesem Zusammenhang auf Jäger, Tierbändiger, sakrale Metzger, Henker, Überdomestizierer, Könige, Politiker, Krieger, Handwerker, Industrielle, Kaufleute, Wissenschaftler, Techniker, oder Ähnliche. In der Tat, etwas das aus einem dreitausend Jahre alten Buch mit Luther-Übersetzung (ohne Widerspruch mit der englischen geschlechter-spezifischen Wortwahl) gelesen werden kann, ist hier geschichtlich nachvollziehbar: "Zumal durch den Menschen (einem Mann) der Tod und durch einen anderen Menschen (einem Mann) die Auferstehung der Toten kommt." (1. *Kor.* 15, 21). Diese Gegenüberstellung von Leben und Tod bedeutet, dass einstens von den Männern des Feuerstein Handwerks die Kunst des Tötens hochgespielt wurde. Und dass deshalb Leben und Heil wieder vom Männlichen her zurückgebracht werden musste. Es musste zumindest von denen wieder gestattet werden die eindeutig ein Hindernis fürs Leben geworden waren.

Und so hat am Göbekli Tepe zwischen dem Gründungsmoment, an dem die ersten Bildhauer ihre ersten Menhire schufen und den späteren Entscheidungen, ihre zwanzig und mehr Heiligtümer mit Abraum aufzufüllen, diesen Menschen ein helleres Licht gedämmert.

Es war nicht nur die Erkenntnis, dass sie das Wesen ihrer Beutetiere ernster wahrnehmen mussten, sondern auch, dass sie die Essenzen ihrer eigenen menschlichen Natur, ihren Verwandtschaftsgrad gegenüber den totemischen Gottheiten, Sponsoren und Beutetieren harmonischer erkennen sollten.

Die Totemtiere (göttliche Wappentiere und Sponsoren), welche diese Bergleute und Bildhauer auf ihren Monumenten vorzustellen wussten, können allgemein als „männlich" erkannt werden, wie es wohl auch die Bergleute und Steinbrucharbeiter, die Bildhauer, welche diese Kunst betrieben, selber gewesen waren. Die meisten ihrer totemischen Muster scheinen Raubtiere gewesen zu sein. Jedoch auch Beutetiere waren geeignet, die menschlichen Jäger für die Jagd zu begeistern—zur gesamten Inspiration der Männer die nebenbei Waffen fabrizierten und verbesserten. Als intelligente, künstlerisch begabte Raubtiere und Metzger wussten unsere Vorfahren vieles über die Anatomie. Sie verstanden wie sich die meisten Lebewesen vermehrten. Aber wie konnte eine rationell erwachende und künstlerisch veranlagte Raubtierart anfangen viel Sinn im ernährungsbezweckten Töten und sogleich auch in der sexuellen Zweiheit finden? Oder wie sollten diese Männer mit den sich überschneidenden Blutgeheimnissen, mit Blut bei der Nahrungstötung sowie bei der Menschenvermehrung logisch klar kommen? Sie packten eben zu wo es ihnen im Augenblick am nützlichsten dünkte, nämlich am Verbessern ihres Waffenarsenals. Sie bereiteten sich auf die Jagd vor und vertagten schwierige Rätsel bis später. Bei ihren Vorbereitungen wurden ihre Raubtier-Totems erregt, genauso wie auf dem Jagdpfad auch ihre Hunde erregter wurden.

Die aufgeballten Widersprüche der Jäger- und Sammlerkultur haben letztlich die Feuerstein Waffenhersteller belastet. Innerhalb ihrer Industrie lasteten undurchschaubare Ambiguitäten auf dem Gewissen der aktiven Jäger und Handwerker. Die Leiber und Seelen der Steinbrucharbeiter und der Waffenmacher fühlten den Schmerz den sie sich gelegentlich mit einem Hammerstein auf den eigenen Fingern verursachten und ihr eigenes Blut tropfen sahen. Ihr Blut war von der gleichen Farbe, wie das Blut das ihre Waffen aus den Wunden der Tiere auslaufen ließen. Als Lösung konnten sie wohl nichts Besseres tun, als schärfere Schneideklingen und ihre Feuerstein Spitzen auf verfeinerte Weise abzuspalten. Im Ernst suchten sie dazu die Zustimmung der großen Erdmutter für alles was sie waren und was sie taten. Sie ersuchten die Göttin, dass diese ihnen bessere Feuersteinknollen aus ihren Eierstöcken liefern sollte, ihnen mehr Beutetiere aus ihrem Bauch gebären und während der Jagd zuschicken sollte. Diese Göttin werden wir, im Laufe dieses Buches in einen genaueren Fokus bekommen. Aber sie wird sich uns eher langsam enthüllen wollen, so wie es die meisten Gottheiten aus der Steinzeit uns gegenüber noch zur Gewohnheit haben.

Die Männer verbesserten ihr Jagen, so gut wie sich eben solch eine mörderische Aktivität verbessern ließ. Sie verbesserten ihre Waffen und ihre Strategien der allgemeinen Räuberei bis an den Punkt an dem die Beutetiere mit ihren eigenen Zeugungen und Geburten nicht mehr Schritt halten konnten. So selbstzerstörend sind nun eben mal die Segnungen aller menschlichen Erfolge—ebenso wie auch der Nettoprofit aus ihren wachsenden Industrien und Wissenschaften. Die Jäger reduzierten ihre Welt auf Ressourcen und Rohstoffe. Die meisten industriellen Fähigkeiten der Menschen basieren eben mal auf der Logik eines utilitaristischen Bedarfs und auf unbegrenzte Vorräte.

Doch wie es der weise Buddha schon längst erkannt hat, wenn auch von einem anderen Blickwinkel: „Alles Leiden auf Erden wird durch Begierde verursacht", also nicht durch wirtschaftliche Nachfrage oder mangelnde Angebote. Aus der Perspektive verwöhnter Raubtiere regiert das Begehren. Für sie gibt es nie genug Vorräte oder Lebenseinheiten, die man nicht gerne auch noch dazu hinschlachten würde. So wurde die erste industrielle Herausforderung der Menschheit, in den Heiligtümern dieser Bergleute und Steinbrucharbeiter, an diesem heiligen Abraumhaufen, Göbekli Tepe, erkämpft, gewonnen und auch wieder verloren. Wir erkennen dort nicht nur eine Sorge um die Fruchtbarkeit der Tiere, sondern auch das Streben und die Schuld der Jäger und Waffenmacher. Hier dämmerte uns Menschen ein Verantwortungsgefühl gegenüber der Mutter Erde.

Erweiterte Verantwortung und Schuld, das sind nicht die Gedanken, die mit unserem heutigen Verständnis von Jagd noch sehr eng in Verbindung gebracht werden, wenigstens nicht in Verbindung mit der Ausübung eines modernen Sports, der im grünen Reich einer unschuldig-schönen Natur geübt wird—so etwa wie „Im grünen Wald da wo die Drossel singt." Dieses Thema wird wohl noch systematischer im zweiten Teil dieses Buches untersucht werden müssen. Aber hier möchte ich die Ankündigung vorwegnehmen, dass in allen meinen Jahren der Untersuchung von archaischen Jägertraditionen, ich noch nicht eine gefunden habe, für welche der Angriff, die Sünde und die Schuld nicht ernsthafte Probleme waren.

Unter allen Völkern erscheinen Fragen bezüglich Sünde und Schuld ganz natürlich in Verbindung entweder mit einem fertigen wissenschaftlich-theoretischen Fix oder mit einer religiösen Rechtfertigung gerade so wie Bandagen angebracht werden, um schwere Verletzungen zu isolieren oder zu verstecken. Auf diese Weise wurde die primäre Funktion der primitiven Jägerreligion, sowie eine Reihe von wissenschaftlichen Theorien aus späterer Zeit erfolgreich angewandt, um gestörte Killer-Gewissen zu stillen.

Wenn ein religiöses Balancesystem, oder unsere modernen wissenschaftlichen Verknüpfungen wirklich rechtfertigen könnten, dann hätten hier Fragen über Sünde und Schuld nie erwähnt werden müssen. In der Entwicklung sensibler *Homines sapientes* hat aber die Rechtfertigung des Tötens und des Essens weltweit eine sehr tiefe und scheinbar unheilbare Narbe hinterlassen. Funktionen der Religionen wurden weltweit von Gedankenqualen über Sünde und Schuld hinmodelliert—und in der Begriffswelt der westlichen Psychologie mussten diese sogar als „Illusionen" begraben werden. Alles geschah, um die sich zum Denken verurteilende Menschheit zu befähigen, weiterhin zu essen oder, genauer gesagt, zeremoniell weiter zu schlachten, um mit einem Minimum von Buße oder ritueller Abstinenz weiter essen zu können.

Wir mögen jede menschliche Gesellschaft auf unserem Planeten erkunden, primitive oder moderne, theistische oder atheistische, und überall finden wir eigentümliche Verhaltensweisen oder vielseitige Muster der Argumentation, die das Blutvergießen betreffen, das Töten, die Zubereitung von Speisen und den ganzen Speisevorgang. Es gibt Schutzmaßnahmen gegenüber vielerlei mögliche Fehlerquellen und Gefahren. Wir kennen Nahrungsquellen, die mit widersprüchigen Begründungen tabu sind. Es gibt Probleme für Eigentümer, heilige Kalender mittels deren bestimmte Lebensmittel auf bestimmte Tage oder Wochen hin beschränkt sind. Es gibt vielerlei Tischmanieren und Kleidungsregeln, ausgerichtet auf Klasse, Status, Kaste oder ethnisch bestimmte Religionsgemeinschaften. Das Töten mag gesegnet und geheiligt sein oder auch verflucht und verboten. Lebendiges Fleisch kann rituell in essbare koscher, halal geweihte oder auch in technisch-hygienisch reine „Fleischware“ verwandelt oder umbenannt werden. Es ist schwierig nachzuvollziehen, wie ohne einen ursprünglichen geheiligten Raub, ohne ursprüngliche göttliche Vermittlung oder ohne übermenschlichen Eingriff, die Humanoiden je einen Weg gefunden hätten, um nunmehr Fleischwaren als verzehrbares Eigentum erwerben zu können. Es gibt ritualisierte Tischgebete mit oder ohne Tische, Danksagungen, Gesang, sakramentales Essen und Trinken, Opfer-Rückerstattungen als Anteil-Zahlungen gedacht, welche das geschehene Töten und Schlachten irgendwie zu sühnen hoffen. Volles Fasten sowie unbedachtes Schmausen, Toasts, und alles das mit entsprechenden Tischmanieren welche ordnungsgemäßen Gebrauch von Besteck erfordern, alles das entwickelt um einem hungrigen Menschen einen räumlichen Gewissensabstand von seiner fragwürdigen Nahrung, von offensiven Handlungen, unreiner Tötung, Zerlegung oder Zubereitung zu sichern. Und dazu kommen am Ende noch verschiedenerlei rätselhafte, rituelle Selbstverstümmelungen des menschlichen Körpers hinzu, welchen hier und dort noch alte Bedeutungen von ausgleichender Sühne anzuhaften scheinen.

Heiliger Berg der Industriellen Jäger

Göbekli Tepe bedeutet "Bauch Berg." Zwischen 12000 und 9500 Jahren vor unserer Zeit wurde dieser Hügel von Jägern, Feuersteinbergleuten und Waffenherstellern aus Abtragslasten und Splitterschutt angehäuft. Jagd und die Waffenindustrie florierten miteinander, bis die Zahl der Tiere knapp wurde. Während des jung-eiszeitlichen Interstadials wurden die Wanderungen der Tiere sowie die der Jäger in ihrer nach Norden sich hinziehenden Dispersion über die vergletscherten Taurus und Zagros Bergketten hin verlangsamt. Als dann die Gletscher schmolzen, konnten sich die Tiere über weniger Hindernisse hinweg wieder leichter ausbreiten. Jäger und Feuersteinhandwerker folgten ihnen in ihrer Ausbreitung.

3

Heiliger Berg der industriellen Jäger

Der Platz hat einen Namen: Professor Klaus Schmidt ist ein Archäologe am Deutschen Archäologischen Institut in Berlin (DAI). Bis zu seinem plötzlichen Hinscheiden, im Jahre 2014, war er damit beschäftigt einen künstlichen Hügel, der in der Nähe der Stadt Sanli Urfa im Südosten Anatoliens (Türkei) auf einem Kalksteinplateau sitzt, auszugraben. Der Hügel heißt Göbekli Tepe. Der Professor hat diesen Namen auf Deutsch als „Bauch Berg" oder „Gebauchter Berg" wiedergegeben.[8] Für die englische Ausgabe dieses Buches, *Stone Age Religion at Göbekli Tepe,* habe ich diesen Flurnamen mit *„Abdomen Hill"* übersetzt.[9]

Ich bin überzeugt, dass „Göbekli Tepe" nie dafür gedacht war, um so etwas wie einen „Bierbauch von Papa" darzustellen. Für eine Möglichkeit des Letzteren hätten die steinzeitlichen präkeramischen Bauherren dieses Hügels eine Art Kellerei etablieren müssen mit vielen ausgemeißelten Kalkstein Behältern.[10] Stattdessen aber bauten sie Tempel Plattformen und errichteten Kalkstein Menhire. An die Oberflächen der Menhire meißelten sie Flachreliefe, welche eine Vielfalt von Totemtieren darstellen.[11]

---

[8]Klaus Schmidt. *Sie bauten die Ersten Tempel. Das rätselhafte Heiligtum der Steinzeit Jäger.* Sachbuch-Verlag CH Beck, München, 2008 (2006).

[9]Das genannte „Sachbuch" über Göbekli Tepe, bei Klaus Schmidt, ist im Dezember 2012 in englischer Sprache unter dem Titel *Göbekli Tepe—A Stone Age Sanctuary in Southeastern Anatolien* erschienen. Der Verlag ist Exoriente (www.exoriente.org).

[10]Meine Erklärungen in dieser Angelegenheit beruhen auf rudimentären Göbekli Tepe Daten, nicht auf das was meine Antwort zu Professor Josef H. Reichholfs Schlussfolgerungen sein müsste. Vergleiche dazu, dessen *Warum die Menschen sesshaft wurden—Das größte Rätsel unserer Geschichte.* Fischer Taschenbuch Verlag. Frankfurt a/M, 2010.

[11]„Menhir" wird in unserem Buch im Sinne von keltisch-megalithischen Studien gebraucht, als „längs aufgerichteter Stein."

Die alternative deutsche Übersetzung des türkischen Namens *Göbekli Tepe* als „Nabel Berg", welche einige Journalisten bevorzugt haben, schleicht einen Kommunikationsfehler ein. In Anbetracht des „Weihrauchs", um dessenwillen westliche Akademiker die beschönigende Altarworte „Nabel" und „Omphalos" als zentrale Kategorie für die Religionsgeschichte gebraucht haben, bin ich allerdings inzwischen zu einer anderen Überzeugung gekommen. Den Göbekli Tepe, einen „Nabel Hügel" zu nennen, würde bestimmt der Bedeutung dieses Hügels schaden, das heißt, es würde den ursprünglichen Sinn der Motivierung, die diesen Berg angehäuft hat, stark verfälschen. Diesen Hügel als „Nabel Berg" zu bezeichnen wäre sogar eine Beleidigung für die Intelligenz und die Berufe seiner Erbauer.

Weil einige westliche Akademiker nun einmal die poetische Gewohnheit haben, Gebärmutter, Vagina, Phallus, Nabel, Kraniche und Störche beliebig auszuwechseln, bedeutet das nicht, dass Jäger vor zwölftausend Jahren nicht wussten, woher die Jungtiere kamen. Als Jäger und Metzger waren sie ihr Leben lang Schüler der Anatomie. Am Göbekli Tepe konnte man bestimmt an jedem Geschöpf den Unterschied zwischen einem Bauch und dessen Nabel erkennen—und bei nahem Hinschauen bestimmt auch noch an einem Berg. Ich vermute sehr stark, dass diese Leute präzise Bezeichnungen für alle Körperteile hatten.

Das Überleben der Bedeutung: Meine einstweilige Staunensfrage für diesen Aufsatz betrifft den Namen „Göbekli Tepe" selber. Wenn man die Ikonografie an diesem Ort betrachtet, dann erscheint das Mirakel von dessen Namen sehr bemerkenswert. Wie konnte die zeremonielle Bedeutung dieses Tempelkomplexes den eigentlichen Kultus um zehn Jahrtausende überlebt haben? Und wie war es im Jahre 1995 möglich, dass kurdische Bauern diesen Hügel, ins Türkische übersetzt, immer noch mit dem Flurnamen „Bauchberg" *(Göbekli Tepe)* angaben?[12] Wie konnte die ursprüngliche Bedeutung all die sprachlichen Überschwemmungen von zehn Jahrtausenden über-

---

[12]Zu diesem Zeitpunkt bin ich noch nicht in der Lage, die Sprachquellen des kurdischen Wortes „*Xerawreşk*" aufzuspüren. Anknüpfungspunkte für weitere Forschungen könnten eventuell in Richtung K. A. Kent, *Göbekli Tepe (Xerawreşk) Uyugarligi*, Istanbul 2012 gesucht werden. Freundlicher Hinweis von Jens Notroff.

überstanden haben? Nur der kontinuierliche Kern einer Domestikationsbevölkerung, seit die Domestizierung dort begann, könnte einen solchen Zufall einigermaßen möglich gemacht haben.

Aber warum lasse ich mich hier so hartnäckig auf die Vorführung eines sprachlichen Wirbelwinds ein, betreffs der Übersetzung eines Flurnamens von dem bis vor wenigen Jahren nur die örtlichen türkisch-kurdischen Bauern wussten? Meine Antwort auf diese Frage hat mich selber mächtig schockiert, mich als jemanden der bereits eine Reihe von ähnlichen Schocks bei Annäherungen an die megalithische Ikonografie erlebt hat. Der oberste Teil des Berges wurde von Menschenhänden angehäuft. Er wurde auf dem Kalksteinplateau aufgeschüttet und hat dabei seine religiös-kosmische Bedeutung erhalten, nämlich als ein Bauch-Berg der die große Erdmutter darstellt.

Wie kann ein Kommentator im einundzwanzigsten Jahrhundert noch etwas darüber wissen? Er kann, weil die Erbauer der Göbekli-Tepe-Tempel sich gegenüber ihrem künstlichen Hügel so benommen haben, als ob es der eigentliche Bauch der Erdmutter wäre.

Jeder Menhir, der dort aufgestellt wurde, war eine Bestätigung für diesen Glauben. Die Erbauer offenbarten uns hier ihr bildhaftes Denken in ihrer überschwänglichen Jungs-und-Männersprache der Steinzeitjäger. Sie kamen zu diesem Hügel als menschlich selbstmodifizierte Raubtiere auf der Suche nach Versöhnung mit ihrer Mutter. Bei einer Prüfung der Daten dürfte es uns eines Tages wohl gelingen, die ursprüngliche Bedeutung des Namens „Bauch-Berg" genügend zu begründen.

Es ist möglich, mit der Göbekli-Tepe-Kultgeschichte am südwestlichen Ausläufer des Plateaus zu beginnen (siehe den Anfang der Abbildungen, unten); das heißt an einem Platz wo zwei Sockelränder vom Grundgestein ausgespart und stehen gelassen wurden (Abbildung 6). Diese Bodenanlage scheint darauf angelegt zu sein, die ersten zwei Menhire (vielleicht schon kleine T-Pfeiler) dort aufzustellen. Es ist möglich, dass der Hügel, der für uns als „Göbekli Tepe" erhalten blieb, schon von Anfang an als ein "Bauch-Berg" erkannt worden war, damals als feuersteinsuchende Bergleute dort ankamen. Es ist ebenso möglich, dass diese Anhöhe des Kalkstein

Plateaus damals von menschlichen Hämmern und Keilen noch unberührt war, dass es damals wohl zuerst noch eine Art von Jungfern-Hügel war.

Im Gegensatz zu Professor Schmidts eigentlicher Arbeit in der konkreten Archäologie ist meine Entdeckung am Göbekli Tepe prosaisch und fast simpel verlaufen. Aber weil nun wahrscheinlich meine Erklärungen in diesem Buch weites Interesse finden werden, schulde ich meinen Lesern zumindest eine Erklärung dafür, warum jemand wie ich, so weit entfernt vom Göbekli Tepe, es überhaupt wagen darf, sich dazu zu äußern. Das Verdienst für den Ansporn betreffs meiner alt-anatolischen Erkenntnisse schulde ich, wie schon gesagt, Professor Schmidt, der in Berlin und Sanli Urfa wohnt. Er hat die Strecke der allgemeinen Vorgeschichte um einige Jahrtausende verkürzt, und als Entschädigung dafür hat er uns die historische Zeitspanne der Tempelbauer entsprechend verlängert.

Im Jahre 1995 als Klaus Schmidt mit seiner Arbeit am Göbekli Tepe begann, war ich noch immer sporadisch zur Feldforschung unterwegs bei den Eingeborenen Nordamerikas und auf ähnlichen Lernfahrten in Mittelamerika, Afrika, und China. Mein breiteres Interesse fokussierte dabei auf die gleiche evolutionäre Episode, das heißt, auf den Übergang der menschlichen Kultur vom Sammeln und Jagen zur Domestikation. Bis zum 11. Januar im Jahr 2011 wusste ich noch nichts über Klaus Schmidt und seine Arbeit. Der Tag, an dem ich den Titel seines Buches *„Sie bauten die ersten Tempel"* (2008) endlich fand, bleibt mir unvergesslich. Mein akademischer Bereich, die Religionswissenschaft und Religionsgeschichte, ist dank seiner Ausgrabungen plötzlich in der Mitte angeschwollen. Er hat auf eine Strecke von zehn Jahrtausenden eine neue Gestalt angenommen und insgesamt eine allgemein wichtigere Bedeutung bekommen.

Meine Wahrnehmung des Schmidt Buches über Göbekli Tepe geschah, während ich gerade an einem verwandten Thema unter dem vorläufigen Titel, *„Religion in Evolution"*, arbeitete. Doch im Lichte der Göbekli Tepe Ausgrabungen musste dieser Stoff im Manuskript, weiter nach hinten geschoben werden, als Teile Zwei und Drei. Göbekli Tepe, was es uns lehren kann, verdiente vorne anzustehen als neuer geografischer und geschichtlicher Orientierungspunkt. Mindestens für die Dauer dieses Buches muss meine Religions- und Evolutionsgeschichte an einem frischen Brennpunkt in der Vorgeschichte beginnen, am Göbekli Tepe.

Aber dann, weil die archäologischen Funde am Göbekli Tepe nun mal von *National Geographic* (Juni 2011) als „Geburt der Religion" verkündet worden sind, muss ich mich zuerst einmal von dieser Übertreibung persönlich distanzieren und meine eigene Abgrenzung behaupten. Eine Auswahl von Tempel, Logen, Menhiren und Skulpturen ergibt zusammen kein Saatkorn aus dem alles was jemals für die Menschheit als Religion gegolten hat, hätte herauswachsen können. Das Göbekli Tepe Repertoire kann schwerlich als allgemeiner „Ursprung der Religion" gelten. Dies ist ein wesentlicher Punkt auf den ich beharren muss, um die Integrität meines Denkens, betreffs der allgemeinen Religionsgeschichte, zu sichern.

In Kapitel eins habe ich einige Einblicke in das Werden der Hominiden und in meinen „kürzeren" evolutionären Ausblick gewährt, betreffs unserer Religionsgeschichte aus den letzten sechs Millionen Jahren. Jedoch zu meiner „längeren" Sicht, betreffs der Herkunft der Religion im ganzen Universum, anerkenne ich bereits schon alles unterwürfige Verhalten bei den subatomaren Partikeln, Elektronen, Molekülen, Viren und Amöben. Der Raum in diesem Buch reicht nicht für eine detaillierte Einführung in das religiöse Verhalten solcher Ur-Wesen und deren Ur-Begegnungen.

Doch nach dieser Vorschau ist es dennoch angebracht, bestimmte originale Innovationen am Göbekli Tepe in Bezug auf die Erschaffung religiöser Symbolik zuzugestehen. Bei Anwendung ihrer Talente hatten die Menschen, die sich dort ansammelten, sicher schon über mehrere Jahrzehntausende hin sich an kleineren Kratz- oder Schnitzarbeiten geübt. Jetzt meißelten sie zeremonielle Utensilien aus Kalkstein. Also gibt es dennoch genug „originelle" Fortschritte am Göbekli Tepe, über welche man sich begeistern darf.

Es ist davon auszugehen, dass für den ersten Teil dieses Buches die Daten und Belege des Herrn Professor Schmidt hauptsächlich maßgebend sind. Dem Leser werden daher meine Ausführungen im Dialog mit seiner in 2008 veröffentlichten deutschen Ausgabe, *„Sie bauten die Ersten Tempel,"* zur Betrachtung empfohlen. Jedermann in den Bereichen der Archäologie und der Geschichte weiß, wie man zwischen

Daten und Interpretationen unterscheiden muss. Es ist nahezu unmöglich für zwei Personen mit unterschiedlichen Köpfen und verschiedenen akademischen Orientierungen sowie Fragen, auf genau identische Hypothesen und Interpretationen zu stoßen.

Nach der Lektüre von „Sie bauten die Ersten Tempel" im Sachbuch blieben beim ersten Lesen zwei Rätsel zurück: erstens die Bedeutung des Bauch-Bergs und zweitens die Bedeutung der Menhire. Letztere sind im Sachbuch als T-Pfeiler (das heißt, als T-förmige Pfeiler) benannt. Beim zweiten Lesen wurde der historische Vorgang um den Bauch Berg herum teilweise klarer. Und während keine große zusätzliche Erleuchtung während des dritten Lesens dazukam, wurden alle Kernstücke des Rätsels, welche zunächst meine Neugier zu einem vierten Lesen anregten, stufenweise gelöst. Echte Archäologen mögen meine Annäherung an die Daten als *Lehnstuhl Archäologie* bezeichnen wollen. Ihr Urteil ist in der Tat richtig. In meinem Alter schätze ich die gepolsterten Armlehnen an meinem Arbeitsstuhl.

Die Stücke fügten sich passend ineinander, schön bildlich vor dem Hintergrund meiner eigenen Erfahrungen aus fünfzig Jahren der Erforschung von zeitgenössischen Überresten alter Kulturen. Diese Überreste repräsentierten Übergangsphasen aus der Sammler- und Jägerkultur, das heißt deren Ringen um Anpassung an verschiedenerlei Domestizierungsversuche in Amerika und rund um die Erde. Es stellte sich heraus, dass nichts von dem, was ich über Evolution im Voraus geschrieben hatte oder allgemein schon über die weltweite Transition aus der Sammler- und Jägerkultur zur Domestikation gefolgert hatte, aufgrund der neuen Göbekli-Tepe-Daten verworfen werden musste. Die Evolution der menschlichen Kulturen und der Religionen scheint sich noch immer aus einem einheitlichen Geschehen heraus enfaltet zu haben. Göbekli Tepe passt recht schön in die Lücke, die in der menschlichen Geschichtschreibung schon aus langer Zeit her offenstand.

Die transformative Entwicklung des Übergangs vom Sammeln und Jagen zur Domestikation und darüber hinaus verlief rund um den Globus ziemlich ähnlich. Und jetzt wissen wir, wo in der Welt und wann im Laufe der menschlichen Vorgeschichte dieser Vorgang in schnellere Bewegung geriet. Die Umwandlung begann am Göbekli Tepe vor zwölftausend Jahren. Die Energie der Umwälzung ist vom „Fruchtbaren Halbmond" her ausgegangen. Bis zum heutigen Tag hat die Ausbreitung dieser kulturellen Wandlung noch nicht aufgehört, und hat auch noch keinen Ruhepunkt auf den weiteren Kontinenten unseres Planeten erreicht. Massive Reste der Steinzeitmentalität leben immer noch in unseren Gerhirnen und Herzen weiter. Hartnäckig sind die Träume der Steinzeit in allen Branchen und bei allem Fortschritt in der modernen Zivilisation eingebettet. Das Einzige, was sich in meiner Geschichtschreibung betreffs der Religionen geändert hat, ist die Tatsache, dass zusätzliche Kategorien, wie etwa die „Feuersteinkultur" und die „Kalksteinreligion", jetzt voneinander unterschieden werden sollten.

Professor Schmidt war von der Tatsache beindruckt, dass in der Geschichte der Menschheit die „Kathedrale" sich als älter erwiesen hat als die Stadt. Doch weder Städte noch Kathedralen schienen beim Schreiben dieses Buches von hoher Wichtigkeit zu sein. Später im Buch, weit entfernt vom Sammeln, Jagen und von der gewöhnlichen Domestikation, sollten wohl beide diese Annehmlichkeiten, die Stadt und die Kathedrale, noch einmal überdacht werden. Gemeinsam zeugen diese Errungenschaften von Entwicklungen aus einer Zeit, welche über die gewöhnliche Domestikation von Pflanzen und Tieren weit hinausgingen, das heißt, sie zeugen von der Entstehung von ganz neuen Problemen. Um unsere Einblicke in die weitere Entwicklung der menschlichen Verhältnisse neu zu gewinnen, und um unsere Vorteile des Rückwärtsschauens voll zu nutzen, müssen wir dann den Pfad dieses Buches auch noch über dessen zweiten und dritten Teil wandern.

Prädisposition: Die allgemeine Schlussfolgerung von Professor Schmidt, dass die Kathedrale älter sei als die Stadt, ist zweifellos richtig, solange man sich unter „Kathedrale" irgendeine Art architektonisches Bauwerk vorstellt, das einem religiös-gesellschaftlichen Zweck diente. Doch Menschen, die noch kaum aus der Jagdstufe aufgetaucht sind, wohnen gewöhnlich noch nicht in Häusern. Und wo wilde Tierarten herumstreifen, da können wandernde Jäger und Fischer wohl kampieren, aber noch nicht in Dörfern zusammenbleiben. So zum Beispiel erbauten sich veraltete Jäger auf Seram ein Klubhaus, ausschließlich für Männer. Aus der Sicht verzweifelter Jäger war ihre Loge dann ein Ort der religiösen Rechtfertigung und Ego-Massage (siehe Kapitel dreizehn, unten). Aber die Tatsache, dass ihre Männer-Loge auch ein Ort war wo

Kopfjagd und Menschenopfer geplant wurden, lässt mich zögern, die Metapher einer „Kathedrale“ so weit hinaus zu verallgemeinern.

Ähnlich stellen sich die Pyramiden in Mittelamerika als megalithische Zeremonialzentren dar, bei denen sich veraltete Jäger als Krieger und Priester zusammentaten. Der größte Teil dieser Pyramiden stellt hungrige Schlangen- und Drachenköpfe oder manchmal auch deren spiralartig ansteigende Windungen dar. In dem Rachen der Schlange, oben auf diesen Plattformen, wurden menschliche Opfer zu Hunderten und Tausenden geschlachtet, das heißt, den Göttern verfüttert. Diese Pyramiden waren Sockel für heilige Altäre, für Schlachtblöcke auf denen Menschen geopfert wurden. Freilich, während selbst die numinose Kathedrale der Christenheit das Element eines bestialischen *Mysterium tremendum* beherbergen konnte, so halte ich doch eine Kathedrale für etwas, das für das Wohlergehen einer organisierten Bürgerschaft günstiger balanciert dasteht, zumindest angenehmer als diese Pyramiden auf denen die noch pulsierenden Herzen von Menschen der Sonnen-Schlange gefüttert wurden. Diese Pyramiden waren Machtzentren für Jäger-Metzger-Priester und Krieger. Als Kultstätten scheinen sie näher an die Funktion der Vernichtungskammern des zwanzigsten Jahrhunderts und an beladene B-52 Kampfflugzeuge hinanzureichen als an mittelalterliche Kathedralen. Im Gegensatz zu solchen zeremoniellen Bauwerken vermute ich, dass die *Temenoi* am Göbekli Tepe die Vagina der Mutter Erde repräsentierten. Es waren Orte der partiellen Versöhnung und der Hoffnung auf eine Verbesserung des menschlichen Daseins.

Diese Tempel-Logen gingen offenbar dem Bau aller Städte voraus, und die Bergleute und Feuersteinarbeiter die dort arbeiteten waren teilweise sesshaft. Während Professor Schmidt mit seiner metaphorischen Formulierung die Sache wahrscheinlich richtig sieht, so waren aber doch die Temenoi am Göbekli Tepe weder „Baileo“ der Seramesen noch mittelamerikanische Pyramiden oder Altäre des Terrors. Sie sind viel eher mit den Kiva-Logen von Männergesellschaften der Hopi Indianer zu vergleichen, die ich persönlich kennengelernt habe. Vermutlich waren aber auch jene Erbstücke von Amerika's Steinzeitjägern und Domestizierern nie ganz frei von Terror.

Die Taurus- und Zagrosgebirge waren wie eine Wand aus Eis: Professor Steven Mithen ist ein weiterer Gelehrter, von dessen Arbeit ich mich abhängig fühle.[13] Während die Ausgrabungen von Klaus Schmidt uns mit frischen Daten für die Dimensionen von Raum und historischer Zeit beliefern, hat Steven Mithen einen breiteren Überblick auf das evolutionäre Fließen der Zeit geboten, einschließlich auf

---

[13] Steven Mithen. *After the Ice, a Global History, 20 000 to 5 000 BC.* Cambridge: Harvard University Press, 2004, Seiten 10 und folgende.

die letzte Eiszeit. Das letzte „Glaziale Interstadial" stellt die Endphase der Eiszeit dar (etwa 12 700 bis 10 800 v. Chr.). Damals waren weltweite Temperaturen wieder deutlich gesunken, und dementsprechend begannen die Gletscher in den Taurus- und Zagrosgebirgen sich wieder aufzubauen. Mit ihrem Aufbau begann diese Gesamtbarriere aus Eis, die Nord- und Südgebiete wieder zu trennen. Während der Jüngeren Dryas, welche daraufhin folgte (10 800 bis etwa 9 600 v. Chr.), stiegen die durchschnittlichen Temperaturen in der Region auf eine Höhe, wo sie seitdem fluktuieren.

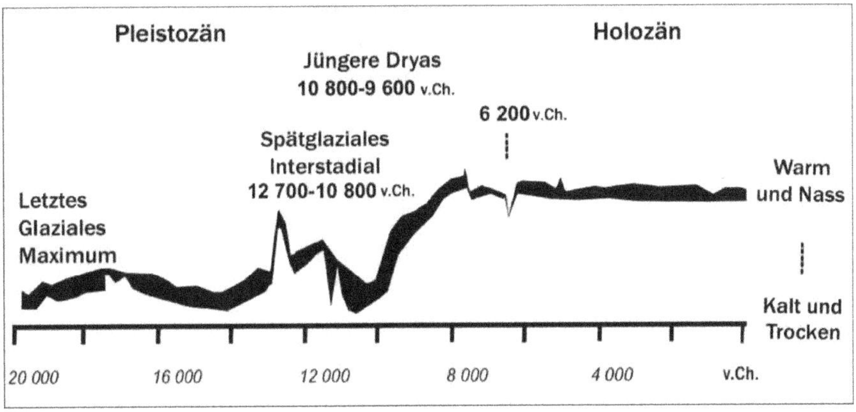

Abb. 1: Weltweite Temperaturschwankungen nach dem letzten glazialen Maximum. Nach Daten von Steven Mithen, After the Ice, 2004, Seite 12.

Wo immer vor lauter Eis die Beutetiere nicht über diese Gebirge hinaus wandern konnten, da brauchten die Raubtiere ihnen auch nicht nachzufolgen. Archäologen haben in unseren Jahrzehnten, dem Fruchtbaren Halbmond entlang allmählich gelernt, dass während des letzten Jahrtausends der Eiszeit das Leben für Jäger in der Gegend zunehmend angenehmer wurde. Entlang den südlichen Hängen der oben genannten breiten Bergzüge aus Eis vermehrten sich die wilden Beutetiere aller möglichen und sogar jetzt noch bekannten Arten: Bären, Auerochsen, Hirsche, Rehe, Rentiere, Antilopen, Ziegen, Schafe, Rinder, Schweine, Esel, Fische und eine große Vielfalt von Reptilien und Vögel.

Unter diesen Beutetieren lauerten in der Gegend auch deren natürliche Feinde, wie Löwen, Tiger, Leoparden, Wölfe, Füchse, Adler, Geier, Schlangen und mehr. Unter diesen Raubtieren versuchten es auch, vermutlich in vorsichtigem Abstand schleichend, die neuesten Eindringlinge in die Reihen der Jäger. Es war ein Geschöpf der *Homo* Vielfalt, ein eigenwilliger, selbstgemachter, handwerklicher Trickser und Räuber. Es war ein vorzüglich überlegener Hominid, der beste Nachahmer unter den Primaten und ein schlauer Betrüger, so wie es vor ihm noch keinen auf unserem Planeten gab. Vor etwa 500 000 Jahren lebten seine Vorfahren wahrscheinlich noch neben einigen primitiveren Hominiden Arten her in Afrika. *Homines sapientes* haben ihre Fähigkeiten als denkende Raubtiere in Afrika geübt und verbessert.[14] Ältere menschliche Verwandte erreichten Europa und Asien vielleicht vor 250 000 Jahren oder möglicherweise um die doppelte Zeitspanne früher. Einige der Quellen schätzen die globale Bevölkerung der *Homo sapiens* Art vor 250 000 Jahren auf die niedrige Zahl von etwa zehntausend. Man weiß alles das eben nicht genau.

Während der letzten Eiszeit, als die *Homines sapientes* sich aus Afrika nach Asien und Europa ausbreiteten, jagten und verfolgten sie systematisch die wilden Tiere. Viele von ihnen wurden aufgehalten, als sie von Süden her gegen die eisigen Taurus- und Zagrosgebirgsketten stießen. Professor Mithen schätzte die Zahl der Menschen für diese Zeit auf etwa eine Million. Am oberen Bogen des sogenannten Fruchtbaren Halbmondes (*Fertile Crescent*) hatten sich freilich auch vielerlei Beutetiere dem südlichen Rand der Eisberge entlang zu einer erheblichen Dichte angehäuft.

Unsere Vorfahren haben gelernt wie man mit anderen Arten von Jägern konkurieren muss, mit Raubtieren welche viele von uns heute noch fürchten. Für unsere aufstrebenden hominide Vorfahren in Afrika waren diese mächtige tierische Jäger überlegene Vorbilder und de facto Götter. Einige ihrer Abbildungen werden heute noch von Aristokraten als totemische Wappen hochgehisst und vorgestellt. Raubtiere wie Adler, Löwen, Bären und Drachen repräsentieren alte Dynastien, selbst in Ländern in denen demokratisierte Nachkommen längst stolz darauf sind, ihre aristokratischen und royalen Jäger verjagt oder in den Hintergrund verbannt zu haben. Doch alte Totems werden als Hoheitszeichen immer noch auf verschiedenen Ebenen präsentiert, vor denen man stramm salutiert.

---

[14] Die ältesten Beweise für geheftete Speerspitzen kommen von Kathu Pan 1, Süd Africa. Sie sind etwa 500 000 Jahre alt. See Jayne Wilkins et. al. www.sciencemag.org, 16 November 2012.

Die Abstammungslinie, die sich während den letzten sechsmillionen Jahren stufenweise zum *Homo sapiens* mutierte, erreichte ihren Grad der Komplexität mit relativ beachtlicher Geschwindigkeit. Sie entwickelte sich aus einer Pflanzen- und Gelegenheits-Aasfresser-Nische heraus. Langsam wurden sie zu erfolgreichen künstlerisch-experimentierenden Raubtieren. Entlang des nördlichen Bogens des sogenannten „Fruchtbaren Halbmonds“, inmitten einer Fülle von Fauna gelang es manchen von ihnen sich als Jäger zu stabilisieren, gut genug um einigermaßen sesshaft zu werden. Die Männchen dieser Art wurden zu Raubtieren und Handwerkern. Raubtiere folgen im Allgemeinen den potenziellen Beutetieren, wohin diese auch wandern mochten. Doch während der Zeit der vergletscherten Bergketten verlangsamte sich das Wandern der Beutetiere. Die Jäger lagerten dicht hinter ihnen und brauchten sich nur zu nähern, um regelmäßig noch Zugang zu Ladungen von Fleisch für sich zu sichern und, wenn möglich, um ihre Jagdkonkurrenten in Schach zu halten. Menschliche Jäger haben von den Füchsen, Dachsen und Bibern einiges gelernt. Zusammen mit diesen Raubtieren verstanden sie sich als "Leute, die aus Häusern hervorkommen, um jagen zu gehen." Das war bis vor kurzem eine alte Selbstbezeichnung der Diné-Navajo Steinzeitjäger. Sie sahen sich als berufliche Verwandte anderer sesshaften Jäger in der Tierwelt.

Unsere Vorfahren beobachteten Vögel beim Nisten, eine Brutsaison nach der andern und jede Art zu seiner Zeit. Wann immer der Proviant ausreichte, konnten es sich die Menschen leisten, ihre Unterstände stabiler zu bauen. Dem Fruchtbaren Halbmond entlang gelang es ihnen schließlich, größere Lagerplätze zu schaffen und diese in Dörfer oder sogar in etwas anderes zu verwandeln, welches späteren Städten ähnelte. Menschliche Jäger imitierten sesshafte Tiere und begannen mehr Zeit und Mühe in den Bau ihrer Wohnungen zu investieren. Wir können davon ausgehen, dass die Anpassung an ihren neuen Wohlstand ihre Zahl stark anwachsen ließ und den Zusammenhalt ihrer von der Jagd her gespalteten Familien wieder verbesserte.

Wenn die Größe ihrer Familien nicht länger davon abhängig war wie viele Kleinkinder eine Frau auf den Wanderungen mitschleppen konnte, wurde es möglich, dass eine sesshaft gewordene Bevölkerung von Jägern sich im Laufe eines Jahrhunderts etwa verdoppeln oder gar verdreifachen konnte. Niemand konnte das Ergebnis dieser Entwicklung im Voraus ahnen. Schon nach wenigen Generationen, ihren Lebenswegen entlang, erwartete eine Reihe von Problemen diese sich erfolgreich angepassten Jägerfamilien. Würde ihre Zahl in einem angemessenen Verhältnis zu den vorhandenen Beutetieren sich vermehren? Würden genug Beutetiere für künftige Generationen übrig bleiben und sich in vergleichbarem Laufschritt mit den Menschen vermehren können? In welcher Weise haben malthusische und darwinische Nahrungs- und Bevölkerungsverhältnisse unsere Vorfahren damals überholt? Das sind einige Fragen, die zu ihrer Zeit niemand zu stellen vermochte, sowie auch noch niemand wusste, wie so etwas zu beantworten, selbst wenn es gefragt worden wäre. Und selbst wenn diese Leute gewusst hätten, was vor ihnen lag, und wenn sie auch kluge Familienplanung praktiziert hätten, dann wären sie trotzdem nicht auf die Veränderungen des Klimas und auf ihren eigenen zunehmenden Bevölkerungsdruck vorbereitet gewesen. Wenn die Tiere in der Nähe knapp wurden, schlossen sich die Männer in Gruppen zusammen und folgten den weiter vom Lager wandernden Herden, genauso wie es die Löwen und Wölfe taten. Um der Möglichkeit willen mit Raubtieren zu konkurrieren und diese zu überlisten und zu besiegen, mussten die *Homines sapientes* ihre Jagdgebiete strenger kontrollieren und wetteifernde Raubtiere in Schach halten.

Die Menschheit mit all den Beute- und Raubtieren verfielen in einen wechselhaften Rhythmus, der vom Wetter und der Topografie stark bestimmt wurde. Im Nachhinein erkennen wir, dass das menschliche Vermögen schon immer vom Klima und der Geografie abhängig war und auch davon, wieviele Beutetiere in ihrer Umgebung blieben und gediehen. Menschlicher Erfolg hing auch davon ab, wie gut man seine eigenen sozialen Bestrebungen untereinander auszugleichen verstand und wie wirksam man seinen Konkurrenten gegenüber seine eigene Beuten behaupten oder aufteilen konnte.

Um die Oberhand über natürliche Raubtiere zu gewinnen und um ihre Wirksamkeit gegenüber vielerlei Beutetieren zu beweisen, mussten die Jäger eine Reihe von zuverlässigen Werkzeugen erfinden und bereithalten. Ihre Waffen mussten die Zähne und Klauen,

Hörner, Schnäbel und Krallen ihrer natürlichen Feinde sowie die der Opfertiere übertreffen. Die Menschen mussten Löwen, Bären, Wölfe und andere Raubtiere besiegen lernen, alle diejenigen die hin und wieder daran erinnert werden mussten, den Menschen gegenüber einen respektvollen Abstand einzuhalten. Um größere Tiere wie wilde Ochsen und Bären zu erlegen oder um Löwen und Tiger abzuwehren, erfanden diese Jäger darüber hinaus wahrscheinlich, wie man die Wirksamkeit ihrer künstlichen „Feuerstein Zähne“ mit irgendeinem Gift noch steigern konnte, so wie es die Schlangen taten.

Während es nicht bewiesen ist und vielleicht auch nicht mehr nachgewiesen werden kann, so deutet doch die allgemeine Vertrautheit der Männer mit ihren Schlangen, welche sich in den steinernen Reliefs am Göbekli Tepe wiederspiegelt, darauf hin, dass diese Jäger derartige Tricks wohl meisterten. Sie wussten, wie man „Stiche“ von giftigen Vipern, Spinnen und Skorpionen an andere Opfer weitergeben konnte, oder wie man das Gift von Vipern und Pflanzen „melken“ konnte. Das Beschmieren von Speer- und Pfeilspitzen mit tödlichem Speichel dürfte den Steinzeitjägern beim Verfolgen verwundeter Tiere viel Zeit und Mühe erspart haben.

Als die Gletscher schmolzen: Während der Jüngeren Dryas, welche zwischen 10 800 und 9 600 Jahren vor unserer Zeit sich erstreckte, setzte eine relativ schnelle Erwärmung ein. Die vergletscherten Täler der Taurus- und Zagrosgebirge begannen sich zu öffnen. Im Sommer schmolzen Schnee und Eis zuerst von den niedrigen Sattelpässen zwischen den hohen und dauerhaft eisigen Gipfeln. Das alles bedeutete, dass mehr Beutetiere nordwärts in die Berge wandern konnten. Die Tiere gelangten dann, dem damals noch eingeschrumpften Schwarzen Meer entlang wandernd, in die nördlichen Grasgebiete. Diese Gegenden begannen sich nach der langen Trockenheit der Eiszeit zu erholen.[15]

---

[15]Vergleiche dazu: Milutin Milankovitch, “Glacial and Interglacial Scale,” *NOAA Paleoclimatology, http://www.ncdc.noaagov/paleo,* und Steven Mithen. *After the Ice, a Global History, 20 000 to 5 000 BC.* Cambridge: Harvard University Press. 2004, Seiten 12 und folgende.

Für die sesshaften Jäger, die dem oberen Rand des „Fruchtbaren Halbmonds“ entlang verweilten, brachte wohl dieser Klimawechsel eine Beängstigung. Als Folge ihres erweiterten Jagens, das die Menschen veranstalteten, wurden die Beutetiere die noch südlich der Gebirgszüge grasten stark reduziert. Immer mehr der überlebenden Tiere wanderten durch die Berge nach Norden hin. Die angesiedelten Jäger waren auf so etwas nicht vorbereitet und konnten auf diese Krise nicht sogleich strategisch reagieren. „Wann werden die Tiere wohl wieder zurückkommen?“ haben sicherlich viele von ihnen gefragt.

Doch bestimmt hatte die bloße Tatsache, dass Tiere südlich der eisigen Gebirge sich über Jahrhunderte hin anhäuften, nicht den Effekt, dass deshalb alle Jäger dort stecken blieben und nicht in Asien oder nach Europa weiterwanderten. Der Fruchtbare Halbmond bot Verbindungen mit der Mittelmeerküste. Und von der Küste aus konnte man Flussverbindungen entlang in den Westen sowie um den ansteigenden Golfsee herum in den Nordosten, dem Indusfluss entlang folgen. Berge, Gletscher und umgehbare Gewässer konnten keinen neolithischen Jäger für lange Zeit aufhalten. Auch Umwege schreckten die Steinzeitjäger nicht zurück, nicht solche Leute, die sowieso schon gewohnt waren den kreisenden Spuren territorialer Herdentiere zu folgen. Ein Mensch, der wirklich wollte, konnte einen Weg nach anderswo hin finden oder auch einfach vor Ort umsiedeln.

An einem gewissen Zeitpunkt während der Gletscherschmelze folgten einige Jäger ihren Beutetieren nach Norden tiefer in die Berge, und sie merkten dort, dass viele Tiere aus dieser Gegend nicht mehr zurückkehrten, dass diese weiterhin in Richtung des Schwarzen Meeres und auf die inneren kontinentalen Steppen hinzuweideten. Einige dieser Jäger kehrten in ihre heimatlichen Ansiedlungen an den südlichen Bergausläufern zurück und erzählten dort ihre Geschichten. Manche holten ihre Familien oder Klan-Verwandte und folgten den Tieren nordwärts. Aber egal wie viele Jäger auch emigrierten und den Tieren nach Norden folgten, die zurückgebliebenen Menschen waren immer noch zahlreich genug, um ihre eigenen Bevölkerungszahlen über die Tragkraft der Ökologie hinaus zu steigern. Bei einer sesshaften Bevölkerung konnte eine solche Übervermehrung innerhalb einer einzigen Generation geschehen, oder sichtbar werden. Sie jagten weiterhin Tiere und blieben in der Abwärtsspirale ihrer sesshaften und üppigen Lebensweise gefangen.

Wenn immer in anderen Teilen der Welt eine Anzahl von alten Jägern in Engpässe gerieten, ob aus Gründen der Überbejagung oder Veränderungen in der Umwelt, neigten die Männer dazu, sich geschlechtlich und beruflich abzusondern und zu organisieren. Wir werden diesen Vorgang noch näher in Kapitel dreizehn kennenlernen, wo wir die Geschichte der dekadenten Wemale Jäger auf der Insel Seram betrachten. Wenn Steinzeitjäger gesteigerte Nahrungsmittel Knappheiten erlebten, war die Gründung von geheimen Männerbünden eine typische Reaktion. Als enttäuschte Verlierer im Bereich der Jagd mussten sich die Jäger gegenseitig Sicherheit und Mut zusprechen. Ein einziger Mann, konnte als gescheitert abgetan werden oder sogar als ein Narr. Aber alle Jäger zusammen konnten nicht als schlechte Versorger ihrer Familien gescholten werden. Um ihren Status gegenüber den gestressten Sammlerinnen in ihren Haushalten zu schützen, suchten die Männer Unterstützung bei ihresgleichen. Bei alledem hatten die Frauen gute Gründe sich zu beschweren, dass ihre Männer nicht mehr ihren Anteil für den Überlebenskampf der Familie einbrachten. Man kann davon ausgehen, dass der Zusammenhalt zwischen Göbekli-Tepe-Jagdbrüderschaften, von solchen Krisen negativ beeinflusst wurden.

Glücklicherweise wuchs aber dem Nordbogen des Fruchtbaren Halbmondes entlang wildes Getreide, welches die Frauen für eine geraume Zeit schon gesammelt hatten. Um den Mangel an Fleisch aufzuwiegen und um ihre Kinder zu ernähren, brauchten aber diese Frauen mehr Körner als sie auf wilden Wiesen sammeln konnten. Und so, als diese ihre Nahrungssuche intensivierten, wurde anscheinend während der gleichen Arbeit durch zufälliges Verrieseln das Aussäen von Saat erfunden. Inzwischen wanderten die Männer mit gleichgesinnten Jagdgenossen, um weiter entfernt von ihren Lagerplätzen zu jagen. Sie versuchten gemeinschaftlich effizienter zu werden. Gemeinsam lernten sie wohl dann auch so nach und nach das Schicksal ihres Jägerstandes zu bemitleiden.

Doch in der Blütezeit des Göbekli-Tepe-Kultus wusste noch niemand etwas über eventuelle Alternative zur vollzeitlichen Jagd. Andere Möglichkeiten mussten zuerst erforscht oder erfunden werden. Inzwischen wurden selbst die Männer von dem Getreide, das ihre Frauen sammelten, abhängig. Und auf diese Art erlebten die Männer neue Gefühle der Unsicherheit, welche wie die Schlangen an sie heranschlichen. Das heißt, sie erlebten Zweifel an ihrer Identität und an ihrem Selbstwert als Jäger. Dieses wurde auf Jahrtausende hin ein Problem, das zwischen Klans und Stämmen der veraltenden Steinzeitjäger anhaltende Feindschaften bescherte.

War die neolithische Revolution eine Krise der Opulenz? Mit Dank anerkenne ich das „Vorwort“, das Professor Klaus Schmidt für die englische Ausgabe geschrieben hat. Ich bin mit seiner Beweisführung so etwa einverstanden, dass am Ende der Eiszeit ein positives Klima und gutes Wachstum den neolithischen Jägern am Göbekli Tepe zugutekam. Klaus Schmidt widersprach der Theorie des Gordon Childe, welcher glaubte, dass am Fruchtbaren Halbmond entlang der Druck vom Jagen weg in Richtung Domestikation durch Klima und Wirtschaftskrisen entstand. Schmidt beharrte darauf, dass am Ende der Eiszeit die Umwelt in dieser Gegend, tatsächlich besser als früher für Tiere und Menschen sich anbot.

Ein kleiner Punkt, an dem ich es wage über diese wohl sichere Folgerung hinauszutasten, steckt in der Möglichkeit, dass es trotzdem irgendeine andere Krise gegeben haben könnte, welche die Domestikation hätte herbeibeschwören können. Die Waffenindustrie am Göbekli Tepe selber, signalisiert den Ursprung einer Kulturkrise, welche nicht nur im Bereich der materiellen Wirtschaft, sondern auch in der Religion zu suchen ist. Aus der Sicht eines Religionshistorikers können Krisen aus irgendwelchen Zuständen, bei welchen das wirklichkeitsbezogene Gleichgewicht verloren geht entstehen.

In diesem Fall war es möglich, dass das ökologische Gleichgewicht als Resultat eines außergewöhnlichen Wohlstands, aus Überfluss und Mehrverbrauch heraus, sowie aus einem resultierenden übergroßen Kindersegen heraus verloren ging. Tatsächlich dürften gute klimatische Bedingungen die Fauna am Anfang gefördert und den Jägern ihre Beuten von Fleisch vergrößert haben. Gerade by diesem Wohlstand wären dann die menschlichen Bevölkerungszahlen in die Höhe geschnellt. Die Beutetiere würden demzufolge, wie zu erwarten gewesen wäre, auch weithin weniger geworden sein.

Wie bei allen gesteigerten Fortschittlichkeiten der Menschheit verschlimmerten im Laufe ihrer Zeit auch die menschlichen Werkzeugmacher am Göbekli Tepe ihre Probleme. Sie wurden erfolgreiche Hersteller von Feuersteinwaffen. Und sicherlich dienten, aus ihrer Perspektive gesehen, diese Waffen nur positiven Zwecken. Ihre innovativen Jagdmethoden befähigten die Männer, Fleisch in größeren Mengen zu ernten. Als Folge davon vermehrte sich die menschliche Spezie als eine hochentwickelte „Raubtier Art." Die Hälfte aller Babys erwiesen sich als Angehörige des männlichen Geschlechts. Es waren potenzielle Jäger, die als befähigte Killer ihre Art jedenfalls schneller vermehren konnten als sich die Beutetiere regenerierten.

Ironischerweise vergrößerten sich bei alledem die grundlegenden Probleme. Selbst Menschen die sesshaft geworden waren, die sich auf das Ernten von einfacher Pflanzennahrung umgestellt hatten, halfen das ökologische Gleichgewicht der Jägerkultur zu zerstören. Auch sie fügten der Überbevölkerung ihren Teil von potenziellen Jägern hinzu. Somit halfen auch die Domestizierer noch den Rückgang der wilden Fauna zu beschleunigen. Zusätzlich wurden auch noch die Pflanzer den durchs Jagen reduzierten pflanzenfressenden Beutetieren zu vegetarischen Konkurrenten. Keine einzelne Besserung im Klima oder in der Umwelt vermochte gegen eine üppige Bevölkerung von *Homines sapientes* anzukommen, oder deren Heil zu garantieren. Am Göbekli Tepe haben die bewusst schuldigen „Räuber" es mit Reue, Buße und Versöhnungsriten versucht. Aber ihre Bemühungen um Sühne, im Gegenzug für fortwährend größer erwartete göttliche Bescherungen und Segensspendungen, waren am Ende selbstzerstörerisch. Ihre allgemeine fromme Gesinnung, die Erdmutter mit ihrer religiösen Buße umzustimmen und ihre Lebenskräfte stimulieren zu wollen, vermehrte ihre Zahlen weit über die Tragfähigkeit ihrer Kultur hinaus. Der göttliche Segen selber schuf für sie das Potenzial für episodische Hungersnöte.

Bevor Studien über die Klimageschichte am Göbekli Tepe früher oder später unternommen werden, um alte Ereignisse klimageschichtlich zu korrelieren, muss vor allem größere Genauigkeit erziehlt werden. Wo immer die Zahlen der Beutetiere weniger wurden, da wurden auch die Strategien der Domestizierer anfällig. Ein oder zwei Dürrejahre konnten eine Bevölkerung von Pflanzern entwurzeln. Hirten mögen wohl zuerst weggezogen sein. Doch schließlich zogen auch die Pflanzer weg, hilflos zwischen Steinen und Dünen wandernd. Wir können derartige kurze Zeitabstände noch nicht auf unseren Zeitskalen als Katastrophen erfassen.

Als ein erster Schritt in die Richtung einer Göbekli-Tepe-Klimageschichte wird man wohl folgende Daten brauchen: (1) die genaue Identifizierung von Jahren der Eiszeit, welche als Zeiten allgemeiner Dürre zu verstehen sind. Solange Gletscher sich nur aufbauten, floss wenig Wasser; (2) Intervalle, während deren die Gletscher schmolzen und ihre Wasser in den Bächen flossen; und (3) spätere Zeiten, wenn die Reserven von Gletscherwasser versiegten.

Auf diese elementare Periodisierung würden dann jährliche Baumringvariationen oder ähnliche örtliche Präzisionsmessungen hinprojektiert werden müssen. Von solchen Daten könnten dann eventuelle Schätzungen in Bezug auf einstige realistische Domestizierungsmöglichkeiten abgeleitet werden. Um etwaige Rückschlüsse über die Auswirkungen von Vereisungen und deren Folgen zu ziehen, denke ich als Ausgangspunkt an so etwas wie eine Paradigmastudie über die Schutthalden und die uighurischen Dörfer am nördlichen Rand des Tarim Beckens entlang, welche vom Schmelzwasser aus den Bergen existieren, und die ich besucht habe.

4

Kalkstein-Religion am Bauchberg

Am Göbekli Tepe verschob sich der Schwerpunkt des Schaffens sehr früh von der Feuerstein-Waffenherstellung hin zur Kalksteinbildhauerei. Das bedeutete ein Erweichen der Jägerkultur durch Kunst und Religion. Unsere Erkenntnis, dass Flintknollen wohl als Eier der Berg- und Erdmutter gegolten haben, bietet eine Durchbruchshypothese zur Decodierung des restlichen Göbekli-Tepe Sühnekultus. Die Temenoi-Heiligtümer bieten sich uns als die exklusiven Klub-Logen der archäischen Jäger an. Es waren kulturell fortgeschrittene Jäger, die über die bloße Herstellung von Waffen und über die Jagd hinaus zu denken fähig waren. Die Menhir-bespickten Tempelanlagen dürfen wohl als Eingangsheiligtümer zum Leib der Erdmutter verstanden werden. Die T-Pfeiler, die wir in diesem Buch "Menhire" nennen, dürften dann wohl als Darstellungen von Phallen interpretiert werden. Menhire wurden von den Männern feierlich und ordnungsgemäß platziert, um mit feierlichem Aufwand die Erdmutter zu schwängern. Der "Bauchberg" als wachsender Hügel signalisierte die Schwangerschaft der Erdmutter.

Tempel zur Beschwichtigung der Erde: Die Männer am Göbekli Tepe waren Bergleute und Werkzeugmacher. Sie arbeiteten für sich selbst und dienten einer Jäger- und Sammlergesellschaft, die, ihrer Entwicklung gemäß, sich in einem Übergangszustand befand. Sie waren Jäger und das bedeutete Feuersteinbergleute, Waffenhersteller, eingestandene Killer, Metzger und Steinbrucharbeiter, die sich umgehend als Bildhauer entfalteten. Ihr Hunger nach einem rationellen Verständnis erforderte von ihnen eine persönliche Offenheit der weiten Erde gegenüber, welche sie als eine übermenschliche und lebende Mutter erkannten.

Um der Mutter Eierstöcke zu plündern, um Feuersteinknollen, oder genauer gesagt, um ihre Embryonen, die sie für die Herstellung von Waffenspitzen und Schneidewerkzeugen extrahierten, um diese dann als Werkzeuge zu schärfen, sodass sie damit noch mehr aus ihrer Mutter herausmeißeln und noch mehr Tiere einfacher töten konnten, für alles das mussten sich diese Männer um eine Art Wiedergutmachung bemühen. Ein Versuch, den ganzen Zusammenhang und die Komplexität ihrer technischen und religiösen Probleme hier voll anbieten zu wollen, wäre wohl noch verfrüht. Es gibt viele archäologische Daten, die noch einzeln geprüft werden müssen, ehe man damit beginnen kann, den Göbekli-Tepe-Kult in seiner Gesamtheit zu verstehen.

Fragen, welche unter wissenschaftlichen Forschern heutzutage zuerst auftauchen, sobald sich ein Interesse an vorgeschichtlichen Religionen bemerkbar macht, betreffen den Wunsch nach eindeutigen materiellen Beweisen für einen leicht zu erklärenden Totenkult. Die zweite Frage, die daraufhin sofort gestellt werden kann, betrifft eventuelle Begräbnisbeigaben. Man folgert dann allzu schnell, dass vorgeschichtliche Menschen, die bereit waren in materielle Geschenke für ihre Toten zu investieren, wohl ernsthaft an ein Weiterleben nach dem Tod glaubten. Dies ist eine oberflächlich minimalistische Gesinnung den alten Religionen gegenüber, welche unserem Geschichtsverstehen wahrscheinlich nur hinderlich ist. Solch eine Betrachtungsweise ist unverkennbar vom heutigen wissenschaftlichen Materialismus verdreht worden.

Selbstverständlich ist es wahr, dass alle Kreaturen schließlich den höchsten Punkt ihrer religiösen Rückzüge oder Niederlagen im Tod erreichen werden, in dem gleichen Moment, wenn sie am rechten Ende der Skala von der Planke ihres „Schaukel-Totters" fallen (diese Metapher wird in Kapitel Zehn genauer erklärt). Und ja, den Nachkommen von Jägern ist es freilich immer interessant herauszufinden, *wie* jemand im Tod erliegt. Andererseits können wir aber viel mehr von den lebenden und den noch selber denkenden Menschen über ihre Religion erfahren, wenigstens solange wir bereit sind, zuerst die Allgegenwart von Gegensätzlichkeiten im Leben anzuerkennen. Das bedeutet, dass Menschen selbst bei ihren kulturellen Ausweitungen stets religiöse Zugeständnisse ihren erlebten übermenschlichen Realitäten gegenüber machen, sowie über Grenzen über welche sie nicht hinauskommen. Das ist der Fall, selbst wenn Menschen staunenswert und mit höchster Begeisterung den Bereich ihrer Kultur ausweiten.

Auch die Bergleute am Göbekli Tepe markierten ihren Fortschritt auf Kosten der sie einschränkenden übermenschlichen Wirklichkeit, vor allem wenn sie mit der Steigerung ihres Selbstbewusstseins, ihren eigenen Grenzen entlang, ihre Werke als Bildhauer und Baumeister zur Schau stellten.

Die erste Frage eines Religionshistorikers an einem Ort wie Göbekli Tepe richtet sich daher auf Gedanken hin, welche die Feuerstein-Bergmänner dort gehabt haben mögen, als sie ihre „ersten Markierungspfähle" setzten, das heißt, als sie ihre ersten und ihre größten Menhire aufstellten. Das waren die Momente, an welchen sie ihre eigenwillige Grenze zwischen sich selber und der immer anwesenden übermenschlichen Wirklichkeit zu definieren versuchten. Die Kalksteinmenhire wurden durch menschliche Hände zurechtgemeißelt und aufgestellt. Sie symbolisierten die oberste Grenze des kollektiven kulturellen Wagemuts. Zur gleichen Zeit aber bedeutete diese oberste Grenze, aus religiöser Sicht von der übermenschlichen Dimension her gesehen, auch die äußerste „Haut" der übermenschlichen Wirklichkeit, gegen welche Feuersteinhandwerker zu stoßen wagten.

Die kulturellen Errungenschaften, welche die Männer am Göbekli Tepe erreichten, wurden buchstäblich auf Kosten der Erdmutter gewonnen aus ihrem eigenen Feuerstein und Kalkstein. Der weitere Fortschritt dieser Männer geschah dann auf Kosten ihrer totemtierischen Gottheiten, welche sie auch in Stein zu meißeln wagten. An dem Punkt an dem ein Bildhauer eine Gottheit abflachte und versteinert aus Kalkstein heraus erscheinen lassen kann, spielt er sich als deren tatsächlichen Schöpfer hoch. Vielleicht wurden am Göbekli Tepe solche Siege der Bildhauer auch noch auf die Kosten eines vordem geglaubten Himmelsvaters, welcher bislang seine Funktion den menschlichen Augen gegenüber noch unerwähnt erfüllte. Diese letztgenannte Möglichkeit wird später noch einmal in Bezug auf die „Theogonie des Hesiod" in Kapitel Acht erörtert werden.

Doch wie haben, aus ihrer eigenen Sicht heraus, diese Jäger und Feuersteingräber am Göbekli Tepe sich ausgedrückt, betreffs dem was sie dachten als sie Menhire aufstellten? Ein schüchterner Erzähler weiß, dogmatisch vielleicht, dass zehntausend Jahre später eine Antwort auf diese Frage nicht mehr möglich ist. Die Wahrheit aber scheint zu sein, dass auf der Grundlage von ähnlicher Schüchternheit, die sich auf den oben beschriebenen „minimalen" Umfang einer Religion beschränkt, die Gedanken der Bergarbeiter auch schon damals, zwischen zwölf und zehntausend Jahren, unmöglich zu verstehen gewesen wären. Wir können sicher davon ausgehen, dass diejenigen die den Göbekli Tepe angehäuft haben auch fähig waren sich miteinander zu verständigen. Sie konnten ihre intime Ontologie, ihre Existenzauffassung, mittels symbolischen Bildern miteinander teilen. Und zum Glück können manche der langlebigen symbolischen Bilder heute noch verstanden werden.

Erklärungen über unsere weite Welt erhalten wir, als heutige Menschen, oft mit Hilfe von wissenschaftlichen Forschungen die uns aus neuzeitigen Zuneigungen oder auf der Basis von experimentellen Lösungen, zugeliefert werden. So bemerken wir, dass religiöse Themen unter uns entweder ohne weiteres Bedenken verworfen werden—ohne vielleicht je verstanden worden zu sein um zu einer ernsthaften Frage zu werden. Für Wissenschaftler, die nur auf der linken Hälfte ihrer existenziellen Schaukel-Totter Skala (siehe wiederum Kapitel Zehn) zu denken gewohnt sind, ist religiöses Verständnis von vornherein geächtet. Doch ist aber rationale Religion genauso rational wie die rationale Wissenschaft. Jeder arbeitet mit seinen eigenen proportionell eingeschätzten Dimensionen, inmitten von eigens begegneten Umweltgrößen und von seinen beliebtesten Orientierungspunkten aus.

Hügel, Kalk- und Feuerstein: Was bedeutete in der religiösen Sicht der Männer am Göbekli Tepe das Plateau, das sie erstiegen, um ihre Arbeit zu beginnen? Was waren die Kalksteinschichten und Materialien, aus denen hervor sie Feuersteinknollen abbauten für die Herstellung von besseren Waffen und Werkzeugen? Vor zwölftausend Jahren hatte keiner dieser Bergleute schon so etwas wie unsere Geologiebücher gesehen. Das bedeutet, dass die Definitionen von Chemikalien, Atomen, Molekülen, die wir aus solchen Büchern erlernen, für die gegenwärtige Diskussion eigentlich unzulässig sind. Diese Steinzeit Menschen verstanden ihre Arbeit ihren eigenen Bedingungen gemäß. Sie kannten ihre Werkzeuge und lernten Materialien, die sie ihrem Willen unterstellten, als solche kennen. Sie wussten, wenn sie erfolgreich waren und wussten auch, wenn sie eine Sache nicht begriffen hatten oder wenn sie sich zurückhalten mussten. In anderen Worten, sie verstanden, wenn sie vorsichtiger sein sollten. Und das bedeutete „ängstlicher und religiöser."

Als Steinbrucharbeiter und Bildhauer erfanden diese Männer, wie man die gerundeten Formen lebender Tiere nachbilden und sie aus Stein hervortreten lassen kann, um dieselben dann zusammen den ganzen übermenschlichen Bereich der Totemgottheiten repräsentieren zu lassen. Um sich aus der Welt der persönlichen Totems heraus einer breiteren gesellschaftlichen Ordnung anzuschließen und sich einer noch größeren kosmisch-göttlichen Ordnung künstlich einzugliedern, meißelten sich diese Männer große T-förmige Menhire. Sie modellierten teils-abstrakte Formen.

Bei einer Betrachtung der verschiedenen Flach- und Hochreliefe mag ein wissenschaftlich orientierter Beobachter bereit sein, bestimmte Tiere zu erkennen welche sogenannte „Totems" repräsentieren. Aber was waren diese Totems? Es waren Gottheiten, die in der noch älteren Vorzeit regierten, zu einer Zeit als die Vorfahren der Menschen sich diesen tierischen Räubern noch unterlegen fühlten und sich von bestimmten Tierarten noch tief beeindrucken ließen. Zu diesen Totems zählten Raubtiere, die heute noch rund um uns herum schwimmen, fliegen oder laufen. Im Laufe der Zeit wurden aber die meisten dieser alten Totems als Gegenstände der wissenschaftlichen Zoologie abgewertet und niedriger kategorisiert. Dem menschlichen Konkurrenzstreben entsprechend wurden vor zwölf- und elftausend Jahren noch, auf einer frühen Stufe der Abstrahierung, die Totemgötter im Flachrelief aus Kalksteinflächen herausgehämmert—auf diese Weise auf ein dünneres Außmaß hin reduziert, und sogar „versteinert."

Mit einem Blick nur auf die Göbekli Tepe Stufe der Abstraktion gerichtet, findet ein wissenschaftlicher Zoologe nur wenig weitere Anhaltspunkte. In Bezug auf die Bedeutung der rechtwinkeligen T-förmigen Kalkstein-Menhire mag er sich sogar hilflos fühlen. Hätten jene alten Bildhauer doch die Ecken und Kanten ihrer Menhire auf eine naturalistische Art und Weise besser abgerundet, dann hätten moderne Beobachter es jetzt wohl leichter, die elementaren und biologischen Prototypen darin zu erkennen. Jedoch, wenn die Bildhauer ihre Kanten abgerundet hätten, dann wäre ihr menschlich erhabener Wille gegenüber den Kalkstein-Stelen in geringerem Maße zum Ausdruck gebracht worden.

Die Menhire nur als „Symbole“ zu interpretieren, ohne ihre ursprüngliche Überschneidung mit der biologischen Wirklichkeit zu erkennen oder ohne zu sehen wie menschliches Leben sich einst von übermenschlicher Wirklichkeit herausgefordert fühlte, das ist mit einem Blick auf menschliche Kleidung zu vergleichen. Die Frage bietet sich an, ob wohl unter der "Kleidung" dieser Bildhauereien nur "Skelette" verborgen liegen? Haben diese Bildhauer nur leblose Steine bekritzelt? Oder standen ihre Bildnisse noch in Verbindung mit einer übermenschlichen Anatomie?

Materielle Realität, die ein Geist nicht sehen kann: In seinem Buch, „*After the Ice*,“ präsentiert Steven Mithen eine schöne archäologische Übersicht über die letzten 15 000 Jahre unserer Vorgeschichte. Sein literarischer Trick, mit dem Geist des verstorbenen Anthropologen John Lubbock eine Vielzahl von Ausgrabungsstätten zu besuchen, als diese einst noch Plätze voller Leben waren, ermöglichte es ihm, hypothetische Begegnungen, die einst aller Wahrscheinlichkeit nach hätten geschehen können, zu dramatisieren. Für derartige Begegnungen sind verständlicherweise keine konkreten Beweise mehr zu erbringen. Doch der unsichtbare Geist einer historischen Persönlichkeit besuchte gefährliche und anders unzugängliche Orte. Er versteckte sich im Schatten, um Kannibalen oder anderen Bedrohungen zu entgehen. Wenn die beiden, Professor Mithen und sein befreundeter Totengeist, den Göbekli Tepe besuchten war damals allerdings ihre doppelte Präsenz für sie kein Vorteil. Unter den Überresten eines antiken Kultus versuchten die beiden mit zwei ähnlich modernen Augenpaaren etwas auszuspähen. Beide zusammen sahen aber nur, was durch ihre schul-definierten archäologischen Filter passieren konnte. Hier ist, was uns darüber gesagt wird:

> „Was die Tier- und symbolische Abbildungen bedeuten und welche Art von rituellen Handlungen am Göbekli stattgefunden, das werden wir kaum noch entdecken. Die Bilder dürften entweder Klan-Totems oder Darstellungen von Göttern aus der Jungsteinzeit gewesen sein, aber es gab keine ‚Muttergöttin‘ am Göbekli. Alle Tiere sind männlich, und es gibt eine Kalksteinstatue von diesem Platz, eine menschliche Figur mit einem erigierten Penis. Statt Vorstellungen von gesunder Fruchtbarkeit und Fortpflanz-

ung beziehen sich tatsächlich die vorgefundenen religiösen Themen aus beiden Orten, Göbekli Tepe und Jerf el Ahmar, auf die Furcht und die Gefahr des Wilden."[16]

Diese Abwägungen sind bemerkenswert. Sie erkennen bestimmt richtig die gegenwärtige Gefahr und Angst, die von der freien Wildbahn her raunte. Aber was kann man anders erwarten in Heiligtümern die von Jägern gebaut und betrieben wurden? Jäger sind professionelle Killer und Schlächter. Ihre Totems mussten daher bessere Räuber als sie selber sein, und sie mussten dazu natürlich betont männlich sein. Darüber hinaus darf man wohl fragen, ob nicht gerade die Vielzahl der erregten Männchen auf irgend etwas Weibliches in unmittelbarer Nähe hinweisen. Und natürlich sind die Totems nicht Alternative für die Götter. Sie selbst *sind* die Götter. Dazu konnten die archäische Jagdgottheiten wählen, um entweder sichtbar oder auch in jedem Erscheinungsgrad zwischen leicht getarnt und fast unsichtbar verwandelt sich zu zeigen fast so, wie der englische Geist des John Lubbock sich dem Professor Mithen darbot. Jedoch waren in der Steinzeit die Totengeister wohl etwas mehr substanziell sichtbar und weniger „spirituell." In neolithischen Jägerreligionen verschwendete man keine Worte, um über etwas zu reden, das etwa so wie die „Spiritualität" auf Englisch, immer unsichtbar bleibt. Die Begriffe von Sichtbarkeit, von Transformation und Schattierungen zwischen sichtbaren und ungesehenen Geistern reichten aus.

Die Anwesenheit von Raubtier-Göttern brachte Angst und Gefahr für alle potenzielle Opfer, und zu den Opfern der Jagd zählten manchmal verunglückte Menschen, die von mächtigen Tiergottheiten eingeholt wurden. Als Kontrast aus männlich-menschlicher Sicht, aktivierten diese Jäger ihre Mächte des Todes gegenüber den Tieren. Und wiederum im Kontrast waren die Frauen in Jägerkulturen mit manchen besonderen Kräften als Lebensspender ausgestattet. Über Millionen von Jahren haben hominide männliche Jäger für die Fortpflanzung ihrer Nachkommenschaft körperliche Gemeinschaft mit ihren weiblichen Partnerinnen gepflegt. Zu gleicher Zeit suchten aber die Männer auch mystische Bindungen mit verschiedenen Arten von Raubtieren, vorzugsweise mit solchen, die sie am meisten respektier-

---

[16] Steven Mithen, ins Deutsche übersetzt aus *After the Ice*, 2003, Seiten 66 und folgende.

ten, das heißt, mit vorbildlichen Raubtiergottheiten zum Zweck der gemeinsamen körperlichen Tüchtigkeit beim Jagen. Unterstützung von Seiten der Götter wurde von den Tod-bringenden Jägern immerhin auch zum Zweck ihrer moralischen Rechtfertigung erbeten.

In der fernen Vergangenheit, als die Menschen selbst noch in ihrer wilden Tierschicht existierten, waren Totemtiere noch ihre Götter. Diese besaßen Macht über Leben und Tod und hatten aber auch die Fähigkeit, menschliche Jäger zu sponsern, diese zu beeinflussen und ihnen Erfolg zu schenken, aber ihnen auch ihre Hilfe zu entziehen. Weidmänner wurden von ihren Göttern besessen, sie wurden, wörtlich, ein „Sitz für ihre Gottheiten." Sie wurden deren „Besitztümer" auf entsprechende Weise, so wie später die Domestizierer anfingen allerlei Tiere als ihre Besitztümer zu nutzen. Während sie jagten, stellten sich die Männer ihre Totem-Götter groß genug vor um ihnen gehorsam bleiben zu müssen. Die Götter betrieben die Muskeln ihrer menschlichen Schützlinge und handhabten auch deren Waffen. Und mit ihrer Übernahme der gesponsorten menschlichen Kräfte übernahmen die Götter auch die Verantwortung für das Töten der Beutetiere.

Vor etwa 11 500 Jahren begann am Göbekli Tepe eine Zeit des menschlichen Fortschritts, nicht nur im materiellen Waffenbau, sondern auch den Göttern selber gegenüber. Ihre Totembilder konnten nun gefahrenfrei als Flachreliefs gemeißelt und versteinert werden. Damals waren bei weitem nicht alle göttlichen Totemtiere noch größer als menschliche Jägersleute. Bei ausreichender Planung waren menschliche Jäger schon in der Lage, alle ihre Totemgötter zu töten, um ihre Felle oder Gesichter (das heißt, Masken) sowie ihr Fleisch zu borgen. Aber trotzdem verehrten unsere Jägervorfahren weiterhin diese göttlichen Obrigkeiten als begehrenswerte Partner in der Jagd, welche dann zweckmäßigerweise die Verantwortung übernehmen mussten für alle verwerflichen Zugriffe, die ihre menschlichen Gefolgsmänner unter dem Einfluss ihrer Frömmigkeit anstellten. Hier, am Göbekli Tepe, wurde dazu noch ihr Tod-verbreitendes Handwerk zunehmend mit Libido und Lebenskraft durcheinander gewürfelt. Die kulturelle und religiöse Reform am Göbekli Tepe bedeutete Buße sowie Sühne für die Millionen von Jahren des Fortschritts vonseiten der waffenschaffenden Handwerker und deren Killer-Verantwortlichkeit.

Der Geist des John Lubbock konnte am Göbekli Tepe die Gegenwart der „Muttergöttin" nicht erkennen. Er konnte sie aus dem einfachen Grunde nicht sehen, weil der Göbekli Hügel selbst die materielle Göttin war, welche unerkannt unter seinen Füßen lagerte. Wie viel von ihr hätte wohl offen gelegt werden müssen, um es einem „puritanisch-spirituellen" Totengeist zu ermöglichen, diese zu erkennen? Und wiederum, wie hätte ein neuzeitlich rein britischer *„Spirit"* eine alte materielle Gottheit erkennen sollen? Im gleichen puritanischen Gedankengang fortfahrend, sind Etikette wie „Totemismus", „Animismus", „Polytheismus" und selbst „Monotheismus" eigentlich erfunden worden, um solchen modernen Köpfen, die alle Möglichkeiten auf übermenschliche Persönlichkeiten zu stoßen vermeiden wollten, behilflich zu sein. Die Götter zu benennen und beim Namen anzurufen ist die antike menschliche Geste um Götter zu beeinflussen. Sie aufzuzählen und als Zahlen zu manipulieren, ist der nächste Schritt zur Kontrolle. Zählen ist die Geste eines Eigentümers. Man *benennt* seine potenzielle Gleichgestellten; man *zählt* aber seine Besitztümer.

Wir wissen, dass der noch lebende Freund des John Lubbock zumindest einige der offengelegten Teile am Unterleib der Göbekli-Tepe Mutter im Gange der archäologischen Entblößung gesehen hat. Hätte er das Glück gehabt, eine oder zwei aus der Steinzeit noch übrig gebliebene Einweihungszeremonien mitzuerleben, dann wäre ihm sicherlich bewusst geworden, dass es in der neolithischen Religion gar keine „Natur Objekte" oder „Natur Funktionen" gab. Seine Chancen, die Göttin zu erkennen, hätten sich für ihn wohl um neunundneunzig Prozent verbessert. Augenschein und Erkenntnis durch eine ältere Art von Vernunft, das sind verschiedenerlei Dinge.

Die Götter der Menschheit waren immer das, was die Menschen als größer empfanden, oder, wie es ein Mitbegründer einer unserer westlichen Religionen empfohlen hat—das Eine, „in dem wir leben, uns bewegen und unser Dasein haben." Natürlich gab es schon vor zwölftausend Jahren eine weitläufige Erde und einen alles überdekkenden Himmel, auf welcher und unter welchem die Menschen am Göbekli Tepe lebten. Diese zwei, die Menschheit deutlich übertreffende Phänomene, Erde und Himmel, offenbarten sich den ersten

Bildhauern in Südostanatolien auf entsprechende Weise, wenn diese Männer damit anfingen, frische existenzielle Fragen für ihr Zeitalter der Jungsteinzeit zu formulieren.

Welcher Künstler der Jungsteinzeit hätte wohl volle, naturgetreue Bildnisse von Erde oder Himmel irgendwie formgerecht in den Kalkstein meißeln können? Jawohl, es gehörte immer mehr zu einem Kultus der Muttergöttin, als ehrenhafte Bildhauer zu zeigen in der Lage waren oder zu zeigen gewagt hätten. Trotzdem hätten sich die Bildhauer am Göbekli Tepe nicht viel deutlicher dabei ausdrücken können, als sie das in Wirklichkeit schon taten. Ihre Geheimnisse liegen jetzt dort entblößt, nur bedeckt mit der klaren Luft die wir atmen, ausgegraben und in voller Sicht.

Ausbeutung der Feuerstein-Embryonen: Die Erbauer der Heiligtümer am Göbekli Tepe kamen zum Kalkstein-Plateau zunächst auf der Suche als Jäger und Metzger. Sie gingen dorthin, um sich als Bergarbeiter und Werkzeugmacher zu betätigen. Ihre Wünsche und Sinne waren auf die bestmöglichen Feuersteinknollen ausgerichtet. So viel können wir jetzt aus den abgeräumten Kalksteinschichten schließen, sowie auch aus den Feuerstein- und Kalksteinüberresten, welche diese Männer aus ihrer Arbeit hinterließen. Auch blieben eine Anzahl von gespeicherten Feuerstein Werkzeugen zurück, reservierte Vorräte, die uns jetzt als Befunde dienen, die uns die Berufe und die alten Arbeitsweisen der Männer noch bezeugen.

Unsere erste Frage betrifft die Tempelplattformen zusammen mit deren Menhiren, welche die Steinzeitmänner am Göbekli Tepe aufgebaut haben. Was war es denn, das diese Jäger, Werkzeugmacher und Bergleute über ihr Treiben selber dachten und vermittelt haben? Wie mochten sie wohl ihren Lehrlingen deren Aufgaben erklärt haben? Was bedeutete ihnen der Hügel, den sie anhäuften? Wie passten wohl Feuersteinknollen und gefertigte Feuersteinwerkzeuge in den Zusammenhang mit ihrer ganzen Weltanschauung? Wie waren alle diese Fragen, samt ihren Hoffnungen und Zielen, mit der Jagd verknüpft? Haben diese Menschen das, was sie an ihrem Hügel zu erarbeiten versuchten, auch wirklich erreicht?

Ich bin davon überzeugt, dass ich genügend Antworten auf diese Fragen habe. Aber ich weiß auch, dass weder die deutsche noch die englische Sprache das nötige Vokabular innehat, das die Grundlagen des Göbekli-Tepe-Kultus auf einfache Weise und ohne dessen Reduzierung beschreiben ließe, das heißt, ohne die antiken Bewegungsgründe auf spätere Banalitäten zu reduzieren. Aus diesem Grunde kann ich nicht einfach einen kurzen Aufsatz schreiben und es bei einer Summierung belassen. Die archäischen Zusammenhänge erfordern weitere Hinweise und den Raum eines ganzen Buches.

Alle die oben genannten Fragen sind von zentraler Bedeutung für ein Verständnis der religiösen Vision, aufgrund welcher die Tempel-Logen am Göbekli Tepe gebaut worden sind und für welche es am Ende nötig wurde, dass die Tempel wieder zugedeckt werden sollten. In den frühen Tagen konnten die Jäger ihrem Plateau entlang, wahrscheinlich noch reichlich zerstreute Quarzitknollen zur Werkzeugherstellung finden, dem Regen und Sonnenschein ausgesetzt, vor allem den Rändern der erodierten Schluchten entlang, unterhalb der Kanten von vorragenden linsenförmigen Kalksteinschichten. Das Sammeln dieser Rohmaterialien bedurfte zunächst wenig kulturelle Aggression, und dementsprechend erforderten die Aktivitäten dieser Menschen auch weniger religiöses „Rückzugsbenehmen" oder andere seelische Ausgleichungen. Aber ihr leicht verfügbarer Vorrat an Feuersteinknollen dürfte im näheren Umkreis in einem einzigen Jahrzehnt intensiven Sammelns erschöpft gewesen sein. Um deshalb mehr Feuersteinknollen zu bekommen, waren die Bergleute genötigt, die langsamen Erfolge von Wetter und Zeit zu beschleunigen. Sie mussten die Kalksteinschichtungen mit Gewalt brechen und zerkleinern und die noch eingebetteten Feuersteinknollen frisch aus der Erdmutter herauszwingen.

Also, was könnten Feuersteinknollen und Kalksteinplatten für diese Bergleute gewesen sein? Eine Antwort auf diese Frage ist von wesentlicher Bedeutung. Sie ist notwendig, um den Sinn von all dem zu erklären, das diese Menschen jemals dem Kalkstein oder dem Feuerstein oder irgendjemanden im Gebrauch ihrer derivativen Feuersteinwerkzeuge und -waffen, angetan haben.

Traditionelle Jäger, rund um die Welt, haben oft die Hersteller ihrer Waffen oder deren Lieferanten für den Tod ihrer Beutetiere verantwortlich gemacht. Wenn ein Jäger seine Waffe nicht von Grund auf selber zusammengebaut hatte, war dies eine geschickte

Entschuldigung. Zum Beispiel, einige traditionelle Diné Indianer, Praktiker der Navajo Kojote Heilungs Zeremonie, schoben die Schuld für das Unheil das sie auf der Jagd anrichteten, teils auf Vogelleute welche, um die Genauigkeit der Pfeile zu fördern, ihre Schwanzfedern als Leitvorrichtungen hinten an den Pfeilschäften beigesteuert haben. Bei genauerer Analyse bezeugten diese Federn, dass ein Vogel am Tod der Beute mitschuldig oder, vorzugsweise „hauptschuldig" geworden war. Denkbar ist somit, dass Jäger die am Göbekli Tepe einst Pfeilspitzen für Wildbret eintauschten, auf der offenen Wildbahn, das heißt an den „heiligen Stätten ihres mörderischen Erfolgs", die entfernten Arbeiter, die am Göbekli Tepe die Feuerstein Pfeilspitzen als Splitter abschlugen, anfertigten und feinknappten, verantwortlich machten. Auch dürfte man vermuten, dass verschiedene Schlangen tödliches Gift beisteuerten, welches dann, an die Pfeilspitzen angeschmiert, gleichermaßen für das ganze Jagdresultat verantwortlich gemacht werden konnte. Um Schuldgefühle für ihre tödlichen Taten loszuwerden, äußerten Handwerker-Jäger-Mörder solche Ausreden unter Umständen schon so früh als es auch nur ihre Redekünste erlaubten. Wahrscheinlich haben sie Lügen auszusprechen gelernt, so etwas wie „Ich habe das nicht getan", ehe sie je versuchten ein Wort der Wahrheit zu reden. Jeder konnte die Wahrheit sehen. Hätte es keinen Grund zum absichtlichen Leugnen gegeben, wäre wohl keine Notwendigkeit entstanden, um neue Worte zu erfinden, nur um die schon bekannte Wahrheit auszusprechen.

In Zeiten der frühen Metallurgie, die mit den Anfängen der Schreibkunst überlappten, wurden Knollen und Klumpen von Erz von den Bergleuten und Schmieden als die Embryonen der Mutter Erde erkannt. Die Bergleute fanden ihre ersten Klumpen von Erz wahrscheinlich während ihrer Suche nach Feuerstein oder Obsidian.

Mircea Eliade über die Mutter Erde: In diesem Zusammenhang möchte ich eine summierende Übersicht über die frühe Metallurgie zitieren, welche Mircea Eliade, mein verehrter Lehrer über fünf Jahre hin in seinen Chicago Vorträgen in den sechziger Jahren artikuliert hat, während ich zugegen war.

> „Mineralische Stoffe nahmen an der Heiligkeit teil, die sich mit der Erdmutter verband. Sehr früh sind wir mit der Vorstellung

konfrontiert, dass Erze im Bauch der Erde nach der Weise von Embryonen wachsen. Die Metallurgie übernimmt damit den Charakter der Geburtshilfe. Bergleute und Metallarbeiter greifen daher in der Entfaltung der unterirdischen Embryologie ein: Sie beschleunigen den Rhythmus des Wachstums von Erzen, sie arbeiten zusammen mit der Natur um diesen zu einer schnelleren Geburt zu verhelfen. Mit einem Wort, der Mensch mit seinen verschiedenen Techniken tritt allmählich an die Stelle der Zeit: Seine Arbeiten ersetzen die Arbeit der Zeit."[17]

Obwohl Professor Eliade an dieser Stelle nichts Genaues über den Abbau von Feuerstein erwähnt hat, so ist doch das, was er über Erze aussagte, trotzdem relevant für unsere Sache. Die Feuersteinknollen selber wurden abgebaut und in Werkzeuge durch kaltes Abschlagen oder Abspalten verarbeitet. Wenn schon spätere Metallurgen dazu kamen, die Erzklumpen als Embryonen der Erdmutter zu verstehen, dann mussten sicherlich bereits schon die Feuersteinbergleute, ehe sie zum Bergbau von Erzen fortschritten, über ihre Quarzitknollen aus Feuerstein in einer ähnlichen Art und Weise gedacht haben. Flintknollen ähneln Eiern viel mehr als jene metallischen Nuggets, die sie später suchten. Darüber hinaus taugten die gelegentlich aus Feuerstein geschlagenen Funken für das Feuermachen das der Metallurgie letzten Endes zugrunde lag. Diesem Gedanken entlang, betreffs der Verwendung von abgeschlagenen Steinsplittern, von aufgebrochenen oder „reifgebrüteten und gewaltsam geöffneten Feuerstein-Eier", welche die den Schildkröten ähnliche krustige Erd-und-Bergmutter gelegt haben könnte, dürften möglicherweise dem Bergbau und der Verhüttung von Erzen bis zu einer Million Jahre im Voraus erkannt worden sein.

Nachdem wir hier durch analoge und evolutionäre Schlussfolgerungen bei Begriffen von „Feuerstein-Embryonen" und „Kalkstein-Eierstöcken" angelangt sind, wollen wir allerdings diese analogen Bilder nur für den allgemeinen hypothetischen Kontext empfehlen. Feuersteinknollen als wahrscheinliche Embryonen, im Weltbild der Göbekli Tepe Bergleute, sind vorerst nur einer der passenden

[17]Mircea Eliade. Ins Deutsche übersetzt aus *The Forge and the Crucible.* University of Chicago Press, 1962. Seite 8.

Gedanken, welcher an dieser Ausgrabungsstätte an diesem Punkt vorgeschlagen werden kann. Doch dieser Gedanke hilft uns dann später auch die Menhire, samt den Reliefs von frisch geschlüpften Küken, in einem sinnvollen Zusammenhang zu sehen. Und schließlich hat ja die symbolische Ausdrucksweise dieser Bergleute ihre klarste Form im Muster jener stehenden Menhire gefunden. Die Wahrscheinlichkeit unserer Interpretation steigt mit der Anzahl der Teilstücke, welche in das größere Puzzle hineinpassen. Wir haben keine literarische oder dokumentarische Beweise, dass in der Tat Feuersteinknollen als Embryonen gedacht waren aus dem einfachen Grunde, weil die neolithischen Monumente aus jener Zeit noch keine bis jetzt erkennbaren Textinschriften tragen.

Abb. 2: Göbekli Tepe. Einer der vielen Arbeitsplätze, mit Feuersteinabfällen. Einlage: Abbildung eines Feuersteinknollens. Fotos vom Autor, mit freundlicher Genehmigung, Deutsches Archäologisches Institut, Berlin (DAI).

Doch wenn Feuersteinknollen tatsächlich als Eier der Erdmutter galten, dann sind wohl die Kalksteinschichten am Plateau, in denen sich diese Feuerstein-Eier bildeten, für denkende Menschen der Jungsteinzeit die verkrusteten Eierstöcke der Erdmutter gewesen. Das bedeutet, dass Göbekli Tepe Bergleute in der Tat ihren Kalkstein-Abbau als einen Akt intrusiver Geburtshilfe unter sich erklärt und gerechtfertigt haben. Sie halfen der Erdmutter, ihre Feuerstein-Eier schneller zu legen, für den offensichtlichen Zweck, dass Messer samt Speer- und Pfeilspitzen, als göttlicher Feuersteinnachwuchs schneller gelegt, gebrütet und zum Ausschlüpfen fertig würden. Oder, wie Eliade es sagte, „menschliche Arbeit ersetzte hier die Arbeit der Zeit.“ Mit hypothetischen Erkenntnissen wie diesen kann die Bedeutung der T-förmigen Menhire mit hinreichender Wahrscheinlichkeit auf einen Fokus gebracht werden.

Kalksteinreligion der Moh-Skala entlang: Der Leser ist hiermit zu einer Übersetzung der gesamten archäischen Bergbau Metapher bis hin zum primitiv-wissenschaftlichen Jargon eingeladen. Es soll zu einem Vergleich mit den Eierstöcken von Tieren aufgefordert werden. Solche Eierstöcke aus der Biologie des Jagens und Schlachtens waren ungeeignet, um damit an irgendetwas anderem zu „kratzen.“ Auf Mohs Härteskala, welches die Geologen nutzen, um Mineralien auf ihre Härte einzustufen, würden tierische Eierstockgewebe mit einer Null registriert. Von diesem Nullpunkt aus darf man dann eine Erhöhung auf die relative Härte Nummer Drei anstreben was der Härte eines durchschnittlichen Kalksteins entspricht. Man würde sich damit analogisch auf die Härte des Eierstockgewebes der Mutter Erde eingestellt haben.

Aus den Kalkstein Schichten heraus, welche das Plateau von Göbekli Tepe bilden, gruben sich die zu Metzger und Bergleuten gewordenen Weidmänner ihre Feuerstein-Eier wie aus den Eierstöcken der Erdmutter heraus. Doch beim Herstellen von Werkzeugen für den eigenen Gebrauch und für Tausch schlugen diese Männer die harten Feuersteinknollen mit abgewinkelten Hammerschlägen und spalteten sie durch kantigen Druck auseinander. Während der Gestaltung ihrer Pfeilspitzen, ihrer Speerspitzen, Äxte, Beile, Dolche und Spitzhacken aus Feuerstein arbeiteten diese Werkzeugmacher dann, der Moh-Skala entlang, so ungefähr an einem Härtegrad von Sieben. Bei dieser Härte, so viel können wir nun getrost voraussetzen, holten sich die Waffenmacher dann und wann auch blutende Finger.

Prädisposition: Die Moh-Skala ist leicht an der ähnlich abgestuften Skala am Schaukel-Totter (unten im Kapitel Zehn) unterzubringen. Zufälligerweise bringt uns das einen kleinen Schritt näher in die Richtung des Materiellen. Obendrein waren die primitiven Religionen sowieso nicht „spirituelle“ Ideologien, ausgerichtet auf ein Nirgends-Nimmer-Land. Sie umfassten auch Rückzüge, weg vom übermenschlich groben Streben das selten weniger als der Härte von Krallen oder Zähnen gegenüberstand. So, anstatt nur die Aufmerksamkeit auf Härte und Widerstände in der materiellen Welt zu richten, kann ein Religionshistoriker die „Aggressivität" sowie die „Rückzugbereitschaft" in einer Vielzahl von Graden menschlicher Verwicklungen einer Skala entlang einschätzen. Der Mensch ist als ein Manipulator von Hammersteinen und Feuersteinmeißel jedoch nicht nur mit Muskelspannungen vertraut welche Geschosse schleudern können, sondern er spürt auch Widerstände und wechselseitige Kräfte aus seiner ganzen Umwelt. Seine reflektierende Vernunft ist sich der Stöße auf sein Gewissen sowie auf seinen Körper bewusst. Unterschiede in der Härte zwischen Feuerstein, Kalkstein, Abbaumüll, Blut, der Berührung eines Freundes sowie Flucht in die wissenschaftlich-abstrakte Kosmologie, welche menschlich-existenzielle Probleme ignoriert, alle diese Reaktionen kann der Verstand nach Skala-Intensitäten wahrnehmen und einstufen. Primitive Bergleute kannten die etwaigen Härtengrade. Ohne solche existenzielle Moh-Skala Differenziale konkret zu spüren, wären die wirklichen Erlebnisse und die Kämpfe der Bergarbeiter über zwölf Jahrtausende hin schon längst zu veralteten Theorien, ohne aktive Zeitwörter oder Lebensgefühle, eingeschrumpft.

Um Feuersteinknollen zu gewinnen, mussten die Bergleute am Göbekli Tepe die nötigen Fertigkeiten zum Abbau von Kalksteinschichten aus sich heraus erlernen. Sie brauchten die nötige Kraft um Steinplatten in Schutt zu zerschmettern und um Feuersteinknollen innerhalb sowie unterhalb den Kalksteinschichten freizulegen. Die spielerischen Fähigkeiten ihrer Bildhauerei schienen dabei fast wie eine Belohnung für ihre schwere Arbeit zu sein. Es ist wahrscheinlich, dass Techniken ihrer Bildhauerei sich während ihrem Göbekli-Tepe-Aufenthalt ein wenig später entfalteten, vielleicht kurz vor elftausend Jahren. Dies bedeutet, dass diese Männer ihre Kultur und ihren Lebensunterhalt bei einem Härtegrad von Sieben, der Härte des Feuersteins, zu erweitern suchten. Doch mit ihrer Arbeit auf Härtestufe Drei, dem Härtegrad von Kalkstein, fanden sie Erholung und einen Stil für praktisch religiöse Symbolisierung, betreffs ihrer Sühne und ihrer vernünftigen Rückzugsanpassungen.

Göbekli Tepe, der Schwangere Hügel: Als Professor Schmidt den Göbekli Tepe zuallererst überblickte, konnte er sich keine Naturkräfte vorstellen, die einen solchen Hügel auf ein derartiges Kalkstein Plateau hätten setzen können. Und dieses Denken hat Sinn. Denn als ich selber seine Fotografien von dem nackten Kalkstein-Plateau rund um den Hügel betrachtete, als ein ehemaliger Landwirt und Pflanzer einer experimentellen Nussbaumanlage, unterlegt von Kalk und Flint, konnte auch ich mir keine Naturkraft vorstellen welche Teile des Plateaus bis auf die blanken Felsen hätte abbauen können und dabei einen Erdhügel wie den Göbekli Tepe verschont gelassen hätte. Und wenn ich meine landwirtschaftliche Erfahrung der geologischen Einschätzung des Professors hinzufügte und mir dann die Leute vor Augen malte welche das Gebiet nach Feuersteinknollen absuchten, dann schien es doppelt klar, dass dieser künstliche Hügel aus Bergabbau und aus Bergbaumüll angehäuft worden sein musste.

Die wesentliche Idee, dass die Göbekli-Tepe-Anlage einst auf dem Feuersteinbergbau beruhte, spiegelt sich deutlich in dem Buch von Professor Schmidt.[18] Ich selber verfolge die Sache des Bergbaus hier nur ein Stück weiter, um meine Erläuterungen zum Kultus, welcher uns mit zusätzlichen Herausforderungen gegenübersteht, in dessen Zusammenhängen zu erkennen und zu erklären. Weil nun mein Essay zumeist eine Stellungnahme zu den Daten des Professors ist, empfiehlt es sich, sein Buch zuerst in Betracht zu ziehen.

Eine zögernde Prädisposition: Der Gedanke, dass Jäger und Sammler zu diesem Plateau gewandert kamen, nur um einen Hügel anzuhäufen, auf dem sie einen Tempelkult mit Steinpfeilern einrichten wollten, etwas das vor ihrer Zeit nirgendwo existierte, scheint ziemlich unwahrscheinlich. Große Dinge entstehen wohl manchmal durch Zufall. Oder falls einer übermenschlichen Wirklichkeit die Ehre dafür zu geben wäre, dann passieren solche Gründungen durch göttliche Befehle und übergesellschaftliche Erwartungen. Offenbarungen kommen im Allgemeinen aus einer Richtung, wo Menschen im Voraus schon gesucht haben. Sie stammen aus dem Denkbereich aus dem heraus die menschliche Not und Neugier bereits schon Fragen formuliert haben. Dieser Hügel—so dachte ich anfangs—hätte wohl ein Nebenprodukt des Feuersteinbergbaus sein können. Die Männer mussten die überliegende Erde abräumen und dann die offengelegten Kalksteinschichten ausbrechen und zerkleinern. Sie mussten den Abraum unter ihren Füßen entfernen, um tiefer brechen zu können. Und so mag ihr Abraumhügel im Laufe der Zeit angehäuft worden sein. Er könnte unabhängig davon gewachsen sein, ob die Bergleute etwaige Tempel auf den Berg hinbauen wollten oder nicht. Darüber hinaus wäre, vermutlich, dieser Hügel zu einem gleichmäßigeren Kegel herangewachsen, wenn nicht die Heiligtümer selbst für einen Streifen, den Hang hinauf und für die Dauer der kultischen Handlungen, selektiv ein Schuttabladeverbot beansprucht hätten.

[18]Vergleiche Klaus Schmidt, 2008, Seiten 15-17; seine Fotoaufnahmen auf Seite 14.

Die Existenz des Hügels, als Nebenprodukt einer Waffen- und Werkzeugindustrie zu erklären, würde auch etwas Licht auf die Errichtung der sogenannten „Tempel“ werfen, welche ich persönlich immer noch lieber als „exklusive Logen der Jäger“ ansehe. Der Bau und die Aufrechterhaltung dieser Logen brauchten nicht unbedingt das Ergebnis einer großen religiösen Vision gewesen sein. Diese könnten ebenso leicht inspiriert worden sein, während einige Steinbruchmänner sich ihre Kritzeleien erlaubten und dabei die Bildhauerei erfanden. Aber dann beglichen solche „Tempel“ sicherlich ein religiöses Defizit, irgendwie an dem existenziellen Schaukel-Totter Skala der Männer entlang. (Siehe Kapitel Zehn). Doch freilich, die Weise auf welche die große Anzahl von „Tempel“ kontinuierlich über zwei Jahrtausende hin gebaut wurden, das kann nicht mit bloßem Unterhaltungs-Kritzeln erklärt werden. Eine zentrale religiöse Vision muss dagewesen sein.

Das Zögern, das ich hier eingestanden habe, schien bis zum 27. September 2011, dem Morgen, an dem ich zum ersten Mal den Göbekli Tepe betrat, noch möglich. Ich wiederholte meinen Besuch auf dem Berg am 2. und am 6. Oktober. Nachdem ich die ganze Zeit über versucht hatte, ein vorsichtiger Religionshistoriker zu sein, um nicht zu viel Religion im Voraus zu postulieren, wurde mir nun klar, dass ich zu wenig davon vorausgesetzt hatte. Nachdem ich an dieser archäologischen Stätte ein paar Runden zu Fuß gegangen war und der Steinbruchstrecke entlang gehumpelt bin, da wurde mir ziemlich klar, dass man von jedem Punkt aus, auf diesem sternförmigen Plateau, jede Menge Abraum und Abfall weit leichter über Kanten in die Schluchten hätte kippen können, als solche Lasten bergauf zu schleppen um einen neuen Berg wachsen zu sehen. Die Zweckmäßigkeit der Anhäufung dieses Berges für den Plateauabbau, die ich aus der Entfernung von einem halben Weltumfang vermutet hatte, wäre eventuell ein gültiger Faktor geblieben, wenn dieses Plateau kontinuierlich und größer gewesen wäre.

Aber dennoch kamen die Männer zu diesem Berg auf der Suche nach Feuerstein. Unter den Überhängen der unregelmäßigen Kalksteinschichten gruben sie wahrscheinlich mit rückwärts gegabelten Spitzhacken aus Hartholz. Spätere Feuersteinbergleute in Europa benutzten dazu Hirschgeweihe. Sie gruben nach „Feuerstein-Eiern“, das heißt, nach Knollen von Quarzit. Obwohl diese Knollen, die man unter den Felskanten finden konnte, manchmal auch klein gewesen sein mögen, so liegen dennoch heute viele Feuerstein Chips auf den ungebrochenen Felsplatten. Diese zeugen klar genug von dem Handwerk der Arbeiter als Waffenmacher (Abbildung 2). Auf jeden Fall brachen sie am südwestlichen „Knie" des Berges und hinterließen dort, eine Gruppe von großen Kalkstein Bruchstücken (Abbildungen 3, 6A). Hätten diese Steinmetzen sich nicht durch andere Merkmale an diesem interessanten Berg ablenken lassen, dann hätten sich einige dieser großen Stücke sicherlich leicht in ansehliche Menhire meißeln lassen, falls die Männer das damals schon gewollt hätten.

Ein wenig weiter bergauf vom „Knie" fanden sie mehrere einzigartige runde Löcher, die durch das Grundgestein nach unten führten (Abbildung 5 und Abbildung 6, B1 und B2). Die Löcher waren offenbar in kalkreichem Schlamm von weichen Baumstämmen vorgeformt worden. Sie hatten etwa den Durchmesser von größeren Feuersteinknollen und sie konnten, eventuell, als Löcher durch welche Feuerstein-Eier gelegt worden sind gegolten haben. Als Jäger und Metzger wussten diese Bergleute genau, dass alle Eier und Lebewesen irgendwie aus Löchern hervorkommen. Professor Schmidt hat mich darauf aufmerksam gemacht, dass das oberste Loch an der nördlichen Kante des Tempels entlang eine positiv ausgesparte Relieflippe aufzeigt (Abbildung 5, links). Die ganze Tempelanlage war diesem Loch entlang ausgerichtet.

Somit, angrenzend an diese speziell umrandete natürliche Öffnung im Grundgestein, bauten sie ihren ersten Felsentempel mit zwei weiblich ausgesparten Sockeln in der Mitte, die als auf der Bodenoberfläche hervorstehende Randunterlagen dienen konnten (C in Abbildung 6). Doch dann, vielleicht schon ehe die Männer mit der Gestaltung ihres Heiligtums anfingen, hauten und gruben sie noch zwei größere Löcher, vielleicht um ihre gesamte Gruppe von Männern, von etwa einem Dutzend, in engen Runden zu fassen. In einem dieser Löcher stand eine aufrechte Steinsäule deren Stummel noch durch einen umgebenden Haufen von doppel faustgroßen Steinen stabilisiert dazustehen scheint (Abbildung 7, links).

Das Dualitätsprinzip zur Orientierung an natürlichen Öffnungen, und an zwei größeren ausgehobenen Löchern, die wahrscheinlich für zeremonielles Zusammenkauern arrangiert wurden (Abbildungen 6 & 7), sowie an Aussparungen von zwei weiblichen Randpodesten auf der in den Felsboden gehauenen Plattform, waren möglicherweise damals schon für zwei teils-bewegliche Menhire gedacht, welche allerdings nicht mehr vorhanden sind. Jedoch mindestens so viel Dualität wurde an dieser ersten Tempelanlage anerkannt. Scheinbar bestimmte das Prinzip der Dualität die Architektur im Tempelbau, zweitausend Jahre lang auf diesem Berg. Als jedoch die Bergleute mit der Topografie ihres Plateaus mehr vertraut wurden, orientierten sie sich neu in der weiteren Landschaft.

Abb. 3: Kalksteinschichten am südwestlichen Knie des Göbekli Tepe. Blick von Südwesten. Vermutlicher erster Anstiegspunkt der ersten Bergleute. Foto vom Autor, mit freundlicher Genehmigung des DAI.

An einem bestimmten Zeitpunkt erkannten die begeistert zelebrierenden Bergleute, dass sie an einer perforierten Stelle am rechten Oberschenkel einer berggroßen Manifestation der Erdmutter sich eingenistet hatten. Im Gegensatz zu den später ankommenden Archäologen, sahen die ersten Bergbaupioniere damals kein fünfstrahligsternförmiges Plateau (siehe Abbildung 4). Stattdessen aber offenbarte sich ihnen dieser Berg als eine mit gespreizten Beinen daliegende Erdfrau. Es war naheliegend, dass diese die Erdmutter selber war. Ihre beiden Beine waren nach Südwesten und Südosten hin ausgestreckt, und ihre beiden Arme reichten in den Nordwesten und Nordosten. Ihr Kopf war nach Norden hin gelegt. Die Männer beschlossen, dass sie sich im Schoß ihrer Mutter inniger etablieren sollten, das bedeutete dass sie ihre Kultaktivitäten um einiges mehr nach Osten hin verlagern sollten.

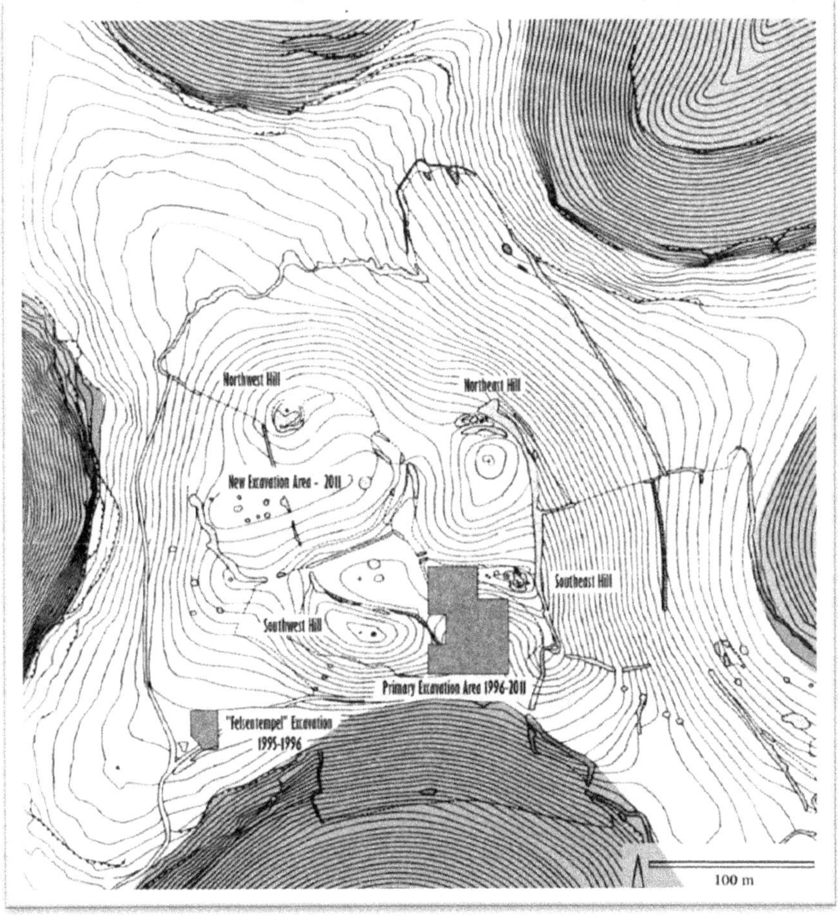

Abb. 4: Vereinfachte topografische Karte vom Göbekli Tepe. Die Zahl der archäologischen Auskünfte ist hier stark reduziert, und die Topografie ist hervorgehoben um die Zugaben dieses Buches zu illustrieren. Das Original ist in Klaus Schmidt, 2008, auf Seite 101 zu finden. Mit freundlicher Genehmigung des DAI.

Zwölf Jahrtausende nachdem die ersten Bergleute zum Göbekli Tepe hochkamen und ein Jahr nach der wissenschaftlichen Wiederentdeckung dieses Hügels—bestieg ein Team moderner Archäologen den Hügel, fast genau den alten Spuren folgend. Im Jahre

1995 gruben sie am Platz des frühesten Felsentempels, auf den wir als Leser dieses Buches eben getreten sind. Im Jahr 1996 zogen sie ostwärts der Steinschichte entlang. Die Archäologen wurden dabei allerdings nicht von dem dort stärker ausgeprägten Schritt der Bergfrau angelockt, sondern durch den hervorstehenden kubischen Oberteil eines „T-Pfeilers." Im Laufe der Jahre gruben und fanden sie dort nicht etwa eine Hauptader aus Erz, doch aber vielleicht die größte „*Mother Lode*" von Kalkstein Menhiren aus der Jungsteinzeit, welche, soweit wir das wissen, jemals auf diesem Planeten zusammen implantiert wurde.

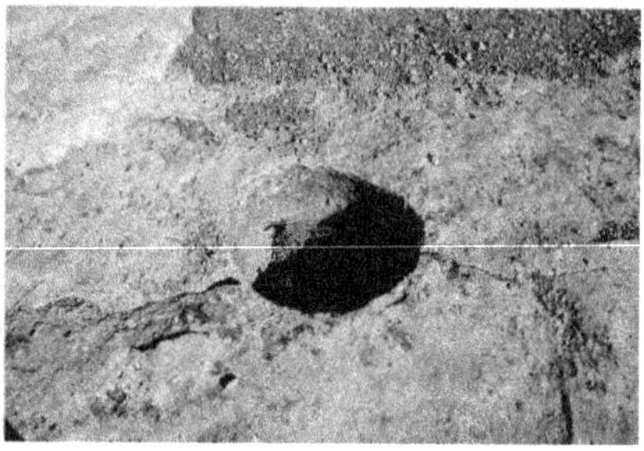

Abb. 5: Die zwei Öffnungen, nach denen der erste Tempel angelegt wurde, bezeichnen den nördlichen Rand der Anlage. Links sieht man hier die ausgesparte erhöhte Lippe. Fotos vom Autor—mit freundlicher Genehmigung des DAI.

Prädisposition: Es war nicht das erste Mal in seinem Leben, dass dieser Autor in eine Landschaft blickte und darüber belehrt wurde, dass da ein großes Lebewesen liege. Im Blick auf die Black Mesa in Arizona von Osten über das Chinle Tal hinschauend wurde ihm von einigen seiner Diné Steinzeitlehrer gesagt, dass eine große Schlange dort liege. Weiter westlich, an der nordwestlichen Ecke von Arizona, wurden ihm zwei Regenbögen aus Stein erklärt. Diese wölbten sich dort als männlich und weiblich, und sie waren geschlechtlich als eine Einheit verbunden. Zusammen sind diese beiden inzwischen als „Rainbow Bridge" weltbekannt geworden.[19] Nahe dabei sitzt der „Navajo Mountain." Es ist der Kopf der Erdmutter, noch genauso hervor stehend wie ihn die ersten Diné Indianer dort im neunzehnten Jahrhundert vorgefunden und erkannt haben.

---

[19]Karl W. Luckert. *Navajo Mountain and Rainbow Bridge Religion.* Museum of Northern Arizona Press, Flagstaff, 1977.

Es war zu einer Zeit, als die Bergleute am Göbekli Tepe anfingen Kalksteinschichten abzubauen und ihre ersten Menhire zurechtzumeißeln, als auch die Umrisse und die Anlagen ihrer Jäger- und Bergbaureligion sichtbar wurden. Die auffälligste symbolische Präsenz am Göbekli Tepe sind die Menhire. Der Grundgedanke ihrer Erschaffung und der Zweck dieser T-förmigen Menhire, werden im Laufe der Zeit die Bedeutung und Funktion aller zeremoniellen Anlagen dort bestätigen und erklären. Menhire sind als sogenannte „Pfeiler" in T-Form aus Kalksteinschichten herausgemeißelt worden. An ihren Oberflächen tragen viele von ihnen Reliefbilder von überwiegend männlichen Tieren, die, nebst ihrer totemistischen Klan- und Logenzugehörigkeit, hier und dort auch noch auf eigenwillig totemistische Versuche von Selbstbeförderung hinweisen. Unter den damals lebenden Prototypen dieser Tierbilder verweilten aller Wahrscheinlichkeit nach noch allerlei lebend umherstreifende Gottheiten.

Jeder Mann, der zu einer totemistischen Gruppe am Göbekli Tepe gehörte war, wahrscheinlich entweder bereits schon mit einem Totem vonseiten seiner Klan-Mitgliedschaft her assoziiert oder er hatte seine totemische Jägeridentität durch eine besondere Weihe empfangen, als er einem Männerbund beitrat. Das heißt, egal wo diese Jäger auch herkamen, um Feuerstein zu gewinnen, sie waren wahrscheinlich mütterlicherseits vordem schon totemische Klan Brüder geworden, oder sie traten am Göbekli Tepe einer totemistisch-verbrüderten Vereinigung bei. Alle kamen dorthin, um ihre Waffen- und Werkzeugbeutel wieder nachzufüllen. Das bedeutete, dass alle von ihnen als Jäger, Metzger und Feuersteinhandwerker ähnliche kulturdefinierte Ziele verfolgten—und dass sie ihren Tätigkeiten entsprechende Schattierungen von Schuld-Komplexen miteinander teilten oder sich solche gegenseitig aufluden. Bestimmte Arten von kultureller Aggression erforderten die dazu passende Manieren der Sühne. Religiöses Rückzugsbenehmen musste dabei logisch den kulturellen Aggressionsgewohnheiten entsprechen.

Die Schuld des Jägers für das Töten von Tierpersonen wurde am Göbekli Tepe weiter durch das zusätzliche Bewusstsein verschärft, dass jene Männer dort auch gewalttätige Angriffe auf die Gesteinschichten, das heißt auf die verkrusteten Eierstöcke der Erdmutter, ausübten. Beide dieser Sünden aus ihrer kulturellen Aggression, die

Abb. 6: Anlage E—*Felsentempel*. Am südwestlichen Ausläufer des Göbekli Tepe Plateau. Blick nach Süden. Siehe Schmidt, 2008, Seite 107. Foto mit freundlicher Genehmigung des DAI.

Jagd und der Bergbau, zusammen oder einzeln erfasst, erforderten zeremonielle Reue und Wiedergutmachung. Nach ihrer Art des Tempelbauens fanden diese Bergleute dort einen Weg zur Buße, sowie einen Anlass, sich dabei selbst zu verzeihen, das heißt, sich mit der Erd-und-Bergmutter zu versöhnen. Folglich konnten alle davon ausgehen dass, wenn diese Göttin die Jäger auch nicht voll unterstützte, sie doch bei dem gewalttätigen Verhalten der Männer durch ihre Anwesenheit und Teilnahme an den Riten (das heißt, an den eigenen Ritualen der Göttin) genügend Gnade vor Recht ergehen ließ.

Abb. 7: Einige Schritte zurücktretend, nordwärts vom vorhergehenden Foto, findet man zwei größere aus dem Grundgestein gehauene Gruben. Der Stummel eines abgebrochenen "Pfeilers" ist noch in der östlichen Grube, links, zu sehen. Foto vom Autor, mit freundlicher Genehmigung des DAI.

Ein Berg der Rätsel: In allen bisher ausgegrabenen großen Logen, welche die Bergleute am Göbekli Tepe während der frühesten Phase gebaut haben, wurden in den verschiedenen Anlagen je zwei zentrale Menhire als Paare beiderseits der Mittellinie aufgestellt. Es ist denkbar dass dafür zwei solcher Menhire erst einmal ausgebrochen und behauen wurden, vielleicht schon ehe man die Absicht hatte, die Menhire in einem solchen Bau aufzustellen. In anderen Worten, das Prinzip der Aufstellung von zwei zentralen Menhiren mag entstanden sein weil zwei von diesen geformt wurden und zwei Bildhauer vereinbarten, diese zusammen aufzustellen. Doch eine derartig kausale Erklärung wäre fast sicherlich zu einfach.

Ich bin dem Vorbild der Ausgräber gefolgt und habe ihren „Felsentempel" in Anlage E am Rande des südwestlichen Plateau als möglichen ersten Temenos anerkannt (vergleiche Klaus Schmidt, *Sie bauten...*, Seite 107). Der ovale Platz und die zwei Sockel-Podeste, auf welchen einst wohl zwei Menhire aufgestellt wurden (Abbildung 6), dürften so aus einer Zeit stammen, als der Bauch-Hügel auf dem „Jungfern Plateau" noch nicht angehäuft war. Die ursprünglichen zwei Menhire sind in aller Wahrscheinlichkeit nach Osten hin verschleppt worden, zur eigentlichen Mitte der so daliegenden Bergmutter hin, damals als jener Ort zum geografischen Mittelpunkt des Bergkultes erkoren wurde. Aber wir wissen allerdings noch nicht, welche unter den bekannten oder gar noch verborgen liegenden Menhiren die ersten zwei gewesen sein könnten.

Im Augenblick müssen wir unsere Interpretationen noch auf unvollständige Daten bauen.[20] Wenn in Zukunft für die Ausgrabung von Plattformen am Göbekli Tepe der gegenwärtige Trend anhält, dann dürfen wir erwarten, dass im Laufe der Zeit etwa zweihundert Menhire ans Licht kommen mögen. Aber es gibt auch Anzeichen, dass spätere Bauten gegen Norden und Westen sich möglicherweise als weniger ornamentiert erweisen werden. Zum Beispiel, ein Raum hinter dem Löwengebäude im Norden, enthält gar keinen Menhir. Die ursprünglich beabsichtigte Bedeutung der zentralen Menhir-Paare kann deshalb inzwischen nur aus zusätzlichem Zusammenhang vermutet werden. Alle Menhire mit ihren zahlreichen Flachreliefs samt einigen Hochreliefs sind unsere primären Anhaltspunkte zum Verstehen der totemischen Aspekte in diesen Anlagen. Aber leider wissen wir noch nicht, in welcher Reihenfolge alle Logen gebaut und wieder aufgegeben wurden. Deswegen bleiben auch vorerst die Unterschiede zwischen verschiedenen Anlagen weniger aufschlussreich, als wir es uns wünschen.

Vielleicht wäre es besser gewesen, wenn das Schreiben dieses Kapitels verschoben worden wäre, bis alle Ausgrabungen abgeschlossen sind. Zum andern aber, solange wir vorsichtig vorgehen und dazu in den nächsten Jahren eine bestimmte Anzahl von Über-

---

[20]Falls ich mich jemals dazu gezwungen fühlte, aus der Entfernung einer halben Welt eine unreife Schätzung zu wagen, dann würde ich vorläufig die Anlage C (Abbildung 27) als die erste vermuten. Diese Anlage wurde öfters um- und angebaut. Zum Vergleich, ohne alle Anlagen in voll ausgegraben zu sehen, jedoch, bleibt solch eine Schätzung riskant. Wir haben noch kein Konzept von einem zentralen Anfangspunkt der eventuell noch unter dem südöstlichen Hügel verborgen liegt. Wird es wohl je einmal klug erscheinen, einen Tunnel am Grundgestein entlang von hinter dem Löwengebäude her einzugraben?

raschungen erwarten, wird kein Schaden damit angerichtet. Man kann das Denken nicht aufschieben bis alle Ausgrabungsarbeiten vollendet sind. Doch vielleicht wird es zu einem späteren Zeitpunkt eine Gelegenheit geben, bei welcher dieses Kapitel besser ausgearbeitet werden kann. Mittlerweile beabsichtige ich, über einige der T-Pfeiler zu kommentieren, aufgrund von Daten die bereits schon von den Archäologen bekannt gegeben wurden. In meinen englischen Ausführungen habe ich allerdings schon angefangen auf diese T-Pfeiler als „Menhire" hingewiesen. „Menhir" ist ein neutraler Begriff aus der keltischen Archäologie. Er bezieht sich lediglich auf einen „aufrecht gestellten Stein."

Es mag eine Moiety Beziehung zwischen zwei Klanhälften der ersten zwei Bildhauer gegeben haben. Die Möglichkeit einer Fuchs- und Kranich-Moiety empfiehlt sich, zögernd. Aber weil wir nicht wissen, was auf den ersten zwei Menhiren eingemeißelt war, können wir nicht einmal anfangen im Voraus zu spekulieren. Wenn wir diese beiden mit Sicherheit identifizieren könnten und wenn diese deutlich auf totemische Zugehörigkeiten hindeuteten würden, dann dürfte eine solche Hypothese auf festerem Boden stehen. Doch wie dem auch sei, ich bin geneigt anzunehmen dass jede Generation von Jäger- und Bergmannbrüderschaften am Göbekli Tepe ihre eigenen Veranstalter aus der Jagd her mitgebracht haben. Diese dürften dann, im eigenen Interesse, neue Mitglieder für ihre jeweiligen totemischen Verbände angeworben haben. Ich vermute auch, dass derartige Organisatoren persönliches Charisma ausstrahlten als kompetente Ausleger der Mysterien, als Meister der Kunst des Feuersteinspaltens sowie der Kalksteinbearbeitung.

Ein Logenheiligtum hatte nur eine begrenzte Räumlichkeit und eine begrenzte Anzahl von Sitzplätzen für Teilnehmer, sowie für die Aufstellung von Menhiren. Wenn eine Loge auf längere Frist überfüllt war, musste Raum für Expansion oder für eine Niederlassung an einem andern Ort gefunden werden. Die Mitgliedschaftsverhältnisse zwischen multitotemischen Zugehörigen werden sich wahrscheinlich im Laufe der Entwicklung verschoben haben. Als die Gletscher in den Bergen schmolzen, neigten einige Klans sicher dazu gegen Norden wegzuziehen. Neben einem stattlichen Menhir zu sitzen, vor allem in den Anfangsjahren am Göbekli Tepe, brachte Ansehen für einen Mann der in prominenter Nähe eines Menhir, den er selbst gemeißelt hatte, stolz zu sitzen gewohnt war.

Zwei große Menhire, in der Mitte, das könnte bedeuten, dass es von Anfang an zwei Anführer gegeben haben mag, die jeweils eine Gruppe von Gefolgsmännern um sich scharten. Diese halfen dann beim schweren Heben und Bewegen. In multi-totemischen Verbänden mag jedes neue Mitglied, aus einer anderen Totemzugehörigkeit herkommend, seine Tiergottheit auf einen Menhir gemeißelt haben. Aus dieser Möglichkeit würde folgen dass, wenn ein Mitglied seine Brüderschaft verließ oder vertrieben wurde, sein Totem-Emblem gelöscht werden konnte, um Platz für einen weiteren Eintrag zu machen. Aber in Anbetracht der Tatsache, dass mit jeder Löschung der Kalksteinpfeiler dünner wurde, waren wohl solche Substitutionen selten. Zusätzliche Räume dürften nach dem Anschluss verschiedener Totem Gruppen oder durch Vergrößerung der Brüderschaften erstellt worden sein. Ich persönlich bezweifle, ob die ästhetischen Vorlieben eines Bildhauers ein wichtiges Faktum war das eventuelle Löschungen bewirken konnte. Man kann totemische Götter nicht einfach vertreiben nur weil man deren Aussehen nicht mag. Dafür aber neigten totemisch-göttliche Sponsoren dazu, sich an solchen Orten aufzuhalten, wo ihre Bildnisse waren und wo menschliche Schützlinge sich ansammelten. Man fühlte und sah ihre Gegenwart.

Was sind die Menhire? Im Moment da ich diese Zeilen schreibe, ist die Juni-Ausgabe, 2011, von *National Geographic,* noch die neueste veröffentlichte Göbekli Tepe Zusammenfassung. Der Autor Charles C. Mann fragt rhetorisch auf Seite 44: "Gehauene Motive bezeichnen die Pfeiler als stilisierte menschliche Figuren. Jedoch—repräsentierten diese machtvolle Menschen oder übernatürliche Wesen?"

Unsere Antwort muss lauten: „Wahrscheinlich keines von beiden." Aber warum stehen da in der Regel immer zwei Menhire in der Mitte? In Kürze glaube ich in der Lage zu sein, unten in Kapitel Sieben, meinen Lesern eine bessere Antwort anzubieten.

Meine eigene schnelle Antwort zuvor war gleichermaßen, dass die zwei abstrakten zentralen Wesen Anthropomorphen waren. Eines davon müsste dann männlich und das andere weiblich sein. Aber welches von diesen würde wer sein? Meine Frage entpuppte sich als unnötig. Tatsächlich! Diese Frage und meine erste Antwort kamen zustande, als ich noch ungenügend fokussiert war auf das, was drum herum exstierte. Ich hielt es für selbstverständlich, wie alle anderen auch, dass diese Pfeiler menschliche Gestalten darstellen, welche rechteckige Köpfe tragen. Aus meiner Arbeit mit Sandbildern der *Diné* Indianer war ich schon daran gewohnt, rechtwinkelige Köpfe an Gottheiten zu sehen. Und bei den Navajo Diné Indianern repräsentieren rechteckige Köpfe in der Regel weibliche Gottheiten (siehe Abbildung 15). An einigen Göbekli-Tepe-Menhiren gibt es aber auch Hände und Stolen zu sehen. Diese Dinge erscheinen an einigen der Menhire scheinbar um die Richtungen rechts und links samt oben und unten, und bestimmt noch sonst was anzuzeigen.

Prädisposition: In meinem ersten Jahr in der Grundschule hat unser Lehrer einen Limerick vorgesprochen, um uns Aussprache und Zungenübung beizubringen. Es begann wie folgt: „In Ulm und um Ulm und um Ulm herum...." Ich bin mir ziemlich sicher, dass der berühmte Ulmer Student Einstein einstens auch mit dieser Zungenübung geplagt wurde. Wir sparen uns den Rest dieses Zungenbrechers. Die Formel, wie sie dasteht, bietet uns aber die perfekte archäologische Neuorientierung, wie wir sie am Göbekli Tepe brauchen. Ich selber habe diese Zungen-Twiste einst am Ausgrabungsbericht von La Venta aus dem heutigen mexikanischen Bundesstaat Tabasco angewandt, um die berühmten „Mosaik-Masken" der Olmeken dort zu entschlüsseln. Die Schlüsselworte sind „in", „um" und „herum." In Bezug auf die La Venta archäologischen Abbildungen bin ich „*um* die Mosaik Masken *herum* gelaufen" und sah schnell, dass meine Vorgänger diese umgekehrt und rückwärts angeschaut hatten. Bei der Grabungslage der Masken, flach im Boden, erschienen diese dann im gedruckten Bericht kopfüber. Und dabei verwechselten die Autoren an der Smithsonian Institution wirkliche Klapperschlangengesichter mit imaginären diamantengekrönten Jaguarmasken.[21]

Ein theologisches „Rollover" in Ägypten: Sechs Jahrtausende nach Göbekli Tepe existierte auf diesem Planeten ein anderes berühmtes symbolisch-kosmisches System, vielleicht sogar noch als eine Reaktion zum alten Göbekli-Tepe-Kultus. Zur richtigen Orientierung beider Systeme muss jenes ebenso mit der Purzelbaummethode entziffert werden. Jetzt, da wir uns der Dekodierung der Menhire (T-Pfeiler) am Göbekli Tepe nähern, bietet sich gleichzeitig diese ähnliche Herausforderung im alten Ägypten uns an. Dieselbe bezieht sich zuerst einmal auf die Formen der alt-ägyptischen Obelisken, Pyramiden und

---

[21]Karl W. Luckert. *Olmec Religion, a Key to Middle America and Beyond.* University of Oklahoma Press, Civilization of the American Indian Series 137. Norman 1976.

auf einen sich erhebenden Berg welcher in der Theologie von Heliopolis als „Atum“ erwähnt wurde.

Um die Breite des Mittelmeers, weiter südlich von den uralten Menhiren am Göbekli Tepe aus gemessen, müssen wir uns deshalb bequemen den Kosmos vom Kopfstand aus zu erkennen. In Ägypten, fünf Jahrtausende nach Göbekli Tepe, müssen wir uns die Obelisken, die Pyramiden sowie den wachsenden Hügel des Atum vor dem Hintergrund des alten ägyptischen Weltbilds vor Augen stellen. Und warum ist das notwendig? Für die alten Pharaonen der Ägypter, die von oben her aus dem Licht geboren werden wollten, war die Erde ihr Vater Geb und der Himmel ihre Mutter Nut. Himmel und Erde wurden so von der masturbierenden Hand des Urvaters Atum, das heißt, von der Tefnut her abgeleitet. Unterhalb von sich selber brachte die Himmelsgöttin Nut dann ihre Tochter Isis hervor; dann gebar die Isis, als Thron, den nächsten Horus-Falken-Pharao.

Um die allgemeine heliopolitanische Theologie zu verstehen, sollte man natürlich einige moderne Undinge beiseite lassen, so wie etwa mutmaßliche Bauherren aus dem Weltall zu holen und ihnen im Nachhinein fiktive Bauaufträge am Nil zu erteilen. Man sollte stattdessen zur historischen Orientierung die eigenen Pyramiden- und Sargtexte der alten Ägypter mit größerer Aufmerksamkeit lesen.

Die Anfänge und die Geschichte der altägyptischen Obelisken sind zwar etwas unklar, weil die meisten von ihnen von fremden Eroberern als Souvenirs an fremde Orte verschleppt worden sind. Die älteste Darstellung eines Obelisken ist in einem Hieroglyphen Piktogramm, *Pyramiden Text 1652,* zu finden. Dort wird die ursprüngliche Gottheit Atum als schlanker obeliskähnlicher Schaft gezeigt, dessen Spitze noch abgerundet erscheint. Er ist also dort noch nicht winkelig abstrahiert. Und diese noch abgerundete Pyramidionspitze streckt sich himmelwärts.[22]

Es scheint, als ob die Geometrie der abstrahiert-abgewinkelten Obelisken und die der Pyramiden, aus ein und demselbigen Gedankengang heraus entsprungen sind. Die symbolischen Bedeutungen beider Strukturen scheinen vertauschbar gewesen zu sein. Der Gott

---

[22]Hans Bonnet. *Reallexikon der Ägyptischen Religionsgeschichte,* Berlin 1952, Seiten 539-542.

Atum stieg aus dem Nun, als aus dem chaotischen Urgewässer auf. Er war der Urhügel, bzw. die pharaonische Pyramide sowie die Pyramidionspitze der Obelisken zugleich.

Der Pionier-Erbauer und Erst-Architekt der ägyptischen Pyramiden, der Pharao Snefru (ca. 2613-2589 v. Chr.) ist auch als Vater des Khufu (Cheops), dem Erbauer der Großen Pyramide, bekannt. Er hat uns drei sehr verschiedene Prototypen von Grabbauwerken zum Hinterfragen überlassen. Snefru war es, der uns heute ermöglicht, die Entwicklung der alten kosmisch-theokratischen Ideen aus seinen Bauwerken heraus zu entziffern. Die erste außerordentliche Grabstätte, die dieser Herrscher für sich baute, war die Pyramide zu Meidum. Er versuchte dort ein Bauwerk aus sieben Etagen zu errichten— allerdings, zu steil und zu hoch. Ein größeres Stück vom oberen Teil stürzte zusammen. Nach Beurteilung der Kontur-Reste die noch stehen, scheint die obere Stufe als die Form eines verkürzten Obelisken gedacht gewesen zu sein, vermutlich mit einer abgewinkelten Pyramidionspitze oben drauf.

Zum Glück wissen wir aber was der Bauherr im Sinn hatte, denn das nächste Mausoleum, das er für sich baute, das jetzt „Knick Pyramide“ benannt wird, ist absichtlich und nicht etwa durch einen Baufehler "geknickt" worden. In ihrer ursprünglichen Gesamtheit präsentiert diese „Knick Pyramide“ ihre Form wie das Oberteil eines tief in die Erde eingesetzten und niedergedrückten Obelisken. Daher wissen wir nun, dass der Pharao Snefru gerne in einem gigantischen, wenn bei seinem zweiten Versuch auch niedriger gehaltenen Obelisken bestattet werden wollte, das heißt, in der Phallusgottheit Atum selber. Er suchte diese Nachwelt-Unterkunft zweifelsohne um in seinem Nachleben weiterhin für lebenspendende Zwecke bereit zu stehen. Aber sein kritischer Blick auf die Form seiner Knick-Pyramide überzeugte den Snefru, dass ihm als Gottmensch ein noch stabileres Grabbauwerk zusteht als nur diese stummelhafte Phallusform, die er sich dort eben gebaut hatte. In ihrem ganzen Aufriss war die Knick Pyramide weit weniger elegant als sein erster Versuch bei Meidum. Doch es ist möglich, dass er auch für die Knick Pyramide einen weiteren katastrophalen Zusammenbruch befürchtete. Auf jeden Fall baute er sich daraufhin noch eine dritte Struktur, die als „Rote Pyramide“ bekannt wurde. Für dieses „Pyramidion“ ließ er den

Obeliskenschaft vollständig außer Acht, als ob dieser ganz unterirdisch eingesunken wäre. Dieser Verzicht auf Grandeur und Höhe hat sich dann mit Stabilität belohnt. Er konnte sich seine Pyramidionspitze, als solche, nun viel größer als Pyramide gestalten. Die „Rote Pyramide“ wurde somit zum robusten Standard Modell für alle späteren ägyptischen Pyramiden.

In Klarschrift bedeutet das, dass jene alten Pharaonen ihre Bestattungsbauten auf Größe hin berichtigt haben wollten, wenn zum Zeitpunkt ihres Todes sie sich in die lebensspendende Spitze des als Phallushügel verkörperten Gottes Atum zurückzogen. Von dort aus gedachten sie als lebensspendend-aufgehende Sonne wieder hervorzubrechen. Der Ur-Gott Atum hat einst die göttliche Weiblichkeit, die Ur-Mutter Tefnut als seine eigene Hand, sowie deren Tochter Nut samt Enkeltochter Isis geschwängert. Das hervorquellende Lebenssperma war dem hervorbrechenden und aufgehenden Sonnenlicht, dem auffliegenden Horus-Falken gleich. Der neue regierende Horus offenbarte sich bald nachdem sein Vorgänger zum Osiris-Rang promovierte. Alsdann erschien er auferstanden und wiedergeboren, auf dem Schoße der Isis, dem Thron Ägyptens sitzend, als verjüngter Horus-Falke. Er erschien als einer der nun wieder zum Gottkönig ermächtigt worden war.

Zeremonielle Utensilien: Am Göbekli Tepe war die Erde unten liegend die Mutter. Diese Raum-Anordnung überließ dem Himmel, von oben her die Rolle eines Vaters auszuführen. Mit der Überschwänglichkeit der vielen archäologisch-chthonischen Verknüpfungen am Göbekli Tepe, lässt sich jedoch vorläufig dort noch kein Glaube an einen himmlischen Vater erkennen. So wird jetzt aber trotzdem die spätere ägyptische Reaktion als eine Umkehrung verständlicher gemacht, warum der phallische Atumhügel emporstieg und warum ägyptische Obelisken und die Pyramidenspitzen aufwärts sich der Nut entgegen ausrichten mussten. Falls man sich einen alten Göbekli Tepe T-Pfeiler umgekehrt aufstellen würde, um dessen Spitze nach oben zu orientieren, dann dürfte man für seinen Menhir die Richtung der späteren ägyptischen Obelisken und die ägyptisch-weibliche Oberwelt von mehreren tausend Jahren später antizipiert haben. Das wäre dann die "ägyptisch-aristokratische vertikale Umkehrung."

Die alt-ägyptischen Falken-Pharaonen liebten es, Wolken der Sonnen-Herrlichkeit hinter sich einherzuziehen, als ob sie selber von oben aus der Sonne her geboren wären (so wie das der William Wordsworth mit den Worten *„trailing clouds of glory"* so nett ausgedrückt hat). Es ist möglich, dass die Auffassung der ältesten ägyptischen Heliopolis-orientierten Kosmologie eine spätere Reaktion zu dem noch der Erde zugekehrten Mutterkult am Göbekli Tepe darstellt .

Ich selber neige jetzt zu der Anschauung, dass die Hände und Stolen an einigen Menhiren am Göbekli Tepe als Abbildungen von zeremoniellen Utensilien zu werten sind und dass diese das Kult-Geheimnis des Ortes beinhalten. Sie wurden deshalb absichtlich rätselhaft abstrahiert. Schauen wir deshalb einmal näher hin! Keiner dieser vermutlichen T-Pfeiler-Köpfe hat ein Gesicht und nicht einmal eine Nase. Die Köpfe sind entweder blank dargestellt oder sie sind mit mehr von den gleichen Totemtier Präsenzen beladen genauso wie auch die Menhir Schäfte. Obgleich diese Tiergestalten nun auf angeblichen „Köpfen" oder den Schäften entlang angebracht sind, so heben sie sich doch alle von der Menhirenoberfläche als wahre Reliefs hervor. Positive Reliefs auf Stein sind schwieriger zu modellieren als einfache negative Gravuren. Das besagt, dass sich diese Relief Wulste aus der „naturalistischen" Essenz der Menhire hervor durch Hochdrücken zeigen. Etwa so wie die hervorstehenden Venen auf dem Handrücken eines alten Mannes sich zeigen, manifestieren diese Reliefs die primären Inhalte eines Substrats.

Alle explizit positionierten Tiere in Flachrelief scheinen männlichen Geschlechtes zu sein und sind ihrer Art gemäß prominent so dargestellt. Die männliche Funktion muss für die Steinbrucharbeiter und Bildhauer wichtig gewesen sein. Die vielen männlichen Totemtiere, die an den Menhiren angebracht waren, zeigen vielfach Körperhaltungen, welche auf Bereitschaft zu einem Aufsprung hinweisen. Diese Aufsprungshaltung wird auch an einigen der vollgeformten Totempfahl Statuen (siehe Schmidt, Seiten 100, 110, 159) angedeutet. „Vogel Totems" halten sich an Köpfen fest oder an was es in dieser Welt der Jäger, im mythischen *Prehuman Flux,* sonst noch zum Greifen gibt. Sogar die Hunde und Eber am Göbekli Tepe, in angehobenen Hochreliefs, wurden aus dem ursprünglichen Reliefstil heraus zur Bereitschaft des Aufspringens etwas steiler hoch gestellt. Mit all dieser männlichen Erregung dürfte sich wohl ein weibliches Wesen nicht weit davon entfernt finden lassen. Diese ganzen Ornamentik legt also die Möglichkeit nahe, dass alle gesichtlosen und kubischen Häupter der T-förmigen Menhire nicht etwa abstrahierte quadratische Köpfe darstellen, sondern quadrierte Hoden, das heißt, dass sie genug abstrahiert und quadriert wurden, um die Nichteingeweihten außerhalb der Mysterienschleife zu halten. Mit all diesen Menhiren ist die Erd-und-Bergmutter geschwängert worden. Und ihr Bauch musste an Größe zunehmen.

Während vorsätzliches „Abstrahieren" zunächst als eine attraktive akademische Bezeichnung für die gewinkelten Formen der Göbekli Tepe Menhire gelten mag, so sollten wir jedoch diese nicht überbewerten. „Abstraktion" mag anfangs hier unbeabsichtigt geschehen sein. Die Ausmaße der Menhire scheinen im Verhältnis zu den Dimensionen vorhandener Kalksteinplatten variiert worden zu sein. Die Kalkstein Linsen, welche die Steinbrucharbeiter lockerten, gab es in verschiedenen Formen und Größen. Das bedeutete, dass ein Arbeiter, als potenzieller Bildhauer, am Anfang wohl seinen neuen Kalksteinblock als eine nette leicht gewölbte Steinoberfläche bewundert hat. Anstatt diese dann in Schutt und Staub zu zerschlagen, um schneller an die Quarzit Knollen zu gelangen, kratzte er sich einen Umriss von der wichtigsten Sache die ihm gerade in den Sinn kam. Es ist sogar möglich, dass beim ersten Mal ein Teil seiner gekratzten Kontur schon zufällig bei der Grobarbeit vorgebrochen wurde, und dass ein zufälliger Riss für ihn dann andeutete was da in dem groben Block aus Kalkstein sonst noch drinstecken mag. Die resultierende Kontur glich einem T-förmigen Phallus, und die Männer meißelten daran weiter, um dessen Geometrie zu verbessern. Je besser sie die Quadratur der linsenförmigen rohen Kalksteinblöcke gestalten konnten, desto mehr demonstrierten sie ihre menschliche Fähigkeit, ihren Willen den Eierstöcken der Erdmutter aufzuzwingen. Von den geebneten Oberflächen und deren improvisierten Umrissen entstand dann ihre Technik sowie der Quadraturstil, welcher zwölf Jahrtausende später nun als künstlerische Abstraktion erklärt werden kann. Es scheint aber durchaus möglich, dass anstatt Abstraktion das passende Wort hier eher „Vereinfachung" oder vielleicht sogar „Mutprobe" oder „Herausforderung" sein dürfte. Die letzteren dieser Worte würden übrigens, uns dann diese Bildhauer auch als potenzielle Kulturhelden vorstellen.

5

Stolen, Hände und Totempfähle

Die Menhire am Göbekli Tepe präsentieren zahlreiche totemistische männliche Tierfiguren im Flachrelief. Etliche von ihnen zeigen sich aktiv, wie Erwachsene, während andere noch auf Babystufen verweilen. Die beiden größten Menhire verfügen über Stolen und Hände. Sie mögen wohl im Zusammenhang mit Totempfahl Statuen, einem Vogel-Pfeiler aus Nevah Cory, oder einem örtlichen Löwen-Totempfahl, sowie einer später in Sanli Urfa gefundenen Statue betrachtet werden. Bildnisse und Zusammenhänge haben für uns die Hypothese im allgemeinen unterstützt, dass die Kalkstein-Menhire allenfalls Phallusse repräsentieren. Diese Fruchtbarkeits-Sinnbilder wurden gemeinsam von verschiedenen totemischen Männerbünden geschaffen und betrieben.

Stolen oder Hände? Vorsätzliches „Abstrahieren" oder ungeplantes „Quadrieren" außer Acht gelassen—was sind dann die Stolen und die Hände? Wir beobachten zunächst, dass diese Darstellungen bewegliche Dinge repräsentieren. In ihrem objektiven Zustand kann man Stolen und Hände nach Wunsch auflegen wo man will. Darüber hinaus sind auf den zwei größten zentralen Menhiren, in Anlage D, außer Händen auch noch flache schlanke Arme zu sehen, die aus dem Nirgends heraus zu kommen scheinen. Diese „Arme" wachsen sicherlich nicht aus den breitesten Schulterdimensionen dieser Menhire. Man fragt sich deshalb warum die Arme an diesem Bildnis dürftiger ausgefallen sind als dessen formale Stolen. Oder sind diese auch Stolen? Auf der Göbekli Tepe Version erscheint, nahe beim Ellbogen von einem dieser dünnen Arme, eine Falte wie es wohl ein Gewebestreifen hätte abwerfen sollen (Abbildung 8). Diese Umbiege sieht aus wie eine versuchte Berichtigung im Nachhinein. Weil der Bildhauer offenbar kein Stolen Band bei sich hatte, um als Vorbild zu betrachten, so geriet anscheinend die Falte an eine falsche Stelle. Ich erinnere mich noch gut daran, als einstens in der Grundschule ich selber noch derartige Stoff Falten aus fehlerhafter Vorstellung und schwacher Erinnerung zu zeichnen versuchte.

Prädisposition: Irgendwann im Jahr 1965 las ich verschiedenerlei über megalithische Menhiren in Europa. Zu jener Zeit stieß ich mehrere Male auf Situationen, bei denen das Symbol einer Hand auftauchte. Es wurde erwogen, dass diese Hand in Kurzschrift auf die Muttergöttin hinwies. Wo war aber die andere Hand dieser Mutter? Dann im Jahr 1991 veröffentlichte ich ein Buch mit dem Titel „*Egyptian Light and Hebrew Fire.*" Während des Schreibens lernte ich fast alles was aus Pyramiden- und Sargtexten betreffs der Hand des „Gottes Atum in Heliopolis" ausgequetscht werden konnte—was dann im Verlauf der Entzifferung auf die Tefnut, Nut, und Isis hinwies. Später habe ich sogar diese schöpferischen Heliopolis Instanzen, für ein Lehrvideo, mit echten Sonnenstrahlen-Fingern animiert. Und jetzt, am Göbekli Tepe und in Nevah Çori, kamen auf einigen dieser berühmten T-förmigen Pfeiler, Paare von Händen zum Vorschein. Meine fünfzig Jahre alte Frage, betreffs einer zweiten Hand scheint nun auf dem Weg zu ihrer Beantwortung zu sein.

Die Ausgrabung der Menhir Hände, auf Pfeiler 18, in Anlage D, (Abbildung 8), musste wegen Bedenken über strukturelle Stabilität verzögert werden. Auf die vermuteten anthropomorphe Kalksteingestalten konnte man sich nicht verlassen, dass diese auch Plattfüße hatten die sicher stehen konnten. Die Verzögerung bei der Ausgrabung gab einigen von uns die nötigen Jahre um über alternative Bedeutungen nachzudenken. Oder wäre es eventuell denkbar, dass die schlaffen Arme (oder Stolen) dazu bestimmt waren auf eine Art symbolisch-bewegliche Handlungen hinzuweisen? Je mehr man davon sieht oder vergleicht, desto mehr gewinnt man den Eindruck, dass diese als Überbleibsel aus einem Initiations Ritus herstammen, vielleicht aus einem Verbindungs Ritual irgendwelcher Art, welches Novizen auf Grund dieser Stolen verinnerlichen sollten. Ein vergleichendes Vorgehen ist hier unser einziger Weg nach vorne.

Abb. 8: Pfeiler 18, Anlage D, zeigt einen Fuchs Totem und ein verschränktes Stola-Band. Foto mit freundlicher Genehmigung des DAI.

Abb. 9: Nevah Çori Totempfahl. Vorläufige Rekonstruktion, von Klaus Schmidt. Mit freundlicher Genehmigung des DAI.

Der Nevah Çori Totempfahl: Ein eventueller Hinweis auf einen totemischen Paarungsvorgang darf wohl an den Stola- und Handmotiven am Nevah Çori Totempfahl (Abbildung 9) vermutet werden. Dieser Totempfahl, aus Kalkstein, scheint den totemischen Stammbaum eines Jägers (Jagd-Adlers?) zu verkündigen. Er trägt fünf-fingerige Stolen, von verwandten menschlichen sowie Raubvogel Persönlichkeiten zur Schau, auf Stufen von drei Generationen. Eine Ausweitung dieses Konzepts, auf das „Stola-und-Arm" Motif, am Pfeiler 18 (Abbildung 8) am Göbekli Tepe, dürfte auch mehr oder weniger Ähnliches bedeuten. Aus ähnlichen solchen Fällen lässt sich vermuten, dass da wo Stola Quasten und fünf Finger vertauschbar auftreten diese wohl ein Verbum irgend einer Art vertreten dürften, welches sich auf die zentralste sakramentale Handlung in diesen Logen bezieht.

Wir könnten hier eventuell metaphorisch postulieren, dass dies die „heiligen Hände" sind, mit Fünf-Finger Stola Quasten versehen. Sie stellen Verbindungen von verschiedenen totemischen Generationen und Arten von Wesen dar, von knapp sesshaft gewordenen Jägern. Sie sind ein ganz logisches Resultat aus der ritualisierten Verwandlungsmythologie (vgl. *„Prehuman Flux"* im Kapitel 14 & 15, unten). Von unten nach oben gelesen erklärt dieser Totempfahl: „Ich bin ein Raubvogel (ein jagender Falke?). Einst verpaarten sich zwei solcher Vögel. Dagegen war aber die Vereinigung zweier Menschen dysfunktional. Sie kehrten sich voneinander ab. Eine durchgehende Lochung zeigt den Ort ihres ungeschützten Zustandes. Der sich hier selbst vorstellende Jäger sitzt über allen an der Spitze. Er ist sehr stolz auf seine aristokratische Raubvogel Abstammung.

Übertragen in die dramatische Syntax unseres unnachahmlichen Shakespeares, vorausgesetzt dass jemand von dieser Statur den Neva Çori Totempfahl gemeißelt hat, würde sich das auf Deutsch etwa folgendermaßen lesen lassen: „Etliche wurden als Adler ausgebrütet. Weitere haben sich als Adler bewiesen. Alle zusammen sind sie vom Adler-Schein überflutet worden." Ausgebrütet, bewiesen oder auserkoren, alle waren sie trotz ihrer besonderen Vorrangsstellungen von der Gottheit in Besitz genommen worden. Das Ergebnis war vergleichbare Besessenheit. Die Ehrenmänner hatten keine Wahl bei dieser Angelegenheit. Doch die Nachkommen des Eigentümers dieses Totempfahl Ehrenmals würden dennoch versucht haben, den totemisch-göttlichen Status ihres Ahnherrn zu erben. Die beiden sozialpolitischen Modi, einen großen Jäger-Falken-Sponsoren zu haben, waren (erstens) sich von ihm übernehmen zu lassen und sich der Gruppe von ähnlichen Eingeweihten anzuschließen oder (zweitens) diesen Rang durch Geburt über seinen mütterlichen Klan zu ererben.

Ich habe eine Anzahl ähnlicher Raben-Totempfähle, aus Baumstämmen gehauen, entlang der Nordwestküste von Nordamerika zu sehen bekommen. Doch bestimmt werde ich mich nicht enttäuscht fühlen, wenn eines Tages mich jemand überzeugt, dass die Falken-Hybride dieser majestätischen Vögel eine andere Raubvogelart darstellt oder vielleicht sogar eine Kreuzung wie etwa der Jayhawk der Kansas Universität, welches ich während meiner Studienzeit dort selber wurde. Der Bildhauer zu Nevah Çori wusste, wer diese Vögel waren. Und der Bilderstürmer, der den Totempfahl zerschlug, war anscheinend auch davon überzeugt, dass er es wusste.

Der Totempfahl eines aristokratischen Löwen: Der etwas abweichende Totempfahl vom Osthang des Südwesthügels am Göbekli Tepe steht jetzt im Museum zu Sanli Urfa und wird hier aus drei Richtungswinkeln gezeigt (Abbildung 10). Er verfügt über drei Paare von Armen und Händen. Da sind zuerst einmal die größeren Hände eines aktiven Löwen-Mannes, welche sich während eines Zeugungsaktes noch am Kopf seiner Gattin—oder an dem was von ihrem Kopf an der Statue noch übrig ist—festhalten. Die Hände der Frau scheinen dabei ihren eigenen Rücken zu stützen, während ihr Hinterteil und ihre Beine schlangenartig die Beine des Mannes umranken. Zwei Schlangenköpfe in dieser Konfiguration bilden zusammen ihr weibliches Gesäß. Diese Anordnung wirft die Frage auf, ob wir es hier etwa mit einer Verwandlung hin zur phallisch-serpentinen Welt zu tun haben. Immerhin scheint es so als ob schon, während die Zeugung noch im Gange ist, dabei ein menschliches Löwenbaby geboren wird. Aus dem Schritt der Gattin streckt das Baby seine Arme hervor, während es auf einen andern Kopf hin geboren wird, welcher, wahrscheinlich, eine kauernde Löwen-Oma darstellt. Beim Geburtsvorgang hält sich das menschliche Löwenbaby mit seinen kleinen Händen fest und bedeckt dabei die angestammten Katzenaugen seiner Großmutter. Das Gesicht des Löwen-Mannes und der Kopf seiner Gattin wurden später wohl von Bilderstürmern, die den Großkatzen feindlich gestimmt waren, abgespalten. Der Kopf der Katzen-Matriarchin wurde von den Rebellen verschont, wahrscheinlich weil dieser versteckt als Sockel in der Erde steckte.

Schaut diese alte Matriarchin nur einmal näher an und lauscht! Man kann diese Aristokraten-Oma heute noch schnurren hören.

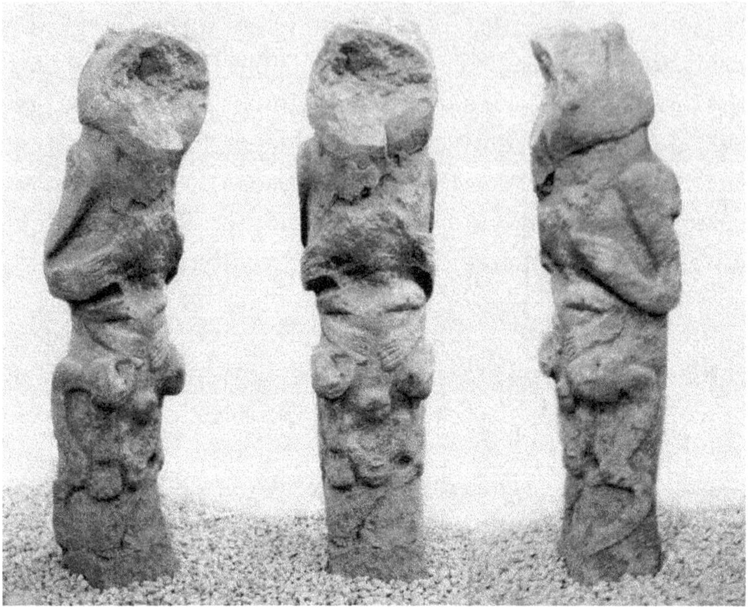

Abb.10: „Löwen-Mann" Totempfahl vom Südwest Hügel am Göbekli Tepe. Autor Foto, mit freundlicher Erlaubnis vom Sanli Urfa Museum.

Die Zusammensetzung von einer Zeugungs- und Geburtsszene ergibt hier drei Paare von Stolahänden, wie sie schon am Nevah-Çori-Raubvogel-Totempfahl zu sehen waren. Es scheint beinahe sicher, dass das Gesicht des Löwen-Mannes von seiner Statue abgespalten wurde, um seine aristokratische Arroganz zu bestrafen. Darüber hinaus scheint es auch, als ob der Bilderstürmer selbst ein Meisterbildhauer war. Er wusste genau, wie er seinen Feuersteinmeißel ansetzen musste, um ein Gesicht abzuspalten.

Bevor und während dieser Löwen-Aristokrat als Bildhauer sein Ebenbild an seinen Totempfahl hinmeißelte, hat er sich wahrscheinlich im täglichen Leben zeremoniell als eine Art Löwen-Schamane betätigt. Er war voll maskiert und in eine Haut gekleidet, die er sich von einem echten Löwenpartner, seinem Totem-Sponsoren im göttlichen Tierreich, „geliehen" hatte. Für alle Tanzenden in einer Gruppe am Göbekli Tepe darf man wohl einen Maskenkult vermuten. Die kleinen Kalksteinmasken, die Klaus Schmidt in seinem Buch repliziert hat, deuten auch in die Richtung eines Maskenkults (Schmidt, 2008, Seite 81). Diese mögen sich wohl auf eine gewisse

Gruppe von Feuerstein-Handwerkerlehrlingen, auf frisch aus kalkbeschalten Eiern ausgeschlüpfte Gesichter, bezogen haben. Sie hatten, gleichermaßen ihre Eierschalen noch an den Ohren kleben.

Ich bin mir ziemlich sicher, dass keine direkte kulturelle oder literarische Verbindung besteht zwischen dem, was bisher am Göbekli Tepe und was mehr als sieben Jahrtausende später in biblischen Texten gefunden wurde—mit der möglichen Ausnahme von dem Löwen Zitat (vgl. 1. Mose 49:9). Weil aber dem Autor manches von dem, was er über Religionen gelernt hat, auf Pfaden entlang den abrahamischen Glaubensrichtungen begegnet ist, hofft er, dass ihm verziehen wird, wenn an diesem seltenen Punkt, er die allgemeine Bedeutung des Göbekli-Tepe-Totempfahls und der Menhirstatuen mit einem Satz aus dem hebräischen Schriftgut zusammenfasst. Nebst Shakespeare, scheinen jene alten hebräischen Hirtenhoffnungen immer noch irgendwie geeignet zu sein, das, was lange vorher mit ostanatolischen Menhiren symbolisiert wurde, widerszupiegeln. Was alle totemische Statuen und Menhire auf den *Temenos*-Plattformen des Göbekli Tepe laut ausriefen, und was Generationen von Männerstimmen dazu brummten, das hat der Schreiber von Psalm 2:7 geschrieben. „Du bist mein Sohn, heute [am Tag, den dieses Denkmal feiert] habe ich dich gezeuget!"

Der priesterliche Schreiber, der diese biblischen Worte verfasste, arbeitete wohl im Dienst der davidisch-solomoischen Dynastie und schrieb für deren Könige. Zudem stand der König Solomo im Heiratsverhältnis mit dem Pharaonenhaus in Ägypten und folgedessen auch unter deren kulturellem Einfluss. Die ägyptische Ideologie der Überdomestizierung wurde in Judah durch Solomo eingeführt. Sogar der Grundplan seines Tempels basierte auf einem Schema nachdem Amontempel in Ägypten gebaut wurden. Ihr überdomestizierender Einfluss hat die gesamte religiöse Nachkommenschaft der Abraham Tradition zwar bedroht, jedoch auf eine ähnliche monotheistische Theologie reagierend, mit entsprechenden poetischen Formulierungen auch Hoffnung gemacht.

Die Statue auf Abbildung 10, am Göbekli Tepe sprach schon einen solchen ähnlichen Satz und hatte selbst das Ausrufezeichen an die Erwartungen des Jesaja 6:9 dazu gemeißelt: „Denn uns ist ein Kind geboren, ein Sohn ist uns gegeben ....“ Übersetzen wir das ruhig mit „ein Löwenhäuptling, ein erfolgreich jagender Löwe ist uns geboren.“ Die Fortsetzung in Jesaja betreffs „der Herrschaft, die auf seiner Schulter ruht“, musste auf eine Zeit in der Zukunft warten, in welcher Überdomestizierende die Notzustände herbei geführt hatten, aus denen dann eine zu erwartende königliche Rettergestalt schließlich die Menschen aus den Händen anderer Könige erlösen sollte.

Abb. 11: Eine etwas spätere Statue aus Sanli Urfa. Sie mag einen Priester oder auch eine anthropomorphe Gottheit darstellen. Es mag die erste lebensgroße menschliche Statue auf unserem Planeten sein. Foto vom Autor—mit freundlicher Erlaubnis des Sanli Urfa Museums.

Priester oder anthropomorphe Gottheit? Dazu scheint es, obendrein, als ob wir schon so etwa wüssten, wie ein stolentragender Priester und Inhaber echter menschlicher Hände einstens ausgesehen hätte (Abbildung 11). Die älteste Statue in der Welt mit vollmenschlicher Größe stammt aus einer etwas jüngeren Zeit als Göbekli Tepe und wurde im nahen Sanli Urfa gefunden. Sie dürfte eventuell solch einen priesterlichen Zelebranten darstellen. Doch könnte es eben so leicht auch die Statue einer anthropomorphen Gottheit sein, ein erster Vater-Gott, der am Göbekli Tepe seine priesterlich feiernde Männer zu befähigen begann. Anthropomorphe Gottheiten sind vermutlich während der Schlussphase des vollen Jagens in die Reihen der älteren Tiertotems eingedrungen. Die Hände dieses Mannes, so nahe bei seinen Genitalien, deuten eventuell noch auf ihre sakramentale Einheit mit den obengenannten Fünf-Quasten verzierten Stolen oder vielleicht auf etwas Ähnliches zur „Erweichung“ der Vogelkrallensymbolik hin, zum Beispiel etwa wie eine solche Erweichung auch am Nevah Çori Totem Pfahl dargestellt ist. Diese Hände lassen sich auch mit den drei Händepaaren am Totempfahl des zeugenden Löwenmannes sowie mit den Stolen und Händen auf den zentralen Menhiren der Anlage D verbinden und auch mit einem Menhir-Fragment, das in der Wand des „Löwen Gebäudes" eingesetzt dasteht.

Diese Stolen repräsentieren die Arme und Hände von Killermännern. Der Sühne wegen sind sie aber sakramental zu Anhängsel „erweicht" worden, das heißt, erweicht für sanftere Umarmung und Zärtlichkeiten, was dann auch heißt, erweicht zur Zeugung und zur Unterstützung von neuem Leben, von Leben, das sich weicher als Feuerstein oder Kalkstein anrühren ließ.

Wannen und Podeste: Ein weiterer Hinweis für unsere revidierte Auslegung betreffs den Göbekli-Tepe-Menhiren kommt von deren wannenförmigen „weiblichen" Unterlagen oder Podesten in welche, nach unserer Auffassung, Menhire als männliche Symbole eingesetzt wurden. Noch nicht genug von den Menhiren konnten bis jetzt zu ihren vollen Tiefen ausgegraben werden, um alle Wannen-Unterlagen freizulegen, sowie eventuelle Podeste, welche aufs Grundgestein hin als erhöhte Basen ausgespart wurden. Wenn irgendwann in der Zukunft die Ausgrabungen tiefer stoßen, dann findet man in aller Wahrscheinlichkeit auch mehr von solchen weiblichen Unterlagen. Ich selber habe solche in den Anlagen E, C, und D offengelegt gesehen. Bei voller Ausgrabung von Anlagen wie diesen, welche mehr als zweitausend Jahre Entwicklung darstellen, braucht man natürlich keine totale Einheitlichkeit der Formen erwarten. Der gesamte Aufbau am Göbekli Tepe, soweit er bis jetzt bloßgelegt worden ist, passt symbolisch ganz schön zusammen. Bis jetzt scheint das Gesamtbild recht einheitlich zu sein, auch ohne überall tiefer zu graben.

Der Autor des oben genannten *National Geographic* Essay hat an der Ausgrabungsstelle den für die Konservierung verantwortlichen Architekt Eduard Knoll in Bezug auf die Struktur des „Montagesystems" für die zentralen Pfeiler der Anlage D befragt (vgl. Abbildung 12). Die Antwort des Architekten, vielleicht gutmütig und augenzwinkernd gewährend, war, dass es so etwas hier nicht gab. Er schlug aber vor, dass „die Pfeiler eventuell von Holzpfosten gestützt wurden (Juni 2011, Seite 41)." Ich bin geneigt dem Vorschlag, dass Holzpfosten verwendet wurden zuzustimmen. Jedoch muss ich persönlich die eventuelle Anspielung, dass diese Alten ihre Technik des Säulenaufstellens nicht gemeistert hätten, ablehnen. Ich vermute, dass diese Steinbrucharbeiter mit Leichtigkeit funktionelle Fundiersockel hätten herstellen können. Beim Gießen und Stampfen von Terrazzoböden hatten sie keine Probleme.

Abb. 12: Das zentrale Menhiren Paar 18 und 31 der Anlage D.
Autor Komposition Foto—mit freundlicher Genehmigung des DAI.

Tanzende Menhire? Vielleicht wurde es von diesen Menhiren nie erwartet, verankert auf dem Boden zu stehen und auch nicht, dass sie je wirkliche „Pfeiler" darstellen sollten. Nur weil die Archäologen sie in ihren Ausgrabungsunterlagen vorerst als „T-Pfeiler" verzeichneten, besagt noch lange nicht, dass sie einst als fixierte Pfeiler oder Säulen gedacht waren. Die Bauherren mögen in der Tat einige Verbindungs- und Stützpfosten verwendet haben, wie es der Architekt vermutet. Vielleicht hat man auch eine Kombination von Stangen und Seilen verwendet, zur Steuerung von Schwankungen und zur Veranschaulichung von Rhythmen. Oder zuweilen, während der Rituale, mögen wohl die Männer mit ihren Stolen gestikuliert haben, um mitzuhelfen die Menhire in ausgewogener Regung und symbolisch beim Mitschwingen zu halten. Warum denn auch nicht? Auf dieser

Schaubühne, wo männliche Totemtiere im Aufsprung dargestellt sind und wo Männer in rhythmischen Schritten sich wohl tänzelnd durch enge Passagenpfade in dieses Heiligtum einließen, sind Bewegungen vonseiten der Menhire selber, als anerkannte Hauptakteure, nicht undenkbar.

In Abbildung 27, unten, biete ich für Anlage C eine zeremonielle Szene an, welche einfach genug zum Zeichnen war. Aber vielleicht wurden an den zwei zentralen T-Pfeilern, in der Tat, Holzbalken für gegenseitige Stützung und Bewegungen angebracht, möglicherweise wie der Buchstabe „H" die Fähigkeit zu parallelen Neigungen oder Schwankungen haben könnte, falls er so zusammen verknüpft wäre. Dem Leser steht es frei, die Rhythmen und Klänge sich zu vertonen, während dieser Autor weiterhin das chthonische Singen und die Harmonien der Hopi Katsina-Wesen in seinem Ohr nachtönen hört. Vereinigt hier zum Tanz, in einer Brüderschaft von echten Feuersteinbergleuten und Waffenhandwerkern umgeben, zwischen bebenden fünfzehn-tonnenschweren Kalksteingliedern, das könnte in der Tat ein voller Nervenkitzel gewesen sein—wenn nicht genüsslich, dann einfach stimulierend und angst-erregend. Was sind hier wohl unsere Chancen, die abgerundeten Spitzen der Menhire und ihre weiblichen Wannen, microskopisch gnauer nach irgendwelchen Reibungsstellen von Schaukelbewegungen herstammend zu untersuchen? Ich gestehe gerne ein, dass diese losen "Podeste" nicht den Erfordernissen für vernünftige Säulensockel entsprechen.

Aus evolutionärer Sicht darf man vergleichen, wie diese alten Feuersteinbergwerk-Betreiber bereits schon eine Art von Geburtstagfeier für militärisch-industrielle Komplexe inszeniert haben, welche allerdings damals noch in ihren Kindersandalen steckten. Doch die große Mutter Erde hat sicherlich etwas von dieser Mega-Aufregung auf ihrem Leibe mitbekommen—auf ihrem eigenen felsigen Göbekli-Tepe-Selbst. Hätte M.I.T. damals schon existiert, so würde ich mich jetzt wundern, welche Zusätzlichkeiten eine der berühmtesten Ingenieurbrüderschaften hätte dazu wohl beitragen können, die Gewandtheit der fünfzehntonnenschweren tanzenden Kalkstein Menhire zu vervollkommnen?[23]

---

[23] "M.I.T." ist die Abkürzung für Massachusetts Institute of Technology, zu Cambridge.

Fuchs Pelze: Fuchsfelle sind als Lendenschürze um die Spitzen dieser Menhire (Abbildung 12) gebunden dargestellt. Soll deren Gegenwart deshalb nicht einen Beweis für eine anthropomorphe Auslegung der Menhire, betreffs deren Stolen, Finger und Hände, liefern? Tatsächlich deutet die Anwesenheit eines Lendenschurzes darauf hin, dass Göbekli-Tepe-Bergleute in der Lage waren ihre Mega-Phallusse anthropomorphisch einzuschätzen, genauso wie Leute in vielen Sprachen das heute noch in etwas kleineren Maßstäben scherzhaft tun. Sicherlich konnten sie auch einen Phallus als Vertreter des männlichen Wesens symbolisieren. Aber lasst uns bei den Tatsachen bleiben. Wie viel könnte ein lebensgroßes Fuchsfell an einem dieser Riesen verbergen, lediglich um seine Spitze herum gebunden? Diese Lendenschürze dienten keinem puritanischen Skrupel, so wenig wie die zerfransten Lappen eines Feigenblatts je fähig waren etwas zu verbergen. Das Fuchsfell wurde im Gegenteil hier für mindestens drei andere Zwecke hervorgemeißelt. Erstens, um ein Maß zur Abschätzung der wahren Größe dieser Kalkstein Skulpturen zu liefern. Und zweitens, um den ältesten Kleidungswitz in der Entwicklung der Menschheit zu betonen. Fuchsfelle und gelappte Feigenblätter als Abdeckungen haben schon immer betont, auf das zu achten was sie zu bedecken vortäuschten. Was gab es in diesem Falle zu verbergen? Drittens, diese Lendenschürze verraten, unumgehlich, dass Männer der Steinzeit die Gewohnheit hatten, Füchse zu töten—genau diese Füchse, die sie als ihre Totemgötter nachzuahmen versuchten. Sie zögerten auch nicht, göttliche Felle als Schutzkleidung fürs Rennen in hohem Gras oder Gestrüpp zu gebrauchen.

In der Kathedrale: Klaus Schmidt hat gelegentlich den Göbekli Tepe sowie seine historische Sequenzierung in Bezug auf den Archetyp einer Kathedrale hin erläutert. Ich hatte Anteil an einem kostbaren Augenblick mit dem Professor, bei dem er die zwei größten Menhire in Anlage D (Abbildung 12) als himmlische Wesen bezeichnete, als ob diese eben zur Erde hernieder kamen. In der Tat, als er einem dieser engelhaften Stimmgabeln einen Klaps mit seiner bloßen Hand verpasste, da vernahm ich dessen himmlische Töne und Übertöne mit meinen eigenen Ohren. Meine Ohren, im Alter noch durch die Fantasie eines Möchtegern Komponisten befähigt, konnten nur eine geringe Differenz zwischen dem Ankündigungsgesang eines dieser himmlischen Wesen und einer Magnifikatnummer wahrnehmen. Die Letztere dürfte wohl irgendwo anders in einer Kathedrale von einem Chor, der sich fast wie ein Engelchor anhörte, gesungen worden sein.

Die himmlischen Steinengel, schwerwiegend am Göbekli Tepe zur Erde herunter- und eingefahren, ertönten und zitterten im Ritual als wären sie die buntbeflügelten Engelsgestalten aus einem späteren Renaissance „Mariä-Verkündigung"-Gemälde. Inzwischen ertönt auch in der Kathedrale der Chor, gemischt aus männlichen und weiblichen Stimmen, schließlich mit dem Jubellied der Jungfrau. Ich mache es mir zur Regel, Johann Sebastian Bachs „Magnifikat" mindestens einmal im Jahr während der Adventszeit anzuhören.

Von Füchsen, Kranichen und Gänsen betrieben: In der Tat gab es eine vierte Bedeutung dieser Fuchsfelle in der Anlage D, von einer noch etwas ernsteren Natur. Diese Darstellungen bestätigten, dass die Kalkstein Phallusse, in Fuchsfelle gekleidet, tatsächlich von Füchsen betrieben wurden. Einer dieser zwei zentralen Menhire, Pfeiler 18 in der Anlage D, zeigt sogar das Relief von einem männlichen Fuchs, welcher an der Seite des Schafts auffällig zu pulsieren und zu zittern scheint: „Fuchs da drinnen!" kläfft dieser Totem uns entgegen (Abbildung 8). Er ist ordnungsgemäß von einer Stola umgeben und dadurch legitimiert. Vereinigt legen diese Merkmale es uns nahe, dass beide riesigen zentralen Kalkstein Menhire von einer Gemeinschaft von totemisch-menschlichen Füchsen betrieben wurden.

Trotzdem waren aber da zwei Bruten von Küken, die eben unter den zentralen Menhiren ausgeschlüpft waren. Ausgerechnet Kraniche! Jawohl, Lieber Leser! Ich bitte um Geduld! Es hat alles seinen guten Sinn. Und dieser Sinn soll nun umgehend klargelegt werden.

Wie ist so etwas möglich? Wie können männliche Füchse etwaige Gänse oder Kranichküken zeugen? Ehe wir unsere rationellen Zweifel hier gelten lassen, um die Vaterschaft der Füchse anzuzweifeln, tun wir wir gut daran den Pfeiler 33 an der Südwand der gleichen Anlage D (Abbildung 13), anzuschauen. Es gibt kaum Zweifel über die Identitäten der auf die Breitseiten dieses Menhirs gemeißelten Tierfiguren. Dieser phallische Menhir wird gemeinsam vom Fuchs und Kranich betrieben. Zusätzlich sind aber auf der Hodenebene auch noch Gänse zugegen. Die Zusammenarbeit von Fuchs und Kranich

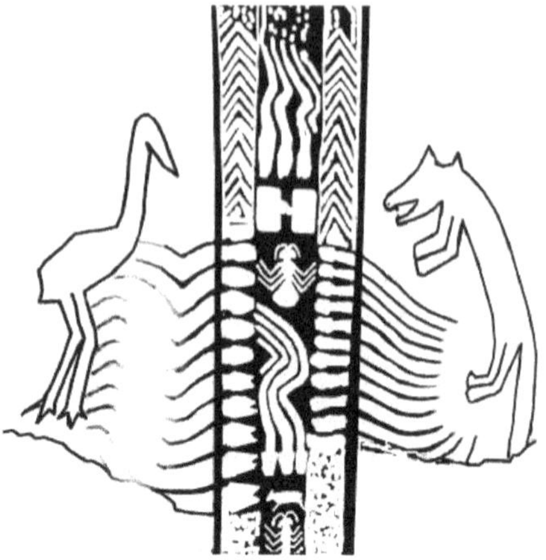

Abb. 13: Pfeiler 33, Anlage D. Autor Komposition Skizze, auf vier Fotos basiert, in Schmidt 2008, Seiten 182 und folgende. Links: Autor Foto, mit freundlicher Genehmigung des DAI.

stimmt mit der Ökumene, welche charakteristisch für Anlagen der ältesten Göbekli-Tepe-Schicht ist, allgemein überein. An den Rändern der jeweiligen Sockel der Pfeiler 18 und 31, aus dem Grundgestein herausgemeißelt, sehen wir die Ergebnisse (Abbildung 12 und 17). Zusammen präsentieren diese zwei zentralen Menhire zwei Bruten von etwa gleichalterigen Küken. Von Anfang an vermutete ich Kranichküken. Die Archäologen schrieben „Enten." Ein zufälliges Foto von Pfeiler 33, von mir selber aufgenommen, zeigte das Vorhandensein von Gänsen auf der Hodene-Ebene oben. So, ehe man diese jungen Vögel eventuell als Enten erkennen mag, dürfte man hier auch Gänseküken vermuten. Doch wie dem auch sei, die existenzielle Implikationen sind sowieso die Gleichen. Füchse sind natürliche Jäger von Kranichen sowie von Gänsen und Enten.

Prädisposition: Vor vielen Jahren hat eine Tante mich, der damals noch ein drei Jahre und drei Wochen altes Kind war, über den biologischen und kulturellen Anfang eines Menschenlebens aufgeklärt. „Hat dir der Storch einen kleinen Bruder gebracht?" hat sie mich damals gefragt. Während ich ihr die Antwort schuldig blieb, bescherte ihre Frage mich doch mit meiner frühesten Kindheitserinnerung. Deshalb ist es jetzt umso schöner, endlich eine Art von Beweis gefunden zu haben, dass es am Göbekli Tepe vor zwölftausend Jahren schon Männer gab welche damals die Rolle von späteren europäischen kinderbringenden Störchen, als Kraniche im Voraus zu spielen wussten. Mit ihrem Kult-Denken brachten sie, ordnungsgemäß und im größeren Rahmen ihres Heiligtums, uns auch näher an ein polarisiertes Zweigeschlechtersystem heran, an etwas, das zur Kinderzeugung und Erziehung irgendwie nötig war. In diesen heiligen Hallen sind Kraniche und Füchse zu totemischen Brüdern geworden! Und aus ihren Kreisen sind eigentlich, so ganz nebenbei, auch unsere Vorfahren aus Eiern der Erdmutter ausgeschlüpft.

„Kraniche zu vermehren und Kraniche zu jagen“, so haben es die Bildhauer am Göbekli Tepe scheinbar verstanden, „sind der rechtmäßige Sport und die Aufgaben der Kranich- und Fuchsmänner." Natürlich waren diese Kraniche (eventuell auch Gänse) und Füchse in Wirklichkeit menschliche Jäger aus den Männerbünden, die in dieser Loge sich versammelten. Das bedeutet dass eventuelle Konflikte, welche die Fuchs-, Kranich- oder Gänsetotems den wild herum laufenden Kranichen oder Gänsen gegenüber zu harmonisieren verstanden, konnten wohl auch unter deren menschlich-totemistischen Gefolgsleuten geschlichtet und ausgesöhnt werden.

An der Vorderkante des Pfeilers 33 (Abbildung 13) bewegen sich die Schlangen nach unten. Es scheint fast, als ob diese Bildhauer aus der Steinzeit vorausahnten, wie ein Spermium eines Tages unter dem Mikroskop aussehen wird. Aber dann, die Reliefschlangen auf den breiten Seiten dieses Menhirs repräsentieren eben Phallusse, und ihre Multiplikation stellt ganz einfach intensivierte Erregung, Menge und Bewegung dar. Die weiblichen Spinnen krabbeln dabei indessen nach oben zur Begegnung mit den sich nach unten windenden phallischen Schlangen.

Es mag wohl sein, dass die „Frau Spinne“ das einzig gemeißelte weibliche totemische Tier am Göbekli Tepe darstellte—so wie dieselbe auch in der Religion der Hopi Indianer überlebt hat.[24] Es kann aber auch der Fall sein, dass Tiere mit Stachel und giftigen Bissen, einschließlich der Skorpione, irgendwie zusammen mit anderen zustechenden „Männchen“ und Jägern eingestuft wurden. Diese Kreaturen sind mehrdeutig, gerade so wie es auch die alten menschlichen Jäger waren, welche mit ihren "Pfeilschlangen" aus

---

[24]Wenn man die Kopfform der Spinnenfrau mit der Erdmutter Gravierung in der Löwen-Loge vergleicht (Abb. 25), dann wird man mit einem Hinweis auf erweiterte Forschungen aus der vergleichenden Ethnografie belohnt (vergleiche Kapitel Sieben).

größerer Entfernung stechen und umbringen konnten. Mit gesteigerter Wucht konnten diese sogar die größten der Tiere beißen und erobern.

Wenn die Bergleute als Gruppen tanzten, dann haben sie sicherlich auch teils leise und teils lauter harmonisierend dazu gebrummt und Rhythmus zustande gebracht. Wenn bestimmte Logen an gleichen Tagen oder Nächten feierten, konnten die verschiedenen Brüderschaften gleichzeitig nebeneinander hertanzen und nebenan in benachbarten Logen mitsingen sowie ihre zeremoniellen Künste miteinander messen. Und während Männer und Menhire miteinander tanzten, zitterte der Bauchhügel sicherlich mitsamt jenen besuchenden himmlischen Steinwesen, im Unisono. Beklatscht von Menschenhänden ertönten die massiven Menhire. Wie Stimmgabeln entlockten sie Töne aus der Erdentiefe hervor, welche dann dem Himmel entgegen-jauchzten. Inzwischen tanzten die Männer, mit Füßen tätschelnd wie schleichende Füchse. Andere schritten stolz tanzend einher wie Kraniche. Beide totemisch-tierischen Maskotte wussten untereinander so ziemlich alles was ein Jägersmann über rhythmische Bewegungen und eindrucksvolle Haltungen wissen sollte.

Totems und ihre menschlichen Geweihten tanzten mystisch, zusammen bei solchen Angelegenheiten, gemeinsame Zweier als dichte Einheiten. Es gibt keinen Grund danach zu fragen, wer da eigentlich tanzte, die Männer oder ihre Totemgötter. Ein Raubtier-Totem, der einen Mann besitzen und dessen Jagdstil voll bestimmen konnte, der konnte ihn auch besitzen und ihn aktiv tanzen lassen. Das heißt, er konnte ihn sogar seinem eigenen und freien Willen entsprechend betreiben. Die totemische Gottheit und deren menschlicher „Aspekt", bewegten sich zusammen als ob sie eine einzige Person wären. Der Bildhauer des Pfeilers 33 wusste wie man gemeißelte Schlangen vermehrt erscheinen lassen konnte, als ob sie tanzten. Sehr wahrscheinlich waren Füchse und Kraniche mehrheitlich die totemischen Sponsoren in diesen Veranstaltungen. Dennoch kann aber eine direkte totemische Beziehung zu all den Schlangen auf den Flachbildern nicht postuliert werden. Einige der Schlangen dürften in der Tat wohl totemische Sponsoren gewesen sein, während die meisten auf Pfeiler 33 einfach als vielfach-betonte Phallus-Symbole galten.

Mit ihrer Technik der Darstellung von serpentinischen Phallussen erfanden diese Steinzeitbildhauer eine präfilm Technik, welche den späteren mehrfachen Belichtungen im Film entsprach. Diese phallischen Schlangen an der rechten Seite des Menhirs entspringen aus einem Fuchs (Abbildung 13). Sie schnellen der Seite des Kalkstein-Menhirs entlang hoch, um an der vorderen Kante die nach unten kriechenden Schlangen zu beleben—welche alsdann auf die nach oben krabbelnden Spinnen stoßen. Von der anderen Seite des Menhirs zaubert der Kranich-Totem die gleiche Magie solcher Bewegungen und deren Vervielfachung herbei. Natürlich repräsentieren die sich abwärtsbewegenden Schlangen vorne am Kalkstein-Menhir den animierten Menhir selber. Und wir kennen deshalb die Richtung schon für welche dessen Bewegungen gedacht waren.

Der allgemeine Status eines Kranichs mag wohl auf den natürlich tierischen Stil seiner Brautwerbetänze zurückzuführen sein. Die Form seines Kopfes und Halses ähnelt den Schlangenköpfen im Flachrelief wie das Klaus Schmidt bereits schon erkannt hat. Die primitiven Formen der Schlangen lassen sich leicht in Teilen an anderen Tierkörpern wiedererkennen. Zur Abbildung 10, oben, haben wir bemerkt, wie sogar die Beine und das Gesäß einer Frau als sich windende Schlangen gesehen und dargestellt werden konnten.

Doch würde ich persönlich zögern, wenn es darum ginge, alle totemischen Vogelbilder die nach vorne durchgebogene Knie zeigen, wie zum Beispiel auf Abbildung 13, als beabsichtigt anthropomorphisch einzustufen obwohl die Betreiber aller dieser Menhire offensichtlich Menschen waren. Ein Anfänger im Bildhauen, der seinen ersten Kranich meißelt, sollte für falsch-geknickte Knie entschuldigt werden. Jäger, die einen Kranich schießen, nehmen sich nicht die Zeit, um genau auf die Biegungen an Vogelbeinen zu achten. Sie zielen auf die Körper und versuchen ihre Feuersteinspitzen durch das Gefieder einzutreiben. Darüber hinaus werden auf der freien Wildbahn beim abgesenkten Gang junger Kranichküken deren ganze Gelenke und Oberschenkel oft leicht übersehen.

Prädisposition: Dem abendländischen Denken mag das Phänomen der Multiplikation rätselhaft erscheinen. Doch wir wollen einmal hinschauen, wie die Dinge im Taoismus und im Mahayana Buddhismus nicht immer nur kleiner oder größer sind. Beide Religionen symbolisieren mit Anzahl und auch mit

Größenunterschieden—wie zum Beispiel die Anzahl der himmlischen Generäle im Taoismus und die überwältigende Vielzahl von Bodhisattwas im Mahayana Buddhismus. Zudem haben diese Religionen auch überlebensgroße Statuen von taoistischen Gottheiten und geradezu gigantische Buddha Statuen produziert. Am Göbekli Tepe wurden die Größe und die Vielfalt der Menhire auf erhöhte Männlichkeit hin gesteigert, später vielleicht sogar um einen Himmelsvater zu erregen, sich zusammen mit totemischen Aktivisten und Würdenträgern zu bewegen und sich so in den Zeugungsvorgang einzureihen.

In einem weiteren evolutionären Kontext sehe ich die Temenoi am Göbekli Tepe als exklusive Männerlogen für veraltete Jäger. Ich bestätige die offensichtliche Tatsache, dass die typischen Hopi-Kiva-Gebäude, mit „Sipapu" Löchern am Boden weibliche Erd-Heiligtümer darstellen. Hopi Kivas dürften den ostanatolischen Temenoi an Bedeutung etwa ähnlich sein. Die Hopi Kivas stimmen in manchem strukturell mit den Tempeln von Neva Çori und am Göbekli Tepe überein, abgesehen von den Menhiren, natürlich. Aber mit all den maskierten Katsinas, welche in den Hopi Kivas tanzen, würden Menhire sowieso überflüssig erscheinen. Und dazu stecken auch Hopi Männer nicht so tief in der Kalksteinbearbeitung. Jedoch gehen die Hopi Männer auch heute noch in ihre Kivas um dort zeremonielle „Stolen" zu weben, welche sie sich zwar nicht um den Hals über ihre Brust hängen, sondern um ihren Bauch herum binden. Bergleute am Göbekli Tepe verwendeten ihre Zeremonialbauten wahrscheinlich auch als Kantinen um Nahrungsmittel zu speichern und zu verzehren. Ich vermute, dass einige von ihnen sich dort auch regelmäßig für eine Nacht zum Schlafen hingebettet haben. Zu besonderen Zeiten gab es bestimmt auch Nächte welche durchgetanzt wurden.

Aus der Hopi Klan-Mythologie lernen wir, dass eine auffällige Spinne, allgemein als „Spider Woman" bekannt, als eine weibliche Gottheit konzipiert wurde. Sie ist auch die Art von Frau, die in manchen Kontexten die Mutter Erde repräsentiert. Auch ist sie die Frau des Spinnens und der Weberei. Das bedeutet, dass sie eine göttliche Beschützerin der männlichen Hopi-Weber ist. Am Göbekli Tepe dürften Jäger, im Knüpfen von Netzen spezialisiert, wohl schon einem Spinnenklan angehört haben. Alles das ist Spekulation. Natürlich musste auch schon in Ostanatolien jemand die zeremoniellen Stolen weben oder stricken. Und betreffs der Netze vermute ich, dass nicht alle eingravierte scheinbare Netze auf den Menhiren am Göbekli Tepe in Wirklichkeit auch solche sind. Einige waren wahrscheinlich bloße Rillen, die als Tiefenanzeiger dienten, die für eine Senkung der Hintergrund-Ebene welche die hervorragenden Reliefs umgibt, erst einmal eingekratzt wurden. Der langwierige Ausgleichungsvorgang wurde nicht immer voll durchgeführt.

Schlange, Fuchs und andere mehr: Die meisten der Totemtier-Embleme an den Göbekli-Tepe-Menhiren sind Raubtierwesen, mit welchen an irgendeinem Zeitpunkt die Männer entweder konkurrierten oder diese als eventuelle Mitjäger identifizierten. Diese umfassen

Kaniden, Schlangen, die großen Katzen, Greifvögel, Spinnen, Skorpione und selbst die fischenden Kraniche. Und dazu, soweit wir den Göbekli Tepe Index bis jetzt entziffern können, gab es auch noch den Stier, Widder, Eber und Esel. Diese dürften wohl in der Jäger-Ehrenhalle als totemische Vorfahren aufgrund ihrer Fähigkeiten als männliche Wesen ihre Angreifer zu verletzen, oder auch als eventuelle Meister einer Herde ihrer jeweiligen Spezies anerkannt worden sein. Schlange und Fuchs sind die zahlreichsten Totemtiere die bisher am Göbekli Tepe dargestellt vorgefunden wurden. Doch die Zahlen von totemischen Personen, die dort vertreten sind, reflektieren nicht unbedingt die tatsächliche Verteilung innerhalb der menschlich-totemischen Klan-Demografie. Die Zahl der abgebildeten Schlangen erscheint wahrscheinlich durch die reichlich vertretenen Phallus-Symbole übertrieben.

Darüber hinaus trägt jeder Mann aus jeder Spezies mit sich eine Schlange. Währenddessen haben aber im Tierreich die männlichen Schlangen selber zwei solche serpentine Phallusse in Besitz. Die Religion, die wir am Göbekli Tepe vorfinden, war ganz offensichtlich die von Jägern aus der Jüngeren Steinzeit; sie bestand aus Jägerzeremoniell für Männer. Zudem sind Schlangen aber auch bequeme Symbole, mit denen *mysterium tremendum* Effekte (das heißt, Furcht und Zittern) verursacht werden konnten, um Leute zu erschrecken und den nötigen Respekt für sich selber herauszuschinden. Hinzu kommt noch, dass Schlangen am einfachsten zu zeichnen, zu schnitzen oder zu meißeln sind.

Aus lebenden Schlangen gewoben: Die Abbildung 14 mag wohl eine Idee für tatsächliche Handarbeit darstellen. Solch eine Decke zu flechten, erforderte höchste Koordination von allen Händen und Gehirnen, welche einer Brüderschaft von eingeweihten Schlangenmännern zur Verfügung stand. Wie viele menschliche Hände waren wohl nötig, um diese Decke zu flechten, um alle lebenden Stränge des Gewebes zusammenzuhalten? Sollte wohl von einem Neuling erwartet werden, während seines Initiations Rituals sich drauf hinzulegen? Für diese Brüderschaft schien keine Herausforderung zu groß oder zu gefährlich gewesen zu sein. Trotzdem kann aber etwas ernsthaft Praktisches, sogar etwas Notwendiges, diese Heraus-

Abb. 14: Eine Decke aus Schlangen gewoben. Auf dem T-Pfeiler 1, Anlage A. Mit freundlicher Genehmigung des DAI.

forderung inspiriert haben. Jäger, die lernten, wie man solche Decken flicht, erlernten dabei auch wie man die Vipern „melken“ konnte, um deren Giftstoff zu gewinnen. Für ernsthaftes Jagen konnte man den giftigen Speichel auf seine Pfeilspitzen schmieren. Auf der Jagd zu jener Zeit ging es um Leben und Tod und gleichfalls auch noch um die Wartezeit. Das Jagen war damals noch kein leichter oder leichtsinniger Sport. Die Anwendung von Speichelgift ersparte dem Steinzeitjäger viel Zeit beim Verfolgen von angeschossenen und verwundeten Tieren.

Türlochsteine und Ringe: Kalkstein-Ringe, die am Göbekli Tepe gefunden wurden, scheinen als symbolische Objekte den weiblichen Wannen verwandt zu sein. Professor Schmidt hat die Ringe zusammen mit den „Türlochsteinen“ katalogisiert (Schmidt 2008; 93, 126). Meine erste Reaktion in Richtung einer Deutung, aus der Ferne, war: Wenn der Innendurchmesser eines solchen Steinrings den Körper eines Mannes durchrutschen ließ, dann war es wahrscheinlich dessen Zweck, den Körper eines Mannes durch die Rundung durchziehen zu lassen. Eine berufsverwandte Form von Ritual bietet sich hier an; wohl etwas das der Wiedergeburt eines Bergarbeiters ähnelt. Ein ausgebildeter Flinthandwerker mochte eventuell über seine menschliche Geburt hinaus erwachsen sein, so etwa als einer der nicht länger aus einer Frau geboren galt, sondern aus Stein oder gar nach der Weise von Feuersteineiern gelegt und dann ausgebrütet wurde.

Abb. 15: Viertes Sandpainting im Navajo Coyoteway Zeremoniell. Anthropoide Kojote Götter tragen gestopfte „Kojotefelle" und Körbe. Foto vom Autor.

Abb. 16: Szene aus der Navajo *Coyoteway* Heilungs Zeremonie. Von links nach rechts: 1. Patient. 2. Der Talkinggod. 3. Maskiertes Kojote Mädchen von einer Frau dargestellt. 4. Maskiertes Kojote Mädchen, von einem Mann dargestellt. Er/Es trägt ein ausgestopftes graues Fuchsfell. Foto vom Autor.

Solche Möglichkeiten springen uns augenblicklich als Motive entgegen. Dazu vermute ich noch, hypothetisch natürlich, dass die originale Öffnungen im Grundgestein am ersten Felsen Tempel (Abbildung 5), von absterbenden Baumstämmen ausgespart, groß genug gewesen wären, dass einer Mythologie gemäß die Mutter Erde einstens hätte Feuersteineier daraus hervor legen können. Solche Gedankengänge hatten eventuell auch eine Bedeutung für die symbolisch-sakrale Geburt eines menschlichen Kindes, wozu solch eine Öffnung vielleicht im Ritus benutzt werden konnte. Für die kleineren Löcher in zeremoniellen Anlagen erinnere ich mich an die „Sipapu" Löcher, welche man in den Kiva der Anasazi sowie der Hopi-Indianer findet (symbolische Geburtslöcher für das originale Auftauchen der ersten Menschen aus der Erde). Ein ähnlicher Erdmutterkultus kann, vermutlich, ähnliche zeremonielle Symbole inspirieren. Doch einige Löcher am Göbekli Tepe dürften wohl auch praktische Ankerstellen für Stützpfosten und Seile gewesen sein.

Füchse, Hunde und Wölfe: Es gibt ethnologische Parallelen, welche Füchse, Kojoten, Hunde und Wölfe zusammen als Zugehörige einer einzigen Art zählen. Im Jahr 1974 habe ich das ganze neunnächtelange Diné (Navajo)-*Coyoteway*-Heilungs-Zeremoniell auf Tonband aufgenommen und fotografiert. In einem Sandbild (Abbildung 15) sind acht der Fuchs-Hund-Kojote-Wolf Figuren vorhanden.[25]

Das ausgestopfte Kojotefell, welches ein Kojotedarsteller in seinen Händen trug, war eigentlich ein blaugraues Fuchsfell aus dem Süden. Man konnte natürlich den gleichartigen „blauen" Fuchs-Kojote-Wolf auch in den anderen Himmelsrichtungen umherlaufen sehen. Der amtierende schamanische Praktiker und die zwei maskierten Personen waren alles „Kojoten" *(Maii)*. Der schamanische Praktiker war ein solcher schon immer, sogar schon als Angehöriger des Kojoteklans, mütterlicherseits. Doch dann, während dieser Zeremonie, wurde dann auch noch sein Patient zu einer geweihten Kojoteperson (Abbildung 16).

Es ist sehr wahrscheinlich, dass die totemischen Füchse am Göbekli Tepe auch eine generische Variante der allgemeinen Kaniden-

---

[25]Karl W. Luckert und Johnny C. Cooke, Navajo Interpreter, *Coyoteway, a Navajo Holyway Healing Ceremonial*. Museum of Northern Arizona Press and the University of Arizona Press, 1979.

art darstellten, welche den Fuchs, den Wolf und jegliche Art von Hund in sich einbezog. Zusammen mögen diese Tiere wohl als einheitliche Art gesehen worden sein. Die große Zahl der Füchse an den Relief Abbildungen am Göbekli Tepe, dürfte aber trotzdem noch genauer auf die symbolische Bedeutung der „grabenden" Kaniden für den Bergbau hingewiesen haben. Schlangen und Füchse wohnen in der Erde. Das hätte eventuell die Tatsache unterstützen dürfen, dass viele ihrer menschlichen Verehrer als Kalkstein-Bildhauer im Feuersteinbergbau und in der Waffenherstellung tätig waren.

Kinder aus einer Mutter geboren

Unter den Totems am Göbekli Tepe sind zahlreiche Kraniche und Füchse. Nachdem wir nun einige der väterlichen Totems identifiziert haben, gehen wir auf die Suche nach Hinweisen auf ihren Nachwuchs. Raubtiere sowie auch Beutetiere waren entweder aus Eiern ausgeschlüpft oder wurden aber direkt von ihren Müttern geboren, oft zusammen mit weiteren Geschwistern. In der weiteren Umwelt der Steinzeitjäger erzeugte dieser Zufall manche schwierige Konflikte. Mit Hilfe der vergleichenden Ethnologie ist es jedoch möglich, selbst am Göbekli Tepe solche Konflikte im Zusammenhang mit traditionellen Lösungen zu erwägen, auch selbst wenn das heute nur noch auf dem Wege von hypothetischen Vergleichen geschehen kann. Wie mögen wohl einst, anderswo, ähnliche Konflikte behoben worden sein?

6

Kinder aus Einer Mutter geboren

Stufen in der Anlage D, welche sich als Ränder der zwei Erdmutter-Podeste erheben, tragen die Flachrelief Abbildungen von jungen Vögeln, welche sich uns beim ersten Anblick als zwei Bruten von Kranichküken anbieten. Ihre Anwesenheit in diesem Bereich bedeutet, dass hier einmal Eier gelegt wurden, um ausgebrütet zu werden, und dass diese Eier wohl von der Mutter Erde selber gelegt und ausgebrütet worden sind. Die Küken wurden vordem von Menhiren gezeugt, welche heute noch an Ort und Stelle gesehen werden können. Zeugung und das Ausschlüpfen des neuen Lebens sind am Göbekli Tepe häufig zusammen abgebildet. Das entspricht ganz der Raum-und-Zeit-Kompilationsmethode, die wir an den Totempfählen des Adler-Rabens und des Löwen-Mannes im vorhergehenden Kapitel schon gesehen haben. Die Zeit der Schwangerschaft zwischen Zeugung, Eierlegen und Ausschlüpfen oder Geburt wird dadurch auf einen Augenblick, das heißt, auf ein vielsagendes konkretes Gebilde in der Dimension „Raum" reduziert und versteinert. Wer diese Art der künstlerisch-räumlichen Verdichtung der „Zeit" nicht gewohnt ist, welche dem Bildhauer durch die inhärenten Grenzen seines Kalkstein Mediums aufgezwängt wurde, dem dürfen wohl die resultierenden Darstellungen etwas rätselhaft erscheinen.

Es sind solche Kranichküken auch an den Seiten einiger Menhire als Flachreliefe zu finden (Abbildung 18). Im letzteren Zusammenhang wird deutlich, dass diese Jungtiere, einschließlich einer Schlange, dort nicht als tätige Totems, sondern als totemisch neugeborene Nachkömmlinge eingemeißelt sind. Sobald das gesamte Inventar der Menhir-Flachbilder einmal ausgegraben und veröffentlicht ist, wird man wohl Bilder von „erwachsenen Betreibern auf den Menhiren" von den Bildnissen ihrer jungen Nachkommen unterscheiden wollen. Nachwuchs erscheint hier noch am Schoße der

Mutter abgebildet, sogar auch noch an den Phallussen ihrer Väter einherkrappelnd. In ihrer Zeugungs-Leidenschaft fürs Leben haben die trägen Phallusse der Väter den Zeitpunkt verpasst, an dem es galt, den Neuankömmlingen aus dem Wege zu gehen.

Es gibt mehrere Menhire am Göbekli Tepe die bei der Zeugung scheinbar zu lange getrödelt haben. Zum Beispiel, auf Menhir 43 finden wir die uns schon vertrauten Kranichküken, und der Menhir 27 ist von der Geburt eines Raubtier-Welpen sowie eines Ferkels (Abbildung 18b) überholt worden. Gemessen an der Größe des Welpen-Schwanzes, können wir davon ausgehen, dass er der Fuchs- oder der Leoparden-Art angehörte. Die Möglichkeit, in den Göbekli-Tepe Logen auf Humor zu stoßen, sollte dabei nicht unterschätzt werden. Jedoch, ohne diese dargestellten spektakulären Szenen zu erkennen, haben Fotografen, zu ihrem Leidwesen das, was für die Menhire persönliche und peinliche Momente hätten sein dürfen, bisher öfters als unerkannte Kuriositäten veröffentlicht.

Auf Pfeiler 33 (Abbildung 13) haben wir Fuchs und Kranich-Totems miteinander in ihrem Unisono-Akt der Zeugung gesehen, das heißt, beim gemeinsamen zeremoniellen Betreiben einer Kalkstein-Menhire. Auf der Anlage D kann man dazu noch eine Kombination aus assoziierten Präsenzen vermuten: Der Lendenschurz aus Fuchsfell an den zentralen Menhiren (Pfeiler 18 und 31), ein männlicher Fuchs als Flachrelief an der Seite des Pfeilers 18 zusammen mit den frischgeschlüpften Bruten von Kranichküken rund um die Mutter. Sie alle scheinen im verwandtschaftlichen Zusammenhang mit den väterlichen Kranich-und-Fuchs Betreibern zu stehen. Jedoch zeigen die Knochen, die am Platz gefunden wurden, dass Kraniche regelmäßig gejagt und verspeist wurden. So bezeugt diese Kombination von Darstellungen, dass da irgendeine Lösung für brüderliches Opfern vorhanden war, um das Rätsel der Partnerschaft zwischen Kranichen und Fuchsmännern am Göbekli Tepe verständlich zu machen. Ihre Zeremonien wurden offenbar von der verwandlungskräftigen totemistischen Religion her informiert. Und diese Religion bezog sich auf die sich hier ergänzende Polarität von Leben und Tod.

Wenn die Nachkommen der Jäger und der Beutetiere von der gleichen Mutter geboren wurden, dann gab es offensichtlich bald

Probleme. Früher oder später begegneten sich Kinder auf der Jagdbahn um gegeneinander zu kämpfen. Es ging um Leben und Tod. Die einen von ihnen wurden Märtyrer, Opfer und Nahrung; die anderen blieben Jäger, welche dann am Ende einer Denkrunde dringend Sühne und zeremonielle Rechtfertigung nötig hatten.

Prädikament und Sühne: Einige vor kurzem noch aktive Vertreter aus einer Steinzeitjägertradition verstanden, wie man in einer Welt von *Prehuman Flux* diesen Konflikt der Geschwistertötung mit Riten der Selbstaufopferung beheben kann. Ein Beispiel wäre die Geschichte des Hirschklans der Zuni Indianer. Diese Hirschklan-Leute lebten als solche selbst von ihrer Jagd auf Hirsche. Die Jäger, welche als Hirschmenschen auf der Erdoberfläche wohnten, jagten jugendliche männliche Hirsche, welche aus der Unterwelt kamen. Gejagt zu werden war ihr Sport. Die unterweltlichen Jungs liefen auf den Flächen der oberen Welt in schnellen Hirschkleidern umher. Von Zuni-Jägern des Hirschklans, alsdann korrekt in der Oberflächenwelt gejagt und zeremoniell richtig geschlachtet, konnten diese opferwilligen jungen Verwandten vor dem Sonnenuntergang wieder zurück in ihrer Unterwelt sein, auferstanden und in ihrem ursprünglichen heilen Zustand.[26]

Irgend ein Glaube, welcher der Opferbereitschaft und Verwandtschaftsordnung des Hirschklans der alten Zuni Indianer ähnlich ist, das heißt, eine Art freiwillige Selbstaufopferung durch die geglaubte Verwandlung physikalischer Eigenschaften, aus Empathie für hungernde Verwandte, könnte eventuell auch für die Kranich-und-Fuchs-Brüderschaften am Göbekli Tepe damals gegolten haben. Die menschlich-totemischen Füchse, welche zusammen mit den Kranichen Menhire betrieben und beim Tragen gemeinsamer Zeremonialkleidung sich verbunden wussten, wurden beim gemeinsamen Zeugungsritual verbrüdert. Später auf der offenen Wildbahn würden dann beiderlei, initiierte menschliche Jäger als Füchse oder als Kraniche verkleidet, gegen ihren eigenen Tiernachwuchs antreten.

---

[26] Die Fuchs und Kranich Kombination auf Pfeiler 33 erinnert uns an eine zeitnahe totemische Raubtier-und-Beutetier Vereinigung. Die "Schlangen und Antilopen" Männerbünde der Hopi Indianer in Arizona zelebrieren und kooperieren heute noch miteinander.

Sie würden diese dann sowohl ums Fleisch als auch um deren Kleidung jagen. Ihrem gesamten zeremoniellen Pfad entlang, von der Zeugung bis zum Töten und Verspeisen, würden sie dann, sehr wahrscheinlich rituelle Sühne geübt haben, um die totemisch verwandte Fleischnahrung, sowie ihre Kleidung, ausgleichend zu bezahlen, zu beschwichtigen und vergüten.

Abb. 17: Pfeiler 31 in Anlage D. Foto mit freundlicher Genehmigung vom DAI.

Abb. 18: Menhir Phallusse, die zu langsam waren um aus dem Weg zu gehen. Junge Tiere auf Pfeiler 43 und 27. Mit freundlicher Genehmigung vom DAI.

Füchse in ihrer Form als Tiere sind natürliche Jäger von Kranichen. Beide dieser tierischen Prototypen beteiligten sich im Göbekli-Tepe-Kult zusammen sowohl mit ihren göttlich totemischen, als auch mit ihren menschlich-initiierten Identitäten. Die Totemtiere liehen den andern ihre Felle und Federn als Utensilien für das Zeremoniell. Auf diese Weise bürgerten sich die totemisch eingeweihten menschlichen Kraniche und Füchse in die Welt ihrer tierischen Verwandten ein. Beiderlei Eingeweihte konnten fortan in Freundschaft zusammen Kraniche und Füchse sein und jagen. Wahrscheinlich trugen sie gegenseitig die Federn und die Felle der anderen als rituale Zeichen ihres Respekts sowie für Tarnung und Hinterhalt oder, wenn immer sie ihre totemischen Verwandten auf offener Wildbahn verfolgten, um sie zu töten.

Hört sich das kompliziert an? Tatsächlich ist es das auch! Aber so sind die Religionen sowie die Philosophien aller Räuber und Mörder. Die totemische Religion war eine Offenbarung, die zur Rechtfertigung von künstlerisch hochgestapelten, intelligenten Raubtieren erahnt und entwickelt wurde. Die menschlichen Jäger verstanden es, wie man seine Jagdschuld gegenüber den „natürlichen“ Raubtieren oder auch gegenüber den „freiwilligen“ Beutetieren zeremoniell loswerden konnte—im "Spiel" sozusagen.

Die verwickelte Religion der Jäger: Es empfiehlt sich hier, kurz die Verhaltensweise zwischen Füchsen und Kranichen zu beobachten. Leider haben wir kein Bild von einer Fuchs-und-Kranich Begegnung zur Verfügung. Jedoch aus Neu Mexiko haben wir eine Szene, die das Gebaren von drei Kranichen und einem Kojoten uns erschließt. Ein Kojote erreicht seine Benehmens-Nische zwischen Graden von Stärke und Schlauheit so etwa halbwegs zwischen dem Fuchs und einem Wolf. Auf einem Feld begegneten sich ein Kojote und drei Kraniche. Weder der Kojote noch die Kraniche leisteten sich hier gegenseitig eine Annäherung oder wenigstens einen Blick der Anerkennung. Jede dieser Tierpersonen strengte sich sehr dabei an, seine Begegnung als eine harmlose Zufälligkeit, als eine „Null“ zu gestalten. Jede Anerkennung hätte als eine Herausforderung oder als ein Zeichen der Verwundbarkeit verstanden werden können. Der Kojote hier, im Vordergrund, dürfte sich den Kranichen gegenüber etwa so benommen haben, wie es ein einzelner Fuchs am Göbekli

Tepe vorerst mal getan hätte. Ein Nebeneinander-her-zu-existieren war nur zeitweilig und nur mit gemessener Vorsicht möglich. Zudem hofften alle totemisch-menschlichen Füchse und Kraniche am Göbekli Tepe auf einen zunehmenden Nachwuchs von vierbeinigen Beutetieren und zweifüßigen Vögeln aller Art.

Zusammen mit der problematischen Gewohnheit vom Jagen der eigenen Geschwister, der eigenen Mutter Kinder, lastete auf dem Gewissen der Feuersteinbergarbeiter auch noch ihre Verarbeitung der Erdmutters eigene Quarzit-Embryonen als Rohstoffe. Ihr Bergbau zur Extraktion der Eier sowie die handwerkliche Schnellausbrütung von Feuerstein-werkzeugen und -waffen richtete sich nicht nur gegen die Eierstöcke ihrer Bergmutter, sondern auch gegen deren ganze wilde Nachkommenschaft von Tieren.

Bei dieser Erdmutter-religion lungerte in den Familien der Jäger auch eine Unklarheit in Bezug auf den angeborenen Status der weiblichen Menschen. Es betraf die Menstruation. In den Augen mancher praktizierenden Jäger schien es, als ob ihre Frauen die Essenz einer natürlich blutenden Wunde in Synchronisation mit den Mondphasen

Abb. 19. Drei Kraniche und ein Kojote begegnen sich in Neu Mexiko.
Foto von Arne Hassing

verkörperten. Ob die Jäger am Göbekli Tepe für ihre Rolle als männliche Raubtiere etwa auch mit Zirkumzision oder Subinzision zu sühnen versuchten, das wissen wir nicht. Jedoch wäre das zu vermuten, weil ja diese Praktiken scheinbar viel früher schon ihren Weg bis nach Australien hin gefunden haben.

Die kosmisch verwickelte Bedeutung der weiblichen Menstruation passte fast genau auf die Identitätskrise der männlichen Jäger. In dem Maße wie die Vagina als blutende Wunde verstanden werden konnte, wurde der Phallus eines Jägers zu einem natürlichen Speer. Das unglückliche Ergebnis dieser überspannten Analogie, im Bezug auf das männliche Glied, war, dass eine Frau aufgrund ihres natürlichen Zustands dann als das natürliche Opfer eines Mannes verstanden werden konnte. Zu dieser Erkenntnis muss noch hinzugefügt werden, dass wohl früher schon, mit dem Anfang der Großwildjagd, Männer und Frauen begonnen haben, sich kulturell in Raubtiere und Sammlerinnen (das heißt, Weidetiere) aufzuteilen. Jedes Geschlecht hat sich somit zu einer kulturell verschiedenen Unterart entwickelt. Auch sollten wir zusätzlich berücksichtigen, dass schon zu noch älteren Zeiten es hauptsächlich die Sammler- und Weidetiere waren, welche den größeren Raubtieren als Beuten unterlagen. Sie unterlagen genau denjenigen, die obendrein schon von menschlichen Jägern als Totemgötter der Jagd anerkannt, bewundert und nachgeahmt wurden.

In Anbetracht solcher Überlegungen kann man wohl spüren, wie die kulturell aufgeteilte Spezies, *Homo sapiens*, sich mittlerweile immer tiefer in widersprüchliche Denkformen verstrickte. Auf der Seite der männlichen Jäger verschränkte sich der Kreis ihres Denkens durch die Tatsachen, dass Phallusse, Blitze und mit Feuerstein gespitzte Speere und Pfeile alle als ähnliche Arten von Waffen verstanden werden konnten. Sie alle waren verschiedene Sorten von Waffen-Schlangen. Fast sicherlich schmierten Bogenschützen das Gift von phallisch aussehenden Schlangen an ihre Pfeilspitzen. Schlangen und Feuersteinspitzen gehörten auf diese Weise natürlich und gebrauchsmäßig zusammen. Alle waren sie aus Eiern ausgebrütet oder ausgebrochen worden. Und nachdem einmal Sperma artengemäß mit Schlangengift verglichen werden konnte, um wie viel gefährlicher konnte man dann noch den ganzen Vorgang der Zeugung und der Schöpfung sich vorstellen? Keine Trennung von reinem Geist und schmutziger Materie hat es seitdem geschafft, diese aus unserem Erbgut der Steinzeit stammende Raubtierphilosophie zu tilgen.

Und das ist nicht alles, was im Biologieunterricht eines künstlerischen Raubtiers schief gehen konnte. Während eine frei kriechende Schlange, von oben her gesehen, einem Phallus ähnelt, so wurde in einigen älteren indianischen Kulturen der aufgespannte Rachen von Giftschlangen zum Anlass für den Begriff von einer „gezahnten Vagina" zu etwas, das die Schwere eines Spinnenbisses auf Pfeiler 33 am Göbekli Tepe deutlich übertrifft. Diese Schlangen-Rachen-Analogie als eine bezahnte Scheide hat sich bis heute als ein fast unaussprechbarer und daher als ein nicht-genau-registrierbarer Witz bei Männern, wenigstens bei einigen Indianerstämmen erhalten.

Es scheint offensichtlich zu sein, wie sich die Kommunikation zwischen den Geschlechtern der *Homines sapientes* immer mehr verstrickte, durchwirkt von Widersprüchen und emotionalen Konflikten. Wäre unserem Sigmund Freud einiges von dieser geistigen Vorgeschichte bekannt geworden—man darf sich solche Glücksfälle einmal vorstellen—würden sich wohl unsere Psychologiebücher heute irgendwie anders lesen lassen. Und wenn man dann historisch über die religiösen Traditionen nachdenkt, dann gab es wohl nie die Möglichkeit eines goldenen Zeitalters—und auch keinen Paradiesgarten für Seelen die eigentlich nie begriffen haben, auf wen unsere erste Kultursünde geschoben werden konnte—das heißt, wer als Erstes künstliche Zähne und Krallen hatte machen wollen. Wer oder was hat das menschliche Wesen auf dem Planeten Erde zum effektivsten Raubtier hinmutiert? Mit einem Auge auf unsere Vorwärtspfade gerichtet, können wir nur erahnen, warum eine einfache materielle Anpassung an so etwas wie die Domestizierung von Pflanzen und Tieren, uns nie ein befriedendes Gleichgewicht bescheren konnte.

Eine einfache Abänderung am Lebensunterhalt kann nicht alle geistlich angesammelten Paradoxien ausgleichen, kann auch nicht alle Erwartungen erfüllen, die sich während der letzten paar Millionen Jahre des Jagens in den Seelen der männlich-künstlerischen Raubtiere und ihren weiblichen Partnern angesammelt haben. Während dieser ganzen Zeit haben beide Geschlechter zunehmend eine Vorliebe für Fleischnahrung für sich entwickelt. Am Göbekli Tepe wurden den progressiven Bergleuten und Waffenmachern, diesen Menschen die ihren Intellekt und Willen immer neuen Formen und

Gewichten aus Stein aufzuzwängen verstanden, die Paradoxien zunehmend komplexer. Heute endlich, zwölftausend Jahre später, haben im Westen beide Geschlechter sich versichert, kulturelle Gleichheit verdient zu haben. Beide dünken sich jetzt, gleichberechtigte Krieger und Jäger von Menschen sein zu dürfen!

Doch gleichzeitig, nur wenige Kilometer vom Göbekli Tepe entfernt, müssen heute Frauen unter der Kontrolle von männlichen Menschenjägern nicht nur ihre Brüste verhüllen, sondern dazu auch noch ihre Gesichter, während Männer darauf beharren, obszöne Sturmgewehre frei in der Luft herumzuschlenkern. Mit Martyrium und Krieg erhofft man, mancherorts und trotzdem, ein von Jungfrauen besiedeltes Paradies zu gewinnen, während man den allgemeinen irdischen Bereich der menschlichen Schönheit und Fruchtbarkeit sich als eine obszöne Porno-Mysterie über uns hinauswachsen lässt. Irgendwie war damals schon, beim rationellen Waffen-Fortschritt und beim Buß-und-Reue-Kultus am Göbekli Tepe, für die Menschheit etwas entschieden schief gelaufen.

Zwei Wege zur Buße und Rechtfertigung der Jäger: Bei selbstgemachten Raubtieren, wie beim hochstapelnden *Homo sapiens,* gab es grundsätzlich zwei Wege der Vorwärtsorientierung, welche auf emotionales Gleichgewicht und ein Maß von rationeller Rechtfertigung sich ausrichteten. Erstens gab es Sühne durch die *„Prehuman Flux"*-Mythologie und -Mystik. Alle konnten sie als Jäger und als Beute, ihre Erscheinungsformen den andern gegenüber selber bestimmen und dabei sogar ihr Töten und Verspeisen durch Rituale oder egalitäre Übereinstimmungen rechtfertigen. Auf diese Art der elementaren Jagdmystik wird im Kapitel Vierzehn und Fünfzehn noch genauer fokussiert werden.

Der zweite Weg zur rationellen Sühne fürs Jagen wurde durch besondere göttliche Gunst von übermenschlichen, das heißt von totemischen Gottheiten als eine Gefälligkeit gewährt. Diese ehemaligen Jagdgottheiten können heute vielfach als „natürliche Raubtiere" erkannt werden. Doch ihren archaisch-göttlichen Funktionen gemäß haben derartige totemische Jagdgötter Verantwortung für die Taten ihrer menschlichen Verehrer übernommen. Zeitweise beherrschten diese Götter ihre adoptierten und gesponserten Jäger als ihren Eigentumsbesitz eigentlich nur zu deren Vorteil. Ihre göttliche Auserwählung sahen gesponserte Jäger gern als Bevorzugung. Ihr Status stieg, während gleichzeitig der Wert ihrer Beuten der totemischen Skala entlang als niedriger gesehen werden konnte. Über Pfade der Sühne führend war die *Prehuman-Flux*-Mystik, wie auch die göttlich-bevorzugte Auserwählung, schon immer widersprüchlich und unehrlich. In der eigentlichen Praxis verliefen den beiden Pfaden entlang die Lsungen häufig parallel. Manchmal kollidierten sie. Aber trotzdem kann bis heute keiner der zwei Pfade mit einem ethischen Urteilssinn als ganz falsch erklärt werden. Wenn wir die Tatsachen aus Gründen der menschlichen Ernährung oder von menschlichem Überleben her sehen, dass das Töten von Lebewesen eine alternativlose Notwendigkeit präsentiert, dann gibt es keine Auswahlsmöglichkeiten. Die Unsicherheit bezieht sich dann nur auf das „Was." Was dürfen eventuelle Nahrungsopfer sein und was nicht? Ohne Mythologie und Religion lassen sich solche Lebensprobleme nicht lösen.

Beachten wir auch die Inkonsequenz mit welcher der Autor selber über diese beiden Wege, über Unehrlichkeit und Rechtfertigung hinwegzuschreiben vermag. In voller Anteilnahme an unserer gemeinsamen Zwangslage, schwankt er zwischen Bezeichnungen wie „jagen", „töten" oder „ernten." Man wählt und verwirft die Worte wie sie eben gerade zu passen scheinen.

Jeder, der es versucht auf diesem Planeten, den Weg der mystischen „Einheit" zu gehen, das heißt, dem urmenschlich mythischen „Flux Pfad" entlang, versucht auch allen Lebewesen gegenüber die allermöglichste Ehrfurcht aufzubringen. Jeder Schmerz, den er anrichtet, kehrt zu ihm zurück und beschwert sein Gewissen, kraft der Goldenen Regel. Als Geschwister säugen sich die Jäger an ihrer ewigen Mutter, auf immer, als unschuldige Weidetiere, welche, natürlich im Laufe ihrer Entwicklung ihre Art längst aufgehört hat zu sein. Über ihre paradiesischen Hoffnungen zerreißen sie sich schließlich gegenseitig durch Geschwister-rivalitäten, Neid, Martyrium und in extremen Fällen durch ritualisierten Kannibalismus. Die Sammler und Sammlerinnen, welche sich der reinen abdomenorientierten Fortpflanzung, der Liebe und der mütterlichen Aufopferung widmen, finden sich mit den Wertemaßstäben ihrer Schwächen zurecht, um irgendwann hernach, zum Ausgleich, dann selber ins Leiden gejagt zu werden. Sie werden als Freunde der Jäger, sowohl auch als Freunde der Gejagten in Jagdzügen gegen ihre eigenen Kinder und Geschwister verwickelt.

Es dürfte keine große Überraschung sein, dass im Laufe der menschlichen Entwicklung ein weniger persönlicher Pfad gesucht und gefunden wurde, auf dem es auch ohne die ständige Gewissensbelastung durch die Jagd, des Geschwistermordes oder des Kannibalismus abginge. Für dieses Weltbild musste, während man die Abwertungen der Opfer durchführte, implizit dann auch die göttliche Aufwertung des Ego der Jäger stattfinden. Schließlich erlaubte dieser neue Weg die Entwertung aller Pflanzen und Tiere als Rechtfertigung zu deren Domestikation zusammen mit einem neuartigen Opferkult der unserer modernen Fleischindustrie ähnelt. Der neue Wirtschaftsstil ermöglichte es dann, dass man für verschiedene Nahrungstiere mit billigeren Opferanteilen bezahlen konnte und das heißt, bezahlen konnte mit billigeren Waren oder mit Lebewesen von geringerem Wert oder Größe oder lediglich mit gespielten Opfertaten. Und das heißt dann wiederum, dass Nahrungstiere mit glitzernden Kostbarkeiten aus dem Reich der Mineralien erkauft werden konnten, oder auch mit aufgewerteten Zahlungen von frommen Handlungen verdient werden konnten.

Um diese neue Wirtschaft zu rechtfertigen, benötigten neolithische Jäger großzügige und übermenschliche Autoritäten, das heiβt Götter, die irgendwie die menschlich-gekünstelte Räuberei verstanden und tolerierten. Diese neuen Obrigkeiten mussten allerdings dann auch selber erst Schöpfer und Eigentümer der „geernteten" Lebewesen sein. Die Gottheiten mussten Tiere zur Verfügung stellen, welche von den Menschen für erschwingliche Opfergaben gekauft und als Nahrungsmittel unter sich dann weitergehandelt werden konnten. Göttliche Schöpfer und Eigentümer, von Menschen anerkannt und verehrt, würden dann auch die Bewertungsmaßstäbe anordnen. Die Menschen würden so, ihrer Frömmigkeit entsprechend irgendwie zu ihrem eigenen Nutzen bemessen werden. Solch eine Neuerung würde dann weiterhin allerlei heilige Methoden des Tötens und des Schlachtens gelten lassen. Lebendes Fleisch konnte rechtlich in „Nahrung" verwandelt werden. Die Umbenennung von Fleisch auf „Nahrung" (Englisch: *flesh to meat)* erlaubte in der Folge auch die Aufwertung pflanzlicher Substitute, welche bei einer wachsenden Bevölkerung zunehmend nötiger wurden. Neue göttliche Behörden machten den Menschen neue Angebote. Sie verfassten neue Bündnisse und Lebensraum-Verträge.

Durch eine Erweiterung des zweiten Wegs, welcher hauptsächlich der Sicherstellung und der Legitimation von Ressourcen diente, wurde zugleich aber auch die Legitimation des Kriegeführens als gerechtfertigter Streit um die Ressourcen angebahnt. Dieser zweite Weg erlaubte dann nicht nur die Abwertung der Tiere und deren Seelen als rechtmäßige Opfergaben zur Erhalting von menschlichen Jägern, sondern auch Abwertungen von ganzen Menschengruppen, die man dann als feindliche Konkurrenz einschätzte. Bis heute noch werden, ehe man mit den Kämpfen beginnt, Feindesgruppen mit entwertenden Etiketten beschimpft. Abwertendes Rationalisieren rechtfertigt ungleichen Status sowie übermenschliche Vorrechte.

Die Bio-Chemie ist unsere moderne wissenschaftliche Methode, mit deren Hilfe alle die von uns erwünschten Organismen auf Lebensmittel-Ebene hinunter entpersönlicht werden können. Sie bestätigt deren Analyse und ihre Reduktion auf materielle Bestandteile. Diese Wissenschaft bestimmt, wie alle unpersönlich-chemischen Substanzen verarbeitet oder vermarktet werden können oder dürfen. Implizit erfüllt die Bio-Chemie für uns die religiöse Funktion einer „Angewandten Wissenschaft." Sie dient als wissenschaftlich getünchtes Legitimierungsritual. Den entpersönlichten Lebensmittel oder den präexistierenden Organismen gegenüber hat dann der Mensch keine weiteren Verpflichtungen.

Etwas mehr als einundeinhalbes Jahrhundert sind vergangen, seit die Naturwissenschaften mit einer Idee gesegnet wurden, die bis jetzt zu einer fast einheitlichen Entwicklungstheorie herangewachsen ist. Diese Theorie revolutionisierte die Biologie und fuhr dann damit fort, alle Naturwissenschaften neu anzuordnen. In der kürzeren historischen Sicht ist diese Theorie aus der Biologie als dynamisches Korrektiv zur mechanistischen Newtonischen Physik entsprungen. In längerer Sicht kann man darin aber auch prähistorisch-mythologische Denkweisen erkennen, zum Beispiel die *Prehuman Flux*-Mythologie und -Mystik, welche unserem ersterwähnten

Pfad zur Sühne zu Grunde liegt. So wie ihre mythologische Vorgängerin geht auch die wissenschaftliche Evolutionstheorie vom Gedanken der Kontinuität und der Einheit allen Lebens aus. Antike mythische *„Prehuman Flux Verwandlungen"* veränderten sich mit Hilfe der wissenschaftlichen Entwicklungstheorie aus der Biologie heraus, sozusagen einfach als „Mutationen." Mit der „Einheit alles Lebens", hiermit nun wissenschaftlich postuliert, versteht es sich von selber, warum evolutionäres Denken nicht besonders hilfreich für den Aufbau einer praktischen Ethik sein kann. Diese mythisch-harmonisierte Weltanschauung, die einstens alles Leben als gleichwertig einzuschätzen versuchte, ist damals schon geradeswegs in den Kannibalismus verfallen. Alte *Prehuman Flux*-Mythology konnte und moderne Evolutionstheorie kann, ebenso leicht und ebenso schwierig, die Ausbeutung jeder Sorte von Lebewesen rechtfertigen, einschließlich von Menschenleben.

Doch dank der grundlegend materialistischen Voraussetzungen aus der praktischen Bio-Chemie brauchen moderne Menschen sich wenigstens nicht mehr darum sorgen, dass sie die Leichen primitiver „Tierpersonen" verzehren, oder auch nicht zugestehen, dass sie Weizenbabys mahlen, in Teig kneten, backen und als Brot verzehren. Unsere moderne wissenschaftlich orientierte Kultur propagiert ihre eigene Soteriologie mit Formeln aus der Bio-Chemie—mit Formeln die auf Handelsetikette gedruckt sind. Diese helfen uns jetzt den alten Gewissensbissen der Steinzeit zu entkommen. Mit den etablierten Kategorien der Bio-Chemie erreichen wir modernen Menschen eine Art von scheinbar-wissenschaftlicher Rechtfertigung als existenzielle Sühne, ohne Buße.

Von der Vogeljagd zum Getreide Anbau

Ein Wildschutzgebiet von heute, das während der Göbekli-Tepe-Ära dem Jagdgebiet am nördlichen Bogen des Fruchtbaren Halbmonds wohl zum Teil ähnlich gewesen sein dürfte, mag heute das *Bosque del Apache National Wildlife Refuge* in Neu Mexiko sein. Diese Gegend wird von großen Scharen von Zugvögeln, von Kranichen, Enten und Gänsen verschiedener Arten aufgesucht. Sie fischen dort in Sümpfen und fließenden Strömen. Den Ufern entlang und in anliegenden Feldern finden sie absichtlich gepflanzte Samenkörner. Der

Abb. 20a & b. Schneegänse und Kraniche weiden am Rande von Neu Mexiko Maisfeldern. Fotos von Arne Hassing.

Wald verbirgt allerlei Beutetiere. Raubvögel sitzen auf Bäumen und anderes Raubwild lauert im Hinterhalt.

Diese vergleichbare Landschaft läßt uns dazu noch ein kleines Stück tiefer in die Umwelt der alten Jäger hineinblicken. Die Scharen von Kranichen und Gänsen finden in Neu Mexiko am Rande von angebauten Maisfeldern ihr Futter. Ähnlich mag es am nördlichen Bogen des Fruchtbaren Halbmonds mit dem Einkornweizen geschehen sein, der vor zehntausend Jahren dort erstmals von Menschen angepflanzt wurde. Dieses Getreide dürfte solchen Vögeln ebenso gut wie den Menschen geschmeckt haben.

Dieser Sachverhalt empfiehlt eine zusätzliche hypothetische Frage über den Ursprung des Getreideanbaus. Wurde anfänglich der Einkornweizen ausschließlich als Nahrung für die Menschen oder zugleich auch zum Anlocken von solcherlei Vögeln angepflanzt? Man darf vermuten, dass diese Jäger wussten wie man derartige langbeinige Vögel zum Auflaufen auf hochziehbare Netze locken konnte, oder mindestens wie man aus einem im Voraus errichteten Hinterhalt mit Pfeilen auf sie schießen konnte. Auf Abbildung 24 sieht man totemisch-tierische Löwen, welche Kraniche jagen. Doch wir dürfen sicher annehmen, dass dort mit jenem Bild auch an menschliche Löwen mit Werkzeugen gedacht wurde, die in dieser Jagd miteiferten. Das Kalkstein Monument mit dieser Jagdszene wurde ja selber mit waffen-ähnlichen Feuersteinzähnen gemeißelt.

Der Sieg über den Tod

Eine alternative geografische Ausrichtung der Löwen Loge, nach Westen hin, gibt Hinweise auf politische Zwietracht unter den Brüderschaften der totemischen Jäger und Bergleute. In der Löwen Loge fand man eine Gravur, welche die Mutter Erde anthropomorphisch darstellt. Sie zählt als ein wichtiges Fundstück am Göbekli Tepe. Das Bild zeigt auch zwei Menhire, welche fortan als Schlüssel zum Decodieren aller zentralen Menhir-Paare angewendet werden können. Ein Vergleich mit Daten aus der Ethnologie, aus Malekula, bietet weitere Anknüpfungspunkte. Die religiöse Suche nach Sühne, am Göbekli Tepe, scheint mit einem symbolischen Sieg vom Leben über den Tod entschieden worden zu sein.

7
Der Sieg über den Tod

Ob und wie Adam und Eva ihre Nabel bekommen haben, das ist ein Dauerthema zur Unterhaltung in semitischer und christlicher Mythologie. Die Frage, ob die Berg-Frau, deren Bauch als „Göbekli Tepe" bekannt geworden ist, jemals mit einem Nabel gesegnet war, das überlassen wir am besten den Journalisten die bereits schon über dieses heikle Thema geschrieben haben. Doch gibt es tatsächlich einen offensichtlichen Höhepunkt auf diesem Abdomen Hügel, welchen die Archäologen sich als Orientierungspunkt gewählt haben und den sich die Historiker wohl auch überlegen sollten. Genau an diesem geografischen Punkt sollten wir unsere evolutionäre Neuorientierung und ethnografischen Vergleiche fortsetzen. Unterschiede werden sich zwischen den Logen am Südhang und den Logen in Richtung Westen finden lassen.

Wir beobachten dass in den Heiligtümern, die vor uns liegen, im südlichen „Schrittbereich" des Hügels, die Paare der zentralen Menhire so dastehen, dass sie den Zelebranten Eintritt aus der Schlucht von Süden her zwischen sich ermöglichten. Um das meiste der südlichen Breite darzustellen, habe ich mein Foto in zwei Hälften aufgeteilt (Abbildung 21a und 21b). Der Vorsprung auf der linken Hälfte zeigt das linke Knie der Bergfrau, und der Vorsprung auf der Rechten Hälfte des Fotos zeigt ihr rechtes Knie. Anlage C liegt im Vordergrund auf der linken Hälfte des Bildes, doch ein Stück davon reicht in den Raum der rechten Hälfte.

Anlage A ist auf der rechten Hälfte des Bildes oben links im Hintergrund zu sehen. Dann folgt Anlage B mit zwei prominenten zentralen Menhiren. Einige Menhire aus Anlage D sind in der Mitte des rechten Bildes zu sehen einschließlich einer der zwei gestützten Menhire, welche alle unterhalb der Löwen-Loge stehen. Im Bild verdeckt das Schutzdach vom Löwengebäude das meiste der Anlage D. Der

Abb. 21a: Südöstlicher Hügelvorsprung. „Das linke Knie."
Autor Foto mit freundlicher Genehmigung vom DAI.

kleine Teil einer Anlage, oben rechts und separat eingezäunt ist der Ort, wo der Löwen-Totem-Pfahl, Abbildung 10, gefunden worden ist.

Löwen Adel auf der Anhöhe

Immer noch oben auf dem Hügel stehend, auf dem schwangeren Bauch der Göbekli Tepe Mutter, wenden wir uns neunzig Grad gegen Westen und spähen in die jetzt überbaute und geschützte Löwen-Loge. Die T-Pfeiler dort sind anders ausgerichtet. Ihre Orientierung (Abbildung 22) fiel dem Autor einige Wochen später als relevant auf, als er schließlich merkte, was ihm von Anfang an aus dem Sachbuch des Professor Schmidt (2008, Seiten 228-239) schon hätte klar sein sollen, nämlich, dass die zentralen Menhire in der Löwen Loge nicht

Abb. 21b:. Südwestlicher Hügelvorsprung: „Das rechte Knie."
Autor Foto mit freundlicher Genehmigung des DAI.

nach Süden sondern nach Westen hin ausgerichtet sind. Auch die totemische Ikonografie der Löwen, wie sie auf deren T-Pfeiler modelliert und im Sachbuch dargestellt ist, legt nahe dass diese Löwenkameradschaft etwas Besonderes an sich hatte. Sie hatten wenig mit der durchschnittlichen totemistischen Ökumene am Hügel gemeinsam, welche den „südlichen Schritt" am Hügel unterhalb der Löwen-Hochburg bebilderte. Unter den Flachreliefs an den zentralen Menhiren in der Löwenanlage dominieren die Profile von Großkatzen. Man darf vermuten, dass Mitglieder dieser Löwen-Loge mit einer geistigen Perspektive jagten, bei welcher die Lebensseelen ihrer Opfer systematisch abgewertet wurden, durch aristokratische Selbsterhöhung und Selbstrechtfertigung. Nicht viel *Prehuman-Flux*-Mystik scheint hier oben gegolten zu haben.

Abb. 22: Das Löwen Gebäude, vom Osten her gesehen. Eine Kalksteingravur der Göbekli-Tepe-Erdmutter (Abb. 25, unten) wurde am Fuße des nordöstlichen Menhir gefunden. Sie ist in der unteren Mitte des Bildes und teils vom Menhir versteckt als dunkleres Rechteck zu sehen. Foto mit freundlicher Genehmigung des DAI.

Aber warum waren dann die Löwen Menhire vom höchsten Hügel gegen Westen ausgerichtet? Was könnte neben dieser Kuriosität wohl eine Löwen Bruderschaft bewegt haben, genau auf den höchsten Punkt des Bauch-Hügels hinzubauen? Geschah das, um allen den anderen, die vom Süden her sich näherten und ihr Leben da unten ritualisierten, die Stirn zu bieten? Oder war es einfach die Tatsache, dass Füchse, Kraniche und totemische Löwen verschiedene Größen waren, welche andere Temperamente und Gewohnheiten hatten und ein höheres Ansehen für sich beanspruchten? Die verschiedenen Götter der Menschheit wurden nie als gleichwertig erlebt. Auch sind in keinen Fällen der Menschheitsgeschichte diverse Religionen als Lösungen von genau den gleichen menschlichen Problemen, Ambitionen oder Fragen her evoziert worden. Jedoch sind aber viele Probleme und Fragen verschiedener Religionen ihren Strukturen entsprechend und im Prinzip mit ähnlich-göttlichen Ratschlägen beantwortet worden.

Die südlichsten Wände der Anlage C scheinen an ihrem Eingang eine Unklarheit aufzuweisen. Da scheinen Überreste eines Eingangs zu liegen welcher früher von Löwenskulpturen geziert und bewacht war. Jedoch mutet es an, als ob an einem gewissen Zeitpunkt dieses Löwentor zerstört wurde. Die Wände, die dort den Eingang zum Kern der Anlage C versperren, schienen insgesamt problematisch, sodass Ausgrabungen dort auf unbestimmte Zeit hin unterbrochen worden sind. Zumindest deutet diese Situation auf die Möglichkeit hin, dass Löwen dort unten vielleicht einmal Torhüter oder Torbesitzer waren. Es scheint auch als ob an einem bestimmten Zeitpunkt die politischen Schicksale der Löwen sich dort unten verschlechterten. Wir haben die Verluste wahrgenommen, welche in Abbildung 10 vom Gesicht eines Löwen-Aristokraten und von dem Hinterkopf seiner Gattin abgeschlagen worden sind. Mit einer derartig schlimmen Behandlung steigt der Gedanke auf, dass es sich hier eventuell um eine Art Rebellion handelte. Dieser Hinweis bietet einen weiteren Grund, warum der Hochposten der Löwen, am Gipfel des Bauch Hügels unsere Neugier erweckt.

Neunzig Grad gegen Westen: Von der Spitze des Göbekli Tepe steigen wir bergab nach Westen, und in der neuen Grabungsfläche finden wir einige vielversprechende Hinweise. Aber weil die Ausgrabungen dort erst vor kurzem begonnen haben, mag es für einen Versuch von dauerhaften Schlussfolgerungen noch zu früh sein. Trotzdem scheint es bemerkenswert, dass die zwei größten Menhire dort die-uns-schon-bekannte Großkatzen Ikonografie der Löwen

Brüderschaft tragen. In der Tat ist ein Löwen Flachrelief (Abbildung 24, links) einigen Bildnissen, welche an Menhiren in der Löwen-Loge auf dem Hügel sich befinden, auffallend ähnlich.

Abb. 23: Neue Ausgrabung im westlichen „Schritt“ zwischen dem südwestlichen und dem nordwestlichen Hügel. Foto vom Autor; mit freundlicher Genehmigung vom DAI.

Abb. 24: Frühe bedeutende Funde aus der neuen West Ausgrabung, 2011. Autor Fotos, mit freundlicher Genehmigung vom DAI.

Einer der großen Menhire zeigt eine Jagdszene. Kraniche scheinen darauf die Beute zu sein (Abbildung 24, rechts). Ob der Geier (oder Adler) in der Mitte einen Verbündeten der Löwen-Bruderschaft darstellt, ist vermutlich noch nicht von diesem einzigen Flachrelief abzuleiten. Eine Gruppe von Löwen scheint recht unabhängig bei ihrer Verfolgung von Kranichen zu sein. Die bloße Präsenz dieser einzigartigen Jagdszene im Flachrelief scheint in sich selbst erstaunlich. Vorläufig unterstützt diese noch meinen allgemeinen Verdacht in Bezug auf das elitäre Denken das in der Löwen Bruderschaft geherrscht haben mag. Ich sehe bei diesen totemischen Großkatzen noch keine Spur von einer Multi-Spezies-Mystik, auch kein Verlangen nach Sühne. Bis weitere Ausgrabungen das Gegenteil beweisen, scheint es, als ob die aristokratischen Löwen sich hier aufgrund ihrer Überlegenheit rechtfertigten andere Lebewesen zu jagen. Es würde mich verwundern, wenn am Boden in dieser Loge es sich herausstellte, dass Manager dieser Löwen Menhire sich selber für zeugende Väter von Kranich- oder Gänseküken hielten. Wenn aber natürlich die Spaten eine Überraschung entblößen sollten, dann werde ich gerne erneut jedes Stück von Löwen-Beweisen daraufhin prüfen, betreffs was bis dahin der Göbekli Tepe im Zusammenhang zu zeigen hat. Ob es meinen Verdacht bestätigt oder ob andere Daten unsere Meinung ändern werden, so dient doch alles dem positiven Lernen. Unsere nächste Frage wird dann nur sein: „Wieso?"

Um auf unsere Anfangsfrage auf dem Hügel zurückzukommen: „Welche Art eines kolonialen Komplotts die Löwen hier zu bestätigen versuchten, als sie ihre exklusive Loge direkt oberhalb der Füchse, Kraniche und der restlichen totemischen Menagerie hinbauten?" Anscheinend hatte der Löwe als König der Tiere schon damals einen höheren Rang und ein höheres Selbstbewusstsein als andere Totems oder Raubtiere. Es ist möglich, dass ein aristokratisch hohes Selbstbewusstsein sowie monarchische Arroganz ihre ersten monumentalen Fußspuren dort oben am Bauchhügel hinterlassen haben.

Während wir heute im historischen Rückblick wissen, dass die Domestikation im Göbekli-Tepe-Gebiet damals schon im Anbruch war, so scheint das Problem zu der Zeit gewesen zu sein, welche Gruppe von Jägern zuerst kapitulierte und wer auf die Ebene der Domestizierer hinabgestiegen ist. Wer würde seine Waffen als erster niederlegen um freiwillig ein bescheidener Freund, ein Knecht oder ein Stiefverwandter von gezähmten Beutetieren zu werden? Mittlerweile haben Ausgrabungen am Südwest Hügel im Jahr 2010 einen Trend in Richtung eines "aristokratischen" oder wenigstens stark individualistischen Stils betreffs der totemischen Haltung einer Löwenbrüderschaft angekündigt. Dieser Trend mag möglicherweise irgendwie mit dem Löwen-Totem-Pfahl (Abbildung 10) am Osthang des südwestlichen Hügels in Verbindung gestanden haben.

Die anthropomorphe Mutter Erde

Zumindest in den späteren Tagen des Göbekli-Tepe-Kultwesens, dürften unter den Eingeweihten einige Fragen über Zweifel und unsichere Glaubenssachen aufgetaucht sein. Diese wurden untereinander geflüstert und beraten. Ein zentrales Thema für sie war wohl die volle Bedeutung und der Zweck, den die zentralen Menhirpaare innehatten, welche dort schon etwa zwei Jahrtausende lang aufgestellt wurden. Wenn wie es üblicherweise in der Entwicklung von Religionen geschieht, die ursprüngliche ontologisch-mythische Vision verblasst, dann müssen die davon abhängenden Ideen und Details zunehmend genauer erklärt werden. Als Antwort auf die grundlegende Frage „Welche Bedeutung haben die freistehenden Menhirenpaare in den Göbekli Tepe Logen?“ hat ein unbekannter Löwenältester, ein Graveur, seine Antwort in Stein gekratzt. Anscheinend war diese Antwort zu seiner und seiner Löwenbrüder Zufriedenheit ausgefallen. Seine Gravur wurde markant auf der östlichen Hälfte der Loge, auf einer Steinbank zwischen den beiden prominentesten Löwen-Menhiren angebracht. Sie lag offen da auf dieser Bank zur Betrachtung für alle Eingeweihten und möglicherweise für alle, um abwechselnd darauf sitzen zu dürfen. Wahrscheinlich haben sie alle den graphischen Kommentar und dessen Klarstellungen verstanden. Sie haben diese Gravur akzeptiert und geschätzt.

Diese Gravur ist kein Doodle Graffiti. Es ist anthropografische Theologie welche eine präzise Antwort auf die zentrale Frage der Bergleute im Göbekli-Tepe-Kultus auftischte. Jedes Mitglied in diesen Logen konnte erwarten, dass ein Ältester eine derartig grundlegende Frage beantworten konnte. Und dank ihrer Frage können wir nun sehen, wie der Vorsteher dieser Loge sich selber die Göbekli-Tepe-Erdmutter bildlich vorgestellt hat. Er hat illustriert, wie Paare von Kalksteinmenhiren, im Verhaltnis zur weiblich-menschlichen Form und Proportionen, reduziert dargestellt, zusammen ausgesehen hätten. Diese Gravur zeigt eine Vorder- und Obenansicht der Göbekli-Tepe-Erdmutter, gesehen aus der Perspektive der Löwenbrüderschaft. Die rechteckige Loge war von Osten nach Westen hin orientiert, was bedeutete, dass man wohl von Westen her über die westliche Mauer in den Raum eingestiegen ist.

Abb. 25: Die Göbekli-Tepe-Erdmutter, im Löwen Gebäude auf einer Steinbank zwischen dem östlichen Paar freistehender Pfeiler eingraviert gefunden. Foto von Dieter Johannes. Mit freundlicher Genehmigung vom DAI.

Die ursprüngliche Gravur steht jetzt im Ausstellungsraum des Sanli-Urfa-Museums. Unser Bild ist aber noch das *in situ* Foto, das von Klaus Schmidt in 2008, Seite 238, veröffentlicht wurde. Die Himmelsrichtungen sind an dieser Aufnahme nicht angegeben, vermutlich weil man sich zunächst dabei ein scheinbares Stück Graffiti vorstellte. Doch falls für genauere Arbeit die Koordinaten irgendwann einmal benötigt werden, so können diese leicht in der Bibliothek des DAI anhand von anderen Fotos nachgeprüft werden.

Ich bin mir im Augenblick selbst überlassen, aus der Ausgrabungslage die wahrscheinlichste Position des Erschaffers zu vermuten. Die Gravur wurde auf der erhöhten Bank unmittelbar südlich des nordöstlichen Menhir (siehe Abbildung 22) angebracht. Das bedeutet, dass der Graveur kniend gegen Osten schaute. Seine Perspektive würde die gespreizten Beine der Frau nach Westen hin verorten, und es würde zusätzliche Unterstützung für meine Hypothese bieten, dass die Löwenbrüder sich am alternativen „wahren Schritt" gegen den Westen des Berges orientierten. Für einen Abschluss dieser Frage müssen wir allerdings sowieso auf die vollständige Ausgrabung von weiteren zentralen Menhiren in der neuen Grabungsfläche im Westen warten.

Die Vorstellung, dass jemand einen magischen Phallus herstellen kann, um damit eine göttliche Dame zu schwängern, die wurde später in der Mythologie des alten Ägypten bekannt, was die Isis und den Osiris betrifft. Steinbrucharbeiter am Göbekli Tepe wussten Jahrtausende früher schon, wie man dieses Kunststück zuwege bringen könnte, ehe ein ägyptischer Erzähler dazu kam, uns zu sagen, was er wusste.[1]

Es ist nun an der Zeit, einige unserer zentralen und bedeutungsvollsten Funde zusammenzufassen. Mit Abbildung 5 angefangen, haben wir die Dualität der zentralen Menhire mit mindestens zwei wichtigen gleichwertigen Öffnungen, zwei ausgesparten weiblichen Sockel und zwei größeren Gruben, mit der gesamtem Felsen-Tempel-Anlage-E in Verbindung gebracht. Wir haben dann noch die Vermutung hinzugefügt, dass wohl darnach die Gliedmaßen der Erdmutter in der Topografie des Göbekli Tepe erkannt worden sind (Abbildung 4). Und jetzt, in diesem Kapitel, ist noch eine anthropomorphe Gravur von der Erdmutter selber, mit zwei menhirähnlichen Formen zum Bedeutungskomplex hinzugekommen. In Kürze werden wir dann noch wagen, zu dieser Liste von bedeutungsvollen Beobachtungen eine Hypothese über „Becken-Architektur", betreffs der Anlage „C" vorsichtig hinzuzufügen. Doch ehe wir uns diesem faszinierenden Temenos zuwenden, um die Möglichkeit eines kompletten megalithischen „Labyrinths" ins Auge zu fassen halte ich es für klug, hier eine kurze ethnologische Exkursion in

---

[1]Nur ein späterer Text des Plutarch hat überlebt: Isis and Osiris, Vol. V. Englische Ausgabe: Loeb Classical Library, 1936.

die Neuen Hebriden im Pazifik zu unternehmen. Dort können wir etwas megalithisches finden, das sich bis vor kurzem noch als eine lebendige Kultur erhalten hat.

Ethnologische Exkursion auf den Neuen Hebriden

Der abgerundete Kopf der eingravierten weiblichen Figur, im Löwengebäude oben am Göbekli Tepe und ihre zwei menhir-bespickten Öffnungen am Unterleib erinnern an ähnliche steinzeitliche labyrinthische Skizzen am Eingang zur Unterwelt, welche angeblich von der Erdgöttin selber gezeichnet wurden. Ein steinzeitlicher Männerkult auf der Insel Malekula in den Neuen Hebriden überlebte bis ins zwanzigste Jahrhundert. Ihren Zeichnungen gemäß war der Eingang in die Unterwelt der Ort, aus dem heraus die Menschen einst geboren wurden. Für Männer, die sich auf ihren Weg nach dem Tod vorbereiteten, gab es hilfreiche „Wanderkarten." Die Pfade waren nach den inneren labyrinthischen Durchgängen der Erdmutter modelliert. Die Labyrinthmuster, welche die Männer in Vorbereitung aufs Sterben lernten, waren von unterschiedlicher Komplexität. Sie alle repräsentierten die innere Struktur der Temes Savsap, welche als weibliche Wächterin selber den Eingang ins unterirdische Totenreich darstellte. Diese Göttin war Aufseherin über den Eingang, das heißt also zu ihrem eigenen Innern. Temes Savsap, als das Eingangslabyrinth, stellte so gleichzeitig in ihrer eigenen Form auch die Erdmutter dar. Ihre Umrisse und ihre Durchgangspfade wurden am Boden an der Stelle des Eingangs zur Unterwelt von der Göttin in den Sand gezeichnet. Das trassierte Durchgangslabyrinth wurde dann aber von der gleichen Göttin bis zur Hälfte wieder ausgewischt, als eine Prüfung für den früher dazu eingeweihten wandernden Totengeist.

Wie megalithische Labyrinthe im Allgemeinen so stellen auch die Zeichnungen von Malekula das Labyrinth der Erde mit ihren eigenen organischen Innereien dar, etwa so wie es von Jägern und Metzgern konzipiert werden konnte. Wenn ein frisch gestorbener Totengeist sich der Temes Savsap näherte, dann löschte sie die Hälfte ihrer gezeichneten innerweltlichen "Wanderkarte" aus. Ein ordnungsgemäß eingeweihter Mann würde natürlich den richtigen Pfad im Voraus erlernt haben, mit allen wichtigen Schnittpunkten im Inneren. Auf Malekula wurde das Labyrinth auf verschiedenen Graden Komplexität gelehrt und erlernt, wie es die veröffentlichten Zeichnungen des A. B. Deacon illustrieren.[2] Ein gut informierter Totengeist, nachdem er zu Lebzeiten sich an den auf die Hälfte gelöschten Zeichnungen geübt hat, wusste, wo und wie es weitergeht. Er konnte das Design vervollständigen und den Pfad, der zu neuem Leben führt, finden.

Abb. 26: Pfad für eingeweihte verstorbene Männer. Angewandt von Temes Savsap, der Unterwelt Wächterin auf der Insel Malekula. Vom Autor nachgezeichnet, nach A. B. Deacon, 1934, Seiten 127 und folgende.

Im Klartext dürfte das wohl bedeuten, dass der wandernde Totengeist durch eine der zwei Öffnungen in die Erden-Dame eingeht. Wenn er dann seinen Weg durch ihr inneres Labyrinth hindurch findet, ohne in einem falschen Gang verlorenzugehen, wird er wiedergeboren und weiterhin existieren. Diejenigen aber, die den Weg durch das Labyrinth der Erde nicht kennen, die werden im Inneren verloren gehen. Genau gesagt, die Erde wird diejenigen, die sich verirren, verschlingen. Und noch deutlicher dürfte es wohl so verstanden werden, dass diejenigen, die innerhalb dieser Göttin an den mysteriösen Schnittpunkten ihres Verdauungs- oder Fortpflanzungs-Systems sich verloren, annehmen konnten, dass sie auf immer zum Verlorengehen prädestiniert sind. Das heißt dann auch, dass sie die Unterwelt an deren zweiten Öffnung als Exkrement verlassen. Der Kontrast ist Tod, im Gegensatz zum Leben.

---

[2]Man kann sehen wie diese Erzählung zwischen Mythologie und Erinnerungsbildern aus rituellen Übungen oszilliert. Vergleiche A. B. Deacon. *Malekula, a Vanishing People in the New Hebrides*, ed. Camilla H. Wedgwood. London: G. Routledge and Sons, 1934, Seiten 552-556. Gezeichnet nach A. B. Deacon, "Geometrical Drawings from Malekula and other Islands of the New Hebrides," ed. Camilla H. Wedgwood. *Journal of the Royal Anthropol. Institute, 64*. London, 1934, S. 129-147.

Das Geheimnis des Siegens

Eine Heilslehre, um Heil zu finden durch Kenntnis der göttlichen Anatomie, ähnlich jener die auf Malekula gezeichnet wurde, mag wohl auch die Männer in den Göbekli-Tepe-Logen erleuchtet haben. Solche und ähnliche Geheimnisse wurden sehr wahrscheinlich dort in den Heiligtümern der Erdmutter geflüstert.

Zwei ist die Zahl der großen existenziellen Mysterien. Sie beziehen sich auf Leben und den Tod. Beide Pole sind anatomisch unten oder hinten als Öffnungen in allen höheren Tierarten repräsentiert, einschließlich bei den Menschen. Eine Öffnung entlädt toten Abfall. Männliche und weibliche Menschen sind beide mit einer solchen Höhle des Todes biologisch ausgestattet. Wie für die geheimnisvolle Ausstattung der Männer ihr Phallus als eine Waffe des Lebens zählte, so galt die Vagina der Frauen als die Wunde, die anscheinlich von den männlichen Jägern durchstochen und so belebt werden musste. Nach dem Weltbild der alten Jäger und Metzger wurde aus solchen Wunden heraus dann neues Leben geboren. Somit bedeutete eine der Öffnungen das Ende des Lebenspfades aller Nahrungswesen, und die andere bedeutete eine Wiedergeburt, die Kontinuität der Menschen und Tiere, sowie das Weiterleben ihrer Nachkommenschaft.

Die Gravur der Berg-Mutter (Abbildung 25) hat dargelegt, dass in der Zeit des Göbekli-Tepe-Kultus beide Öffnungen irgendwie als vergleichbar oder nahezu als gleichwertig behandelt wurden. Darüber hinaus hat sich noch gezeigt, dass in Bezug auf alle zentralen Paare von gemeißelten Menhiren eine symbolische Parallele bestand. In jedem Heiligtum am Göbekli Tepe sind mindestens zwei zentrale phallische Menhire aufgestellt worden, welche beide neue Lebewesen zeugen. Ihre Zahl war zwei, damit beide Öffnungen mit diesen Menhiren besetzt werden konnten. Das heißt, sie repräsentierten einen Ort, der Leben bedeutete, und einen anderen Ort, welcher der Anatomie gemäß Erzeugnisse des Todes hervorbrachte. Weil nun die Menhir-Phallusse an beiden dieser Öffnungen eingesetzt waren, wurde selbst die Grube des Todes in ihr natürliches Gegenstück verwandelt, nämlich, in eine zusätzliche Quelle des Lebens. Neues Leben wurde aus dem Ort des Todes geboren.

Wie kann ein Schriftsteller zwölf bis zehn Jahrtausende später so etwas noch wissen? Der Begriff, dass Samen mittels Phallussen in Vaginen implantiert werden muss, welche dann sprießen wie auf Feldern, der hat in der westlichen Zivilisation überlebt und wird in unseren Tagen immer noch als ein Teil unserer Denk-Historie verstanden. An der Anlage D finden wir zudem noch ein klares Zeugnis über die Bedeutung dieser Mysterien am Göbekli Tepe. Mit ähnlichen Typen von Phallussen, aus Kalkstein, wurden ähnliche Arten von Samen rituell in jede der beiden Öffnungen implantiert.

Beide, zentralen Menhiren und ihre weiblichen Podeste, in der Anlage D sind mit Gruppen von identischen Kranichküken umrandet. Aus beiden Öffnungen, aus der Quelle des Lebens sowie aus der Grube des Todes, wurde die gleiche Art von fruchtbaren Eiern gelegt. Und aus diesen gleichen Eiern wurde die gleiche Art von Vögeln ausgebrütet.

Wer sind wir moderne Archäologen und Historiker der Religionen, dass wir die uralten Männer am Göbekli Tepe hätten beraten können, wie oder wie nicht sie ihr Ostern feiern sollten? Sie waren Jäger, Nachahmer totemischer Vorbilder, Killer und Schlächter von Tieren, Bergleute, Hersteller von Waffen. Sie waren von Grund auf, durch ihre Komplotte, mit existenziellen Widersprüchen und schlechten Gewissen betreffs ihres vorsätzlichen Mordens belastet. Sie lebten, sie töteten, sie aßen, sie gediehen und starben. In den Göbekli-Tepe-Heiligtümern gelang es ihnen eine Zeitlang, dem Tod rituell die Stirne zu bieten und ihn mit Hilfe von „neuem Leben" zu besiegen. Ein absolut endgültiger Tod war einfach nicht annehmbar.

Mit ihren beschränkten menschlichen Fähigkeiten konnten diese Leute natürlich keine Unsterblichkeit schaffen. Aber trotzdem ging ihre Hoffnung nicht verloren. Das neue Leben und die neue Begeisterung, welche man in den Riten verewigt hatte, aktivierten schließlich eine allgemeine Strategie zur Förderung von Lebewesen. Lernend ersannen sie, teils religiös, allmählich ihre Methoden zur Domestizierung und verhalfen damit sich und ihren Nachkommen zu neuem Aufzuleben. Im Zuge der Entwicklung hatten wir am Göbekli Tepe einen handwerklichen sowie religiösen Ansporn zur Rettung von Leben. Es gelang damals, in der Jungsteinzeit, die selbstgemachte Krise des Fortschritts teilweise zu reparieren.

Durch ihre zeremonielle Anpassung und die Erkenntnisse, welche ihre Zwei-Löcher-Mysterien am Göbekli Tepe betrafen, wurden ihre Handlungen für den Scheunenhof sowie ihr Umgang mit Mist und Humus naturalisiert. Der allgemeinen Domestizierungsarbeit wurde dabei logisch und kulturell weitergeholfen. Das Lebenszeremoniell der Erdmutter, am Göbekli Tepe, hat die Jägersleute und Handwerker von damals handgreiflich für neue Gedankengänge auf die Viehzucht und auf die Landwirtschaft hin vorbereitet.

Besuch der Anlage C

Der doppelte Eingang im Süden des komplexen Mauerwerks der Anlage C dürfte ein Ort sein, an dem unsere Fragen weiter verfolgt werden können. Zusätzliche Ausgrabungen und Nachuntersuchungen der archäologischen Funde werden in den kommenden Jahren dort unentbehrlich werden, welche dann wiederum und sicherlich zu neuen Fragen und Hypothesen führen werden.

Auf einer Website des Deutschen Archäologischen Instituts findet man eine dreidimensionale Computer-Rekonstruktion von Anlagen B, C, und D. Für unsere heutigen Überlegungen werde ich aber hier nur die Anlage C als solche nachbilden.

Die labyrinthähnlich doppelten und dreifachen Wände der Anlage C bieten eine gänzliche Herausforderung. Tatsächlich wurde hier Theater in großem Maßstab aufgeführt, wie es Professor Schmidt schon treffend vermerkt hat. Ich vermute, dass alle kreisförmige Konturen und alle ausgegrabene Logen gewollte vaginale Heiligtümer mit implantierten phallischen Menhiren darstellen. Dazu sind aber das DAI Foto sowie die veröffentlichten DAI Rekonstruktionen für unsere Interpretation gerade an der wichtigsten Stelle abgebrochen worden, nämlich an dem scheinbaren Doppeleingang zur Anlage C (Abbildungen 27, 28).

Es scheint möglich, dass die horizontale Gliederung rund um das zentrale Heiligtum als vaginale Darstellung beabsichtigt war; das heißt als eine künstlerische Kompilierung von einem Mutterbecken im Querschnitt mit Vorderansicht zugleich. Zielten die zwei Wände, welche die Tänzer nach innen schleusten, wohl auf zwei Eingänge hin, auf einen frontalen und einen hinteren, hier links und rechts? Ist es eine Seitenansicht des „Labyrinths" aus der Perspektive eines Metzgers, die hier dargestellt wurde?

Wir dürfen nicht vergessen, dass Vollzeitjäger ihr Leben lang Metzger und Studierende der Anatomie waren. Für sie wäre es ein Leichtes gewesen, so ein Heiligtum betreffs ihrer Mutter Erde zu konzipieren. Jedes weibliche Tier, das diese Männer jagten und zerlegten, zeigte ihnen beispielhaft diese Struktur der doppelten Öffnung. Die Kombination der drei Dimensionen, aus einer vertikalen Ausrichtung für das Zentrum bestehend, und mit dem lateralen zwei-dimensionalen Becken-Querschnitt für die umliegenden Anteile des Labyrinths, das dürfte an einer „primitiven" Collage nicht allzu sehr überraschen.

Abb. 27: Oben Ansicht der Anlage C. Bis aufs Grundgestein ausgegraben. Foto mit freundlicher Genehmigung des DAI.

Doch ein Verstehen dieses Problems ist inzwischen kompliziert geworden, mit der Tatsache, dass die Darstellung in dem *National Geographic* Essay, oben schon erwähnt, einen eher konventionellen Stil der Anpassung betreffs Eingängen und Türen in der Architektur von Labyrinthen am Göbekli Tepe vermutet.[3] Ich kann mich in deren Begründungen einfühlen und sogar ihre Kunst bewundern. Jedoch habe ich es hier vorgezogen, notfalls

[3]Vergleiche in diesem Zusammenhang die bildliche Rekonstruktion im Essay von Charles C. Mann, in National Geographic, Juni 2011, Seiten 44 und folgende.

konservativ auf der Seite des Modells der Zeichner vom Deutschen Archäologischen Institut meine Denkschritte zu riskieren.

Am 2. Oktober 2011 schauten Professor Schmidt und ich uns gemeinsam diese noch nicht ganz ausgegrabene Strecke an zwischen dem zerstörten "Löwentor" am südlichen Ende und dem möglichen Doppeleingang zur Anlage C. Das heißt, ich hatte die Gelegenheit, meine Frage an ihn *in situ* zu stellen. Da nun zu diesem Zeitpunkt diese Strecke von einigen Metern noch nicht vollständig ausgegraben war, blieben beide Rekonstruktionen, die mit einem Einzeleingang sowie die mit einem Doppeleingang, weiterhin im Bereich der Möglichkeiten.

Ein und Zwei Menhire Unterschiede

Es besteht kein Zweifel darüber, dass die Orthodoxie am Göbekli Tepe zwei zentrale Menhire pro Heiligtum erforderte. Insofern die Löwen-Bruderschaft zwei solcher Paare, also vier, in ihrer Bergstation aufgestellt hat, vermute ich, dass das da oben etwas mit intrafelinen politischen Zugeständnissen zu tun hatte. Nicht alle Großkatzen benehmen sich brüderlich zueinander. Zuweilen waren es Löwen, Tiger, Leoparden oder ähnliche verwandte Arten. Wir haben noch nicht genügend Daten zur Verfügung, um uns dem gesamten Rätsel der Großkatzen am Göbekli Tepe zu nähern. Und es gibt dazu noch viele andere Dinge zu beachten.

Nebst der dominanten Orthodoxie am Göbekli Tepe, deren gepaarte T-förmige Menhiren in der Mitte eines jeden *Temenos* aufgestellt waren, bestand auch noch eine signifikante zerstreute individualistische Tradition, die in einer Vielfalt von einzelnen Statuen oder Totempfählen vertreten ist. Ohne ausreichende Daten habe ich mir trotzdem vorläufige Eindrücke und Vermutungen dazu eingeholt. Es scheint, als ob die meisten Reaktionen beim Göbekli-Tepe-Bildersturm eventuell aus Feindschaft gegen individualistische Arten von Totempfählen und Statuen ausgeübt worden sind.

Um zwei riesige zentrale Menhire aufzustellen und feierlich in der Mitte einer Loge zu zelebrieren, benötigte man eine Menge von sozialem Wohlwollen und Zusammenarbeit. Im Vergleich dazu konnte das Meißeln und Errichten eines einzelnen Totempfahls zur Verherrlichung eines schöpferischen Einzelmenschen und seiner totemischen Abstammung von einem einzigen Bildhauer mit wenig bezahlten Gehilfen durchgeführt werden. Die meisten der einzelnen Totempfahl-Denkmäler scheinen, zu einem gewissen Zeitpunkt am Göbekli Tepe ihre Gesichter oder ihre Standorte verloren zu haben.

Abb. 28: Anlage C— DAI Rekonstruktion;
http://www.urgeschichte.org/DieBeweise/GobekliTepe/gobeklitepe.htm.
Foto mit freundlicher Genehmigung des DAI.

Es scheint, als ob die Mehrheit der Bergleute am Bauchberg fähig waren, potentielle Rabauken zu erkennen. Die meisten waren wohl nicht an der Unterstützung eines Personenkults für Aristokraten interessiert. Solch ein Individualismus würde der gesellschaftlichen Funktion von kommunalen Paaren von Menhiren widersprochen haben. Es ist möglich, dass bedrückte Gruppen sich einfach gegen die Individualisten verbündet und diese entweder eliminiert oder vertrieben haben. Eine Kultur die Löwen-Aristokraten erzeugen konnte, war wohl auch fähig aus Bildhauern Rebellen zu machen, die sich gegenseitig dann mit revolutionären oder prophetischen Idealen provozierten. Einer der kreativsten Genies auf diesem heiligen Berg war der eher exzentrische Bildhauer der totemischen Löwen-Linie (Abbildung 10). Das Gesicht seiner Löwenmaske ist nicht mehr vorhanden. Es wurde abgehauen und vermutlich pulverisiert. Aber wir wissen trotzdem, dass dieser Mann sich mit einem Löwen-Totem identifizierte. Die zwei

Katzenohren seiner totemischen Sponsorenmaske sind an Ort und Stelle noch an der Statue erhalten geblieben. Das Löwengesicht des Mannes sowie der Hinterkopf seiner Gemahlin wurden abgeschlagen. Jedoch weder die Schakti-Stellung dieser Frau noch die Tatsache dass Zeugung und Geburt als gleichzeitige Geschehnisse hier dargestellt sind, wurden von dem Bilderstürmer beanstandet. Es war im Wesentlichen die arrogante Löwen-Identität, das aristokratische Katzen-Gegrinse, das die Wut eines konkurrierenden Bildhauerpriesters evozierte und dessen Feuerstein Keil provozierte. Natürlich müssen solche Auslegungen, die hier aus der Ferne gewagt werden, alle später noch einmal, vielleicht von der nächsten Generation von Forschern, neu überdacht werden. Irgendwann einmal werden wohl die ganzen Daten am Göbekli Tepe offengelegt und gesammelt sein.

Abb. 29: Anlage C—Autor Zeichnung auf die vorhergehende DAI Rekonstruktion basiert; http://www.urgeschichte.org /DieBeweise/GobekliTepe/ gobeklitepe.htm.

Tiere für den Stall und Hof

Der jüngste Fund einer Platten-skulptur, mit zwei Türlöchern versehen, kommt vom Nordwest-Hügel.
Dieser gibt uns schließlich die Gewissheit, dass die Feuerstein Bergmänner am Göbekli Tepe im Einklang zu ihrer Zeit gestanden haben. Unabhängigen Forschungen gemäß ist die Domestizierung von Emmer-Weizen ganz in der Nähe vom Göbekli Tepe geschehen, während dessen Kultus dort schon im Niedergehen begriffen war. Dieser Zufall ist ein ermutigender Anhaltspunkt, um den Anfang der Transition der Jäger zur Domestizierung von Pflanzen und Tieren zu erfassen.
Natürlich muss noch manches ausgegraben werden, ehe dieser oder jener Aspekt im Kultus mit voller Klarheit erkannt werden kann.

8

Tiere für den Stall und Hof

Der Bulle: Bis heute habe ich nur zwei oder drei Bilder von Bullen (Stieren) am Göbekli Tepe gesehen. Weil die Bildhauer die Größen ihrer Bilder den Felsoberflächen, die sie zur Verfügung hatten, anpassten, sind Bullen schwierig von Widdern zu unterscheiden. Außerdem lässt sich der Bulle, als Stier und Huftier, nicht leicht als aktiver totemischer Sponsor der Jäger ausmachen. Er wurde respektiert und vielleicht in den „ehrenvollen Orden der männlichen Jäger Totems" eingeführt, weil er ein männlicher Herrscher über Herdentiere war, zudem auch weil er töten konnte und weil Bergleute am Göbekli Tepe sich zunehmend um die Regeneration von Rindern sorgten, von wilden Rindern die dem Bullen gehörten.

Nirgendwo ist totemische Logik eine klare Wissenschaft geworden. Wir finden auch Kraniche, einen Widder, ein paar Wildschweine, eine Gazelle und einen Esel in der totemischen Menagerie am Göbekli Tepe. Wann immer es einem Taxonomisten der Steinzeit gefiel, konnte er die Männlichen jeder Art ehrenhalber in Jäger-Verbände eingliedern. Bis zu diesem Zeitpunkt bedeutete ein „Mann zu sein" auch ein „Jäger zu sein." Doch mit all dieser Offenheit hätte ich, als ein alleiniger Kranich, trotzdem nicht in einer Loge mit Füchsen eingeschlossen sein wollen. Was die Fopperei anbetrifft, würde es da wohl kein gutes Ende gegeben haben. Es gibt jedoch genügend Hinweise, dass Kraniche und Füchse im Göbekli-Tepe-Kultus einigermaßen gut zusammen existierten, viel besser als diese Arten in ihrem Verhältnis mit den Löwen.

Bullen behielten ihre Mehrdeutigkeit noch Jahrtausende später, z.B. in Knossos, wo einem von ihnen nachgesagt wurde, dass er in einem megalithischen Labyrinth versteckt lebte, um die rätselhaften Innereien der Erdmutter zu beschützen. Es scheint, dass er als ein oberster Killer und Bugaboo von Eingeweihten fungierte, von solchen, die nicht wissen sollten, ob ihre Initiationstorturen zu überleben waren. Natürlich ist in den kretischen und athenischen Mythen, die letzthin immer noch über die Mysterien von Knossos erzählt worden sind, das Initiationsgeheimnis einer aristokratischen Männergesellschaft bis zur niederen Gewichtigkeit einer königlichen Romanze hin verdünnt worden. In der Entwicklung menschlicher Kulturen neigt jegliche Verzerrung in eine extreme Richtung—vielleicht aus göttlicher Gnade um des lieben Gleichgewichts willen—zum Gegensätzlichen, sodass ein Aufleben beschleunigt werden konnte und neue Hoffnungen gedeihen konnten.

Das hellenische *Taurobolium* (Stieropfer) später und die spanischen Stierkämpfe noch später haben das Knossos-Bullen-Monstrum wieder in seine Nische als Jagdbeute zurückgedrängt. Diese Schauspiele waren besonders zu nostalgischen Aufführungen von jägerischen Taten geeignet. Das *Taurobolium* als Heldentat hat im Blick auf die Größe dieser Tiere deren Wert weit über den Punkt hinaus erhöht, wo der Kult des Labyrinths in Knossos aufgehört hat.

Schließlich hat aber auch das Stieropfer die Bemühungen der Domestizierer, ihr Beherrschen und Schlachten von Rindern, gerechtfertigt. Das hätte aber ein Thema sein dürfen, das im frühen Zusammenhang mit Minotaur Geheimnissen aristokratisch kaum annehmbar war. Wenn gewöhnliche Bauern kundig wurden, wie man diese Bullen an Nasenringen handhaben und zähmen kann, hat der Minotaurus an Eindruckskraft verloren. Jagd-Aristokraten mussten daraufhin etwas dramatischer und heldenhafter gegen die Rinderart auftreten, um etwas Spektakuläreres aus deren Tötung herauszuschinden—um das *Mysterium tremendum* erneut auf die sesshaften Bauern prasseln zu lassen. Stieropfer, Stierkämpfe und menschliche Gladiatorenkämpfe, dienten in der Menschheitsgeschichte diesem Zweck.

Die Männlichen der menschlichen Art von der Alt- bis in die Jungsteinzeit entwickelten sich zu künstlerisch jagenden Raubtieren heran, während die Weibchen sich um ihre wachsenden Familien, wenn immer möglich, mit sichereren Methoden des Futtersammelns kümmerten. Innerhalb ihrer Rangordnung, unter den Raubtieren, waren die Männchen unserer Ur-Hominiden von Natur aus anderen zunächst unterlegen. Doch als selbstrealisierende Jäger erträumten sie sich ein Erbe, das den erfolgreichsten Raubtieren gleichkommen würde. Natürlich wählt ein Lebewesen weder seine Eltern noch seine Nachkommen noch erkürt eine Gruppe von Menschen ihre Götter. In der Entwicklung menschlicher Lebensbedingungen wurden Götter auch niemals erschaffen. Sie wurden alle entdeckt und dann als Wirklichkeit respektiert. Aktive Totems, Götter, übermenschliche Wesen, sie alle haben schon immer die Macht gehabt menschliche Kandidaten in ihre stolzen Rudel oder Brüderschaften hinein zu adoptieren. Das heißt, sie konnten alle jene menschlichen Lehrlinge, die den Mut aufbrachten, sich mit Stärkeren zu verbrüdern oder diese nachzuäffen, erdulden.

Es blieb dann für die von Göttern auserwählten *Homines sapientes* nur noch eines zu tun, sich eine glaubwürdige Geschichte zu erzählen oder zumindest eine interessante Hypothese über ihren begünstigten göttlich-totemischen Rang aufzustellen, womit sie sich unter Mitmenschen bekannt machen und geistig behaupten konnten. Natürlich verstanden sie auch diese Geschichten nicht als etwas von den Menschen selbst Erfundenes, sondern aber als von übermenschlichen Göttern inspiriert. Kein Mensch kann sich selber inspirieren; er muss immer damit zufrieden sein, mit dem was ihm glücklicherweise von irgendwo außen her ein- oder zufällt.

Domestikation liegt knapp über dem Horizont: Um eine rationelle Rechtfertigung für die Praxis der Domestikation von Tieren zu finden, mussten sich die Göbekli-Tepe-Männer religiös neu finden und sich neuerwählt in der Obhut von domestizierenden Göttern wissen, nämlich unter solchen Göttern, welche ihre menschlichen Verbündeten nicht immerfort in Raubtierdilemmata und Schuldgefühle verwickelten. Die schiere Lust, feierlich die übermenschliche Zeugung einiger Arten von Lebewesen mit-zu-stimulieren, hat die Köpfe dieser Vorfahren auf kulturelle Entwicklungen vorbereitet, welche sie dann befähigten, schwächere Tiere für sich in ihre nähere Umwelt einzuschleußen. Der menschliche Hang zur Aggression, zum Töten und Schlachten, ließ sich nach einer Entwicklung von sechs millionen Jahren nicht einfach abbrechen, sondern nur ganz langsam abbiegen.

Der Männer ursprüngliche Wünsche auf mehr Nachkommenschaft unter den Beutetieren, die sie zu jagen hofften, und auf die

Beschleunigung des Ausbrütens von Feuerstein „Eiern“ aus dem Kalkstein Eierstockgewebe der Bergmutter, haben das menschliche Denken gemeinsam in die Richtung einer kulturellen Expansion beeinflusst. Ehe die Menschen zur Domestikation taugten, mussten sie eine Religion finden, welche ihre Ernährungsgelüste mit den Status-Schichten welche sie den Tier- und Pflanzenarten zuschrieben, in Einklang bringen und rechtfertigen konnte. Die Religionen der menschlichen Art bleiben alle bruchstückartig. Sie können ihre Zersplitterung unmöglich vermeiden, weil ja die menschlichen Wissenschaften und Industrien, die ganze Kultur, sich auch auf Gelegenheits-Siege und opportunistische Märkte bruchstückartig konzentrieren. Versöhnung (das heißt, Buße und Sühne) kann nicht in einem weniger zerstreuten Modus erstanden werden, als es die aggressiv schuldigwerdende Kultur ihrem Charakter entsprechend erfordert. Dutzende von Methoden der kulturellen Aggression erfordern logischerweise dutzende verschiedene Arten von "religiöser" Rechtfertigung und von religiösem Rückzugsbenehmen, selbst unter dem Deckmantel der Wissenschaftlichkeit.

Die allgemeinen Vorstellungen der Alten, aus ihrer *„Prehuman Flux“* Mythologie, betreffs der Einheit allen Lebens, Fortpflanzung, Tod und Verwandlung, haben das Denken über neue Aufgaben in der Tierpflege zwar aufgeweicht, doch die Domestikation musste trotzdem unter der Vormundschaft von neuentdeckten göttlichen Sponsoren eingeführt werden. Auf diese Weise ist die Einsicht Professor Schmidts, dass die jungsteinzeitliche Revolution ein religiöses Ereignis war, entwicklungslogisch sinnvoll.

Die Industrie und der Kultus der Bergarbeiter am Göbekli Tepe, hat mit deren Denken über Symbole des Lebens und über Sühne der Erdmutter gegenüber der menschlich kulturellen Kreativität einen Impuls erteilt—das heißt, einen Affekt, der weit über die grundlegende Tatsachen von Hunger, Gewalt und Nahrungsuche hinausreichte.

Der Göbekli Tepe Kult, der seine Heiligtümer mit Kalkstein-Menhiren bespickte, hat eine bahnbrechende Idee geliefert, betreffs der Fruchtbarkeit der Erde und des Wachstums, betreut durch menschliche Mühe. Um diese Neuausrichtung unter den Göbekli Tepe Jägern zu aktualisieren, musste die Erd- und Bergfrau erst geschwängert werden, und ihr Bauch musste mit der Unterstützung und Hingabe der Arbeiter sichtbar wachsen. Und diese gesamte objektive Lektion musste von gewohnheitsmäßigen Jägern inszeniert werden unter dem Vorwand von Gleichgewicht-schaffender Sühne. Der Göbekli-Tepe-Kultus erreichte so die Tiefe, in welcher eine ererbte Killerkultur an ein neues Gleichgewicht herankommen konnte, um an die Domestizierung und Tierpflege überhaupt denken zu können.

Menschen auf dem Weg zur Domestikation mussten schließlich alle ihre räuberischen Jagdgötter loswerden. Sie mussten größere Gottheiten suchen, finden und verehren lernen, solche, welche die Tiere und Pflanzen erschufen und welche diese auch gerne segneten. Sie brauchten Götter, die ihnen frische Opferpfade der Legitimation zum Besitz von Pflanzen und Tieren ermöglichten. Solche Jäger, die nicht bereit waren, sich dieser allgemeinen religiösen Neuorientierung und Bekehrung anzuordnen, welche an den legitimen Methoden der Domestizierung, an wirtschaftsbestimmenden Opferfesten und dem daraus entspringenden Handelswesen nicht teilgenommen haben, die blieben auf immer ein Ärgernis für die Domestizierenden. Solche Leute verwandelten sich schließlich in eine aristokratische Kriegerklasse. Sie wurden Komplizen für den Militarismus und der Überdomestizierung.

Eines der frühesten domestizierten Tiere entlang des nördlichen Fruchtbaren Halbmonds schien unter den Reliefs des Göbekli Tepe bis vor kurzem zu fehlen. Es war die Ziege. Mag das bedeuten, dass dieses Tier nicht mehr im legitimen wilden Bereich der Jäger weidete? Auf jeden Fall ist es noch zu früh im Ausgrabungsvorgang die Ziegen als eine vermiedene „böse Art" zu klassifizieren. Außerdem erscheinen „gut" und „böse" unter Steinzeitjägern ganz anders ausgerichtet gewesen zu sein als bei den später Domestizierenden. Wenn es jemals eine böse Spezies auf Erden gab, ehe die guten sowie die schlechten Zustände in der Welt einem Teufel oder einem allmächtigen Gott als Urheber zugeschrieben werden konnten, dann war es der menschliche Jäger selber, als gekünsteltes Raubtier, Trickser, und Serienmörder von Tieren.

Prädisposition: Der starke Gegensatz zwischen den Kräften des Lebens und dem Einfluss des Todes (Gut und Böse) in archäischer Jäger Tradition wurde mir im Jahr 1971 bewusst, als Johnny Cooke und ich bemerkten, wie eine Diné

Frau vor unseren Tonbandarbeiten Angst zeigte. Sie erbleichte. Sie verstand, dass wir Worte aus dem Talking-god Ritus, dem Wolf- oder dem Deerway-Jagdritus auf Tonband aufnahmen. Kombiniert oder austauschbar so benannt, enthielt dieses Jagdritual Kraftworte aus dem Bereich des Todes. Der Kontrapunkt zu ihrer Angst waren des Jäger-Schamanen eigene Sorgen, dass jede Spur von weiblichen Sekreten und deren Lebenskräfte seine eigenen Jagd- und Tötungskräfte neutralisieren und löschen könnten. Seine tod-schwingenden Kräfte wurden daher durch eine mystische Verwandlung in einen Wolf-Totemgott während einem Schwitzritual isoliert und unter Kontrolle gebracht. Nach der Jagd musste der Mann in der gleichen Schwitzhütte wieder in einen sicheren Menschen und Ehemann zurückverwandelt werden. Er musste befähigt werden, wieder im Bereich des Lebens funktionieren zu können, das bedeutete, dort wo Frauen lebten und Kinder spielten und gesund aufwachsen sollten.

Der heilige Stall und Hof: Früher schon in diesem Buch, auf Abbildung 4, fingen wir an, auf das Vorhandensein eines Dualitätsprinzips am Göbekli Tepe aufmerksam zu machen. Hier in diesem Abschnitt müssen wir auf das gleiche Sachgebiet mit einer wichtigen Zugabe zurückkommen, aus einer etwas breiteren Perspektive heraus. Im Jahr 2010 hat Professor Schmidt über die jüngsten Ausgrabungen im frischen Bereich auf dem Nordwest Hügel berichtet. Ein Artefakt (Abbildung 30), das er anführt, ist mehrere Meter groß. Es repräsentiert ein gewisses Maß von Exzellenz, welches den meisten kunstvoll geformten Menhiren am Göbekli Tepe auf der Schichte eins am Südost Zentrum entspricht.[4] Ehe wir jedoch auf dieses Objekt fokussieren, dürfte ein Blick zurück auf Abbildung 25 unseren Überblick auf den Entwicklungsvorgang deutlicher machen. Die anthropomorphe scheinbare „Graffiti" Gravur im Löwengebäude auf dem Südost-Hügel haben wir als einen graphischen Kommentar zur dominanten Theologie am Göbekli Tepe akzeptiert.

Während mit dem Kommen der neolithischen Revolution die Lebensbedingungen der Menschen sich spürbar änderten, und während aufeinanderfolgende Generationen ihre religiösen Antworten weiter entwickeln mussten, so war es doch nicht zu vermeiden, dass

---

[4]Klaus Schmidt, "Göbekli Tepe—the Stone Age Sanctuaries. New results of ongoing excavations with special focus on sculptures and high reliefs." *Documenta Praehistorica XXXVII* (2010), Seiten 239-256.

Abb. 30: Der Heilige Stall und Hof. Eine vor kurzem gefundene „Port Hole" Skulptur am Göbekli Tepe auf dem nordwestlichen Hügel. Ein ähnliches Foto wurde in Klaus Schmidt, 2010, Seite 252, veröffentlicht. Mit freundlicher Genehmigung vom DAI.

frühere Glaubenshaltungen im Bezug auf Veränderungen in der Kultur aus dem Fokus gerieten. Innerhalb des Kultus mussten zukünftig die Lehrer ihre Kenntnisse diesbezüglich deutlicher aussprechen. Sie mussten ihre alten Antworten in Bezug auf neue Fragen in neuer Weise erklären. Demzufolge dürfte dann ihr nächster graphisch-theologischer Kommentar ein verändertes Muster des religiösen Denkens am Göbekli Tepe offenlegen. Dieses neuere Muster reflektierte dazu deutlich den Anbruch der neolithischen Revolution.

Diese eigenartige Platte aus Kalkstein zeigt zwei parallele rechteckige Löcher, die augenscheinlich nach unten in die Erde führen. Die Archäologen haben solche Artefakte als „Türlochsteine" *(Porthole Stones)* katalogisiert. Die Dual-Öffnungen lassen sofort vermuten, dass wir hier eine reduzierte Version des Standard-Grundrisses für orthodoxe *Temenoi*-Anlagen vor uns haben mit dualen Sockel-und-Wanne-Funktionen, so wie sie vollständig ausgegraben in Anlage C und D zu sehen sind. Jedoch waren mit dieser späteren Kleinanlage auf dem nordwestlichen Hügel keine T-förmigen Menhire assoziiert. Professor Schmidt hat erwähnt, dass auch keine Spuren von irgendwelchen früher eingesetzten Menhiren zu finden waren.

Die rechteckigen Formen dieser Türlochsteine lassen dennoch erschließen, dass das allgemeine Wissen des Bildhauers über ältere Logen und Menhire seinen Entwurf bestimmt von deren Design her abgeleitet hat. Bei diesem reduzierten Modell eines dualen Sockel-Heiligtums fehlen also die Menhire. Dazu ordnet aber die allgemeine Westorientierung dieser Anlage sie unter den allgemeinen Einfluss der Löwen-Bruderschaft.

Nun gut! Das bedeutet für den Bildhauer der diese doppelte „Türloch" Anordnung schuf, dass die symbolischen Zeugungszeremonien für welche einst funktionsfähige Menhire eingesetzt wurden in seiner persönlichen Denkentwicklung nicht länger nötig waren. Der Bildhauer wollte hier keine Zeugungsszene darstellen; auch machte er sich keine Mühe damit, auf die darauf folgende Schwangerschaft der Erdmutter hinzuweisen. Nicht viel von einem extra Hügel wurde an seinem Ort benötigt. Alle diese alten vertrauten Vorstellungen wurden natürlich ohnehin noch irgendwie geglaubt. Aber in Bezug auf sein aktuelles Anliegen entschied sich dieser priesterliche Bildhauer, die Erdmutter so zu zeigen, als ob ihre Tiere bereits geboren und gebrütet sind. Was die zwei "Türlöcher" anbetrifft, so kann man diese zusammen, vorläufig mal, als "doppelte Vagina" interpretieren.

Was hat sich sonst noch an diesem späteren Tempel-Modell alles geändert? Die Zeit der Schwangerschaft von der Zeugung bis zur Geburt (oder bis zur Ei-Ablage und Ausbrütung) wird hier nicht mehr im Bildwerk dargestellt, wie es an Hand von früheren Totempfählen einst versucht worden war oder das im Flachrelief mit Reihen von Kranich-Nachwuchs unter den riesigen Menhiren der Anlage D, noch dargestellt wurde (Siehe Abbildung 12 und 17 oben sowie auch die Pfeiler 12, 27 und 43 in Klaus Schmidt, 2008). Jungtiere und Neugeborene sind es, die dort über Phallusse einherkrabbeln, über solche Menhire die zu lange getrödelt haben.

In aller Wahrscheinlichkeit hatten die Bildhauer in den älteren menhir-bezogenen Darstellungen auch nicht versucht Spaß auf Kosten ihrer heiligsten Anliegen zu haben. Stattdessen versuchten sie sehr wahrscheinlich nur, prophetisch und optimistisch zu wirken. Das heißt, sie wollten glückliche Ergebnisse im Voraus aufzeigen und anregen. Nachkommenschaft und mehr Leben waren das Ziel ihres Buß- und Sühne-Kultus. Es wurde ein reichlicheres Ergebnis aus der Schwangerschaft und aus dem Wachstum der geschwängerten Bergfrau erwartet. Auch hatte diese neolithische Kultur noch keine Gründe über die menschliche Sexualität zu lästern. Die menschliche Überbevölkerung nahm während der Jungsteinzeit zwar ihren Anlauf, war aber noch nicht zu dem goßen Segen herangereift, welcher sich in den folgenden Jahrtausenden in einen kriegerischen Fluch verwandelt hat. Nur war damals der Stall und Hof der letzten Jäger wohl noch ein sprichwörtlich chaotischer "Saustall." Im Rahmen dieses neueren Altar-entwurfs hat jedoch, wie gesagt, Zeugung, Schwangerschaft und Geburt schon stattgefunden. Alle diese Vorgänge sind weiterhin nicht mehr wie einst auf Totempfählen thematisch zusammengedrängt. Man war sich jetzt der linearen Zeitabfolge bewusst. Diese Aufteilung der Werdenszeit von verschiedenen Lebewesen zeigt uns, dass der Augenblick für eine ordnungsgemäße Domestizierung nun gekommen war. Der Hof musste von nun an planvoll mit Einzelarbeiten verwaltet werden. Die Anwesenheit von leibhaft stationierten phallischen Menhiren war in diesem Heiligtum auf die Dauer nicht mehr praktisch. Die Bullen wurden, sozusagen, von den Kühen getrennt und die Nachkommenschaft reihte sich an, beinahe so als ob es ans gemeinsame Säugen ginge.

Der Bildhauer dieser Tempel-Anordnung hat unsere anhaltende Schlüsselfrage hinsichtlich des Übergangs im Göbekli-Tepe-Kultus vom Jagen und Sammeln und zur Domestikation hin nun präzise beantwortet. Wir wissen jetzt, dass in dieser Gegend zu diesem Zeitpunkt jene Umwälzung geschehen ist. Es geschah zu der Zeit, als dieses besondere Heiligtum bewusst aus einer unebenen Kalksteinplatte herausgemeißelt wurde.

In einer einzigen Szene zeigte uns der Bildhauerpriester... Nun ja—was denn? Nein, noch nicht die Tiere im Hintergrund mit einer Krippe und einer menschlichen Heiligen Familie im Vordergrund, doch bereits schon so etwas wie einen „Heiligen Stall und Hof."

Schlange oder Fisch? Die Szene mit dem mehrdeutigen Schlangen- oder Fischwesen hat für den Autor einen Gedanken über die allgemeine Rolle der Schlangenbildnisse am Göbekli Tepe wieder neu aufsteigen lassen. Früher in diesem Buch habe ich den Gedanken von den doppelten Penissen der männlichen Schlangen lediglich bestätigt und dann prompt wieder fallen lassen. Aber könnte es der Fall gewesen sein, dass am Göbekli Tepe die Faszination der Männer über dieses Schlangen-Faktum, den ersten Anlass zu ihrer dualistisch anatomischen Weltanschauung ergeben hat?

Die meisten Menschen wissen, dass Schlangen- oder Eidechsenzungen an einem gewissen Punkt entlang ihrer Länge sich in zwei Zinken aufteilen, es ist aber weniger bekannt, dass männliche Schlangen und einige Eidechsen auch Hemi-Penisse besitzen. Neidische Zoologen haben scheinbar diese als „hemi" auf „halbe" Mengen herabgestuft. Die Frage bleibt: Haben diese mit zwei Phallussen ausgestatteten männlichen Schlangen die Männer am Göbekli Tepe ermutigt, dementsprechend gepaarte Öffnungen an der schildkrötenähnlichen Erd- und Bergmutter zu suchen? Diese Männer kannten ihre Schlangen von innen und von außen. Sie haben diese wahrscheinlich ergriffen und wegen ihres Gift-Speichels gemolken. Es ist anzunehmen, dass sie diese Tiere auch ihrer Haut und ihres Fleisches wegen schlachteten.

Oder aber haben diese Männer zwei Öffnungen wohl erst in ihrer Pubertät wahrgenommen, als die menschlich weibliche Anatomie interessanter zu werden schien? Mit so vielen abgebildeten Schlangen, an den Göbekli Tepe Flachreliefs sich dahinschlängelnd, empfiehlt sich die Frage diesem Forschungspfad entlang vielleicht für später einmal. Ich habe die Frage hier nur aufgeworfen, um sie prompt und wiederum unbeantwortet einschlafen zu lassen.[5]

---

[5]Im Jahr 1976 habe ich mein Buch *Olmec Religion...* veröffentlicht, und damit wurde die Gesamtperspektive zu den alten mittelamerikanischen Religionen hauptsächlich auf einen Schlangenkult hin interpretiert. Ich identifizierte damals die olmekischen

Die Säugetiere, die von der Erdmutter hier geboren wurden, scheinen der Anordnung dieses Heiligtums gemäß ein Rind, eine Ziege und den Nachfahren eines Raubtieres darzustellen. Letzteres Tier stellt vielleicht einen Hund dar als das erste domestizierte Tier im menschlichen Haushalt. Und wenn das ein Hund ist, und wenn das reptilische Wesen ein Fisch oder eine ratten-jagende Schlange sein sollte, dann mag wohl die ganze Altarplatte das erste Mini-Heiligtum für Domestizierer-Haushalte gewesen sein. Vielleicht war es am Göbekli Tepe in Gebrauch, während Zeitgenossen noch damit beschäftigt waren, die letzten der Löwen-Menhire an den neuen westlichen Ausgrabungsstätten zu begraben.

Dieses Tempel-Modell, auf dem nordwestlichen Hügel am Göbekli Tepe sitzend, mag vor etwa zehntausend Jahren in Betrieb gewesen sein. Es wurde von einem priesterlichen Waffenmacher und Kalkstein-Bildhauer geschaffen. Als Altarbild der Mutter Erde durfte es wohl auch noch ein heiliger Ort geblieben sein für solche Jäger und Sammler, deren Söhne und Töchter über die neue Wirklichkeit von Hirten- und Bauernarbeit nachzudenken begonnen haben. Es ist möglich, dass der Priester dieser kleinen Einrichtung sein Leben lang noch ein totem-geförderter Jäger und Werkzeugmacher geblieben war. Zu seiner Zeit benötigten auch Hirten und Landwirte noch Spalt- und Schneide-Werkzeuge aus Feuerstein.

Zur Anerkennung der Ziege: Ich freue mich, hier endlich im Göbekli-Tepe-Repertoire das erste Bildnis einer Ziege zu sehen. Ihre Präsenz unterstützt eine Vermutung, die ich schon lange hegte, dass zur Zeit

---

„Mosaik Masken" von La Venta, die bis dahin allgemein als Jaguar Gesichter interpretiert worden waren, als Vertreter der *Crotalus durissus durissus* Klapperschlange. Ich würde leicht zu einem Ziel des Spottes werden, wenn ich die Schlangensymbolik am Göbekli Tepe auch nur um einen einzigen Millimeter übertreiben würde. Das Fehlen von offenen Schlangenrachen unter den Göbekli Tepe Bildern erlaubt mir bis jetzt noch nicht diese Linie der Untersuchung als produktiv zu bewerten. Gerne werde ich deshalb diese Herausforderung an andere Forscher weitergeben, wenigstens für diesmal noch. Akademischer Widerstand im Jahr 1976 war schroff. Jedoch nach 34 Jahren wurde der Hauptgedanke meiner Arbeit kürzlich von René Dehnhardt bestätigt, in *Die Religion der Olmeken von La Venta: eine Religions-Archäologische Analyse.* Dissertation, Philosophische Fakultät der Rheinischen Friedrich-Wilhelms Universität, Bonn, 2010. Für die Interpretation des Göbekli-Tepe-Zwei-Löcher-Kultus wäre es natürlich von viel größerem Interesse wenn, aus jener Zeit, Marsupial-Knochen zu finden wären—doch scheint es diese nicht zu geben.

der Steinzeitjäger noch kein Tier von Grund aus als „böse" angesehen wurde, mindestens nicht von Seiten der Männer. Wie konnten unsere Jägervorfahren ein Tier als böse definieren, solange die Männchen ihrer Art mit den gefährlichsten Raubtier Gottheiten sich mystisch verbrüderten und diese als totemische Sponsoren und Jagdherren verehrten?

Wenn es je eine Kreatur auf Erden gab, die bewusst und absichtlich trickreich und boshaft war, jemand, der viel von dem Unheil, das er anrichtete, verstand, dann war das der Mensch als Jäger selber. Seine Gewohnheit, Werkzeuge zum Töten und zum Schneiden anzufertigen, bezeugte seine Veranlagung zum absichtlichen Morden. Solche Umstände deuten darauf hin, dass Ziegen damals wohl nicht von Menschen als schlechtere Art betrachtet wurden. Hätten die Ziegen damals einen derart schlechten Ruf gehabt, wie wären sie dann als eine der ersten Huftierarten zur Domestizierung gewählt worden? Manches über dieses Thema—einschließlich der Frage des Kannibalismus—werden wir einmal besser verstehen, wenn die Knochenzählung am Göbekli Tepe abgeschlossen sein wird.

Im Augenblick ist es diese einzige Ziegenskulptur, die am Göbekli Tepe bestätigt, was ich über Ziegen schon im Voraus geschrieben hatte. Ich entschloss mich deshalb, am Ende dieses Buches eine verbesserte Geschichte über die Domestizierung von Ziegen zu erzählen. Meine Erzählung wird dann auch meine Gedanken zur Ablehnung der „Asasel=Sündenbock"-Gleichung als ein theologisches oder als ein sozialwissenschaftliches Missverständnis erklären. Ich schreibe nicht leichtfertig über diese Sache. Meine revidierte Erzählung über die Domestizierung der Ziegen ist ernst genug gemeint um beim Jom Kippur, dem alten israelitischen Versöhnungstag zu beginnen.

Während Tiere, die später für die Domestikation in Frage kamen, in den Göbekli-Tepe-Heiligtümern als Reliefs gemeißelt wurden, ist zu gleicher Zeit eine neue Art menschlicher Priester entstanden. Diese waren einer neuen Art von Gottheit untergeordnet und dienten einer sich im Wandel begriffenen menschlichen Bevölkerung; sie engagierten sich im damaligen Kultur-Wandel. Die priesterlichen Handwerker auf dem heiligen Göbekli Tepe haben alle mit einem grundlegenden Repertoire von totemischen Symbolen amtiert. Wahrscheinlich trugen sie ursprünglich totemische Tiermasken und vielleicht auch Lendenschürze aus Fuchsfellen. Stolen wurden dann wohl später beim Bau der Anlage D hinzugefügt. Sie wussten auch, wie man sich über menschliche und göttliche Tätigkeiten, vermischt in symbolisierten Formen von Händen, Armen und Genitalien zu äußern vermochte—symbolisch sichtbar und vermutlich in Gedanken in weniger sichtbare Dimensionen ausschreitend. Die sacrale Ausweitung geschah wahrscheinlich bis hin zu einer neuen allgemeinen Theophanie der Erdmutter, etwa so wie die Erkenntniss, dass „sie die ganze Domäne der Lebewesen auf ihrem Schoße hat!"

Es waren praktische industrielle Priester, die das Geheimnis entschlüsselten, wie ein Mensch sich für alle Kreativität auf Erden verantwortlich machen kann, nicht nur für das Ausbrüten von Feuerstein-Splittern aus Feuerstein-Eiern durch gewaltsames Spalten und Abschlagen, sondern auch für den Nachschub und die Fortpflanzung der Tierarten, welche mit dem Fortschritt der menschlichen Feuersteinwaffen-Industrie als Folge ihrer Ausbeutung laufend weniger wurden. Die Männer interessierten sich natürlich auch für Arten von Tieren, die dazu geeignet erschienen, näher bei den menschlichen Behausungen zu bleiben.

Die theologische Perspektive, die von Priestern am Göbekli Tepe gepflegt wurde, blieb in ihrer Orientierung sehr wahrscheinlich weiterhin totemisch. Während diese Menschen in ihren Gedanken weitermachten, alles zu jagen und geistig einzufangen, verflachten und versteinerten sie ihre Jagd-Totems körperlich als Flach-Skulpturen in Stein. Auf diese Weise entdeckten die Bildhauerpriester ihre neuen menschlichen Fähigkeiten. Ihre Werkzeuge und ihre Utensilien, Lendenschürze und Stolen, alle diese hochgeladenen symbolischen Dinge erhöhten das Selbstbewusstsein in Bezug auf Berufungen und Rang. Während totemische Götter aus einer älteren Generation durch künstlerische Manipulation zuweilen in Stein verflacht wurden, begannen andere und größere Gottheiten diese allmählich zu übertreffen. Die Letzteren wurden benötigt und gesucht, um frische menschliche Ansprüche und Lebensweisen zu rechtfertigen. Während die Bergarbeiter ihre Erd- und Bergmutter materiell ausbeuteten und so gut sie konnten, auch umsorgten, orientierten sie ihre Arbeitsgewohnheiten im Kalksteinbruch weiterhin in die Richtung von erneutem Theologisieren. Ihre Tätigkeit an diesem Punkt in ihrer Entwicklungsgeschichte, forderte sie geistig heraus, teils noch unbewusst, auf eine geistige Begegnung mit abstrakten Gedanken in Richtung einer „Mutter Natur", zum Nachsinnen über diese für noch ferne Zeiten, wenn ihre Nachkommen schreiben lernen würden um ihre eigenen Worte besser zu verstehen.

Abb. 31: Felszeichnung einer Kuh, in der Nähe eines natürlichen Auslaufs, der einer Rinder Vagina ähnlich scheint. Foto mit freundlicher Genehmigung des DAI.

Aus einer etwas späteren Periode vielleicht, findet man an einem nahe gelegenen Felsen eine kleine Gravur von etwas, das eine Kuh oder Kalb zu repräsentieren scheint. Dieses Bild wurde neben einem natürlichen Auslauf, welcher der Vagina eines Rindes ähneln mag, gefunden (Abbildung 31). Der elliptische Bogen über der Tierfigur mag den Auslauf im Felsen nebenan nachzeichnen. Das Ganze mag auch einen Geburtsvorgang darstellen. Ovale Mulden wurden aus der Kalksteinoberfläche ausgeschabt, einige oval und andere rund. Diese Ausschabungen deuten darauf hin, dass die gleiche Kalkstein-Staubmedizin, die an anderen Stellen, wie in Abbildung 30, wohl zur Behandlung von männlichen und weiblichen Menschen ausgeschabt wurde, von hier an auch dem Wohl der Tiere diente. Eine solche Improvisation weist auf eine einheitliche Theorie des Lebens hin. Sie vermittelt tragfähige Voraussetzungen, die zur Ausführung einer einfachen Domestikation vonnöten waren.

Kannte diese Erdmutter einen himmlischen Vater? Genauso wie wir heute unsere Denkarbeiten ausführen, so mussten auch die Bildhauer-Priester am Göbekli Tepe beim Hinschauen ihre Gemeinsamkeiten und Gegensätze konzipieren. Es war nicht möglich, alles was lebt oder stirbt, im Hinblick auf die felsige Mutter Erde hin allein zu erklären. Die männliche Branche für die Herstellung von Waffen, und die Aufwartung eines männlichen Kultus für die Erschaffung des Lebens im Allgemeinen konnten nie mit mütterlichen Gefühlen allein betrieben werden. So widersprüchlich als es auch scheinen mag, angesichts ihrer Bedürfnisse zur Sühne der Mutter gegenüber, so fanden doch suchende Göbekli-Tepe-Priester neue Wege die sie zu frischen religiösen Entdeckungen führten. Schließlich fanden und anerkannten sie in einem nicht zu großen Zeitabstand den Himmelsvater. Der grundlegende Anspruch des Gewissens, mit welchem ein göttlicher Vater sie anfangs angesprochen haben mag, war wohl: „Mit wessen Autorität seid ihr, Jäger und Bergleute, berechtigt, eure Mutter Erde so zu misshandeln, wie ihr das handwerklich tut?"

Göbekli Tepe, Widerhall in der Theogonie des Hesiod: Etwa siebentausend Jahre später schrieb der griechische Dichter Hesiod über dasselbe Problem. Oberflächlich erscheint es, als ob der Hesiod alle Hindernisse und jeden abstrakten Phallus, der nicht aus dem Wege ging, im Nachhinein zu tadeln versuchte. Aber er beschuldigte nicht die Kalksteinbildhauer, die ihre Erdmutter mit Menhiren stopften, sondern den lebendigen Himmelsvater selbst, der auf irgendeine Weise seine eigenen Kinder nicht ans Licht emporlassen wollte. Darüber hinaus hat der Hesiod auch den Titanen Kronos als Träger einer Feuerstein „Sichel" (also als einen frühen Landwirt) belastet. Dieser soll dann am Ende den Himmelsgott kastriert haben, als ob Domestizierer und der Himmelsvater zusammen schuld an dem Vorhandensein aller „abgetrennten" obstruktiven Kalkstein Utensilien waren:

Von all den Kindern, die vom Himmel gezeugt und von der Erde geboren wurden, waren die Titanen die schrecklichsten, und der Himmelsvater hasste sie von Anfang an. Er versteckte sie an geheimen Orten der Erde, so schnell wie jedes von ihnen geboren wurde. Er ließ sie nicht ans Tageslicht kommen. Die weite Erde stöhnte vor Schmerz. Daraufhin schuf sie den grauen Feuerstein und machte daraus eine Sichel und erzählte ihren Plan den Söhnen, den Titanen: „Meine Kinder, gezeugt von einem schrecklichen Vater! Wenn ihr mir gehorcht, dann werden wir die Untaten eures Vaters ahnden. Er war derjenige, der zuerst daran dachte, schreckliche Dinge zu tun.

Kronos, der listige Trickser, antwortete und erklärte sich bereit, den Plot seiner Mutter auszuführen: Rache am Himmelsvater zu üben. Dann versteckte ihn die Erdmutter im Hinterhalt. In seine Hand legte sie die gezackte Sichel und unterwies ihn in ihrem Komplott. Daraufhin näherte sich der Himmel, die Nacht mit sich bringend, in Sehnsucht und nach Liebe suchend. Er lag über der Erde und breitete sich voll auf ihr aus. Dann aber griff der Sohn aus seinem Hinterhalt zu mit seiner linken Hand, und mit seiner rechten erfasste er die große lange Sichel mit den gezackten Zähnen, und schnell sägte er die Genitalien seines eigenen Vaters ab. Er warf sie hinter sich über seine Schulter."[6]

Offenbar erreichte aus der Göbekli-Tepe-Mythologie sieben Jahrtausende später den Dichter Hesiod nur noch ein dumpfes Grollen. Seine Erzählung hat alle Bergleute und Feuersteinwaffenhersteller als unschuldig erklärt. Der Dichter versuchte dann allein die Mutter Erde selbst sowie sichel-schwingende Landwirte, für den Rache-Akt gegen den Himmelsvater verantwortlich zu machen. Tatsächlich erzeugte die Göbekli-Tepe-Religion neue Fragen und Rätsel von denen die Göbekli-Tepe-Bergmannspriester und die Bildhauer von Menhiren noch nichts ahnten. Jedoch aus späterer Geschichtsschreibung wissen wir, dass die Domestizierer für die virile Erdmutter letztendlich einen virilen Himmelsvater begrüßten, ein Götterpaar, das sich gemeinsam schöpferischer verhielt, als dasjenige, das sich der viel spätere Hesiod noch vorstellen konnte.

Implizit und ohne alle Möglichkeiten die Symbolik ihrer eigenen zeremoniellen Utensilien voll verstehen zu können, bereiteten sich die Mitglieder im Göbekli-Tepe-Kultus auf eine spätere Anerkennung des Himmelsvaters vor und damit auch auf eine spätere Versöhnung mit ihm. Von hoch über seinen sich auftürmenden Wolken ließ dieser Gott seine feurigen Blitze wie Feuerpfeile und Speere gegen die Erde zucken. Laut ließ er die Felsblöcke seiner Donner von den Wolkenhügeln rollen. Nachdem nun die priesterlichen Bildhauer ihre Symbolisierung der Zeugungskraft des Himmelsvaters in Form von

---

[6] Hesiod, "Theogony", in *Hesiod, the Homeric Hymns and Homerica,* trans. H. G. Evelyn-White (Cambridge, Mass., USA, 1977), Seiten 87-93. Die englische Übersetzung des Hesiod Texts sowie die deutsche Übersetzung wurden vom Autor leicht stilisiert.

von inerten Kalkstein-Menhiren gemeistert hatten, konnten sie am Göbekli Tepe nicht auf immer die Dynamik dieser lebensspendenden Dimension ignorieren, die sich auch damals zum Teil noch außerhalb ihrer Reichweite befand. Doch das Gegensätzliche zu ihren inerten Menhiren, ein lebendiger Himmelsvater, dämmerte ihnen schließlich doch. Dieser offenbarte sich den Domestizierenden gegenüber öfters als ein zeugungskräftiger Stier. Den orthodoxen Jägern gegenüber glich er allerdings wohl anfangs noch einem gefährlichen totemischen Raubtier. Schließlich dann, über Jahrtausende hin, entwuchsen die vorwärts schreitenden Männer der älteren Denkweise ihrer pubertären Phallus-Bildhauerei.

Nicht nur um des Friedens der großen Mutter wegen, auch um der Würde des Himmelsvaters wegen mussten am Ende die Imitations-Utensilien aus Kalkstein außer Sicht geräumt werden. Von diesem Gott aus der Höhe konnte man, in Übereinstimmung mit seiner eigenen und der Erdmutter Art erwarten, dass er sich leibhaftig seiner Erdengattin nähern wird. Er würde sich allerdings nicht in der Form von den mit Menschenhand gestalteten Kalkstein-Nachahmungen nähern wollen, nicht mit Repliken die aus Stein gehauen oder von Lehrlingen verunstaltet worden waren. Natürlicherweise durchschaute diese Himmelsgottheit derartige Fälschungen welche vormals in seine Erdenfrau gesteckt oder gekippt worden waren, er, der Jahrtausende später noch stolz auf selbstgezeugte Söhne sein wollte. Aus der Perspektive dieses lebendigen Himmelsgottes erschienen die kantigen T-Phallusse wohl wie weggeworfener Müll.

Die bilderhauenden Priester am Göbekli Tepe arbeiteten einer Zukunft entgegen in welcher viele Menschen wahre Freunde der Tiere werden wollten. Die Tierbilder, welche mit Hilfe von Menschenhänden und Werkzeugen aus der Materie der großen Mutter herausgequält wurden, erlebten die Bildhauer ähnlich wie das Zeugen und die Geburten ihrer eigenen Nachkommen sowie auch das Erschaffen persönlichen Eigentums. Sie kümmerten sich dabei jetzt weniger um den Nachwuchs ihrer totemischen Räubergottheiten welche sie, dank ihrer Bildhauerkunst in Stein abzubauen und zu verflachen lernten.

Zunehmend kümmerten sie sich um ihr Verhältnis zu den Beutetieren, welche sie zum Überleben benötigten und deshalb auch zu schätzen und zu schützen lernen mussten. Vor jener Zeit wussten sie wohl wie man jagt, tötet und zerschneidet. Dann aber erlebten sie, dass ihre Bildhauerei sich auch als Akte einer frommen Kreativität oder als Verliebtheit mit einer Nachkommenschaft erleben ließe. Es fragt sich heute, wieviel wohl seit damals von frischem menschlichen Einfühlungs- oder Bewunderungsvermögen bei solchem künstlerischen Schaffen erweckt worden ist.

Nachdem die Steinmetzen einige Tiere in Stein gehauen hatten, begannen sie als Handwerker ihre ihnen entsprechenden lebenden Repliken als eventuelle für die Domestikation adoptierte Stiefkinder zu sehen. Nachdem sie sich zwei Jahrtausende lang ihre Finger an Feuerstein und Kalkstein blutig geschlagen haben, als Jäger, Waffenmacher und Bergleute, fühlte sich die Haut der Tiere welche in ihren Gehegen geboren wurden viel weicher an als ihre handwerklichen Erzeugnisse aus Stein.

Allerdings, ihren früheren totemischen Sponsoren gegenüber mussten sie sich gegensätzlich ein abwehrendes Verhältnis erarbeiten. Als die Menschen sich entschieden, Beutetiere für die Domestikation zu adoptieren, verpflichteten sie sich auch dazu, ihre Raubtier-Totems, welche sich feindlich den adoptierenden Eigentümern gegenüber anstellten, zu vertreiben. Totemische Gottheiten wurden dabei zu Dieben und Dämonen abgewertet. Elterliche Liebe und Einfühlung lassen sich nicht leicht auf gezähmte Tiere und auf wilde Raubtiere gleichzeitig verteilen.

Erschaffung und Bildhauerei der Eigentümer: Der göttliche Herr der Übergangszeit, als Eigentümer von Beutetieren schien manchen Menschen zuerst ein Eigentümer von gehauenen Figuren zu sein, etwa so wie der Schwarze-Gott (Rabe) der Diné (Navajo) Indianer einstens die Macht hatte, Tiere zu halten und zu hüten, weil er im Innern seiner Behausung auch eine ganze Reihe von Edelsteinfiguren als Prototypen sowie als Eigentumsurkunden seiner lebenden Tiere aufgestellt hatte.[7] Genauso können wir vermuten, dass Priester, die am Göbekli Tepe die Bilder von Lebewesen dreidimensional in Stein

[7]Siehe Karl W. Luckert, *The Navajo Hunter Tradition,* 1975, Seite 125 und folgende.

meißelten, sich damit auch elterliches Eigentumsrecht über solche Kreaturen sicherten. Solange ihre behauenen Figuren der Vermehrung von Weidetieren dienten, wurden die Bildhauer dabei auch deren Eigentümer. Zudem wurde ihre priesterliche Macht vergrößert, weil sie totemische, später auch noch dämonisierte, Raubtiergottheiten zu steinerner Trägheit ins Gestein hinein verbannen und einsperren konnten.

Ein solcher Gedankengang im Bezug auf die Macht des Bildermachens, erklärt ebenso die überwiegende Abwesenheit von künstlerisch gleichwertigen menschlichen Relief-Figuren im Göbekli-Tepe-Repertoire. Weiter erklärt dies die Feindseligkeiten gegen einige der individualistischen anthropomorphisierten Totempfähle. Wer sein eigenes persönliches Bildnis hilflos in Stein aufstellte, der verbannte sich in den Stein hinein und präsentierte sich selber als gefangen und angreifbar. Die frühesten Bilder, die von Menschenhand geschaffen wurden, sind als wesenhafte Anteilnahme an den dergestalt abgebildeten Lebewesen verstanden worden.

Lebewesen welche durch materielle Nachbildung erschaffen und gefangen genommen werden konnten, die konnten auch gesteuert, besessen oder umgebracht werden. Diese Denkweise konnte später leicht für Eigentumsansprüche in der Domestizierung verwendet werden. Sie konnte auch beim Schlachten von Tieren für Eigentumsrechte bürgen und für Rechtfertigung sorgen, ähnlich wie es heute noch im Umgang mit Urkunden, Geld, Quittungen und Lieferscheinen geschieht. Weiterhin erklärt diese Denkweise auch alte Gesetze welche das Erschaffen von Bildnissen verbieten, welche in manchen Religionen heute noch Gültigkeit haben. Es sind Verbote die einstens eine Verfälschung des "Gottesgedankens" verhindern sollten sowie auch solche materielle Fälschungen aus der Welt schaffen sollten welche als Ersatz oder Zahlungsmittel im Kauf von Menschen oder von Gottheiten verwendet werden konnten.

„Du sollst Dir nicht machen irgendwelche Abbilder von Menschen oder von Göttern!“ Das war eigentlich eine andere Kommunikationsweise, um zu sagen, „Du sollst nicht versuchen solche Wesen anhand von Fälschungen in deine Gewalt zu bekommen.“ Das Bilderverbot war, somit schon ein erstes Tabu gegen den Menschenhandel und gegen die Käuflichkeit von göttlicher Authorität.

Das Mysterium wird zugedeckt

Wenn alle Ausgrabungen am Göbekli Tepe
abgeschlossen sein werden, dann wird noch eine letzte
Frage zu beantworten sein: Warum wurden am Ende
die Heiligtümer und alle Inhalte mit
Abbau-Müll und Steinbruch-Schutt zugedeckt?
Zum Ersten bedeutet das Zudecken,
dass der Feuerstein-Abbau noch einige Zeit
den auf Menhire fokussierten Kultus überdauerte.
Es zeigt auch, dass tiefere Stellen aufgefüllt
werden mussten, um das Wachstum des Bauchs
der Erdmutter zur natürlichen Reife zu bringen.
Auch sollte der Unterleib der Mutter nach ihrer
Empfängnis wieder zugedeckt werden, das schien
das Richtige zu sein. Das Grundanliegen der
Buße im Kultus für die Gewalttaten der Jäger,
sowie die menschliche Unterstützung für
neues Leben, auch das blieb noch ein
Anliegen von späteren Bergleuten.

9

Das Mysterium wird zugedeckt

Als der Göbekli Tepe Kultus seinen Höhepunkt erreichte, mussten verschiedene Familien oder vielleicht ganze Klans die Gegend verlassen, um den Beutetieren nordwärts durch die Berge zu folgen. Verlassene Tempelanlagen, die von bestimmten Gruppen von Menschen auf bestimmte Arten von Totemgötter ausgerichtet waren, wurden leicht zum Dorn im Auge für andere Leute, die ihre eigene totemische Klan-Orientierung fördern wollten. Diejenigen, die wegzogen, hatten wohl das Bedürfnis, ihre intimen Logen allen möglichen zukünftigen feindlichen Zugriffen zu entziehen und zu ihrer eigenen Sicherheit das Ursprungs-Heiligtum ihrer eigenen Lebenskräfte lieber in der Obhut der Erdmutter verborgen ruhen zu lassen. Haben wohl die Löwenmänner, die ihren Tempel auf den Kopf des südöstlichen Hügels bauten, alle anderen überdauert? Haben sie den gesamten Kultus nach Westen hin orientiert, um damit einfach die Anlagen der südlichen Gabelung auszulöschen und zu begraben? Antworten auf solche Fragen lösen immer noch nicht den Rest des Rätsels. Wenn die Löwen sich auf diese Weise entschieden hätten, wer hätte dann am Ende die westlichen Anlagen begraben sollen? Wir müssen breitere Begründungen suchen.

Diejenigen, die den Feuerstein Bergbau am Göbekli Tepe weiter betrieben, mussten ebenso die Wichtigkeit von all dem, was sie dort unternahmen, rechtfertigen. Die Querelen, die zwischen aristokratischen und nachrangigen Jägern entstanden und im Konkurrenzkampf und in totemischer Zugehörigkeit sich äußerten, verurteilten jegliche individualistische Kulteinrichtung zu einer im Voraus verdammten Affäre. Im Laufe von zwei Jahrtausenden wechselten die Managements am heiligen Berg wohl viele Male. Bis zu welchem

Grad konnten dabei Generationen von jüngeren Männern in die religiös-sublimierte Sexualität früherer Generationen sich emotional einfühlen? Jede Generation wurde von ihren eigenen Problemen überfordert und in ihre Gezeiten verwickelt. Göbekli Tepe samt dessen Tempel Anlagen und Menhiren, war der Ort wo man sich auf die Erschaffung von Leben fokussieren wollte. Das Thema "Tod", wenn es nicht als völlig besiegt gedacht werden konnte, wurde in diesem Kult wenigstens vom wichtigsten Bereich des Lebens ausgeklammert. Eine derartige optimistische Orientierung dürfte dann, solange Menschen sich gemeinschaftlich dafür begeisterten, das Wachstum des Bauches der Bergmutter weiterhin gefördert haben. Diejenigen welche die Gegend verließen, hofften, dass neues Leben aus ihrer Mutter weiterhin für sie sprießen und sie befähigen würde, wo immer sie auch hinwanderten.

Für alles auf der Erde gibt es Zeiten und Gezeiten. Am Göbekli Tepe gab es eine Zeit fürs Bloßlegen und dann, aus einem ähnlich guten Grunde, gab es eine Zeit zu welcher die Mutter Erde wieder abgedeckt werden sollte. Also, was wäre da leichter gewesen, als die Korbladungen von Abraum und Übrigbleibsel dort hineinzuschütten, wo man das Wachstum des Bauches sowieso, hinter den heiligen Tiefen des Mutterleibes, größer wachsen sehen wollte.

Das bedeutet nicht, dass die Überzeugungen der megalithischen Jäger und ihre ganze Religion damit begraben und vergessen wurden. Die meiste Zeit über, wenn Bergleute und Waffenhersteller zum Göbekli Tepe kamen, um Feuerstein zu bearbeiten, haben sich restliche Kulte dort am Hügel eingenistet, entlang der Schichtung welche Archäologen als „Schicht Zwei“ bezeichnen. An einem gewissen Punkt in ihrer Entwicklung haben aber die heiligen Logen aufgehört, als Kultzentren zu funktionieren, während der Hügel materiell weiter wuchs, wie es eben von der Erdmutter im schwangeren Zustand zu erwarten war. Zu einer Zeit, da die alten Hohlräume auf diesem Hügel dann ausgefüllt waren, wurden in der Umgebung bereits schon zahme Tiere in den Gehegen von Pionier-Tierhaltern geboren. Eine Umwertung der alten Werte, in kulturellen sowie religiösen Angelegenheiten, war indessen schon im Gange. Solange der Kultus noch auf seinem vorigen Höhepunkt funktionierte, wurde das Auffüllmaterial auf eine lange Zeit als wichtiger eingeschätzt, als es die Kalkstein-Utensilien einmal waren. Und warum sollte das nicht so sein? Die Schwangerschaft fürs neue Leben war im Gange, und der Bauch der Mutter war schon immer zur Erweiterung bestimmt. Die ganze menschliche Kultur, Steinbrüche, Bildhauerei und die gefeierten Feste im Laufe der vollen zwei Jahrtausende wurden ja sowieso in der Hoffnung veranstaltet, die Erdmutter wachsen zu sehen.

Eine vollständige Zerstörung der älteren Heiligtümer war nicht nötig. Es war sicherer sie zu begraben als zu zerstören. Die Menhire selber repräsentierten keine archaischen Gottheiten, die irgendwie aus dem Wege geschafft werden mussten, um neueren Göttern Platz zu machen. Vielmehr waren es „symbolisch-organische" Utensilien, die einfach zu alt geworden waren, um noch in ihrer früheren Weise brauchbar zu bleiben. Im Laufe von zweitausend Jahren war die große Bergmutter wiederholt geschwängert worden, gefeiert mit gewaltigen Ego-Schwellungen von Seiten der Männer, welche symbolisch-rituelle Methoden für die Besamung der Großen Mutter ersonnen und veranstaltet hatten. Die männlichen *Homines sapientes*, als handwerkerliche Raubtiere, haben am Göbekli Tepe versucht, sich neu zu erfinden. Jetzt sind aus den künstlichen Jägern neue Propagatoren und Multiplikatoren von lebenden Wesen geworden. Während sie sich die Befruchtungsrituale der Erdmutter ausdachten, welche sich auf große Feste und Höhepunkte hin steigern ließen, blieb doch weiterhin das eigentliche Zunehmen der Fauna von ihrer Waffengewalt bedroht und ein problematisch aussichtsloses Geschehen. Dementsprechend konnte dann auch nur langsam, so nach und nach, die eindrucksvolle Kalksteinkunst der Bergleute vernachlässigt werden.

Das Wachstum und die Entwicklung der Göbekli-Tepe-Heiligtümer war wahrscheinlich ein allmählicher Vorgang. Gleicherweise scheint auch das Begräbnis der Kultgegenstände recht langsam geschehen zu sein. Soviel kann aus den zahlreichen schalenförmigen Vertiefungen, die aus den Oberflächen der Menhire ausgeschabt wurden, selbst heute noch ersehen werden. Während die Logen aufgefüllt wurden, durften die Hoden der Menhire noch für eine beträchtliche Zeitspanne über den Füllschutt hervorragen. Auch wenn die Logen nicht mehr in Betrieb waren, so wurde doch weiterhin Kalkstaub aus Vertiefungen der Menhir Oberflächen herausgeschabt, offenbar zur Verwendung als ein wichtiges Farbpigment, vermutlich als eine Fruchtbarkeitsmedizin, die allgemein das Leben förderte. Und obwohl die Heiligtümer angefüllt wurden, so blieb doch das Vertrauen der Menschen auf die lebenschaffende Wirksamkeit der Menhirsubstanzen bestehen. Auch blieb der Glaube der Domestizierenden weiterhin auf die weitere Essenz des Kalksteins, das heißt auf die mütterlichen Eierstöcke ausgerichtet. Zusätzlich zum Dung, den die Tiere abgaben, dürfte sich wohl im Laufe der Zeit auch der Kalk, als ein wichtiges Zusatz Düngemittel für den Gartenbau bewiesen haben. Der Kalk ist das ja heute noch.

Abb. 32: Menhire, mit Vertiefungen in ihre Oberfläche geschabt. Anlage B in Klaus Schmidt, 2010. Foto von Irmgard Wagner, mit freundlicher Genehmigung des DAI.

Ein ähnlicher Gebrauch von pulverisiertem Kalkstein, aus Menhiren herausgeschabt, wurde in westlich keltischen Gebieten bis ins zwanzigste Jahrhundert dokumentiert. Pulverisierter Kalkstein, in Wasser suspendiert, wurde zur Förderung von Konzeption und Fruchtbarkeit eingenommen. Vom ganzen Profil der Menhir-Idee welche am Gebökli Tepe zu ersehen ist, erscheint, dass ausgeschabter

Kalkstaub aus den alten Menhiren dort für ähnliche Zwecke benutzt wurde.[8] Wenn meine allgemeine Interpretation von der Göbekli-Tepe-Archäologie einigermaßen stimmt, dann wird dieser archaische Kultplatz im Osten sich im Laufe der Zeit wohl auch als Ursprungsort für derivative keltische Gebräuche und Überzeugungen enthüllen.

Ein Ausgleich der Geschlechter: Während der Kult der Menhire am Göbekli Tepe am abklingen war, wurden die heiligen Logen am Berg absichtlich mit Schutt angefüllt. Der ganze Unterleib der Berg- oder Erdmutter wurde dabei zugedeckt und angehäuft, und dabei geschah etwas Merkwürdiges. Während die große Mutter nun sichtlich mehr Ruhe für sich beanspruchte, kam es auch unter den Menschen zu einem Ausgleich, sogar auch zwischen den Geschlechtern.

Das kam auf eine interessante Weise zustande. Es wurde in Stein graviert und ist der menschlichen Nachwelt erkennbar geblieben. In den angefüllten Anlagen war es einigen noch stehenden gigantischen Menhiren eine Zeit lang erlaubt, aus dem Schutt hervorzuragen. Die Menschen konnten die Hoden Oberflächen der Menhire mit ihren Händen erreichen, und aus diesen schabten sie sich schalenförmige Vertiefungen. Aus dem Kalkstein kratzten sie sich den kristallinischen Staub, der ihnen als Medizin diente. Es war die reine Essenz aus den erdmütterlichen Eierstöcken und aus den von Männern gehauenen väterlichen Hoden. Nach der allgemeinen Auffassung diente beides, fortan gleichwertig, zur Förderung alles Lebens (Abbildung 32).

Aber dann, siehe! Aus der ganz-weiblichen Kalksteinoberfläche des „Stall und Hof"-Altars (Abbildung 30) sind dessen Rand entlang ähnliche Vertiefungen ausgeschabt worden. Das zeigt auf die Erkenntnis hin, dass lebensfördernde Essenzen am Göbekli Tepe, nebst den männlichen Menhiren, ebenso auch in weiblichen Kalkstein-Symbolen erkannt worden sind. Weil ein einziger priesterlicher Bildhauer es gewagt hat, sein Mini-Heiligtum ohne männliche Menhire zu betreiben, konnte im menschlichen Denken an diesem Altar der

---

[8]Für weitere wichtige Daten siehe Mircea Eliade. *Patterns in Comparative Religion.* New York und Scarborough, 1958, Seiten 216-238.

Begriff von weiblicher Selbstständigkeit und von einer beschränkten Unabhängigkeit aufdämmern. Dieser weibliche Altar demonstrierte konkrete Möglichkeiten von mythologischem Ausmaß, gesteigert bis hin zu der wundersamen göttlichen Konzeption und einer jungfräulichen Geburt—für ein noch ferne liegendes Zeitalter, in der Zukunft.

Kalkstein-Menhire waren auf jeden Fall Substanzen, die ursprünglich aus den „Kalkstein Eierstöcken" der Bergfrau extrahiert worden sind. Über das Steinbruchplateau hin fand ich eine ganze Anzahl von schalenförmigen Vertiefungen, die einst aus den rohen Kalksteinoberflächen geschabt worden sind, welche ganz offensichtlich auf die Eierstöcke der Mutter hinweisen, woraus jene männlichen Menhire jedenfalls künstlich und „chirurgisch" gehoben wurden. Die Gegenwart von schalenförmigen Vertiefungen auf kantigen Menhir-Hoden sowie am Altar der Mutter selber (Abbildung 30) bedeutet daher, dass der Göbekli-Tepe-Kultus fähig war zusätzliche Kraft, Heiligkeit sowie Struktur, direkt aus den noch unbehauenen Kalkstein-Eierstöcken der Bergmutter zu holen.

In der Entwicklungsgeschichte einer menschlichen Kultur ist allerdings bis heute noch kein dauerhaftes Gleichgewicht gelungen; auch noch nicht in einer etablierten Religion—und selbst noch viel weniger aus irgendeiner aristokratisch orthodox-totemischen Räubergesellschaft heraus. Doch trotz wiederholten Versagens ist es dennoch fair zu bemerken, wie viel schlimmer die Beziehungen zwischen den Geschlechtern hätten ausfallen können, ohne diese wunderlichen Kalkstein-Fantasien, die sich unsere Vorfahren am Göbekli Tepe vor zwölf Jahrtausenden aus den Eierstöcken der Erdmutter gekratzt haben.

Prädispositionen: Je mehr von den rundlichen Tempel Anlagen am Göbekli Tepe bis auf Knie-Ebene ausgegraben werden, desto häufiger erscheinen Bänke, die innen sich den Umfassungsmauern entlang anlehnen. Diese Bänke zeigen die etwaigen Größen der Gruppen an, die dort zusammenkamen und sitzen konnten. Ich war angenehm überrascht und daraufhin fast schockiert, wie vertraut bekannt einige dieser Einrichtungen mir erschienen. Ich habe Räume wie diese schon früher gesehen und bin in ihnen gesessen. Ich habe Anasazi Orte im Großraum des amerikanischen Südwestens besucht und Hopi Indianer Dörfer, die noch heute von Menschen bewohnt sind. Sogar in Mexiko (zum Beispiel in Malinalco) habe ich solche Logen aus der Zeit der Azteken gesehen. Ich war ein Gast auf Hopi Dorfplätzen bei zahlreichen und verschiedenerlei traditionellen Tanzaufführungen. Im Shungopovi saß ich in einem Kiva und sah Gruppen von maskierten Katsinas, Besucher aus anderen Kivas, durch eine Öffnung im Dach und über eine Leiter zu uns herniedersteigen. Ich habe sie tanzen gesehen, nur eine Handbreite vor meinen Knien entfernt. Alle diese Erinnerungen haben eine spannende historische Erkenntnis erzeugt, welche, obwohl diese Leute vom Göbekli Tepe zwölf Jahrtausende enfernt sind und auf der gegenüberliegenden Seite des Planeten wohnen. Die mesoamerikanischen und die Anasazi-Pueblo-Kulturen leben noch heute tief in ähnlichen Momenten ihrer Entwicklung. Die Zeremonien werden noch alle von Männern durchgeführt, die, obwohl sie inzwischen sesshaft geworden sind, doch noch mit Sehnsucht in ihren schwindenden Kulturen und Religionen als Steinzeitjäger und Sammler stecken.

Die Menhir-Idee ist weit in Amerika gewandert, ja sogar in die entgegengesetzte Richtung über Europa. Ich habe beim Farmhaus einer walisischen Linie in Süd Dakota eine Menhire aufgestellt gefunden. Meilenweit waren dort keine anderen Steine zu sehen. Als ich mich nach dem Zweck dieses Steines erkundigte, wurde mir gesagt, dass hier zwei Generationen von Ehen geschlossen wurden, nach einem methodistisch-christlichen Ritus.

Solche Zufälle fordern, dass wir damit beginnen, die Vorgänge der Entwicklung und Verbreitungen über weite Fernen hinauszudenken. Bis zu diesem Punkt in meiner Arbeit als Historiker der Religionen habe ich mehrere amerikanische Traditionen der Eingeborenen untersucht, vor allem Religionen im Weiteren Südwesten von Nordamerika und in Mexiko. Es war nie sehr wichtig, für mich zu fragen ob und wie menschliche Gewohnheiten sich über die Weiten von Asien nach Amerika verbreitet haben könnten. Es war genug zu sehen, wie menschliche Aktivitäten in wahrscheinlichen Zusammenhängen mit ihren lokalen, geografischen oder kulturellen Verhältnissen standen. Derartige beschränkte Beziehungen konnten leicht genug beobachtet und erfasst werden. Aber jetzt hat die Entdeckung von Göbekli Tepe natürlich einige Turbulenzen in das Denken des Autors eingewirbelt. Die Olmeken hatten rund sieben Jahrtausende Zeit um Impulse aus Anatolien zu erhalten; die Anasazi und Pueblo-Indianer hatten acht. Aber was ist da genau passiert? Wann, wo und wie? Solche Fragen fordern uns heraus, unseren Horizont zu vergrößern. Aber solche Fragen bedrohen dann auch unser absichtlich klein gehaltenes Buch mit Fettleibigkeit.

Die Religion jener Männer am Göbekli Tepe war kein ausschweifender „Fruchtbarkeitskult", wie dieser Begriff manchmal abwertend in westlichen Studien auftaucht und im Bezug auf fremde Kulte angewendet wird. Die Lasten, die diese Männer trugen, waren von einer Sammler-Jäger-Waffenmacher-Kultur ererbt worden. Die Strategie ihrer Kultur war gewaltsames Überleben und technischer Fortschritt. Ihre Gewalttätigkeit wurde über Millionen von Jahren entwickelt und verstärkt. Unsere Species hat sich in gewalttätige *Homines sapientes* verwandelt und ist uns selber zu einem sich ständig wandelnden Rätsel geworden. Objektivität und Perspektive über die weiten evolutionären Vorgänge fehlen weithin in unserem Selbstbewusstsein. Auf gegenwärtige Krisen blickend, im Bezug auf unser Leben und Sterben, und auf unsere Waffenmacht, ist im allgemeinen die menschliche Intelligenz nicht nur planlos sondern auch ziemlich ahnungslos.

Heute noch eilt der *Homo faber* (der Mensch als Macher) seiner eigenen geistigen Evolution voraus. Er überholt den *Homo sapiens* (den Menschen als Denker). Der Mensch als Macher kann sich jetzt in die Erschaffung des Lebens mit vielen neuen Tricks einmischen, mit Eingriffen, die auf längere Sicht hin sich sehr wahrscheinlich nicht als zuverlässig oder sinnvoll erweisen werden. Der Mensch als Denker versteht weder das Wesen noch die Substanz seiner benannten Dinge und selbst nicht der Dinge die seinem eigenen Dasein zugrunde liegen. Auch kennt der Mensch nicht die Dinge, über welche es sich tatsächlich lohnen könnte nachzudenken—oder woran das Denken sich wenigstens nicht zerstörender auswirkt als die bloße Leidenschaft zur Analyse mit ihrer vollen Anwendung von künstlichen Zähnen oder Seziermesser.

Wenn das Licht der Vernunft unseren Vorfahren aufdämmerte, fanden sie sich gerade dabei, Raubtiere nachzuahmen. Diese mächtige Wesen zeigten sich ihnen gegenüber als besser geeignete Jäger, als bessere denn die Menschen als Neulinge es damals noch waren. Doch als überlegene Imitatoren, als die vortrefflichsten Affen und Nachahmer auf unserem Planeten versuchten unsere Vorfahren den erfolgreichsten Raubtieren nachzueifern. Es ging ihnen darum, zu deren überlegenen Arten gehören zu dürfen. Sie akzeptierten jene Mächtigen als totemische Vorbilder, als ihre göttlichen Tutoren und sogar als ihre ehrenamtlichen Vorfahren. Im Laufe von Millionen von Jahren, imitierend und konkurrierend zugleich, ersannen diese Vorfahren, wie man zum effektivsten Raubtier und Quälgeist auf einem blauen Planeten werden konnte.

Phallische Großwerkzeuge und Symbole des Lebens, welche die Männerverbände am Göbekli Tepe mit ihrem Reue- und Sühnekult zu würdigen wussten, sind aber dennoch durch ihr eigenes Streben nach Waffengewalt vorab diffamiert worden. Als Ergebnis sind deshalb einige Überreste ihrer alten Symbolik, welche sich einst aufs „echte Leben" bezogen haben, inzwischen aus anständigem Diskurs ausgeschlossen worden. Und wiederum, inzwischen werden die blutigen Herrlichkeiten von Waffe und Tod durch moderne Kunst und Propaganda positiv bewertet—für erheblichen Gewinn bei den Unterhaltungsmedien, für Waffen- und andere Spielzeughersteller, samt deren Vermarktern. Heldenhaft den Tod zu verbreiten, ist heute an dem Punkt angelangt, wo, andererseits, die organischen „Werkzeuge" des Lebens öfters für den Verfall und den Tod verantwortlich gemacht werden. Natürlich gibt es rationelle wissenschaftliche Verknüpfungen für solche Folgerungen. Das Leben ist schließlich doch eine Hauptvoraussetzung für den Tod.

Militärisch-industrielle Komplexe: Bereits im zweiten Kapitel habe ich den militärisch-industriellen Komplex angesprochen. Tatsächlich scheint es, als ob die frühesten vorderasiatischen Königreiche und Imperien ihre Rüstungsarbeiter immer noch zu den Feuersteinhügeln in Ostanatolien geschickt haben, um Feuerstein für ihre Speer- und Pfeilspitzen zu besorgen. Diese Materialien wurden benötigt, um die frühesten Armeen, welche den nahöstlichen Zivilisationen ihre Strukturen aufpeitschten, aufzurüsten. Es ist möglich, dass extravagante religiöse Kulte der Waffenhersteller vor zwölftausend Jahren am Göbekli Tepe bereits schon die Saat von extravaganten militärischen Unternehmen gepflanzt haben, welche dann in den nachfolgenden Jahrtausenden gediehen und den Planeten überwuchert hat. Göbekli Tepe blieb nicht der letzte Ort auf Erden, wo Gewalt und religiöse Rechtfertigung gemeinsam kultiviert wurden, um sich zusammen dienlich zu rechtfertigen und gegenseitig anzustacheln. Hinzu kommt, dass es selbst ehrlich religiösen

Versuchen nicht immer gelingt, Ausgleich und Frieden zu schaffen, vor allem wenn Ausgleichsversuche von Menschen unternommen werden, die im Herzen noch die alten Nachahmer, Räuber, Krieger und Jäger geblieben sind. Buße stolpert oft schon an der ersten Stufe, an der im Voraus verheißen geglaubten Rechtfertigung.

Vor zehntausend Jahren wussten die Männer am Göbekli Tepe noch nicht, was Uran ist. Dennoch, während ich den „Fortschritt" in der Entwicklung der ältesten Waffenindustrie betrachte, fühle ich mich motiviert, eine weitere Prädisposition, welche aus einer neueren Übergangszeit stammt, hinzuzufügen. Alte religiöse Probleme, betreffs Rechtfertigung und Sühne, schwingen auch in unseren Tagen noch mit.

Prädisposition: Gegen Ende des Jahres 1953 reiste ich durch den Staat Tennessee und machte ein Foto von der Oak-Ridge-Anlage, in der die Bomben für Hiroshima und Nagasaki hergestellt wurden; zumindest wurde mir das damals darüber gesagt. Ich erfuhr kurze Zeit später, dass in Oak Ridge damals immer noch der größte Prozentsatz von Menschen mit akademischen Doktorgraden wohnten sowie auch der höchste Prozentsatz von Bibel-lesenden Menschen mit solchen akademischen Graden. Es waren Menschen, die geneigt waren, ihre eigenen Rollen in der prophezeiten Armageddon-Tragödie ernst zu nehmen. Die Feuerstein-Waffenindustrie am Göbekli Tepe hat mich an jene Gerüchte über Oak Ridge vor zweiundsechzig Jahren erinnert. Waffen Branchen und Fan-Klubs (Nationale Rifle- oder Pfeil-und-Bogen Vereine) plus organisierte Religion, welche oft zur Rechtfertigung oder Verschönerung herbeigezogen wird, waren Tanzpartner anscheinend schon vor zwölftausend Jahren.

Messer, Leben und die Domestikation: Jäger kamen in die Göbekli-Tepe-Gegend, um Feuerstein zu graben. Wahrscheinlich trugen sie zusätzliche Feuersteinknollen auf den Hügel aus älteren und niedereren Schichten. Sie schlugen Splitter von den Feuersteinknollen ab und sie verfeinerten die dabei entstehenden Spitzen und Kanten, um deren Durchstoß- und Schneidekraft zu erhöhen. Jäger kamen zu diesen Ort, um Wildfleisch für Waffen einzutauschen. Die Feuersteinindustrie auf diesem Berg dürfte damals wohl, metaphorisch, als die „Schneidekante" der damaligen Jäger-und-Sammler Kultur gegolten haben. Diese Kultur blühte und wuchs und zitterte dann und starb, am Hang dieses Abraumhügels. Es war ein geheiligter Abfallhügel, welchen die Jäger, Bergleute und Waffenhersteller zwischen zwölf- und vielleicht neunundeinhalbtausend Jahren her sich dort anhäuften. Ihre Jäger-und-Sammler-Kultur verschied dort oben in ihren steinernen Tempel-Anlagen, das heißt in ihren exklusiven Jägerlogen, worin die Männer Pantomimen zu ihrer Versöhnung mit der Mutter Erde inszenierten. Ein künstlich selbstentwickeltes Raubtier, der Homo sapiens, hat auf Wiedergutmachung für seine Gewaltausübungen in der Jagd, im Bergbau und in der Waffenindustrie gehofft. Er hat als Buße zusätzliche Bauarbeit geleistet.

Göbekli-Tepe-Bergleute, zwischen Platten und linsenförmigen Kalksteinschichten grabend, welche sie systematisch brachen und zertrümmerten, haben dort ihre Feuerstein-Eier gesucht und gefunden. Bei dieser Arbeit dachten sie zuallererst an die „ausgebrüteten" Feuersteinsplitter, an scharfe Spitzen zum Stoßen sowie an Kanten zum Schneiden und zum Schaben. Sie improvisierten Meißel, Äxte, Speere und Pfeilspitzen. Und wenn solche praktische industrialisierte Jäger auf der freien Wildbahn ein Beutetier sahen, dann sprangen ihre ersten Gedanken auf ihre selbstangefertigte Speere, Pfeile, und Messer hin.

Prädisposition: Der kulturelle Wandel am Göbekli Tepe, welchen gewöhnliche Jäger unmöglich im Voraus sehen konnten, erinnert mich an die Arbeit eines guten Freundes, Hansjakob Wiederhold aus Pforzheim, der Rinder nach Neu Guinea brachte. Die Eingeborenen dort, für die er sich diese Mühe machte, waren noch Jäger nach Herz und Seele. Demgemäß wurden Eingeborene, die Bauern werden wollten, über die Viehzucht unterrichtet und es wurde jedem eine Kuh zur Pflege übergeben. Das Tier wurde mit der Rückgabe ihres ersten Kalbs an die Ranch bezahlt. Alle weiteren Kälber sowie die Kuh wurden dabei zum Eigentum des neuen Landwirts. Ein Kalb, das als Abgabe an die Ranch zurückgegeben wurde, konnte somit an andere Landwirtschaftskandidaten weitergegeben werden. Das also war der Plan. Jahre später fragte ich meinen Freund nach dem größten Hindernis, auf das er in Neu Guinea wohl gestoßen sei. Er gab mir eine denkwürdige Antwort: „Diese Eingeborenen, denen ich die Viehzucht bringen wollte, blieben im Herzen allesamt Jäger. Wenn sie eine Kuh sahen, dann war ihr erster Gedanke nicht „Kalb," sondern „Messer."

Menschen, die der Göbekli-Tepe-Feuerstein-Kultur angehörten, welche mit Tötung, Bergbau und der Herstellung von Feuersteinwaffen ihr Dasein bestritten, suchten Sühne mit der Erdmutter durch eine weichere, mit Kalkstein symbolisierte Religion. Hätten wir acht oder sieben Jahrtausende später China besucht, dann hätten wir eventuell den weisen Mann namens Laotse treffen können, und er hätte uns alles, was wir über Härte gegenüber Weichheit oder über das Gleichgewicht zwischen Himmel und Erde wissen wollten mit „Yang und Yin" erklären können. Er hätte dies im Abstrakten verdeutlichen können, ohne sich konkret auf Feuerstein-Kultur oder Kalkstein-Religion besinnen zu müssen. Aber er hätte sehr wohl verstanden, auf was sich im praktischen Leben seine „Yin und Yang" Prinzipien beziehen.

An einem bestimmten Punkt in diesem Buch, im Kapitel neunzehn, werden wir mehrere Jahrhunderte vor der Zeit des Laotse in die Geschichte von China einsteigen. Dabei bekommen wir dann eine ganze Menge von Feuersteinkultur zu sehen, die schon in ihrer Umwandlung zur Bronzemetallurgie begriffen ist. Im Laufe der Zeit hat diese Kultur der Gewalt von Seiten des Laotse und anderen klassischen Lehrern im alten China starken Einspruch hervorgerufen, das heißt, Beschwerden gegen die kaiserlichen Exzesse und ihre Härte. Eine Jäger-und-Krieger-Kultur, die gerade dort angekommen war, versuchte die einfacheren Steinzeitmenschen des chinesischen Mutterlandes zu zivilisieren. Viel von deren zivilisiertem „Yang"-Missbrauch geschah in der Schang-Hauptstadt die den Namen „Yin" trug. Yin erscheint hier allerdings als ein merkwürdiges Homonym mit einer gegensätzlichen Bedeutung.

Zweiter Teil:

Kultur und Religion in ihrer Entwicklung

Was ist Kultur? Was ist Religion?

Kultur ist die Summe menschlicher Selbstbehauptungen, ist das Bewusstwerden von allem, was die Menschheit der Natur, der Welt, aufzuzwingen vermag. Religion ist Erwiderung zur wahrgenommenen übermenschlichen Wesensart der Wirklichkeit, ist auch das Bewusstwerden von allem, was solche größere Realitäts-Einheiten der Menschheit auflegen können. Der Unterschied zwischen „Kulturgeschichte" und „Religionsgeschichte" liegt in deren gegesätzlichen Perspektiven, ist die Veränderung von Kultur, moduliert durch Religion und ist die Änderung der Religion provoziert durch das Treiben der Kultur. Der Unterschied zwischen „Geschichte" und „Evolution" liegt in der Dauer der erwogenen Veränderungen. Wäre dieses Buch nur für Religionshistoriker geschrieben worden, dann hätte Kapitel zehn als die Einführung angeboten werden können. Doch die meisten Leser greifen nach diesem Buch mit evolutionären und archäologischen Erwartungen. Dieses Kapitel summiert deshalb die theoretische Brücke, über welche der Autor gewandert ist, um die Religion am Göbekli Tepe besser zu erkennen.

10

Was ist Kultur? Was ist Religion?

Beitrag zu einer evolutionären Religionstheorie

Seit den Tagen, als einige meiner Professoren—nicht alle—darauf bestanden, dass Fragen zum Thema „Ursprung und Entwicklung der Religionen“ nicht in das Fach der Religionsgeschichte oder Religionswissenschaft gehören, hat sich ein halbes Jahrhundert von Erkenntnissen in den weichen Vernetzungen menschlicher Erinnerungen angestaut. „Alle Fragen, welche sich auf Ursprünge beziehen, sollten der Metaphysik überlassen bleiben“, so rieten einige dieser Lehrer ihren Schülern. Sie empfahlen, dass irgendwelche Fragen, die sich auf „Ursprünge“ oder auf die „Entwicklung“ von etwas Religiösem beziehen, am besten auf der Seite liegen gelassen werden. Alle bislang versuchten evolutionären Denkansätze zu solchen Themen wurden von diesen Mentoren als Misserfolge beurteilt. Ihre Ansichten teilte damals wohl die Mehrheit der Religionshistoriker, und an einigen höheren Schulen gelten sie vielleicht heute noch. Mit diesem Bündel von Warnungen, so schien es mir schon damals, wurden unserem akademischen Wissenszweig die Grenzen unnötig eng gezogen. Was für ein Schaden könnte da entstehen, wenn der Bedeutungsumfang des „allgemeinen historischen Wandels“ auch noch unter der Rubrik der allgemeinen „Entwicklung“ betrachtet wird?[1] Und was würde vom Studium der allgemeinen Geschichte übrig bleiben, wenn der ganze Zeitenwandel ausgeschlossen würde? Doch dann, verschiedene Worte bedeuten verschiedenerlei Dinge für verschiedene Personen. Ich las die Literatur von Lehrern, die meine Lehrer

[1] Schon damals erschien es dem Autor, als ob diese Debatte einen Siedesturm in einer englisch-sprachigen Teekanne darstelle. Wenn er sein Denken darüber ins Deutsche übersetzte, dann schien die Problematik zu verdunsten. Doch der deutschen Sprache war auch nicht trauen, so blieb er bei seiner Arbeit im Englischen.

beeinflussten, sowie Schriften von solchen, die selbst einst Theorien über die religiöse „Entwicklung" verfasst hatten, welche dann im Laufe der Zeit problematisch wurden.

Es sollte uns nicht überraschen, dass frühe Theorien über kulturelle und religiöse Entwicklung sich bald als unbrauchbar erwiesen. Ihre Autoren verfolgten abstrakte Definitionen durch unscharfe evolutionäre Sequenzen. Das Problem war dass, wenn man einem religiösen Substantiv eine qualitative Beschreibung anheftete, wie zum Beispiel „Typen des Theismus", die man erst mal der Anzahl von beteiligten Gottheiten nach unterscheidet und weiterhin mit Begriffen wie Geist, Anima, Mana oder als „Das Heilige" definiert, dass es dann im Nachhinein schwer war, diese mit empirisch verankerten Daten zu verknüpfen. Der Versuch, solche Konzepte zurück bis in prähistorische Epochen oder frühere Kulturschichten zu projektieren, welche selber schon im Voraus qualitativ als „Wildheit" oder „Barbarei" eingestuft waren, ergab noch weitläufigere Undeutlichkeiten. Solche verschwommene Resultate haben uns dann erlaubt, konkrete Daten, welche von Paläontologen, Archäologen, Anthropologen und Zoologen über religiös gefärbtes Verhalten oder Schaffen gesammelt worden sind, zu ignorieren. Solche laxe sprachlichen Gewohnheiten lieferten grundlegende Zweifel für jegliche Simulationsmodelle, die sich auf die „Entwicklung" der Religion bezogen. Denkansätze zur allgemeinen Entwicklung, welche auf qualitativen und losen Vorstellungen basierten, konnten keine Schlussfolgerungen liefern, die fester als sie selber waren.

Mein Erleben-und-Erwidern-Spektrum, (Abbildung 34, unten), wurde besonders entworfen, um empirische Daten und allgemeine Kenntnisse über religiöses Verhalten in eine nähere Verbindung zueinander zu bringen. Doch wurde meine Antwort auf die Herausforderung der oben erwähnten Lehrer erst einige Jahre später, im Herbst 1968 formuliert. Anfangs habe ich diese Antwort nur im Zusammenhang mit meiner „American Tribal Religions"-Bücherreihe veröffentlicht.[9] Ein häufiges Missverständnis über den Entwicklungsvorgang als solchen liegt wohl selber noch in alten religiösen Hoffnungen verwurzelt, als ob aufeinander folgende Situationen etwa

---

[9]Karl W. Luckert, "Introductory Essay" to Father Berard Haile, *Navajo Coyote Tales...*, ATR 8, Seite 5 und folgende. University of Nebraska Press, 1984.

einen „Fortschritt" oder eine „Steigerung" darstellen müssten, wobei jede Stufe von einer nächst höheren Ebene überlagert, verfeinert und dadurch dann auch verdrängt wird. So zum Beispiel identifizierte die bahnbrechende Anthropologie Lewis Henry Morgans (1818-1881) eine Jäger-und-Sammler-Ebene, welche er *„Savagery"* (Wildheit) nannte.[3]

Von dieser Stufe schritt der Pionier vorwärts bis hin zur Domestizierung, zu der Landwirtschaft und Metallverarbeitung. Er nannte diese Ebene *„Barbarism"* (Barbarei). Schließlich anerkannte er, der selbst ein Autor war, die Kunst des Schreibens als das Markenzeichen der „Zivilisation." Morgans Kontinuum von evolutionärem Fortschritt beschenkte Karl Marx und Friedrich Engels mit der evolutionären Reihenfolge, welche jene sich dann zu Eigen machten —mit genügend Lücken, in welchen sie die „Klassenkämpfe" ihrer eigenen Theorie unterbringen konnten. Nach ihrem allgemeinen Schema der Dialektik, des Fortschritts innerhalb eines materiellen historischen Ablaufs, konstruierten diese Gründer des Kommunismus ein evolutionäres Weltbild das eine proletarische Revolution brauchte und verdiente.

Der Pionier der amerikanischen Kulturanthropologie, Lewis Henry Morgan, war kein fahrlässiger Mensch; doch sind seine Skizzen über das Funktionieren der altertümlichen Gesellschaften nie ganz auf das Niveau einer universal brauchbaren Feldtheorie emporgestiegen. Ich werde evolutionäre Hypothesen und riskante Fehlvermutungen nicht von vornherein ablehnen, vor allem nicht die von Pionieren. Stattdessen will ich hier meine fünf aufeinanderfolgenden Phasen von kulturellen Anpassungen nochmals anbieten, fast genau so, wie ich es schon im Jahr 1991 tat. Alle Ebenen der menschlich kulturellen Anpassungen, in Zeiten ihrer Blüte, erforderten, dass sie mit passenden religiösen Gegengewichten ausgeglichen wurden, damit durch diese ihre materielle Aggressivität ausgewogen werden konnte.[4]

---

[3]Lewis Henry Morgan. *Ancient Society,* oder *Researches in the Lines of Human Progress from Savagery, through Barbarism to Civilization, 1877.*

[4]Meine "Fünf Schichten der kulturellen Anhäufung", als evolutionäre Anpassungen, wurden in der Einleitung zu *Egyptian Light and Hebrew Fire...* zum zweiten Mal veröffentlicht. Albany, State University of New York Press, 1991, Seiten 21-27.

Es soll hier betont werden, dass meine fünf Kulturschichten und Anpassungsebenen nur im Hinblick auf ihre Anfangszeiten "aufeinander" oder "nacheinander" folgen. Sie häufen sich an ohne sich zu verdrängen. Alle fünf adaptive Kulturschichten und die damit einhergehenden religiösen Gegengewichte oder Überlebensmöglichkeiten existieren heute noch. Ich persönlich habe schon auf allen fünf Ebenen existiert, gearbeitet, gegessen und geruht. Keine dieser Kulturschichten kann als überholt gelten. Das bedeutet, dass die Idee Morgans, von einem linearen "Fortschritt", keinen Platz in meinem Lehrlexikon hat. Rückfälle auf einfachere Ebenen der Anpassung können zeitweilig nötig oder gar wünschenswert werden, wenn komplexere Lebensweisen an ihre natürlichen Grenzen stoßen.

Vor 300 Jahren: Ideologien, demokratische Revolutionen

Seit 3000 Jahren: Universale Heilsreligionen

Vor 5000 Jahren: Überdomestizierung—von Menschen

Vor 10000 Jahren: Domestizierung—von Pflanzen und Tieren

Seit 6 Millionen Jahren: Vom Sammeln zum Jagen

Abb. 33: Anhäufung der fünf Kulturschichten

In der Tat unternehmen viele außergewöhnlich erfolgreiche Menschen in ihrer Freizeit, welche sie sich als Belohnung für moderne Arbeit und Fähigkeiten erwerben, periodische Rückschritte auf frühere einfachere Ebenen der menschlichen Anpassung, wie z. B. Jagen, Fischen, Sammeln, Gartenbau, Handarbeit, Wandern oder Segeln. Sie alle greifen und geben vom Ergriffenen wieder auf. Sie nennen diese ihre persönliche Aufgabe oder Rückkehr in die Vorgeschichte ihre "Erholung" oder "Rekreation." Solche Konzepte, wie Neuerschaffung, Erneuerung oder Wiederbringung, sind Metaphern die der mythologischen und religiösen Denkart angehören. Es sind Hinweise, welche sich auf etwas Übermenschliches beziehen.

Wie Morgan, Marx, Engels und viele Socialwissenschaftler und Historiker es schon vor mir taten, so klassifiziere auch ich die Arten der menschlichen Kulturen ihren Anpassungen entsprechend, mit welchen die Menschen versuchen sich materiell am Leben zu erhalten. In diesem Licht erscheint dann die Verbindung zwischen Kultur und Religion als sich selbst erklärend. Im gleichen Zuge wie sich das materielle aggressive Kulturprofil eines Volkes manifestiert, werden auch dessen kollektive Gefühle betreffs seiner Existenzschuld offengelegt—einschließlich dessen Versuche diese Schuldenlast durch Selbstdemütigung, Rechtfertigung oder religiöses Rückzugsverhalten loszuwerden. Eine Erkenntnis von Schuld moduliert sowohl die kollektiven Erlebnisse als auch deren Auswirkungen auf das allgemeine soziale Gleichgewicht. Deshalb müssen wir an diesem Punkt versuchen die Entwicklung oder Geschichte von Wandlungen in religiös-existenziellen Erlebnissen, samt deren materiellen Verknüpfungen zu verstehen.

Eine sprachbedingte Prädisposition: Schon im ersten Kapitel sind wir auf ein zentrales Problem für unser Unternehmen gestoßen, unsere Entwicklungstheorie über Kultur und Religion vom Englischen ins Deutsche zu übertragen, ohne die nötigen Worte zur Verfügung zu haben. Binnen sechs Millionen Jahren entwickelten sich die Homo Arten verschiedentlich als Trä-ger einer allgemeinen Sammler- und Jägerkultur. Vor zehntausend Jahren begann mit der Domestikation von Pflanzen und Tieren eine Anhäufung von *Homines sapientes*. Hunde haben wahrscheinlich schon vor dreißigtausend Jahren, aus ihrem eigenen Interesse, angefangen, sich den Menschen freundschaftlich anzuschließen.

Um die Entwicklung der menschlichen Kultur und Religion zu beschreiben, brauchen wir hier einige kulturbezogene deutsche Substantive, um die aktiv Handelnden, welche Kultur entwickelten, auf Deutsch zu benennen. Wie nennt man denn diese Menschen, die aufhörten Sammler und Jäger zu sein? Nein, das überforderte „Sesshaftwerden“ liegt dieser Entwicklungsgeschichte entlang nicht genau auf der Mittellinie. Als vor zehntausend Jahren die Zahl der menschlichen Bevölkerung, die sich aus der Jagd ernähren wollten, bedeutend größer wurde, da mussten zunehmend mehr Menschen vom Sammeln und Jagen zur Domestikation von Pflanzen und Tieren übergehen. Dieser Wandel erforderte tausende von Jahren, und er ist bis heute noch nicht überall auf der Erde ganz ausgelaufen. Wenn es irgendwie ging, dann jagte und raubte ein Mensch lieber weiter.

Das deutsche Vokabular versorgt uns ausreichend mit Worten wie „Domestikation“ oder „Domestizierung“ sowie mit dem Verbum „domestizieren.“ Man kann auch noch das Eigenschaftswort „domestiziert“ leicht von diesen ableiten und damit die Kulturpflanzen und die Tiere die unter menschliche Kontrolle kamen, erwähnen. Doch wie kann man in Bezug auf die letzten zehn Jahrtausende über die Menschen selber als Träger ihrer neuen Kultur reden? Viele von ihnen waren Sammler oder Jäger nur noch in ihrer Nebenbeschäftigung geblieben. Deutsche Wortlisten (Duden und LEO) haben bis jetzt noch nicht Stellung zu dieser Frage genommen. Deshalb nennen wir in diesem Buch, vorläufig, solche Leute einfach „Domestizierer“ oder "Domestizierende." Es tut nicht viel zur Erklärung der Sache nur über den allgemeinen Vorgang der „Domestizierung" als wie über eine Dämmerung zu reden. Unser Thema ist nicht die Domestizierung im allgemeinen, sondern die Kultur und die Religion von wirklich schaffenden, denkenden, leidenden und hoffenden Menschen—das heißt, von glaubenden Individuen.

Diese zusätzlichen Worte erlauben uns dann auch über die kulturelle Epoche, die auf die Domestikation hin folgt, auf Deutsch entwicklungsgeschichtlich einzugehen. Wenn kurz vor fünftausend Jahren unsere Vorfahren bewusst über die dezenten Grenzen ihrer Domestikationskultur hinausgriffen, wenn etliche von ihnen begannen, ihre Mitmenschen wie Eigentum, wie Pflanzen und Tiere, einzustufen, dann können wir das nicht länger nur als „Domestizierung" klassifizieren. Die Tatsache, dass heute noch Sklaven oder Diener als „Domestik" oder „Domestike" benannt werden, ändert nichts an dieser Sache.

Wir bezeichnen diese nächste Stufe von Kultur mit „Überdomestikation" oder „Überdomestizierung." Handlungen der Überdomestikation schließen eher „unzivilisierte" Treibjagden auf Menschen in sich, die Kopfjagd und den Kannibalismus, kriegerisches Schlachten, Konzentrationslager, den Völkermord, die Sklaverei, das Menschenopfer, Kastration und die Folter und sonstige gewalttätige Tricks, welche direkt von den Arbeitsweisen des elementaren Jagens und der Domestizierung abgeleitet und demnach auf Menschen übertragen und angewendet worden sind. Zeitlich entspricht diese neueste Epoche dem, was wir heute gerne als „Zivilisation" beschönigen würden. Auf jeden Fall werden wir diese Entwicklungsproblematik hier eingehender in den Kapiteln Elf bis Zwölf durcharbeiten müssen.

Die Dreifaltigkeit des Wissens in vier Sätzen

Erstens gibt es Erkenntnisse über "kleiner-als-menschliche Dinge oder Sachen." Solches Wissen glauben wir, im Lebenskampf für uns zusammenzuraffen oder gar erschaffen zu können. Doch solch Zusammengerafftes füllt dann nur die abstrakten „Hüllen", welche wir zusammen als unsere „Wissenschaften" bezeichnen.

Zweitens: es liegen darüber auf der mittleren Ebene die menschlich möglichen Erkenntnisse des praktischen Wissens (vergleiche dazu Immanuel Kants „Praktische Vernunft"), über Wissen, das wir im Umgang mit den uns ähnlichen Wesen teilen und pflegen können. Praktisches Wissen wird gesammelt, untermengt mit „Gegenwissen" (abgekürzt "Gewissen"), und alles zusammem kommt dann für uns fix und fertig eingewickelt in die Goldene Regel. Wissenschaft und Praktisches Wissen helfen uns so, zusammen die sichtbar werdende Kultur zu erschaffen.

Drittens: darüber liegen die Erkenntnisse und Empfindungen die wir aus Begegnungen mit übermenschlichen Realitäten ansammeln (das heißt, mit größer-als-menschlichen Wirklichkeiten). Solches Wissen besteht aus Ahnungen, die wir, unserem Gleichgewicht zuliebe, glauben wollen und gewöhnlich in der Form von Analogie und Mythologie zu begreifen versuchen. Solches Wissen, gegensätzlich zum praktischen Wissen der Kultur, beschert uns dann die Religion.

Viertens: das Nichterkennen der Grenzen zwischen diesen drei Schichten des Wissens ergibt die schimmernde Fülle von menschlichen Torheiten, die Fülle welche als Basis der Kultur sich benebelt und schämend unter Wissenschaft und Religion zu tarnen versucht. Kultur ist, was der Mensch der „Natur" *oder* der göttlichen „Schöpfung" *(lectoribus electionem)* vorübergehend aufzwingen kann.

Der Schaukel-Totter des Erlebens und Erwiderns

Obwohl ich mir weitgehend über meine persönlichen Voraussetzungen zum Lernen bewusst bin, so wurde doch mein Einstieg in den Lehrbetrieb, betreffs der Geschichte der Religionen, deutlich vom sogenannten wissenschaftlichen Materialismus aufgerüttelt. Dieses Bekenntnis wird für einige meiner Freunde als eine Überraschung gelten.[5] Doch tatsächlich müssen Lehrer, die mit ihren Schülern kommunizieren wollen, zwangsläufig am Ende dererlei Worte wählen, welche die Zuhörenden am leichtesten verstehen können. Ich habe auch gemerkt, wie Fachhochschulen und Technologien, aus der englischen industriellen Revolution stammend, die englische Sprache auf eine Kante zugeschliffen haben, wo diese tatsächlich den Empirismus und den wissenschaftlichen Materialismus begünstigt. Das besagt aber nicht, dass Marx und Engels die englische Sprache beeinflusst haben, sondern eher, dass beide Männer recht schön in dem verbalen Dickicht des englischen Empirismus aufblüten. Beide mühten sich, dem „Schlingengewächs" ihrer deutschen Muttersprache zu entfliehen. Marx und Engels reagierten positiv auf empirische

---

[5]Die Hinweise auf Marx und den wissenschaftlichen Materialismus in diesem Abschnitt sind zum Teil eine Anpassung an die Tatsache, dass der zweite und dritte Teil dieses Buches zunächst auf Anforderung von Professoren aus der Volksrepublik China fertig-geschrieben wurden. Zusätzlich dürfte jedoch dieser Zufall auch neue Betonungen zu einem westlichen Dialog beitragen.

Kategorien. Zudem schrieb Marx seine wichtigsten Werke in England.[6] In Gegensatz hat aber die deutsche Sprache ihre Kategorien von „Geist" oder den „Geisteswissenschaften," wofür man im Englischen nichts genau Entsprechendes findet, nicht an eine experimentelle Wissenschaft abgegeben.

Nach einer Pause des Zögerns und des Staunens fühle ich mich heute freudig verpflichtet, meinen Dank betreffs der Formulierung meiner persönlichen Religionstheorie, um ein Stück weiter über mein Studium hinaus auszuweiten. Vieles davon verdanke ich heute dem Wortschatz des englischen wissenschaftlich-philosophischen Empirismus und dessen Materialismus.

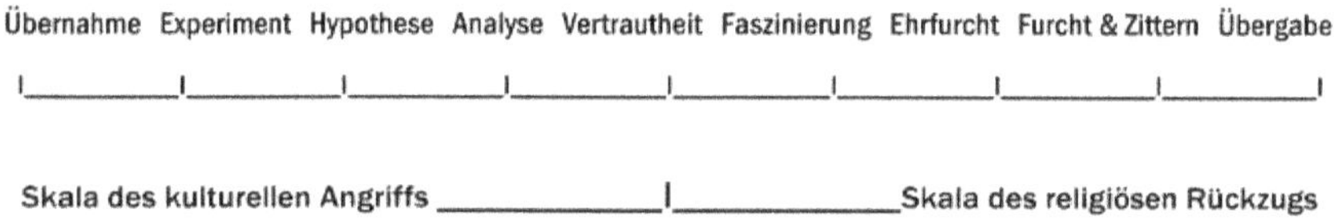

Abb. 34: Schaukel-Totter Skala—kulturelles und religiöses Erleben und Erwidern

Als ich 1968 meinen ersten Einführungsvortrag zur Religionsgeschichte auf College Ebene darbot, merkte ich nach einigen Verlangsamungen in der Kommunikation, dass die allgemeine Bildung meiner Studenten bis zu diesem Zeitpunkt ganz nach dem Vorbild eines rohen englischen Pluralismus und Materialismus geschehen zu sein schien. Ich begann deshalb, mein religionswissenschaftliches Vokabularium dieser aufdämmernden Sprache meiner Schüler anzupassen. Sodann, mit Kreide in der Hand, habe ich meine Erklärungen über die religiösen Erlebnisse der Menschheit in rohen quantifizierbaren und messbaren Kategorien dargeboten. Die hier wiedergegebene "Schaukel-Totter-Skala" ist also damals unvorbereitet und stehend während eines Einführungsvortrags entstanden.

---

[6] English ist die perfekte Kurzsprache, in der sich präzise wissenschaftliche Kategorien vielleicht leichter als sonstwo fabrizieren lassen. Nicht einmal Sigmund Freud's psychoanalytische Theorie, veröffentlicht in *Das Ich und das Es* (1923), hat sich besonders wissenschaftlich angehört, bis das "Es" falsch ins Englische als "id" objektiviert wurde. Von diesem Punkt an konnte die "Es-Bezogenheit" als ein präzises ehrenhaftes "Etwas" wissenschaftlich auf English respektiert werden.

Damals hatte ich allerdings noch nicht die Ruhe, oder die Zeit, um zu merken, dass ich gleichzeitig eine systematische Lösung für Probleme der atheistischen Psychologie sowie für den marxistischen Materialismus zusammengestellt hatte. Darüber hinaus dürfte die Schaukel-Totter Skala aber auch wohl noch als theoretische Brücke zur Verständigung zwischen Theismus und Atheismus dienen.

Natürlich qualitative Benennungen, welche Begriffe wie „heilig" oder „Das Heilige" zu definieren versuchen, bleiben trotzdem noch effektiv und sinnvoll. Man hat eben die Wahl zwischen verschiedenen Auflagen von sprachlicher „Software." Wenn die Kommunikation es erfordert, dann kann man auch Qualitäten mit quantitativen Skalen messen und dabei über Qualitäten reden, die mehr von diesen oder weniger von jenen Merkmalen aufweisen. Alles, was man dabei tun muss, wäre dann, die Lebensaspekte an unserer Schaukel-Totter-Skala (Abbildung 34) über deren ganze Länge hin anzuwenden, vom Punkt der wissenschaftlichen Kontrolle aus über die ganze Dimension von Kultur und Religion sich hinstreckend. Eine Vielzahl von genau erkannten Unterschieden zwischen Kultur und Religion, wenn gleichmäßig über die ganze Skala verteilt, stärkt die Verstehensbrücke, welche diese zwei Dimensionen des gemeinschaftlichen Lebens verbindet. Zusammen stellen Kultur und Religion ein einziges Lebens-Kontinuum dar, in dem sich alle Intensitäten des menschlichen Tuns und Erlebens einordnen lassen. Um die Religion von der Wissenschaft zu unterscheiden, muss man nicht den „Geist" von der „Materie" völlig wegreißen. Alles, was getan werden muss, ist, sich bewusst zu bleiben, dass menschliche Wahrnehmungen begrenzt sind, eventuell noch verbessert werden können, aber am Ende wohl immer ungenügend bleiben.

Solange wir die Tatsache, dass wir ein Leben lang von verschiedenen Wirklichkeiten und Verhältnissen umgeben sind, erkennen, kann man beides, Kultur und Religion, im Gleichgewicht ausleben und erleben: (1) Konfigurationen von Wirklichkeit, die weniger als wir sind, (2) Konfigurationen von Wirklichkeit, welche größer sind und (3) Konfigurationen innerhalb der Wirklichkeit, die mit uns etwa gleich sind. Die letztgenannte Kategorie, in der Mitte unserer Skala, entpuppt sich als dünn. Trotzdem scheint das menschliche Verständnis nur auf diesem Dreh- oder Angelpunkt des Schaukel-Totters auf einen klaren Fokus kommen zu können, nämlich da, wo Aggressions- und Rückzugslogik—Ja und Nein—durch egalitäre Vertrautheit und harmonisches Miteinanderteilen nebeneinander her existieren dürfen und ausgewogen werden können.

Religion ist die menschliche Resonanz (oder Erwiderung) zu so-oder-anders-verstandenen, *über*-menschlichen Zusammenballungen von Wirklichkeit. Das Spektrum des religiösen Erlebens streckt sich, entsprechend, (1) vom egalitären Mittelpunkt der „Vertrautheit" der rechten Hälfte der Schaukel-Totter Skala entlang. (2) Die mildeste Stufe des religiösen Erlebens kann wohl als „Faszination" bezeichnet werden. (3) Der Mittelpunkt der religiösen Strecke auf der rechten Hälfte der gesamten Skala kann als „Ehrfurcht" *(awe)* eingestuft werden. Zum Beispiel erstarrte der Prophet Muhammad in Ehrfurcht beim Anblick des Botschafter-Engels. Er vermochte weder vorwärts noch rückwärts sich zu bewegen.[7] (4) Der nächste Intensitätsgrad eines religiösen Erlebnisses dürfte dann als „Furcht und Zittern" oder—abhängend von der fehlenden Last von vorangegangenen Ego-behauptungen—aber auch als „friedliche Ruhe" empfunden werden, und (5) der äußerste Punkt des religiösen Erlebens wäre dann die volle mystische „Übergabe" des Ichs.

In der Mitte der Erlebens-Skala, an der Stelle egalitärer „Vertrautheit", muss die Schaukel-Totter eines *Homo sapiens* ihr rationales Gleichgewicht finden. Potenziell gleichwertige Individuen kommunizieren an dieser Stelle, und sie teilen mit; sie propagieren und gedeihen. Alle Lebewesen pflegen und erhalten sich etwa an diesem ausgewogenen zentralen Punkt.

Die Skala, die hier angeboten wird, ist auch dazu geeignet die Lehren Buddhas zu skizzieren. Mit einer weiteren Unterteilung der vier Segmente, an der rechten Hälfte der Skala entlang, kommt man zu den acht progressiven Teilstrecken des Achtfachen Pfades. Ein einfacheres Beispiel wäre eine menschliche Familie. Nachdem ein Kind

---

[7]Ibn Ishak (? -768 CE), wie in Thor Andrae, *Mohammed, the Man and His Faith.* New York, Harper Torchbooks, 1960, Seite 44. Solche „Ehrfurcht" wird auch vom Hlg. Petrus, dem Jünger Jesu, berichtet. Vergleiche die Verklärungsgeschichte in Matthäus: „Herr, hier ist gut sein, lasset uns drei Hütten bauen." Es gab keinen Zwang höher zu steigen noch ins Tal zurückkehren zu wollen.

geboren ist, übernehmen die Eltern, natürlicherweise *de facto* „göttliche Autorität" über das kleine Wesen, auf eine begrenzte Zeit hin. Über menschliche Beispiele hinausreichend ist unsere Definierung der Religion dann auch noch auf andere Tierarten übertragbar. Man braucht sich nur das ausgewogene Verhalten einer anderen Spezies an der Mitte der Schaukel-Totter-Skala vorzustellen. Dabei erscheint dann zum Beispiel ein Hund mitten in seinem Abhängigkeitsverhältnis berechtigt, „religiöse" Offenbarungen von einem *über*-kanidischen Menschen zu empfangen.

Doch der Mensch ist zu klein, um die „Natur" zu sein. Das bedeutet, dass ein Mensch nicht sehen kann, wo allgemein die „übernatürliche" Dimension für ihn beginnt. Außerdem stehen wir vor noch größeren Schwierigkeiten, wenn wir das „Natürliche" von allem Restlichen unterscheiden wollen. Aus diesem Grunde unterscheidet unsere Schaukel-Totter-Skala keine übernatürliche Dimension, welche einer natürlichen Wirklichkeit gegenüber gestellt werden könnte. Als einer von denen, welche Levy-Brühl einst sicherlich unter die „Primitiven" eingestuft hätte, weiß der Autor lediglich, dass er ein menschliches Wesen ist, welches einige seiner Grenzen erkennt. Er spürt nur die Außenlinie, an welcher entlang für ihn die übermenschliche Dimension beginnt.[8]

Jede menschliche Vernunft denkt sowohl wissenschaftlich als auch religiös und theologisch. Sobald wir eine Sache als übermenschliche Instanz wahrnehmen, theologisieren wir. Wenn wir Gegenstände als weniger-als-menschlich einschätzen, wenn wir sie als „Dinge" für analytische Zwecke auswerten und mit ihnen experimentieren, dann verfahren wir wissenschaftlich. Die ganze Erlebnis-Skala kann unabhängig davon verstanden werden, ob die Materie größer als der Geist ist oder ob der Geist wichtiger als die Materie erachtet werden sollte—auch unabhängig davon, ob Hegel oder Marx akzeptiert wird. Um vernünftig zu kommunizieren, können wir uns der Intensität-Skala entlang an messbaren Reaktionen orientieren. Marx und Engels konnten voraussagen, dass die „Religion" irgendwie einmal verwittern wird. Doch haben diese Denker dabei vorübergehend ihre menschliche Grenze vergessen, an welcher alle Menschen früher oder später anstoßen. Die über-

---

[8]Siehe Lucien Lévy-Brühl. *How Natives Think* (1910). Lévy-Brühl unterschied zwei grundverschiedene Denkweisen, das „Primitive" und das „Westliche." Er beschrieb die geistige Aktivität der Primitiven als „mystische Partizipation."

menschliche Dimension wird nie verwittern, es sei denn, dass Menschen zu *all*-mächtigen Wesen heranwachsen. Bei dieser Unmöglichkeit wäre es dann allerdings mit ihrer Religion am Ende.

Übermenschliche Wirklichkeiten mögen oder mögen wohl auch nicht wirklich das sein, was wir zu erkennen glauben. Auf diese Weise erkennen denkende Menschen, von der populären wissenschaftlichen Seite herkommend, ebenfalls nicht ob ihre bearbeiteten Objekte tatsächlich die weniger-als-menschlichen Einheiten sind, welche man sich wünscht oder vermutet. Wissenschaftlich analytische Vorstudien besagen nur, dass wir vorerst noch glauben, dass beim Manipulieren solcher Einheiten wir auf kürzere Zeit hinaus wahrscheinlich noch ungeschoren davonkommen. Ich muss auf die Tatsache aufmerksam machen, dass Wissenschaftler wie alle anderen Menschen sich heute fürchten, weil während des zwanzigsten Jahrhunderts ihre Kollegen erlernt haben, das Uran Atom in kleinere Einheiten aufzuspalten. Ihre Ängste sind von existentieller Natur—was heißt, dass diese persönlich auf religiöse Weise solchen unauffällig kleinen Dingen gegenüber reagieren. Furchteinflößende subatomare Kleinstdinge können als übermenschliche Einheiten auftreten, vielleicht sogar auf langfristige Risiken hin, durch politische Unwissenheit und Strategien noch zusätzlich „angereichert." Wo Furcht empfunden wird, da wartet in der Nähe irgendein Gott, um sich zu offenbaren. Im Laufe der menschlichen Evolution haben die Götter sich in vielen Zahlen und in verschiedenen Größen enthüllt. Mit wenig Mühe kann ein winziger Virus einen mächtigen Helden oder eine ganze Armee erschrecken oder niederstrecken. Alles, was der Virus dabei tun muss, ist sich beim Vermehren unter Seinesgleichen zu vergnügen und augenblicklich wirkt er dann den Menschen gegenüber schon ganz wie ein mächtiger Gott.

Der rechten Seite der Schaukel-Totter-Skala entlang zum rechten Endpunkt hin verringert sich die Notwendigkeit für präzise Definierungen. Für diejenigen, welche ihr Leben nahe an der Mitte ihrer Skala verbringen wollen, bleibt das Mitteilen ihrer Erfahrungen sowie das Mitteilen von Erfolgen ihr zentrales Bestreben, das heißt, derart begrenzt, wie sich in einer Gesellschaft von potentiell Gleichen ein einzelnes Leben eben entwickeln oder erweitern kann.

Die Religion als Suche nach Balance

Seit meinem ersten Tag beim Unterrichten habe ich mir die menschliche Lebensskala als den Hauptbalken an einer Schaukel-Totter vor

Augen gestellt. Diese Metapher hat mir gute Dienste geleistet. Sich dieses theoretische Modell auf einem Kinderspielplatz vorzustellen, legt dessen Gültigkeit für weitere Entwicklungsstadien im Leben nahe. Die Achse in der Mitte einer Lebensschaukel weist auf das nötige Gleichgewicht zwischen Kultur und Religion hin. Dem Prinzip einer schwankenden Unterlage, der Hoffnung auf Gleichgewicht werden Kinder wohl nie entwachsen können. Doch wenn sie in der Erwachsenenwelt gedeihen wollen, dann verpflichten sie sich dazu, mit Geschick ständig für Profit und Macht frische Ungleichheiten auszunutzen. In dem Maß zu welchem die Menschheit überleben möchte, muss aber die Suche nach kooperativem Gleichgewicht einbezogen werden.

Das Ziel, dem alle Lebenseinheiten auf der Erde zustreben, mit einer Vielfalt von wissenschaftlichen und religiösen Erwiderungen, ist ultimative Hingabe in den Tod. Im Leben eines jeden höheren Organismus ist der Tod im Voraus schon durch Zyklen von Ermüdung und Schlaf erahnt. Wir atmen und essen, aber wir müssen unser Eingenommenes früher oder später wieder preisgeben. Großritualisierte Pfade empfehlen „Unterwerfung“ oder „Auflösung“ des ganzen Ichs, bereits schon während der Dauer des Lebens als eine Übergabe, die geübt und perfektet werden soll. Alle religiösen Pfade der Menschheit unterscheiden irgendwie, schrittweise, verschiedene Grade der Übergabe, des Erkennens sowie die Schattenstufen ihres Wissens. Sie unterscheiden kontrollierte und zeitweilig weniger intensive Hingebung, auch veränderliche Zustände des Bewusstseins von der Endgültigkeit und der vorbehaltlosen Kapitulation des ganzen Ichs im Augenblick des Sterbens.

Je größer und je dichter ein Volk, desto mehr drohen den Leuten unvorhergesehene Konflikte und Ungleichheiten und desto nötiger dürfte es sein dass religiöse Bemühungen zur Harmonisierung solcher Ungleichheiten irgendwie besser organisiert werden. Und wiederum, wenn das Religionsprofil nicht die erhoffte Balance liefern kann, dann geschieht es leicht dass verwirrte Pilger eher ihren eigenen Religionsversuch verdächtigen, als dass sie ihre missglückte kulturelle Aggressionen als Ursache vermuten. Rationelle "Rückzüge“ aus irrationalen Angriffen mögen als Ursachen des Leidens beschimpft werden, wenn ein erhoffter Sieg ausgeblieben ist. Wenn

Menschen streiten, dann können diejenigen, die als Friedensstifter die kämpfende Kultur stören, leicht für die peinlichen Notlagen in welchen die Verlierenden sich befinden verantwortlich gemacht werden und somit als neue und leichter besiegbare Feinde erkoren werden. Ein Friedensstifter, der von einem Krieg abrät, wird leicht für die Peinlichkeiten, die er bloßgelegt hat, zum Büßen verurteilt.

Aufmerksame Reformatoren mögen versuchen, eine schwache religiöse Tradition wiederzubeleben; sie können auch einen bestimmten alten Pfad als hoffnungslos verlassen. Auf diese Weise sind manche Religionen mit valorisierten Theologien und mit neu ausgerichteten Konzepten des Heils wiederbelebt worden, während andere von fanatisch modernisierten Theisten oder von reaktionären Atheisten zerstört wurden. Aber weil eben kein menschlicher Geist in der Lage zu sein scheint, sich von Grund auf selber neu zu struktieren, so muss jeder Neuanfang mit dem Paraphrasieren von viel älteren Problemen und mit den alten noch zufällig auf der Hand liegenden Lösungen beginnen. Im wirklichen Leben sind neue Probleme und deren Lösungen jedenfalls gemeinsames Erbe aus der Vorgeschichte. Es sind gewöhnlich Folgerungen aus älteren Lösungen für ältere Miseren. Alte Lösungen sollten daher immer zuerst in Bezug auf die alten Probleme, wie solche in älteren Zeiten gelöst wurden, verstanden werden. Nur so kann der Ur-Zweck einer Lösung eingeschätzt und ihre Anwendbarkeit auf neuere Probleme hin erwogen werden.

Personen die sich in modernen chaotischen Situationen befinden, lassen sich oft dazu bewegen, ihre ererbte *Old Time Religion* als etwas Wahreres, Einfacheres oder Reineres einzuschätzen. In dem Maße als ältere Lösungen rituell lebendig bleiben, werden pfadgetreue Erben manchmal nostalgisch gestimmt. Und manche versuchen deshalb mit ihren alten Gesetzen das veraltete Niveau einer Urkultur wieder herzustellen, in der Hoffnung, dass dadurch auch ihre hochgeschätzten älteren religiösen Antworten wieder aktuell werden mögen. Alte kulturelle Probleme, welche die offenbaren und jetzt übriggebliebenen Heilslösungen einst nötig machten, können somit schädlich wiedereingeführt werden. Doch nicht alle alten religiösen Antworten taugen dazu, die neueren Fragen in jungen Kulturen zu beantworten. Natürlich werden Fragmente aus älteren

Kulturen und Religionen auch historisch immer wichtig bleiben, um alte Perspektiven historisch zu verstehen.

Alle Probleme und Lösungen, erkannt vom menschlichen Intellekt auf verschiedenen Ebenen der Kultur, werden tendenziell im Laufe der Zeit komplizierter. Die Feuerstein Pfeilspitzen am Göbekli Tepe, die vermutlich mit Schlangengift beschmiert wurden, sind inzwischen auf Atomraketen und Sarin Giftgaskanister gesteigert worden. Neue Technologien und Materialien sind inzwischen auf unsere persönliche Schaukel-Totter-Planken hochgeladen worden. Religiöse Rückzüge, das heißt Versuche, zurück in frühere und primitivere Zeiten zu fliehen, mögen wohl weniger Ballast auf unseren existenziellen Waagebalken versprechen; sie können aber neue und größere Probleme nicht mit Antworten lösen, die vor drei tausend Jahren noch zur Regelung von ganz einfacheren Miseren angewandt wurden.

Wissenschaftliche Experimente eröffnen uns nur den Bereich der experimentellen Erfahrungsweisen—so wie auch das Verzehren einer Mahlzeit nur *eine* Extremität unseres Verdauungskanals engagiert, nämlich den Eingang, der am besten für aggressive Leistungen geeignet ist. Wissenschaftliche Experimente beziehen sich auf die linke Seite unserer Erfahrungs-Skala, und sie implizieren, (1) zum Anfang sich mit den Tatsachen vertraut zu machen, (2) diese Tatsachen dann konzeptionell auf bezwingbare Portionen analytisch zu reduzieren, (3) eine Hypothese über das, was aus den reduzierten Fakten zu machen wäre, aufzustellen, (4) kontrollierte Experimente auszuführen, welche messbare Unterschiede aufzuzeigen vermögen, und schließlich (5) die Verwertung von neu gewonnenen Erkenntnissen für weitere Analyse, um Ansatzpunkte für weitere Runden des Experimentierens und Beherrschens aufzustellen. Somit erstreckt sich der wissenschaftliche Teil der Schaukel-Totter-Skala von deren Mitte nach links, vom Punkt der „Vertrautheit" über die Analyse zur hypothetischen Umgestaltung, zum Experimentieren und dann in den Bereich des absoluten Kontrollierens und der Übernahme.

Das Forschen mit Hilfe der wissenschaftlichen Methode ist lediglich für das Verstehen von Sachen in kleiner-als-menschlichen Quanten geeignet. Das ist deshalb so, weil die Wissenschaft sich auf

Dinge beschränkt, die a priori kleiner-als-menschlich gedacht werden müssen, um experimentell kontrollierbar zu bleiben. Jede experimentelle Auseinandersetzung zwischen potenziell Gleichrangigen könnte zum Streit führen oder, andererseits, vielleicht zu einem Kompromiss oder einem Maß von egalitärem Zusammenspiel mit anderen. In beiden Fällen, im Streit sowie mit der Anpassung, werden die Ziele der experimentellen Wissenschaft abgeschafft. Als Gegensatz kann, auf der rechten Seite der Skala, jegliche Konfrontation mit übermenschlichen Wirklichkeiten zur „Faszination" und in poetische Tiefen führen, zum Schaudern, Zittern und zur heiligen Furcht und schließlich zur vollen Übergabe des Ichs.

Realitäten und Dinge von der Größe unserer Erde oder des Universums können so-oder-so nie ganz objektiv verstanden werden. Als Beobachter und Experimentatoren sind wir immerhin selber auch ein Stück solcher übergroßen Forschungsgegenstände. Das heißt, dass ohne zusätzliche Selbstprüfung und Selbsterkenntnis und ohne eine zugestandene einschränkende Erkenntnistheorie unser Verstehen immer wieder in Zweifel gezogen wird. Die doppelte Anrechnung unseres Ichs, als Beobachter und als Gegenstand, gibt uns regelmäßig ein teilweise gefälschtes Resultat.

Bildlich gesprochen, würde auf der rechten Seite der Skala ein wissenschaftlich geneigter Manipulator einem übermenschlichen Wesen selbst als ein Objekt für dessen Experimentieren zur Verfügung stehen, das heißt, falls solch ein übermenschliches Wesen in der Tat geneigt wäre, sich zu erniedrigen, um nach menschlichen Methoden wissenschaftlich zu basteln oder zu jagen. Wissenschaftliche Kontrolle, vom linken Ende der Skala geholt, würde am rechten Ende in eine andere Umgebung geraten. Menschliche Wünsche und Ambitionen würden dort in religiöser Hingabe aufgehen. Das heißt, wissenschaftliche Kontrolle wäre dort nicht anwendbar. Der Ausgangspunkt des wissenschaftlichen Experimentierens sowie des religiösen und theologischen Erlebens ist daher am Mittelpunkt der vollen Skala am reinsten erkenntlich, das heißt am Punkt des vertraulichen und ehrlichen Erkennens. Es ist der einzige Punkt der Skala entlang, wo der menschliche Geist frei genug und unbefangen genug sein kann, um allerlei zu beobachten und einigermaßen frei darüber nachzudenken.

Am Mittelpunkt der Skala, mit „Vertrautheit“ gekennzeichnet, engagieren sich alle Möchtegern-Gleichen als gemeinschaftliche Teil. nehmer im Einklang mit der Goldenen Regel, mit der universalen Regel der Ethik, welche eigens für egalitäre Beziehungen zuständig ist. Sollte aber die Goldene Regel im Umgang mit wissenschaftlichen Objekten angewendet werden, dann würde eine Erhöhung der Werte dieser Objekte erfolgen bis hin zum Rang der Gleichheit. Diese Anhebung würde das Experimentieren unterbinden und die Wissenschaft entweder als ein zielloses Spiel oder als einen offenen Eroberungskampf enthüllen.

Natürlich ist es möglich, dass ein Teil oder Aspekt einer Person vorübergehend als etwas Nebensächliches eingestuft werden kann, um für wissenschaftliche Forschung oder für medizinische Behandlung zur Verfügung gestellt zu werden. Doch dieser Schritt ist ethisch nur möglich wenn die so zu behandelnden Aspekte einer Person zuerst analytisch identifiziert und dann vertraglich vom Kern der Person, in dem das Ich-Bewusstsein enthalten bleibt, gebilligt wird. Der wesentliche Ego-Anteil, die Integrität einer Person, kann irgendwelchen wissenschaftlichen Experimenten oder analytischen Abwandlungen nicht ausgesetzt werden, ohne Schaden zu nehmen.

Egalitäre „Experimente“ an der Mitte der Skala mögen auf einer Ebene des Spielens verbleiben. Doch dem weiteren Kontinuum entlang können Beziehungen zwischen potenziellen Partnern wohl auch an diesem Mittelpunkt vom Stress überwältigt werden, wenn zum Beispiel ein Partner den andern als wissenschaftlich experimentuelles Objekt benutzt oder einfach wissenschaftlich als etwas weniger Wertes manipuliert. Jedoch vom gleichen Mittelpunkt des Spielens aus, der Skala entlang nach rechts neigend, ist es ebenso möglich, anderweitig Gleichstehende zu vergöttlichen.

Die verschiedenen Stufen von religiösen Intensitäten oder von inversen religiösen Schwächen sind „Faszination“, „Ehrfurcht“, „Furcht und Zittern“ und am Ende dann noch die „Übergabe.“ Entlang der gesamten Breite der Skala des Erlebens, der ganzen Strecke entlang zwischen „Übernahme“ und „Übergabe“, bleibt die Sprache des wissenschaftlichen Materialismus eben nur für die linke Hälfte der Skala zuständig. Beziehungen zu übermenschlichen Realitäten bedürfen eines anderen Vokabulars und eines anderen Gebarens. Der wissenschaftliche Materialismus kann von dem, was menschliche Gefährten zu erleben fähig sind, nicht mehr als die Hälfte der Erlebnisse nachvollziehen. Experimentelle Wissenschaftler können also nur etwa die Hälfte der möglichen Erlebnisse zwischen Geburt und Tod verstehen oder erklären helfen. Eine Weltanschauung, die nur zu fünfzig Prozent die Tonskala des Lebens vernehmen kann oder deren Augen zu fünfzig Prozent außer Fokus bleiben, kann sich nur in die Hälfte der Bandbreite menschlicher Erfahrungen einfühlen. Vertreter von solchen Orientierungen haben eine Chance, andere Menschen etwa bis zur Hälfte zu verstehen.

Die Typen von „Religion“ und „Religionen“

Im universalen Singular ist „Religion“ ein Substantiv, das sich auf Reflexe zu kulturbewirkten Aggressionen bezieht. Wenn religiöse Reaktionen zu schwach oder ohnmächtig erscheinen, um irgendwelche kulturellen Aggressionen zu besänftigen, oder wenn Kriege und Schlachten verloren werden, dann wird organisierte Religion des Öfteren für Resultate verantwortlich gemacht, welche sie eigentlich zu verhindern suchte. Weil nun religiöse Verhaltensweisen sich gewöhnlich den kulturellen Maßnahmen entlang als gegensätzlich unterscheiden, wird die Religion öfters genau für das beschuldigt, was derartiges Reagieren abzuhelfen versuchte, aber unfähig war durchzusetzen. Genau genommen gibt es keine religiösen Siege. Im besten Falle gibt es religiöse Aussöhnungen, das heißt, Rückzüge oder Übergaben nach misslungener Aggression. Den Bemühungen verschiedener organisierter Religionen ist es nur gelegentlich und teilweise gelungen, menschlich mörderisches Verhalten abzuschwächen. Waffenruhen konnten hie und da mit Hilfe von Religionen eingeleitet werden. Aber sofern sie als mythologische Rechtfertigungen gebraucht werden, können diese am Ende einer religiös getrösteten Kultur auch als Mobilisierungspropaganda wieder eingeträufelt werden. Das heißt, Rechtfertigungen können für Ausbrüche von Rache zurechtgebogen und mobilisiert werden. Dabei entwickelt sich die fromme religiöse Rechtfertigung leicht wieder in eine frische Welle von Schuldigkeit.

Jegliche Art von Kreatur, die etwas oder jemanden angreift und sich dann zeitweise zurückzieht, benimmt sich dabei religiös. Lebewesen, welche auf ihrer Suche nach Nahrung irgendwann ernten, beißen, schlucken oder absorbieren, ziehen sich gewöhnlich aus Sättigungsmüdigkeit zurück. Ihre Ruhezeiten verdeutlichen ihre natürliche Religiosität. Wenn es Tiere sind, die sich zurückziehen und die so ihr Gleichgewicht fürs Weiterleben suchen, dann kann man dies eventuell „Tier-Religion" nennen. Doch um lediglich den zentralen Punkt dieses Kapitels zu verstehen, braucht ein Leser nicht unbedingt das Bestehen einer Tier-Religion anerkennen. So beschränken wir uns also hier auf die Religionen der Menschheit.

Wo eine große Anzahl von Menschen sich vor einer übermenschlichen Macht auf ein gemeinsames Verhaltensgleichgewicht zurückzieht, da kann man dies eine „Volksreligion" nennen. Wenn das kulturelle Niveau solcher Menschen einfach und primitiv erscheint, mag man dabei eine „primitive Religion" erkennen. Um allgemein verstanden zu werden, muss jegliche religiöse Lösung ja sowieso auf das primitivste Niveau der umfassenden Kultur summiert werden. Das heißt, jede religiöse Erwiderung muss versuchen, die Probleme der Kultur auf der niedrigsten Stufe von Komplexität zu lösen. Zum andern aber muss eine organisierte Religion auch jede ihrer religiösen Antworten mit relevanten Beweisführungen, bis zum höchsten Grad von Sophistikation unterstützen können. Das bedeutet, dass der Ausbau der Kommunikationssprache mit der vollen Verbreitung der Kultur sowie mit der Religionsausdehnung selber Schritt halten muss.

Um einflussreich zu bleiben, muss eine religiöse Innovation das richtige Maß von Logik in sich verkörpern—nicht zu wenig und nicht zu viel. Wo Rituale von Schamanen aufgeführt werden, sprechen wir von „Schamanismus." Wenn eine einzelne Person ihr Gleichgewicht im Rückzugsverhalten findet, in einem eigenen Stil, dann sprechen wir von „persönlicher Religion." Weil aber Männer und Frauen über Millionen von Jahren auf getrennte kulturelle Ziele mit verschiedenen Intensitäten hingearbeitet haben, mag es auch sinnvoll sein—obwohl nicht immer ratsam—zwischen männlichen und weiblichen Arten von Religiosität zu unterscheiden.

Menschen, die in Stammesgesellschaften leben, mögen ihre Religionen als „Stammesreligionen" bezeichnen. Doch wie immer man sie auch benennen will, man kennzeichnet nicht wirklich die Religiosität als solche. Man verknüpft eher die Religiosität der Menschen mit ihren sozialen oder kulturellen Umständen, welche ihrer Sichtbarkeit wegen leichter zu benennen sind. Die Dichte der Bevölkerung und die Stufen der kulturellen Komplexität bestimmen tatsächlich die Ungleichheiten, welche religiöse Antworten verschiedentlich lösen wollen. Mit dichteren Bevölkerungen findet man Schichtungen nach Klassen. Konkurrenz unter den Nationen sowie zwischen ganzen Anballungen von „Zivilisation" sind im Laufe der menschlichen Geschichte zum Vorschein gekommen. Dem entsprechend kann man auch über „Nationale Religionen" oder über weitverbreitete „Welt-Religionen" sprechen.

Der Atheismus macht eine Person nicht unbedingt unreligiös. Der selige Buddha lehrte atheistische Aufklärung hinsichtlich eines Pfades, der zur seligen Erleuchtung führt, und dadurch wurde er der Begründer einer großen Weltreligion. Größer-als-menschliche Wirklichkeit, weil diese eben mal das menschliche Ego rundum übersteigt, kann tatsächlich in zwei Dimensionen mit Plus- sowie mit Minuswerten erlebt und verstanden werden. Das heißt, unerklärliche „positive Visionen" (z.B. der Himmel), im Vergleich zu unerklärlich „negativer Erleuchtung" (z.B. das Nirwana), mögen beide in ihrer undefinierbaren Extremität die menschliche Vernunft mit etwa gleicher Intensität überwältigen. „Unfassbarkeit" allein reicht schon aus, um anzukündigen, dass ein Mensch nahe an die übermenschliche Dimension hinan geraten ist.

Marx und Engels unterwarfen sich selber, trotz allem was sie sagten oder niedergeschrieben haben, dem Verlauf eines materiellen und übermenschlichen Entwicklungsvorgangs. Und als ob die religiöse Bedeutung dieser beiden Männer einzuschätzen wäre, gibt es irgendwo in China schon einen Tempel, der zu Ehren des Chairman Mao Zedong errichtet wurde. Wahrscheinlich gegen seinen eigenen Willen und Vorsehung wurde er nach seinem Tode von manchen als einer unter vielen chinesischen Göttern anerkannt. So hat man in China schon auf Jahrtausende hin die Mächtigsten geistig hochbalsamiert und nach oben hin befördert. In China hat dieses

Schicksal einen Theisten eingeholt der selber keinen Gott außer Allah anerkennen wollte. Hu Dahai, ein muslimischer General, der dem ersten Ming Kaiser diente, liegt in Nanjing begraben. Auch thront er als ein Gott in einem Grenztempel in Gansu, von dem aus er zusammen mit einem anderen so promovierten General, Chang Yuchün, wohlwollend in das Gebiet einer Bevölkerung von Tibetanern schaut. Ich habe sein Grab sowie auch seinen Tempel dreimal besucht. Drei Jahrzehnte nach der Kultur-Revolution haben Tibetaner für den Wiederaufbau dieses alten Grenztempels der Han Leute Bauholz gespendet.

Sollte es der Fall sein, dass ein Leser nicht mit dem Schema einer ner graduiert-ontologischen Schaukel-Totter Skala zurechtkommen kann, dann akzeptiere ich die Tatsache, dass ich für diesmal mit meinem Kommunikationsversuch versage. Aber es besteht kein Zweifel, dass es eines Tages darüber zu einem Einverständnis kommen wird, wenn einer solchen Person bei ihrer Hingabe in den Tod die volle Breite der Schaukel-Totter-Waage bestätigt wird. Natürlich werde ich dann nicht darauf bestehen, dass diese Person am allerheiligsten oder privatesten Moment ihres Lebens sich die Zeit nimmt, auf die Argumentation dieses Buches einzugehen.

Falls ein Leser ein Theist sein sollte, etwa ein praktizierender Muslim, dann wird er keinerlei Probleme damit haben, unsere ganze Erlebnis-Skala zu verstehen. Seine Gebetsübungen haben den Moment seiner endgültigen Übergabe schon fünfmal an jedem Tag im Voraus geahnt und geübt.

Andererseits mögen auch solche Menschen, welche sich dem wissenschaftlichen Materialismus verpflichtet fühlen, ihre persönliche Übergabe durch die Tatsache gepolstert wissen, dass sie über ihre ganze Lebenszeit fleißig geübt haben, über sich selbst als ein materielles Wesen nachzudenken. Die geistige Disziplin, fortwährend sein Ego sich in der Materie verankert zu erkennen, ist eine vorbereitende materialistisch religiöse Art von Übung zur Hingabe. Nicht viel von einem menschlich Sterbenden braucht sich so im Tode noch weiter zu verwandeln oder aufzulösen, wenn der Mensch dann, ganz einfach, in ein echteres Häuflein Materie verzaubert wird.

Vom Jagen zur Domestikation

Der evolutionäre Übergang von der Jagd auf die Domestikation ist vielseitig und ist weithin als die "Neusteinzeitliche Revolution" bekannt gemacht worden. Bevor religiöse Reaktionen zu diesem Übergang in Betracht gezogen werden, sollte man sich auch einer Vielfalt von materiellen und strategischen Implikationen bewusst werden. Der lang gezogene Dialog im Kapitel Zwölf bereitet uns auf eine Fortsetzung vor, wobei auch die alternative Route von diesem Übergang erwogen werden soll—direkt aus der Jagd zur übertriebenen „Überdomestizierung."

11

Vom Jagen zur Domestikation

Das Schicksal der Wanderer und Siedler

Die Jäger- und Feuersteinhandwerker-Religion am Bauchberg, soweit man diese bis jetzt von den Ausgrabungen ersehen kann, war zum größten Teil eine religiöse Rückzugsgeste zur Rettung der Jäger- und Sammlerkultur und ihrer Überlebensweise—mehr als ein bewusster Fortschritt in eine landwirtschaftliche oder biologische Revolution. Menschen, welche feierliche Riten der Versöhnung veranstalteten, pflegten für sich eine Haltung von religiöser Buße. Sie zeigten Reue, und sie verweilten kulturell sowie seelisch auf einer defensiven und unterwürfigen Ebene. Diese Jäger als Waffenmacher zögerten der Grenze ihrer Jagd- und Feuersteinkultur entlang; und während sie dort zögerten, suchten und fanden sie Zuflucht in einer Kalksteinreligion. Doch nachdem soviel nunmehr über die Grenze des Fortschritts gesagt ist—über die Grenze, entlang welcher diese Männer in den Göbekli-Tepe-Heiligtümern ihre Zukunftsgedanken formulierten, sollte man auch bedenken, dass ein räuberischer Geist, der sich über Millionen von Jahren hin entwickelt hat, sich nur sehr langsam bekehren konnte. Nebst praktischen materiellen Schritten brauchte man zur kulturellen Neuausrichtung viele inkrementale intelligente Entdeckungen. Solche Erkenntnisse mussten dann vom menschlichen Geist wie Samenkörner ins Gedächtnis gepflanzt und kultiviert und als viele kleine axiomatische Anknüpfungsfunken angeeignet werden.

Ausgrabungen auf der Südwestanhöhe des Göbekli Tepe an den Hängen der zweiten Schichte sowie auf der Nordwestanhöhe, haben jetzt neue Anzeichen von einem Wandel in die Richtung der Domestikation ans Licht gebracht. Man muss davon ausgehen, dass orthodoxe totemische Jägersleute, die an der größeren Sühnebewegung dort teilnahmen und von dessen religiösem Erwachen erfasst wurden, sich meist noch um ihre Existenz als Jäger sorgten und dieselbe zu verbessern hofften. Schließlich und wahrscheinlich zogen die meisten dieser Leute noch als Jäger aus dieser Gegend weg. Sie wanderten nordwärts durch die Berge. Sie jagten in Europa und Asien und trugen zum Bevölkern dieser Kontinente bei. Diejenigen, die sich nach Osten über Asien ausbreiteten, mögen wohl dazu beigetragen haben, überlebende Gruppen aus der Eiszeit sowie die ihnen voran rollenden Wanderwellen über die Landbrücke nach Amerika vor sich herzudrängen. Eine Anzahl, die nach Südostasien wanderte, vereinte sich mit Menschen, die später dann mit megalithischen Gewohnheiten in die indonesischen und pazifischen Bereiche floateten.

Alles das bedeutet nicht, dass Menschen, die zwei Jahrtausende am Wachstum der Göbekli-Tepe-Kultur teilgenommen haben und deren Abenddämmerung lebten, darnach alle selbst zu jenen fernen Orten migrierten. Aber es ist durchaus möglich, dass Spuren von manchen neolithischen Kultstätten aus welchen Abwandlungen schließlich im keltischen Europa und in Amerika auftauchten, noch heute über Asien hinweg auf ihre Entdeckung warten. Wir dürfen erwarten, dass solche Kultstätten wohl noch in Verbindung mit Kalkstein-Schichten und Feuerstein-Fundgruben entdeckt werden.

Auf jeden Fall, irgendwann vor vier- oder fünftausend Jahren scheint der Stil der megalithischen Episode etliche Teile von Mittelamerika erreicht zu haben. Die nach Süden abwandernden Völker haben dort, aufwirbelnd und gegenwirbelnd, den Isthmus für einander blockiert. Die Landenge dort wurde zu einem verstopften Trichter, für Völkerschaften welche eigentlich nur dem von Norden kommenden Druck irgendwie nach Süden hin ausweichen wollten. Auf dieser Landenge konnte sich aber die immer dichter werdende Bevölkerung nicht länger durch Jagen und Sammeln ernähren. Sie mussten sesshafte Pflanzer werden und sich, gegenseitig, in defensive politische Vereinigungen zu einem Überdomestikationsstil zusammenzwängen. Die wichtigsten domestizierten Pflanzen in Amerika waren Mais in Mexiko und Kartoffeln in Peru. Beide Nutzpflanzen scheinen vor zehn bis sieben Jahrtausenden schon angebaut worden zu sein.

Von Mittelamerika aus, mit ihrem Pflanzenanbau und angestaut von wachsenden Bevölkerungen, verbreiteten sich die *Moundbuilder* Kulturen zurück nach Norden und in den weiteren Südwesten sowie auch östlich in die große Mississippi- und Missouri-Ebenen. In Nord Amerika reichte der mittelamerikanische Einfluss der Moundbuilder im Allgemeinen so weit nach Norden, wie auch der Mais und die Kartoffeln in präkolumbianischen Zeiten angepflanzt wurden.

Vor zehntausend Jahren gab es Gruppen, die am Fruchtbaren Halbmond und in Anatolien weiterwohnten, und diese Leute wurden zu Wegbereitern einer Vielfalt von Domestizierungsunternehmen. Der allgemeine Konsens unter Prähistorikern vermutet immer noch, dass Ziegen, Schafe, Schweine und Rinder zuerst am oberen Bogen des Fruchtbaren Halbmondes entlang domestiziert worden sind. Für einen Überblick über das nächstweitere Bild in Anatolien sind wir beraten, ein Auge auf Çatalhöyük hin offen zu halten. Es ist die älteste Stadt in dieser Gegend, welche zur Zeit westlich vom Göbekli Tepe auch ausgegraben wird. Indien und Afrika werden nunmehr auch als separate Plätze für die Domestizierung von Rindern erwähnt. Die Praxis, Tiere zu hüten und Tierzucht zu treiben, mag sich wohl aus dem oberen Fruchtbaren Halbmond südwärts den Flüssen von Mesopotamien entlang verbreitet haben. Allerdings sind im Laufe der Zeit dort wohl die meisten der frühen Domestizierungs-Siedlungen tief unter angeschwemmten Alluvialschichten begraben worden.

Vor etwa 7 000 Jahren wurden aus dem Fruchtbaren Halbmond verschiedene Domestizierungspraktiken nach Europa gebracht. Die ersten neolithischen Siedlungen in China erschienen gleichzeitig mit der Yangschao Kultur dem Gelben Fluss entlang. Die Dawenko Menschen in der Schandong Gegend waren etwa zeitgenössisch. Die Longschan Kultur fing vor 4 500 Jahren damit an, die Gegend zu besiedeln, in welcher später die Schang-Dynastie Fuß fasste.[9]

Stadtbasierte „Zivilisation", eine Erscheinungsform der Überdomestizierung, begann in Ägypten, Mesopotamien und im Indus-Tal fast zur gleichen Zeit, vor 5 000 Jahren plus einigen Jahrhunderten. Organisierte Überdomestikation war in China zumindest vor 3 600

---

[9]Eine allgemeine Einleitung findet sich in Patricia Buckley Ebrey, compiler. Http://depts. washington.edu/chinaiv/index.htm.

Jahren mit der Schang-Dynastie in vollem Maße vorhanden. Bronze-Metallurgie, zweiräderige Wagen sowie die Kunst des Schreibens wurden in Yin bei Anyang drei hundert Jahre später hinzugefügt.

Wenn man im menschlichen Lebenskampf die Suche nach stetiger Versorgung mit Lebensmitteln als den wichtigsten Faktor in Betracht zieht, dann dürfte wohl anfangs die Einführung der „Domestikation" sich wie ein Schritt rückwärts angefühlt haben, nämlich als ein Verlust „der guten alten Zeiten", als Jagen und Sammeln, das bloße Nehmen, noch ausreichten. Aber zum größten Teil war es nicht menschliche Planung, sondern es war die Geografie, das Klima und das unvorhergesehene schnelle Wachstum der menschlichen Bevölkerung welche zusammen die jungsteinzeitliche Kultur am meisten verwandelten. Deren Probleme dürften, ihrer zeitlichen Größenordnungen gemäß, Wanderungen aus der Gegend weg angeregt haben.

Als eine Selbstverständlichkeit, wohin immer Jäger auf ihre ersten Nahrungsmängel hin auch abwanderten, so neigten die steinzeitlichen Gruppen dazu, sich schon damals als effektivere Gruppen und Horden zusammenzuschließen. Sie unternahmen größere Jagdzüge und erfanden Strategien, mit deren Hilfe sie die Tiere in provisorische Hinterhalte oder Fallen trieben. Weil sich aber unter dem Druck der wachsenden menschlichen Bevölkerung und dem daraus folgenden Überjagen sehr wahrscheinlich in jener Zeit eine akute Fleischknappheit ergab, so liegt doch im Nachhinein die Ursache auf der Hand, dass die technologische Verbesserung ihrer Waffen und die allgemeine Intensivierung der Jagd zusammen darauf hinausliefen, sich auf längere Sicht hin selber zu besiegen.

Während des Zeitalters der Jagd sind Klan- und Stammesgruppen schon immer den Herden der Beutetiere gefolgt. Überall dort, wo wilde Tiere wanderten, fühlten Jäger sich gezwungen diesen hinterher zu laufen. Und die Migrationen der Jäger wurden mit frischem Optimismus gesegnet wenn, in kleineren Schritten, ihre Waffen-Technologie verbessert werden konnte. Dieses war die Dimension im evolutionären Prozess, die am Göbekli Tepe über die Dauer von zweitausend Jahren glänzte.

In der Suche nach Nahrung durch die wachsende Menschheit wurde die Domestizierung von Pflanzen und Tieren rund um die Erde schließlich eine unvermeidbare Verfahrensweise. Wo Herden wilder Tiere reduziert oder dezimiert wurden, da musste Ersatz gefunden werden. Wildes Getreide, Gemüse und Früchte mussten dem Bedarf an Lebensmittel nachhelfen. Zahme Herden wurden aus den Reihen der Beutetiere, aus den meist fügsamen Arten und Muttertieren, angesammelt. Ziegen und Schafe standen in der Reihe der frühesten bevorzugten Spezies vorne an. Kühe kamen dazu, als der Vorrat von wilden Rindern ausgedünnt wurde.

Prädisposition: Das Prinzip von der „Schlachtung der Wilden und Züchtung der Fügsamen" ist gesunder Menschenverstand. Als kleiner Junge war der Autor selbst die Ursache für solche selektive Züchtung. Sein Vater wollte fügsame Kühe, die sein Siebenjähriger mit einem Seil in seiner rechten Hand und mit einem Stecken in seiner Linken führen konnte, während er selber hinten die Führung des eisernen Pfluges übernahm. Die Bei-der-Hand-Kuh musste fügsam sein, und die Von-der-Hand sollte ein wenig größer sein, um mit stetem Gang in der vorherigen Furche gehen zu können. Ich hatte ein gutmütiges rostfarbiges Lieblingstier als Bei-der-Hand. Insgesamt hatten wir fünf Kühe im Stall. Als nach acht Jahren meine Lieblingskuh an den Metzger verkauft werden musste, standen an drei von den fünf Plätzen im Stall ihre Töchter.

Gärten wurden mit den kräftigsten und den brauchbarsten essbaren Nutzpflanzen einbepflanzt. Solche Sofort-Maßnahmen waren eine Notwendigkeit für das Überleben, und diese Versorgungsweise zwang Gruppen von Menschen sich anzusiedeln. Zu einem gewissen Zeitpunkt war es nicht mehr einträglich, seltene einzelne Tiere zu jagen. Dennoch konnten aber die Männer nicht plötzlich Domestizierer von Tieren und Pflanzen werden, nicht ohne sich zunächst an ihre sanfteren archäischen Temperamente als weniger aggressive Ur-Sammler zu erinnern und diese wieder zu kultivieren. Die *Homo sapiens* Art, die während ihrer Epoche des Großwildjagens sich ihrer Geschlechtergrenze entlang kulturell aufgespaltet hat, musste wieder Wege für ihr Zusammenleben finden. Sie mussten zusammen lernen, sesshaft zu werden und miteinander gemeinsam ihre neuen Lebensweisen erfinden.

Die sich entwickelnden Wechselbeziehungen zwischen menschlichen Gruppen und domestizierten Herdentieren erwiesen sich stark genug, um selbst das menschliche Wesen zu beeinflussen. Als die Menschen dann sesshaft wurden, gründeten sie ihre eigenen Gesellschaften nach der Weise, in der sie bereits früher schon bestimmte Herdentiere abgesichert und verschanzt hatten. Herden, die sie sich angeeignet, konnten tagsüber, von menschlichen Hirten und Eigentümern umsorgt, beim Grasen beobachtet werden. Gemeinsam wurden aber Hirten und Tiere leichte Ziele für die restlichen Jäger, die noch nach alten Gewohnheiten auf das Jagen von Tieren bestanden. Unentwegte Jäger wanderten und jagten weiter. Es war nicht ihre Gewohnheit, gezähmtes Eigentum von wilden Beutetieren zu unterscheiden.

Die Klans, die vom Göbekli Tepe wegzogen, um sonstwo zu jagen, hielten ihre Chancen offen, um sich in der Zukunft irgendwo anders niederzulassen. Sie schlossen sich mit anderen abenteuerlichen Jägern zusammen, deren Hoffnungen und Gewohnheiten zu den ihrigen passten. Schließlich vereinigten sich solche Gruppen mobiler Jäger als Banden und Horden von Kriegern. Mit vereinten Kräften verbreiteten sich solche Leute und zwangen den Gebieten die schon früher besiedelt waren ihren Willen auf, das heißt den Menschen, welche schon früher sich zu schwach zum Weiterwandern fühlten. Siedler wurden zu Angriffszielen, als ob sie langsame wilde Tierherden repräsentierten. Jeder Trick, den mobile Jäger gegen wilde Tiere anzuwenden wussten, konnte den gezähmten Tieren noch viel leichter zugefügt werden und fast ebenso leicht deren menschlichen Hirten.

Schlechter bewaffnete Hirten und Bauern, mit Werkzeugen ausgestattet, welche sich weniger gut für den Kampf eigneten, arbeiteten inmitten ihrer ersten Besitztümer, zerstreut in kleine Gruppen. Als schwache Einzelne waren sie oft die einzigen Hindernisse, die den Räuberbanden im Wege standen, den Räubern, denen nach alter Jäger Sitte nach Fleisch gelüstete. Eine größere Anzahl von Landwirten und nomadischen Hirten mussten sich daher zur Verteidigung zusammenschließen. Dieses angst-induzierte Schicksal, mehr als der schiere wirtschaftliche Faktor einer effektiven Nahrungsmittel-Produktion, trieb die Dynamik für das Wachstum der Bevölkerung und der Ansiedlungen. Wenn man als Domestizierende sich nicht fähig fühlte seinen Besitz, den Schutz seiner Familie oder seines Klan zu sichern, wenn man zu schwach war, dann musste man mehr Jungs, mehr Streiter zeugen und erziehen, welche schließlich den Familien und deren verbündeten Siedlern helfen konnten sich zu verteidigen.

Wenn im Laufe der Zeit wandernde Jäger sich zu Banden und Krieger-Horden zusammenschlossen, wurden diejenigen, die sich schon früher zur Domestikation niedergelassen hatten, anfällig für ständig schlimmere Bedrohungen. Zuerst verschanzten sie sich in ihren Hürden, bis dann diese Hürden als ummauerte Dörfer und Städte befestigt werden mussten. Während die Menschen so hinter Adobe, Holz und Stein sich ihre Zuflucht suchten, wurden alsbald ihre größeren befestigten Stätten zu Angriffszielen für die Räuberbanden. Organisierte Krieger konnten solche Städte erobern und in ihrer Kontrolle behalten. Und dabei lernten sie auch, wie man sich gegen ähnliche konkurrierende Kriegerhorden mit Verteidigung und darüber hinaus mit Präventivschlägen als Angreifer durchsetzen konnte. Nachdem eine Stadt oder Dorf einmal in die Hände eines Bandenchefs gefallen war, konnte solch ein siegreicher Eroberer die Einwohner dazu zwingen, ihren Ort zu einer verteidigungsfähigen Festung auszubauen. Von einer eroberten und gesicherten Zufluchtstätte aus konnte ein Kriegsherr dann weitere Aggressionskampagnen unternehmen. Die Bewohner von umfriedeten Siedlungen, Sesshaft-Gewordene, gerieten auf diese Weise als Untertane in den Dienst der siegreichen Bandenchefs, welche sich fortan als „Könige“ aufführten.

Persönliche Effekte der Domestikation

Das Betreiben von Pflanzenanbau mit der Domestizierung von Tieren, setzte eine allgemeine Wirtschaftslage voraus, deren Urheber sich einschließen und sich gesellschaftlich in diese verstricken mussten. Als Sesshafte war es ihnen möglich, mehr Kinder aufzuziehen, und eine größere Bevölkerung machte alsdann ihre Mobilität zum voherigen orthodox-ehrlichen Jagen um Vieles schwieriger. Trotz allen Wechsels blieben sesshafte Menschen ihrer Nostalgie zur Jagd verfallen. Natürlicherweise ist es auch manchen von ihnen gelungen, hin und wieder zu spannenden Jagderlebnissen zurückzukehren. Im großen Ganzen blieben aber sesshafte Bauern im eigenen Fortschritt stecken. Je mehr sie als Domestizierer florierten, je weniger Tiere konnte man noch auf der freien Wildbahn finden. Zudem musste man auch noch eine Reihe von persönlichen Anpassungen machen.

Während der Zeit des Übergangs von der Jagd zur Domestikation gingen für die Siedler etliche ihrer Lebensinhalte, welche vordem für ihr Selbstbewusstsein als Jäger wichtig waren, verloren. Ein systematischer Vergleich der Jagd mit einer darauf folgenden Tier- und Pflanzenpflege sowie geänderte Gewohnheiten beim Schlachten offenbaren uns, was dieser Wechsel dem Selbstwertgefühl eines einstigen Jägers angetan hat. Wir müssen dazu die Jagd mit den darauffolgenden Gegensätzen von Tierpflege und domestizierender Schlachtung vergleichen. Wir werden auf die allgemeine Bemühungen, welche für die verschiedenen Lebensstile erforderlich waren, fokussieren. Zu diesem Zweck wollen wir Versuche des Motivierens, der Vorbereitungen, der Verfolgungsjagd, der Konfrontation sowie des Tötens und des Schlachtens, samt des Transports gegeneinander abwägen. Wir werden solche Bemühungen auch in Bezug auf die religiöse Rechtfertigung, auf gesellschaftliche Legitimation und Balance hin erwägen.

Motivation: Die Tatsache, dass Jäger aus ihrer natürlichen Abhängigkeit von Nahrung motiviert waren, ist selbstverständlich. Diese Wirklichkeit wird durch regelmäßig wiederkehrende und natürliche Empfindungen von Hunger bestätigt. Doch für überdurchschnittliche Jäger konnte der Rang, welcher auf Erfolg auf der Wildbahn beruhte, zu einer zusätzlichen Motivierung beigetragen haben. Zusätzliches Ansehen konnte durch außergewöhnliches Können und Tapferkeit bei der Jagd verdient werden. Im Gegensatz dazu beschäftigten sich jedoch die Pflanzer und Hirten mit Erwartungen weit über ihren gegenwärtigen Bedarf hinaus. Die Arbeit der Domestikation benötigte langes Planen im Voraus, Vorarbeit sowie erweiterte Speicherung von Vorräten. Es waren für den Anlauf zur täglichen Arbeit derzeitige körperliche Empfindungen von Hunger weniger entscheidend. Stattdessen wurden Strategien, methodische Arbeitspläne und Sequenzen für den Ansporn zur Arbeit wichtiger. Augenblickliche Erregungen und Befriedigungen wurden der Planung von Arbeitsabläufen untergeordnet.

Vorbereitung: Jäger mussten ihre Werkzeugbündel einfach und tragbar halten. Proviant musste leicht und trocken gehalten werden. In krassem Gegensatz konnten Domestizierer ihre Ausrüstungen und ihren Proviant in weit größeren Mengen ansammeln. Sie konnten sogar aufwendige Zubereitungsverfahren erfinden und entwickeln sowie Routinen und Werkzeuge für deren regelmäßige Wiederholung. Etwas sonderbar definiert kann gesagt werden, dass die sesshafte Kultur und Zivilisation mit der Anhäufung von überschüssigen Waren und Werkzeugen zustande kam; das heißt dort, wo auch immer die angesammelten Lasten zu schwer zum Mittragen wurden. Ehe das Weiterwandern wieder einen Sinn hatte, brauchten sesshaft gewordene „Hamster" die Räuber, welche sie dann von ihrem Ballast befreiten.

Die Verfolgung: Jäger setzten ihre meisten Bemühungen auf das Jagen selber. Sie verbrachten viel Zeit mit Warten im Hinterhalt, beim Fallengraben oder Fallenlegen. Aber im Gegensatz dazu reduzierten Domestizierer die Verfolgung auf ein Minimum. Sie erkannten ihren Nahrungserwerb vorweg als eine andauernde Fang-und-Freundschafts-Strategie. Sie modifizierten tierisches Verhalten durch Zucht, Pflege, Zähmung und freundschaftliches Verhalten. Ihre Wachsamkeit wurde nach außen hin gegen Raubtiere gerichtet, also genau gegen jene Konkurrenten, die ihre Jägervorfahren einstens respektiert und als totemisch-göttliche Vorbilder imitiert haben. Begeisterung, welche die Jäger einst auf heißen Verfolgungsjagden erlebten, wurde allmählich in methodische und ritualisierte Arbeit verwandelt. Um ihre Langeweile zu reduzieren, wurde die Erregtheit vom Jagen durch grandiose Opfermahlzeiten ersetzt. Abhängig vom Status der göttlichen und menschlichen Gäste die dazu eingeladen waren, wurden Feste nach der Vortrefflichkeit der Opfer gewertet. So konnten zeremonieller Rang und Ansehen mitverdient werden. Anderweitig langweiliges oder feiges Töten und Schlachten, veranstaltet von sesshaften Domestizierern an hand von zahmen Tieren, konnte jedoch im Laufe ihrer Schlacht- und Potlatchfeste als bedeutungvoll betont und aufgewertet werden.

Konfrontation und Töten: Jäger verübten ihre Morde an Tieren am Ende von ermüdenden Verfolgungsmärschen öfters als Höhepunkte. Sie erlebten ihre Siegermomente als Augenblicke höchster Erregung und als Übergänge zur wohlverdienten Ruhe. Im Gegensatz dazu waren die vorbereiteten Konfrontationen der Domestizierer methodisch gesichert, ohne jubilierende Gipfelgefühle auf heroisch erstiegenen Stelzen. Ihr Erleben schwebte in scharfem Kontrast mit der uralten Siegerfreude der Jäger. Domestizierer konnten ihr Töten und Schlachten als enttäuschende Handlungen und als Feigheit erleben. Solche Gefühle schwebten natürlich in krassem Gegensatz und trugen indirekt zur Provokation und zur Steigerung der gemeinsamen Feiern bei, zur Vergößerung ihrer offiziellen Schlacht- und Potlatchfeste.

Schlachten und Transport: Jäger standen vor der schwierigen Aufgabe ihr geschlachtetes Fleisch nach Hause zu tragen. In Fällen, für welche es leichter war, ganze Sippen an den Ort der Tötung zu bringen, mussten erhebliche Anstrengungen zum Lager-Aufbau aufgebracht werden. Bei Schlachtfesten, die von Domestizierern veranstaltet wurden, waren die Tiere und feiernde Menschen bereits schon anwesend. Mehr Zeit und Energie konnte deshalb in formale Mahlzeiten und in komplizierte Riten investiert werden, bei welchen dann auch übertriebenes gesellschaftliches Schwelgen damit verbunden werden konnte.

Die Normalisierung: Ritualisierte Veranstaltungen der Jäger dienten einst vor allem der Rechtfertigung, das heißt, sie hatten die Linderung der Jagdschuld des Tötens als ihr Ziel. Die Schuld einzelner Jäger wurde durch gemeinsame „Teilnahme" beim Essen „aufgeteilt" und dadurch für jeden verringert. Jagd wurde als göttlich vorordiniertes und menschlich nachgeahmtes Tricksen ausgeübt. Sie wurde an den von Göttern bereitgestellten und menschlich/totemisch gejagten Tieropfern vollzogen. Im Gegensatz dazu hat sich bei Schlachtfesten für Ansässige das Gewicht der zeremoniellen Rechtfertigung auf das von einem Gott garantierten Besitztum von lebenden Tieren verlegt sowie auch auf Besitztümer im Allgemeinen. Die Schuld des Tötens und des Essens unter Domestizierenden wurde zunehmend als ein Problem der Kultur und der Wirtschaft und des gemeinschaftlichen Kultus definiert, dessen Rechtfertigung wiederum auf göttlich zuerkanntem Status und Eigentumsrechten beruhte.

Das Opfer und die Wirtschaft: Der Besitz von Tieren als Eigentum konnte für Domestizierende mittels Anteils-Schlachtopfer für die Götter bestätigt werden, das heißt, auf Grund von göttlichen und menschlichen Begleichungs-Transaktionen, welche den ursprünglichen Erwerb der Tiere implizit demonstrierten. Für den rechtmäßigen Erwerb ganzer Herden in einigen frühen Hirtenkulturen mussten Einzeltiere als göttliche Anteile für menschlich behauptete Herden bezahlt werden. Opfer-Bezahlungen mussten den göttlichen Schöpfern und früheren Eigentümern erstattet werden. Zudem war die Rechnung, die den Göttern zu zahlen war, gewöhnlich höher als ärmere Menschen bezahlen konnten. Und auf diese Weise des prunkvollen Opferns konnte ein religiös begründeter Rang, unter der Obhut einer Gottheit, demonstrativ und öffentlich gerechtfertigt werden. So konnte dann, sehr frühe schon, eine ungleiche soziale Ordnung stabilisiert werden. Ganze Tiere als Anteilopfer legitimierten den Besitz von ursprünglichen Zuchttieren, nicht weil eine Gottheit wirklich einen Nahrungsanteil zu ihrem Unterhalt benötigte oder irgendwie einen solchen beanspruchte, sondern um die Eigentumsrechte der wachsenden Menschheit auf eine einigermaßen geordnete und friedliche Art und Weise zu stabilisieren. Theologisch und geschichtlich kann die Situation etwa so erklärt werden, dass die Götter in den Riten der sesshaft gewordenen Menschen mitspielten und dabei aus ihrer gnädigen Einfühlung heraus der menschlichen Wirtschaft den friedlichen Tausch und den Handel ermöglichten.

Die moderne akademische Geringschätzung der alten Opferpraktiken ist nicht so sehr ein Anzeichen von höherem zivilisiert-akademischen Verständnis, sondern eher ein Anzeichen der Unwissentheit in Bezug auf die praktischen Voraussetzungen, die zum Ausgleich einer Gesellschaft von frühen Domestizierern und anfänglichen Eigentümern erforderlich waren.

Um zu einem besseren Verständnis der ursprünglichen Probleme zu gelangen, braucht man sich nur vorzustellen, wie in größeren Nach-Jäger Kulturen jeder Mann noch ein erfahrener Jäger und ein Metzger war, wo aber die meisten dieser Männer über keine annehmbare Berufsalternative verfügten, welche für ein gescheitertes männliches Ego nicht erniedrigend gewirkt hätte. Man möge sich eine Gesellschaft vorstellen, in der alle Männer Schlächter waren und wo man keine Vereinbarungen kannte, nach denen ein Mann entweder lebende Tiere zu eigen haben oder deren Fleisch, in Stükke zerschnitten verkaufen konnte.

Die zeremoniale Ausarbeitung, welche die Tötung von Opfertieren begleitete, wie eine solche durch Domestizierende betrieben wurde, muss zunächst einmal als pragmatische soziale Neuerung verstanden werden. Diese Riten enthielten Gedankenmuster, die irgendwie in die Philosophentruhe von Immanuel Kants "Die Kritik der Praktischen Vernunft" hineingehörten. Gesellschaftlich diente ein Opferfest als eine Ersatzhandlung für Abenteuer und für Erregtheiten, welche einst den Männern auf der Jagd natürlicherweise zufielen. Sammeln und Jagen waren Lebensweisen, die den Lebensstil der Menschen über eine sehr lange Zeit hin gestaltet haben. Opferfeste unter Jägern waren einstens wohl öfters gewohnheitsmäßiger ausgefallen, als spätere Errungenschaften der Domestikation gefeiert wurden. Im Ganzen schien die Jagd würdiger zu sein als das Schaufeln von Mist oder das Hacken von Disteln auf dem Feld. Die Jagd war „adeliger", erstens weil sie die orthodoxe Lebensweise der Menschheit vertrat und zweitens weil sie den Lebensstil der späteren Eliten und der sich anders anpassenden Aristokraten definierte. Sie schien jedenfalls ehrenhafter, als ständig seinen gezähmten Kreaturen dienen zu müssen, solchen die noch nicht einmal angefangen, eventuelle Rutschbewegungen im Gedärme beherrschen zu wollen.

Domestikation als Demütigung: Aus einem etwas anderen Blickwinkel gesehen, scheint es dann, als ob der *Homo sapiens* schon seit einigen Millionen Jahren in seiner Kunst des technologisch vorgeplanten Tötens unüberholbar fortgeschritten war. Zum psychologischen Gleichgewicht mag sein religiöses Ego langsam auf den Punkt hin abgestumpft worden sein, wo er anfing, sich selber als ein Bußopfer zu bedauern, welches sich dann, eventuell, aus seiner eigenen Bußfertigkeit heraus auf ewig zu Domestikationsdiensten verurteilt sah. Törichte Tiere mit anspruchsvollen Bedürfnissen schienen sich den ersten Tierpflegern gegenüber als Meister aufzuführen, als ob sie die Herren dieser zweibeinigen Tierdiener wären. Jemand der auch nur eine einzige Ziege zum Melken sein Eigentum nannte, hatte stetige Obhut und Arbeit zu leisten ohne Hoffnung auf nur einen Tag Urlaub. Aristokraten an manchen Orten und sogar deren höhere

Bediensteten verstehen es sogar heutzutage noch gut, wie man auf einen Bauern hinunterschaut, als auf jemanden, der dumm und freiwillig oder auf Grund des niedrigen Standes seiner Geburt ewig zum Mistschaufeln prädestiniert bleibt oder, selbst hernach mit Aufbesserungen, noch in ähnlich niedrigen Berufen verbleibt.

Wenn große wilde Tiere und riesige Lasten von Wildfleisch für Männer auf der Wildbahn eine Seltenheit wurden, mussten ihre Familien in der Nähe von ihren Lagerplätzen durch Sammeln und Ausbeuten versuchen, das Fehlende zu ersetzen. Versehentliches Verschütten von gesammeltem Samen am Lager und verworfene Pflanzenabfälle, die auswuchsen, führten wohl zur Entdeckung einer Möglichkeit des Einsäens und Einpflanzens. Und solche elementare Pflanzungen haben, zukunftsweisend, den Weg zum Gartenbau gezeigt. Es waren Experimente, die wahrscheinlich zuerst von Sammlerinnen versucht wurden. Eine solche Entwicklung lässt sich an gut bewässerten Orten vermuten.

Während der Phase ihrer kulturellen Neuausrichtung, als Domestizierer, mussten die künstlerisch-planenden und vor Heldenmut strotzenden Raubwesen notwendigerweise die Rollen von niedrigen und fügsamen Sammlern wieder erlernen. Sie mussten das Pflanzen lernen als wären sie mit den Eichhörnchen verwandt, mit den gleichen Eichhörnchen an denen junge Knaben sich im Pfeilschießen übten. Innerhalb von nur wenigen Generationen mussten manche von ihnen, vom Jagen her kommend, ganz aufs Sammeln überwechseln. Obendrauf mussten sie lernen, wie man Tiere zähmt die viel, viel, viel leichter zu töten wären. Das heißt, sie mussten ihre Vernichtungsimpulse durch mütterliche Arbeitsweisen ersetzen, einer Lebensweise welche früher oder später zu ihrer eigenen Versklavung führen würde. Die Menschen mögen die anpassungsfähigste Tierart auf dem Planeten sein, doch die Schnelligkeit des geistigen Umbruchs, um sich auf primitive Nahrungssammlung wieder einzulassen, welches ein Herausfallen aus den Höhen der göttlichen Jagdgefilde mit einbezog, war über alles schmerzhafter als alles, was man sich bisher vorstellen konnte. Stolze Männer mussten einfache Sammlerfähigkeiten wieder erlernen, mit deren Anwendung jede korbtragende Frau sie inzwischen übertreffen konnte.

Das ganze Übergangsrätsel, das die Umstellung vom Jagen auf die Domestikation betrifft, klingt wirtschaftlich einfach und unkompliziert. Aber in Wirklichkeit war es problematischer, als jeder moderne Kopf es sich im Nachhinein noch vorstellen kann. Die Jäger hatten mehr als sechs Millionen Jahre Entwicklung hinter sich und wurden dann herausgefordert, sich radikal von ihrem ganzen Fortschritt zu bekehren. Sie waren geübt und totemisch erkoren, um als Helden den übermenschlichen Raubtieren als deren Konkurrenten zu begegnen. Jäger konnten ihre Kameraden verteidigen und ihre Familien retten, wenn nötig auch unter Aufopferung ihres eigenen Lebens. Sie waren jedoch nicht in der Lage, den Zuständen in ihrer Umwelt, welche sie mit ihrem Waffenbau selbst verursacht hatten, gerecht zu werden. Sie waren nicht in der Lage, die Probleme ihrer Überbejagung und der resultierenden Überbevölkerung vernünftig zu lösen. Das Schicksal, sich als rationelle *Homines sapientes* zu entfalten, ihr Leben zu balancieren und ihre Handlungen rechtfertigen zu müssen, übertraf jeden wirtschaftlichen Pragmatismus der den alten Humaniden heutzutage beigemessen wird.

Wenn ich an ein Schicksal denken wollte, welches für einen stolzen neolithischen Jäger hätte schlimmer sein können, als nicht genug Fleisch nach Hause schaffen zu können, dann wäre dies das Schicksal gewesen, als ein männlicher Löwe geboren zu werden. Zwischen niedriger gewordenen Savannen Gräsern ist der Löwe heute allzu sichtbar geworden und wird daher leicht von den Jagdfähigkeiten der kleineren Löwinnen übertroffen. Ist aus dem männlichen „König der Tiere“ ein abhängiger Baby-Killer geworden, weil Savannen Gräser jetzt kürzer wachsen? Haben die männlichen Menschen gelegentlich ihren Drang, in den Krieg zu ziehen, erhalten weil vor langer Zeit sie erlernt haben wie man dazu Feuersteine besser knappen kann, und weil sie sich mit besseren Waffen leichter bekämpfen konnten? Oder ist es, weil ihre Frauen mehr Kinder zur Welt brachten und weil es deshalb einstens weniger Beutetiere zu jagen gab? Sind menschliche Weibchen wirklich stolz darauf, wenn ihre Männer als Helden von ihren Kriegszügen zurückkehren oder gar wenn sie als Helden ihren eigenen Kriegsmaschinen erliegen? Für solche Entwicklungsvorgänge scheint es keine glanzvollen Abschlüsse zu geben.

Wir müssen weitermachen und uns auf die evolutionären Mühen der Menschheit besinnen. Nach einigen millionen Jahren mussten diese kunstvoll gerüsteten Räuber samt ihren mütterlichen Sammlerinnen gemeinsam umlernen, wie man eine andere Art von Ehepartner werden konnte, andersgeartete Väter die weniger effektiv wanderten und im Ganzen genommen zu weniger wichtigen Menschen geworden sind.[10] Heute, zehntausend Jahre später, leidet der ganze Planet immer noch unter den Nachwirkungen dieser vorwiegend männlichen Übergangskrise. Ihre Identitätskrise, so hat es sich jetzt gezeigt, war die bleibendste Narbe, welche die große jungsteinzeitliche Kultur-Revolution hinterlassen hat.

Opfer zur Ernährung der Götter

Kann jemand sicher sein, dass unsere frühesten Ahnen auf der Jagd tatsächlich Speisegaben den überhominiden Raubtiergottheiten opferten? Natürlich können wir sicher sein, dass sie das taten. Und so haben es auch schon alle, die vor ihnen lebenden Affenmenschen gemacht, millionen von Jahren früher. Ohne gelegentlich eine Beute einem überlegenen und hungrigen Konkurrenten zu überlassen, eventuelle Beuten die sie nicht zu verteidigen imstande waren, würden sie selber nicht lange genug überlebt haben, um Nachkommen zu hinterlassen. Nachdem sie später Fleisch in Stücke zerschneiden konnten, würden sie mindestens versucht haben, mit einigen Abschnitten zu entkommen. Und wenn ihre Versuche, Teile zu retten, scheitern sollten, dann schätzten sie sich glücklich, wenn sie noch mit pochenden Herzen davonkamen. Unter solchen Umständen war die Wahrscheinlichkeit hoch, dass Leben verloren gingen. Die Götter konnten damals wohl auch ganz geschickt sich hominide Opfer nach ihrem eigenen Willen aufgreifen. Solche Übergaben als „Opfer" zu erklären, war ein gesichtswahrender Trick der menschlichen Vernunft. Der Akt des Opferns war ursprünglich keine freiwillige Entscheidung. Doch wenn mit Freiwilligkeit noch weitere Vorteile zu erreichen waren, warum dann nicht auch

[10]Vergleiche Kroeber, Clifton, Bernard L. Fontana. *Massacre at the Gila.* Tucson, 1986. Auch Luckert, Karl W. "The Geographization of Death in Melanesia," in *Numen—International Review for the History of Religions 18.* Leiden, 1971.

mit freundlicher Miene opfern? Humanide Jäger starben gemeinhin, wenn sie rettende Strategien, Tricks, Glück, und göttliche Gleichgültigkeit—*Amazing Grace*—irgendwie nicht mehr in ihre Griffe bekamen.

Prädisposition: Das sind die nackten Tatsachen in einem Raubtier-Dasein, welche der Autor persönlich bezeugen möchte. Frühe noch, während den primitiven Jahren seiner Kindheit und seinem Heranwachsen in einem Bauerndorf wurde es notwendig, sein Schulvesperbrot einem herumstreunenden Hund, einem reinrassigen Wolf namens Bruno, zu überlassen, welcher zwar in einer menschlichen Behausung gefüttert wurde, aber offenbar keinen weiteren domestizierenden Disziplinen gegenüber Kindern unterworfen war. Die keimende Intelligenz eines schwachen Jungen hat wieder einmal entdeckt, zum trillionsten Mal auf diesem Planeten, wie man sich sein Heil mit einer Opfergabe, ohne existenziellen Verlust, erkaufen kann. Das Vesperbrot einem Hund zu überlassen, war ein demütigendes Erlebnis. Es blieb ein Geheimnis, das die Eltern dieses Jungen nie erfahren haben. Mit dem Land auf Kriegsfuß stehend, mussten die Gemüter der Dorfbewohner ruhig gehalten werden. Sich der Hilfe seines Vaters zu bedienen machte in der Regel die meisten Konflikte schlimmer. Kinder lernten diese Tatsache des Lebens verstehen.

Sicherlich waren unsere hominide Vorfahren gezwungen, solche Tricks des Überlebens früh in ihrer Karriere als Sammler und gelegentliche Aasfresser zu lernen. Sie selbst beraubten Schwächere, die ihnen unterlagen. Außerdem stahlen sie von mächtigeren Raubtieren, deren Fähigkeiten sie als weniger achteten als das, was sich ihren Augen darbot. Experimentell gingen sie gegen die überlegenen Rangesstufen aller ihrer göttlichen Konkurrenten vor. Diese Art von experimentellem Konkurrenzkampf ist etwas, für das sich die Fähigkeiten der verschiedenen Affenarten vorzüglich eigneten. In der Tat haben wir Hinweise, dass der Konkurrenzkampf auf diese Weise abgelaufen sein muss, weil einige Arten der früheren Raubtier-Gottheiten tatsächlich ausgestorben sind und andere, die überlebt haben, zum Mindesten entthront worden sind. Selbst die königlichen Löwen und die Tiger werden heutzutage gezwungen, die Schmach eines halb-domestizierten Ranges, unter dem Schutz und der Disziplin ihrer menschlichen Wächter die mit Gewehren bewaffnet sind, in Tiergärten zu akzeptieren.

Im Jahr 1959 veröffentlichte J. Häckel eine trendbestimmende Zusammenfassung über Jagdriten. Er erwähnte Darbietungen von Schädeln, Knochen, Häuten, Harnblasen sowie handgefertigte Figuren in Bezug auf einen allgemeinen Glauben an die Reinkarnation, der sich irgendwie auf erlegte Tiere bezog. Bevor er das Wort „Opfer" anführte, verwies er auf die Tatsache, dass Tiere zu ihren göttlichen Meistern nach Hause abgesandt wurden, meistens um Botschaften des Wohlwollens zu übermitteln. Häckel erwähnte dann, anscheinend richtig, etliche Opferkategorien, während er bestimmte Depositen als „Opfer" bezeichnete, etwa wie Geschenke, welche archaische Jäger ihren göttlich Höherstehenden darboten. Jäger sind beobachtet worden, Erst-Anbietungen, das heißt „Primitalopfer", dargebracht zu haben.[11]

Ehe das Fleisch einer Beute den Jägern zur Ernährung freigegeben wurde, musste ein kleiner Teil beiseite gelegt und verbrannt werden, häufig ein lebenswichtiges Organ. Häckel erwähnte auch den samojedischen Brauch der Ablage von Rentierschädeln und Langknochen. Er erklärte, dass dieser Brauch wohl eine ähnliche Art des Opferdenkens reflektiert. Die Abschwächung Häckels, von „Primitalopfer" zu Knochendepositen und dann zu ähnlichen Darbietungen, klingt allerdings nicht ganz überzeugend.

Die Praxis des Opfergebens, von ersten Abtrennungen aus erlegten Beutetieren, welche archäische Jäger an überlegene Jagd-Totems weitergaben, lassen in der Tat verehrte göttliche Sponsoren der Jagd erkennen.[12] Den Anfang dieser Anbietungen von Beute-Anteilen muss man weit zurück wohl noch auf der tierischen Ebene suchen, verwurzelt in primitiven Jagdversuchen sowie in Verteilungsgewohnheiten innerhalb frühen menschlichen Gruppen.

Wenn wir die Tatsache beklagen wollen, dass unsere menschlichen Vorfahren zu viel von ihren Beuten an mächtigere Räuber verloren haben, dann dürfen wir uns kurz auf die Goldene Regel und an die nächst niedrigere Arten von Raubtieren besinnen, welche

---

[11] J. Häckel, "Herr der Tiere," *Die Religion in Geschichte und Gegenwart,* Vol. III. Tübingen, 1959, 511-513.

[12] Häckel scheint weder die Gewissensnöte der Jäger noch ihre Rechtfertigungen zu kennen.

schließlich unter die Herrschaft unserer frühen Ahnen gefallen sind. Die ersten Wölfe und Hunde, Kaniden, die in den frühen Tagen unserer Entwicklung noch eine Stufe über der Menschheit ihre noch besseren Jagdfähigkeiten ausübten und die später noch lange als totemisch-göttliche Rechtfertiger in Zeremonien mitwirken mussten, hätten sicherlich mehr Gründe gehabt, sich darüber zu beschweren. Als Empfänger der miesen menschlichen Gnade zur Koexistenz, als Menschen ihre Herren wurden, akzeptierten Wölfe als unsere Hunde weit mehr Demütigung. Sie gewannen das Privileg, von dem, was sie sich erjagten und ihren menschlichen Herren übergeben mussten, nur die schlimmsten Reste fressen zu dürfen.

Jagd unter der Obhut eines göttlich-totemischen Schutzherrn war eine theologische Lösung für das Problem der erworbenen Schuld eines sich entwickelnden und zunehmend selbstbewussten Killers. Ein waffenbauendes Raubtier zu sein, das war der Beruf, den unsere Jägervorfahren anstrebten und erlernten, um *Homines sapientes* zu werden. Ihre Arbeit der Waffenherstellung war ethisch schwer zu rechtfertigen und sogar noch schwieriger zu leugnen. Ein früher angefertigtes und danach blut-triefendes Stechwerkzeug, ein künstlich gemachter Reißzahn, von der Hand eines werkzeugmachenden Herrentieres geführt, legte in den Augen von erfolgreichen Jägern ein Zeugnis gegen sie selber ab. Ihre blutigen Waffen überführten sie ihres Verbrechens. Ihr Jagen war vorsätzlich geplantes Morden. Eine tierische Intelligenz, die auf Tage hin vorausplanen und sich vorbereiten kann, diese kann auch Tage hernach noch Gewissensbisse über einseitig erfolgreiche Siege erleben. Eine Fülle von listigen Ausreden, Rechtfertigungen, Tricks und Opfervortäuschungen sind von primitiven Jägern erfunden worden, um ihre Schuld von sich weg zu verlagern. Methoden, bei denen Anteil-Opferzahlungen zu leisten waren, waren religiös gesehen vielleicht noch die ehrlichsten von diesen Rechtfertigungen. Futuristisch und geschichtlich gesprochen, haben diese Opfer-Improvisationen grundlegende Gewohnheiten für die menschlichen Wirtschaftssysteme geschaffen. Opfergaben etablierten die Werte von Vieh und anderen Gütern. Die ganze Zeit über war es unvermeidbar, dass einige Darbringer von Zahlungsopfern schneller als andere begriffen, wie man maximale Vorteile von den Gottheiten erhandeln konnte, von solchen, mit denen man sowieso um seiner wirtschaftlichen Abhängigkeit wegen im Bunde stand.

Anteilopfer, von der Art die ich selber gerne „Alpha-Omega Opfer" nenne, bestehen meist aus abgeschnittenen Extremitäten erlegter Tiere. Diese können Schnauze, Schwanz, Hörner, Augen, Anus oder irgendwelche Hautstücke sein, welche dann von entgegengesetzten Enden am Beutetier abgenommen werden konnten, daher unsere „Alpha-Omega"-Bezeichnung.[13] Während ein göttlicher Sponsor es so vereinbarte, seinen Tieranteil nach wesentlichen Umrisspunkten zu akzeptieren, so trugen die menschlichen Jäger die „weniger bedeutungsvolle" Füllmasse von Fleisch mit sich weg. So aßen sie und so wuchsen sie und so wurden unsere Vorfahren zu Jägern und zu denkenden Menschen.

Anteil-Opfer können einem Schutzgott-Sponsoren, der in der Nähe weilt, präsentiert werden oder sie können einem der weit weg wohnt übersandt werden. Beim Umgang mit dem Bereich der Götter sind geographische Entfernungen von geringer Bedeutung. Und in dem Maße in dem eine Gottheit tatsächlich die Büßergesten eines menschlichen Killers akzeptiert, wird damit auch vom Gott die Verantwortung für den Tod eines Beutetiers übernommen. Durch logische Erweiterung ist es am Ende einer erfolgreichen Jagd zuerst aber nicht nur die Gottheit, welche die Schuld übernimmt. Bei einem gemeinsamen Jagdmahl geraten vorweg alle Essenden unter den gemeinsamen Schatten einer Jagdschuld. Essen und Schuld sind zusammengehörende Ergebnisse des Jagens. Die göttlich-menschliche Bindung durch Versöhnung erstreckt sich deshalb auch auf menschliche Gäste, die als Nichtjagende an der Jagdmahlzeit teilnehmen.

Bei einer derartigen sakramentalen Mahlzeit wird Sühne durch die Opferbeteiligung eines göttlichen Sponsors aus der Jagd her garantiert. Der Gott ist es, der als Erster isst und der durch seine Anwesenheit die Verantwortung für die Schuld aller Essenden vorweg übernimmt. Alle Feiernden werden somit gesühnte Blutverbrüderte des

---

[13]Ein kurzer aber dennoch brauchbarer Dokumentärfilm über die Pygmäen in Zaire, einschließlich einer erfolgreichen Elefantenjagd, welcher vieles des obig Gesagten vorführt, wäre: Kevin Duffy, *Children of the Forest* (28 Minuten). Pyramid Film & Video, US phone: 800-421-2304.

eigentlichen Täters und alle werden sie dabei mit der rechtfertigenden Gottheit versöhnt. Die effektivsten Bündnisriten im menschlichen Repertoire schließen eine Art Sühnezeremonie, eine gemeinsame Todesnähe mit ein, das heißt, entweder als Leidensgenossen oder aber zusammen mit anderen als gemeinsam-erfolgreiche und mitschuldige Mörder. Schon beim rituellen gemeinsamen Bluten, bei Weihungen, bekennt sich ein einzelner Jäger grundsätzlich schuldig, um als Mit-Opfer gemeinsam die göttliche Aussöhnung zu erfahren.

Um seine Gewissenslast los zu werden, konnte ein Jäger, wenn oberflächliche Gesten versagten, es mit seiner existentiellen Hingabe an ein übermenschliches Raubtier-Totem versuchen.[14] Er wurde somit leibhaftig ein Vertragsjäger dieser Gottheit. Zu seiner eigenen Sicherheit blieb er deren Eigentum. Man kann leicht ersehen, wie diese theologische Lösung ritualisiert und angepasst werden konnte um die Höhe der eigentlichen Anteil-Zahlungen zu reduzieren, um mit billigeren Ersatzleistungen davonzukommen. Sachleistungen und Lieder, an die Gottheiten, wurden gewissermaßen als gesichtswahrende religiöse Löse-Zahlungen für Killer-Gewissen dargeboten.

Wie sich die Herdenbesitzer in biblischer Tradition mit erstgeborenen ganzen Tieren ihre Herden von Gott erkauften, so wurde der Mehrwert dieser Tiere im Handel, aus Arbeitsmühe und frommer Herzenshingabe bestehend, hochgerechnet. Anteilzahlungen für Herden, als geschuldete Opfer hingerichtet, haben sich so allmählich zu unserem vollen Wirtschaftssystem entwickelt. Nach dem Erhalt eines ursprünglichen göttlichen Verkaufs, als Anfangseigentum, konnten weitere Waren in ausgewogenem Tauschhandel von anderen Mitopfernden (d.h. Zahlenden) erworben werden. Um Herden und Ernten sein Eigentum zu nennen, musste man das erste Vieh oder das erste Saatgut aus legitimem göttlichen Beständen beziehen, das heißt von der Gottheit welche die Original-Besitztümer für sich selber schuf. Solche Besitztümer konnten für den menschlichen Verwaltungsbereich mit Anteilopfern erworben und später auch wieder als Ware unter Menschen weiter vertauscht werden. Herdentiere konnten so gehandelt und ihr Wert auch durch soziale Anteilnahme am Opferkult von der Gesellschaft bestätigt werden.

---

[14]Luckert. *The Navajo Hunter Tradition*, 1975, pp. 17ff.

Für den Bereich von günstigen Anteilopfern waren immer noch billigere Opfer denkbar. Ein traditioneller Navajo-*Diné*-Jäger hat mir gezeigt, wie solche dargebracht werden können. Er machte sich eine handgroße Stabfigur, um diese als Ersatz für ein verletztes oder getötetes Tier zu bezahlen (Abbildung 35).[16] Stabfiguren schienen angebracht, wenn zum Beispiel ein Mann aus Selbstverteidigung ein göttliches Raubtier tötete, etwa einen Berglöwen.

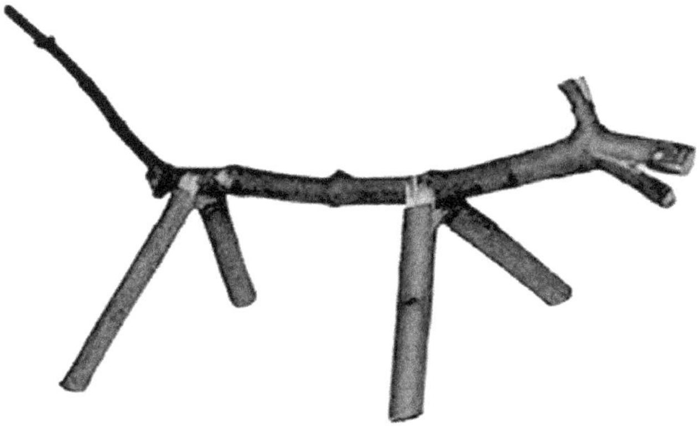

Abb. 35: Stab Figur—Navajo Ersatzopfer für ein totemisches Raubtier. Autor Foto.

Dieser Navajo Jäger hätte sich nie getraut, solch eine Gottheit, das heißt jemanden, der als göttlich totemischer Schutzherr den Jägern auf der Jagd helfen konnte als Nahrung zu zerschneiden. Das bedeutete dann auch, dass er vernünftigerweise nicht an das Abschneiden von Alpha-Omega Segmenten denken konnte. Wie könnte man solche Abtrennungen als Vorspeise zu einer gemeinsamen Mahlzeit jemanden anbieten! Ein solcher Akt könnte als kannibalische Beleidigung für einen göttlichen Jagdkollegen oder als die Beleidigung eines totemischen Sponsors der Jagd verstanden werden. Die Schuld, ein Tier aus Notwehr getötet zu haben, war dem Jäger vergeben, sobald eine Ersatzfigur aus göttlicher Gnade entgegengenommen wurde. Angebote von Anteil- und Ersatzopfern können mit Liedern erweitert werden, mit Rhythmen der Hingabe und Tanzschritten, mit Lobreden und Wertschätzungen. Der Grundgedanke, die Schuld des Tötens zu lindern, auch Tötung für den Nahrungserwerb als ein Anteiljagender, einschließlich persönlicher Hingabe an eine totemische

---

[15]Beschreibung in Luckert, *A Navajo Bringing-Home Ceremony*. 1978, Seiten 193-195.

Gottheit, hatte auch später noch, als aus den Jägern Domestizierer wurden, entwicklungswichtige Folgen. Dieses Gedankenbündel setzte das Muster für spätere menschliche Unterwerfungen und für die Sklaverei. Es etablierte die Art und Weise, wie und was man von minderwertigeren Menschen erwarten konnte oder durfte—wie diese sich den höherstehenden Überdomestizierern angemessen unterwerfen sollten.

Der vage Vorwurf, eine Art schuldiger Killer oder Metzger zu sein, konnte jedem schüchternen Jäger oder Domestizierer vorgehalten werden. Auch nach der Ära des Jagens war eine Begegnung mit einem höherstehenden Ankläger, der sich selber aristokratisch und zeremoniell gerechtfertigt wusste, immer eine Möglichkeit. Ein solcher Ankläger würde dann natürlich auch wissen, wie man übermenschliche Vergebung und Rang für sich selber beschaffen konnte. Er würde weiterhin wissen, dass bestimmte Leute sich dummerweise in ihrer Schuld verstrickt halten. Doch sobald jemand die Versöhnungsformeln von solchen Mahnherren akzeptierte, verwandelten sich jene in *de facto* moralische Wächter denen man zwecks ihrer Überlegenheit und durch die Erinnerung an eigene Existenzschuld für immer unterlegen bleibt. Der Unterschied zwischen elitär höhergestellten Moralisten und schwächeren Niederstehenden, welche irgendwie die genauen Tabus der Eliten verletzt haben, hat der Menschheit ihre aristokratische Oberschicht beschert.

Durch selbstreflexive Intelligenz und aus dem Wunsch heraus, mehr wirksame Waffen anzufertigen, hat sich im Unterbewusstsein die Möglichkeit gesteigert, immer schuldiger zu werden. Das Bedürfnis, mehr Pfade für die Versöhnung und für die religiöse Rechtfertigung zu finden, erhöhte sich in gleichem Maße. So wie es keine Grenzen gibt, neue Tricks für kulturelle Aggressionen zu erfinden, so gibt es auch keine Grenzen für neue Rückwege, auf welchen sich religiöse Sublimierung und Versöhnung finden läßt.

Beim Töten und beim Schlachten eines Tieres, während dessen letztem Kampf ums Überleben, sowie beim Anblick von menschenähnlich-rotem Blut, offenbarten die Schmerzen der Beuten anatomische Ähnlichkeiten mit den menschlichen Jägern. Alles zusammen bezeugte ein gewisses Maß von Intelligenz und Verwandtschaft

Solche Beobachtungen verpflichteten einen vernünftigen Jäger sein Beutetier zu respektieren. Derartige Erlebnisse wurden für das Wissen und die Gewissen der Jäger wichtig, weil diese Dinge ja auch Bausteine für deren eigenes Selbstbewusstsein darstellten. Ein gewisses Maß an Aufrichtigkeit kann man schließlich von jeder Art von Tieren erwarten, vor allem von denen, deren Junge mit Spielen und mit Herausforderungen zur Anpassung aufwachsen. Von einem Amalgam vieler Schnipsel von Lernstoff und von der menschlichen Fähigkeit zu imitieren und zu experimentieren haben sich die Merkmale herausentwickelt, welche die Seelen unserer Spezies definieren. Egal welche Menge von Intelligenz zu Gunsten unserer kulturellen Aggressionen mobilisiert werden, um des Gleichgewichts willen müssen trotzdem auch Lösungen und Reaktionen aus der religiösen Seite des Spektrums heraus mobilisiert werden.

Im Dienst der Kultur und deren Aggression ist der menschliche Intellekt nach außen gerichtet. Er spiegelt sich aber nach innen als Gewissen oder Gegenwissen *(con-science).* Im wörtlichen Sinne ist diese Gegenspiegelung das Gegenteil von der Richtung, in welche die experimentelle Wissenschaft uns drängt. Die Jagd auf Lebewesen ist Austricksen; gutes Jagen ist gelungenes Austricksen. Größer-als-menschliche Raubtiere, die von unseren Vorfahren gefürchtet und bewundert wurden, haben sich schon in vormenschlichen Zeiten als große Trickser erwiesen. Für intelligente Wesen, die solchen Tricksern unterlagen, hat sich schließlich deren Schlauheit als dämonische Bosheit bestätigt. Für diejenigen Vorfahren jedoch, die konkurrieren wollten, wurden weise Trickser auch zu totemischen Sponsoren befördert. Ihre Existenz und Mithilfe rechtfertigten das menschliche Jagen. Totemgötter akzeptierten natürlich alle Ehrenbezeugungen und Schuldigkeitsbekenntnisse welche die Menschen ihnen darbrachten. Menschen die derartige höhere Wesen mit gespielter Frömmigkeit imitierten, gaben solchen Hohheiten ja keine andere Wahl.

Nur weil in unserem Repertoire von Legenden einige dieser Jagdgötter heute als Trickser oder Trottel degradiert worden sind—wie zum Beispiel heute unter den Eingeborenen Amerikas manchmal der Steppenwolf (Kojote) auf den Rang eines Trottels oder eines Hexers reduziert wird—so bedeutet das nicht dass in früheren Zeiten seines Entwicklungsgangs er keine höhere Rangstufe innehaben konnte.[16] Es bedeutet einfach dass die Menschheit jetzt sich stark genug fühlt, um über ihren alten Glauben etlichen ihrer frühesten Götter gegenüber ein wenig lustig zu machen. Einen Witz auf Kosten einer Gottheit zu erzählen, ist ein Akt des Herabstufens. Es ist radikaler als ein Fluch. Ein Fluch anerkennt, dass das verfluchte Subjekt vielleicht doch noch Macht hat und dass es deshalb mit starken Worten weggescheucht werden sollte. An diesem Punkt liegt im Navajo Diskurs der Unterschied zwischen einem Lachen und einem höhnischen Fluch. Diese Abstufung geschieht an der „Gottheit-Hexe-Trottel"-Skala entlang.

Durch das Fenster der Domestizierungskultur gesehen, konnte man während den letzten zehn Jahrtausenden den alten totemischen Göttern und deren Jäger nicht mehr richtig trauen. Jeder Mensch konnte ein Tier stehlen und ein Alpha-Omega Opfer seinem Jagdsponsoren hinlegen. Eine totemische Methode der religiösen Rechtfertigung für Jäger konnte also die Domestizierer und Tierbesitzer fortan nicht mehr sichern oder absegnen. Im Gegenteil, die Jägerreligion besagte Feindschaft. Frühere göttliche Schutzherren der Jagd wurden deshalb von Domestizierern häufig neu als Dämonen oder Teufel erkannt.

Werfen wir bitte einen Blick auf das Bild eines typischen mittelalterlichen Teufels aus der europäischen Christenheit! Er sieht aus wie eine Collage von Überresten aus der Welt der Raubtiere, frisch aus der totemischen Flux-Mythologie herausgeholt, einschließlich eines dreizackigen von Menschen hergestellten Speers. Engagierte

---

[16]Während meiner Feldforschung betreffs dem „*Coyoteway*", einem neunnächtigen Heilungszeremoniell der Navajo Indianer (Luckert: University of Arizona und Museum of Northern Arizona Presses, Tucson und Flagstaff, 1979), entdeckte ich, dass im Rahmen dieser Veranstaltung der amerikanische Präriewolf, Kojote, immer noch als eine positive totemische Gottheit wirkte. Aber im allgemeinen Navajo Volksglauben hat das Ansehen von beiden, Kojote sowie Wolf, sichtbar gelitten. Kojote wird oft als versagender Trickser und Trottel verspottet. Jedoch beide, Kojote und der Wolf, werden häufig auch noch als böse Hexer gefürchtet. Im weiteren Vergleich erscheint es, als ob „Reineke der Fuchs" eine ähnliche Verschlechterung der totemischen Fuchs-Mythologie erkennen läßt. Der Kultus am Göbekli Tepe könnte leicht eine evolutionäre Bruchstelle für den Fuchs-Totem gewesen sein.

Domestizierer hatten keine andere Wahl, als eine übermenschliche Schöpfergottheit zu suchen, von welcher sie ihre Herdentiere, Pflanzen, Felder und weitere private Besitztümer rechtmäßig erwerben und dann behaupten konnten.[17] Der Übergang von der Jagd zu den Strategien der Domestikation konnten nicht ohne kommunale religiöse Reform geschehen.

Auferstehung oder Reinkarnation

Niederlegungen von Schädeln und Knochen, wie diese von alten Jägern hinterlassen wurden, können nicht kategorisch als Opfer interpretiert werden. Und gleicherweise benötigt der Glaube an eine Wiedergeburt nicht zwangsläufig die Unterwürfigkeit zu einem Herrn der Tiere. Auch fordert die Reinkarnation nicht unbedingt ein Opfer. Für einen Jäger, der auf der Wildbahn sich die Frage stellen musste, wie viel Gewicht er wagen soll, nach Hause zu tragen, ist die Beseitigung der ungenießbaren Reste eines Tierkörpers eine praktische Notwendigkeit. Die bloße Ablagerung von Tierskeletten sollte deshalb von bestätigten Opfergaben unterschieden werden. Die Hoffnung auf Auferstehung mag wohl gepflegt und in Bezug auf Tierknochen auch gedacht worden sein, aber nicht unbedingt.

Knochenablagerungen an Jagdplätzen der Navajo Indianer scheinen auf einen Auferstehungsglauben für Tiere hinzuweisen, mehr als auf einen Glauben, den Häckel mit der „Reinkarnation" verbindet. Über solche Riten wurde mir im Jahr 1971 von alten Navajo Jägern erzählt. Das Hauptmotiv der Navajo Jäger, gesprochen beim Abschied an die Knochen ihrer geschlachteten Hirsche, diente wohl der Linderung ihrer Schuld des Tötens. Die Jäger versuchten, damit die Schwere ihrer Tat zu verkleinern. Was das Wesentliche an Hirschseelen anbetraf, so blieben diese unverletzt in Formen von hinterlassenen Knochen erhalten. Was ihre Zukunft anbetraf, so blieben sie lebendig um später wieder einmal gejagt zu werden. Damit ist des

[17]Neuzeitlich säkulare Revolutionen haben sich der Verunglimpfung von alten totemischen Gottheiten und der Zerstörung alter totemischer Wappen gewidmet. Revolutionäre und Soldaten, welche gegen alte Dynastien und ihre Wappen kämpften, haben dabei sich noch abgemüht, die Überreste der alten Steinzeit Religion zu beseitigen. Antike Religion und Politik existierten nie getrennt voneinander.

Jägers Verbrechen der Tötung null und nichtig gemacht. Es gibt hier keinen Hinweis auf den Glauben an eine „Wiedergeburt" im Sinne von einer Geist-Seelen-Einheit, die irgendwo wartet, um in einen neuen Körper zu schlüpfen. Die Knochen selber sind die Seele, und neues Fleisch und neue Sehnen werden sich auf ihnen regenerieren. Das tote Tier wird auferstehen und wieder umherlaufen und kann sogar wieder gejagt werden. Das ist der klassische Unterschied zwischen der Reinkarnation von Seelen und der Auferstehung von Leibern. Die Auferstehung ganzer Personen wurde aus regenerierten Gebeinen erwartet.[18]

Ein bedeutendes Maß von Verwirrung hat sich in das westliche anthropologische Denken eingeschlichen in Reaktion auf die „Animismus Theorie" des Sir Edward B. Tylor. Vorbereitet vom antiken griechischen Dualismus, sind viele westliche Leser allzu schnell auf Erklärungen eingegangen, welche Leben und Tod anhand von Körpern sich vorstellen, anhand von Leibern die von Geist-Seelen bewohnt und wieder verlassen werden können. Die Frage, „Was ist es das im Moment des Todes einen Körper verlässt?" kann auch anders formuliert werden. „Was hat sich beim Sterben verändert?" Da wo dem alten Jäger seine „Prehuman-Flux"-Mythologie noch im Hintergrund mitschwang, da passten Begriffe wie „Verwandlung" und „Auferstehung" besser dazu, als an Stellen wo der strenge indoeuropäische Dualismus die „Wiedereinkörperung" von alten, ewig-existierenden Seelen und darauffolgenden „Wiedergeburten" vermutet.

Der Glaube an die „Auferstehung" und an ein „Leben nach dem Tode" verdient einen Nachtrag. Nach allgemeinen entwicklungsgeschichtlichen Überlegungen scheint es, als ob „Auferstehung" und „Leben nach dem Tode" unter alten Jägern zuerst in Bezug zu ihren Beutetieren konzipiert worden sein mag. Der Glaube an ein

---

[18]Siehe Luckert: *The Navajo Hunter Tradition*, 1975, S. 36, 206f. Die alte Assoziation von Knochen mit der Wahrscheinlichkeit einer Auferstehung ist in biblischen Geschichten wie in der Vision des Hesekiel zu finden. Dort ist die Rede von einem Tal der ausgetrockneten Gebeine und deren Auferstehung (Hesekiel 37). Gebeine sind auch im Zusammenhang mit der Kreuzigungsgeschichte des Jesus von Nazareth (Johannes 19, 32) so zu verstehen. Knochen wurden dort offenbar nicht gebrochen, um die Auferstehungsgeschichte glaubhafter erzählen zu können. Irgendwie wussten die Leute schon so etwas über die Knochen als Seele.

Leben nach dem Tode mag wohl mehr mit Linderung der Jagdschuld in Verbindung gestanden haben als mit der Hoffnung auf eine Verbesserung des menschlichen Schicksals in Gegenwart des eigenen Todes. Ich kam zu diesem Schluss während meinen Feldforschungen schon vor vier Jahrzehnten. Die Entdeckung war eine völlige Überraschung. Doch dieser neue Einblick hat evolutionären Sinn. Der Jäger, der ein *Homo sapiens* geworden ist und der vom Töten lebt, konnte sich nicht allzu sehr beklagen, wenn eine höhere Jäger-Macht am Ende dann auch sein Leben wegnimmt. Das Sterben schien ein angemessener Preis zu sein, den es für das temporäre menschliche Überleben, durch Töten und Essen, zu bezahlen galt.

Hochgötter und Herren der Tiere

In akademischen Kreisen, in denen primitive Religionen diskutiert werden, ist die Angst, als ein „Evolutionist" eingestuft zu werden heute immer noch etwas Beklemmendes oder zumindest eine erruptionsfähige Behinderung. Doch Andrew Lang 1898 und Wilhelm Schmidt 1912-1954 vertraten beide die mutige Ansicht, dass eine alleinige oberste Gottheit wohl unter einer Vielzahl von primitiven Kulturen in einer primitiven Glaubensschichte weltweit existiert haben dürfte. In Antworten zur Fragestellung dieser Männer konnten aber Vorstellungen über den Ursprung und die Entwicklung der Religion, nicht restlos vermieden werden.

Um möglicherweise etwas mehr abwägende Relativität in die Debatte einzuführen, für die enormen Anstrengungen für oder gegen die Theorie des Ur-Monotheismus oder um einige Zweifel an der Universalität des Hochgott-Konzepts zu verabreichen, begannen eine Reihe von Gelehrten auf die „Herren der Tiere" in Jäger Religionen aufmerksam zu machen. Könnte ein Glaube an einen Herrn der Tiere, unter Jägern und Sammlern, wohl zur Unterstützung einer Theorie über einen urzeitlichen Monotheismus angeführt werden? Oder, im Laufe der allgemeinen menschlichen Entwicklung, wie wichtig waren für das Verstehen von Religionen eigentlich die Herren der Tiere?

Hochgott und Herren der Tiere aus primitiven Kulturschichten wurden zum Vergleich zusammengetragen, als ob räumliche Höheneinschätzungen wie das „Hoch-Oben“ etwa auf die frühesten Glaubensvorstellungen unter "Naturvölkern" zurückzuführen wären. Wäre es wohl möglich, dass ein geschichtliches Wissen betreffs der übermenschlichen Dimension etwas über die archaische Wirklichkeit aussagen oder widerlegen könnte? Wie viel von allem dem wohl aus einem eigenen mythologischen "Goldenen-Zeitalter"-Glauben entsprungen sein mag und die Wissenschaftler selber angeregt haben mag, das bleibt immerhin fraglich. Andere Gelehrte versuchten an die Wurzel der primitiven Religionen psychologisch heranzukommen. Sie setzten eine Art von primitiver Mentalität voraus, welche religiöses Denken etwas leichter verständlich machen könnte.[19]

Es scheint, als ob es bei der „Urmonotheismus“ Debatte eigentlich gar nicht so sehr um die Religion selber ging als um die Anfänge der metaphysischen Arithmetik und um das Zählenlernen. Hat ein Kind, oder haben primitive Menschen zuerst „Eins“ konzipieren gelernt, bevor sie „Eins“ von „Zwei“ oder von „Mehrfachem“ unterscheiden konnten?

Das Kernthema, das in der Diskussion über die Religiosität der primitiven Jäger weithin vergessen blieb und das bei den meisten westlichen Forschungsprogrammen auch heute noch gerne übersehen wird, ist die Tatsache der Jagd selber. Der Autor ist inzwischen davon überzeugt geworden, dass das Blut, das während der Jagd und während des Schlachtens aus den Tierkörpern auslief,

---

[19]Siehe Lucien Lévy-Brühl. *How Natives Think* (1910). Lévy-Brühl unterschied zwei grundlegende Denkweisen: Primitiv und Westlich. Die Primitiven sehen keinen Unterschied zwischen dem Übernatürlichen und der Wirklichkeit. Er beschrieb ihre geistige Tätigkeit als „mystische Beteiligung.“ Unter den Kategorien des Lévy-Brühl würde der Autor dieses Buches bestimmt als ein Primitiver gelten. Seine Schaukel-Totter-Skala (Kapitel 10) unterscheidet das „Natürliche“ nicht vom „Übernatürlichen.“ Stattdessen erkennt er für die menschliche Existenz einen aggressiven Geist, welcher einst von künstlerischen Jägern und reißenden Raubtieren geprägt wurde. Dieser Autor, eine begrenzter Mensch, weiß dass das Übermenschliche derselben Grenze entlang läuft, wo sein menschlicher Einfluss abbricht. Aber er selber ist nicht die ganze Natur und kennt deshalb auch deren Grenzen nicht. Deshalb kann er auch nichts Übernatürliches erkennen.

wohl der wichtigste Grund war, der die primitiven Jäger bei ihrem Jagen ins religiöse Denken trieb.

Prädisposition: Bevor jemand auf den Gedanken kommt, mir zuzumuten, dass ich den Begriff „primitiv" in einem abwertenden Sinne gebrauche, möchte ich meine Einstellung hier schriftlich vorlegen. Ich glaube, dass die bäuerliche Kultur, in der ich aufgewachsen bin, noch recht schön primitiv war. In meiner Heimatkultur sprachen wir alle mit unseren Nutztieren. Sie waren auf diese Weise leichter für die Arbeit zu bewegen. Mit ihnen zu sprechen, beruhigte auch uns Kinder. Es tat wohl, zu wissen, dass die Tiere, die wir mit Stecken leiten mussten, die Fähigkeit hatten uns und unsere kindlichen Pflichten zu verstehen. Ein Umstand, der in der Religionswissenschaft uns gelegentlich daran hinderte, primitive Hochgötter richtig einzuschätzen, war die Angelegenheit, dass Schüler entweder hofften, ethnologische Beweise für einen urzeitlichen Monotheismus zu finden oder anderweitig versuchten aus allem Theismus heraus zu entfliehen, wohl rückwärts über ihre Schultern schauend und sich quälend um ihre verweltlichten Seelen sorgten, während die Religion ihrer Väter sie immer noch an ihren Fersen verfolgte, um sie zu retten. Aber dann können Götter aus einer prämonarchischen Ära nicht sinnvoll nach „wie hoch sie thronen" klassifiziert werden. Ich habe noch nie einen Jagdgott auf einem Thron sitzen sehen oder habe von einem derartigen Wesen gehört. Sie alle streunten und durchzogen das Land, so wie auch ich; es sei denn, dass einer dieser Götter gerne einmal stille stand wie ein Baum oder sitzen bleiben wollte als ein Berg. Aber selbst beim Stillsitzen, saß eine Jagdgottheit nie auf einem Thron oder versuchte, die Rolle eines „höchsten Gottes" zu spielen. Sie alle hatten Wichtigeres zu tun, als hoch oben nur als Eingebildete herumzusitzen.

Jemand kann aber trotzdem ein Erfahrungs-und-Reaktions-Spektrum entwerfen wie oben in Abbildung 34, welches dem Trend der modernen Kultur entgegen im menschlichen Denken einen besonderen Platz einräumt—für Menschen, die irgendwie noch glauben, dass es übermenschliche Wesenseinheiten geben mag, die hie und da sich für schwache Menschen einsetzen. Für einen Religionshistoriker sind Götter mehr als nur Namen oder Adjektive. Götter sind das, was sie getan haben und was geschehen ist, oder was sie neben den Menschen her weiterhin noch wirken. Um festzustellen, was Götter tun, müssen ihre Taten von dem was Menschen tun und denken unterscheidbar bleiben. Religionen können nicht mit einer Zusammenstellung von Synonymen oder Adjektiven erklärt werden. Sie erfordern Namen und vor allem Verben.

Mittlerweile habe ich meine eigenen Abgrenzungen zwischen Monotheismus und Polytheismus in der Ethnologie gesucht. Ich habe aber allerlei denkbaren Fragestellungen, wie z. B. solchen, welche die Zahl der Götter anbetreffen, nie getraut. In der Regel habe ich auch solche Fragen nicht gefragt. Im Jahr 1971 und in den folgenden Jahren widerstand ich solche Fragen gegenüber Claus-Chee Sonny, meinem Lehrer des *„Navajo Deer Huntingway."* Ich wusste, dass der Mann intelligent und fähig war eine *„Großer-Geist"*-Theologie auf der Stelle zu fabrizieren, hätten wir nur die Worte gesprochen. Doch hat Claus Chee Sonny eine derartige Gottheit nie erwähnt.

Jedoch in einem Moment der Weihe in die Mysterien des „Redenden Gottes" *(Talking-god)* wurde es offensichtlich, dass jener „Großvater der Götter" in jedem Augenblick hätte universalen monotheistischen Rang für sich behaupten können. Aber es war für den Gott nie notwendig dies zu tun. Nicht nur würden derartige Ansprüche unter den Akademikern viel zu viel Interesse aufgewirbelt haben, sondern auch unter den Navajo Diné selber dürfte eine solche Theologie übertriebenen apologetischen Wert im Umgang mit Euro-Amerikanern geboten haben. In Bezug auf die maskierten Darsteller des Redenden Gottes, welche in einigen der *yeii* Zeremonien erscheinen, wäre eine universelle Geist-Gottheit wohl schwer zu erklären gewesen. Wo immer deshalb auch die Götter mit ihrem niedrigst-möglichen Profil den Menschen sich vorstellen, da können auch ihre menschlichen Verehrer leichter verständlich, sowie annäherungsfähiger und ertragbarer miteinander umgehen.

Mit einem traditionellen Navajo Jäger-Schamanen, öfters durch seinen Jagdbereich streunend, habe ich nicht nur gemerkt, dass sein religiöses Vokabular keinen „Großen Geist" enthielt, sondern auch nicht einmal einen „Geist" oder eine „Seele" für die Menschen. Auch war sein Jagd Revier für ihn nie ein glückseliger Jagdgrund *(Happy Hunting Ground)*.[20] Die Aktivitäten seiner Jagd haben ihn immerfort

---

[20]Ich weiß es nicht sicher und ich hielte es für eine Verschwendung meiner Zeit, dieser Frage nachzuforschen. Doch falls nötig, dann würde ich eine *„Happy Hunting Grounds"* Eschatologie nicht unter eingeborenen amerikanischen Jägern suchen, eher aber in der 1826 Erzählung, *Der Letzte Mohikaner*, von James F. Cooper. Und ganz nebenbei soll jetzt noch bemerkt werden, dass es in der Geschichte der Indianer noch keinen „letzten Mohikaner" gab.

mit Schuld und mit Risiken von göttlicher Vergeltung belastet. Für jeden Verhaltensfehler, den er während der Jagd und des Schlachtens beging, musste er eine ritualisierte Versöhnungsgeste zur Hand haben, um seine Beziehung zu den göttlichen Tierpersonen wieder in ein Verhältnis der Normalität und aufs Gleichgewicht zurückzubringen. Er glaubte, dass solche zeremonielle Erste-Hilfe-Maßnahmen zur Versöhnung wichtiger waren als irgendwelche körperlichen Fähigkeiten, die man beim Verfolgen, beim Töten oder beim Schlachten, anwenden mochte.

Das Navajo Kojote-Zeremoniell, das ich im Jahr 1974 mit Hilfe von Johnny Cooke aufgenommen habe, war wie alle *Diné „Holyway"* Zeremonien auf die Versöhnung mit göttlichen Tierpersönlichkeiten hin orientiert—das heißt, auf Versöhnung mit den Göttern. Während der Aufführung und dem Aufnehmen dieser Heilungsriten vermied ich es, irgendwelche Fragen in Bezug auf deren inbegriffenen Polytheismus zu stellen. Nach den Veranstaltungen kehrte Johnny Cooke und ich zum schamanischen Heilpraktiker zurück, für mehrere Runden von zusätzlichen Fragen, meist um Worte und Abschnitte, welche wir eventuell falsch verstanden haben könnten, nochmals zu hören um uns zu vergewissern. Erst am Ende unserer letzten Zusammenkunft, wenn wir sicher waren, dass wir alles hatten was wir brauchten, riskierte ich eine Frage über religiöse Arithmetik. Sehr vorsichtig sondierte ich:

„Während diesem neunnächtigen Zeremoniell haben wir Gebete gesprochen und brachten Opfergaben an sechzehn Kojotegötter sowie dem Redenden Gott und dem Rufenden Gott. Ist es möglich, dass diese Götter nur *ein* Gott sind?" Ohne darüber nachdenken zu müssen, antwortete der Kojote-Meister mit einem „Mag sein." Der unausgesprochene Teil seiner Antwort lag auf der Hand. In diesem Fall hätte wohl der eine Kojote-Gott alle Gebete, Lieder, und Opfer an verschiedenen Orten in Empfang genommen. Es ändert nichts in Bezug auf den Inhalt eines Kojote-Zeremoniells.

Prädisposition: Es ist mit einem nicht geringen Maß von Verlegenheit, dass ich mich an meinen zweiten Besuch am Navajo Gehöft der Familie Luke Cook erinnere. Ich half ihm und zwei seiner Söhne, Markierungsklammern an den Ohren ihrer jungen Rinder anzubringen. Als Sohn eines Landwirts in

Deutschland und mit ein wenig Erfahrung in Farmarbeit in Kansas war mein Umgang mit den Tieren etwas entschlossener als meine Navajo Freunde versuchten, diese gleiche Arbeit zu tun. Ich legte meine Tiere auf den Boden, auf ihre Seiten hin. Bei meinem Versuch, mich nicht allzu schwach diesen Rindern gegenüber aufzuführen, dauerte es eine Weile bis ich feststellte, dass meine Navajo Freunde diese Tiere ernsthafter als ich für volle Persönlichkeiten hielten.

Das Problem der Sünde und der Schuld

Unter den Fragen, welche Anthropologen in der Regel über primitive Jäger-Religionen stellen, wurden Probleme im Zusammenhang mit Blutvergießen, so wie auch darauffolgende Gedanken von Schuld und Versöhnung mit den Göttern oder mit weiteren Tierpersonen, auffallend unterlassen. Viele Forscher schienen darauf ausgerichtet gewesen zu sein ideale primitive Jäger-Gesellschaften zu finden, welche irgendwie noch in Harmonie mit der Natur leben. Das heißt, sie interessierten sich für Situationen, in denen Schuldgefühle noch zu fehlen scheinen und deshalb auch dort nicht zu suchen waren. Natürlich versuchten die befragten Eingeborenen dann auch, dieses vermutete "wissenschaftliche" Wunschbild zu erfüllen.

Es sollte selbstverständlich sein, dass Fragen über Sünde, Schuld, Buße, Vergebung oder Rechtfertigung nicht direkt gestellt werden können. Der Grund dafür ist, dass in allen Kulturen jegliche Schuld gewöhnlich abgewiesen wird und dass Gründe für eine Ablehnung, oder Gründe welche die allgemeine Aggressivität einer Kultur rechtfertigen, schon lange vorher auftreten ehe eine Frage nach Schuld in das volle menschliche Bewusstsein zugelassen werden kann. Ein Wissen um Sünde oder Schuld kann nur spontan, in einem größeren vertrauenswürdigen Zusammenhang eingebettet, bemerkt oder erwähnt werden. Es kann nur Menschen gegenüber erwähnt werden, die sich verstanden wissen und sicher fühlen.

Nein! Die amerikanischen Ureinwohner lebten nicht in dem romantischen Traumgebilde, das in der westlichen Zivilisation jetzt allgemein „Natur“ genannt wird. Sie lebten auch nicht unter einer lauteren Geistes-Gottheit. Und jawohl, diese Jäger wussten, dass sie Tiere töteten, welche sie als volle „Personen“ (Mitmenschen) anerkennen wollten. Viele dieser Tierleute hatten Verwandte in menschlichen Klans und Stämmen, das heißt, auch in Männerverbänden welche regelmäßig Neulinge initiierten. Die Novizen wurden von älteren Männern unterwiesen und mit göttlichen Wesen verschiedener Größen vertraut gemacht—selbst heute noch, im Zusammenhang mit den jetzt weltbekannten *„Vision Quests."* Klan-eigene totemistische Orientierungen sowie Jagd-basierte Männervereinigungen pflegen heute noch solche Gebräuche und Traditionen.

Moderne Akademiker werden im Hinblick auf das Rationalisieren der Tiertötung leicht aus ihrer eigenen Kultur heraus voreingenommen. Die deutsche und die englische Umgangssprachen vermeiden z.B. selbst heute noch eine menschliche soziologische Kategorie wie „Fleischesser." Nur um Menschen aus der Minderheit zu definieren, benutzt man eventuell noch die Bezeichnung „Vegetarier." Unsere Rationalisierung des Tiertötens läuft simultan über die Jurisprudenz, Politik, Biochemie sowie über verschiedene Arten von Sport. Unser westlicher Kultus der Jagd und der Fischerei definiert unser Verhältnis mit wilden Tieren oft als einen „Sport des Jagens."[21] Die kommerzielle Jagd und Fischerei wird vom Wortschatz der Domestikation her manchmal auch noch mit dem Verbum „ernten" in Verbindung gebracht. Die Summe unserer modernen Vorstellungen, welche in unserer Kultur allgemein gültig erscheinen, haben unsere Missverständnisse über „primitive Jäger" entsprechend vergrößert. Darüber hinaus erhielt sich die hellenische Unterscheidung von menschlichen Körpern und rein spirituellen Seelen—mitsamt dem zweckmäßigen Postulat was die Tiere als lebende Körper anbetrifft, die eigentlich keine echten Seelen haben. Das ist immer noch ein Faktum für unsere industrielle „Verwertung" von Nutztieren. Es ist klar bei diesem Sprachgebrauch, dass es unser Töten und Schlachten ist das den Tieren ihren Wert verleihen soll, als Fleischware.

---

[21]Im Englischen muss man diese Problematik etwas anders in den Griff bekommen. Pater Berard Haile, OFM, wohl der erfolgreichste unter den Navajo Ethnolinguisten, gebrauchte meistens die populäre englische Ausdrucksweise „game animals." Doch für traditionelle Navajo Jäger war das Jagen niemals ein Sport. Ich selber varierte zwischen „game animals", „prey animals" (Beutetiere) und „preyed-upon animals."

Man sollte sich fragen, ob da wohl unsere Biowissenschaften und unsere Lebensmittel Chemie—das heißt, deren wissenschaftliche Definitionen—möglicherweise schon von ihrem Ausgangspunkt aus Gewissensgründen heraus inspiriert worden sind. Es dürften eventuell unsere unpersönlichen wissenschaftliche Symbole anderen Lebensformen gegenüber, direkt aus den Rechtfertigungsversuchen unserer Aggressionen heraus entsprungen sein. Vielleicht sollten wir auch fragen, wie denn eine lebensbejahende Biowissenschaft überhaupt aussehen würde. Ethische Fragen der Selbst-Rechtfertigung sowie Berufung auf übermenschliche Wesen oder Normen sind immerhin religiöse Versuche. Das Periodensystem der Elemente beruhigt moderne Menschen gegenüber etwaigen übermenschlichen Zusammenhängen in der physikalischen Wirklichkeit. Unter diesen Umständen sind säkular denkende Menschen gerade daran ihre älteren religiösen Rechtfertigungen für das Töten jetzt unter ihre wissenschaftliche Decke zu bringen.

Meine erste Laborarbeit im Biologiestudium an der Universität hatte nichts mit Leben zu tun. Jeder Student sezierte ein totes Tier. Inzwischen sind manche Namen von alten Göttern als „Ikonen" von Computeringenieuren raubkopiert worden. Das griechische Wort *Bios* (Leben) wurde als „lebendige" Funktion den Hinterteilen der Rechner zugeschrieben. Um die Spuren dieses *Bios*-Raubs zu verwischen, ist im computergesteuerten englischen Thesaurus des WORD Programms die Bedeutung von „Leben" nicht mehr in der „Bios" Wurzel zu erkennen. Das Wort, das uns einst die „Biologie" als eine Wissenschaft schenkte, muss fortan den Vertretern der Informatik helfen, ein „Leben", das aus der Technik entspringen soll, vorzugaukeln. Biologische Fragestellungen, das Leben und dessen Heiligkeit, Fragen von Schuld und Ethik werden dabei auf den Composthaufen geworfen. Die heutige Generation von Wissenschaftlern verhilft damit, den Rutsch am glatten Hang des mechanisierten Materialismus hinunter zu beschleunigen.

Ich muss zugestehen, dass meine Erkenntnis über das Bewusstsein von Schuld, so wie es auf die Tradition der Navajo Jäger zutrifft, nicht über eine wissenschaftliche Hypothese erkennbar geworden ist. Diese Einsicht kam stattdessen durch persönliche Kommunikation als eine Überraschung und als Frucht einer hypothesen-armen Datensammlung. Die Frage nach Rechtfertigung für das Töten beim Jäger wird wohl nie klar auf dem Radarschirm einer wissenschaftlichen Hypothese erscheinen können, weil ja diese Frage die wissenschaftliche Methode selber in Frage stellt.

Die Domestizierung von Hund und Mensch

Wenn man als ein humanes Wesen geboren wurde, schwerfälliger als ein Schimpanse, wenn es darauf ankommt, Bäume zu erklettern, wenn man nur halbgroße Schimpansenzähne an einem kürzeren Kiefer entlang sein Eigen nennt, was kann man dagegen tun? Die Antwort ist, mit dem zu beißen, was man eben hat. Entwicklung schließt dann wohl auch einen steiferen Rücken mit ein, der für ein aufrechtes, stolzeres Gehen geeignet ist, steifer als einen Rücken, den der Schimpanse gebrauchen kann. Dazu kommt ein opponierbarer Daumen, den man von der stärkeren Hand des Schimpansen unterscheiden sollte. Diesen Daumen sollte man aber einüben, um inerte Dinge wie Stöcke, Knochen oder Steine mit Präzisionswerkzeugen zu bearbeiten. Vor allem muss man aber die graue Substanz, die zwischen unseren zwei Ohren lagert, aktivieren.

Wenn man als ein Affe geboren wurde und irgendwie einen Appetit auf Fleisch erworben hat und von einem Wolf beim Jagen überholt wird und wenn man nicht in der Lage ist, mit mehr als der halben Geschwindigkeit eines Hundes zu laufen, was muss man dann tun? Man muss Waffen erfinden, „falsche Zähne", welche aus der Ferne auf Zieltiere geschleudert werden können, um diese auf Entfernungen hin zu beißen. Und dann lädt man einen Wolf ein, unser Freund zu sein und zu bleiben, und man lässt ihn bei der Verfolgung und Tötung unserer Beutetiere helfen. Natürlich muss man dabei auch die graue Substanz, die zwischen unseren Ohren lagert, klug gebrauchen. Man muss dem Hund einen eindrucksvollen Ritus von Schmeichelei vorführen, damit er sein erjagtes Beutetier uns zur Schlachtung freudig und fromm übergibt. Mit unseren Messern sind wir beim Schlachten immerhin geschickter als es ein Wolf jemals sein wird. Und wenn wir unsere Rolle großmütig spielen, wie weise Herren über Leben und Tod, dann wird der Wolf unser Gefolgsmann bleiben—das heißt, unser Jagdsklave und Hund—solange er oder sie und wir zusammen noch leben.

Und wenn ich achtzig Jahre alt geworden bin, dann habe ich die Hunde meiner jüngeren Jahre überlebt. Ein schwarzer Labrador Retriever analysiert korrekt meine Schwächen. Sie heißt „Skeena" und weiß genau, dass dieser Mann nicht mehr schnell laufen und auch nicht weit werfen kann. Und doch liebt es die schwarze Hündin, mir zu meiner Verlegenheit ihre Stöcke zum Werfen vorzulegen.

Dieser alte Mann ist an einem wichtigen Punkt seines Lebens angekommen. Das, was bei ihm sich zwischen seinen Ohren abgelagert hat, muss jetzt besser angewendet werden. Er fragt seinen Enkel Travis und überreicht ihm den Stecken, der eigentlich seiner Skeena gehört. Das Tier hat den Jungen bereits schon gut erzogen, um ihre Stöcke auf große Entfernungen zu schleudern—spektakuläre Aufforderungen zum Einholen. Der Enkel kommt zu seinen Bewegungen und Skeena verdient ihr Selbstwertgefühl als ein Labrador Retriever auf einem Rang, welcher den eines alten humanen Steckenwerfers weit übertrifft. Und ich? Ich habe einige extra friedliche Minuten gewonnen, ohne für diese sterben zu müssen.

Prädisposition: Vor Jahren in Missouri besaß ich ein Grundstück auf dem ich versuchsweise Pekan-Nussbäume anpflanzte. Jedes Mal, wenn ich meinen Traktor holen ging, bedrohten mich die zwei Hunde des Nachbarn. Einer war ein Husky und der andere ein Kojote-Mischling. Letzterer zeigte immer die volle Größe seiner Eckzähne, aber er hielt sich feige hinter dem Husky zurück. Ich hatte nicht viel Freude an diesen täglichen Drohungen, gebissen zu werden. Deshalb habe ich mir eines Tages vier eiergroße Kieselsteine aufgelesen. Ich hielt einen davon in meiner rechten Hand und drei bereit in meiner linken. Wenn die Hunde angriffen, öffnete ich meine Hände und zeigte die Steine dem Husky, der bis auf etwa zwei Handbreiten sich meinen Beinen genähert hatte. Beide Hunde zogen sich sofort und ohne zusätzliches Bellen zurück.

Am Nachmittag des gleichen Tages schlich der Husky an mich heran, als ich gerade Unkraut an einer Baum-Umrundung hackte. Ich spürte eine Berührung an meinem linken Bein, und schnell erhob ich meine Hacke zur Notwehr. Aber der Husky war nicht gekommen, um anzugreifen. Er wollte sich unterwerfen. Mit meiner rechten Hand griff ich nach seinem Hals und drückte seinen Kopf gegen den Erdboden. Dort hielt ich ihn etwa zehn Sekunden lang und sagte: „OK." Er antwortete mir mit einem schmerzhaften Wimmern und kroch weg, seinen Bauch am Boden schleifend. Von diesem Tag an hat keiner dieser Hunde mich jemals wieder angegriffen. Obwohl ich wusste, dass sie in der Nähe waren, sah ich sie nie wieder. Der Husky hatte mich als seinen fernen Herrn akzeptiert—als einen *Deus otiosus* (oder genauer gesagt, als einen *Homo otiosus,* falls dieser Hund an dem Ort studiert hätte, wo ich lehrte). Offenbar war der Kojotemischling damit einverstanden.

Die Handlung, einen Hund beim Spiel an Kopf und Hals auf den Boden zu drücken, ergibt sich fast natürlich für zweibeinige Humane. Bei einem Intra-Arten-Spiel unter Welpen, ein Bruder- oder Schwestertier beim Ringen durch Halsdruck auf den Boden zu zwingen, um Spielrang und ein soziales Gleichgewicht zwischen Freundschaft und Macht zu erstellen, erfordert im Gegesatz dazu wesentlich mehr Kraft und Talent. Bei einem Inter-Spezies-Konkurrenzspiel mit Welpen hat jedoch der Arm eines fummelnden menschlichen Kindes, von oben her, den göttlichen Vorteil.

Sehr wahrscheinlich hat die Domestizierung des *Canis Lupus* schon von 30 000 bis 15 000 Jahren in Europa, Asien und in Afrika auf der Wildbahn begonnen. In natürlichen „Chow Kreisen" erprobten einige der Wolfhunde neue Manieren, welche sie den menschlichen Jägern gegenüber akzeptabel machten. Solche Begegnungen zwischen zwei Arten von Jägern mögen schon begonnen haben, als menschliche Jäger beim Schlachten mit Messern minderwertige Portionen Fleisch abgeschnitten und einem Rudel dieser Wolfhunde zuwarfen. Die Hunde meisterten ihre Kunst die Menschen auf eine friedliche Weise zu belustigen. Die Menschen hatten ihren Spaß am Gerangel der Hunde untereinander, die sich um die zugeworfenen Bissen balgten. Die Jäger mögen anfangs die Wölfe wohl nur gefüttert haben, um sie auf Abstand zu halten. Auf eine spielerische Weise „opferten" sie diesen Besiegbaren—obwohl diese, falls sie eine menschenähnliche Organisation gehabt hätten, sich leicht über die Menschen hätten hermachen können. Zu diesem Zeitpunkt war es dann wohl ein klarer Vorteil, eine menschliche Sprache mit Worten sowie nachgeahmte verwirrende Tierrufe zu beherrschen. Ihre Sprache verhalf den Menschen die Strategie der Hunde konfus zu machen, zu übertreffen und weitere Vorteile über wölfische Macht vorzutäuschen und zu behaupten.

Langsam erlernten die Hunde ihre Möglichkeiten erkennen, wie sie ihren menschlichen Vorjägern gefällig sein konnten, indem sie beim Aufspüren und beim Verfolgen von Beutetieren mithalfen. Sie erkannten auch Möglichkeiten, andere Raubtiere, die ihren fähigen zweibeinigen Überherren gefährlich werden konnten, abzulenken. Die Hunde entdeckten den Wert des rationellen religiösen Dienens. So ist es gut vorstellbar, dass mit allen seinen spielerisch religiösen Raffinessen der *Canis Lupus* sich freiwillig in den Dienst der *Homines sapientes* verdingt hat. In strategischen Allianzen mit menschlichen Jägern verbesserten diese Tiere ihre Chancen auf ein sichereres Überleben—wenigstens ein besseres, als sie durch eine bloße Konkurrenzbeziehung oder mit bloßer Feindschaft den Menschen gegenüber hätten erreichen können.

Während Annäherungen von erwachsenen Tieren denkbar sind, hätte wohl auch der erste befreundete Hund ein Welpe gewesen sein können, ein adoptiertes Spieltier für Kinder. Zum andern aber umkreisten die Wölfe gewohnheitsmäßig die Herden der Weidetiere. Mit menschlichen Jägern zusammen, welche es mit der Einkreisestrategie der Hunde auch versuchen wollten, mag es einigen von den Wölfen eingeleuchtet haben, während ihren Vierbeiner-Treibjagden die Menschen als zweibeinige Jagdmänner freiwillig zu ihrem Vorteil teilnehmen zu lassen. Die Wölfe mögen wohl erkannt haben, dass einseitiges Siegen über menschliche Jäger allzu leicht von diesen annulliert werden konnte. Die Menschen hatten schlicht die Fähigkeit, aus großen Entfernungen tödlich zu beißen.

Wahrscheinlich erlernten die Wölfe diese grundlegende Lektion zuerst auf schwierige Weise. Mit rationeller Schlauheit wählten sie deshalb, den Menschen im Voraus behilflich zu sein und dann nach der Jagd um Belohnungen zu betteln. Für den Fall, dass sie tagsüber nicht in ausreichendem Maß für ihre Leistungen belohnt würden, konnten sie immer noch während der Nacht für sich selber auf die Jagd gehen wenn die Menschen ruhten. Der Hauptvorteil dieser Zusammenarbeit war, dass Wölfe nicht weiter mit Menschen konkurrieren oder Angst haben mussten, von vergifteten Pfeilen getroffen zu werden.

12

Von der Jagd zur Überdomestizierung

Drei Fragen dominieren den Hintergrund dieses Kapitels:
(1) Was geschah mit Jägern die vom Göbekli Tepe weg wanderten, um woanders zu jagen?
(2) Wer waren die Krieger, die fünftausend Jahre später die ersten Armeen bildeten, welche die Reiche in Mesopotamien, Ägypten und Indien zusammentrieben?
(3) Wie kam es zu dem Bau von Städten in Regionen, die von Domestizierern bevölkert waren?
Jede dieser Fragen ruht auf Antworten welche auf die anderen gegeben werden, jedoch alle Antworten bleiben vorerst noch biegsam.

Die Göbekli Tepe Dispersionen

Menschen der Jungsteinzeit waren die industriellen Erben von Primaten, deren Träume vor zwölftausend Jahren am Göbekli Tepe in Erfüllung gingen. Aufstrebend waren die Träume unserer fernen Vorfahren, sich als die bestqualifizierten Feuersteinwaffenhersteller und Quälgeister auf dem Planeten Erde hochzuschaffen. Wilde Beutetiere konnten ihrer zunehmenden Schlauheit und ihren wachsenden Zahlen nicht standhalten. Tiere unterlagen in den Treibjagden, welche die menschlichen Jäger veranstalteten. Als das Schuldbewusstsein der Bergarbeiter und die Begeisterung für ihren Versöhnungskult den Höhepunkt erreichten, vielleicht vor rund elftausend Jahren, folgte ein Zeitraum, in dem verschiedene Jägerklans allmählich aus der Gegend abdrifteten.

Jäger und Sammler haben normalerweise in der Archäologie leichte Spuren hinterlassen. Aus diesem Grunde erscheinen die Göbekli-Tepe-Menhirgewichte umso beachtenswerter. Am Ende der Eiszeit wurde das Klima dem Fruchtbaren Halbmond entlang bedeutend wärmer. Und während in den Bergketten im Norden die Gletscher schmolzen, konnte alles Leben den bewässerten südlichen Hängen entlang gedeihen. Jede Art von Lebewesen schien darauf eingestellt zu sein, die Welt mit seinen eigenen Jungen auszufüllen. Auch die industriellen und teilweise sesshaften Menschen gediehen dabei, und sie besetzten das Land. Das Wachstum ihrer eigenen Populationen erschuf die Dynamik, welche sie dann im Laufe der Zeit auch auseinander trieb.

Für kurze Kälteperioden, wahrscheinlich in unregelmäßigen Abständen, verlangsamte sich die allgemeine Gletscherschmelze zu Rinnsalen. Dann verschlechterten sich die Lebensverhältnisse örtlich nicht nur für die wilden Tiere und ihre Jäger, sondern auch für die sesshaft werdenden Domestizierer. Noch nicht genügend Steinzeitsiedlungen sind für uns in der Gegend ausgegraben worden, um sicher zu wissen, was genau geschehen ist. Aber wir können davon ausgehen, dass zwei Jahrtausende eines schwankenden Klimaübergangs, und unregelmäßiger Gletscherschmelze nicht in friedlicher Ruhe und Gleichförmigkeit ablaufen konnten. Sobald eine Bevölkerung von sesshaften Domestizierern von einer erratischen Dürre mit zwei aufeinanderfolgenden Miss-Ernten betroffen wurden, konnte die daraus resultierende Nahrungsmittelknappheit sie alle in die Flucht getrieben haben. Unsere historischen Klimastudien sind noch nicht ausreichend verfeinert, um uns innerhalb des allgemeinen Klimawandels derartige Kurzkatastrophen erkennen zu lassen.

Man darf annehmen, dass über den Zeitraum von ein- oder zweitausend Jahren, während die Gletscher schmolzen, das Wachstum der Menschheit anstieg und dabei die Tiere überjagt wurden. Wenn dann die Bergpässe sich öffneten, begannen Beutetiere zu entlaufen und die Jäger wegzuwandern. Und mit den Jägerklans zerstreuten sich auch ihre industriellen Handwerker, welche als Bergleute und Waffenmacher am Göbekli Tepe arbeiteten. Als diese Männer sich in Richtung Europa und Asien ausbreiteten, hielten sie fortwährend Ausschau nach Kalkstein Felsschichten, unter welchen Feuersteinknollen verborgen liegen könnten.

Als kleine Gruppen und Anhäufungen von Menschen in neue Regionen eindrangen, suchten sie Beutetiere und essbare Pflanzen, um sich zu erhalten. Es ist anzunehmen, dass ihren Wegen entlang nach Europa, sie auf Gruppen von Menschen aus ihrer Heimat stießen, die sich von dort schon früher ausgebreitet hatten. In Asien trafen sie dann auch solche, die später noch den Weg nach Amerika finden würden. Sie trafen auf Jäger von Großwild, deren Vorfahren noch von Erfahrungen und Überlebensbeschwerden aus der Eiszeit zu berichten wussten. Diese wussten, wo man Auerochsen und, in den kalten Zonen sogar noch Mammute finden konnte. Diese Kontinente waren keine leeren Plätze. *Homines sapientes* wanderten nach Europa und Asien sowie den indonesischen Inselgruppen entlang, andern folgend, deren ältere Verwandte schon dreißigtausend Jahre früher in Australien angekommen waren.

Man kann davon ausgehen, dass überall, wohin Jäger aus der Göbekli-Tepe-Region hinzogen, sie ihre wachsenden Erfahrungen über alternative Lebensstile mit sich trugen. Sie kannten die Schicksale von Verwandten, die das Jagen aufgegeben und ihre Wanderschaft beendet hatten. Sie wussten etwas über die Herausforderungen, welche diejenigen, die ihre Wanderung fortsetzten, zu entgehen suchten. Und sie verstanden die Gefahren des Wanderns in Umgebungen, wo die menschliche Bevölkerungszahlen rasch anstiegen. Auch wussten sie sicherlich von Feindseligkeiten zwischen den Klans. In einigen Bereichen, wo die Umweltdichte von wilden Tieren zu schön schien, um wahr zu sein, da war dies wahrscheinlich auch der Fall. Wilde Tiere waren sicherer und zahlreicher in Regionen, wo Stämme menschlicher Jäger miteinander ums Territorium stritten. Wo immer sich die Wandernden entschieden, sesshaft zu werden, da wussten die meisten über die Gefahren Bescheid und verstanden ihre Risiken.

Es gab spezielle Notschritte um Lebensweisen zu vereinfachen, etwa wie Samen und Nüsse horten und Früchte, Rüben, Knollenfrüchte oder Fische trocknen. Wenn der Lebensstil des gemischten Jagens und Sammelns zur Unerträglichkeit hin sich verschlechterte, mussten solche Schritte zwangsweise unternommen werden. Im wirklichen Leben traf jede Gruppe ihre Entscheidungen, zu irgendeiner Vereinfachung noch ehe sie sich der Alternative einer dauernden Sesshaftigkeit unterstellten. Wo immer die Fauna sich ausdünnte, da wurde es notwendig, sich Orte mit möglichst üppiger Vegetation auszusuchen, an Strömen, die von Muscheltieren und Fischen belebt waren. Wenn wichtige Familienmitglieder älter wurden und auf Sammelarbeit sich beschränken mussten, war man vorübergehend gezwungen alle Möglichkeiten fürs Sesshaftwerden zu erwägen. Größere Flusstäler konnten größere Anwohnerzahlen mit ähnlichen Erwartungen und Bedürfnissen stützen. Größere Zahlen von Menschen konnten sich zusammenschließen und bessere Vorkehrungen für ihre Sicherheit treffen. Ehen wurden geschlossen, und Allianzen von totemischen Klans wurden gestärkt. Alte Bindungen lockerten sich, wenn Menschen voneinander gingen. Neue Bündnisse wurden verknotet, wenn Menschen sich zusammenfanden und vermengten.

Für jede größere Gruppe, die von einem alten Zentrum wegwanderte, trieb es einige nostalgie-beladenen Einzelgänger auf Wallfahrten. Sie wollten die legendäre Heimat der Eltern und Großeltern besuchen und alte Geschichten an Ort und Stelle erleben. Im Durchschnitt fanden sie wohl ihr Abstammungsland weniger attraktiv, als ihre nostalgischen Alten es in Erinnerung hatten. Generationen später konnten verlorene Klans an weit entfernten Orten wiedergefunden werden. Verwandtschaften und Bekanntschaften konnten wieder aufgefrischt werden, während totemische Geschichten aufgebügelt, repariert und vielleicht sogar um einiges verbessert wurden.

Wenn man ein führender Ältester war, verantwortlich für Weissagungen, die sich auf den Weg nach vorne bezogen und oft auf Vermutungen aufgebaut werden mussten, dann durfte man sich eventuell an die Geschichte eines Großvaters aus uralten Zeiten erinnern. Das hätte dann wohl auch eine höfliche List sein können, um die Gruppe in eine noch unsichere Richtung nach eigenem Gutdünken zu bewegen. Wenn es sich dann herausstellte, dass die Geographie aus der Erzählung nicht stimmte, und wenn am Ende die Leute deshalb leiden mussten, dann konnte man dem führenden Ältesten die Tatsache nicht unbedingt übelnehmen, dass vor langer

Zeit einer ihrer Großväter ungenügend darüber informiert war. Das Leben war bereits schon zu jenen Zeiten ein Greifen nach zusätzlichem Wissen, ein Wettbewerb von Erzählern, hochgepäppelt mittels Aussagen von älteren dritten Personen. In einem gewissen Sinne ist das Leben für den *Homo sapiens* heutzutage immer noch so.

Rückwärts und gegen den Strom der Zeit angerechnet, mögen die Klansleute der Inuit (Eskimo) noch einige Jahrtausende nach der Göbekli-Tepe-Blütezeit das Festland von Alaska erreicht haben. Ihre Verwandten sind heute noch auf beiden Seiten der Bering See zu finden. Vor ihnen, vielleicht noch während oder vielleicht kurz nach der Göbekli-Tepe-Zeit, kamen dann die Haida und die athabaskanisch-sprechenden in den amerikanischen Nordwesten.[22] Einige dieser Leute, die auf der amerikanischen Seite schon Meerestiere jagten, dürften wohl zum Besuch auf die asiatische Seite zurück gefloßt sein. Sie unterhielten ein Netz von vagen Gerüchten zwischen asiatischen und nordamerikanischen Stammesverwandten, so dass jede Seite noch von der gegenüberliegenden auf längere Zeit hin eine Ahnung behielt. Manch ein hinterlassener Totempfahl der amerikanischen Nordwestküste entlang (falls es irgendwelche hölzerne Totempfähle von Anfang an dort gab) mag so von lang verschollenen Verwandten—oder von Neuen, die wie durch ein Wunder über die See angeflößt kamen und einige erkennbare Worte sprechen konnten, sich wiedergefunden haben. Oder sie konnten mit jemand der neue Worte schnell lernen konnte, der mit Verwandten an weit entfernten Orten sich verständigen konnte, sich verbinden. Die Totempfähle verrieten ja schon bei der Ankunft, bildlich, welche Klans hier willkommen waren.

Einzelne Wagehalsige, wenn sie um ihr Leben fürchten, können sich an eine „alte Muttersprache" mit bemerkenswerter Geschwindigkeit „erinnern," besonders in einer Erzählertradition wie die der Athabaskan, wo der primäre Gegenstand der kommuniziert wird,

---

[22]Von Athabaskan-verwandten Sprachen in Asien, im hohen Norden am Jenissei entlang, beherrschen nur noch fünfundfünfzig Leute die Sprache der Ket. Siehe Edward J. Vadja „The Dene-Yeniseian Connection," in *Anthropological Papers of the University of Alaska,* Juni 2010. Es ist noch nicht gelungen, die Haida, welche der Nordwest Küste entlang als die ersten Totempfahlschnitzer gelten, sprachlich mit einer anderen Gruppe zu verknüpfen.

häufig aus großen Teilen von Schweigen besteht. Komfortables Schweigen zwischen zwei Menschen verrät schneller als irgendwelche Worte, dass sie sich vertragen. Nachdem die richtige Verhaltensweise, zum Beispiel wie man mit Lippen eher als mit Fingern auf Objekte zeigt, wichtiger sein könnte, als den genauen Inhalt einer Geschichte zu beherrschen. Wanderer, die plötzlich aus dem Küstennebel heraus erscheinen, die zufällig beim Herumstreichen oder beim „Herum-*kojoten*" sind, bleiben bis zum heutigen Tag keine seltene Erscheinungen. Einige Diné, mit denen ich bekannt geworden bin hatten die Angewohnheit, auf Tage hin einfach zu verschwinden, um herumzustreunen, ohne irgendjemand in der Familie etwas darüber zu sagen. Solche Gewohnheiten haben, in der Tat, die stille Aufmerksamkeit der übrigen Familienmitglieder geschärft. Sie sind beim Anstellen von Vermutungen gutmütiger geworden. Ihr Selbstbewusstsein und Mitgefühl anderen Menschen gegenüber hat sich gebessert, das heißt, gegenüber solchen, die beim Anstellen von Vermutungen öfters weniger richtig entschlüsseln konnten als sie selber.

Es war möglich, die Geschichte eines Totempfahls zu entziffern und zu erraten, wie wir es hier selbst im Kapitel Fünf vorgeführt haben. Man muss sich dabei nur „erinnern", wie jener andere Totempfahl, den man in der Ferne irgendwo gesehen hat, ausgesehen hat und was er bedeutete. Gastgeber waren in der Regel neugierig und auch bereit, Unterschiede auszugleichen, besonders wenn es dabei um Anerkennung für ihre eigene Handarbeit ging.

Einer Familie von Schnitzern seine Begeisterung kund zu tun dürfte manchmal nicht schwierig gewesen sein, vor allem wenn der Gastgeber stolz auf seine Kunst und seine Arbeit oder der Ankömmling ein sympathischer Kerl war. Es ging leichter, wenn ein Gast schon von lange her gewohnheitsmäßig seine Freude an Erinnerungen und Geschichten hatte und nichts dagegen hatte, als Rabe oder so etwas wiederentdeckt zu werden oder als der Killerwal oder der Wolf, denen er irgendwie ähnelte. Alles das konnte als wichtig empfunden werden, wenn der Gastgeber auf ernster Suche nach einem vertrauenswürdigen Verwandten war oder wenn er einen Ersatzsohn oder einen guten Schwiegersohn finden wollte.

Der Weg in die Überdomestizierung

„Überdomestizierung" bedeutet, dass ein Extra, ein Überplus, zur einfachen Domestikation hinzugekommen ist. Um diese Erläuterungen zu vereinfachen, beginnen wir unseren Gedankenaufbau hier wieder auf der Ebene des Sammelns und des Jagens.

Jäger und Sammler griffen in die Existenz der Mineralien mit Modifizierung und Zerstörung ein. Im Umgang mit Pflanzen und Tieren ging es darum, deren Leben zu beenden und ihre Substanz zu verzehren und zu verdauen.

Menschen, welche Domestizierer wurden, nahmen Tiere und Pflanzen als ihr Eigentum und beherrschten fortan deren ganze Lebenszyklen. Tierhalter manipulierten Vorgänge der Zeugung und der Zucht, bestimmten den Standort der Geburt und griffen in die Ernährung und in die Pflege der Tiere ein. Pflanzer legten Gärten und Felder an und rodeten Unkraut, während Hirten Äste zu Einhürdungen anhäuften und zum Zweck der Zusammenfassung oder der „Konzentration" ihrer Tiere aufschichteten. So konnten Kulturpflanzen nach Sorten systematisch geerntet und Tiere konnten getrieben, geweidet und zum Schlachtort geführt werden.

Das *„Prehuman Flux"*-Hauptmotiv der Jäger-Mythologie tendierte dazu, dass alle Lebewesen als volle Personen akzeptiert wurden. Alle Personen und Dinge konnten wiederum in anderen Formen erscheinen. Doch trotz dieser hohen Einschätzung von allem Leben im Allgemeinen, wurde es für die Domestizierer schließlich und logischerweise unumgänglich, eine Denkweise zu finden, welche ihnen zum geistigen Reduzieren der Werte ihrer Tiere verhalf bis hinunter auf die Ebene von unpersönlichen Bedarfsgütern.

Während Tiere gezähmt und gezüchtet wurden, hatten sie Anspruch auf menschliche Pflege sowie auf ein Quantum von Einfühlungsvermögen, soviel wie eben die menschlichen Familien fähig waren, ihren Tieren zu erweisen. Ehe aber gezähmte Tiere abgeschlachtet werden konnten, musste eine geistige Umwertung stattfinden. Die Tiere mussten als absolutes Eigentum und als eine Art von unpersönlichen Lebensmittelsubstanzen neu definiert und verstanden werden. Fleisch musste unmythologisch auf Fleischware *(meat)* abgewertet werden. Bei dieser Verwandlung oder Umdefinierung wurde die Tierhaltung gerechtfertigt, und für das menschliche Gewissen einigermaßen ein Gleichgewicht hergestellt.

Um die Macht des Domestizierens zu übertreffen, um über die Kontrolle von Pflanzen und Tiere hinauszugreifen, dafür experimentierten wohl vordem schon einzelne besonders strebsame Jäger, wann immer sie ihre Eigentumsansprüche auf erlegte Tiere auszuweiten suchten. Der leibeigene Jäger eines Löwen Totem, dessen tierisch-göttlicher Herr hie und da mit großer Gewalt auf menschliche Opfer übergriff, überließ seinem totemischen Schützling mitunter auch den Anreiz an den Mordgewohnheiten seines göttlichen Herrn teilzunehmen. Je mehr dann die Macht von einzelnen Menschen, auf ihre Feuersteinwaffen basiert, zunahm, je größer wurde auch die Versuchung, andere Menschen auf die Ebene von Beutetieren hinunter zu entwerten. Die *Prehuman-Flux*-Mythologie, welche die Gleichheit alles Lebens zu festigen versuchte, konnte dagegen keine ideologische Hilfe oder Widerstand leisten.

Sich in das Leben anderer Menschen, betreffs Angelegenheiten von Fortpflanzung und Geburt einzumischen, war anfangs wohl nur auf Anverwandte beschränkt. Eltern wurden ja zu allen Zeiten sowieso natürlich und vorübergehend zu „mächtigen" Obrigkeiten für ihren eigenen Nachwuchs. Und darüber hinaus war es nicht allzu schwer, den Tod auf Menschen zu verhängen die, ihr Schicksal auf Jäger Mythen stützend, sich schon bei ihren Initiationsriten auf Dauerknechtschaft ihren Göttern unterwarfen und geistig dort auch stecken geblieben sind. Eingeweihte, in Jägerbünden und Domestizierungs-Mysterien übten sich ja sowieso schon, zum Ausgleich einen vorläufigen zeremoniellen Opfertod mitzuspielen. Die Gewohnheiten der Domestizierer, Eigentumsrechte auf Mineralien, Pflanzen und Tiere zu beanspruchen, konnten mit allerlei kulturellen Neuerungen um manches verstärkt und ausgeweitet werden.

Überdomestizierende haben ihren Mitmenschen viele der gleichen Tricks zugefügt, welche Jäger und Hirten für das Management von verschiedenen Arten von Tieren schon früher ersonnen hatten. Überdomestizierer steigerten ihr Herrschen auf noch schrecklichere Extreme hin. Sie schlugen mit Stecken und Peitschen auf Menschen ein. Sie jagten, fingen und legten Joche auf. Sie skalpierten und enthaupteten; sie steigerten die rituell-magische Beschneidung von

Vorhäuten bis zur Subinzision und voller Kastration, selbst bis zum Schlachten oder zur Verbrennung hin. Überdomestizierer ignorierten nicht nur die natürlichen Bande ihrer eigenen Spezies; sie missachteten dazu auch noch die Grenzen, die einst zwischen Menschen und ihren übermenschlich-totemischen Sponsoren bestanden. Nachdem sie erlernten, wie man im Kultus die alten Jäger-Totems rituell manipulieren und in neuen Tempeln (Ställen) mit Bildhauerei fixieren konnte, richteten sie sich gegen Menschen, welche jene Gottheiten noch verehrten. Im Namen ihrer persönlichen Götter nahmen sie dann solche Menschen in Reih-und-Glied gefangen und verknechteten sie. Solche Arroganz muss wohl allesamt schon als *Über*-Domestikationsmaßnahme eingestuft werden. Diese Fortschrittlichkeit muss folgedessen historisch neu erwogen werden.

Auf ihre traditionelle Argumentation sich basierend, brauchten arrogante Jäger sich über ihren gewagten Überdomestizierungsstil kein Gewissen zu machen. Die meisten ihrer Konflikte konnten mit Trost aus alten religiösen Bräuchen heraus gestillt werden. Überdomestizierer konnten Trost aus der Tatsache schöpfen, dass ihre heilige Tradition nicht verdorben worden ist. Sie konnten sich weiterhin als die wahre Art von orthodox heroischen Jägern verstehen, als solche, wie es ihre Vorfahren schon immer waren. Im Gegensatz zu ihnen standen dann auf tieferer Ebene die vielen armen Jagdaussteiger für welche es da draußen nicht mehr genug wilde Tiere zu jagen gab. Das waren solche, die als Tierpfleger auf die Ebene ihres Viehs sich hinabgelassen haben. Es waren Leute, die ihre alte Kultur und Religion ihrer noch erfolgreichen Vorfahren vernachlässigt und aufgegeben haben. Es waren die Inkompetenten, die von ihrer totemischen Berufung abgefallen sind. Eine Vielzahl von gescheiterten Jägern waren auf das Niveau von grabenden Maulwürfen, Dienern und Nutztieren hinuntergesunken. Nach der Art und Weise in welcher mittellose Weidetiere mit ihren Hufen die Erde schürften, so kratzten Pflanzer mit Stöcken und Hacken. Im Gegensatz dazu wussten aber die stolzen orthodoxen Jäger, wer sie selber noch waren und weshalb sie lieber Helden und Aristokraten blieben.

Im Nachhinein erscheint es jetzt, als ob die frühesten Domestizierer sich überall zu früh sowie zu ihrem Nachteil auf friedliche Pflanzer- und Hirtenarbeit beschränkt haben. Es ist leicht zu ersehen, wie Cliquen von Jägern oder ganze Klans, welche im Interesse der Jagd und der Eroberung am längsten bewaffnet und mobil geblieben sind, am Ende auch den „Löwenanteil" der Ländereien besaßen. Sie erhoben Anspruch auf größtmögliche Jagdreviere. Am Ende beherrschten sie die Ländereien, das heißt größere Flächen, größer als die frühen Domestizierer sich jemals vorzustellen oder zu beanspruchen getrauten. Aristokratisch marodierendes Jägervolk bestand auf das Erobern und das Ausrauben der frühesten Siedlungen. Als Beute beschlagnahmten sie die Früchte, für welche die Siedler Schweiß und Arbeit investiert hatten. Und dazu nahmen sie zeitweilig noch die Siedler selbst, als Beute oder als Leibeigene in ihren Besitz.

Noch in den Nachwehen der jüngsten antimonarchischen Revolutionen unterschieden sich die Überreste der Aristokraten und Royalen vom gemeinen sesshaften Volk. Es ist heute immer noch eine Tatsache, dass diese Hoheiten so wie ihre Vorfahren umfangreiche Jagdrechte auf riesigen Flächen von Land in Anspruch nehmen wollen. Solche Ländereien werden als notwendig und als richtig für aristokratisches Jagen beansprucht. Ihr strategisches Schwanken im Laufe der Zeit geschah zwischen Eroberung und Übernahme bis hin zur Übernahme von Verantwortung für die Verteidigung eroberter Gruppen von schwächeren Domestizierenden. Das war die Art und Weise, mit der sie beide Enden ihrer Speere anwendeten und diese dann in der Mitte fest anpackten. Sie sicherten sich so die Jagdrechte auf jeden Landstrich, auf dem weniger starke Domestizierer ihre Landwirtschaft betrieben, von solchen die einst wohl auch viel lieber selber gejagt hätten.

Zu dem Wild, das in den Wäldern lebte, gehörten natürlich auch die Bäume, die dort wuchsen. Und die Bäume existierten zweifelsohne, um wild lebende Tiere zu schützen und zu verbergen. Durch solche, in die Länge gezogene Pflanzerlogik, behaupteten die aristokratischen Jäger ihre Tiere, das Land, die Bäume und schließlich die zwischendrin arbeitenden Menschen als ihr Eigentum. Das einzige, das im Laufe der Zeit noch für die Untertanen übrigblieb—erörtert in den Spässen ihrer Herren—war das Lob und der Stolz, den sie für die Arbeit ihrer Untertanen aufbringen konnten. Solche herablassende Zugeständnisse waren natürlich profitabel für die Krieger, die Aristokraten und Royalen, welche zu ihrer eigenen Legitimierung nach orthodoxem Stil auf ihr orthodoxes Jagen bestanden. Sie konn-ten sich sehr verärgert aufführen, wenn anmaßende Untertanen, ihrer eigenen Nostalgie folgend, auch einmal ein wildes Tier erlegen wollten. In der früheren Steinzeit, bevor es die aristokratischen Jäger gab, beanspruchten noch alle unsere Vorfahren das Recht zum Jagen. Damals waren alle unsere Väter noch Jäger und unsere Mütter vorwiegend noch Sammlerinnen, und keines von ihnen be-anspruchte eigenes Land.

Das alte Jägerparadies ging im Prinzip schnell verloren, sobald das erste *Homo-sapiens*-Paar ein junges Beutetier adoptierte, um es zu zähmen und sobald sie Samen, Knollen oder Schnittlinge in ein Fleckchen Erde steckten oder sobald sie, auf Grund solcher Arbeit, ein Plätzchen Erde als ihr Eigentum zu behaupten anfingen. Gezähmte und adoptierte Tiere mussten alsbald gegen eine Überzahl von noch orthodoxen Jägern, welche keinerlei Adoptionsrechte anerkannten, geschützt werden. Bepflanzte Gärten mussten gegen rückständige Sammler, welche noch auf keine Grenzmarkierungen achteten, behauptet werden. Wenn dann später die Überdomestizierer ihre Ansprüche und Rechtfertigungen hinzufügten, fiel die menschliche Spezies mit ihrer ganzen Domestizierung unter die Gewalt der noch voll bewaffneten orthodoxen Jäger-Eliten. Aristokratische Jäger zählten dann alle schwächeren, unbewaffnet arbeitenden Menschen zu ihrem rechtmäßigen Besitz. Angeblich geschah diese Übernahme natürlich noch zum Schutz und zur Verteidigung der Besiegten. Diese Apologie war es, mit welcher sich die Aristokraten zunächst sogar als „edel" zu definieren vermochten.

Das Große Zusammentreiben: Von Treibjagden bis zur Domestikation und zur Überdomestikation führte ein direkter Weg. Die Treibjagdstrategie und das Umrunden oder Umzängeln von weidenden Beutetieren ist älter als die Menschheit. Humane Jäger erlernten diese Strategie durch Nachahmung, durch Interaktion mit Wölfen sowie bei näherer Beobachtung der Großkatzen. Diese Raubtiere umrundeten Herden von Beutetieren schon lange, bevor menschliche Vorfahren von einer Jagd auf Fleisch „frisch vom Huf" geträumt haben. Das höchste Talent unserer Affenvorfahren war ihre Fähigkeit des Imitierens. Sie ahmten die Strategien von Löwen,

Tiger und Wölfen nach, welche alle das Umrunden von Herden schon besser als sie verstanden. Die Fähigkeiten und Tricks der Jäger, aus einem Hinterhalt zuzuschlagen, waren sogar noch älter. Unsere Vorfahren dürften solche methodische Befähigungen schon an der Verhaltensweise von Reptilien beobachtet haben.

Huftiere irgendwie eingepfercht zu halten und schützen zu wollen, das war, sobald solche Tiere auf der Wildbahn seltener wurden, eine Tätigkeit mit der die Menschen experimentieren mussten. Die erste Intuition, die später zum Aufbau eines Geheges führte, dämmerte in den Köpfen der Männer wahrscheinlich schon, als diese noch beim Jagen waren. Es darf angenommen werden, dass Gruppen von Jägern schon sehr früh Gestrüpp in Kreisen um sich herum anhäuften, um ihre Nächte im Freien etwas sicherer zu verbringen. Bei solchen Jagden dürften sich Gruppen von Jägern wohl auch der Nutzung von topografischen Unebenheiten bedient haben. Sie trieben ihre Beutetiere in Schluchten, Flüsse oder Sümpfe hinein oder auch zum Absturz über Felsklippen. Naturgegebene Fallstellen konnten mit Barrieren von Gestrüpp getarnt oder aber auch als V-förmige Engpässe angelegt werden, in welche die Tiere eingetrieben werden konnten. Schließlich wurde solches Eintreiben mit Fackeln und Feuer gesteigert. Netze, Fallgruben und weitere künstliche Verstrickungen gab es dann etwas später.

Das Verfahren späterer Domestizierer, kreisförmige Hürden aus aufgestapeltem Gestrüpp und Stäben zu bauen, wurde somit schon erdacht als Jäger noch ihre Tiere auf offener Wildbahn umrundeten und überfielen. Mit ihren Gehegen erschufen die ersten Domestizierer dann die Grundidee von einem „Konzentrationslager“ zum Zweck des Einsperrens und der Zähmung gefangener Tiere. Später, im Zeitalter des Überdomestizierens, wurden die Gehege des Viehs wieder das, was sie anfangs schon für die Jäger waren. Es wurden Orte, an welchen die Menschen samt ihrem Vieh jetzt Zuflucht finden konnten. Allmählich wurden aus diesen Zufluchtsorten ummauerte Städte, Burgen, Gefängnisse und befestigte Konzentrationslager zur Sicherheit sowie zur Einschränkung der Menschen.

Hirtenhunde führen heutzutage ihre alte Umrundungsarbeit im Dienst von menschlichen Hirten aus. Sie vollbringen dabei die gleiche Arbeit, die ihre Wolfvorfahren einst den Ahnen ihrer jetzigen menschlichen Überherren ausgeführt haben.[23] Das Nachäffen war eine Kunst welche die *Homines sapientes* besonders gut meisterten. Heute beurteilen menschliche Überherren die Intelligenz ihrer Schäferhunde im Vergleich mit ihren eigenen Umrundungsgedanken. Die meisten Hirten glauben, dass den unterwürfigen Wolfnachkommen ihre rationale Schäfertaktiken irgendwann einmal von Menschen beigebracht worden sind.

Im gleichen Stil, in dem die Sammlerfrauen der Jäger das Korbflechten erfunden haben, um ihre Aufnahmefähigkeit beim Sammeln zu erweitern, wurden auch männliche Jäger zu Hirten, nachdem sie ersonnen hatten, wie man zähmfähige Tiere umrunden und zeitweise in Gehegen zu halten vermochte, als ob die Einhegungen große Körbe wären.

Das Organisieren größerer Treibjagden sowie die Umgestaltung ihrer Jägerkameradschaften zu Horden von Kriegern blieben ein Resultat des Jagens. Der alte Zusammenhalt der Jägerbanden, als Klan-Erben einerseits oder in totemischen Männerbünden andererseits, kam schon frühe unter Stress, zumindest schon während der Tage des Göbekli Tepe. Zwang und Schmerz wurden wohl schon früh in den Initiationsriten der Jäger ausgestanden und geübt. Die später angewandten Tricks der Domestizierung und der Überdomestizierung sowie die Folter waren direkte Konsequenzen, die schon aus den Kampfgewohnheiten der Jäger entsprangen. Was einem verwundeten Beutetier angetan werden konnte, das wurde später auch menschlichen Sklaven zugefügt und das heißt, es wurde "wissenschaftlich experimentell" jenen zugefügt, die von Überdomestizierern als deren Eigentum gehalten wurden.

Spätere Horden von Kriegern, wenn sie damit begannen Menschen zusammenzutreiben, verhielten sich wie Wölfe, die ihre Beutetiere umkreisten, oder wie Schäferhunde später, wenn sie gezähmte Schafe zusammentrieben. Krieger waren durchaus in der Lage, alles

[23]Kontrolle durch Einkreisung wurde im Denken der Navajo Indianer zu einem Archetyp. Zum Beispiel wäre es heute immer noch unhöflich, wenn ein Besucher rund um jemandens Hogan fahren würde, selbst wenn ein Rundweg existiert. Während es rundum einfacher zu fahren wäre als rückwärts, so ist doch die archaische Bedeutung von Einkreisung im Sinne der Jagd noch ziemlich stark.

was sie so zusammentreiben vermochten, samt den menschlichen Hirten, für sich auf die Ebene von Beutetieren hinunter zu reduzieren. Unter den Umständen eines Raubüberfalls konnten Hirten einfach als langsamere Leittiere wahrgenommen und behandelt werden, um dann in ihren Herden umzängelt, zusammen mit der Menge des Raubs selber erbeutet zu werden.

Wenn totemische Jägerverbände zu Kriegerbanden verwahrlosten, da erstarkten schamanische Führer der Jagdvereinigungen zu Rottenführern. Wenn diese Anführer erst ihre Krieger versammelten, dann schätzten sie die Männer noch als alte Jagdkameraden ein, als ob sie mit denen nostalgisch noch auf der offenen Wildbahn Tiere verfolgen wollten. Doch mit der Zeit, während des aktuellen Planens und Kriegstreibens, konnte ein Befehlshaber leicht auf den Gedanken verfallen dass seine Männer seine leibeigene Horde von Räubern darstellen, die von ihm dann wie eine domestizierte Herde für den Kampf oder aber auch für ein „Schlachtfest" organisiert werden durfte. Der Rang eines alten Totemgottes wurde somit schon vom ersten angehenden schamanischen Bandenführer usurpiert. Der Bandenführer, welcher jetzt als ein Kriegsherr seine Mitstreiter kommandierte, übernahm die Herrschaft über Männer, welche früher noch ausschließlich deren persönlichen totemischen Göttern gehörte.

Bei der Überprüfung einer modernen militärischen Situation können wir Parallelen von innen her überdenken. Soldaten bemerken gewöhnlich einen qualitativen Unterschied einerseits zwischen Training auf dem Übungsgelände in der Nähe von Kasernen und andererseits beim Lagern im Feld. Auf dem offenen Feld ist ein Kommandeur für sein eigenes Wohlbefinden von seinen Männern abhängig. Doch auf dem Heimatboden, in der Nähe der Kaserne, hat er eine Hyper-Kommandostruktur, die ihn sichert, das heißt eine Struktur, die es ihm gestattet seine Soldaten als Subjekte oder sogar als Objekte einzustufen. Diesen gegenüber vermag er dann ziemlich freizügig seine Hyper-Autorität oder sogar auch seine persönliche Verachtung auszuspielen.

Zivilisation oder das, was wir hier genauer die „Überdomestizierung" nennen, schließt zunehmende Kontrolle über die Menschen in sich. Zivilisierte Bedingtheiten, soweit deren Herkünfte noch zurück verfolgt werden können, haben auf diesem Planeten weder durch friedliche Beratungen noch mit organisatorischen Plänen von Seiten kluger Ökonomen begonnen, auch nicht durch den Rat der bestqualifizierten Domestizierenden. „Zivilisierte" Gruppen in der Antike waren viel eher von Horden von Kriegern umrundet, das heißt, sie haben aus Notlagen heraus das Zusammenleben neu erfinden müssen. Umrundete Horden wurden dann, wiederum aus dem Machtwillen verkommener archäischer Jäger, deren Opfer nun als neuartige menschliche Beute verstanden wurden, heraus mobilisiert. Natürlich lernten die Kommandeure der Kriegerbanden auch grundlegende Tricks aus den Hirtenkulturen, welche sie erfolgreich ausraubten und beherrschten. Sie sahen ihre Treibjagden auf menschliche Gruppen in der Art und Weise, wie man als Jäger einstens seine Beutetiere umrundete. Sich selber aber sahen sie entsprechend als Ebenbilder ihrer alten totemischen Raubtier-Gottheiten.

An der Wertskala der Überdomestizierer gemessen, waren die idealsten und die zähmungsfähigsten Nutztiere die menschliche Spezies selber, eben jene Kreaturen die sich im Vorgang, um Domestizierer und Eigentümer von Pflanzen und Tieren zu werden, selber neu zu verstehen lernen wollten. Wenn Domestizierer den Kriegern unterlagen, bewies sich die Fähigkeit, sprachlich kommunizieren zu können als ein recht zweifelhafter Vorteil. Für Menschen, die zu sesshaften Gefangenen gemacht werden sollten, konnte ihre Sprache zu einer zusätzlichen Fessel zur Versklavung werden. Menschen konnten mit Drohungen unterjocht werden und mit Lügen, Schmeichelei, Poesie und Gesang in neue Gehege gelockt werden. Auf diese Weise waren sie bedeutend leichter zu versklaven oder als Dienerschaft zu beherrschen—leichter als eine Herde wilder Ziegen.

Im Gegensatz zu Ziegen und Rindern hatten die Menschen eine Gewohnheit ihre eigenen Gehege und „Ställe" selber aufzubauen. Sobald ihre kreativen Energien im Lehm mit ihrem Schweiß zusammengeknetet waren und ihre Handabdrücke als persönliche Siegel im Verputz hinterlassen waren, von Händen, welche die Wände aus Flechtwerk beschmierten, waren die Menschen mystisch an ihre Behausungen gebunden. Sie „pflanzten" gleichsam ihre Gefühle in Lehm und Erde, um dort verwurzelt zu bleiben. Wenn Überdomestizierer nicht übermäßig leichtsinnig handelten, blieben ihre sesshaften Menschen auch ohne Bewachung am Ort. Aber natürlich waren in der Geschichte der Menschheit nicht alle Überdomestizierer intelligent genug, um diese Strategie zu wählen. Diejenigen, welche keine balancierte Sensibilität anderen Menschen gegenüber kultivieren konnten, die zwangen ihre Untertanen, stattdessen Festungen und Gefängnisse zu bauen.

Welcherlei Leute waren diese Überdomestizierer, und wer sind sie heute? Aus geschichtlichen Aufzeichnungen kennen wir sie als Kriegsherren, Könige, Kaiser und Diktatoren. Alle schöpften sie noch aus der alten Jägermentalität, getrieben von tief empfundener Lust zur absoluten Beherrschung. Ihre Gene überleben in uns allen, vielleicht ein klein wenig stärker in dem einen als in anderen. Es sind Menschen von aristokratischem Gebaren, die irgendwie mit angeberischen Führungseigenschaften begabt zu sein scheinen. Viele von ihnen sind auch heute noch, von Temperament und Haltung prädestinierte, begeisterte Jäger. Unter etablierten demokratischen Umständen verwalten manche dieser Leute heute noch Regierungen, Parlamente und Industriebetriebe. Und einige von ihnen „jagen" auch weiterhin noch, jedoch mit neuen technischen Mitteln oder Strategien. Mit kybernetischer Technologie sind sie jetzt in der Lage, menschliche Opfer in unsichtbare Netze und Schaltkreise zu verwickeln. Fluglose Zweifüßler braucht man nicht unbedingt in Netzen aus Hanf oder Stacheldraht erfassen. Kybernetisch „virtuelle Netzanlagen" erfüllen ähnliche Zwecke. Diese verwickeln schließlich und natürlich auch die Zünfte der Netzmacher selber.

Kurzsichtige Gier treibt die meisten Überdomestizierende in Situationen hinein, worin sie am Ende sich selbst übervorteilen. Ihre Gier regeneriert alte Streitereien und Revolutionen mit dem Versprechen von neuer virtueller Freiheit. Doch wie kann die Freiheit einer Spezies jemals aus zwanghafter Tüftelei heraus erschaffen werden? Wie kann aus einer bezwingenden Netzweberei heraus, welche als vorteilhafte Investition oder aus Respekt für verschränkte Naturgesetze fortwährend neue Gewebe, Gespinste, Verstrickungen oder Kontrollen erfinden muss, je so etwas wie „Freiheit" gewonnen werden?

Der Militarismus: Als Kategorie im konkreten Leben bietet der Militarismus die schöpferisch gewalttätigsten Resultate, zu welchen menschliche Erfinderköpfe fähig sind. Auf organisierte Art und Weise pflegt die Menschheit heute noch die alten mörderischen Tricks und Strategien, welche auf der Evolutionsstufe der Steinzeitjäger vor tausenden von Jahren eingeleitet wurden. Solche Talente wurden während der Jungsteinzeit hauptsächlich durch die Verfeinerung von Feuersteinwaffen gesteigert. Natürlich war schon die Jagd an sich, welche menschliche Jäger über Millionen von Jahren hin entwickelten und als Jäger zu meistern lernten, ein gewalttätiger Selbstbetrug.

Ohne dass die neolithischen Jäger es ahnten, war die Waffentechnologie, welche sie sich für die Jagd erschufen, ebensogut für den Ausbau späterer Überdomestizierungs-Systeme geeignet, das heißt geeignet, um die eigenen Nachkommen jener Meister Feuerstein-Knapper zu versklaven. Neolithische Jäger hatten mehrere millionen Jahre Vorbereitungszeit, um sich als Schlächter von Weidetieren heranzubilden. Sie jagten alles, vom Mammut und Nilpferd bis zu den wilden Rindern, Büffeln, Elchen und Hirschen. Mit Dolchen lernten sie gegen die Klauen und die Zähne der Bären, Löwen oder Tiger anzutreten. Nach ihrer industriellen Erfolgsblase am Göbekli Tepe streiften Gruppen von Jägern aus dieser Region auf fünf oder mehr Jahrtausende hin über die Welt. Diese Banden, die zunächst noch aus hungrigen Wanderern und Gelegenheitsjägern bestanden, entwickelten sich zu selbstlegitimierten Horden von Räubern und Kriegern. Jede Horde definierte sich im Kontrast mit ähnlichen Ansammlungen von entarteten Jägern. Schließlich trommelten totemische gott-impersonierende Überdomestizierer diese Horden zu Armeen von Kriegern zusammen, um dabei im Konkurrenzkampf mit ihresgleichen unserem Planeten die blutigen imperialen „Zivilisationen" als krönende Ergebnisse zu bescheren.

Etwas früher als vor fünf Jahrtausenden wurde ein Anhäufungspunkt von „kritischer Masse" erreicht, damals als sesshafte Domestizierer aus Angst vor streunenden Rotten von Kriegern, es nicht länger vermeiden konnten, auf irgendwelche defensive Allianzen einzugehen. Sie waren gezwungen sich mit den Leuten zu verbinden, die sie am meisten fürchteten. Solche Bündnisse wurden in der Regel aus Verzweiflung geschlossen. Mit einem weltweiten Anstieg der sesshaft gewordenen Völkergruppen vermehrten sich zugleich auch die Krieger und die Banden, welche in entsprechendem Maße die Sesshaften ausraubten. Angesiedelte Domestizierer mussten im Bündnis mit solchen, welche anderweitig sie ebenso gerne erobert hätten, sich gegenseitig zur Verteidigung stärken. In anderen Worten, um Leib und Leben zu retten, mussten Domestizierer ihre Kapitulationen klug verhandeln. Zusammen mit neuen Überherren verteidigten sie sich aldann gegen Horden die weiterhin noch in den Bergen streunten, welche dann ihrerseits nach anderen anfälligen Siedlungen suchten, um diese zu überfallen. Nicht wirtschaftliche Systeme waren es, sondern religiös organisierte und ritualisierte Kulte, welche mit ihren heiligen Spielen zeitweise für ein Maß von Beschwichtigung sorgen konnten, um damit die Überlebenschancen der noch tanzenden Schwächeren zu erhöhen.

Der niedrigste gemeinsame Nenner im Überdomestizierungsvorgang, war restliches Jagen auf einer Ebene von Sport. Die größte Menge von Energie wurde in erbitterten Kämpfen zwischen verschiedenen Horden von Kriegern verschwendet. Die Kontinuität des Killervokabulars und dessen Fähigkeit zur Metamorphose zwischen Sport- und Kriegsführung, existiert in modernen Sprachen immer noch spielend. Unsere ewigen internationalen Kriege und bewaffneten Konflikte sind nicht jüngste Unglücksfälle. Es sind Ereignisse, die von alten überlebenden Ego-Komplexen erzeugt wurden und die immer noch die Narben sowie die Mentalität entwurzelterter Steinzeitjäger aufweisen. Es sind immer noch die alten plündernden Banditengehirne, die hier zu regressiven Erkenntnissen erwachen, welche die effektivsten Strategien zur Erbeutung und zur Verknechtung beherrschbarer Siedler, im Tausch um so etwas wie „Schutzhaft", intuitiv erkennen.

Über die Jahrtausende, welche der Göbekli-Tepe-Periode folgten hat sich die Fähigkeit, Tiere mit Feuersteinpfeilen, mit Sehnen- und Bogenkraft zu erjagen, für die Menschen als eine Bumerangaffäre erwiesen. An einem bestimmten Punkt ihrer Entwicklung brauchten unsere Vorfahren die Waffen, die sie sich für ihren Nahrungserwerb ersonnen hatten, um sich gegen andere Bogenschützen, die auf sie zukamen, zu verteidigen. Gehege, welche sie sich ursprünglich aus

Lehm, Holz oder Gestein zur Gefangenhaltung von Tieren errichtet hatten, mussten dann ebenso ihrer eigenen Verteidigung dienen. Ihre Hürden wurden zu Befestigungen, die, wenn sie bei einer Verteidigung überfordert waren, ihre ursprüngliche Nutzbarkeit als Hürden und Gefängnisse den Angreifern zu ihrem Vorteil überlassen werden mussten. Es wurden darin die Erbauer selber gefangen gehalten. Sobald man die ersten Städte mit Mauern umfriedet hatte, um feindliche Krieger draußen zu halten, bedeutete dies gleichermaßen die Inhaftierung der Bürger in ihrer eigenen Stadt. Es gab immerfort mehr Menschen draußen, vor welchen die drinnen Kauernden sich zu schützen versuchten.

Mit großem Interesse und einem Maß von Erregung beobachten wir nun die Ausgrabung aller Löwenlogen am Göbekli Tepe. Ein sehr früher Akt im Drama der menschlichen Überdomestizierung wurde dort angebahnt und in Stein gehauen verewigt. Das gesamte Drama spielte sich damals als Prototyp unserer modernen Tragödie ab. Vor zehntausend Jahren konnten höchstens die Götter, die damals noch in vielen Formen und Größen erschienen, diese überspannte aristokratische Verhaltensweisen als Komödie eingeschätzt haben. Die sozialen Konfigurationen, welche uns die Überdomestizierung bescherte, sind jedoch inzwischen ersichtlich geworden. Totemische Gottheiten dienten als Idole für aristokratischen Stolz, Macht und Rang. Unbelehrbare Jäger verachteten Kameraden, die ihr Betreiben der Jagd frühzeitig aufgaben. Und je mehr sie diese verachteten, desto leichter fiel es den kriegerischen Nachkommen etwaige „Verlierer-Siedler“ zu unterwerfen.

Eigentum und Sklaverei: Die alten Oberherren haben nie mit viel Präzision die Unterschiede zwischen Landwirten, Hirten und Nutztieren anerkannt. Ein Überdomestizierer glaubte in arroganter Weise sich berechtigt oder gar von einer Gottheit dazu berufen, alle natürlich oder künstlich geformten Herden, oder Horden, besitzen und verwalten zu müssen.

Ganze Stämme und Nationen sind so versklavt worden. Und dazu gehörten selbst Gruppen von Kriegern, die anfangs noch unter uralten Jagdgottheiten organisiert worden waren. Andere Gruppen fanden sich unter späteren totemisch „schaffenden“ Göttern zusammen, welche Krieger-Hirten inspirierten und wiederum, von neueren göttlichen Mandaten legitimiert, sich Herden von Tieren samt einer wachsenden Anzahl von verknechteten Hirten überstellten. Sie verfügten über das Leben der Schwächeren samt den eroberten, zwangswirtschaftlich verschuldeten Hirten oder Bauern. Eigentum und Sklaverei erschufen die Regeln, nach welchen zunehmend mehr Menschen unterworfen und als Herden Minderwertiger zusammengetrieben werden konnten. Alles dies gelang im Verlangen nach gemeinsamer Sicherheit gegenüber Feinden, die sich wohl selber von ihren Konkurrenten bedroht und eingezwängt sahen. Ein intelligentes Raubtier, dem es gelang, seine eigenen totemischen Götter ungestraft zu ignorieren, hatte keine ontologische, theologische oder ethische Skrupeln gegen die Unterwerfung seiner menschlichen Gefolgsleute. Andererseits verfielen Menschen, die sich noch als Untertanen unter alten totemisch göttlichen Sponsoren bewegten, leicht den usurpierenden Führern von Jägern und jagenden Hirten. Die Letzteren, die als Überdomestizierer ihre eigenen totemischen Obrigkeiten zu manipulieren wussten, mussten die Rechte von einstigen menschlichen Mitjägern nicht länger respektieren.

Religiöse Gegenbewegungen sind gelegentlich gegen mächtige Kriegerreiche zum Zweck irgendeiner Ausgleichung angerückt. Sie wirkten irgendwie im Bereich zwischen Verletzbarkeit und Martyrium. Einige solche Gründer präsentierten sich als arme Bettler, als Einsiedler, Opferlämmer oder Märtyrer; und andere zeichneten sich als Propheten, Philosophen oder humanistische Reformatoren aus. Fast jeder Begriff in jeder menschlichen Sprache kann von einer Opposition her als ein symbolischer Kontrast erkannt und weiter aufgebauscht werden. Manchen von diesen Störbewegungen ist es in der Tat gelungen, die Überdomestizierer eine Zeitlang zu beschämen oder schrumpfen zu lassen. Aber es hat sich eigentlich nicht viel Neues unter der Sonne ereignet. Bereits in Tagen des vollen Jagens gab es Jäger, die sich zur Tarnung in totemische Hirschhäute verkleideten. In Zeiten der organisierten Überdomestikation gab es dann aber auch „Wölfe, die sich in Löwenfelle- oder Schafspelze“ zu verkleiden suchten, „Füchse die Hühnerställe beaufsichtigten“ oder Bettler die sich zur Rettung von armen Menschen als humane Wölfe entpuppten. Nach einer etwas milderen Version haben

Schafe später eine Art scheinheilige Frömmigkeit zur Schau gestellt. Sie haben sich dann und wann auch als gesühnte oder als beauftragte Überdomestizierer „von Gottes Gnaden“ aufgeführt. Auf dem Planeten der imitierfähigen Affenmenschen ist alles das möglich.

Das Menschenopfer: In frühen Kulturen der Überdomestikation hat sich ein Brauch verbreitet, der als eine direkte Weiterbildung aus den Anteilopfern der Jäger heraus sich entfaltet hat. Anteilopfer mussten auch von Domestizierern dargebracht werden um ihre Besitztümer zu rechtfertigen. Opfer mussten an übermenschliche Mächte bezahlt werden, so wie zum Beispiel am wirksamsten etwa den ersten vergöttlichten Vorfahren einiger Aristokraten oder hervorstechenden totemischen Gottheiten. Im dritten Teil dieses Buches werden wir dann versuchen, mehrere Beispiele von „geltungssüchtigem Konsum“ unter scheinbar hungrigen Göttern und totemischen Vorfahren aufzuzeigen. Bei unserem derzeitigen Verständnis ist eine kohärente weltweit evolutionäre Zusammenfassung über Menschenopfer noch nicht möglich. Aber Beispiele können erörtert werden, die uns als Marksteine dem allgemeinen Pfad der menschlichen Entwicklung entlang schon einiges erklären können. Eine detaillierte Übersicht zu diesem Thema muss auf eine Zeit warten, in der mehr Daten gesammelt sein werden, das heißt, auf eine Zeit in der mehr Historiker sich auf dieses Thema der Überdomestizierung besinnen können und früher damit anfangen als dieser Autor es vermochte. Auf jeden Fall vermuten wir den Ursprung des Menschenopfers im älteren Jagdopfer sowie in den fortschrittlichen Gelüsten nach übermenschlicher Macht—aus dem allgemeinen Hang zur Überdomestikation oder „Zivilisation“ her stammend.

Archaische Jäger haben strenge Regeln der Sühne zum zweckdienlichen Töten und Schlachten für ihre Überlebensweisen entwickelt. Sie benötigten solche zur göttlichen Mithilfe beim Töten sowie für die Rechtfertigung solcher Taten. Für diese Zwecke akzeptierten sie die Obhut ihrer totemischen Gottheiten beim Jagen. In den Epochen der Domestikation und des Überdomestizierens ist ein Anstieg des zeremoniellen Opferwesens wahrzunehmen. Die gewöhnliche Arbeit des Schlachtens wurde bis zur Eitelkeitshochebene der Hohen-Priester und der Vertreter der höchsten

Götter promoviert. Hohe-Priester amtierten als feudale Metzger; das heißt also, immer noch auf dem geistigen Niveau der frommen orthodoxen Jäger. Doch ihrer Kultur entsprechend arbeiteten sie schon in den Küchen-Heiligtümern späterer Hochgötter, und das bedeutet, von Hochgöttern die schon auf längere Zeiten hin domestizierende Menschen regierten. Überdomestizierungskulte waren komplexe Anhäufungen von vielen einfacheren Kniffen von Gewalt sowie von ausgewogenen Ritualen der Versöhnung, welche kluge Jäger-Metzger und Domestizierer während ihres Aufstiegs beherrschen und verstehen lernten.

Letztendlich vergrößerten volle Überdomestizierer ihre Feste mit der Hinzufügung von Menschenopfer—wohl meist, um in der Gesellschaft Furcht zu erregen, oder als Anteil-Zahlungen an die Götter, um noch mehr von solchen opfergeeigneten Menschen in ihren Besitz zu bekommen. Kulturell wurde eigentlich keine neue Logik zur Rechtfertigung von Menschenopfern dem Legitimationsvorgang beigefügt, außer einem verbesserten Werkzeugsatz und der zeremoniellen Aufwertung des gewöhnlichen Tötens und Schlachtens. Aufwendige Feste, Potlatche und übermäßige Siegesfeiern, diese alle sind hochstapelnde Derivate aus den Handlungen einfacher archäischer Jäger in elementarem Zusammenhang zum Töten, Schlachten und anschließendem Schmausen. Prunkvolle Feierlichkeiten, welche erfolgreichen Treibjagden folgten, Schmeicheleien für die heldenhaften Veranstalter und deren weitere Verherrlichung, diese alle konnten durch Zugabe von Menschenopfern und Trubel gesteigert werden. Veranstaltungen von Terror sind die großartigsten Mittel der Überdomestikation. Sie eignen sich am leichtesten, um menschliche Bevölkerungen einzuschüchtern und zu manipulieren. Mit Opfergaben zelebrierten die Überdomestizierer auch das Wachstum und den Erfolg ihrer Dynastien. Sie feierten als Nachkommen von künstlerisch-aristokratischen Jägern und Schlächtern. Am Dreh- und Angelpunkt dieser Kultur und Feierlichkeiten stand die archetypische oberste Gestalt der selbstvergötterten Menschheit, der totem-besessene Jäger und der dem Gott dienende Schlächter.

Überdomestizierer nehmen an, dass es im Prinzip richtig ist, Menschen als Eigentum zu halten, genau so wie es durchschnittliche Domestizierer gewohnt sind, ihre Eigentumsansprüche auf gezähmte Tiere zu erheben. Als Beweis dafür, dass sie berechtigt sind, die Menschheit als Eigentum zu regieren, bieten die Überdomestizierer nichts weiter an als den praktischen archaischen Beleg der einstigen Jäger, nämlich, dass jegliche Beute, welche sie zu töten fähig waren ihnen auch rechtmäßig gehörte. Ihre Ethik und Logik ist an der Art ihrer Zahlungsweise gegenüber den alten totemischen Raubtiergottheiten steckengeblieben. Alles geschah nach dem Muster von Anteilopfern und Sachleistungen. In manchen Regionen wie im präkolumbischen Mittelamerika und Schang China wurden Kriegszüge speziell geführt, um Menschen für Massenopfer einzufangen.

Mit der modernen Kriegsführung sind Feldzüge und Jagden zunehmend säkular ausgefallen und die meisten Menschenopfer werden einfachheitshalber mit Schlachten schon beim Kämpfen vollzogen. Alle Menschen, die in den modernen Weltkriegen im letzten Jahrhundert an allerlei Fronten entlang getötet wurden, konnten als Opfer gezählt werden und frömmelnd in den Schoß eines allmächtigen totemisch-gesponserten Adler-, Bären-, Löwen- oder Drachenlands, eines Vaterlands oder Mutterlands, zur ewigen Ruhe gebettet werden. Es geschah zur Legitimation von Eroberungen oder von zeitweiligen Waffenstillständen sowie als wohlverdiente Ruhe für alle Menschen, die als „Martyrer“ oder „Opfer“ zum Vorteil mächtiger Kriegsherren irgendwie empirisch geehrt werden konnten.

Trotz frömmelnder Scheinheiligkeit werden Menschen hingerichtet und werden, meist zur Betonung, zur Beeindruckung ihrer Umwelt, geopfert, der Umwelt zuliebe, welche dann angeblich befriedet, weiterhin zwischen Terror und Blut im Gleichgewicht gehalten werden soll. Der Unterschied zwischen „opfern“ und „hinrichten“ liegt wesentlich im Wortlaut der jeweiligen Überdomestizierungs-Mandate enthalten. Man „richtet“ Feinde und Verbrecher "zu" oder „hin", durchs Gericht. Man opfert Anteile aus seinem Eigenbesitz dem Gericht, und man isst gebratenes Gericht.

Das Wachstum der Bevölkerung: Auf dem gesamten Umfang und der Größe und in der Entwicklung unseres Planeten würden acht Milliarden Weidetiere keine Gefahr bedeuten. Doch acht Milliarden experimentiell-bewusste Herrentiere, Allesfresser, deren Vorfahren im Laufe von sechs Millionen Jahren gelernt haben wie ihre totemisch-göttlichen Wölfe, Löwen, Adler und andere Fleischfresser nachzuäffen, welche mit ihren künstlich-ergänzten Gewalttaten sich inzwischen befähigt haben jedes andere Tier zu besiegen, mit Jägern solcher Art entstand, natürlich, ein Bevölkerungsproblem auf dem Planeten. Nun ja, diese Wesen können *fast* alles besiegen—mit Ausnahme von wenigen Arten von Kleinstbazillen oder Viren. Unsere erfolgreichen Herrentiere sind natürlich auch fähig, neue Probleme für sich selber zu erfinden. Hätten sie sich aus einer anderen Art herausentwickelt, als die der Schreiberlinge und Leser, dann hätten wir ihr missliches Benehmen schon längst mit Angst und Schrecken als eine Geißel für unseren Planeten erkannt.

Das Wachtum der menschlichen Bevölkerung war der nachdrückliche Segen und die Belohnung, welche die Götter aus allen Epochen ihren menschlichen Sammlern und Jägern, den Domestizierern sowie den Überdomestizierenden versprochen haben. Die Großzügigkeit des göttlichen Segnens scheint im Zuge der Zeit laufend zugenommen zu haben. Das zunehmende Wachstum der menschlichen Bevölkerung, in der Göbekli-Tepe-Gegend, wurde sehr wahrscheinlich durch die blühende Feuersteinindustrie gesteigert. Das geschah während den letzten zwei Jahrtausenden des noch ganzzeitigen Sammelns und Jagens. Ein solches Wachstum erzeugte eine Unausgewogenheit zwischen den menschlichen Jägern und ihren Beutetieren. Technische Verbesserungen an ihren Feuersteinwaffen haben dazu beigetragen, die Erträge der kommunalen Treibjagden zu steigern.

Technologisch gesteigerte Segnungen an menschlichen Bevölkerungszahlen waren jedoch, ehrlich gesehen, mit Waffengewalt von den Göttern erpresst worden. Götter waren entweder nicht in der Lage oder auch nicht willig, alle wilden Beutetiere, die von feuersteinbespitzten Pfeilen und Speeren getötet wurden, zu ersetzen. Größere menschliche Bevölkerung bot Sicherheit und Fortschritt. Zudem steigerte maßloses Jagen die Gewinnung von Nahrungsmitteln und weiterhin, vorübergehend, erhöhte der gesteigerte Vorrat die Zahl der Menschen.

Mehr Kinder wurden geboren und wurden groß. Etwa die Hälfte von ihnen wurden männlich geboren und das bedeutete, dass sie potenzielle Jäger waren. Und dabei erzeugten diese Menschen, nebst ihrer Überbevölkerung eben auch ihre sporadischen Mängel an Beutetieren. Sie stärkten ihre Feuerstein Industrie am Göbekli Tepe zunächst für das Überjagen und daraufhin um ihre wachsenden Zahlen mit Waffen zu versorgen. Zunehmend hofften enttäuschte Jäger auf größere Nahrungsvorräte und auf ein allgemein besseres Leben. Jedoch mit ihrem eigenen Druck auf den Vorrat von Beutetieren konnten sich die „Segenskrisen" nur beschleunigen. Mehr Menschen mussten abwandern. Für Leute, die zurück blieben, musste ernsthaft Ersatz für das nicht mehr erjagbare Fleisch gefunden werden. Ihre Strategien von Sammeln, Säen, Pflanzen und vom Hüten der Tiere mussten ernster genommen werden.

Auch wenn diese Menschen periodisch mit Hunger bedroht wa-ren so dürfte doch die Möglichkeit, gezielt die Anzahl der Geburten zu begrenzen, nur wenigen Menschen in den Sinn gekommen sein. Jagen und Wandern waren zusammen die ultimative Lösung für alle Probleme, die sich den archaischen Jäger- und Sammlergesellschaften bis zu diesem Zeitpunkt anbot. Ehe die Jäger eine Gelegenheit hatten sesshaft zu werden, da waren es die Strapazen des Wanderns welche die Zahl der Kinder die man mittragen konnte niedriger hielten. Während der ganzen Zeit des Übergang-Kultes am Göbekli Tepe war aber die Hoffnung und Religiosität der Menschen auf mehr Zeugungen und Geburten ausgerichtet, und selbst die Vögel, welche die Jäger als Beute erhofften, versuchten sie mit ihren Riten und Hoffnungen zu häufigerem Eierlegen und Ausbrüten zu drängen. Die Bedeutung der heiligen Anlagen und der Menhire, am Göbekli Tepe sowie die Reliefskulpturen dort illustrieren diese Wünsche.

Jahrtausende später, in überdomestizierten Umgebungen, blieb das Bevölkerungswachstum eine zunehmend wichtige Sache. Man wusste nie, wann die Armee eines anderen Kriegsherrn anrücken würde, wann alle Verteidigungsanlagen zerstört und viele Menschen getötet würden. Alle Ressourcen konnten geplündert und alle wehrfähigen Leute als Gefangene weggeführt, zu Sklaven gemacht oder als Opfer hingerichtet werden. Doch obwohl Überdomestizierungs-Systeme kollidierten und Menschenleben zu Tausenden verschwendet wurden, stiegen dabei trotzdem die schwankenden Zahlen der menschlichen Gruppen. Die treibende Kraft für diesen Anstieg war die Angst der Menschen um ihre Sicherheit und um ihr Leben.

Jede eroberte Gesellschaft und jeder Kriegsherr und Eroberer forderte und erhoffte eine größere Anzahl von männlichen Nachkommen. Alle bedrohten Menschen baten ihre Götter um das selbige. Mehr Männer wurden für die Verteidigung sowie für Präventivschläge und Eroberungszüge benötigt. Das bedeutete, dass bei jedem militärischen Konflikt auf beiden Seiten die Kämpfer auf schnelle Siege hofften, auf Grund von überlegenen Zahlen. Der Kindersegen geriet somit in den Machtbereich des Kriegsgottes, welchen man natürlich an beiden Fronten der Kämpfe sich als fähiger wünschte als den Gott welcher die Feinde inspirierte.

Innerhalb ihrer eigenen Überdomestizierungs-Systeme erkannten die Menschen gewöhnlich nicht die intrinsische Albernheit ihrer vorteilhaften Bevölkerungszahlen. Unter siegreichen Konkurrenten war fortwährend viel blinder Glaube vonnöten, um den menschlichen Fortschritt hochrechnen zu können. Aber es gab keine Alternativen. Truppen von Kriegern, welche die Menschen in ummauerten Städten unterbrachten, um diese zur späteren Ausnutzung für sich selber zu schützen, präsentierten sich als die beste Lösung in einem Zeitalter in dem immer größere Armeen übers Land gezogen kamen. Wenn eine Familie sich schwach und unsicher fühlte oder wenn ein König mutmaßte dass er tausend Männer zu wenig hatte, dann gab es keinen besseren langfristigen Plan, als die Zahlen seiner Untertanen zu erhöhen und seine Feinde so gut wie möglich kleiner zu halten. Darüber hinaus konnte man auch noch beten, dass die herrschende Dynastie ewig in der Lage sein möge, die Bevölkerung als Untertane zu beschützen. Selbst von modernen Regierenden wird die Forderung an die Mütter, mehr Söhne zu gebären, auch heute noch nicht immer besonders subtil ausgesprochen.

Die Notwendigkeit der militärischen Verteidigung innerhalb der weiteren Entwicklung der Kultur erforderte auch einen Anstieg von allgemeinen Disziplinen und Kontrollen über die Menschen. Für zunehmende Effizienz und Management wurden die Menschen direkt als Eigentum und Ressourcen gewertet. Was einstens mit einfacher Domestikation von Pflanzen und Tieren begann, wurde auf eine Überstufe hin verstärkt, alles, um fortan mit dickeren Seilen, schwereren Ketten oder Jochen höhere Leistungsfähigkeit aus den Menschen herausquälen zu können. Menschen gerieten in die Abhängigkeit von anderen, sogar während sie noch selber versuchten eigene Pflanzen, Tiere, Frauen, Kinder, Diener oder gar noch weitere Sklaven als ihr persönliches Eigentum zu erwerben, alles im Namen angeborener Würde, Berechtigung und Besitz sowie aus der Angst heraus, von noch immer größeren Scharen besiegt zu werden. Derartige Erwartungen wurden zur inbegriffenen Notwendigkeit, aus Angst ums Leben, von existenzieller Unsicherheit getrieben.

Von Religionen, die aus unterwürfigen Erwiderungen zur übermenschlichen Wirklichkeit entstanden sind, mag manchmal erwartet worden sein, dass sie mit ihrer Unterwürfigkeit eventuelle übereilte Fortschritte in der Kultur dämpfen sollten. Es hat aber die höchste Gottheit des Judentums, Christentums und des Islam ihre Menschen mit den Worten gesegnet „Seid fruchtbar und mehret euch." Ähnliches geschah auch nach dem Wunsch des Schang-Di, dem ältesten totemischen Ahnherrn im alten China, welcher die Zahl seiner Nachkommen erfolgreich gesegnet hat. Die ganze Menschheit wuchs seit Göbekli Tepe zu hunderten von Millionen, und augenblicklich übersteigt ihre Zahl schon sieben Milliarden.

Kann eine Gottheit, die über lange Zeiten hin der Menschheit ihre ewig geltende Versprechungen offenbart und sie sichtbar mit wachsenden Zahlen gesegnet hat, ihre heiligen Versprechen je einmal den erlangten Segensumständen anpassen? Dass eine „ewige" Gottheit eine alte Verheißung je außer Kraft setzen dürfte, das scheint menschlich undenkbar. Doch was soll geschehen, wenn an einem gewissen Punkt im Strome der Zeit, die datierte Offenbarung eines Segens zu einem nur noch von Angst getriebenen Fluch verkommt? Soll es einer übermenschlichen Autorität dann erlaubt sein, ein altes Versprechen neu formulieren zu dürfen, relativ zu einer übergesegneten verfluchten Situation? Nicht nur den von Segen überlade-nen Religionen fehlt diese Möglichkeit des Neu-Einjustierens von alten Verheißungen inmitten von dahintreibenden und sich immerfort wandelnden menschlichen Sprachen. Moderne politische Versprechen belasten ihre atheistisch philosophierten Ideologien in ähnlichem Maße mit kurzsichtig definierten „Freiheiten" oder „Errungenschaften." Und dazu ergibt sich dann noch die Frage, ob man der egoistisch-menschlichen Rationalität mit deren neuesten wissenschaftlichen Erkenntnissen oder mit einer aufs Laufende gebrachten göttlichen Offenbarung wirklich trauen kann. Kann man den Menschen zutrauen dass säkulare politische Vorteile und Rechte, anstatt ältere Anteil-Segensspendungen, irgendwie fairer verteilt werden?

Der Monotheismus: Viel ist schon über die „Hymnen an Aton" geschrieben worden, worin ein altägyptischer Pharao, Akhenaton (Echnaton), seine Sonnengottheit Aton als einen einzigen Gott anspricht. Auf einige seiner gemeißelten Zeilen basierend, wurde dieser exzentrische Herrscher schon weltweit zum ersten Monotheisten erklärt. In der Tat, wenn alle Weisheit in der Welt auf die eigenen königlichen Inschriften von diesem einen Mann beschränkt wäre, dann könnte er wohl der erste Monotheist gewesen sein. Aber wenn wir für uns die Sonnengottheit Aton im Zwielicht ein wenig heller auf Akhenatons Inschriften scheinen lassen, dann sieht man, dass seine Lieder nur ein monotheistisches Verhältnis zwischen dem vermessenen Pharao selber und seinem persönlich eigenen Sonnengott Aton bezeugen. Dieser Gott liebte nur den Pharao Akhenaton als seinen Sohn—dazu höchstens noch dessen Gemahlin als eine nette Zusatzperson. Seine Religion war die eines einzigen Mannes, Akhnaton, welcher auf absolute Herrschaft pochte und unter einem alleinigen Gott selber nach höchsten göttlichen Ehren strebte.[24] Glücklicherweise für Ägypten sind dem Pharao, dem Horus-Falken auf dem Thron Ägyptens, im Laufe seiner Karriere solche göttliche Ehren laufend entflogen. Wenn ein Vergleich unter den Religionen versucht werden sollte, dann zeigt Akhenatons Religion sehr wenig Gemeinsames mit dem reaktionären Volksmonotheismus der dem Abraham und dem Mose, zusammen mit Priestern und Propheten des Jahweh-Elohim Kultus unter der Regierung von König David oder Josiah, zugeschrieben wurde. Obwohl auch diese Religion von einer königlichen Dynastie etabliert und gefördert wurde,

---

[24]Die theologische Dimension von Akhenatons Überdomestizierung wurde schon früher behandelt—in Luckert, *Egyptian Light and Hebrew Fire: Theological and Philosophical Roots of Christendom in Evolutionary Perspective*, State University of New York Press, 1991.

ist sie jedoch nicht nur zum Vorteil eines Alleinherrschers etabliert worden und diente mindestens noch einer Konföderation von Stämmen. Mit einem gewissen Grad von Autoritätsverteilung wurde bei der letzteren Art von moderiertem Monotheismus wenigstens auch eine prophetische Opposition in die Welt gebracht.

Akhenatons theokratischer Traum stand in direkter Linie mit den Ambitionen der frühesten ägyptischen Pharaonen. Über die Überdomestizierungs-Gewohnheiten der Pharaonen der Ersten Dynastie wird unten im Kapitel Siebenzehn noch mehr erzählt werden. Die ersten Weichen für diese Richtung und für das Entwicklungstempo im Nahen Osten sowie im Westen und zu deren monotheistischen Religionen wurden schon im alten Ägypten gestellt. Ein Vergleich von Ägypten mit dem alten China im Kapitel Neunzehn, wird uns dann weiterhelfen, zwei hochgebauschte „Jägerkulturen" gegenseitig zu vergleichen und zu verstehen.

Es stellt sich heraus, dass der Monotheismus als solcher nie ganz das erwartete Allheilmittel für menschliche Kulturen war. Der Glaube an einen Gott garantierte keine friedlichen Regierungen oder friedliebende Religionen, so wie es der Menschheit öfters angeboten worden ist. Die mathematischen Möglichkeiten im täglichen Leben sind zu zahlreich, um permanent auf eine einzige Monade hin reduziert werden zu können. Diesseits der tröstlichen Vision, unter einer einzigen göttlichen und artgemäßen Hirten-Autorität existieren zu dürfen, versuchten die Monotheisten kontinuierlich, ihre Arithmetik mit der nächst höheren Zahl als einen Dualismus zu reparieren. Mit dem Versuch, das Leben und das Heil der Menschen um eine einzige göttliche Persönlichkeit zusammengebündelt zu sehen, akzeptieren Monotheisten am Ende leicht einen kriegerischen Dualismus. Das heißt, dass so die Welt am leichtesten wieder mit einer Ideologie der Überdomestikation beladen werden kann. Ein einziger Löwe, welcher zum König der Raubtiere gesalbt ist, der beschert den Gazellen, den Schafen oder den Ziegen keine befriedigende größere Sicherheit.

Innerhalb eines postulierten Dualismus von "Gut und Böse" (Gott und Teufel) erweist sich der „böse" Teil in der Regel wissenschaftlich immer nachweisbarer als das „Gute." Die bessere Seite bleibt dabei eine unerklärbare idealisierte Vorstellung, während von der bösen Seite her gesehen, alles Abgetrennte oder alles Analysierte viel leichter denkbar scheint.

Wissenschaftsgeschichtlich kann solch ein Resultat wohl nicht anders sein. Der analytische menschliche Geist lässt sich leicht von seiner eigenen Helligkeit und von seinem eigenen Weihrauch hinter das Licht führen. Wissenschaftliche Experimente beanspruchen alle eine vorbereitende „Analyse," was dann sogleich das Auseinanderbrechen von etwas Ganzem in eine Vielzahl von Aspekten oder Teilchen einbezieht. Dementsprechend wirkt die Wissenschaftsgläubigkeit weitaus großzügiger im Umgang mit ihren eigenerzeugten Fragmenten, welche man durch die Analyse und experimentelle Kontrolle schon erreicht hat. Analyse, Aufteilung, Kontrolle, Eroberung und Zerstörung sind dem Pfad der Wissenschaften entlang immer leichter zu erfüllen als eine mühsame Synthese, als gesundes Wachstum oder als eine organische Einheit. Und wir dürfen dabei nicht vergessen, dass *Homines sapientes* imitierende Kreaturen sind, welche sich ihre wissenschaftliche Fähigkeiten und ihre rational-analytische Fähigkeiten aus ihrer natürlichen Orientierung und Entwicklung heraus als künstlerisch veranlagte Jäger und Metzger zugelegt haben.

Soweit man dem ägyptisch-kaiserlichen Monotheismus vor fünf Jahrtausenden historisch nachspürt, erscheint es, als ob eine derartig politisierte Religion tatsächlich unter dem Einfluss vom Hirtentum noch tiefere Wurzeln getrieben hat. Es ging im alten Ägypten und Mesopotamien darum, die imperialen Mächte zu konsolidieren und zu stärken. In einer Zeitspanne, da die Menschen noch aktiv mit der Domestikation von Vieh beschäftigt waren, entdeckten schlaue Hirtenköpfe, wie man sich selber in die Szenen ihrer Theodizee einzuschleußen vermochte. Sie sahen sich selbst als Vieh das die Götter auf ihren Auen weideten. Die Götter waren ja vordem für Jäger schon „Herren der Tiere," oder „Hirten." Götter verhielten sich dann den Menschen gegenüber wie menschliche Hirten zu ihren Tieren standen. Leben unter der Peitsche der Überdomestizierenden wurde das Muster für diejenigen, die sich selbst als Vieh von Göttern „in Besitz genommen" oder „besessen" wussten. Für die Royalen, die im Namen ihrer Götter große Gruppen von

Menschen regierten, leistete die Peitsche immer gute Dienste. Natürlich mussten letztlich diejenigen, die sich aus den Fesseln ihrer Überdomestizierer befreien wollten, zuerst die zuständigen Mythen und Ideologien ihrer Überherren sich zu eigen machen. Sie mussten zuerst das verstehen, was sie hernach zu transzendieren hatten. Sie mussten sich irgendwie von der Viehebene auf die Hochebene von Gottes Ebenbildern promovieren lassen.[25]

Ganz gleich welche Ideologie oder Mythologie es auch gewesen sein mag, die von Überdomestizierern angewandt wurde, um ein Volk zu versklaven, so ist doch zur Befreiung solcher Sklaven, zum Abbau einer solchen stützenden Ideologie oder Mythologie auch eine durchgreifende rationale Kritik vonnöten. Die alte Version muss kritisch und gründlich zerlegt und zu ihrem Begräbnis mit genügend Gegengewichten beladen werden. Rebellen, die ihre Argumentation ganz neu am Anfang des Universums beginnen wollen und alte Götter überhaupt nicht mehr erwähnen wollen, so wie moderne Atheisten ihre Ontologie „ohne Mythologie" zu rationalisieren versuchen, laufen am Ende Gefahr in noch älteren räuberisch-unzuverlässigen Primitivismen stecken zu bleiben, wie es etwa unter den räuberisch-heroischen und totemischen Nationalismen des zwanzigsten Jahrhunderts geschah.

Darüber hinaus ist beim Bauen auf schiere atheistische Grundgedanken, auf z.B. die „blinde Kraft" der Natur sowie auf unsere Zugriffe in das physische Universum, es leider nicht möglich, eine Unterstützung für menschliche Bedürfnisse, von Menschenrechten für Schwächere abzuleiten. Die Geschichte der Religionen wird deshalb für alle ideologischen Neuorientierungen eine der wichtigsten vergleichenden Perspektiven bleiben müssen.

---

[25]Die Idee hat sich offensichtlich in der mesopotamischen Enuma Elish niedergeschlagen. Es spiegelt sich etwas sanfter in der Hymnody der hebräischen Psalmen (zum Beispiel im 23. Psalm) wieder. Im letztgenannten sind Menschen wie Schafe, von einem göttlichen Guten Hirten bewacht, welche sich auf den grünen Auen von jenem göttlichen Hirten getrost weiden lassen. In einer modernen christlichen Umwelt, wo die Gottheit nicht mehr darauf besteht, Geschlachtetes für sich geröstet oder gebraten als Opfergabe zu bekommen, ist eine solche Poesie sogar geeignet, bei Begräbnisfeiern gelesen zu werden, als zusätzlicher Trost.

Im Kapitel Siebenzehn werden wir sehen, wie die ersten Pharaonen in Ägypten, die Gottkönige der Ersten Dynastie, ihre Authorität zu etablieren suchten. Sie regierten als mutierte göttliche Jäger und Hirten. Sie betrieben Jagd, und ihre Hauptstädte funktionierten wie Stallhöfe für Menschen. Minister und Diener wurden als Opfer hingerichtet, um die Risse zu flicken, welche zeitweise durch den Tod eines „ewigen" Gottessohnes in den dynastischen Stoff eingerissen wurden, wenn unsterbliche Pharaonen versehentlich starben und vorübergehend in einen Osiris, den Totengott, verwandelt wurden. Mit der Beisetzung eines Gottkönigs wurden menschliche Opfer zur Schockbehandlung an der königlichen Grabstätte beigesetzt. Dies geschah, um mit Terrorgewalt die Dynastie gegen alle Möchtegern-Rebellen zu stärken. Selbst Löwen als gezähmte Haustiere, als Nachkommen von den an Göbekli-Tepe-Stelen aufgemeißelten totemischen Göttern, wurden verpflichtet, den gottesmenschlichen Osiris während seiner Übergangsphase, wenn er wiederum sein eigener Nachfolger wurde, zu begleiten.

Durch die Vorhänge spähend und ein wenig zwischen den Zeilen der alten Mysterien lesend, vermute ich als Autor, dass das Sterben dieser Menschenopfer recht wenig mit dem Wohlbefinden eines Pharao im Jenseits zu tun hatte. Es scheint mir, als ob alles eher um die Ermächtigung einer Pharaonen-Dynastie und um die Einsetzung von neuen Gottkönigen ging, sodass diese darnach Ägypten wirksamer weiterregieren konnten. Diese mit jeder Generation erneuten Menschenopfer lieferten zusätzliches Gewicht und verbreiteten Grabesfrieden über das Land der Gottkönige, durch Terror und durch Furcht. Ein totemisch alter Jagdgott, der in seinem traditionellen Erscheinungsbild als ein Falke aus der Steinzeit stammte, diente als Fokus, um im alten Ägypten das dynastisch königliche Spektakel von einer Generation zur nächsten weiterzuführen.

Dritter Teil: Beispiele aus der Ethnologie und Geschichte

Kokosnuss jagen und Jams schlachten

Dema Mythologie, wie Adolf Jensen diese auf der Insel Seram aufgezeichnet hat, ist in der Kulturgeschichte zu einem Markstein für die Erläuterung der Paläo-Pflanzer Religionen geworden. Die seitherige Veröffentlichung von Auszügen aus diesen Materialien hat auf Englisch versehens zu einer Vernachlässigung geführt. Es ging um etwas das anderweitig als eine degenerierte Phase der Wemale Jäger Tradition hätte verstanden werden können. Das bedeutet, dass die Dynamik des neolithischen Übergangs, aus der Jagd in die Domestikation, dabei vernachlässigt und verdunkelt wurde. Unser gegenwärtiger Diskurs basiert auf einem überarbeiteten Sortiment von Wemale Legenden und Mythen, mit Eskimo und Navajo Texten vergleichend dargeboten.

13
Kokosnuss jagen und Jams schlachten

Der monumentale Bericht von Adolf E. Jensen, über Hainuwele Mythologie und Dema Theologie, wurde in Zusammenarbeit mit H. Niggemeyer veröffentlicht, unter dem Titel: *Hainuwele, Volkserzählungen von der Molukken-Insel Ceram,* im ersten Band der Serie „Ergebnisse der Frobenius-Expedition", 1939.[1] Die erste englische Übersetzung des Hainuwele Mythos wurde uns im Jahr 1959 in Joseph Campbells, *The Masks of God,* zugänglich gemacht.

Die evolutionäre Phase der Paläo-Pflanzer Kulturen, samt *Dema* Theologie, wurde im Seminar von Professor Mircea Eliade, in den frühen 1960er Jahren in Chicago uns vorgetragen. Er interpretierte wie mythische Ursprungsgedanken und die Bedeutung verschiedener Kulturpflanzen in Paläo-Pflanzer Kulturen zu verstehen waren. Er erklärte das Treiben der geheimen Männerbünde und ihr eigentümlich inspiriertes Verständnis von Leben und Tod. Vor allen Dingen besprach er die „Dema" Theologie als den Schlüsselbegriff mit dem man beginnen konnte, die religiöse Welt der Wemale Paläo-Pflanzer zu verstehen. Der Kontrast zwischen der Himmel-orientierten Mythologie der Reispflanzer, und der Erd-orientierten Dema Theologie der Wemale Pflanzer von Knollenfrüchten, schien faszinierend.[2] Mircea Eliade erhob auch relevante Fragen zum Verständnis

---

[1]Jensen, Adolf E. und Heinrich Niggemeyer. *Hainuwele: Volkserzählungen von der Molukken Insel Ceram.* Copyright 1939, Klostermann Verlag, Frankfurt am Main. Ausschnitte davon werden hier mit freundlicher Genehmigung des Verlags verarbeitet. Jensen, Adolf E., *Das religiöse Weltbild einer frühen Kultur.* Leipzig, 1939. Englische Übersetzung: *Mythos und Kult bei den Naturvölkern.* Chicago, 1963. *Die Drei Ströme: Züge Aus dem geistigen und religiosen Leben der Wemale.* Leipzig, 1948. *Mythos und Kult bei Naturvölkern.* Wiesbaden, 1951. Englische Übersetzung: *Myth and Cult among Primitive Peoples.* Chicago, 1963.

[2]Zum Vergleich mit einer Reispflanzer Religion siehe Hans Schärer, *Ngaju Religion.* The Hague: Martinus Nijhoff. 1963.

der Orientierungen von Männern in den Logen der Geheimbünde, von wo aus Menschenopfer und Kopfjagd geplant wurden. Das extreme Verhalten der Wemale Männer Verbände wurde als tragische Folge im Bezug auf die spezielle philosophische Weltanschauung der Paläo-Pflanzer erklärt. Einen Großteil seiner empathischen Auslegung zu diesem Thema hat Professor Eliade aus den Werken von Volhard und Jensen abgeleitet.[3]

Die "Hainuwele" Materialien sind von Deutsch auf English in abgekürztem Format übersetzt worden. Sie wurden Jensens eigener Auffassung entsprechend vereinfacht, um die allgemeine Paläo-Pflanzer Perspektive so deutlich wie nur möglich hervorzuheben. Auf jeden Fall wurden bei dieser Methode verschiedene Angaben, welche im deutschen Text ein indirektes Licht auf die Wemale Jäger Tradition hätten werfen können im Englischen vernachlässigt und weggelassen. Es soll natürlich eingeräumt werden, dass nebst den positiv gezielten Voraussetzungen zum Verstehen der Pflanzer Religion, und der *Dema* Theologie, manche von den vernachlässigten Sätzen erschienen den seitherigen Übersetzern unwichtig—und verständlicherweise so.

Es ist der besonderen Bedeutung dieser Auslassungen wegen, dass ich hier nun, im Zusammenhang mit dem Thema „Steinzeit Religion", eine erneute Überprüfung des Textes in deutscher und englischer Sprache unternommen habe—aber jedoch dann um wiederum andere Sätze auszulassen. Es ist nicht die Absicht dieses Buches, und wäre auch nicht möglich, den ursprünglichen deutschen Text zu ersetzen. Weder unsere Studie, noch irgendwelche zukünftige Arbeiten über die Religion der Wemale, werden je den Inhalt der ursprünglichen Texte und Kontexte erschöpfen. Wir werden den Lesern immerfort anraten müssen, die ungekürzten Ressourcen von Adolf Jensen selber einzusehen. Meine Absicht hier sei es nur, meine bescheidene Meinung einer Reihe von anderen Kommentaren hinten anzuschließen. Zum Zweck einer persönlichen Verarbeitung habe auch ich Sätze weggelassen welche wiederum mir auch als weniger wichtig erschienen. Mein Ziel war

[3]Mircea Eliade, *Patterns in Comparative Religions*, Cleveland, 1963 (1958). *Myth and Reality. 1963. From Primitives to Zen.* New York und Evanston, 1967. Siehe auch E. Volhard, *Kannibalismus.* Stuttgart, 1939.

lediglich, nur so viel ins Englische zu übersetzen—und hier in dieser deutschen Ausgabe wieder auf Deutsch stehen zu lassen, um dem Leser die Wemale Mythologie nicht nur in Bezug auf die göttliche Jungfrau Hainuwele zu erhellen, sondern auch den uns inzwischen wichtig gewordenen Ameta, der ein Jäger war, verständlicher zu machen. Während dieser wiederholten Überarbeitung bin ich zu der Überzeugung gekommen, dass in der neolithischen Wemale Pflanzer Religion der mythische Character "Ameta" für unser Verstehen eventuell wichtiger ist. Zudem ist diese ganze Mythologie, im Bezug auf weltweite Entwicklungen die in der Steinzeit Jäger-Religion sich vollzogen, geradezu unentbehrlich—das heißt, während deren Übergang zur Domestikation. Zusätzlich geht es hier auch noch um unser Verstehen von der Kopfjagd, des Menschenopfers und des Kannibalismus.

Anstatt sich diese Mythologie nur als einen Teil der Paläo-Pflanzer Religion vorzustellen, sollte sie nun genauer auf evolutionäre Einblicke in die Jäger Traditionen der Steinzeit, auf das nostalgische Treiben der Wemale Jäger hin untersucht werden. Ungeachtet des Aufschwungs den die Romantik dem internationalen Volksbuchhandel bescheren konnte, betreffs eines geopferten jungsteinzeitlichen Hainuwele Mädchens, wird aber dabei, in dem „Maro" Opfertanz der Männer, die gärtnerische Dimension der Wemale Frauen tatsächlich nur sehr schräge und oberflächlich beleuchtet. Unsere Voraussetzung ist, dass ehe die Hainuwele Mythologie dem Adolf Jensen zum Niederschreiben anvertraut wurde, sich diese vorerst noch in den Köpfen veralteter Wemale Jäger entwickelt hat, welche noch tief in den Rationalisierungen ihrer Vergangenheit mit Kopfjagd und Menschenopfer steckten. Die Männer ihrerseits versuchten ihre Frauen einzuschüchtern, als ob geheime Männerbünde tatsächlich das Wesen des weiblich betriebenen Anbaus von Knollenfrüchten in ihrer Macht hätten. Im Wissen über die Hintergedanken dieser Männer empfehlen wir, deshalb, dass der Hainuwele Mythos, fortan eher als ein kombinierter Mythos über „Ameta und Hainuwele" betrachtet werden sollte.

Etwa zwanzig Jahre nach meiner ersten Berührung mit der Wemale Religion, in Chicago, und nach etwa fünfzehn Jahren periodischer Feldforschung in Jäger Traditionen der Eingeborenen in Nordamerika, habe ich die Jensen Texte von der Molukken Insel Seram wieder in die Hand genommen. Es geschah auf Anfrage der Redaktion von *Ost und West*, bei IsMEO, Florenz und Rom, in den späten 1980er Jahren.[4] Es war damals der Fall, dass mir eine Dimension der seramesischen Steinzeit Religion, die ich früher zumeist übersehen hatte, plötzlich aufgefallen war. Es ging hier um die starken Spannungen zwischen den Geschlechtern in zerfallenden Jäger Traditionen. In Zeiten von Krisen des kulturellen Wandels wurden diese Spannungen tendenziell erhöht. Meine eigene Feldforschung bei den nordamerikanischen Eingeborenen, im „Größeren Südwesten", hat mich auf dieses Problem aufmerksam gemacht.

Auf den Molukken Inseln scheint es, als ob die Spannungen zwischen den Kopfjägern und ihren Frauen weitaus komplexer waren als eine bloße logische Pflicht die aus philosophischer oder mystischer Identifikation mit dem Gartenbau stammte. Im Nachhinein erscheint, dass das Meiste der philosophischen Pflanzenmystik, welches Volhard, Jensen und Eliade als zentralen Gedanken für die *Dema* Theologie anerkannt haben, nun notwendigerweise eine Überprüfung erfordert. Es geht hier um nicht weniger als um die Schlüsselkonzepte zum Verständnis der Kopfjagd, dem Kannibalismus, dem Menschenopfer sowie um deren Zusammenhang mit dem Anbau von Knollenfrüchten. Die ganze Problematik sollte nun wohl auch unter der Rubrik „Krisen und Selbstbewusstsein veralteter neolithischer Jäger" erwogen werden.

Sicherlich war sich Professor Eliade über den Wemale Konflikt der Geschlechter bewusst, mindestens auf dem Niveau ihrer Geschichten. Es ist lediglich des Professors philosophische Rationalisierung zu Gunsten der Wemale Männer die uns anspornt; als ob jene mystisch eingetauchte und rationell ausgeglichene Paläo-Pflanzer gewesen wären. Und dazu kommt dann noch, vielleicht, seine Unterschätzung ihres demoralisierten Befindens als veraltete Jäger. Zu diesem Problem werde ich nun hier meine Gedanken zum Weiterdenken anbieten. Es ist zum Zweck der Überarbeitung, zum

[7]Siehe Luckert: "Hainuwele and Headhunting Reconsidered," in *East and West, Band* 40, Nummer 1-4, Seiten 261-279, IsMEO, Florence and Rome, 1990. Teile dieser Veröffentlichung wurden zehn Jahre später, auf www.historyofreligions. com, zur Verfügung gestellt.

Verstehen der Adolf E. Jensen Erbschaft betreffs der Religion der Wemale, dass ich meine Nachprüfungen den Lesern nun in einer englischen und einer deutschsprachigen Ausgabe vorlege.

Im Licht dieser Überarbeitung erscheint nun die „Hainuwele" Geschichte in erster Linie als eine Männer Erzählung, von einem altertümlichen und burlesken Jäger-und-Metzger Typ. Wir sehen Pflanzer Mythologie und *Dema* Theologie im Gartenbau hier jetzt aus der Perspektive von hoffnungslos veralteten Jägern. Wir haben es hier nicht etwa mit einen Mythos zu tun dem die Frauen, die eigentlichen Eigentümer des Wemale Gartenbaus zugestimmt hätten, den sie etwa freudig angehört oder gar gerne weitererzählt hätten. Dieser Mythos was keine Frauengeschichte.

Man kann indessen auch bezweifeln, dass die Frauen irgendwelche Geschichten, welche die Männer in jenen Tagen sich im Klubhaus (Baileo) erzählt haben, je legetim zu hören bekamen. Die Chancen sind ziemlich groß, dass Geschichten welche die Männer sich dort erzählten nie für weibliche Ohren gedacht waren, oder gar noch viel weniger von diesen geschätzt worden wären. Für uns, wenigstens im englischsprachigen Bereich, müssen solche Vermutungen letztendlich zu einer Überprüfung des ganzen theologischen „*Dema* Komplexes" führen. Es sollte eventuell als ein Auftakt zum allgemeinen revidierten Verstehen der sogenannten „Jungsteinzeitlichen Revolution" dienen. Es geht hier um einen Überblick über die weltweite Umwandlung vom Jagen und Sammeln, hin zu der Domestikation von Nutzpflanzen und Tieren.

Die Mythe über die *Dema*-Wesen, Ameta und Hainuwele

"Als die neun Familien der Menschen von Nunusaku auswanderten, hielten sie sich an einigen Orten West-Serams auf und kamen auf den heiligen Platz Tamene Siwa, der heute noch im Walde zwischen Ahiolo und Waraloin gelegen ist.[5] Unter den Menschen lebte damals ein Mann mit Namen Ameta, der nicht verheiratet war und keine Kinder hatte. Ameta ging eines Tages mit seinem Hund auf die Jagd. Nach einiger Zeit spürte der Hund im Walde ein Schwein auf und

[5]Abgekürzt aus *Hainuwele,* Jensen und Niggemeyer (1939: 59-64). Mit freundlicher Genehmigung vom Klostermann Verlag.

verfolgte es bis zu einem Teich. Das Schwein lief in das Wasser des Teiches, der Hund aber blieb am Ufer stehen. Bald konnte das Schwein nicht mehr schwimmen und ertrank. Der Mann Ameta war inzwischen herangekommen und fischte das tote Schwein heraus. Er fand an dem Hauer des Schweines eine Kokosnuss. Damals aber gab es noch keine Kokospalmen auf der Erde." In einem Traum wurde dem Ameta von einem Mann befohlen diese Kokosnuss zu pflanzen, und er tat es.

Abb. 36: Wilder Eber mit Kokosnuss. Bild ist der Geschichte von "Ameta und Hainuwele" vom Autor angepasst worden. Auf ein Umwelt Foto von Richard Bartz basiert, München, http://creativecommons.org/licenses/by-sa/2.5/deed.en.

"Nach drei Tagen war die Palme schon hoch gewachsen. Nach drei weiteren Tagen trug sie Blüten. Er kletterte in die Palme, um die Blüten zu schneiden, aus denen er sich ein Getränk bereiten wollte. Als er damit beschäftigt war, schnitt er sich in den Finger, und es tropfte Blut auf eine Palmblüte. Er ging nach Hause und verband sich. Als er nach drei Tagen wiederkam, sah er, dass sich das Blut auf dem Palmblatt mit dem Saft der Blüten vermengt hatte, und dass daraus ein Mensch wurde. Das Gesicht des Menschen war schon geformt. Als er nach drei Tagen wiederkam, war auch der Rumpf des Menschen da, und als er nach drei weiteren Tagen kam, war aus dem

Blutstropfen ein kleines Mädchen geworden. In der Nacht kam im Traum derselbe Mann zu ihm und sagte: 'Nimm den Sarong patola und wickle das Mädchen aus der Kokospalme sorgfältig hinein und bringe es nach Hause…' Er nannte es Hainuwele… Der Name Hainuwele bedeutet… Kokospalmzweig."

"Sie wuchs sehr schnell auf, und schon nach drei Tagen war sie ein heiratsfähiges junges Mädchen *(Mulua)*. Sie war aber nicht wie die gewöhnlichen Menschen. Wenn sie ihre Notdurft verrichtete, so bestand der Kot aus wertvollen Gegenständen, wie chinesischen Tellern und Gongs, und ihr Vater Ameta wurde sehr reich. Zu jener Zeit fand in Tamene Siwa ein großer Maro-Tanz statt, der neun Nächte hindurch dauerte. Die neun Familien der Menschen nahmen daran teil. Sie bildeten beim Tanze eine große neunfache Spirale. Wenn die Menschen in der Nacht Maro tanzen, so sitzen in der Mitte die Frauen die nicht mittanzen sondern reichen den Tänzern Sirih und Pinang zum Kauen. Bei jenem großen Tanz stand das Mädchen Hainuwele in der Mitte und reichte den Tänzern Sirih und Pinang. Beim Morgengrauen ging der Tanz zu Ende, und die Menschen gingen, um zu schlafen. Am Abend der zweiten Nacht versammelten sie sich auf einem anderen Platz…. Wieder wurde Hainuwele in die Mitte des Platzes gestellt, um Sirih und Pinang zu verteilen. Wenn aber die Tänzer nach Sirih fragten, so gab sie ihnen stattdessen Korallen. Alle Menschen fanden die Korallen sehr schön. Die Tänzer und auch die Außenstehenden drängten sich hinzu und fragten nach Sirih und Pinang, und alle bekamen Korallen. So dauerte der Tanz bis zum Morgengrauen, bis die Menschen zum Schlafen nach Hause gingen. In der nächsten Nacht… Hainuwele stand wiederum in der Mitte um Sirih und Pinang zu verteilen. In dieser Nacht aber verteilte sie schöne chinesische Porzellanteller… und jeder der Anwesenden erhielt einen solchen Teller. In der vierten Nacht verschenkte sie noch größere chinesische Porzellanteller…. In der fünften Nacht des Tanzes verteilte sie große Buschmesser, in der sechsten gab sie schön gearbeitete Sirihdosen aus Kupfer, in der siebenten Nacht goldene Ohrringe und in der achten Nacht schöne Gongs. So wuchs der Wert der Gegenstände die Hainuwele an die Tänzer verteilte von Nacht zu Nacht, und den Menschen wurde die Sache unheimlich. Sie kamen zusammen und berieten miteinander. Sie waren sehr eifersüchtig, dass Hainuwele solche Reichtümer verteilen konnte und beschlossen sie zu töten.

„In der neunten Nacht des großen Maro-Tanzes wurde Hainuwele wieder in die Mitte des Platzes gestellt, um Sirih zu verteilen. Die Männer aber gruben ein tiefes Loch auf dem Platze.... In der langsam kreisenden Tanzbewegung der Spirale drängten sie das Mädchen Hainuwele auf die Grube zu und warfen sie hinein. Der laute dreistimmige Maro Gesang übertönte die Schreie des Mädchens. Man schüttete Erde auf sie, und die Tänzer stampften mit ihren Tanzbewegungen die Erde über der Grube fest. Beim Morgengrauen war der Tanz beendet, und die Menschen gingen nach Hause....

„Als der Maro-Tanz zu Ende war und Hainuwele nicht nach Hause kam, wusste ihr Vater Ameta, dass sie ermordet war.... Da grub er ihren Leichnam aus und zerschnitt ihn in viele Stücke. Die einzelnen Teile des Körpers vergrub er in dem ganzen Gebiet um den Tanzplatz herum. Nur die beiden Arme vergrub er nicht, sondern brachte sie zur Mulua Satene, jener Frau die bei der Schöpfung der Menschen aus einer unreifen Banane entstanden war, und die damals noch über die Menschen herrschte. Die vergrabenen Leichenteile der Hainuwele aber verwandelten sich in Dinge, die es damals auf der Erde noch nicht gab—vor allem in die Knollenfrüchte, von denen die Menschen seitdem hauptsächlich leben. So wurde aus dem Magen der Hainuwele ein großer Topf, der noch heute erhalten und im Besitze des Dorfhäuptlings von Honitetu ist."

An diesem Punkt in der Geschichte sind die neun Körperteile von Hainuwele beschrieben, sowie die neun Früchte in welche diese neun Körperteile verwandelt wurden. Ameta verfluchte die Menschen, und Mulua Satene war böse über sie, weil sie getötet hatten. Sie baute an einem Platz in Tamene Siwa ein großes Tor. Es bestand aus einer neunfachen Spirale, so wie die Menschen beim Maro-Tanz aufgestellt gewesen waren. Mulua Satene selbst stellte sich auf einen großen Baumstamm auf der einen Seite des Tores und hatte die abgeschnittenen Arme von Hainuwele in ihren beiden Händen. Dann versammelte sie alle Menschen auf der andern Seite des großen Tores und sagte zu ihnen: "Ich will nicht mehr hier leben weil ihr getötet habt. Ich werde heute von euch gehen. Jetzt müsst ihr alle durch das Tor hindurch zu mir kommen. Wer durch das Tor kommt der bleibt Mensch, wer nicht hindurch geht, mit dem wird es anders geschehen." Die Menschen versuchten nun alle durch das spiralförmige Tor zu gehen, aber nicht alle kamen hindurch. Wer nicht durch das Tor zur Mulua Satene kam, der wurde damals zu einem Tier oder zu einem Geist. So entstanden die Schweine, Hirsche, Vögel und Fische und die vielen Geister die auf der Erde leben. Früher sind es Menschen gewesen, aber sie konnten nicht durch das Tor gehen hinter dem Mulua Satene stand. Satene aber sagte zu den Menschen, „Ich werde noch heute von euch gehen und ihr werdet mich nicht mehr auf der Erde sehen. Erst wenn ihr gestorben seid werdet ihr mich wiedersehen. Aber auch dann müsst ihr eine beschwerliche Reise antreten bevor ihr zu mir kommt." Damals verschwand Mulua Satene von der Erde und wohnt seitdem als Nitu auf dem Salahua, dem Totenberg im südlichen West Seram.

Hainuwele Mythologie in der Historiografie

Die Handlungen der zentralen Ereignisse in der Hainuwele Mordgeschichte haben vor einigen Jahrzehnten sorgfältige wissenschaftliche Aufmerksamkeit erhalten und sind an einem gewissen Punkt historisch als „situative Inkongruenz" beurteilt worden. Der curiose Modus der Produktion welche die Hainuwele vorführte, ihre Ausscheidung von Wertgegenständen, hat einen Hinweis für literarisches Datieren geliefert. Diese Handelswaren, die auf Seram als Geld fungierten, konnten nicht älter als der Gewürzhandel des sechzehnten und siebzehnten Jahrhunderts gewesen sein. Das war die Zeit als diese Waren zuerst in den Molukken erschienen. Sie könnten aber auch zu einem viel späteren Zeitpunkt, zu einer „Cargo-Situation", etwa durch die Intensivierung des niederländischen Kolonialismus zwischen 1902 und 1910, eingeführt worden sein.[6]

Das scheinbare jüngere Datum eines „altertümlichen" Mythos braucht keinen Anlass zur Besorgnis für diejenige zu sein, die ursprünglich ein höheres Alter vermutet haben. Drei oder vier Jahrhunderte würden sowieso eine genügend lange Laufzeit für das Hauptthema einer wichtigen Erzählung gewesen sein. Mündliche

---

[6]Siehe Jonathan Z. Smith, "A Pearl of Great Price and a Cargo of Yams: a Study in Situational Incongruity," in *History of Religions,* 1976.

Überlieferungen, aus der Vorzeit, welche einige von uns aufgenommen haben, wurden mit jeder Generation von neuen Erzählern, als eine Selbstverständlichkeit auf den neuesten Stand des Verstehens gebracht und erneuert. Die wundersame Weise nach welcher über lange Zeiten hin mündliche Legenden im Nahen Osten aktuell geblieben sein sollen, welche verschiedene Gelehrte postuliert haben um den Zeitrahmen der biblischen Vorgeschichte zu verlängern—welche über ein Jahrtausend mündlichen Mitteilens ihren alten Formen treu geblieben sein sollen—gehört selber in den Bereich des Legendären. Im Falle der anonymen redigierenden Erzähler und Schriftgelehrten des Altertums, sind hernach deren Fähigkeiten und Fantasie viel zu oft unterschätzt worden. Nach einem halben Jahrtausend einer sogenannten „mündlichen Tradition", dürfte der Abstand zwischen einem dokumentierten historischen Ereignis, und dem bloßen historischen Faktum, dass der Gedanke an ein solches Ereignis einmal im Kopf eines Erzählers existierte, wohl nur noch winzig klein gewesen sein—es sei denn, solch ein archaisches Ereignis kann auch aus der Archäologie her nachvollzogen werden.

Traditionelle Erzähler berichteten ihre Geschichten zum Wohle der aktuellen Bedeutung und nicht um einer aufgezeichneten Antike zu entsprechen. Es gab ja keine aufgezeichnete Antike welcher sie entsprechen konnten. So, wenn auf der Insel Seram chinesische Porzellanstücke vorhanden waren, und wenn einige davon im Eingeborenen Ritual verwendet wurden, dann dürfte es einleuchten, dass ein begabter Erzähler einer verehrten Tradition, der seines Lohnes wert war, solche Stücke in seiner Erzählung erwähnte.

Vorerst jedoch ist der konkrete historische Zusammenhang kolonialer Umstände, unter denen Hainuwele als Produzent von „allerlei wertvollen Gegenständen, wie chinesische Teller und Gongs" bekannt wurde, ein höchst willkommenes Markierungszeichen für die Religionsgeschichte der Wemale. Es hilft uns die oben erwähnte, fast sicher übertriebene Dynamik einer philosophischen Nahrungsmystik unter archäischen Pflanzern genauer zu beurteilen. Es ist erstaunlich, wie viel historischen Realismus ein paar importierte Gongs und Teller zu unserer Perspektive beitragen können. Niemand kann leugnen, dass diese Waren importiert und bekannt werden mussten ehe Jensens Fassung der Geschichte erzählt werden konnte.

Doch der größere Teil der Frage bleibt bestehen: Was ist der älteste Kern dieser „Hainuwele" Mythe? Das zentrale Menschenopfer des Dema Mädchens Hainuwele, und die Verbreitung von essbaren Pflanzen aus ihren Körperteilen, zusammen, erscheinen wichtiger für den Mythos zu sein als die Anwesenheit der chinesischen Waren, die angeblich während eines Rituals als Geschenke verteilt wurden. Ich schlage deshalb vor, dass der archaische Kern der Mythe ursprünglich mindestens eine Version über die schöpferische Tätigkeit der Hainuwele, samt dem Modus ihrer Produktion, enthielt—ursprünglich und ohne die chinesischen Handelswaren. Während moderne Stadtbewohner das Benehmen der Hainuwele als absurd verstehen mögen, so können aber ihre Exkremente trotzdem nicht einfach nur als „dreckiger Mammon", oder ironisch, als eine primitive Art von „schmutzigem Geld" gewertet werden.

Das Motiv der schöpferischen Exkremente wurde an einer anderen Stelle in der Welt schon aufgezeichnet, viel früher und unabhängig vom westlichen Kolonialismus, nämlich, im neunten Jahrhundert in Japan. In der Nihongi liest man, dass die Göttin der Nahrung, Uke-mochi no Kami von Tsuki-yo-mi, einem himmlischen Gesandten, umgebracht wurde. Beleidigt über schmutzige Nahrung, welche die Nahrungsgöttinihm vorsetzte, hat er sie einfach getötet. Dann, aus dem toten Körper der Uke-mochi no Kami, begannen domestizierte Tiere und Nahrungsmittel für die Zukunft hervorzukommen. Aus ihrem Scheitel entstanden die Kuh und das Pferd, und auf ihrer Stirn die Kolbenhirse. Auf ihren Augenbrauen entstanden Seidenraupen Kokone. In ihren Augen entstand eine andere Art von Hirse. In ihrem Körper entstanden Reis, und aus ihrer Vagina kamen Gerste, große Bohnen und Adzuki Bohnen.[7]

In der seramesischen Fassung existieren Kot und Schmutz ebenfalls nicht im Gegensatz zu lebenserhaltenden Nahrungspflanzen. Im primitiven Bewusstsein sind Exkremente hier nicht mehr und nicht weniger als essbare Lebensmittel „ausgedrückt" [Wortspiel beabsich-

---

7 Florenz, Karl. *Die Historischen Quellen der Shinto-Religion.* Göttingen und Leipzig, 1919, Seiten 144f. Jeder Mensch der je Gerste mit bloßen Händen geerntet hat, weiß daß diese Ursprungsepisode in der Nihongi von rohen Männern erzählt wurde und deshalb als extremes Burlesk zu verstehen ist.

tigt] und in Betracht gezogen, und alsbald in die Zukunft projektiert. Darüber hinaus wird die schmutzig-weibliche Methode der Erschaffung, zwischen Kot und Urin, ausreichend in anderen seramesischen Geschichten hervorgehoben—wo Frauen als Köche und Darbringer von Nahrungsmitteln funktionieren. Zum Beispiel, in der mythischen Urzeit wurden weibliche Exkremente als essbarer Sago [Metroxylon] gekocht. Und eine noch-so-schmutzige Großmutter wurde in einen Sago Baum verwandelt.[8]

Das Problem der Reinheit oder Unreinheit, soweit es primitive Jäger belastete, kann hier nicht in dessen Gesamtheit behandelt werden. Es genügt zu beobachten, dass schon auf der Affen Ebene, zum Beispiel unter den Schimpansen (etwa sieben Millionen Jahre von uns entfernt), die weibliche Art in krassem Gegensatz zu dem männlichen Trieb zum Jagen und Töten auftritt. Auf der Seite der Menschen dann—bis vor kurzem, hätte sogar die bloße Spur einer lebenspendenden weiblichen Flüssigkeit einem steinzeitlichen Navajo Jäger seine Chancen einen Hirsch zu erlegen völlig annullieren können. Die weibliche Funktion, als Lebensspenderin, steht der männlichen Aggression eines Jägers direkt gegenüber. Diese Funktion kann noch mit der Beschlagnahmung von Waffen aus Stein, bei heutigen weiblichen Schimpansen beobachtet werden.[9]

Dann gibt es auf der Insel Seram den evolutionären Zufall, dass an einem bestimmten Punkt es den menschlich-weiblichen Widerständlerinen zur Gewalt, als Partner der Männer in Freude, gelungen ist in ihren Gärten, für ihre wachsenden Paläo-Pflanzer Haushalte, mehr Nahrung zu erzeugen als die Männer erjagen konnten. Beweise dieser allgemeinen Übergangskrise zur Domestikation liegen heute immer noch weltweit und sichtbar zerstreut. Als Folge zu dieser Übergangskrise, und deren Änderungen im Lebensunterhalt, ist den männlichen Jägern viel von ihrem Selbstwertgefühl abhanden gekommen. Solche grundlegenden evolutionäre Überlegungen tragen viel zur Erklärung des Wemale Korpus von chauvinistischen und skatologischen Hainuwele Geschichten der Männer bei.

---

[8] Siehe *Jensen und Niggemeyer*, 1939: Seiten 69f.

[9] Siehe Kapitel Eins, oben, den Hinweis auf Frans De Waal. *Chimpanzee Politics: Power and Sex among Apes.* New York, 1982.

Ein kleines Maß von gesundem Menschenverstand, betreffs der geschlechtlichen Ebenbürtigkeit, wurde erreicht wenn einige seramesische Geschichten—wiederum nach dem Muster der Skatologie—berichteten wie ein männlicher Akt des Urinierens eine Schwangerschaft zustande gebracht haben könnte (Hainuwele, Seiten 269, 356). Darüber hinaus kann man auch noch erfahren, wie Wemale Männer den Gedanken der Verschmutzung mit der Anwesenheit von Urin und Exkrementen verbunden haben, sowie auch mit Beleidigung und mit der Macht zu töten oder zum Wegjagen (Hainu-wele, 172f, 177, 224, 327, 329f). Aber keine dieser chauvinistischen Gegensätze reichen aus um die positive und kreative Bedeutung der weiblichen Ausscheidungen zu überwinden. Diese Ansicht ist besonders in der universellen weiblichen Funktion des Gebärens verankert. Jeder und jede Lebende muss seine oder ihre so-erhaltene Existenz irgendwie eingestehen.

Wir müssen zur speziellen Kreativität der Hainuwele zurückkehren. diese erstellt sich zuerst durch ihre Ausscheidungen, das heißt, ohne ihren eigenen Körper dabei zu opfern. So diente ihr Körper als Herkunftsort und Behälter während der ersten Runde ihres Austeilens, so natürlich wie solch eine kreative Funktion wohl aus einer Gebärmutter heraus verstanden werden kann. Erst später, nachdem ihr Körper in Stücke zerschnitten und die Teile begraben waren, und diese während ihrer Verwesung zu einer übel riechenden kotartigen Substanz wurden, war es möglich, dass essbare Knollen und andere Nutzpflanzen aus den eingegrabenen Leichenteilen aufkeimen konnten. In diesem Zusammenhang wird dem Leser empfohlen über den gesamten Ausscheidungs und Düngungs Zyklus eines Knollengewächs nachzudenken: Pflanzung—Begräbnis—Roden—Ausgraben—Zerschneiden—Kochen—Essen—Ernährung—momentan noch mit oder ohne den Umweg durch einen menschlichen Verdauungskanal. Sobald man diese symbiotische Verschränkungen realistisch erwägt, einschließlich der Beziehungen welche Pflanzer zum Dung, Humus und zur Erde pflegen, dann erscheint alles was die Paläo-Pflanzer Existenz anbetrifft etwas verständlicher.

Inzwischen ist es selbstverständlich, dass Historiker der Religionen—die es wagen aus dem Bereich der sterilisiert geschriebenen Geschichte in schmutzige Felder und primitive Bräuche einzutreten—dann wohl auch den theorethischen "Sitz im Leben" eines

Historikers zeitweilig verlassen müssen. Selbst das Wort „Sitz" ist in diesem Zusammenhang nicht in Ordnung. Primitive Knollenpflanzer, die im Dreck graben und dort auch ihren Kot entsorgen, sowie auch dort nach ihrer Nahrung graben, sie haben keine Sitze die als herunterlassende Metaphern herbeigeholt werden könnten.

Die „Ethnologie" könnte eventuell als die oberste Schichte der Archäologie, etwa als „die Schichte die noch riecht und die man noch hören kann", verstanden werden. Und Ausdrücke aus dem städtischen Handel, wie „schmutziges Geld", sind viel zu fremd um in den Gärten der Hainuwele verwurzelt gefunden zu werden. Auf der anderen Seite gehören aber die goldspeienden Esel oder goldergießende Rinder in eurasiatischen Märchen nur teilweise in das Reich der literarischen Fantasie. Ihre konkreten Inkarnationen grasen heute noch auf den Wiesen der realen Welt. Dem wertvollen Boden, und dem Gras das sie wiederum ernährt, verleihen diese Tiere ihren göttlich angereicherten, teils goldenen Segen.

Adolf Jensen hat wiederholt sein Unbehagen über seine eigene Unfähigkeit zum Ausdruck gebracht, die zentrale Bedeutung der Hainuwele Mythologie—eventuell deren existenziellen Zusammenhang mit der Kopfjagd und der impliziten Notwendigkeit der rituellen Gewalt und des Tötens—zu seiner eigenen Befriedigung zu erklären. Er wird wohl gespürt haben, dass reine philosophische Pflanzer Mystik nicht genügend rationelle Begründung für die Anwendung von so viel männlicher Gewalt geliefert hat. Unsere eigene Interpretation des zentralen Thema in der Hainuwele Mythologie bezieht sich daher nicht nur auf die von der Hainuwele erschaffenen Waren des Außenhandels, sondern umso mehr auf ihre elementare Teilnahme an der natürlich „schmutzigen" Kreativität der weiblichen Funktionen. Die grundlegende Rolle, dass Frauen allgemein als Geburtsgeber und Gärtner, als Köche und Darbringer von Nahrung auftraten, hat sich zwar ständig, jedoch nur langsam im Konflikt mit den Männern gewandelt. Man muss deshalb ständig daran erinnern, dass die Wemale Männer nostalgische Jäger waren, die lieber erjagtes Fleisch gegessen hätten als Gemüse und Früchte aus den Händen ihrer erfolgreicheren Frauen zu akzeptieren.

Ein konkurrierendes seramesisches Gegenthema, in Bezug auf die Exkremente der Hainuwele, existierte und wurde auch erzählt. Es ist aufschlussreich. Es ist eine Geschichte welche die Fähigkeit der Erschaffung von Tieren, mittels den Ausscheidungen eines himmlischen Jägers beschreibt. Ein himmlischer Jäger ging mit einem irdischen zusammen auf die Jagd. Einen Kusu hat er ausgeschieden und er urinierte einen Strahl der zu einer Schlange wurde. Anschließend tötete der irdische Jäger diese Schlange (Hainuwele, 77).

Natürlich weiß jeder, dass Jäger die eine solche Geschichte erzählen, bereits schon gewohnt sind Schlangen und Kusu zu töten. Ist diese dualistische Jäger Geschichte deshalb älter als das Hainuwele Thema welches Menschenopfer fürs Pflanzen erfordert? Oder ist dies hier einfach eine spätere Jäger Geschichte mit einer Erklärung für „schmutzige Kreativität" die man nun versucht aus der Domäne eines himmlischen Jägers abzuleiten? Jagd als ein Beruf ist hier der gemeinsame Nenner zwischen den himmlischen und den irdischen Bereichen zu erkennen. Wurde diese Geschichte deshalb wohl erzählt um zu zeigen, dass ausgeschiedene oder geborene Kreaturen den Jägern gehören, um von ihnen dann auch gejagt zu werden?

Es ist nun an der Zeit ein kleines Stück weiter über die koloniale skatologische Kreativität der Hainuwele hinauszukommen. Wir betrachten einen anderen Punkt in dem Mythos, der von zentraler Bedeutung für das Maro Menschenopfer selber ist. In der Erzählung, oben wiedergegeben, hatte die Hainuwele eine primäre zeremonielle Funktion im Maro Fest auszuführen, welche mehrfach erwähnt wurde. Ihre Aufgabe war es, das übliche Sirih und Pinang, das heißt, die Medizin zum Heilen und zum Wiederbeleben, zum Kauen, an die tanzenden Männer zu verteilen. Als während der neunten Nacht das Ritual seinem Höhepunkt sich nähert sind keine neuzeitlichen und wertvollen chinesischen Waren mehr erwähnt?

Das vorhergegangene Austeilen von Schätzen, in der Erzählung, diente offenbar dazu, die traditionellen Erwartungen der Männer auf Grund der Dienerschaft eines göttlichen Mädchens anzureizen. Wie sich herausstellte, wurden die Männer zornig als Hainuwele ihre Erwartungen weit übertraf und sich als eine Gottheit des extravaganten Reichtums offenbarte. So wissen wir nun dass die letzte Nacht, mit ausschließlich Sirih und Pinang, den ursprünglichen Kern ihrer Funktion in der Zeremonie enthielt. Angesichts des jüngeren

Alters der chinesischen Waren auf Seram, können wir nun davon ausgehen, dass deren Anwesenheit als Luxusgüter, in sieben aus neun Nächten der Zeremonie, wohl einfach die freie Zugabe eines Erzählers darstellen. Deshalb, insofern im zeremoniellen Rahmen der letzten Nacht Sirih und Pinang erneut in die Mitte gerückt wurden, dürfen die archäischen Verdachtsmomente welche durch die Gegenwart von späteren chinesischen Porzellanwaren verschleiert wurden, klare Mehrwert Zutaten eines Erzählers sein. Diese Zutaten ermöglichen, für die langweiligeren Nächte, von der Zweiten bis zur Achten, eine etwas belebtere Erzählung. Unsere Ausarbeitung dient hier vor allem den Groll der Tänzer aufzuklären, das heißt, den Moment wenn Tänzer die Hainuwele nicht nur als eine Göttin der Nahrung sondern auch als eine Göttin des extravaganten Reichtums erkannten.

Die Mörder der Hainuwele waren eifersüchtig über ihre Fähigkeit, Reichtum zu schaffen und zu verteilen. Oder so lautete wenigstens die faule Ausrede. Betrachtet aber, im Lichte einer längeren evolutionären Perspektive, kann eine solche Rationalisierung des Maro Opfers auch ganz gut als ein Produkt des Neides aus dem Kolonialen Jahrzehnt stammen, als der ältere Streit um die Aufrechterhaltung männlicher Autorität gegenüber den Frauen bereits schon außer Fokus geraten war. Sicherlich war das Handeln der Wemale Männer, ihr Trachten das Mädchen zu töten, nicht nur aus Neid als „Männer-gegenüber-einer-Göttin“ motiviert. Der Hainuwele Mythos wurde daraufhin strukturiert, die Persönlichkeit und Weiblichkeit des Opfermädchens abzuwerten. Hainuwele war eine Göttin, die von einem unverheirateten Mann und ohne der Beteiligung einer Frau erschaffen wurde. Ein Maro Opfer war nötig, sowie das Erzählen ihrer Entwertungsmythe, um den Rang der Göttin beim Gartenbau einzuschränken und um ihre Erzeugnisse vollständig unter die Autorität der Männer zu bringen.

Eine Antwort schwimmt nun näher an der Oberfläche. Die Wemale Männer suchten zeremonielle Kontrolle über den gesamten Bereich der Hainuwele—über die Nahrungspflanzen, das Dorf mit seinem Tanzplatz, und über den allgemeinen Bereich des weiblich betriebenen Gartenbaus selber. Sie beneideten den wirtschaftlichen Status ihrer Frauen, im Kontrast zu der unrealistischen Nostalgie welche nach dem Niedergang ihrer Jagd den Männern als ein Weniges noch verblieb.

Sie suchten nach Möglichkeiten wieder echte Männer zu werden, die sich um ihre Rehabilitation als die wichtigsten Verteidiger und Versorger ihrer Familien und Klans bemühten. Anstatt dessen verwandelten sich aber die Männer in gewalttätige Quälgeister. Als scheinbare Verteidiger ihres Dorfes, verwickelten sie ihr frustriert gewaltsames Verhalten fortwährend in neues Gerangel mit anderen ebenso entfremdeten Mannschaften von Altjägern, in ähnlich situierten Pflanzer Dörfern. Sie ersetzten ihre Defizite an zeremonieller Autorität mit dem Terror ihrer Kopfjagden und ihren auf Menschenopfer basierten Feierlichkeiten. Je mehr pathetisch sie sich von ihrer evolutionären Rolle entfremdeten, und im forwärtsschreitenden Gartenbau scheiterten, haben diese veralteten Jäger in der Anpassungsprüfung ihrer Kultur versagt. Natürlich scheiterten sie nach unseren modernen Normen, weil ja auch unsere Normen nur im Nachhinein erkannt worden sind.

Der Hainuwele Mythos und dessen Jäger-Erbe

Ehe wir die Hainuwele Geschichte wieder als zentralen Mythos der Paläo-Pflanzer in Betracht ziehen, muss dieser näher mit der versagenden Jäger Kultur der Männer und deren Religiosität in einen evolutionären Zusammenhang gebracht werden. Der Mythos trägt die volle Prägung der Urheberschaft der Männer. Tatsächlich fördert der Zweifel an der Antike dieser Geschichte für uns ein willkommenes Gefühl des Unbehagens. Was soll jetzt in der Wissenschaft mit der innovativen und berühmten Kategorie des Adolf E. Jensen, seinen „*Dema* Gottheiten" geschehen?

Es ist erstaunlich, wie unkritisch die Hainuwele Geschichte als der zentrale typische Mythos der Paläo-Pflanzer akzeptiert worden ist. Als solches kann er künftig aber nur unter der Bedingung anerkannt werden, insofern er in einen größeren evolutionären Kontext gestellt werden kann. Wissenschaftler haben für den romantischen Chauvinismus der Kannibalen und Kopfjäger, am helllichten Tag, deren eigene Rechtfertigungen als authentische Pflanzer Religion anerkannt. Und dieses geschah trotz der Tatsache, dass die Handlungen der Jäger, und die Umstände des Maro Kults der Männer, nicht im Geringsten verschleiert waren. Gleichzeitig sind Rechtfertigungen von Menschenopfer, allgemein, ob religiös glattpoliert oder politisch gezackt, selten etwas Gradliniges oder Ehrliches. Irgendwie betrügt dabei jemand einen anderen Menschen um sein Leben.

Die Verwandlung von Menschen in Tiere oder Geister, gegen Ende der Hainuwele Erzählung, ist ein typisches „Vormenschliches Flux" *(Prehuman Flux)* Motiv der alten Jäger Mythologie.[10] Aber was die Opfergeschichte der Hainuwele nun anbetrifft, so wäre diese Erzählung besser mit „Ameta und Hainuwele" betitelt worden. Die Haupt-*Dema* Gottheit in dieser Geschichte der Wemale Männer ist und bleibt Ameta, der ein Mann ist. Und als Jäger schneidet sich diese *Dema* Gottheit lediglich in einen Finger. Er blutet dabei ein wenig um die Hainuwele zu erschaffen. Er selber wurde dabei weder getötet noch verstümmelt.

Ameta erscheint in der Szene als ein Jäger der ausging um ein Wildschwein zu jagen. Für sein Bemühen erhielt er die erste Kokosnuss als Samenkern. Dem Mann wurde von einem „Mann" befohlen die Kokosnuss die er erjagt hatte in die Erde zu stecken. Der Samenkern war sein Eigentum weil, traditionsgemäß, was ein Jäger erjagte oder tötete sein Besitz wurde. Um die Misslichkeit zu vermeiden, sich einen Jäger vorstellen zu müssen der eine Kokosnuss jagt, haben die Erzähler den Kokosnuss Samen mit einem wilden Eber als deren Träger verbunden.

Die Ereignisse die dieser Jagd folgten, zeigten nicht nur die Tatsache, dass dem Jäger Ameta alle Kokospalmen auf der Erde gehörten, sondern auch, dass die Nahrungsgöttin mit all ihren Reichtum-produzierenden Fähigkeiten, sowie alle Sorten von Nutzpflanzen die später aus ihrer Substanz hervor wuchsen, gleicherweise Ametas legitimer Besitz waren—das heißt, seine legitime Nachkommenschaft. Hainuwele mag die spezifische Substanz gewesen sein aus welcher heraus alle Sorten von Nutzpflanzen wuchsen, doch Ameta war ihr elterlicher Schöpfer und Eigentümer. Die Essenz dieser Göttin war aus seinem Blut und aus seiner Kokosnuss Blüte

---

[10] Betreffs der "Prehuman Flux Mythologie" siehe Luckert, *The Navajo Hunter Tradition*, 1975. Siehe auch die Kapitel 14 und 15, unten.

entstanden. Ameta ist der Mann, der mit seinem eigenen Blut seine eigene Kokosblüte befruchtet hat, an einem Baum der ihm gehörte. Blut erscheint als ein allgegenwärtiges Nebenprodukt nicht nur bei der Menstruation oder Geburt, sondern auch in jeder Art von Erfolg bei der Jagd. Ameta erzeugte und erzog sein Kokosnuss-Palmwedel-Mädchen ohne die Beteiligung einer Frau. Das göttliche Mädchen war voll und ganz seine Essenz und sein Eigentum.

Dann waren es die Männer, veraltete Jäger, die mit ihrem spiralenförmigen Schlangentanz das *Dema* Mädchen in eine Grube drängten, die sie sich für diesen Zweck gegraben hatten. Es war nicht ein einzelner Jäger der sie getötet hat. Es war die ganze Spiralenschlange von Jägern die das taten. Und danach war es der Erzeuger und Besitzer Ameta, der ihren Leib ausgrub und ihre zerstückelten Körperteile in die Erde pflanzte um Knollenfrüchte und andere Nutzpflanzen für die Menschen zu kultivieren. Nach alledem war es ein Wemale Jägersmann, dessen Blut und Eigentum für kurze Zeit als Hainuwele auf Erden lebte, der durch sie die ganze Gartenkultur der Leute ermöglichte und schuf. Die Menschen kamen in den Besitz von diesen Nutzpflanzen und nahmen sie als ihre Nahrung. Und so, in einer kultischen Opferfeier, aus der Mythologie heraus veranstaltet, behaupteten die Männer für sich das Recht auf allen Gartenanbau sowie auf ihre Frauen. Unabhängig davon, was immer auch diese Frauen als ihren Bereich aufgebaut hatten, ihre Rechte auf Gärten und ihre Erfindungen und Fortschritte im Gartenbau, wurden damit von den weniger erfolgreichen und veralteten Jägern usurpiert.

Sedna, Herrin der Tiere des Meeres—eine Göttin der Inuit

Nebst den Hainuwele Materialien von Jensen haben Historiker der Religionen auch über den „*Sedna* Mythos" der Eskimo, nach Knud Rasmussen, als eine ähnliche *Dema* Gottheit nachgedacht.[11] Der mythische Vater der Sedna hat seiner Tochter die Finger abgeschnitten, als diese sich verzweifelt an den Rand seines Kanus klammerte. Auf diese Weise wurde diese von ihrem eigenen Vater,

[11] Siehe Rasmussen, Knud. *Intellectual Culture of the Iglulik Eskimos.* (Report of the Fifth Thule Expedition 1921-1924. Vol. VII, Nr. 1.) Copenhagen, 1929. Siehe auch Franz Boas. *The Central Eskimo.* Washington D.C., 1888.

der ein Jäger von Meerestieren war, ertränkt. Ihre abgetrennten Finger wurden in eine Vielzahl von Meerestieren verwandelt, und die verstümmelte Sedna, selber, wurde zur Herrin dieser Tiere. Fortan waren alle Inuit Jäger verpflichtet den Wünschen dieser Meeresgöttin zu folgen. Regelmäßig wurden sie des Tötens von Meerestieren shuldig, das heißt mythologisch ausgedrückt, des Abschneidens der Finger ihrer göttlichen Schwester. Um die turbulenten Wellen des Meeres zu beruhigen war es deshalb periodisch nötig, dass ein Inuit Schamane in die Tiefe tauchte um das verstrubelte Haar der Göttin auszukämmen—eine Handlung welche diese ohne ihre Finger nicht mehr selber ausführen konnte.

Beim Nachdenken über diesen Mythos, erzählt von Jägern die Meerestiere jagten, kann man nur staunen. Diesen Männern ist es gelungen ihre Schuld des Jagens gegenüber ihren Nöten die sie bei ihrer schwierigen Meeresarbeit durchstanden, auszuwiegen. Durch ihr Erzählen über die Herkunft und über das Schicksal der Meerestiere, welche sie jagten, gelang es ihnen durch die Gnade der Sedna sich mit ihr zu versöhnen und eine werkende Anpassung zu finden. Als künstlich verschärfte Jäger, mit schuldbelastender Tätigkeit, gelang es ihnen in einer mehr oder weniger ausgeglichenen und funktionierenden Weltordnung weiter zu existieren.

Die evolutionären, kulturellen und gesellschaftlichen Auswirkungen dieser Inuit Geschichte sind noch nicht ausreichend erforscht und im weiteren Umfang verstanden worden. Unser Hinweis auf die Sedna Mythologie wird deshalb hier auf zwei Punkte eingeschränkt bleiben müssen. Der erste Punkt ist die Tatsache, dass Religionshistoriker die Sedna der Inuit als eine *Dema* Gottheit anerkannt haben, vergleichbar mit der Hainuwele der Wemale. Und zweitens gibt es da die andere Tatsache, dass dieser Mythos genau in eine Welt der Jäger von Meerestieren hineinpasst. Es ist nicht eine Geschichte die je einmal, irgendwie das typische Leben von Pflanzern erklären sollte.

Ich wünschte es wäre möglich, die Aufnahme Sitzungen des Knud Rasmussen, als er diese Erzählung niederschrieb zu wiederholen. Haben sich die männlichen Iglulik Erzähler hier wohl Scherze über die ungeschickte Flossen der Meerestiere geleistet—im Gegensatz zu der menschlichen Fingerfertigkeit mit opponierfähigen

Daumen? Oder wurde diese Geschichte der Iglulik im wirklichen Ernst erzählt um eine gesamte Opferontologie für Jäger zu verdeutlichen? Wurde sie als ein burlesker Witz über die Beutetiere als Verlierer erzählt? Oder erklärte diese Geschichte die Abtrennung von Sednas Gliedmaßen als Suche nach einer Lösung für die nagende Schuld der Jäger? Ich weiß das nicht sicher. Jedoch, die zeremonielle Tauchreise eines Inuit Schamanen, welcher der Sedna gegenüber als Dienst ihr wildes Haar auskämmen musste, lässt hier ernsthafte Religion vermuten. Zudem bin ich glücklicherweise aber ein wenig näher mit einigen Geschichten der *Diné* (Navajo) Indianer vertraut. Und ja, bei diesen kann eine Geschichte über ein Bären-*Dema*-Mädchen so ziemlich sicher als ein Beispiel für echtes Jäger- und Metzger-Burlesk eingestuft werden.

Das Bären Mädchen, eine „*Dema*" der Diné (Navajo)

Man kann nach Auszügen aus den Hainuwele und Sedna Mythologieen nicht willkürlich diese Lektüre beendigen. Es gibt auch eine Geschichte der Navajo Indianer welche den Handlungen und der Zerstückelung der Hainuwele ähnlich erscheint. Und auch diese ist ganz sicher noch eine Geschichte von Jägern. Das einzige Element in der Navajo Geschichte, das möglicherweise einem Pflanzereinfluss zugeschrieben werden könnte, ist die Gewohnheit verschiedene Tierarten den Farben der vier Himmelsrichtungen entsprechend zu klassifizieren. Aber diese Gewohnheit ist eine am Rande liegende Angelegenheit, die wohl von der Kosmographie der Hopi Indianer abgeleitet wurde—welche dann wiederum als eine Ausstrahlung aus der mittelamerikanischen Kosmologie her erklärt werden kann. Aber im Kern der Navajo „Dema" Geschichte, vom „Bären Mädchen", steckt Jäger Burlesk in reinster Form:

In mythischen Zeiten gelang es einer Jungfrau, der Frau des Ur-Kojoten, ihre Brüder zu töten, mit der Ausnahme ihres jüngsten Bruders. Zu einem Versuch, auch ihn zu töten, verwandelte sie sich in eine wilde Bärin. Doch mit Hilfe anderer göttlichen Helfer und Tieren gelang es dem jüngsten Bruder sie zu töten—anstatt sie ihn. Er fuhr dann fort seine toten Brüder wieder zu beleben. Darnach hat er den Leib seiner Bären Schwester zerlegt.[12] Wie der Wemale Jäger, Ameta, es mit dem Leib der Hainuwele gemacht hatte, sein Navajo Gegenstück schnitt den Leib des Navajo Bären-Mädchens in Stücke. Nichtsdestoweniger, seinen Einschränkungen als Jäger treu bleibend, vergeudet der Navajo Erzähler keine Worte über das Pflanzen von ihren Überresten. In der Kultur der Navajo Indianer wäre das sowieso sinnlos gewesen, weil ja die Navajo Frauen Besitzer von Schafen und nicht Gärtner geworden sind. *Diné* Männer fanden sich nicht von Gärtnerinnen oder Gemüsebäuerinnen konfrontiert. Daher wirft der Navajo Schlächter die Teile des Bärenmädchens planlos weg. Irgendwie wurde ihre Vagina zum Breiten Yucca. Eine ihrer Brüste wurde ein Pinyon Baum *(Pinus monophylla),* dessen Zapfen heute noch der Brustwarze dieser Bärin ähneln. Ihre zweite Brust wurde zum Stachelschwein *(Porcupine).* Ein Arm wurde zu einem Schwarz-Bär und der andere zum Blau-Bär. Ein Bein wurde zum Gelben Bären und das andere zum Weißen Bären. Ihr Darm wurde zu langen Schlangen, und ihr Anus wurde zum Kopf der gehörnten Klapperschlange. Ihre Wirbelsäule wurde zum Stubby Bären. Insgesamt stellt diese Schilderung eine burleske Geschichte der Navajo-*Diné* Jäger dar—in Bezug auf ein urgeschichtliches Schlachten einer menschlich verwandten Bärin im *Prehuman Flux.*

Die Dema Gottheiten der Jäger und Metzger

Es wurde nun zumindest die Möglichkeit offengestellt, dass eine Gattung von *Dema* Mythologie schon bei primitiven Jägern zu finden war. Und dann, bei genauerem Hinschauen, scheint es sogar ganz offensichtlich, dass das Töten, Schlachten und Zerteilen von Opferleibern ganz gut zu den Arbeitsweisen erfahrener Jäger passt. Das Grundthema der *Dema* Mythologie, schöpferisches Schlachten, passt eigentlich weniger gut in eine Pflanzer Kultur, es sei denn dass die Pflanzer in ihren Herzen immer noch Jäger und Metzger sind und dass diese in der Domestikation für ihre weniger erregenden Gelegenheiten bei Opferfesten kompensieren wollen. Offensichtlich

---

[12]Siehe Father Berard Haile. O.F.M. (Karl W. Luckert, editor). *Upward Moving and Emergence Way,* 1981, Seiten 207-216. Siehe auch *Navajo Coyote Tales,* 1984, Seiten 82-84.

werden ja auch von Domestizierern ihre Haustiere für das letztendliche Töten und Schlachten gehalten. Jedoch sind Haustier-Aktivitäten weder Gegenstand der Hainuwele Mythologie noch gehören sie zu den Zielen des Maro-Opfers. Wie der Sedna-Mythos der Eskimos, und wie der Bärenmädchen-Mythos der Navajo Indianer so schien auch schon der Wemale Mythos von Hainuwele sich ganz um die Interessen der Männer zu drehen, welche sich an die Träume der übrig gebliebenen Jäger und deren Metzgerarbeit klammerten.

Da wir nun begonnen haben, über Jäger und Pflanzer neu nachzudenken, wie diese wohl in die evolutionäre Dialektik verwickelt worden sind, entsteht eine neue Reihe von Fragen: Kann es immer noch gesagt werden, dass der Hainuwele-Mythos auf der Insel Seram, im Kern, als eine primitive Ausrichtung der Pflanzer zum Gartenbau erklärt werden kann? Kann solch ein Schluss noch auf dem dünnen Punkt errichtet werden, dass Teile der Hainuwele als erstes Saatgut gepflanzt worden sind? Welcher rationale Typ von weiblichen Pflanzern hätte, mit welcher Art von Fantasie, eine solche Geschichte über den Gartenbau selber erzählt? Der Lebensunterhalt der Frauen beruhte auf einem klaren Wissen über das, was Samen ist und was keimen kann. Insofern Hainuwele nun einmal von männlichen Jägern und Metzgern getötet wurde und von diesen zerschnitten worden war, sollte man da nicht eher nach ursprünglichen Motiven in der beruflichen Traum- und Sportswelt solcher Männer nachforschen? Und schließlich bleibt noch die Frage, ob die „*Dema*-Gottheiten“ weiterhin noch als eine besondere theologische Kategorie der Paläo-Pflanzer-Religion eingestuft werden können, wie das Adolf E. Jensen und andere vorgeschlagen haben?

Knollen schlachten und Kokosnuss jagen

Zunehmend scheint es, als ob das Zerschneiden und das Pflanzen von Hainuweles Körperteilen—als schöpferischer Prototyp für den Anbau von Knollenfrüchten—eine Fehlanpassung seitens der männlichen Jäger darstellt, für welche die Grenze zwischen Jagen und Schlachten problematisch geworden war. Ein Tier zu schlachten, wäre edle Arbeit für sie gewesen. Aber eine Knollenfrucht, eine Süßkartoffel oder einen

Taro, metzgen zu müssen, um zu überleben, das schien wie eine alberne Parodie welche die Frauen als Erfinder des Gartenbaus auf ihre Männer abluden. Diese Geste wurde mit einer Beleidigung der weiblichen Würde zurückbezahlt.

Die Ursprungsmythe der Männer über den Gartenbau wurde erzählt, um das Maro-Opfer zu rechtfertigen. Der ganze Vorgang reduzierte den allgemeinen Status der Frauen auf das Niveau von Saatgut-Knollen. Das Opferverfahren, von veralteten Jägern verrichtet, reduzierte ein Hainuwele Opfer im gleichen Verhältnis, wie mit dem Niedergang der Jagd der Status der Männer als Jäger und Metzger reduziert worden war, das heißt, herunter auf die Ebene der Burleske. Doch in dem Maße, dass eine Parallele zwischen Knollenfleisch und dem Fleisch eines Opfermädchens denkbar war, welches der „Ameta und Hainuwele"-Mythos im Maro-Fest belegt, wurden alle essbaren Pflanzen dabei in den zeremoniellen Bereich und unter die Autorität der Männer gebracht.

Die ersten westlichen kolonialen Begegnungen mit Seram geschahen bereits im sechzehnten Jahrhundert. Sie dauerten bis ins Zwanzigste. Westlich-seramesische Völkerschaften waren noch Jäger und Sammler. Sie betrieben Ackerbau mit Brandrodung, mit einer Betonung auf Knollenfrüchte. Man sah auch die Männer häufig in kleinen Kriegen engagiert und auf der Kopfjagd.[13] Die jüngste Kopfjagd mag noch im Jahre 1992, vielleicht aber auch erst noch vor ein paar Wochen geschehen sein. In den 1930er Jahren hat Adolf Jensen noch zwei geheime Männerbünde in West-Seram angetroffen. Der ältere von diesen waren die Wapaulame, eine Vereinigung der Wemale. Der jüngere war der Kakihan, welcher in den 1930er Jahren im Untergrund, von den Alune ausgehend, sich über das ganze West-Seram verbreitete. Keiner von den Mitgliedern bekannte sich im Alltag noch zu der Mythologie oder zu den älteren zeremoniellen Informationen, welche Jensen über den Maro Kult sowie über die Kopfjagd der Wemale und den Kannibalismus gesammelt hat. Wenn es deshalb darum geht, das ältere Weltbild der der *Dema*-Gottheiten,

---

[13]G. Knaap, "The Saniri Tiga Air (Seram); an account of its discovery...1675 and 1950." Bijdragen tot de Taal-, Land- en Volkenkunde 149 (1993), Nr. 2, Leiden. Seiten 250-273.

Kopfjäger und Kannibalen zu rekonstruieren, sind wir auch heute noch von Jensens alten ethnologisch-literarischen Proben abhängig. Hier folgt nun die Geschichte wie sie die Wemale-Männer, als Geschichtenerzähler die Anfänge ihres Köpfejagens erklärt haben:

„Zuerst bauten die Leute [Männer] einen Baileo, um dort ihre Feste zu feiern. Um den Baileo zu schmücken, hingen sie verschiedene Früchte dort auf, wie Kokosnüsse, Bananen, Ananas. Aber sie fanden es nicht schön. Sie hingen auch Hunde, Hirsche und Schweine auf, aber es gefiel ihnen nicht. So dachten sie, dass ein menschlicher Kopf den Baileo gut schmücken würde. Aber es war sehr schwierig einen Kopf zu bekommen.

„Da beschloss der Latulisa (ein Kriegshäuptling, der normal nur Befehle erteilte), den Kopf seiner Schwester Silai zu holen. Er sagte zu den Leuten: 'Geht und fällt meinen Bananenbaum!' Sie verstanden aber nicht, was er meinte, und als sie zurückkamen, sagten sie: ‚Wir haben keinen Bananenbaum gefunden!'

"Da ging der Latulisa selbst zu seiner Schwester, die damit beschäftigt war, einen Kanune zu weben, und schlug ihr den Kopf ab.[14] Ihren Kopf hing er im Baileo auf, der nun schön geschmückt war. Seitdem haben die Leute die Kopfjagd. ... Wenn sie in den Krieg zogen, sagten sie: 'Hol du diese Kokosnuss!' Oder: 'Erklettere du jenen Kanari-Baum!' Wer noch keinen Kopf genommen hat, kann das nicht verstehen. Aber die andern wissen, was gemeint ist."[15]

Umgesetzt in eine konkrete evolutionäre Perspektive liefert diese Geschichte mehr als nur eine Erklärung über die Kopfjagd. Sie zeigt auch, warum es notwendig erschien, Männer-Verbände und Logen überhaupt zu haben. Das Klubhaus der Männer musste ein ganz besonderer Ort sein. Früchte und Pflanzen aus den Gärten der Frauen

---

[14]Die Frauen der Wemale durften nicht weben. Sie trugen Kleidung aus geschlagener Baumrinde. Im Unterschied zu den Wemale Pflanzern waren die Alune Leute von der *'makahala'* Sorte, das heist, „Reis Esser." Die Wemale pflanzten haupsächlich ihre Knollenfrüchte an. Sie waren matrilinealen Regeln unterworfen. Wemale Frauen isolierten sich während ihrer Menstruation in besonderen Hütten außerhalb der Dörfer. Das Heiraten zwischen Wemale und Alune Leuten war nicht gestattet. Siehe G. Knaap, "The Saniri Tiga Air (Seram)", 1993, Seite 252.

[15]Von Jensen und Niggemeyer 1939; 115-116, mit freundlicher Genehmigung vom Klostermann Verlag.

waren die am wenigsten annehmbare Symbole, mit denen diese Oase für verletzte Jäger-Egos geschmückt werden durfte. Trophäen von erlegten Beutetieren hätten einst einmal ausgereicht, um den Status der Jäger zu befestigen. Aber Jäger, die vordem noch in der Lage waren, im Wald echte Tiere zu erlegen, die konnten in ihren Logen, solange sie an Langeweile litten, selbst von solchen Trophäen nicht mehr beeindruckt werden. Bei ihrer Suche nach Tieren hatten die Jäger zunehmend weniger Erfolg. Ihre Fähigkeit, Fleisch von Tieren für ihre Familien zu beschaffen, sank laufend, und die Abhängigkeit der Männer von den Gartenprodukten der Frauen hatte zugenommen. Die Männer gerieten unter anhaltenden Druck, neue Wege für ihr eigenes Gleichgewicht zu finden. In der obigen Legende konnte nicht einmal ein überlegener Häuptling genug Tiere jagen, um Achtung zu verdienen. Um ihren Rang und ihre Würde zu retten, mussten die Männer andere Wege suchen. Und dazu hielten sie an den Geschicklichkeiten, die sie als Jäger geübt hatten, fest. Sie wählten den Terror, den sie gegen Tiere anzuwenden verstanden, und sie lernten, wie sich dieser auch auf die Menschheit entladen ließ.

Durch das Abschneiden des Kopfes seiner Schwester bekräftigte der Häuptling in dieser historischen Legende nicht nur seinen Rang und Autorität in der Männergruppe, sondern auch noch Eigentumsrechte über seine Familie. Diese Demonstration von Macht muss wohl in Verbindung mit der rohen Existenz dieses Häuptlings als Jäger verstanden werden. Was ein archaischer Jäger erlegen und zerschneiden konnte, das hatte er ja bereits schon als Eigentum unter seine Kontrolle gebracht. Einem archaischen Jäger gehörte zuerst einmal seine Waffe, die er für sich gemacht hat, und dazu nahm er dann auch noch eigens erlegte Beuten in seinen Besitz.

Mindestens von dem Zeitpunkt an als diese Geschichte an Außenstehende weitererzählt werden konnte, war eine breitere Rechtfertigung für den Mord an der Häuptlingsschwester, eines Familienmitglieds über den bloβen Jägerimpuls hinaus nötig geworden. Zu der Stunde, da die Silai enthauptet wurde, war sie anscheinend schon im Begriff, dem Haushalt und der Autorität ihres Bruders zu entfliehen. Sie wurde beim Weben eines Alune-Rocks ertappt—fast sicher in Vorbereitung zu einer verbotenen Heirat mit einem Alune-

Mann. Diese kurze Bemerkung über das, was die Frau da tat, hört sich deshalb in dieser Geschichte als eine zusätzliche Rechtfertigung für die Gewalttat des Häuptlings an. Sie webte sich ein Kanune.

Bei näherer Betrachtung des Hainuwele Korpus' in der Jensen-Sammlung scheint auch der Maro-Kult genau für eine solche Art von Machthandlungen maßgeschneidert worden zu sein, zur Rechtfertigung von Männern, wie dieser Häuptling und seine Gefolgsmänner es waren. Während die Frauen pflanzliche Lebensmittel durch unsaubere Methoden im Dreck sich erzeugten, zwischen Exkrementen und Verwesendem, übernahmen Mitglieder der geheimen aristokratischen Männergesellschaft nicht nur die Verantwortung für die weite Welt der Tiere da draußen, sie fanden auch Gelegenheiten, sich für die „Reinheit“ menschlicher Haushalte wichtig zu machen. Das Haus ist der Ort, wo eine Pflanzer Familie überlebt. Aber um gefährdete Jäger-Egos an einem solchen Ort geschmeidig fürs Leben zu erhalten und um gleichzeitig deren Nostalgie nebst männlicher Überlegenheit in veralteten Perspektiven zu pflegen, erforderte es hin und wieder ein Hainuwelemädchen als Opfer. Diese Männer entwickelten sich somit direkt aus ihrem nostalgischen Jägertum heraus eine Perspektive der Überdomestikation. Unter neu entdeckten totemischen und schon halbimperialistischen Göttern haben sich die Männer allgemein zu Hütern der Menschheit und letztendlich zu deren Schlächtern berufen lassen.

Zu der Zeit als veraltete und defensive findige Jäger die erste Hainuwele-Mythe verfassten, gingen echte Männer in den umliegenden Nachbardörfern auf die Kopfjagd. Sie tanzten Maro-Spiralen und töteten Hainuwelemädchen. Sie schlachteten und sie pflanzten weibliches Fleisch, wie eine Parodie auf die Frauen, die ja selber auch Stücke von Knollen pflanzten. Aus Schuldgefühlen heraus, erzählten diese Männer dann eine Kosmogonie der Rechtfertigung und behaupteten dabei, dass solche Opferfeste um des kosmischen Gleichgewichts willen veranstaltet werden müssen. Wenn man außerdem die wichtige Rolle der Frauen in der gesamten seramesischen Pflanzerökologie in Betracht zieht, dann sollte es nicht überraschen, dass im Trübsinn der auf eine Kopfjagd hin folgte, die Schuld für verpfuschte Erfindungen den Frauen zugeschoben wurde.

In Mainala lebten die Menschen auf längere Zeit.[16] Damals gab es noch keinen Krieg. Es gab nur ein Spiel des Kampfes, bei dem keine Waffen verwendet wurden. Das Spiel hieß Souwe. Man fochte mit den Händen miteinander. Wer den Kopf des anderen mit der Hand berührte, der hatte gesiegt. Der Besiegte galt als tot und mußte aus dem Spiel ausscheiden. So spielten sie oft miteinander und gingen in ein Nachbardorf, um mit den Menschen dort das Spiel zu spielen.

Als sie dort spielten, kam ein Raubvogel mit einer Maus im Schnabel. Er rupfte der Maus die Kopfhaare aus und lies das tote Tier fallen. Da sagten die Menschen: „So wollen wir es auch in unserem Spiel machen; wer den andern besiegt hat, der reißt ihm die Haare aus." Weil aber das Ausreißen nicht ging, nahmen sie Messer und Parangs und schnitten das Haar ab. Dieses neue Spiel, das die Leute von Mainala dem Raubvogel abgesehen hatten, nannten sie Topiulu. Die Menschen von Mainala aber siegten immer in diesem Spiel, wenn sie mit dem Nachbardorf zusammenkamen....

Eines Tages gingen 31 Frauen aus dem Nachbardorf nach Mainala, um dort Topiulu zu spielen; denn zu jener Zeit fochten die Frauen noch genau so wie die Männer. Da sahen sie auf dem Wege denselben Raubvogel mit einer toten Maus. Sie sahen, dass er der Maus den Kopf abbiss und den Körper fallen ließ. Die Frauen waren böse darüber, dass die Leute von Mainala immer siegten und sagten: „Der Raubvogel hat es uns gezeigt. Wir werden fortan auch so handeln und den Kopf abschlagen." Als sie nach Mainala kamen, waren noch alle Leute in den Gärten. Nur einen alten Man fanden sie und schlugen ihm den Kopf ab. Sie gingen mit dem Kopf nach Hause. Aber beim Berge Batu Kokoba am Weg rasteten sie und legten den Kopf auf einen Stein. Nur eine Frau die noch ein kleines Kind von drei Monaten hatte, ging direkt nach Hause und erzählte, dass sie einem alten Mann den Kopf abgeschlagen hätten. Inzwischen kamen die Männer von Mainala nach Hause und fanden den Leichnam des Mannes ohne Kopf. Sie folgten der Spur der Frauen und fanden sie am Batu Kokoba. Als sie den Kopf des alten Mannes auf dem Stein liegen sahen, fielen sie über die Frauen her und schlugen allen dreißig den Kopf ab. Von da an gab es den Krieg

---

[16] Teile übersetzt und zusammengefasst aus Jensen und Niggemeyer 1939: Seiten 113f. Mit freundlicher Genehmigung vom Klostermann Verlag.

mit Waffen und die Kopfjagd. Sie kamen aber überein, dass die Frauen nie mehr kämpfen sollten.

Eine Geschichte dieser Art, von Männern erzählt, um ihre Ausübung der Kopfjagd zu rechtfertigen, besagt fast alles. In allen Jäger-Religionen dienten etliche Raubtiere als totemische Vorbilder für menschliche Nachahmung. Und so entsprach die Imitation eines erfolgreichen Raubvogels ganz dem gesunden Menschenverstand der Jäger. Dennoch waren es aber nur die Männer, geborene Räuber, die auf diese Art von Begründung zur Nachahmung von Raubtieren berechtigt waren. In diesem Fall erinnerten sich die Männer auch noch an ihr verlorenes, jedoch noch an ihr erinnert ideales Jäger Paradies, als an eine Zeit, da man immer nur die Haare seiner Opfer abschnitt. Wie sie aber nun erkennen mussten, waren es die unwissenden Frauen, die jetzt auch Jäger und Mörder sein und die sich dabei so wie die Männer aufführen wollten.

Oder meinten diese Männer damit „als die Frauen anfingen, an den Männern herumzunörgeln, dass sie nicht genug Fleisch nach Hause brachten"? Auf den aktuellen evolutionären Zusammenhang umgesetzt, bedeutete diese Beschuldigung somit, dass das wirkliche Problem in Erscheinung trat, als Frauen die Rollen der Männer zu usurpieren begannen und dadurch zu Hauptversorgern von Lebensmitteln für ihre Familien wurden. Jetzt wurde es deshalb notwendig für die Männer aufzupassen, dass ihre Frauen nicht noch die wichtigste Ersatzstütze, ihr Privileg, Kriege zu führen, an sich rissen.

Wir haben oben schon eine andere Geschichte gesehen, welche den Urheber der Kopfjagd vorgestellt hat. Es war ein Jägerhäuptling, der den Kopf seiner Schwester abschnitt und der dafür als Urheber des Köpfejagens anerkannt wurde. Im Gegensatz dazu verschiebt sich aber nunmehr in dieser Geschichte die Schuld fürs Köpfejagen auf die Frauen, und die Geschichte erklärt, genau gesagt, die verdrehte neue Logik für die Rechtfertigung der Jäger. So wie die Männer es sahen, mussten ihre Tötungen und Kopfjagden jetzt ausgeführt werden, weil sie ihre Existenz vor den Frauen anderweitig rechtfertigen mussten, sich von ihnen unter Druck gesetzt fühlten, genauso wie sie früher selbst die Tiere unter Druck zu setzen vermochten.

Wir lesen zwischen den Zeilen, dass früher Kopfjagden häufig in Vorbereitung für eine Heirat, von den Männern ausgeführt wurden, um Partnerinnen zu beeindrucken und zu überzeugen. Ehemänner, gleich welcher Art, mussten von jeher der Geliebten ihren Wert als fähige Jäger von Tieren, als Metzger und Fleischbeschaffer beweisen. Sie mußten, sich genau so wie manche andere Tierarten und Menschengruppen ihren Wert durch Jagderfolge, Verteidigungen, Tötungen oder bloße Schauschlägereien, den Erwartungen der Gesellschaften entsprechend ihren Partnerinnen gegenüber beweisen. An der Praxis der Kopfjagd und an deren Notwendigkeit waren, nach der Erfahrung der veralteten Jäger, letzten Endes sowieso schon immer die Frauen schuld.

Auch wenn nicht jeder Maro Tanz ein tatsächliches Hainuwele-Opfer aus dem Dorf erforderte, Jensen hat noch dazu gelernt, dass Maro Tanzfeste traditionell auf Kopfjagdexpeditionen hin folgten. Also, auf die im Voraus veranstaltete Kopfjagd Überfälle in feindlichen Dörfern, folgten dann Maro Menschenopfer zu Hause. Männer jagten Köpfe unter Menschen in anderen Dörfern, vielleicht nicht nur unter solchen, die ihnen früher ähnliche Verluste zugefügt hatten, sondern auch um verlorenen Jägerrang in Ersatzkriegszügen zurück zugewinnen. Zu Hause wurden Hainuwele-Opfer getötet, sparsamer vielleicht als mit den Köpfen, die von anderswo hergeholt wurden, aber vielleicht dennoch zur Betonung und um des Gleichgewichts willen. Eine Homo Spezies, die in männlich künstlerische Raubtiere und weibliche Sammlerinnen untergeteilt war, erzeugte ihre eigenen Widersprüche und Konflikte in Übereinstimmung mit ihrer Natur und Kultur. In Zeiten des Übergangs von der Jagd auf die Domestikation wurden Ruhe zwischen den Geschlechtern, und Frieden zwischen benachbarten Ansiedlungen vom übermenschlichen Schicksal bestimmt. Die scheinbare Notwendigkeit eines Menschenopfers und der zeitweilige Verlust des Friedens waren öfters eher die Regel als eine Ausnahme.

14

Die Bärenjäger Tradition auf Hokkaido

Im Bereich der Religionsgeschichte ist das Ainu Bären-Opfer zu einem der bevorzugten Marksteine geworden. Es wirft Licht auf das religiöse Verhalten der archaischen Bärenjäger. Da dieses Buch den Übergangsreligionen, vom Jagen zur Domestikation und der Überdomestikation gewidmet ist, wird die Einbeziehung dieses Exempels uns entscheidende Momente aus dem ersten dieser Übergänge erkennen helfen. Vergleichspunkte wird man auch noch in der Jäger Tradition der Navajo-Indianer, im nächsten Kapitel finden, vor allem in Bezug auf die „Prehuman-Flux"- Mythologie.

Von den anthropologischen Themen im Zusammenhang mit der einheimischen Ainu Kultur auf der Insel Hokkaido ist das Bärenopfer zum Bedeutendsten geworden. Doch heutzutage scheint auf Hokkaido nur noch sehr wenig über dieses Ritual nachprüfbar zu sein. Alle Berichte über die Ainu-Bärenjagd und das Bärenopfer sind heute nur noch Geschichten, die auf vergangene Zeiten hinweisen. Die Insel bietet heute weitläufig Landwirtschaft mit Weizen, Soja, Kartoffeln, Mais sowie Weideflächen für das Vieh.

Dennoch ist für Schüler der Religionsgeschichte das Ainu Bären-Opferfest zu einem der beliebtesten Marksteine geworden.[17] Einen Bären mit Pfeil und Bogen zu töten, das ist letztendlich etwas das archäische Jäger einstens getan haben.

---

[17]Den ersten Ansporn zur Betrachtung des Ainu Bärenopfers verdanke ich meinem geehrten Professor Joseph M. Kitagawa (1915-1992). Siehe „Ainu Bear Festival (IYOMANTE)", in *History of Religions* 1961, The University of Chicago Press. Seiten 95 und folgende.

Aber wenn dann dieses Volksfest, namens *Iomante,* auf der Insel Hokkaido dazu benützt werden sollte, die ganze archäische Ainu Bärenjäger Religion vorzustellen, würde es unsere Lektüre bestimmt in die Irre führen. Eine ehemalige Ainu-Bärenjagd, die *Omante* im Wald, bei welchem ein erwachsener Bär getötet wurde, war eine wichtige Sache für die Ainu-Bärenjäger. Das spätere *Iomante,* ein Fest bei dem ein domestizierter junger Bär zu seinem einstigen göttlichen Besitzer in den Wald zurückgeschickt wurde, war etwas anderes im Vergleich dazu.

Das *Iomante* wird in diesem Buch beschrieben, um zu zeigen, wie am Punkt deren Übergang zur Domestizierung die alte Jäger Religion romantisiert worden war und aussah. Aus dieser Übergangszeit, während Bärenjäger lernten, in einem Dorf zu wohnen, kann in der Tat noch einiges aus den nostalgischen Erinnerungen der ersten Ainu-Domestizierern gelernt werden. Die *Iomante*-Zeremonie bietet sich uns am sinnvollsten an, wenn wir sie als spektakuläres Produkt im Zwielicht und Wandel einer kulturellen Umwälzung am Ende der Jäger-Steinzeit zu verstehen suchen. Es bedeutet, dass hier ein altes Volk seinen Eintritt in die neue Phase von Anpassung mit Domestizierungsversuchen wagte. Die Bärenjagd auf Hokkaido wurde in ein Fest der Sesshaften verwandelt. Die Jagd wurde auf ein nostalgisches Schlachtfest hingeortet und reduziert.

Ähnliche emphatische Übergangsereignisse hätten wohl auch am Göbekli Tepe zwischen zwölf- und zehntausend Jahren vor unserer Zeit passieren können. Soweit wir vermuten können, hat jener neolithische Kult seine religiösen Lösungen immer noch in esoterischer Trennung von Familien und deren Siedlungen gesucht. Vergleichbare dramatische Reaktionen zu den Krisen des kulturellen Wandels hallten seit jenen Jahrtausenden ziemlich regelmäßig rund um die Erde nach, mit Ausbrüchen wie Kopfjagden, Kannibalismus und Menschenopfer. Es ist ein vielfach buntes Schauspiel der Nichtanpassungsfähigkeit, womit Nachkommen der Hominiden als Jäger und Sammler mit rund sechs Millionen Jahren Entwicklungstiefe, selbst heute noch versuchen, mit diesen „epileptischen Zuckungen" aus ihrer Steinzeit fertig zu werden. Vor zehn Jahrtausenden hat die Jungsteinzeitliche Revolution den menschlichen Kulturen einen Schock verpasst, der selbst heute unter uns noch nachbebt. Soziale Missstände, Revolutionen, Kriege und Völkermorde scheinen heute noch aus dieser bis jetzt größten Übergangsstörung in der Kulturgeschichte hervorzuquellen. Alte Traumata haben der Menschheit selbstmörderische Fortschritte und Siege beschert. Wie hätte wohl der Sinn des Lebens für ein kulturschaffendes künstlerisches Raubtier auch anders zustande kommen sollen?

Übliche Interpretationen des *Iomante* Festes berichten, dass ein Opferbär zu seinem Meister, zu einer Gottheit, die weit weg in den Bergen mit seinen letzten wilden Bären wohnt, heimgeschickt wird. Der Ainu Herr der Tiere scheint eine Art göttlicher „Bärenältester" oder „Chief der Bärenart" zu sein. Ein *Iomante* Opferbär wurde zu diesem fernen Meister mit einer traditionellen Botschaft entsandt, zum Zweck, dass fortan mehr Bären den Menschen zugeschickt werden sollen, sodass Ainu-Männer wieder mehr von ihnen jagen und schlachten können. Darüber hinaus wird der junge Bären-Bote eingeladen, in der Zukunft selbst wieder einmal zu den Ainu zurückzukehren, um dann wieder als Hauptgast beim Schlachtfest gefeiert zu werden.

Doch trotz dieser scheinbar normalen Bitte der Bären-Liebhaber, dass mehr Bären zugeschickt werden sollen, kommunizierte die Botschaft dieser späteren Ainu Bärenmetzger, bei ihren *iomante* Festen, nicht mehr ganz genau den Gedanken der alten Bärenjäger. Ihre Bitte spiegelt vielmehr die Stimmung eines Dorffestes und die Wünsche von Domestizierern. Das Opfer war ein zwei oder dreijähriger domestiziert gefangengehaltener Bär. Aus dieser Lage der Sesshaftigkeit heraus gesprochen, konnte die Bitte dieser Leute natürlich nicht länger als ein echtes Jagd-Gebet gelten.

Ein Fest wurde zu Ehren eines Opfertiers veranstaltet. Männer drängten sich um das gefeierte Opfer herum. Jungs schossen mit kleinen Bögen stumpfe kurze Pfeile auf dessen Pelz. Die Geschosse waren weder groß noch spitzig genug, um das Tier zu töten. Sie reichten gerade noch aus um es zu foltern und dessen Wut zu schüren. Der Bär wurde dazu verurteilt, einen langsamen und schmerzhaften Tod zu sterben. Auf dem Höhepunkt, wenn ein größerer Pfeil gnädigerweise in das Herz des Opfers geschossen wurde, stürzten sich alle Männer auf das Tier, und jeder hoffte, auch seine Hand als Ursache zu dessen Tode anzulegen.

Wenn man diesen Ritus der Gewalt auf der Grundlage seiner jüngsten Veranstaltungen interpretieren möchte, als ausdrücklich nur Burschen im Teenager-Alter das Mockschießen ausführten, dann könnte man vermuten, dass dieses Verfahren als eine Methode der Einweihung von Jungs in den Bärenjägerstand gegolten haben mag. Mit nur einem einzigen Bären zur Verfügung, konnten auf diese Weise alle Jungen im Dorf den Bärenjägerstatus von Erwachsenen erreichen, alle auf einmal. Während in der Entwicklungsgeschichte der Ainu-Jäger an einem bestimmten Punkt eine solche Jägerweihe der primäre Zweck dieses Ritus gewesen sein mag, so scheint es jedoch, als ob die letztliche Aufführungweise nicht mehr die ursprüngliche Absicht des Festes gewesen sein konnte. Im neun-zehnten Jahrhundert, als John Bachelor unter den Ainu wohnte und über ihre Verhältnisse im Detail berichtete, scheint es, als ob es noch genug Bären im Wald gegeben hat, sodass die meisten Jungs sich als reife Männer bei einer tatsächlichen Jagd hätten beweisen können. Darüber hinaus lieferte John Batchelor ausreichende Informationen zur Identifizierung der Dynamik dieser Veranstaltung für seine Zeit.[18]

Von Anfang des Bären Opfers an, im Dorf, war das Opfertier immer ein domestizierter eingesperrter Bär, nämlich einer, der zwei oder drei Jahre früher als ein Bärenjunges eingefangen und von den Jägern heimgetragen wurde, nachdem diese seine Mutter getötet und abgeschlachtet hatten. Von dem allgemeinen Verhalten der Jäger kann man ableiten, dass diese damals noch nicht so hungrig waren dass sie das Junge töten mussten. Sie waren, sensibel und humane genug, um solche Jungtiere nach Hause zu tragen, um diese ihren Frauen und Kindern als lebende „Teddybären" zu schenken. Bis das Jungtier lernte, seine eigene Nahrung zu lecken, wurde es an den Brüsten menschlicher Ammen gesäugt. Der junge Bär wurde so nicht nur als Haustier-Junges adoptiert und gezähmt. Er wurde sogar in der menschlichen Familie als besonderer göttlicher Gast begrüßt und geehrt. Es wuchs auf in der Gesellschaft von menschlichen Pflegeeltern und Stiefgeschwistern.

Im kulturellen Zusammenhang der Ainu spiegelten sich diese Jungbären beim Willkommenheißen als göttliche Wesen welche der

[18] John Batchelor, *The Ainu and Their Folk-Lore* (London, 1901), Seiten 483-95.

Orientierung einer „vormenschlichen Flux"-Vielfalt entsprachen. Das heißt, der Vorgang geschah in voller Harmonie mit dem *„Prehuman Flux"*-Typ von Mythologie, wie es zum Beispiel in der Jägertradition der Navajo Indianer, nächstes Kapitel, auch der Fall zu sein scheint.

Abb. 37: Ainu "iomante." Japanische Gemälderolle.
Mit freundlicher Genehmigung, Trustees of the British Museum.

Einer sehr interessanten Ainu-Quelle entsprechend, kommen Götter „manchmal in die Welt der Menschen um zu spielen, wo der Gott, ein Bär, dann in der Kleidung eines schwarzen Felles kommt, mit scharfen Krallen und in großer Gestalt; der Wolf, ein Gott namens Horokeu-Kamui, kommt in einem weißen Mantel; der Fuchs, ein Gott namens Chiron-Nubu-Kamui, kommt in einer gelblich-braunen Verkleidung, andere in der Verkleidung von Vögeln, Insekten oder Fischen.... Im Reich der Götter ist das Oberhaupt der Jagd immer eine schöne junge Göttin, doch sie kommt in diese Welt in der Verkleidung eines kleinen Vogels, etwa wie ein Japan-Häher.... Nusaburo-Kamui, der Gott über Land und Landwirtschaft, erscheint in der Form einer Schlange.... Die kleinen langen Würmer, wie die Erdwürmer, die in den Bergflüssen leben, sind die Gottheiten des Wassers."[19]

[19]Kyosuke Kindaichi, Englische Übersetzung. Minori Yoshida. *Southwestern Journal of Anthropology, Band 5, Nummer 4, 1949.*

Vielleicht sollte man an dieser Stelle auch anführen, dass ein vorgeschichtliches Adoptieren von verwaisten Beutetieren eventuell das Geheimnis für die ersten Zähmungen enthalten dürfte—wenigstens mit einigen der Arten, mit denen menschliche Domestizierer Erfolg hatten. Wie sich aber herausstellte, waren Zähmungsversuche mit den wildesten Raubtieren, so wie zum Beispiel mit den Bären, von Anfang an zum Scheitern verurteilt.

Wenn ein junger, domestizierter Bär groß genug gewachsen war um jemand verletzen zu können, musste er eingesperrt und mit der richtigen Vorsicht gefüttert werden. Aber selbst dann konnte die anfängliche emotionale Bindung mit seiner menschlichen Familie nicht völlig ausgelöscht werden. Wenn der Tag des Opferns kam, ging seine menschliche Pflegemutter durchs Dorf, um auf verschiedene Weisen das unvermeidliche Schicksal des Tieres bekannt zu geben: Der Bär ist zu groß geworden, um gefüttert zu werden. Er gehört eigentlich anderen Eltern oder einem Herrn der weit weg in den Bergen wohnt. Der Bär sollte nun dorthin zurückkehren und erzählen, wie gut es ihm bei seiner menschlichen Pflegefamilie erging. Dazu wird das Tier auch noch ermutigt, dass es eines Tages in der Zukunft zu den Ainu-Leuten zurückkehren sollte, um sich so wieder bei einem Opferfest, das ihm zu Ehren gefeiert wird, zu beteiligen. Diese letzten Gedanken wurden natürlich erwähnt, um die Schuld des Tötens zu verringern und das Gewicht ihrer Tätigkeit, als Schlächter leichter zu machen. Zudem wurden diese Worte wahrscheinlich auch zum Trost für die menschlichen Hinterbliebenen in der Familie ausgesprochen, welche den Verlust ihres Haustier-Kindes oder Geschwisters schmerzlich spürten. Auch sprach aus diesen Worten noch eine Sehnsucht, eine Erinnerung an die Tage, als das Tier noch jung und kuschelig war. Die Trennung war so anscheinend nur als vorübergehend gedacht.

Auf jeden Fall scheint es, dass das Ainu-Bären-Opfer nicht etwas darstellt, das ein Kommentator einst übers allgemeine Bärenopfer vermutet hat, „eine perfekte Jagd“, es sei denn, dass man unter einer perfekten Jagd ein Schlachtfest von Domestizierern versteht.[20] Oder

---

[20] Vergleiche Jonathan Z. Smith, in *History of Religions*, 1980, Seite 126.

es mag sein dass man unter einer perfekten Jagd ein Unterhaltungs-Spektakel, ein heroisches Burleske, zum Thema Bärenjagd inszenieren wollte, um Eindrücke auf Frauen und Kinder zu hinterlassen.

Nur um eine komisch perfekte Bärenjagd auf die Bühne zu bringen, wäre die große zeremonielle und groteske Aufbauschung des Tötens eines leibhaften Tieres nicht erforderlich gewesen. Ein Aufgebot von vielen kleinen Bögen und Pfeilen wäre unnötig gewesen. Der Bär hätte nicht an allen Beinen angeseilt werden müssen, um bequem ausgestreckt zu werden, sobald es ihm in den Sinn käme, fliehen zu wollen. In anderen Worten, bei einer perfekten Jagd wäre es nicht nötig gewesen, dass das Tier einen qualvollen Tod hätte leiden müssen. Das Leiden und das Sterben eines Beutetieres waren genau das, was im Rahmen der apologetisch-orthodoxen Religiosität der Jäger jede erfolgreiche Jagd in ein schuldbeladendes und unvollkommenes Erlebnis verwandelte. In der Tat verstärkt das Bärenopferfest der Ainu genau diese Unvollkommenheit.

Beim absichtlichen Aufreizen der Wut des Tieres führten die landwirtlichen Ainu-Jäger ihr Möchtegern-nostalgisches-Heldentum vor, für die Bewunderung eines jeden Einwohners im Dorf. Um einen Bären bei einer eigentlichen Jagd im Wald zu töten, wären nur wenige Jäger nötig gewesen. Aber hier ergriffen diese Dorfbewohner ihre einzige Chance *in unisono,* um ihre Fähigkeiten als potentielle Bärenjäger vorzuführen, so wie richtige Jungs einst in früheren heroischen Zeiten des wirklichen Bärenjagens zu echten Männer herangewachsen sind. Die Demonstration des Bärenschlachtens wurde von allen Männern des Dorfes inszeniert für ihre gemeinsame Aufwertung als heroische Anbieter, welche gerne ihre Angehörigen noch mit Fleisch versorgen möchten, etwas für das sie vordem noch wirklichen Rang und Ehrung verdient hätten. Sie inszenierten diese festlichen Aufführungen in einer Zeit da ihre Chancen, Bären im Wald zu jagen, verloren zu gehen drohten. Was sie einst in der Form von tatsächlichem Fleisch liefern konnten, musste jetzt mit Gewalt und Zirkus aufgewogen werden. Das ist genau die Art von gewalttätigen Kompensationen, die man anderswo unter Kulturen des Übergangs zur Domestikation reichlich finden kann. Noch später trifft man dann erweiterte Gewalttätigkeit in der Form von heftigen Kriegen unter den Menschen, welche versuchen einen sinnvollen Übergang auf die Kultur-Ebene der Überdomestikation, in die sogenannte „Zivilisation", zu schaffen.

Trotzdem bejahte der *„Prehuman Flux"*-Typ von Jägermythologie auf der ganzen Welt die Einheit aller Arten von Lebewesen. Äußerlichkeiten an allen diesen „Leuten" waren nur vorübergehende Erscheinungen. Solche Äußerlichkeiten konnten sich leicht als reale Essenzen erleben lassen oder auch in solche verwandelt werden.

Doch was gab es da in dieser Ainu *Prehuman-Flux*-Ontologie (in deren „Theorie des Seins"), das ein feierliches Opferfest mit Folter erlauben würde? Kyosuke Kindaichi erhielt seine Informationen über Ainu Götter von einem Teenage-Ainu-Mädchen. Das ist ein wichtiger Aufschluss für unsere Darlegung. Als sie noch klein war, wurde diesem Mädchen das *Iomante* Opfer auf folgende Weise erklärt: Eine kleine Bären-Gottheit ist zu den Ainu auf Besuch gekommen, um zu spielen. Der Bär kam und wuchs mit Ainu Kindern auf.[21] Als kuscheliges Teddybärenkind spielte diese Tiergottheit mit menschlichen Kindern.

Die letzte Runde dieses Ainu "Folterfests" zeigte den Gott immer noch beim Spielen. Es ist davon auszugehen, dass während der Zeit, die der Zurechtweisung des Bären beim Opferfest vorausging, sich der Bär tatsächlich wild und gewalttätig seinen menschlichen Stiefgeschwistern gegenüber verhalten hat. Deshalb wurde er ja auch eingesperrt. Kurz bevor dieser Bär in den Käfig gesperrt wurde, klagten seine menschlichen Spielkameraden, dass er sie quälte. Jetzt, beim Fest, verpassten ihm die gleichen menschlichen Gespielen eine letzte Belehrung darüber wie man sich in der menschlichen Gesellschaft zu verhalten hat. Es geschah ja alles auf eine gutmütige Art und Weise, in welcher Geschwister in Jägerfamilien ihr „Bären-Spiel" und ihre Rivalitäten ausübten.[22] Letztlich war ja der junge Gast ein bärischer Grobian.

---

[21] Kyosuke Kindaichi, ins Englische übersetzt von Minori Yoshida. *Southwestern Journal of Anthropology, Band 5, Nummer 4, 1949.*

[22] Aus der Sicht moderner Außenstehender mag diese Einstellung der Ainu unfair ercheinen. Doch sollte man fragen, ob wohl unser moderner Sport der Reh- oder Hirschjagd beiderlei Teilnehmern, den Jagenden und den Gejagten, wirklich dem Ideal eines „Sports" gerecht wird? Ist der ganze Jagd-Sport etwa fairer?

Aber glaubten die Ainu Männer wirklich, dass sie den größten ihrer Jagdgottheiten, den All-Meister der Bären, überzeugen konnten, dass sie sein Bärenkind geliebt und gefördert haben, und dann diesem Herrn der Tiere völlig verschwiegen, dass sie sein Kind zu Tode gefoltert haben? Tatsächlich endeten damit die Tage des Bärenjagens für die Ainu Leute. Als veraltete Jäger und als Novizen in der Domestikation bemühten sie sich um irgendeine Art von Kontinuität, um ihre neuerdings notwendige Lebensart zu balancieren. Sie erinnerten sich an Aspekte ihrer alten Tradition des Bärenjagens, die ihnen einst ihr Selbstbewusstsein und ihre Selbstachtung bescherten. Eine derartig tiefgehende Umwälzung in der menschlichen Kultur kann nirgends ohne Widersprüche ablaufen.

Jäger Tradition der Navajo Indianer

Dieses Kapitel ist inhaltlich zum größten Teil ein Auszug aus einem Buch des Autors mit dem gleichen Titel, vom Jahre 1975. Es werden hier kurze Auszüge von Themen dargeboten, um einige Erkenntnisse, welche zur Freilegung von Geheimnissen am Gebökli Tepe beigetragen haben, zugänglich zu machen, wie zum Beispiel die *„Prehuman-Flux"*-Mythologie, das Verschulden und die Legitimation beim Jagen, die mythische Geografierung der Landschaft, die ursprüngliche Freilassung der Beutetiere für die Jagd sowie etwas über den Besitz von Herdetieren. Das Buch mit dem gleichen Titel, im Jahre 1975, war des Autors erster Beitrag zur *Diné* Religion der Steinzeit. Weitere Kontakte und Arbeiten folgten.

15

Jäger Tradition der Navajo Indianer

Die Navajo-Jäger-Mythologie

Im Jahr 1971 begann ich meine jahrzehntlange Freizeit-Feldforschungen auf dem Navajo Indian *(Diné)* Reservat in Arizona und in Neu Mexico. Die akademischen Begriffsbildungen von „Religion" zusammen mit sozialen Strukturen und verdächtigen evolutionären Sequenzen, die wir in der Schule zu bewältigen suchten, waren allesamt unpraktisch, um den Navajo-Traditionalisten zu erklären, was ich von ihnen gerne erlernen wollte. Während des Lesens der erhältlichen anthropologischen Schriften über das Navajo-Zeremonialwesen, wurde klar, was daran noch fehlte. Ich brauchte Belege für traditionelle *Diné* Jagdriten, Jagdlieder, Gebete, und Mythologie. Mit Hilfe von Johnny C. Cooke fand ich dann den letzten überlebenden Menschen, der noch einen ganzen ritualisierten *Huntingway* kannte und darüber spechen konnte. Ich brauchte nichts über den „Ursprung" oder die „Entwicklung" dieses umfangreichen Materials zu fragen. Die noch lebende Mythologie, begann solche Fragen von innen heraus zu beantworten. Ich musste nur in die Kultur einsteigen, aus welcher heraus mir das alles gesagt wurde.

Natürlich hat der menschliche Verwalter dieser Steinzeit-Jäger-Tradition, Claus Chee Sonny, auch nichts über absolute Ursprünge gewusst. Keine menschliche Geschichte hat jemals absolute erste Ursachen erklären können. Sobald eine erste Ursache benannt wird, drängt sich sofort die Frage nach dem „Vorläufer" dieser erwähnten Ursache auf. Aber dazu weiß ja jeder Erzähler der seinen Namen verdient, dass eine Geschichte sich vorwärts bewegen muss und dass man keine Zeit an unendlichen Regressionen verschwenden braucht für jemanden der nur formelle Logik oder Antworten erwartet.

Im Jagd-Mythos des Claus Chee Sonny, aus seiner persönlichen Steinzeit stammend, schweiften alle Jagdgötter immer noch auf irgendeine Art und Weise im Bereich der „göttlichen Tiere", von Tierleuten oder ähnlichen Persönlichkeiten umher. Nur eine einzige Jagdgottheit, der Redende Gott, schien eine Ausnahme gewesen zu sein. Er war eine Art „fortgeschrittene" und menschenähnlich sprechende Persönlichkeit. Doch war aber selbst den Menschen die diesen Gott maskiert darstellten und mit wenigen Lauten imitierten, die Sprache dieses Gottes unzugänglich. So hat also diese scheinbare Ausnahme eines Redenden Gottes noch nicht damit angefangen, die Wesentlichkeit des weiteren mythischen Weltbilds von *Prehuman Flux,* das hier beschrieben wird, zu stören.[23] Im Rahmen der Mythologie, die sich auf vormenschliche Zeiten bezieht, war der Prototyp der heutigen Menschen noch unter anderen Raubtierleuten oder Göttern zu suchen. Das Leben auf der Welt bestand immer noch aus einer einheitlichen Art von Leben. Alle Anwesenden in dieser vormenschlich mythischen Zeit traten als Varianten von „Leuten" oder „Personen" auf, welche sich in einem Zustand des mythischen Seins und der göttlichen Verwandelbarkeit alle noch stetig veränderten. Vormenschliches Flux *(Prehuman Flux)* bezieht sich in der Mythologie der Steinzeit-Jäger auf die urzeitliche Verwandtschaft der Menschen mit allen Wesensarten im Bereich von allem Lebenden sowie in essentieller Kontinuität mit allem anderen. In vormenschlichen Zeiten existierten alle Lebewesen in einem verwandlungsfähigen Zustand des Ineinanderfließens. Ihre äußeren Erscheinungsformen waren wandelbar und wechselfähig, etwa so wie Kleidungstücke ausgewechselt werden können.

„*Prehuman Flux*"-Mythologie steht in krassem Gegensatz zu dem, was Sir Edward Burnett Tylor und andere uns einst über den „Animismus" gelehrt haben. Erzählt im traditionellen Navajo Sinn,

---

[23]Siehe Luckert, *The Navajo Hunter Tradition*, 1975, Seite 133. Ein schönes Beispiel von *Prehuman-Flux*-Mythologie ist auch in der Ainu Jägermythologie zu finden: wo der Gott, ein Bär, dann in ein schwarzes Fell gekleidet kommt, mit scharfen Krallen und in großer Gestalt; der Wolf, ein Gott namens Horokeu-Kamui, kommt in einem weißen Mantel; der Fuchs, ein Gott namens Chiron-Nubu-Kamui kommt in gelblichbrauner Verkleidung. Andere kommen in Verkleidung von Vögeln, Insekten oder Fischen. Siehe Kapitel 14, oben.

kann man vom „vormenschlichen Flux“ nicht sagen, dass alle Lebewesen in sich Geister oder Seelen enthalten. Es sollte vielmehr erkannt werden, dass es nach dieser archaischen Mythologie allen „Leuten“ damals möglich war, durch eine Abänderung ihrer äußeren Erscheinungsformen als jemand anders aufzutreten, ähnlich wie beim Umkleiden. Der Schwerpunkt dieses Denkens liegt auf Personen und deren Erscheinungsformen, nicht auf unsichtbaren Geistern oder Seelen welche angeblich wie Dynamos die Menschen von innen her betreiben. Die Navajo „Ursprungsmythe des Hirschjagens“, demnächst hier angereiht, ist ein Beispiel dafür, wie Personen im Zustand des vormenschlichen Flux ihre Verkleidungen ändern konnten, dann um später wieder in ihren ursprünglichen Kleidern oder Fellen zu erscheinen. In Wirklichkeit war das ja sowieso die Lebensweise der alten Jäger. Sie trugen die Felle verschiedener anderer Tiere, oft mit Absichten zum Tricksen.

„Der Ursprung des Hirschjagens“, nach Claus Chee Sonny: Der erste Prototyp von einem vormenschlichen Jäger hatte vier Pfeile. Der erste Hirsch, auf den dieser Jäger zielte, war ein erwachsener Bock, und dieser große Bock verwandelte sich in einen *„Mountain Mahagoni“* Busch. Die Blätter des Busches, auf welche der Erzähler hinwies, ähneln einem Hirschgeweih. Der zweite Hirsch, auf den der Jäger zielte, war eine erwachsene Hirschkuh, die sich prompt in einen *„Cliff Rose“*-Busch verwandelte. Die Rindenfasern die vom Geäst und Stämmen dieses Busches abplatzen, wurden für mütterliche Zwecke als weiche Unterlagen für Babys verwendet. Der dritte Hirsch auf den der Jäger zielte, war ein Zweiender, der sich sofort in einen toten Baumstump verwandelte. Der Navajo Name für einen Zweiender ist ein Homonym für „Toter Baum.“ Das vierte Hirschtier auf das der Jäger zielte, war ein Hirschkalb, das sich in einen flechten-bedeckten Stein verwandelte. Der Navajo Name für ein noch geflecktes Hirschkalb ist ein Homonym zu einen flechten-befleckten Stein.

Diese vier Hirschtiere, welche dem ersten menschlichen Jäger unter den Verhaltnissen des göttlichen *Prehuman Flux* erschienen, verrieten ihm die nötigen Jagdregeln und Riten im Tausch für die Verschonung ihres Lebens. Und somit wurde die Ethik der Jagd, die Regeln welche sichere Vorgehensweisen erlaubten, von den göttlichen Hirschtieren unter Waffenbedrohung den Jägern preisgegeben.[24] Die Jagd auf Hirsche wurde nach den eigenen Bedingungen der göttlichen Hirsche genehmigt. Wer ihre Regeln befolgte, der wurde von der Notwendigkeit von Schuldgefühlen befreit und entging so der Strafe—oder der Rache—welche göttliche Hirschleute zu verhängen fähig waren.

Prehuman Flux ist nicht die Emergenz

Die Entdeckung des „*Prehuman Flux*"-Motivs als die logische Ausgangsbasis für die Mythologie der alten *Diné* Jäger war völlig unerwartet. Im Voraus orientiert, wie jeder andere im amerikanischen Südwesten, erwarteten Johnny Cooke und ich, dass jeder Navajo-Mythos über den „Ursprung der Jagd" auf irgendeine Weise von der allbekannten Emergenz Mythe ausgehen würde, sodass die ersten Jäger oder auch die ersten Beutetiere irgendwie durch mehrere Schichten von Unterwelten an die jetzige Oberfläche gelangten. Wir erwarteten, dass *Diné* Jäger eventuell aus der Mutter Erde durch eine Art Vagina-Spalte oder durch ein hohles Schilfrohr emporgeklettert kamen. Das ist was manche Hopi-Indianer-Klans, welche in der Nähe wohnen, freilich nicht alle, ihren Kindern und auch noch einigen Außenstehenden erzählt haben. Solche Hopi-Klans weisen auf die genaue Stelle ihres Auftauchens hin, tief in der Schlucht des Little Colorado River am Rande von dessen Flussbett.

Der Mythos der „Emergenz", oder des „Heraufkommens", spielt auch unter den Navajo *(Diné)* Heilungszeremonien eine bedeutende Rolle. Navajo priesterliche Sänger des „Upwardmoving und Emergence Way" erzählten eine extravagante Version der Auftauchungs Mythe zur Einordnung aller ihnen bekannten Zeremonien im weiteren Navajo-Repertoire, speziell aus einer *Emergence Way*-Perspektive. Diese schamanischen Praktiker sahen alle anderen *Diné* Heil-Zeremonien als Abzweigungen aus ihrer eigenen Emergenz Zeremonie welche, nach ihrer Sicht, selber direkt am Schilfrohr des Aufstiegs materiell repräsentiert waren. Ein gezeichnetes Diagramm, mehrere Meter lang, aus der Perspektive dieser Tradition wurde unter dem Nachlass des Pater Berard Haile in den Archiven der Universität von Arizona gefunden. Ich veröffentlichte und erklärte

---

[24]Luckert. *The Navajo Hunter Tradition*, 1975, Seiten 29-31.

dieses Dokument in meiner „Editor's Introduction“ zu Berard Haile's *Upward Moving and Emergence Way*.[25] Die Begründung des „Emergence Way“ akzeptiert die Kosmographie der Pueblo Indianer aus der Umgebung, und konzeptualisiert die verschiedenen Heilungszeremonien als abzweigende Blätter des Schilfrohrs, welches durch die Unterwelten hervorgewachsen ist.

„Blessingway“ Sänger haben für ihre eigene erkenntnis-theoretische Orientierung eine ähnliche mnemonische Gedankenbrücke konstruiert. Weil die Cantos vom Blessingway die älteren Versionen von Navajo Heilungszeremonien in unserer Zeit zu überleben und zu überholen scheinen, wird der assozierte Mythos der Emergenz, ohne geschichtliche Hinterfragung, von den meisten Kommentatoren seiner Einfachheit wegen akzeptiert. Er wird heute von manchen Fachleuten als eine Art anerkannter „Standard“ der *Diné* Emergence Mythologie akzeptiert. Doch die historische Dynamik der Entwicklung der *Diné* Heilzeremonien lief etwas anders und ist komplexer.[26]

Zwei-und-einhalb Jahre nach der Aufnahme des *Deer Huntingway* gelang es uns im Jahre 1974 auch das neunnächtige Coyoteway Zeremoniell aufzunehmen. Der Emergenz-Anteil für diese Zeremonie ist stark verkürzt. Er beschränkt sich auf eine Erzählung über die Entdeckung von Kojote-Menschen in der Unterwelt. Das reicht gerade noch aus um den ersten *Coyoteway* Schamanen in die Unterwelt gehen zu lassen, um dort die dazu gehörigen Gesänge zu erlernen. So respektiert also die *Coyoteway*-Tradition den Ursprung der Menschheit an der Erdoberfläche durch die Emergenz und verwendet diese Mythe um von einer Bevollmächtigung in der Unterwelt zu erzählen. Dennoch hat aber Luke Cook, der letzte geweihte Initiant in die *Coyoteway*-Tradition, als seine persönliche vollständige Anschauung

---

[25] Siehe Berard Haile. *Upward Moving and Emergence Way*, 1981, Seiten vii—xv. [26] Eine Einführung zu dem Entwicklungvorgang von Navajo-Zeremonien aus der Perspektive von der Coyoteway-Zeremonie finden Sie in der Einführung zu Karl W. Luckert, *Coyoteway, a Navajo Holyway Healing Ceremonial*, 1979, Kapitel 1 und 2. Für die historische Forschung sollten wohl alle „Blessingway“ Zutaten in den *Diné*- Zeremonien auf ihre eigene Herkunft hin sowie im historischen Kontext mit ihren Host-Zeremonien untersucht werden. Einige der Blessingway Begriffe sind in unseren Tagen als gutgemeinte Wort-Verdichtungen zu erkennen und manchmal aber auch als defensive „fundamentale“ Einschränkungen.

die typische Emergenz Mythologie erwähnt, einschließlich des fast normierten „Erster Mann und Erste Frau" Motivs. Ein Überblick über seine weitere Ontologie, verglichen mit der von Claus Chee Sonny, kann in Verbindung mit der Navajo Deerway-Ajilee-Tradition eingesehen werden.[27]

Als ein ehemaliger Schüler von Claus Chee Sonny, nebst Johnny Cooke, fühle ich mich verpflichtet, seine Gedanken genauestens wiederzugeben. Als er fertig war, seinen Deerway Ursprungsmythos im Sinne der *„Prehuman Flux"*-Verwandlungen zu erzählen, fragte ich ihn: „Warum bezieht sich diese Jagdgeschichte nicht auf die allgemeine Emergenz der Menschheit aus der Erde oder auf Götter in den vier Himmelsrichtungen, welche wir aus unseren Schulbüchern her kennen?" Seine Antwort war schnell und klar: „Die Emergenz und die Götter der vier Richtungen gehören nicht zu der Hirschjagd Zeremonie. Die gehören zum Blessingway Zeremoniell."

Der Herr der Tiere ist kein gewöhnlicher Eigentümer: Während des Aufnehmens und des Prüfens der Navajo Jägertradition merkte ich, dass es da keinen offensichtlichen legitimen Herren der Tiere gab. Es gab da zunächst einmal die Anerkennung eines ehemaligen Büffelbullen sowie auch das Mule-Deer Stag, welche als Herren ihrer Herden auftraten. Diese Logik gehört zu einem allgemeinen System des traditionellen proportionalen Denkens der Navajo. Zum Beispiel hat Claus Chee Sonny, als ein anerkannter Heilpraktiker, eine etwas höher gewachsene doldentragende Heilpflanze als eine herrschende Hauptperson erkannt, weil diese die ähnlichen und kleineren Doldenpflanzen in der Umgebung überragte.[28]

Anstelle von einem herrschenden Herrn der Tiere erzählte Claus Chee Sonny in seinem Jagd-Mythos von mehreren Raubtierkandidaten die einst auf Vorherrschaft über die Jagd bedacht waren. Am Anfang waren auch noch die menschlichen Jäger unter diesen zu finden. Es gab damals auch noch einen sich durchsetzenden Raubvogeltyp, den Schwarzen Gott, der auch als Rabe bekannt ist. Dieser hatte die anderen Jägerkandidaten für eine Zeit lang ausmanövriert.

[27] Luckert. *A Navajo Bringing-Home Ceremony...*, 1978, Seiten 17-20.
[28] Luckert, *The Navajo Hunter Tradition.* 1975, Seiten 54-57.

In mythischen Zeiten, als die Menschen mit Jagen anfingen, war selbst der Schwarze Gott noch einer von jenen Jägern in *Prehuman Flux*. Am Anfang waren alle „Leute", die umherstreiften, solche potenzielle Jäger. Laut Claus Chee Sonny wurden damals die Beutetiere missbraucht, und deshalb hat der Schwarze Gott sie für sich zu ihrer Sicherheit in eine Herde zusammengetrieben. Im Jagdbereich wurden sie dann immer seltener.

Das alles bedeutet, dass dieser neue Tierhalter, der Schwarze Gott, damals aufgehört hat, ein Jäger zu sein. Er wurde ein Wächter der die Beutetiere zu schützen anfing. Er hielt die Tiere unter seiner Obhut eingepfercht, und dann und wann holte er sich eines und schlachtete es für seine Familie. Die Hirten-Mentalität Claus Chee Sonnys, als Erzähler, erscheint sich hier voll entwickelt zu haben. Er war dabei, einen vollen Schritt über die Grenze der reinen steinzeitlichen Jägerperspektive hinauszugehen, über den Punkt hinaus, den er früher im Leben noch zu erreichen hoffte.

Die Logik in diesem Jagdmythos ist dennoch klar und zusammenhängend. Abgesehen von dieser mündlichen Überlieferung, haben Navajo Jäger in ihrem Gebiet auch wahrgenommen, wie der schwarze Rabe die Beutetiere, welche unter seiner Obhut standen, immer wieder vor den menschlichen Jägern gewarnt hat, wann immer diese sich näherten. Schon in mythischen Zeiten muss also dieser konservative Schwarze Rabe schon mit seiner angeborenen Hirten-Natur ausgestattet gewesen sein. Dazu kam dieser Gott auch noch wegen seiner zeitweiligen Abwesenheit von den Jägern unter Verdacht. Es wurde vermutet, dass er etwas mit dem Verschwinden der Tiere zu tun gehabt hat. Mit der Zeit wurde es offensichtlich, dass dieser Gott alle Beutetiere in seiner unterirdischen Berghütte *(Hogan)* versteckt und eingepfercht hielt. Aber diese Entdeckung vonseiten der anderen Jäger geschah schon in frühen Zeiten, als die Menschen—zwar dann und wann aus dem vormenschlichen Flux herauskommend—doch noch nicht permanent ihre jetzigen Formen angenommen hatten.

Auch zu einem späten Zeitpunkt, im Jahre 1971, hatte Claus Chee Sonny immer noch nicht für sich selbst eingeräumt, dass so etwas wie Überbejagung möglich wäre oder dass selbst ordentliches Jagen den Mangel an Beutetieren verursacht haben könnte. Für einen

Jäger, der sich religiös gelenkt und gerechtfertigt wusste, sollte es wohl immer genügend Tiere zum Jagen geben. Das Problem, so wie er es verstand, war, dass die Jäger vordem mit den falschen Manieren und Gesinnungen und nach den falschen Regeln gejagt haben. Solchen Jägern entzog der Schwarze Gott dann die Tiere zur Strafe. Er versteckte sie für sich selbst zum Eigengebrauch. Er wollte die Tiere vor den Jägern retten, genau so wie er es heute in Vogelgestalt immer noch mit seinem warnenden Geschrei im Walde tut.

Aber dann wurde der Schwarze Gott von einem fortschrittlichen Vertreter der menschwerdenden Jäger ausgetrickst. Noch immer sich im *Prehuman Flux* Urzustand befindend, hat dieser neue Konkurrent des Schwarzen Gottes dann die Beutetiere für sich und andere Jägersleute befreit. Der Redende Gott *(Talking-god)* ist dazu als Welpe, als Wolf, als der erste legitime menschliche Jäger oder auch als Wolfmensch aufgetreten. Unter den vormenschlichen Flux Bedingungen konnte er ja leicht als jeder von diesen verwandelbaren potentiellen Jägersleuten erscheinen. Deshalb wird seine Jagdzeremonie heute verschiedentlich als *Deer-Way*, *Wolf-Way*, oder auch als *Talking-god Way* benannt.

Die Jägergeschichte des Claus Chee Sonny enthüllte steinzeitliche Jägermythologie am Übergangspunkt zur Neuorientierung auf eine Art von Hirtenreligion hin. Die Navajo Wirklichkeit in den 1970er Jahren war, dass Herden von Schafen an den Niederlassungen gehalten wurden. In den meisten Fällen waren die Schafe im Besitz der Frauen, doch nicht immer. Hier und dort wurden auch Rinder eingeführt. Diese gehörten dann den Männern, aber auch nicht in jedem Fall. Dennoch musste der Claus Chee Sonny in seinem Jagdbereich als Jägersmann und im Wandel begriffen, noch sein Gewissen um die Anwesenheit von "natürlichen" Raben—als dem Schwarzen Gott—herummanövrieren sowie auch um die Mule Deer Stags (Hirschböcke) herum. Diese Tier-Herren waren gut sichtbar. Sie schützten ihre Rotwildherden nach ihren uns jetzt natürlich erscheinenden Gewohnheiten. Sie führten diese einher, als ob sie diese wirklich als Eigentum in ihrem Besitz hätten.

Der Mythos des Claus Chee Sonny hat mich dazu bewogen, über die Beringstraße hinaus nach „Erzählungs"-Spuren zu suchen, zurück über den langen Weg, über den die Vorfahren der amerikanischen Eingeborenen Jahrtausende früher her angewandert kamen. Reste des mythischen Thema über die „Freilassung der Tiere“, über ihre Befreiung aus einer Spalte in der Erde heraus, kann in der Mythologie der alten arischen Hirten heute noch gefunden werden. Das Thema wurde in dem *Rig Veda* festgehalten unter den „Anmelde Dokumenten“ eines Kriegsgottes namens *Indra*.[29] Diesem Gott wurde der Ruhm zuteil, Rinder für sein arisches Hirtenvolk aus einer Berghöhle heraus befreit zu haben. Das Vieh war vordem im *Vala* Berg gefangen gehalten. Vielleicht hat der Gott Indra (oder anscheinend eine ähnliche Gottheit unter einer älteren Beschreibung) sein Volk zur Tierzähmung aktiviert. Das müsste aber mythologisch schon früher geschehen sein, ehe dieser Gott seine arischen Hirten in Kämpfe mit Menschen aus der „Indus-Zivilisation“ verwickelt hat— vor vier- oder mehrtausend Jahren. So viel kann vielleicht noch aus der vedischen Mythologie extrahiert werden. Doch wird uns wohl in manchen dieser Fragen im Laufe der Zeit die Archäologie anders belehren. Die Zerstörung vom *Vala* Berg wurde für den Gott Indra anscheinlich sein Muster für die Zerstörung der Städte der *Vasyu*— der Zivilisation welche einstens am Indus Fluss entlang blühte. Eine bestimmte Art religiöser Rechtfertigung von militärischer Gewalt liegt eindeutig diesem Mythos zugrunde.

Jagdgötter im Wandel begriffen

Nicht alle Götter der Jagd haben sich zu Sponsoren des Hirtentums entwickelt. Die Entwicklung eines *Vala*-Berg Eroberers in einen Kriegsgott wie Indra, wie ihn der Rig Veda vorführt, wurde nicht von allen Hirtenvölker nachgeahmt. Auch sind nicht alle solche Gottheiten in die Kulturen veralteter Jäger verwickelt worden. Das heiβt, nicht alle haben sich direkt in Kriegsgötter oder zu Göttern der Überdomestizierung mutieren lassen. Im Wesentlichen zeigt sich aber der Schritt, über welchen sich der göttliche Meister einer Tierherde bis hin in einen anthropomorphen Meister aller Tiere mutiert hat, von beträchtlicher Wichtigkeit gewesen zu sein. Es war der Schritt den archaische Jäger mitmachen mussten, als sie anfingen

---

[29]Karl Friedrich Geldner. *Der Rig Veda* 1, 62, 4. 5; 1, 121, 4; 1, 130, 3; 3, 32. 16; 6, 18, 5; .... Harvard University Press, Cambridge Mass. 1951-1957.

über anthropomorphe Götter, Meister oder Eigentümer nachzudenken. Aller Wahrscheinlichkeit nach wurde dieser Schritt von den Teilnehmern am Göbekli-Tepe-Kultus schon vor 12 000 bis 10 000 Jahren versucht, damals als sie der Mutter Erde und den Funktionen eines Himmelsvaters gegenüberzustehen kamen. Die Wende zu Göttern hin, welche Eigentümer von Pflanze, Tier und Menschheit waren, brachte die Entwicklung der menschlichen Kulturen einen gewaltigen Schritt weiter—direkt an die Schwelle der Überdomestikation hinan. Aus einem innewohnendem Willen, so scheints, mochten strebsame Menschen eben genau das beherrschen und haben, was ihre Götter haben oder sind.

Totemische Sponsoren: In der Tradition der archäischen Jäger gibt es generell zwei Arten von göttlichen Wesen die sich um den Besitz von Tieren bemühen. Ebenso gibt es zwei entsprechende Anpassungs-Ebenen für Menschen, welche sich von tierischem Fleisch ernähren. Der *Diné* (Navajo) Meister der Tiere, der Schwarze Gott, war schon eine *de facto* Hirtengottheit, welcher für eine Weile den schwindenden Bestand an wilden Beutetieren vor den kühnen Jägern zu retten versuchte. Aber dann gab es auch noch die ältere göttliche Obrigkeit der *Diné*-Jäger, den Redenden Gott *(Talking-god),* der auch als räuberischer Sponsor der Jagd bekannt war. Während der „Herr der Tiere"-Typ bereits schon als ein Hirte aktiv war, so war dieser ältere totemische Sponsor noch jemand, der das Unternehmen des Jagens als solches unterstützte. Er soll an diesem Punkt in unserer Darlegung voll anerkannt werden. Beide Arten von Gottheiten waren dazu positioniert, die Theologien der Domestikationskulte sowie die Kulte der Überdomestizierer jeweils auf ihre eigene Art, entweder als Eigentümer oder als Jäger und Schlächter zu beeinflussen.

Im Zuge der Feldforschung bin ich zu der Vermutung gekommen, dass die Opferanteile die von vollzeitlichen Jägern für erlegte Beute bezahlt wurden, hauptsächlich den Göttern vom Sponsor-Typ galten, solchen die noch selber als aktiv interessierte und beteiligte Jäger galten. Ein menschlicher Jäger konnte sein totemisch göttliches Vorbild bis zu einem Identitätswechsel hin nachahmen und sich in ihn hineinsteigern. Als Schützling konnte er seine humane Identität mystisch in die Aktivitäten seines über ihm stehenden Sponsoren integrieren lassen, so dass der totemische Schutzherr mit seinem menschlichen Schützling zu einer einheitlichen Zweiheit wurde. Sie jagten gemeinsam, vereinigt in der Gestalt eines göttlich besessenen und gesühnten Jägers oder "Gott-Menschen."

Am Anfang eines religiösen Verhältnisses, zu einem übermenschlichen Schutzherrn der Jagd ist es nicht nötig, dass der Jäger sich sogleich aus seinem experimentellen wissenschaftlichen Bewusstsein heraus zu einem religiösen Vertrauen hin bekehrt. Es muss nur beachtet werden, dass bei Begegnungen mit totemischen Sponsoren ein primitiver Jäger sein Selbstbewusstsein mit Vorsicht kompromittieren lernt. Weise Menschen nähern sich ihren übermenschlichen Herren mit einer ritualisiert vorsichtigen und respektvollen Haltung. Die ganze Zeit über sorgten sich deshalb die menschlichen Jäger, dass sie ihre göttlichen Obrigkeiten richtig erkannt und gewählt und deren Versöhnungsrituale ausreichend gut erlernt haben. In jedem polytheistischen Pantheon, wie in jeder menschlichen Gesellschaft, steigen bestimmte einzelne Persönlichkeiten auf, während andere an Rang verlieren. Und in der Regel wird es einem menschlichen Ego, das einer aufsteigenden Gottheit gegenüber gute Manieren zeigt, wohl auch gelingen, dabei einen gewissen öffentlichen Respekt und Aufwind für seine Bemühungen zu verdienen. Das theologisch-anthropologische Verhältniss kann ruhig in der Zukunft noch nachdefiniert werden. Ob der Mensch nun als ein Ebenbild des Gottes dasteht oder die Gottheit eher wie eine Projektion der Menschheit aussieht, ist anfangs unwichtig. Wichtig ist vorerst nur, dass beide Persönlichkeiten sich als einheitliche Zweiheit zusammen anheben.

Der Navajo schamanische Praktiker Claus Chee Sonny hat den obersten aller *Diné*-Götter, den Großvater der Götter *(Talking-god)*, als Autor seines gesamten Jagd Zeremoniells anerkannt. Er hat auch die Anwesenheit des *Calling-god,* des Berglöwens und Wolfs eingeräumt. Der größere „Wolf" schließt auch den Kojote und den Fuchs in sich mit ein. Darüber hinaus anerkannte der Praktiker auch noch beflügelte Gottheiten *(Holy People)*, solche wie den Raben, den Habicht und den Robin *(Turdus migratorius)*. Ob alle diese Gottheiten zur Zeit des Erzählers noch Status als übermenschlich fähige Jäger behaupten konnten, das war kein Problem für Claus Chee Sonny. Als schamanischer Praktiker, welcher zugleich auch Jäger war, brauchte er mehrere göttliche Sponsoren, welche weiterhin die Verantwortung für die Bluttaten des Jagens übernehmen würden und die ihm dann auch helfen konnten, die verschiedentlichen Gewissensbelastungen seiner Mitmenschen zeremoniell wegzunehmen. Mit ein wenig mehr Überredekunst und schönem Gesang konnten solche Gottheiten bewegt werden ihren Anteil von Krankheitsstrafen ferne zu halten.[30] Materielle Opfer konnten für jede Gottheit, und auf jeder Entwicklungsstufe kostengünstig ermäßigt werden, mit der richtigen inneren Einstellung sogar auch mit Ersatz-Stabfiguren (siehe Abb. 35). Opfer konnten auch auf fromme Lobreden oder auf Gebete oder auf schön gesungene Lieder hin reduziert werden.

Sollte es vorkommen, dass ein Schamane die Wirksamkeit seiner älteren sponsierenden Gottheiten bezweifelte oder dass ein Grund zum Umgang mit einem für Hirten zuständigen Herrn der Tiere bestand, gab es wirklich keinen Grund einem älteren Sponsoren vorzeitig abzusagen. Bekehrung und das Abhängigwerden von einer neuen Gottheit konnte leicht auf später verschoben werden. Menschen, die mit einer Reihe von Göttern höflich zu kommunizieren verstanden, konnten ihre Auswahl auf längere Zeit hin offen halten.

Ehe Claus Chee Sonny es wagte, auf die Jagd zu gehen, unterzog er sich einer mystisch-psychologischen Verwandlung während einer Zeremonie in der Schwitzhütte. Er wurde dabei in ein Wolfwesen verwandelt, sowie gleicherweise auch in den Redenden Gott selber.

---

[30] Wyman, Leland C. und Clyde Kluckhohn. „Navajo Classification of their Song Ceremonials." Memoirs of the Anthropological Association, vol. 50, 1938. Die Navajo-Schamanen kannten zweiunddreißig verschiedene Totemtiere, welche von Menschen beleidigt werden konnten. Diese göttlichen Tierpersonen verfügten über zweiunddreißig verschiedene Krankheiten. Ein Fehltritt gegen eine dieser göttlichen Krankheits-Hüter evozierte dessen spezielle Rache in Form von der dazu passenden Krankheit. Der Aufsatz von Wyman und Kluckhohn erklärt den Ursprung von Krankheiten. Natürlicherweise kann, was eine Gottheit zufügt, sie auch wegnehmen. Der göttliche Hüter einer bestimmten Krankheit war auch in Besitz seines spezifischen Heilmittels, das heißt eines kombiniert-proprietären Krankheit-und-Heilung Bündels. Verschiedene schamanische Praktiker sind so für verschiedene Arten von solchen Heilungs-Bündels zuständig. Allerdings geraten Schamanen, die in ihrem Beruf berühmt werden, auch in Gefahr als Hexer entlarvt zu werden. Ein Praktiker der eine Krankheit steuern kann, der kann diese eventuell auch zugefügt haben. Ein Praktiker der seinen Dienst verweigert mag zudem sich der Verdächtigung aussetzen, dass er die Krankheit die er beherrscht auf einen Patienten abgeladen hat. Deshalb sind alle Navajo „Holyway"-Heilungszeremonien in Wirklichkeit eben Riten der Sühne und Versöhnung.

Er identifizierte sich mit dem Wolf, und darnach fing er an, mit gebeugten Knien zu laufen (etwa so wie ein Australopithecus). Als Redender Gott war er auch der mythische „Welpe in Verkleidung“, derjenige, welcher als erster menschlicher Jäger am Anfang des Zeitalters des Jagens die Beutetiere aus dem unterirdischen Pferch des Schwarzen Gottes befreite. Er war auch der erste menschliche Jäger, der später zeitweise als Claus Chee Sonny bekannt wurde, derjenige, welcher in einer Schwitzhütte in diesen Wolf-Mann und somit in einen legitimen Jäger verwandelt wurde.[31]

Es gelang durch seine mystische Vereinigung mit dem Redenden Gott als Wolfwelpe im *Prehuman-Flux*-Zustand dass der Jäger als menschlicher Schützling seine Verantwortung für den Tod der streunenden Hirschleute, die er erlegte, dabei abladen konnte. Nach der Jagd kehrte der Schützling zu einer Verwandlung in die gegengesetzte Richtung wieder in seine Schwitzhütte zurück—nicht zur Verwandlung in einen Raubjäger, sondern in einen friedfertigen Menschen. Er wurde dabei von seinen eigenen Tod-schwingenden Kräften und vom Blut seiner Opfer gereinigt. Er unterzog sich der zeremoniellen Verwandlung, um wieder zu einem gutartigen Menschen, einem Ehemann und Vater zu werden. Er wurde von seinen tödlichen Raubtier-Belastungen befreit.

Aus theologischer Sicht bedeutet das, dass des Jäger's Versöhnung auf einer rationalen Erkenntnis von einer Art Ursünde des Essens beruhte sowie auch aus seiner Furcht vor nichtgesühnten Killer-Verantwortlichkeiten entsprang. Seine Jagd wurde nie zu einer

---

[31]Irgendwann, nach 1975, begegnete ich auf dem Navajo Reservat einer westlich gebildeten Navajo Person, welche mir gegenüber Claus Chee Sonny als einen Wolf-Mann oder Fell-Träger *(Skin-Walker)* anklagte. Offenbar hatte diese Person irgendwo Wind von einer halben Wahrheit aufgeschnappt—über das Schwitzbad Ritual, ohne dessen Rolle in der *Diné* Jäger Tradition zu verstehen. Er glaubte, dass solche Ritusteilnehmer sich in Wölfe verwandelten und dann als Hexeriche auf Menschenjagd gehen. Offensichtlich hat diese Person nichts mehr aus der vorwestlichen Mystik seiner *Diné* Jäger-Tradition mitbekommen. Ich spürte Gefahr, weil das Betragen dieser Person feindlich schien und weil noch mehr so informierte Menschen vor Ort waren. Ich stelle diese Auskunft jetzt zur Verfügung als eine historische Aufzeichnung, nachdem nun beide, der westlich gebildete Mensch sowie Claus Chee Sonny verstorben sind. Hier liegt ein Beispiel vor, wie halb gelerntes Wissen leicht zu einer gefährlichen wissenschaftlich stimulierten Hexenverfolgung führen kann.

Frage über eine „böse“ Gottheit, welche ihn in die Versuchung zu töten brachte. Beim Jagen war ja nun der Jäger auf mystische Weise in der Person seiner sponsornden Gottheit enthalten, in der Gottheit die auf eigenen Wunsch hin die Schuld der gemeinsamen Jäger-Zweiheit absorbierte. In seinem totemisch besessenen Zustand wurde für Claus Chee Sonny seine *Deer-Huntingway*-Mythe zu seinem persönlichen religiösen Jägerbekenntnis und zu seinem Beruf. Es konnte sachlich darüber geredet werden, als über eine Sachlage in der Jagen nun einmal geschehen muss. Während des ersten Rituals in der Schwitzhütte nahm der Redende Gott menschliche Gestalt an, zum Zweck dass ein menschlicher Jäger an dessen Göttlichkeit teilnehmen konnte. Der Mensch wurde göttlich genug, um in einem versöhnten Zustand jagen zu können. Als Einheit mit einem göttlichen Sponsoren zu jagen, das war das höchste Versöhnungsanliegen eines religiösen *Diné* Jägers der Steinzeit.

Gebete und Lieder auf dem Jagdpfad: Gebete und Gesänge, mit minutiös vorgeschriebenen Maßnahmen dienten Claus Chee Sonny zum Ausbalancieren seiner Jägerreligion. In seinem intimen Zustand mit dem Redenden Gott betete er Worte wie „Du wirst es mir geben.“ Solche direkte Worte drückten seine Vertrautheit dem göttlichen Geber gegenüber aus. Mit solchen Worten forderte er vom Redenden Gott beim Jagen einen Hirsch. Dieser Gott war ja, reli-giös betrachtet, sein All-Großvater sowie auch Er selber.

> Redender Gott, mein Großvater! Einen Sohn des frühen Morgens, einen Turkis Prairie Hund, ein Turkis Pferd (ein Hirsch Stag) wirst Du mir heute geben.
> Den schwarzen Bogen in meiner Hand, wirst Du ihn mir geben.
> Den gefiederten Pfeil in meiner Hand, wirst Du ihn mir geben.
> Mit dem Pfeil, der das Herz nicht verfehlt, wirst Du ihn mir geben. Du wirst ihn mir geben.
> Ehe die Sonne untergeht, wirst Du ihn mir geben.
> Ehe ich müde und matt werde, wirst Du ihn mir geben.
> Mein Großvater, Redender Gott, Du wirst ihn mir heute geben.
> (Seiten 52 und folgende)

Sodann singt der Jäger Claus Chee Sonny, draußen jagend, während er sich selber gleichzeitig als den Redenden Gott vorstellt. Er steht in der Nähe vom Hirsch und ist zum Töten bereit:

> "Ah'eh na-ya-ya, ich steh in der Nähe bereit, na-ya-ya.
> Ich bin der Redende Gott. Ich steh in der Nähe bereit, na-ya-ya.
> Ich stehe auf dem Schwarzen Berg in der Nähe bereit, na-ya-ya.
> Der Sohn eines männlichen Winds steht in der Nähe, na-ya-ya.
> Den schwarzen Bogen in meiner Hand steh ich in der Nähe,
> .... Den gefiederten Pfeil in meiner Hand steh ich in der Nähe, na-ya-ya.... (Seite 24)

Claus Chee Sonny ist es recht schön gelungen, eine Erwähnung vom eigentlichen Töten in seinem Lied zu vermeiden. In starkem Gegensatz dazu geht aber das Jagdlied des Billie Blackhorse auf die blutige Arbeit ein. Mit einer Übertragung des Geschehens an einen heiligen Ort, geschieht das Töten dann im Bereich des Gottes. Auch dabei ist der Jäger mit seiner Jagdgottheit versöhnt und vereint, welchen auch der Mann Blackhorse sich identisch mit sich selber, als "Junger-Mann-Redender-Gott" vorstellt:

> "Na-yah na-ya-yah-ah-ah.
> An einem heiligen Ort ist es geschehen (2 Mal),
> An einem heiligen Ort ist es geschehen, a-ya.
> Redender Gott Junger Mann! An einem heiligen Ort ist es geschehen (2 Mal). Es ist dem Großen Stag geschehen.
> An einem heiligen Ort ist es geschehen, a-yah....
>
> Da folgt das Durchschneiden des Halses. Na-eh-ya-yah.
> Jetzt vom Redenden Gott Jungen Mann.
> Da folgt das Durchschneiden des Halses. Na-eh-ya-yah.
> Jetzt vom Redenden Gott Jungen Mann.
> Da folgt das Durchschneiden des Halses. Na-eh-yah (2 Mal).
> Nun da ist der Große Stag.
> Da folgt das Durchschneiden des Halses....
> An einem heiligen Platz ist es geschehen, a-yah....
> (Seiten 65 und folgende)

Inzwischen zurück bei Claus Chee Sonny, während dieser weitermacht den Redenden Gott zu emulieren, und während er seine Pfeife raucht, stellt er sich an, das Fleisch heimzutragen:

> Ah'eh na-ya-ya.
> Ich trage es weg (3 Mal), na-ya-ya.
> Ich bin der Redende Gott.
> Ich trage es weg (2 Mal), na-ya-ya.
> Oben auf dem Schwarzen Berg trage ich es weg,
> trage ich es weg, na-ya-ya....
> Mit dem weißen Rauch an meinen Fingerspitzen....
> Um meine Augen weißer Rauch....
> Weißer Rauch vermengt mit meiner Stimme....
> Ich trage es weg, ich trage es weg, na-ya-ya....
> Ich trage es weg, na-ya-ya. (Seiten 47 und folgende)[32]

Als Johnny Cooke und ich Claus Chee Sonny im Jahre 1971 das erste Mal trafen, sagte er uns, dass er zweiundsiebzig Jahre alt sei. Und obwohl dieser Mann auch im Laufe seines langen Lebens viele Hirsche gejagt und erlegt hat, so ist er doch, als ein religiös versöhnter Jäger, nie in seinem Leben am Tode eines Hirsches schuldig geworden. Es war ja immer der Redende Gott, der in Gemeinschaft mit ihm, für ihn seine Gewalttat vollbracht hat.

---

[32] Auszüge aus Karl W. Luckert, *The Navajo Hunter Tradition.* University of Arizona Press, Tucson, 1975.

16

Viehkultur für Europa

Vor etwa 7 700 Jahren wanderten Gruppen von Leuten aus dem Nahen Osten in Richtung Europa. Mit sich trieben sie kleine Herden von Vieh, Schafen, Ziegen, und Schweinen. In der Ungarischen Tief-Ebene ließen sie sich nieder und breiteten sich von dort weiter nach Westen und dem Nordwesten aus, bis über den Rhein hinaus. In Bezug auf ihren langsamen Treck, nach Westen hin, häufen sich Belege von Konflikten und selbst betreffs des Kannibalismus. Die Maximierung der Domestikation von Pflanzen und Tieren, so scheint es, hat zu eigenen Übertreibungen in der allgemeinen Überdomestizierung von Menschen beigetragen.

Rinder für Europa aus dem Nahen Osten: Nachkommen, die von Göbekli-Tepe-Jägern und Bergleuten abstammten, haben gelernt, Ziegen und Schafe zu zähmen, und ihre Hirtenkultur wurde von dort her beeinflusst. Es gelang ihnen bald, auch Rinder zu domestizieren. Etwa zur gleichen Zeit mögen wohl anderswo auch andere Rinderrassen unter menschliche Kontrolle gebracht worden sein, zum Beispiel in Nord-Indien und in Afrika südlich der Sahara. Aus dem oberen Bogen des Fruchtbaren Halbmonds verbreiteten sich Domestizierer stromabwärts in die Überschwemmungsgebiete des Euphrat und Tigris.

Zweitausend Jahre nachdem es um die Kult-Logen am Göbekli Tepe stiller geworden war, mussten Jäger, die sich schon früher über Europa hin zerstreut hatten, ihre Beschwerlichkeit zwischen Rückzug und Widerstand wählen. Die nächste Welle von Migranten aus dem Nahen Osten war im Anzug. Vor 7 700 Jahren sind Menschen aus Mesopotamien in die Ungarische Tiefebene nach Europa eingewandert und brachten Herden von domestizierten Rindern, Schafen, Ziegen, und Schweinen mit sich. In der Archäologie wurden diese Leute nach der Art ihrer Gefäße als Bandkeramiker (englisch LBK) erfasst.

In weniger als einem Jahrtausend verbreiteten sich ihre Siedlungen nach Westen hin aus, der Donau entlang und über den Rhein. Irgendwann im fernen Westen wurden dann beide, die bedrängten Jäger sowie die sich anstauenden Domestizierer, von den Gewässern des atlantischen Ozeans aufgehalten. Unwillkürlich zwangen die aufeinander folgenden Gruppen einander, mehr oder weniger sesshaft zu werden. Menschen, die dem streunenden Lebensstil der Jäger und Sammler treu geblieben waren, blieben für die Archäologie ziemlich unsichtbar. Aber schließlich stellten dann die Nachkommen von sesshaften Domestizierern dem westlichen Rande Europas entlang Gruppen von großen Steinen auf. Diese Mahnmale dienten der ganzen Skala des Gedenkens und des Feierns von Mysterien—von der Zeugung zur Geburt und der Weihe des Lebens, sowie zur Stabilisierung der Domäne des Todes.

Die neuen Siedler aus dem Nahen Osten nutzten in Europa ihre fortschrittlichen neolithischen Werkzeuge, um Lichtungen in die Wälder zu schlagen. Mit Feuersteinbeilen fällten sie sich das Holz, um Zäune, Barrikaden und andere Befestigungsanlagen zu bauen. Sie lernten, wie man Wände für Häuser aus Flechtwerk und Lehm errichten konnte, und sie stellten und legten Baumstämme auf, um ihre Dächer zu tragen.

In den Bereichen rund um ihre Siedlungen jagten die ersten Viehzüchter Europas weiterhin noch wilde Tiere, darunter Bären und Auerochsen. Zuhause, in ihren Häusern, trank jede Person so viel Kuhmilch, wie sie eben in der Lage waren zu verdauen. Eine Analyse der Knochen der Vorfahren dieser weggewanderten Viehzüchter im Nahen Osten hat ergeben, dass jene noch nicht in der Lage waren den Kuhmilchzucker zu verdauen. Im Gegensatz dazu hatten aber die meisten der etwas späteren Bandkeramiker, welche sich in den heutigen Regionen von Österreich, Ungarn und Mähren ansiedelten, diese Fähigkeit.[33] Ihr unbeugsames Bestehen aufs Milch-

---

[33]Milchbauern, die vor rund 7500 Jahren in Mitteleuropa lebten, waren vielleicht die ersten Menschen, die behaglich Kuhmilch trinken konnten. Siehe Lynne Peeples, "Did Lactose Tolerance First Evolve in Central, Rather than in Northern Europe?" Scientific American, August 28, 2009.

trinken hat diese Anpassung wohl ziemlich schnell zustande gebracht; sie wurde vermutlich durch eine hohe Säuglingssterblichkeit beschleunigt. Leute die Laktose verdauen konnten, zeichneten sich schon bereits im Säuglingsalter als Überlebende aus. Und so, vor rund 7000 Jahren weideten diese Bauern ihr Vieh über ganz Mitteleuropa und nach Westen hin, bis über den Rhein hinaus.

In der Archäologie zeigen sich an zahlreichen LBK Plätzen, die ausgegraben wurden, unmissverständliche Beweise von der Zunahme an Gewalttätigkeit. Im Gegensatz dazu scheint noch, im Gebiet von Ungarn, etwas weniger Gewalt um die ersten Gehöfte herum geherrscht zu haben.[34] Zur Zeit, da diese Siedler dann die zentralen und westlichen Teile ihrer europäischen Expansion erreicht hatten, damals im Gebiet des heutigen Österreich und Deutschland, ist das Leben gewalttätiger und unsicherer geworden.

Wir sind geneigt, diese Zunahme an Gewalt mit einem allmählichen Aufbau von Widerstand entlang der westlichen und nördlichen Grenzen zu interpretieren. Aber woher hätte diese Zunahme an Widerstand kommen können? Ich vermute, dass frühere Jäger, die dünn über Europa hin zerstreut jagten, noch eine Zeit lang von einem ausreichenden Vorrat von wilden Tieren leben konnten. Sie mussten keine Siedlungen verteidigen und konnten sich so langsam vor der unaufhaltsamen Welle der Viehzüchter zurückziehen. Wenn dann unter dem Druck dieser Bewegung im Westen die Zahl der Jäger sich mehr verdichtete, dann würde sich ja auch die Fauna in diesen Gegenden schneller ausgedünnt haben. Mit dem Einwandern der Bauern sind zerstreute Jägerklans gleichzeitig den Bauern auf ihrem Treck nach Westen wahrscheinlich in einem etwas schnelleren Tempo vorangegangen. Die Herden von Rindern, Schafen, Ziegen und Schweinen der Domestizierer konnten nicht so eilig getrieben werden, wie die Jäger ihnen aus dem Wege gehen konnten. Wenn in den westlichen Regionen dann die bedrängten Jäger sich gezwungen sahen, immer mehr Territorium aufzugeben, mussten ihre defensiven Plänkeleien gegen die eindringenden Siedler intensiver werden.

---

[34] Wild, E. M. u. a. "Neolithic massacres: Local skirmishes or general warfare in Europe?" *International Radiocarbon Conf. 18,* Wellington, NZ, 2004, Seiten 377-385.

Die allgemeine Lage des LBK Einbruchs in Europa zu jener Zeit war vielleicht vergleichbar mit der Situation in den Grenzgebieten des Wilden Westens die sich noch vor ein paar Jahrhunderten in Nordamerika abspielte. Streitereien zwischen aufdringlichen LBK Klans und älteren Gruppen von Jägern waren wahrscheinlich andauernd, während gleichzeitig wohl einige der Klans, von beiden Seiten auf einander zukommend, bescheidene Übereinkünfte und Zusammenschlüsse erreicht haben dürften. Und so scheint es, als ob westliche Jäger eine zeitlang Feuerstein Pfeile in die Leiber der Siedler schossen, Pfeilspitzen, welche die Archäologen in Knochen eingebettet fanden. Siedler haben gegen die Köpfe von später ankommenden sowie den eingeborenen Jägern ihre Steinäxte geschwungen.

Wer hat diesen Konflikt am Ende gewonnen? Weil dabei schon manche frühere Wanderungen von Jägern aus dem Nahen Osten in Europa ankamen, werden wohl nicht viele genetische Unterschiede zwischen etwaigen streitenden Gruppen festgestellt werden können. Sicherlich waren nahöstliche Völkergruppen auf beiden Seiten dieser langsam nach Westen rollenden Woge von Konflikten zu finden.

Eine beträchtliche Anzahl von LBK Siedlungen lieferten Beweise von Gewalt und Mord. Vierunddreißig geopferte Leichen wurden bei Talheim in Deutschland gefunden. Weil erwachsene Frauen in diesen Begräbnissen fehlten und Kindesleichen anwesend waren, scheint die überwiegende Schlussfolgerung zu sein, dass dieses Massaker als ein Raub von Frauen motiviert war. Die Aparn-Schletz Siedlung in Österreich ergab siebenundsechzig Leichname; die in Herxheim in Deutschland wurden auf mehr als dreihundert geschätzt. Letzter Ort mag eine fünf Hektar große Kultstätte für kannibalische Opfer gewesen sein mit drei bis fünf Opfer auf einmal.[35] Zusätzliche steinzeitliche Fundstellen auf deutschem Gebiet, mit Anzeichen von Kannibalismus sind möglicherweise Fronhofen, Zauschwitz sowie Honetal.

---

[35]Archäologische Beweise für den Kannibalismus lassen sich vor rund 7 000 Jahren, praktisch überall im neolithischen Europa finden. Berichte und Kommentare sind weit verbreitet und auch im Internet veröffentlicht. Um an irgendeinem Ort zu beginnen wäre da ein englischer Aufsatz von Edward Pegler: „LBK massacres—who killed whom?“ Siehe dort auch seine Bibliographie: *http://armchairprehistory.com/2011/01/16/lbk-massacres.*

Im französischen Fontbregoua schlägt ein anderes Muster der archäologischen Evidenz durch. Ein früher Kannibalismus mag dort schon bereits unter den indigenen Jägern praktiziert worden sein. Einige dieser Jägersleute warfen menschliche Knochen mit ähnlichen Markierungen von Schlachtmessern auf die Abfallhaufen, vermischt mit den Knochen anderer Beutetiere. So, insgesamt wissen wir wirklich noch nicht, wer in der späten Jungsteinzeit in Europa, was, wem angetan hat. Waren es die Jäger selbst oder waren es die frühen Viehzüchter, welche in dekadente Jägernostalgie verfielen und fortschrittliche Träume von Überdomestizierung hegten? Oder waren beide Kulturschichten in ähnlicher Weise am Kannibalismus beteiligt? Die Anwesenheit von kannibalischen Praktiken bedeutet jedenfalls, dass eine klare ontologische Abgrenzung zwischen Mensch und Beutetieren zu diesem Zeitpunkt noch nicht erreicht war. Zumindest war eine solche Abgrenzung noch nicht religiös oder rationell bei jenen neolithischen Vorfahren ausgewogen worden.

Es gibt Hunderte archäologische Grabungsorte, die uns heute um eine genauere Untersuchung in Bezug auf das Verschwinden der LBK Kultur herausfordern. An dieser Stelle wagen wir nur in allgemeiner Form über den Vorgang, durch den die Viehzucht nach Europa kam, nachzudenken. Vor rund 7 000 Jahren beendete der LBK Kulturkreis die Herstellung seiner gebänderten Anzeiger-Keramik. Was haben einheimische Jäger bei diesem allgemeinen Konflikt gewonnen? Oder wurden die LBK Töpfer nur müde die gleichen Produkte weiter herzustellen? Wie wurde die Viehzucht fortgesetzt, oder wie verstärkt? Lineare-Bandkeramik-Scherben, an sich, können nicht die ganze Lebensweise eines Volkes offenbaren. Ein Keramik-Stil kann wohl nur bei der archäologischen Datierung mithelfen; aber er offenbart nicht viel über die Hauptanliegen einer ganzen Kultur. Beweise über die Behandlung von menschlichen Knochen, in dem Maße als solche erfasst werden können, dürften uns im Laufe der Zeit wohl ein wenig mehr erschließen. Wer waren die Menschen, die in Europa weiterlebten und dann einfachere Keramik herstellten? Welche von diesen waren Viehzüchter die Laktose vertragen konnten? Was haben sie im Überlebenskampf anders gemacht als ihre LBK Vorgänger? Im Laufe der Jahre erwarten wir noch Weiteres über solche Fragen zu lernen.

Analogien aus den Kulturen neuerer Kopfjäger und Kannibalen rund um die Erde, solche, die wir in Kapitel Dreizehn in Bezug auf die Molukken schon erörtert haben, bitten uns jetzt zu näheren Vergleichen. In Mittelamerika verwickelten sich mehrere veraltete Jägerkulturen in Kämpfen um die Kopfjäger- und Kannibalenhegemonie zu gewinnen.[36] Sie gaben architektonische Gestalt zu einer feierlichen Ungeheuerlichkeit, welche nach außen hin, aus sicherer Entfernung gesehen, eine majestätische „Zivilisation" vorstellt. Die um vier Jahrtausende ältere LBK Kultur im alten Europa schien zu diesem allgemeinen Übergangsmuster einer Orientierungslosigkeit zu passen. Es ging in diesen Fällen bei der Menschheit um den problematischen Übergang vom Jagen und Sammeln zur Domestizierung, das heiβt um einen Vorgang, welcher an manchen Plätzen der Welt heute immer noch nicht als abgeschlossen gelten kann.

Nachwort: Ehe wir uns den selbstgerechten Luxus erlauben, uns über das Verhalten unserer primitiven europäischen Vorfahren oder über das Benehmen von primitiven Leuten anderswo, schockiert zu zeigen, sollten wir uns doch auch die Fortsetzung unseres Wegs der Gewalt in unserer modernen Zeit ehrlich vor Augen stellen. Während unserer letzten zwei Jahrhunderte, von der Moderne her orientiert, war der Missbrauch von Gewalt weit grösser als es alte Völker je hätten ausüben können. Kolonialismus, Imperialismus, Sklaverei, Weltkriege, Revolutionen und Völkermorde geschahen rund um diesen Planeten, wobei die einen die anderen an Brutalität zu übertreffen suchten. Die Exzesse der Überdomestikation konnten bis jetzt noch nicht demokratisch gestoppt werden. Auch haben demokratische und sozialistische Revolutionen noch nicht viel an der grundlegenden Unmenschlichkeit gegenüber den Menschen ändern können. Indem wir Tyrannen mit Nachahmung ihrer eigenen Methoden bekämpfen wollen, um dann ihre Manieren zu verbessern, erzeugen wir mehr von ihresgleichen. Ich schreibe diese Worte im Jahr 2012 (nachgeprüft im Jahr 2015), während ein Großteil des Nahen Ostens in Flammen steht, als ob alle Menschen mir dabei helfen wollten, meine Sätze drastischer zu formulieren.

---

[36]Siehe Karl W. Luckert. *Olmec Religion, a Key to Middle America and Beyond.* Civilization of the American Indian Series, Volume 137. Norman: Oklah. U. Press, 1976.

Glatte Klischees, welche vorgeben menschliche Werte und Menschenwürde aus wissenschaftlichen Entdeckungen abzuleiten, sind größtenteils propagandistische Übertreibungen. Auf Grund ihrer eigenen *Prehuman-Flux*-Mythologie haben schon archaische Jäger versucht, ihre Ehrfurcht anderen Tierarten gegenüber, selbst den Pflanzen gegenüber auszudrücken, und trotzdem konnten sie den Kannibalismus nicht verhindern. Auf gleiche Weise hat unsere entsprechende moderne „Evolutionstheorie" es uns bis heute noch nicht ermöglicht, eine fundamental-gültige Seinslehre *(Ontologie)* aus ihr abzuleiten—eine solche, die uns dabei helfen könnte, unsere menschliche Existenz merklich über das Niveau, das wir unseren Haustieren zugestehen, zu heben. In der Tat, wissenschaftliche Grundwerte für das menschliche Ego, ohne Zutaten aus alten religiösen Quellen, können nicht einmal unsere Selbstachtung auf dem Niveau das wir unseren adoptierten Haustieren zugestehen garantieren. Auf unseren Schlachtfeldern degradieren wir die Menschen weit unter den Wert von Tieren. Wie viele Tierherden haben wir, vergleichsweise, schon mit Bombenangriffen vernichtet um diese, so wie wir es mit Menschen tun, einfach zum Verwesen liegen zu lassen? Je mehr wir mit Hilfe der wissenschaftlichen Chemie und Mathematik dem DNA und dem menschlichen Genom näher kommen, desto offensichtlicher prätentiös postiert sich das menschliche Ego, und bläht sich auf. Unsere Werte vom würdigen Überleben der Menschen sind heute noch immer von der Unterstützung aus diversen Überbleibseln aus alter Mythologie abhängig. Moderne Kriege rollen rund um den Planeten und werden wissenschaftlich weit unter den Normen gerechtfertigt, bei welchen wir uns auf die Vernichtung von Insekten einlassen.

Der weit verbreitete Antagonismus in Amerika zwischen dem sogenannten „Kreationismus" und dem „Evolutionismus" hat wirklich sehr wenig mit der wissenschaftlichen Erforschung von evolutionären Ursachen oder Folgen zu tun. Dieser Streit wird eher von der Sorge um den impliziten Status oder um das Schicksal der gesamten Menschheit angeheizt. Die Frage ist bestimmt nicht ob der erste Mensch, Adam, ein mutierter Affe war. Kreationisten haben nichts dagegen, ihn sogar von einem Erdenkloß abstammen zu lassen. Die Sorge ist vielmehr, wie arrogant sich unsere modernen wissenschaftlichen Theorienschmiede benehmen würden, falls denen demokratisch das alleinige Recht zur Erziehung und zum Regieren zufallen würde. Wie würden jene solche Menschen behandeln, welche früher irgend einmal eingeräumt haben, dass sie eventuell von Affen anstatt von einem Gott abstammen?

Die meisten Eltern glauben sowieso, wenn auch nur auf kurze Zeit, dass ihre eigenen Kinder eine Sorte von "Engel" repräsentieren. Dieser Autor lebte die ersten zehn Jahre seines Lebens unter einem politischen System, an das viele wertneutrale Wissenschaften ihre Klugheit an die politischen Machthaber verschachert haben. Das ist der Grund warum er jetzt auch glaubt, dass unmenschliche Killer-Lizenz-Möglichkeiten, welche implizit, unerkannt oder harmlos verborgen in neutral-wissenschaftlichen Grundgedanken schlummern, erst einmal kritisch erforscht werden sollten. Man sollte unsere intimen Lebensstrukturen nicht ohne Vorbehalte der wissenschaftlich Tod-neutralen Ontologie zum Einbalsamieren überlassen.

17

Erste Herrscher im Nahen Osten

Überzählige Jäger der Jungsteinzeit erschöpften die Fauna. Als Kriegerhorden überfielen ihre Nachkommen die Siedler, die sich weniger gut bewaffnet hinter Hecken und Mauern zurückziehen mussten. Das erste ägyptische Reich wurde von Menes, einem leidenschaftlichen Jäger, zusammengefügt. Auf seine Weise erschuf dieser Mann die ägyptische Zivilisation. Die „Narmer Palette" zeigt ihn aktiv beim Ausführen von Taten, derer er sich rühmte. Seine drei Opfer waren wahrscheinlich Überdomestizierer mit ähnlichen Zielen, doch offenbar waren sie weniger erfolgreich als Menes. Menschliche Begräbnis-Opfer, in Königsgräbern der Ersten Dynastie zeigen die Intensität, mit der die totemischen Falken-Könige von Ägypten ihre Überdomestikation betrieben haben.

Als vor fünf bis zwei tausend Jahren im Nahen Osten, der sogenannten „Wiege unserer Zivilisation", Städte gebaut und Texte geschrieben wurden, da sind auch Geschichten darüber erzählt worden, wie alle diese Dinge aus dem Nichts entstanden sein konnten. Wir finden Hinweise auf mächtige Helden, die als Söhne der Götter in prähistorischen Zeiten lebten. Diese gehörten zu der Spezies Mensch, denn sie nahmen für sich Frauen von den Töchtern der Menschen *(Genesis 6:4)*. Es sind uns einige Namen von heroischen Jägern bekannt, die sich in Krieger verwandelten und angeblich zu Königen und Bauherren von Städten wurden. Könige sammelten ihre

Gefolgschaften aus Gruppen von Kriegern und fortschrittlichen Schreibern, das heißt, aus den Reihen von solchen, die motiviert waren etwaige altmodisch qualifizierte Eliten, wie Maurer und Kalkstein Bildhauer von der Göbekli Tepe Ära und andere Arten von alten öffentlichen Akteuren abzulösen.

Während Redekünstler ihre Epen und Legenden zur Unterhaltung und zur Erziehung vortrugen, gebrauchten Schreibgelehrte derartige Inhalte für ihre Schreibübungen. Auf Fragmenten ihrer Dokumente finden wir die Namen alter Könige und berühmter Jäger, wie Gilgamesch und Enkidu, Nimrod, Sargon, Esau, Menes und ähnliche. Der tatsächliche historische Inhalt in diesen Geschichten ist oft recht dürftig. Manche Fragmente identifizieren früheste Helden, während wieder andere nur zu beweisen suchen, dass es einmal eine Zeit gab über welche ein Schreiber vorgab zu wissen, wie vordem alles geschah und zustande kam. So erfahren wir dabei auch, dass es einmal Jäger und wilde Männer gab und dass manche der heldenhaften Jäger zu Eroberern von, oder Herrscher über, Städte wurden.

Solche Legenden zeigen gelegentlich den Mut der Schreiber und auch ihre Bereitschaft, aufs Neue über eine Geschichte nachzudenken. Aber selbst diese literarischen Revisionen ergeben schlechte Historie. Glücklicherweise hat jedoch für einige vorgeschichtlichen Momente die Archäologie materielle Spuren ans Licht gebracht für frische Interpretationen und Herausforderungen. In unseren Tagen werden, wenn Knochen und Mumien alter Gottkönige in Museen ausgestellt liegen, sicherlich die Herrlichkeiten ihrer altpolierten Propaganda fortan als angekratzt erscheinen.

Während in Übereinstimmung mit nostalgischen Träumen einige der frühesten Städte angeblich von Jägern gebaut wurden, sollte am Ende jedoch die Verdacht aufkommen, dass erste Siedlungen eher von Jägern zerstört als erbaut wurden. Veraltete Jägerbanden konnten sich nicht reibungslos zu friedfertige Domestizierern konvertieren. Es war leichter für sie, zuerst ihr Glück als Räuber und Krieger zu probieren. Sicherlich wurden die meisten frühen Städte irgendwann einmal auf Befehl eines Eroberers zerstört und geplündert. Die Eroberer selber waren zu ihrem eigenen Schutz an der Übernahme von Festungsmauern sowie an deren Verstärkung interessiert. Kriegsherren fanden die Schutzmauern nützlich, um selber ihre Nächte hinter diesen zu verbringen. Sie verwandelten Domestizierende zu Bewohnern von Städten, um am Ende sie auszunutzen und zu versklaven. Hinter den Mauern beschäftigten sie Autoren, deren Schriftwerke sich zum Teil wie Vorratslisten, oder aber auch wie politische Propaganda in Form von allerhand Legenden oder Mythen lesen lassen. Das bedeutet, dass Legenden, die über frühere Eroberer berichten, über Herren die Städte bauten, überwiegend als aristokratische Propaganda zu bewerten sein dürften.

Orthodoxe streunende Jäger, wenn sie hungerten, verwandelten sich leichtestens zu Räubern, Kriegern und Eroberern. Sie wurden darnach eventuell noch schöpferische Planer von verschiedenerlei Überdomestizierungs-Systemen. Sie machten Gewaltpolitik zu ihrer Tugend. Sie trieben nicht nur Tiere zusammen in Herden, sondern auch die Menschen. Damit übertrafen sie deutlich die noch bescheideneren Bestrebungen ihrer fernen Jägervorfahren, denen "künstliche Zähne und Klauen" aus Feuerstein vormals noch als die Krönung ihres technologischen Fortschritts galt. Während frühe Jäger sehr wahrscheinlich nicht die frühesten Schöpfer von alten Städten und Kulturen waren, so dürften sie sich doch in deren Entwicklung angstvolle Sammler und Pflanzer, samt Hirten und deren Herden als „Schäferhunde" in engere Hürden zusammengetrieben haben, zur Verfügbarkeit und Kontrolle, als Ressourcen und zur Verteidigung.

Nachdem die ersten Eroberer ihre Städte in Bezitz genommen, befestigt oder wiederaufbauen ließen, als der Wettstreit unter den plündernden Armeen heftiger wurde, beschlossen die Klügeren unter den Kriegsherren, sich und ihre Mannschaften als sesshafte Beschützer ihrer eroberten Städte zu etablieren. Wenn man jedes Jahr neu einen Ort ausraubte und zerstörte und dann sich wieder ganz in seine vorherige Höhle in den Bergen zurückzog, dann gab es keine Ernte, von der man im nächsten Jahr etwas rauben konnte. Es lohnte sich viel eher, eine Siedlung zu kolonisieren, etwa wie einen Bienenstock, um einen Teil der Erzeugnisse regelmäßig zu beschlagnahmen und dann im Gegenzug auf eine disziplinierte Weise seine unterworfene Einwohnerschaft mit Schutz zu belohnen. Die Bevölkerung wurde dabei natürlich zu einer Masse von Dienern und Sklaven verknechtet. Wenn ein Eroberer nicht über seine Beute wachte dann konnte sehr leicht eine andere hungrige Horde, die in den Bergen lauerte, die Gelegenheit nutzen und versuchen, die ersten Konquistadoren abzulösen.

Das war wohl die Strategie der Krieger für die Ausübung ihrer anfänglichen Überdomestikation. Bei dieser Methode wurden sesshafte Menschen versklavt. Wie das Vieh der Sesshaftgewordenen wurden sie als Eigentum betrachtet und dementsprechend behandelt. Systematisches Ausbeuten von Stadt- und Dorfbewohnern wurde dabei als eine ehrenwerte Berufung etabliert. Das war der Anfang einzelner Königsstädte. Größere Regierungsstädte konnten sodann als Verknotungen für Kaiserreiche gebraucht werden. In Geschichtsbüchern werden Systeme der Überdomestizierung heute im Allgemeinen als forschrittliche „Zivilisation" beschrieben. In der Tat, es konnte ein weiser Herrscher unter Mitarbeit von anständigen Beamten die Konflikte der Gewalt manchmal fast normalisieren, wenigstens bis, ja bis der anständigen königlichen Dynastie ein Unglück widerfuhr oder bis ein törichter Prinzling inthronisiert oder vergöttlicht wurde.

Prädisposition: Gelegentlich ist für ein historisches Verständnis ein starker Kontrast vonnöten, um das Alltägliche und das Offensichtliche zu erkennen. Es war ein augenöffnendes Erlebnis, als ich vor wenigen Jahren endlich dazu kam, meinen Blick auf die früheste bekannte organisierte Schicht der chinesischen Zivilisation zu werfen. Aus den ersten Kratzern der chinesischen Schrift, auf Schulterblättern von Ochsen und Schildkrötenpanzer eingraviert, allgemein jetzt „Oracle Bones" genannt, kann man die Zeugnisse von marodierenden Horden von Exjägern heute noch erkennen. Eben waren die Schang über ältere Ansiedler am Gelben Fluss als Krieger hergefallen. Die Schang Aristokratie selber benahm sich noch wie eine Horde, voll engagiert, um sich als Überdomestizierer zu etablieren. Sie erfanden die Kunst des Schreibens zur zusätzlichen Verstärkung ihrer Macht, um ihre Untertanen zu beeindrucken. Ihre Kunst der Divination wurde erweitert und manipuliert, um die königlichen Dekrete zu rechtfertigen. Dreitausend Jahre und einige Jahrhunderte ist es nun her, seit eine Schang-Bürokratie, aus etwa zweihundert Schreibern und Wahrsagern bestehend, von einem hochfahrenden Schang Herrscher organisiert und betrieben wurde. Der Herrscher hatte ein Veto-Recht über alles Geschriebene—selbst über Auslegungen von dem, was die Götter und die Ahnen unter Anwendung von heißen Metallstäben und durch zufällige Rissbildungen an beschriebenen Knochen und Schildkrötenpanzern zugunsten von aristokratischen Nachfahren kommunizieren wollten.

Es war eine Überraschung zu sehen, wie die ersten historischen Schichten der chinesischen Zivilisation jenen Schichten ähnelten, die der Autor Jahrzehnte zuvor beim Besuch der archaisch mittelamerikanischen Kultstätten vorfand. Primitive Jäger haben sich dort durchaus fähig erwiesen, etwas aus Jade, Serpentin, Feuerstein, Obsidian, Basalt und Kalkstein hinzubauen, das wie eine Zivilisation aussah.[37] Die höchste handwerkliche Ebene, auf welche einige der Exjäger sowie einige der Krieger-Priester und Metzger ihre Fähigkeiten sublimierten, war, zwischendurch sich auf das Spalten von Felsblöcken zu konzentrieren, anstatt nur aufs Schädel zerschlagen oder darauf, die Herzen aus menschlichen Brustkörben für einen himmlischen Drachen zu extrahieren.

Unsere ersten vergötterten Herrscher waren Jäger. Der mesopotamische Gilgamesh, ein Überdomestizierer und Prinz, erstrebte eine höhere Stufe von göttlichem Status, bis hinauf auf eine Höhe von Heiligkeit die schon archaische totemgeweihte Jäger anstrebten. Seine Geschichte bietet Einblicke in die Sorte von Anerkennung, welche frühe Aristokraten von ihren Untertanen erhofften, welche ihre vornehmen Geschichten beeindrucken sollten. Während der Prinz Gilgamesh für sich so etwas wie göttlichen Rang auf niederer Ebene erreicht hatte, spielte sein archaischer Jagdpartner Enkidu nur noch die Rolle eines veralteten Jäger-Hanswursts. Das Streben des Prinzen Gilgamesch war aber darauf ausgerichtet den alten mesopotamischen Adel zu rechtfertigen, das heißt, seinen Rang als Überdomestizierer mit Frömmigkeit zu verschönern.

Im Gegensatz zum Gilgamesch waren die frühesten ägyptischen Pharaonen, als Geweihte eines echten Falken-Totem, eines natürlich göttlichen Raubvogels, weniger bescheiden mit ihren Ansprüchen auf göttliches Ansehen. Ägyptische Herrscher strebten von Anfang an nach höchstem göttlichen Rang, und um ihrer hohen Ansprüche willen werden sie heute noch bewundert. Aber lassen wir uns einmal ihre Karriere im Zusammenhang mit ihrer eigenen Entwicklungsdialektik, als Jäger und Räuber und als sich aufwertende Krieger betrachten. Anstatt sich lediglich nur nach dem Muster eines hohen Falken Totem namens *Hor* (Horus auf Latein) zu präsentieren, haben

---

[37]Karl W. Luckert. *Olmec Religion, a Key to Middle America and Beyond,*" Civilization of the American Indian Series." Nummer 137. Norman: U. of Oklahoma Press, 1976.

die herrschenden Gottkönige von Ägypten noch über den größten Teil ihrer Geschichte als erdgebundene leidenschaftliche Jäger gejagt. Die totem-verstärkte Haltung genügte an sich selber schon, um solche Exjäger als imperiale Menschenmörder zu rechtfertigen. Solange ein Gott ein Falke ist mordet er eben. Die Pharaonen regelten und arrangierten direkt aus der Tiefe ihres Jägerbewusstseins sowie aus ihren totemischen Leidenschaften heraus, was später als ägyptische Zivilisation gefeiert wurde.

Menes (Aha), ca. 3100—3038 v. Chr.: Menes war der Gründer des Alten Ägyptischen Reiches, welches sich inzwischen als Anfang der Westlichen Zivilisation enthüllt hat. Er gab der Entwicklung des alten Ägyptens die Richtung. Er vereinigte die zwei Königreiche von Ober- und Unterägypten. Die Namen, mit denen dieser Pharao in die Geschichte einging sind Menes, Narmer und schließlich Hor Aha. Der letzte dieser Namen wurde dem Inhaber des ersten königlichen Grabs der ersten Dynastie zugeschrieben. Unter dem Namen Menes verdiente dieser erste Pharao den Ruhm eines heldenhaften Jägers. Unter den Pharaonen, die sich selbst noch als Exjäger dachten, blieb weiterhin ihre Fähigkeit zu töten die sinnvollste Ausdrucksweise ihrer Berufung. Von all den Talenten, auf welche archaische Jäger stolz waren, war ihr Töten das *summum bonum.*

Es gibt auch eine Geschichte über Menes, wie er einst von seinen eigenen Jagdhunden angegriffen wurde. Er rettete sich, indem er auf dem Rücken eines Krokodils über den Moeris-See zum andern Ufer hinüberritt. Diese Wende in seiner Drangsal sowie die kühne Leistung sich mit Hilfe des gefährlichsten Reptils retten zu können, demonstrierte seine Überlegenheit über andere Jäger und gewiss auch über gewöhnliche Menschen. In den Augen seiner Untertanen war dieser Jägerkönig ein Herrscher von übermenschlicher Macht.

Er war ein Held, der auch den Menschen seinen Willen aufzwingen konnte. Das Element der Überdomestizierung wird in dieser Legende transparent mit der zusätzlichen Behauptung, dass diese Geschichte zum ersten Mal von einem Priester erzählt wurde, dessen Schutzgott *Sobek*, der Herr der Krokodile, war.[38]

---

[38]Zitat *Wickipedia*: Diodorus Siculus, in *Bibliotheca Historica*. Sowie Joseph, Frank. *The Destruction of Atlantis....* Rochester, Vermont: Bear and Co., 2004, Seite 99.

Abb. 38: Die Narmer Palette.
Mit freundlicher Erlaubnis:
Trusties of the British Museum.

Unter diesen Umständen wurde dann auch Menes implizit für die Gründung der Stadt Shedyet (Crocodilopolis) geehrt. Ein Priester des primären Heiligtums in dieser Stadt hatte einen guten Grund, diese aufgeblasene Geschichte zu erzählen. Sein Tempel und seine Stadt reichten somit bis zu dem ägyptischen Gründerkönig Menes zurück. Während Ackerbauern ihre Rinder züchteten, unterhielten sich die aristokratischen Priester des Sobek in ihrem Tempel mit Krokodilen, wohl um sich damit die Bewunderung der Bevölkerung zu ergattern.

Anscheinend erinnerte man sich doch nicht an alle Jagdabenteuer des Menes als an fantastische Legenden. Auch eine eher realistisch klingende Geschichte über den Tod dieses ersten Pharaos hat überlebt. Nachdem dieser Gottmensch ein ganzes Leben lang gejagt hatte und nachdem er zweiundsechzig Jahre lang Ägypten regiert hat, war er wieder einmal am Fluss entlang auf der Jagd. Dort wurde er von einem Nilpferd überrannt und getötet.[39]

Beigaben im Grab des Aha (Menes), des ersten Osiris der ersten Dynastie, enthielten über vierhundert geformte Stierköpfe mit aufgesetzten natürlichen Wildstier Hörnern. Mit Aha wurden auch Hunde, junge Löwen, Knechte, Frauen und Zwerge begraben. Es ist denkbar, dass dieser Pharao sich die über vierhundert Paare von Wildstierhörnern selbst als Trophäen im Laufe seiner Lebenszeit angesammelt hat.

---

[39] Galvin, John. "Abydos: Life and Death at the Dawn of Egyptian Civilization." *National Geographic*. Washington D.C. Apr. 2005, Seiten 106-121.

Die Theologie von Heliopolis: Nach den frühesten schriftlichen Hinweisen in den Pyramiden- und Sargtexten, wurde jeder ägyptische Pharao zu einem Totengott Osiris, als er starb. Die Fortsetzung vom Drama dieses Mysteriums dem Heliopolitanen Muster gemäß, war, dass dieser Osiris wieder in der Person seines Nachfolgers als totemischer Horus-Falke aufertstand. Zum Anlass seiner Krönung ist er zur rechten Zeit erschienen, um verklärt in seiner ganzen gottmenschlichen Gestalt und Herrlichkeit wieder auf dem Thron Ägyptens zu sitzen. Auf diese Weise war jeder alte Pharao sein eigener Vorgänger, als herrschender Falke, sowie seine eigene verwandelte Osiris-Mumie, wenn er starb. Schließlich wurde er aber auch wieder sein eigener Nachfolger als die nächste inthronisierte Horus-Falken-Erscheinung. Mit jeder Generation verwandelte sich diese gleiche, ewig-totemische Raubvogel-Gottheit so in die Erscheinungsfrom einer neuen menschlichen Herrschergestalt. Im ägyptischen Gedächtnis hat sich diese Gottheit seit steinzeitlichen Jägertagen auch als ein Falke erhalten.

Noch ganz in Harmonie mit transformativem vormenschlichem Flux, aus der Jäger Mythologie heraus, ging ein sterbender Pharao in sein Grab und verwandelte sich so in den Gott Osiris. Er erstand von seinem Osiris-Zustand, um wiederum über Ägypten zu herrschen. Um zu regieren, musste er erst zurück in einen Horus Falken-Totem verwandelt werden, als einzige Gottheit einer einzigen pharaonischen Linie aus der Vergangenheit in die Gegenwart und Zukunft hineinreichend. Irgendwann zwischen seiner Beisetzung als Osiris und seiner Wiedererscheinung als Horus geschah seine Verwandlung, das heißt, es geschah seine Auferstehung.

Das ägyptische Mysterium des Todes wurde durch die Gestalt des sichtbaren Materials eines königlichen Körpers nicht eingeschränkt. Im alten Ägypten beherbergte kein rein materieller Körper einen puren Geist. Vielmehr bildeten jene Gottkönige zusammen eine Art persönliches und göttliches Wesen, eines das mindestens auf zwei Erscheinungsebenen gegenwärtig sein konnte—erstens als das strahlende *ka,* und zweitens als das etwas langsamer sich bewegende sichtbare *ba*. Somit war ein regierender Pharao immer bestrebt seinen ewig göttlichen *ka*-Zustand, tatkräftig durch seinen *ba* zu manifestieren, mächtig und nach alter Falken- oder „Jägersitte," immer zum Töten bereit.[40] Das war genau schon die inhärente Logik des alten Totemismus, welche wiederum einer diffusen Göttlichkeit samt Verwandlungen und Auferstehung im Sinne der steinzeitlichen *Prehuman Flux* Mythologie entsprach. Und diese Logik verlieh dem altägyptischen Überdomestizierungs-Unternehmen sodann seine religiöse Rechtfertigung und Dynamik.

Am leichtesten könnte diese monistische Logik der Heliopolitanischen Theologie folgendermaßen auf Deutsch oder auf English verdeutlicht werden: Das Konzept vom pharaonischen Amt entspricht etwa einer göttlich ewigen Einheitspersönlichkeit sowie dem unsichtbaren *ka* des ewigen Falkengottes, vom jeweilig regierenden Horus-König, dem Strome der Zeit entgegen zurückgerechnet bis zum Ur-Atum.[41]

Die von der Jagd abgeleitete totemische Mystik des alten Ägypten unterstützte kaiserliche Söhne Gottes, welche als göttliche Horus Falken regierten. Diese Mystik hat so die ägyptische Überdomestizierung etwa 3000 Jahre lang zusammengehalten. Offensichtlich ist es dieselbe ägyptische Theologie, die später zum Teil auf den König Salomon in Jerusalem abgefärbt hat—und darnach auf Darius den Ersten aus Persien, auf Alexander den Großen aus Mazedonien sowie auf Cäsar Augustus aus Rom. Diese Herrscher verwendeten alle den Titel „Sohn Gottes", welchen sie sich für ihr imperialistisches Amt der Überdomestizierung zuschreiben lieβen, haupsächlich für ihre jeweiligen Regierungstätigkeiten im Bezug auf Ägypten.

Die theokratisch imperialistische Zivilisation hat schließlich eine bürgerliche Gegenbewegung provoziert. Vor zweitausend Jahren fingen Menschen des Römischen Reiches plötzlich damit an, ihren

---

[40] Eine kurze Einleitung zum Unterschied zwischen „ka" und „ba" ginge etwa so: "ka" war die helle Geist-Seele, die nach dem Tod sogleich zum Atum, der Gottheit, zurückkehrt. Und „ba" wäre dann die Schatten-Seele die noch um die Osiris-Mumie schwebt und lungert. Vergleiche dazu die Arbeiten von Adolf Erman.

[41] Weil nun diese Zusammenhänge schon ausgiebig in Karl W. Luckert, *Egyptian Light and Hebrew Fire: Theological and Philosophical Roots of Christendom in Evolutionary Perspective* (State University of New York Press, 1991) behandelt worden sind, wird diese Referenz hier nur notdürftig zur Ergänzung unseres heutigen Themas bereitgestellt. Weil das frühere Buch schon längere Zeit nicht mehr gedruckt wird, werden dem Leser vorläufig fünf „Essays" in <www.historyofreligions.com> empfohlen. Die fünf Aufsätze entsprechen dem ursprünglichen Buch.

vergötterten kaiserlichen Herschern mitten aus ihrem gewaltsamen Überdomestizierungsbereich heraus ein gekreuzigtes Hinrichtungsopfer als den wahren Gottessohn entgegenzustellen und zu bevorzugen. An die Spitze dieser Gegenbewegung erschien also ein bürgerlich Ausgestoßener, der von vielen als Kontrastfigur, als der echtere Sohn Gottes anerkannt wurde. Das heißt, der Begriff des göttlich-imperialen Titels wurde bei dieser „Revolution" invertiert. Jesus von Nazareth wurde als einer vorgestellt, der anstelle der vergöttlichten Kaiser selber aus Gott dem Vater geboren wurde. Mit dem persönlichen Einschreiten Gottes, als Vater, übertraf dieser neue Gottessohn dann die Vergöttlichung *(Apotheosis)* der nun weniger wichtig werdenden Kaiser. Den alten Pharaonen ähnlich wurde dieser neue Gottessohn, standesgemäß, als ein aus dem Tode Erstandener bejubelt.

Jesus von Nazareth hatte vordem das „Reich" oder das „Imperium Gottes" als eine religiös orientierte Alternative zur Überdomestizierung verkündigt. Der Status der kaiserlichen Gottessöhne wurde, implizit im Glaubensbekenntnis von Nicäa, von klugen christlichen Theologen erfolgreich untergraben. Vergleiche dazu besonders die Rolle des Athanasius. Das Konzil unter kaiserlich-militärischer Bewachung wurde vom Kaiser Konstantin selber genehmigt. „Jesus Christus" wurde damit als „einziger eingeborener (echter) Sohn Gottes" anerkannt. Unter Flavius Theodosius Augustus, römischer Kaiser von 379 bis 395, wurde der Restbetrag dieser theologischen Abmachung eingelöst. Der Titel „Gottessohn" wurde dann für alle römischen Kaiser offiziell abgeschafft. Theodosius überließ den Titel „Gottessohn" ausschließlich dem Jesus von Nazareth—einem einst vom Römischen Reich „Gekreuzigten" und einem nach jüdischer Wortlage „zum König Gesalbten" *(Christus)*. Der Umsturz des alten römischen Reiches geschah dann ganz dem Druck dieses theologischen Streites entlang.[42]

---

[42]Natürlich ging der christliche Reformationsgedanke tiefer als die bloße Übernahme eines römischen Kaisertitels. Die ganze Überdomestizierungsfrage der Menschheit wurde im Laufe der Zeit neu beurteilt. Bei der Abendmahlsfeier sagte Jesus nicht: „Hier ist mein Leib, esset ihn!"—wie manche Kommentatoren diese Metapher missverstanden haben und als latenten Kannibalismus zu deuten versuchten. Jesus sagte insgesamt das Gegenteil. Er interpretierte die Bedeutung seines Todes, den er demnächst erwartete, als extremes Menschenopfer, dem Kannibalismus ähnlich.

Wenn einige meiner Vermutungen über den Göbekli-Tepe-Kult auf dem richtigen Denkpfad sich bewegen, dann werden die ersten Denkmäler, die den Bestrebungen der Überdomestizierung Ausdruck gaben, auch dort schon gesucht werden dürfen, und zwar in der Löwen Loge und darüber hinaus. Menschenopfer sind vom frühesten Stil der ägyptischen Überdomestikation in Ägypten archäologisch bezeugt. Den archäologischen Aufzeichnungen gemäß sind mit den königlichen Gräbern der ersten Dynastie (ca. 3 000-2800 v. Chr.) mehr als achthundertsechzig sogenannte „Zusatzbegräbnisse" gefunden worden.[43]

In Anbetracht der Tatsache, dass die Begräbnisse der ersten ägyptischen Dynastie teils geplündert und gestört wurden, kann man zwar nicht ganz sicher sein, dass alle zusätzlichen Bestattungen Menschenopfer waren. Wir können auch nicht absolut sicher sein, dass einige von ihnen es nicht waren. Es scheint jedoch, dass ein großer Teil dieser Gräber, oder gar alle, Gefolgsleute enthielten, denen keine andere Wahl gegeben wurde, als bei solchen göttlich-königlichen Bestattungen zu sterben. Die Erben und Thronfolger der verstorbenen Pharaonen, oder ihre Handlanger, dachten wahrscheinlich, dass Ägypten ein besserer Ort sein würde, oder zumindest leichter zu regieren wäre wenn bestimmte Menschen in die Nachwelt befördert würden.

Name des Pharao	Grab	Zusatz Begräbnisse
Aha	B10, 15, 19	33
Djer	O	318
Djet	Z	174
Merytnit	Y	41
Den	T	136
Anedjib	X	64
Semerkhet	U	68
Qa'a	Q	26

Auch wenn diese Zahlen ein wenig milder klingen als die der mittelamerikanischen Opferkulte, die Grundeinstellung, dass frühe

Nicht er, sondern seine Peiniger wurden dabei implizite Kannibalen. Im Ritus selber bot Jesus mit diesen Worten vegetarische Produkte, Brot und Wein, als seinen Leib und sein Blut an. Das besagt, dass das Menschentöten sowie der Kannibalismus nicht in seine Gottesreich Perspektive gehörten.

[43]Caroline Seawright, *Human Sacrifice in Ancient Egypt.* http://touregypt.net/feature stories/humansac.htm.

ägyptische Überdomestizierende ihre Mitmenschen als minderwertiges Eigentum erobert und dann verschwendet haben, als wären diese Vieh oder Trophäen, ist auch im alten Ägypten deutlich genug vorhanden. In Mittelamerika beliefen sich die Zahlen in die Tausende, und in Schang und Tschin China wird man nach weiteren Ausgrabungen wohl mit Zehntausenden rechnen müssen. Wenn man einen göttlichen Spross aus totemischem Jägerstock nahm und ihn auf den ersten Thron von Ägypten aufpfropfte und seine Nachfahren die Isis ausbrüten ließ, dann war und blieb die Brut, die aus diesem Nest hervorflatterte ein Horus, ein totemisch göttlicher Raub-Falke.

Einige Historiker sind geneigt, die Zahl der zusätzlichen Bestattungen von Menschenopfern zur Einschätzung der Größen von verstorbenen Königen zu interpretieren, zu deren Ehren diese Opfer dargebracht wurden. Tatsächlich musste es einen entsprechenden Grad von Stabilität sowie einen angstgeschürten Fatalismus gegeben haben, wenn man eine erhebliche Anzahl von ehemaligen Gefolgsleuten für einen Toten opfern wollte. Doch diese Zahlen spiegeln sicherlich eine versetzte Sequenz wieder. *Djer* opferte anscheinend 33 Gefolgsleute für seine sichere Übernahme dem *Aha* folgend. Im Vergleich sah *Djet* sich genötigt, 318 Personen zu beseitigen, um seine Position als Nachfolger zu sichern. Seine Witwe *Merytnit* und ihre militärischen Hintermänner beschlossen sich um eine Zahl von 174 Personen zu erleichtern. Das System schien sich dann mit einer Übergangsfrist, mit der Königswitwe auf dem Thron, abgefunden zu haben. Als ihr Sohn *Den* alt genug war, um die Herrschaft zu übernehmen, war das System aufs Große hin schon für seine Mutter und ihn befriedigt worden. Die Treuhänder waren bereits schon verpflichtet, ihn zu unterstützen. Er und seine engsten Gefolgsleute entschieden sich, dass sie nur 41 fragliche Charaktere loswerden sollten. *Den* hatte sicher wohl wenig in dieser Angelegenheit mitzureden. Aber im Großen und Ganzen kann man vermuten, dass schwächere politische Positionen der erwachsenen Erben eine um so größere kompensatorische Aufführung von Macht erforderten. Mit größeren Opfern konnte ein nächster Führer höheren Rang und strategische Vorteile gewinnen sowie Ermächtigungen für seine verbündeten Scharfrichter, die dann für ihn als Minister regieren würden. Der erste König der Zweiten Dynastie, *Hotepsekhemwy*, opferte seinem Vorgänger in Abydos ein symbolisches Opfer von nur 26 Menschen, um seine Erbschaft des Mandats aus der Ersten Dynastie zu sichern. Dann verließ er Abydos und fuhr stromabwärts, nach Sakkara. Soviel wir wissen, haben seine Nachfolger das Opfern von Menschen in Zusatzbegräbnissen abgeschafft. Sie substituierten geschnitzte Figuren von Bediensteten.

Die meisten Kommentatoren neigen dazu, betreffs der Begräbnissopfer von Menschen der Ersten Dynastie die ursprünglichen Kult-Rationalisierungen für bare Münze zu nehmen und die Nachweltausstattungen der verstorbenen Könige als echten Totenglauben zu bewerten. Doch im Denken des Autors scheint die religiöse Apologetik für menschliche Bestattungsopfer nicht sehr überzeugend. Die zusätzliche Rationalisierung, dass in den Taten der Ersten Dynastie ein klarer Unterschied zwischen Sklaven und freiwillig sich ergebenden Dienern bestand, was dann die Möglichkeit eröffnete, dass Diener freiwillig bereit gewesen wären, Opfer an königlichen Begräbnissen zu werden, scheint ebenso zweifelhaft. Während sterbende Könige ein paar Hinweise gegeben haben mögen, so ist dennoch anzunehmen, dass die primären Entscheidungen darüber, wer sterben muss oder wer weiterleben darf, effektiv von Nachfolgern geplant und geplottet wurden, von Erben und Verschworenen.

Das System war so strukturiert, dass es implizit seine eigenen Opfer produzierte. Wenn man ein Diener war und gerne unter dem nächsten Horus weiterleben wollte, dann konnte man sich bei diesem Prinz so gut wie möglich im Voraus einschmeicheln. Aber jeder Mitmensch würde das gemerkt haben. Sollte es dann geschehen, dass im letzten Moment der innere Kreis von Priestern und Regenten einen anderen Nachfolger auf den Thron setzte, einen den man nicht erwartet hatte, dann hatte man mit seiner Spekulation auf den falschen Horus sein Leben verspielt. Man würde dann wohl bestimmt dem alten König auf eine verlängerte Dienstzeit in dessen Unterwelt verpflichtet werden. Man wäre unter Verdacht gefallen, weil man ungleiche Treue demonstriert hat. Aus der Sicht eines königlichen Nachfolgers war es immer die sicherste Lösung, ambivalente Bedienstete in die Unterwelt zu befördern, um dem Osiris dort weiterhin zu dienen.

Aber sicherlich ist es eine Erleichterung zu sehen, dass die ägyptischen Pharaonen, in ihren Anfängen der Überdomestizierung nicht die schlimmsten Ausbeuter der Menschheit waren welche man je auf dem Planeten gesehen hat. Jedoch erwarteten diese vergöttlichten Meister, dass ihre Diener und selbst hochrangige Minister sie in ihr Jenseits begleiten. Ist das etwas, das die Pharaonen ethisch erwarten konnten von jemand, der ihnen half, ihr Erbe aufzubauen? Was würde dann ein Mensch, dem diese Herren nie in die Augen schauen mussten, von ihnen erhoffen können? Ihr System implizierte, dass der Souverän die Untertanen als seinen Eigentumsbesitz betrachtet. Das Domestizieren erleichterte zwar die Herrschaft der für die Jagd geborenen totemisch Regierenden, doch damit wurden zugleich auch die Übertreibungen des Überdomestizierens gestärkt.

Vielleicht war es der mäßigende Einfluss kleinerer nomadischer Hirtenklans, von außerhalb des Nil Tals der langsam zu einem Moderieren des Menschenopferns beitragen konnte. Vielleicht war es ein schleichender Einfluss, ähnlich dem der Hyksos-Invasoren tausend Jahre später.[44] Wir gehen davon aus, dass in den umliegenden Bereichen, freiheitsliebende Hirten ihre Herden weideten und versuchten sich zu wehren, wenn sesshafte Überdomestizierer zu viele Vorteile für sich beanspruchten. Kleinere königliche Emporkömmlinge und zu einem gewissen Grad die Pharaonen selber schienen zu ihren Jägerinstinkten einiges vom Hirten-Ethos her angenommen haben. Pharaonen trugen den Krummstab der Hirten als eines ihrer Insignien, welches dann wiederum die Menschenherden als Tiere der Götter und Pharaonen symbolisierte. Diese Herrscher wurden auch als peitschentragende Männer dargestellt, als Treiber von tiergezogenen Karren sowie als Beherrscher von menschlichen Sklaven. Offensichtlich konnten hier die Symbole der Domestizierer auf Experimente von Jägern zur Überdomesti-zierung hin erweitert werden. Das Schicksal der Herdentiere war es trotz alledem, dass sie am Ende geschlachtet wurden, genauso wie vordem wilde Tiere auf der Jagdbahn getötet und abgeschlachtet worden sind.

---

[44] Die Hyksos hatten ihren Hauptsitz in Avaris, im nordöstlichen Teil der Delta. Ihre Besetzung geschah während der Zweiten Zwischenzeit, Dynastie Fünfzehn (etwa 1650-1550 v. Chr.). Sie waren "Hirten Könige" oder „Fürsten aus der Wüste."

Es war wahrscheinlich der kulturelle Austausch zwischen ägyptischen Überdomestizierern und marginalen vorderasiatischen Hirtengewohnheiten, welcher schließlich in unterschiedlichem Maße einen „Gut-Hirten" Ethos denkbar machte. Dieses Ethos wurde dem Judentum, Christentum und dem Islam aufgeprägt. Das Konzept vom „guten Hirten" präsentierte sich als Antithese zum Jägertyp der Tyrannen, der Banditen, die im Dunkeln lauerten. Jedoch hat dieser magere Hirten-Humanismus es nicht sogleich geschafft, viele Untertanen der ägyptischen und nachfolgenden Zivilisationen aus ihrer Sklaverei oder der Leibeigenschaft zu befreien.

Das Schicksal, ein Eigentum von jemanden zu werden, hat auch diejenigen eingeholt, die als Kriegsgefangene erbeutet wurden, als Opfer in Konflikten, welche sie selber nicht suchten oder verursachten, oder auch als Gruppen, die von Gottmenschen wie von vergöttlichten Pharaonen versklavt wurden. Am Anfang der sesshaften Kulturen rannten Jagdgötter, die am Göbekli Tepe als Kalksteinreliefs abge-flacht wurden, noch auf freien Beinen überall auf der Wildbahn umher oder waren noch auf Flügeln schwebend unterwegs.

Das Land Ägypten, die Wiege der westlichen Überdomestizierung, wurde zuerst von totemischen „Horus" Falken regiert. Deshalb dominieren Raubtiere wie der Adler noch als Insignien auf den Fahnen und monetären Noten vieler davon abstammenden Nationen. Hier in den Vereinigten Staaten ehren wir unsere ägyptisch kulturelle Abstammung mit unserem weißköpfigen einheimisch-amerikanischen Fischadler, mit einem gigantischen Obelisken in unserer Hauptstadt sowie mit dem Bild einer Pyramide auf unseren Dollar Noten, welche als Zeugnis ihrer Echtheit auch noch das Auge des Horus aufgedruckt bekommen haben.

Gäa und El Elyon verweigern Menschenopfer

Das Menschenopfer war und ist auch heute noch der deutlichste Akt der Überdomestikation. Geheiligtes Hinrichten von Menschen wurde anfangs zum Übertreffen von Tiere-schlachten-während-der-Jagd, zur Rechtfertigung der Kriegsführung und Sklaverei erfunden. Vordem waren Tieropfer die Zahlungsmittel womit man, nach Jägerstil, den göttlichen Schöpfern mit Fleischanteilen zu vergüten suchte. Vor 3700 Jahren waren Menschenopfer, weltweit noch, nichts Ungewöhnliches. Zu Anemospilia, bei Minos, hat die Erdgöttin eine Opferfeier die ihr zu Ehren veranstaltet wurde gestoppt. Dann, während die geschriebene Geschichte über den Patriarch Abraham weniger als dreitausend Jahre alt sein dürfte, so berichtet diese über die Torheit eines Hirten der sieben Jahrhunderte früher gelebt haben könnte. Ein Hirte der von Gott zum Erzvater bestimmt war stellte sich bereit, seinen einzigen Sohn der ihn zum Erzvater machen würde als Brandopfer hinzurichten. Zur Zeit des Niederschreibens verbrannte man in der Stadt Jebus allerdings nur Tieropfer.

18

Gäa und El Elyon verweigern Menschenopfer

Von Gäa der Erd Mutter gestoppt

Im antiken Griechenland hieβ die Mutter Erde „Gäa". Sie war „Maka" in der minoischen Linear B-Schrift und auf phrygisch war sie als „Kybele" bekannt. Im ersten Teil dieses Buches identifizierten wir diese Göttin archäologisch. Wir sahen sie als Göbekli Tepe (Bauch Berg oder *Abdomen Hill*), oder einfach als die schwangere Frau Erde.[45] Dann, vor etwa dreitausend Jahren wurde der Name „El Elyon" (Gott der Höhe) mit der Zuschreibung „Jahwe" kombiniert. Es war die Zeit wenn zu Jebus, in einem Zelt Heiligtum, die davidische Monarchie den levitischen Kult mit dem El Elyon Kult des kanaanäischen Melchisedek kombinierte. Damals wurde die Stadt Jebus auf „Salem" umbenannt, welche man heute nun als „Jerusalem" kennt.

Der groβartigste Beweis für ein rituelles Menschenopfer, für Gäa, wurde 1979 von Ausgräbern des minoischen Kulturbereichs auf der Insel Kreta entdeckt. Dieβer wurde in einer Drei-Kammer Tempelruine gefunden, welche, in Folge eines Erdbebens vor rund 3 700 Jahren eingestürzt war. Die obere Struktur des Tempels wurde zu Asche verbrannt. In einem weitläufigen Zusammenhang mit Menschenopfern sonstwo, lassen sich derartige Zeugnisse von Opfer Veranstaltungen auf dem Festland, im Osten, verbinden—wie im Bezug auf den legendären hebräischen Patriarchen Abraham.

Dieses besondere Erdbeben, auf der Insel Kreta, zerbrach das Gefüge eines ländlichen Tempels in Anemospilia, sieben Kilometer

[45] Für Linear B siehe <http://www.palaeolexicon.com>.

südlich vom großen Palast von Knossos, an der Terrasse eines nach Norden ausgerichteten Hangs. Drei parallele Tempel Kammern waren ihren nördlichen Vordereingängen entlang, mit einem Eingangsflur verbunden, welcher der ganzen Breite der drei Kammern entlang lief. Die mittlere Kammer enthielt die Überreste der göttlichen Statue, nämlich zwei anthropomorphe Füße aus doppelgebranntem Terrakotta, welche das zerstörende Feuer überlebten. Reihen von Gefäßen waren vor der Statue aufgestellt. In der östlichen Kammer waren zusätzliche Reihen von Gefäßen arrangiert. Die Zahl der Tongefäße die dort gefunden wurden war über vierhundert.

In des Tempels (westlichem?) Raum entdeckten die Grabenden unverkennbare Überreste eines Menschenopfers, von einer Handlung stammend die beim Einsturz des Gebäudes noch im Gange war. Das Opfer war ein junger Mann von etwa achtzehn Jahren der in einer fötalen Position auf seiner Seite liegend vorgefunden wurde, als ob er einstens gebunden dort hingelegt wurde. Dies war wohl Standard Verfahren, denn selbst wenn das Opfer betäubt war, hätten seine Lebensinstinkte für einen letzten Moment des Kämpfens geweckt werden können. Doch die Handlungen des Opfer Ritus wurden plötzlich von einem Erdbeben unterbrochen. Als der hölzerne Überbau des Gebäudes einstürzte, haben wohl die Fackeln, die aufgesteckt waren um den Innenraum zu beleuchten, eine Feuerbrunst gezündet. Die größere kosmische Dimension der terrakottabefußten göttlichen Persona, nebenan, wurde anscheinend von diesem Ritual aufgeschreckt. Die Mutter Erde, Gäa, zitterte. Sie zuckte bei ihrer Erregtheit so heftig, dass sie damit die priesterlich Amtierenden an ihren derzeitigen Plätzen abstoppte. Diese Persönlichkeiten wurden von dem einstürzenden Überbau am Boden niedergeklemmt, gebraten und geröstet—offensichtlich um als Beweise den Historikern einer fernen Zukunft erhalten zu bleiben.

Vom Körper des geopferten Menschen, der auf einer erhöhten Plattform auf seine Seite hingelegt war, war zu der Zeit als die Flammen den Körper zu verbrennen begannen nur die Hälfte seines Blutes ausgelaufen. Das Feuer brannte die Knochen der oberen Seite weiß und ließ die Knochen im unteren Teil, wo noch Blut vorhanden war, zu einem dunkleren Farbton hin schmoren. Die heilige Sechzehn Zoll-lange Klinge eines Bronzemessers wurde noch auf dem

Opferkörper liegend vorgefunden.[46] An beiden Seiten zeigte die Klinge den stilisierten Umriss eines Eber Kopfes, mit eleganten Linien eingraviert. Der Priester und seine weibliche Gehilfin waren in der Nähe der Opferplattform auf den Boden gestürzt. Insgesamt drei Eingeweihte wurden bei diesem Ritual im Inneren des Heiligtums festgelegt und bei diesem Ereignis auf ihre Plätze am Boden fixiert.[47]

Die Autoren Yannis Sakellarakis und Efi Sapouna-Sakellarakis, mit zusätzlicher historischer Perspektive von Joseph Alsop, waren sich bewusst, dass ihre Veröffentlichung für Aufsehen sorgen würde. Sie erwarteten, dass ihre Entdeckung viele Leute in Eregung bringen würde, dass sie die Gefühle aller derer die ihre Identität bisher unter den glorreichen intellektuellen Leistungen der antiken griechischen Zivilisation suchten, verdrießlich stimmen würde. Soweit wir es aus der Ferne prüfen können, haben die Archäologen ihren Lesern eine adäquate Zusammenfassung und die wichtigsten Fakten übermittelt. Aber was bedeutete das? Es schien nun sicher, dass an der Wurzel der großen minoisch-griechischen Zivilisation ein ritueller Mord begangen wurde? Die meisten westlichen Völker erwarteten von dieser alten Zivilisation etwas grandioses—ähnlich des architektonischen Stils und den Philosophien die aus ihr hervorgingen. Und unter diesen Innovationen war die Hinrichtung des Sokrates, seit langem, nur als ein launisches Missgeschick umschrieben worden. Man durfte erwarten, dass alle Leser dafür unvorbereitet waren, die Zivilisation ihrer Heimat kritisch als Überdomestikation zu erkennen. Diese archäologische Entdeckung brachte eine beunruhigende Nachricht. In diesem Sinne zögerten die Autoren, und dann endlich gestanden sie:

Noch nie zuvor, zum Ersten, gab es starken Beweis dafür, dass Kretas prähistorische Minoaner das Menschenopfer praktizierten, obwohl das schon länger vermutet wurde. Doch, ehe die Archäologen es wagten, die gefürchteten Worte „Menschen Opfer" laut auszusprechen—und ehe sie diese zu veröffentlichen wagten—

[46] Dieses war schon die Bronzezeit. Doch hat das edlere Metall die Steinzeit Mentalität anscheinend wenig reformiert.

[47] *National Geographic Magazine*, Februar 1981, Seiten 204-222. Um der Genauigkeit willen werden hier auch noch die Seitenzahlen im Text beigesetzt.

verbrachten sie qualvolle Stunden im Nachdenken über die Beweise zu. (S. 210)

Tatsächlich, jeder der mit der minoischen Mythologie auch nur ein klein wenig vertraut ist, der weiß etwas über den Minotaurus im Labyrinth. Die meisten Leser mögen etwas über dessen Angewohnheit, menschliche Eindringlinge auffressen zu wollen, schon gehört haben. Etliche mögen auch vergleichende Materialien betreffs dem Überleben von Labyrinth Ritualen anderswo in der Welt schon gefunden haben. Sie dürften dann wohl in der Nähe der Geburtsstätte dieser verschleierten Minotaur Initiationsgeschichte irgendwo schon heilige bluttriefende Dolche vermutet haben.[48] Wenn die Autoren schließlich ihre Beweise veröffentlichten, kamen diese verpackt in eine schön rationalisierte Weiße Schrift:

Sicherlich sollten die Vorfahren dieser großen Zivilisation entschuldigt werden wenn, unter ungewöhnlichem Stress, diese Alten verzweifelten und wenn sie den erzürnten Göttern ein Menschenleben aufopferten. Plutarch sagt uns zum Beispiel, dass Themistokles drei Männer geopfert hat, um sich den Sieg in der Schlacht von Salamis zu sichern..., ein Seher befahl im siebten Jahrhundert v. Chr. dass ein Mensch getötet werde um Athen von der Pest zu befreien. Auf der Grundlage solcher Aufzeichnungen folgerten die Autoren: „Wenn eine entscheidende Schlacht und eine verheerende Epidemie abnormalen Stress produzierte, dann können wir ganz sicher sein dass Erdbeben das Gleiche tun können." (Seite 218)

Mit der Situation so auf den Mittelpunkt gebracht, können wir die Stimmung der Archäologen in ihrer Zusammenfassung begreifen: ‚Wir sind mehr als hinreichend sicher über die wichtigsten Fakten—vor siebenunddreißig Jahrhunderten, zu einer Zeit als Erdbeben die Insel Kreta erschütterten, versuchte ein minoischer Priester die endgültige Katastrophe mit einem seltenen, verzweifelten Akt abzuwenden: der Gottheit dieses Tempels am Bergeshang, opferte er das Höchste—ein Menschenleben. Aber das Opfer ist vergeblich gestorben." (Seite 205)

---

[48]Über die Bedeutung von Labyrinthen, siehe John Layard. "Maze Dances and the Ritual of the Labyrinth in Malekula." *Folklore XLVII,* 1936. Auch, A. Bernard Deacon, *Malekula, a Vanishing People in the New Hebrides,* 1934; und "Geometrical Drawings from Malekula and other Islands of the New Hebrides," *JRAI,* 1934.

Offensichtlich wurde diese Zusammenfassung, mit ihrer „verzweifelten Verhütungstheorie“ auf einen gewichtigen historiographischen, und sogleich auch auf einen archäologischen Fehler aufgebaut. Was den historiographischen Fehler anbetrifft, so verfehlten die Archäologen die richtige Reihenfolge von Ursache und Wirkung. Dieses Menschenopfer war geplant, war begonnen, und war bis zur Hälfte vor dem Erdbeben vollendet worden. Mit der Logik der Autoren könnte man ja auch behaupten, dass Jesus von Nazareth gekreuzigt wurde um Erdbeben abzuwenden. Es soll ein Beben gegeben haben während er starb.

Eine viel bessere Erklärung für dieses minoische Menschenopfer ist mitunter in den archäologischen Befunden selber enthalten. Die Funde erklären ganz schön wie die Bittsteller ihr Opferritual vorbereitet haben und was dabei in ihren Köpfen vor sich ging. Während die Autoren gewissenhaft ihre zusätzlichen archäologischen Daten präsentierten, waren sie offenbar ratlos, wie man solche Funde logisch mit einem seismischen Ereignis in Verbindung bringen konnte.

„In dem Korridor haben wir Reihen von Gefäßen freigelegt die Gaben wie Obst, Getreide, Erbsen und eventuell Milch, Honig und Wein enhielten.[49] In einigen der Krüge—viele von ihnen auf wundersame Weise ungebrochen—fanden wir verkohlte Früchte-Samen.“ (Seite 213)

Zusätzliche Reihen von Gefäßen wurden auch im mittleren Raum aufgestellt—vor der Statue der Gottheit, welche selber vor der Rückwand des Raumes aufgestellt war. Die Tongefäße und die eigenen Terrakottafüße der Gottheit überlebten in diesem Raum das Feuer. Die genaue Zusammensetzung der Lebensmittel in den verschiedenen Behältern, wäre bestimmt noch von großem Interesse.

---

[49]Beim genauen Lesen der Worte dieser Autoren, und beim Betrachten ihrer Fotos, lässt sich vermuten, dass der „Korridor“ in dem die Reihen der vielen Gefäße standen, nicht der früher identifizierte Eingangs „Korridor“, der die drei parallelen Kammern verbindet, gewesen sein konnte. Es scheint eher, dass der östlichste der drei parallelen Räume gemeint ist. Jedoch gibt es keinen Grund warum man diese kleine Zweideutigkeit bestreiten sollte. Es erbringt keinen wirklichen Unterschied an Bedeutungen, wo im Tempel die meisten zusätzlichen Gefäße lagerten oder wo, im beschriebenen Grundriss, die Richtungen Osten und Westen zu suchen sind.

Die Logik der architektonischen Gestaltung der Grundmauern, sowie die zweckmäßige dreifache Anordnung der Tempelräume, haben das Erdbeben und die Feuersbrunst vor rund 3700 Jahren recht gut überstanden. Sie lesen sich heute noch wie ein offenes Buch über die damalige Opfer Symbolik. In der Tat, diese Dinge können wahrscheinlich heute leichter von uns verstanden werden als von den zeitgenössischen Landwirten, die vor rund 3700 Jahren ängstlich das Feuer und jene geheimnisvollen Ruinen von außen sahen und sich nie wieder wagten der Stelle näher zu treten oder diese gar zu erwähnen.

An dem schicksalhaften Tag, an dem ein Erdbeben eine Katastrophe erwirkte, waren die Zeremonien in diesem Tempel keine Notmaßnahme für denselben Augenblick. Sie waren regelmäßige und lange vorgeplante Ernteangelegenheiten. Die mehr als vierhundert gefüllten Gefäße, die für die Gottheit dort bereitgestellt waren, sind der Beweis für eine umfangreiche Beteiligung der Leute. Die Inhalte dieser Gefäße wurden als Opfergaben aus der Landwirtschaft von Menschen und deren Familien gebracht, und die Priester haben diese bestimmt nicht gekauft. Es kann historisch nicht begründed werden, dass die Vorbereitungen der Leute für diese Opferfeier etwas mit einem Erdbeben zu tun hatten. Die tragische Opfertat war vor dem Beben geschehen und der junge Mann war schon bereits zur Hälfte verblutet. Das Erdbeben geschah erst als eine priesterliche Hilfsperson mit ihrem Blutkrug bereits schon im Vorraum war und, entweder der Gottheit in der zentralen Kammer ihren ersten Schluck frischen Bluts schon verabreicht hatte, oder noch in Bewegung war das zu tun.

Die göttliche Statue in diesem zentralen Raum stand mit ihrem Rücken gegen die Südwand. Dieser zentrale Raum war das Allerheiligste in der Tempel Anlage. Eine priesterliche Hilfsperson mag im Moment wohl diesen Raum verlassen haben—ehe diese sich wieder nach Westen hindrehen konnte um aus dem Opferraum den nächsten Krug von Blut zu holen. Das einstürzende Dach hat alle drei priesterlichen Funktionäre im Inneren des Gebäudes erfasst. Alle Handlungen wurden so gestoppt, und die Szene wurde zu einem Standbild—zum Ausschnitt eines Augenblicks aus der tragischen Entwicklung von religiös legitimierter menschlicher Gewalt, für die Chroniken der Zivilisation.

Die gesamte Gestaltung des Tempels erleichterte komfortabel die Zusammenführung von landwirtschaftlichen Erzeugnissen und von Menschenblut—sodass die Gottheit die im Zentrum stationiert war, gespeist und getränkt werden konnte. Landwirtschaftliche Produkte kamen aus dem eigenen Speicherraum der Gottheit, an der östlichen Seite. Menschliches Blut wurde frisch vom Opfertisch aus der „Küche" der Gottheit, aus dem westlichen Raum geholt. Dort war der Platz wo die Altarplattform stand, wo der Jüngling gebunden aufgelegt und gefunden wurde. All diese Einrichtungen waren speziell für solche besondere Tage, an denen die Gottheit in der Mitte ihr Festmahl serviert bekam, angeordnet. Die gesamte Szene bietet einen Einblick in einen regelmäßigen saisonalen landwirtschaftlichen Überdomestizierungs Ritus. Während dieses Opferfest bestimmt das letzte an diesem Tempel war, so war es in aller Wahrscheinlichkeit nicht das Erste.

Trotzdem ist es möglich zu argumentieren, dass an diesem dreiteiligen ländlichen Tempel, und auf der Speisekarte der Gottheit, ein Menschenopfer nicht immer regulär dazu gehören musste. Der Krug worin das menschliche Blut zur Statue getragen wurde, der zerschmettert im Korridor gefunden wurde, trug das dominante Bild eines Stieres. Das könnte bedeuten, dass Stierblut das häufigste Opfer Getränk an diesem Tempel hätte sein können. Aber die Tatsache ist trotzdem nicht zu leugnen, dass an jenem schicksalhaften Tag, vor 3700 Jahren, ein Mensch das Opfer war. Im Augenblick, ehe das Feuer diesen Tempelbau verzehrte, und auch die frömmelnden Killer geröstet hat, hatte an diesem folgenschweren Tag, ohne Zweifel, ihr „Opferstier" echte Menschenknochen in sich.

Klarere Beweise für die Ordnungsmäßigkeit der zeremoniellen Handlungen, und dem Blutopfer, könnten durch das Medium von Architektur kaum zum Ausdruck gebracht werden. Domestikations Opfer dieser Art, zu denen Menschenopfer hinzugefügt wurden, um das Präsentieren der geringer aussehenden Agrarprodukte und des Viehs aufzuwerten, sind Stock Beispiele aus der Logik der Überdomestizierer. Obst, Getreide, Erbsen, Honig und Wein waren in diesen Gefäßen. Die Präsentation von geschlachteten Produkten, welche Gartenbau Erzeugnisse weit übertrafen, waren logische

Zugaben für göttliche Essgelage unter Überdomestizierern, sowie im Hinblick auf das archäische Jäger Erbe.

Bestimmt wurde das menschliche Blut auch abgelassen um die Furcht vor der Gottheit, sowie Respekt für die aristokratische Priesterschaft in die Knochen jener lebenden Bauern einzuflößen. Daran ist nicht zu zweifeln. Andächtig brachten diese Leute ihre Gefäße mit ihren Nahrungsmittel Opfergaben und setzten diese für die Gottheit nieder. Einige der Produkte waren, wahrscheinlich, auch für nachherigen Verbrauch der Priester gemeint. Wir sollten nicht vergessen, dass der evolutionäre Prototyp aller Nahrungs Opfer einstens Mahlzeiten für Götter waren, welche alte Jäger nach einer erfolgreichen Jagd sich zusammen mit ihren totemischen Göttern gönnten. Zusammen mit ihren totemischen Sponsoren verspeisten diese Vorfahren ihre erbeuteten Tierleiber.

Ich vermute, dass innerhalb der minoisch geschichteten Gesellschaft die Bauern, die Hirten oder Metzger, so gut wie jeder Aristokrat einen Bullen fällen konnten. Die Wucht eines gewöhnlichen Stier Opfers dürfte dabei nicht immer anhebend genug gewirkt haben. Die Jagdverträumten Egos der Aristokraten, und ihrer schamanischen Priester—welche wahrscheinlich vielseitig als Überdomestizierer amtierten ohne vorher erst eine Lehrzeit in der einfachen Domestikation abzusolvieren—fühlten sich unter diesen gesellschaftlichen Umständen bedroht. Wenn gewöhnliche Domestizierer Vieh halten und auch mächtige Bullen schlachten konnten, dann dürften wohl die priesterlichen Diener der Könige und des Adels nicht mehr die vielen „Ohs" und „Ahs" den Lippen der gewöhnlichen Leute entlockt haben—die sie sich vom Volk by ihren priesterlichen Opferfesten erhofften. Dieses war, in aller Wahrscheinlichkeit, der Grund warum königliche Weissager zum nächsten Grad der Intensität fortschritten—unter ihren Untertanen den *mysterium tremendum* Effekt mit Menschenopfern um einiges höher zu steigern.

Das Blut von Stieren war wahrscheinlich mehr wert als das Blut kleinerer Haustiere, und das Blut von Menschen war mehr wert als das der Stiere. Und, natürlich, wäre dann das Blut eines Adeligen kostbarer gewesen als das Blut der gewöhnlichen Domestizierenden. Während normalerweise gewöhnliches Menschenblut gereicht haben dürfte, den Leuten außergewöhnliche Pflichten beizubringen, so wurde hie und da, sicherlich, auch das Opfer eines Aristokraten gewagt. Jeder Häuptling konnte in die Lage kommen dass ein Bruder, Onkel, oder ein starker Gefolgsmann ihm seinen Rang hätte streitig machen können. Im Großen und Ganzen vermute ich aber, dass Menschenopfer aus einer Bevölkerung von gewöhnlich-domestizierenden Untertanen genügten—das heißt, aus den gleichen Reihen von Leuten welche auch die vierhundert Gefäße und ihre Inhalte am Opferfest beisteuerten.

Was hätte bei Anemospilia sonst noch passieren können?

Während die Priester unter den Flammen zum Schweigen gebracht wurden war der geopferte Mensch schon tot. Die Menge der Leute, die außen standen, waren sprachlos und stahlen sich beängstigt nach Hause. Sie erwähnten das Geschehene nur in leisen Stimmen und Geflüster. Der Tempelplatz wurde völlig gemieden, bis das Ereignis und alles Raunen darüber ganz vergessen waren. Niemand berührte die Tempel Ruine, nicht für 3 700 Jahre. Dann kamen die Archäologen. Als treue Nachkommen rechtfertigten sie die Rationalität ihrer entfernten Vorfahren: Trotz diesem einzelnen Vorfall von scheinbar irrationalem Handeln, mussten ihre minoischen Vorfahren doch bestimmt Menschen gewesen sein die denken konnten.

Wenn wir den Faden dieser Geschichte ein klein wenig weiter spinnen wollen, dann müssen wir fragen: Was könnte wohl dieses Ereignis für diejenigen bedeutet haben, die damals glaubten dass sie schön fromm opferten um göttliche Gunst zu erwerben? In der Tat ist dieser geopferte Mensch nicht nur „umsonst gestorben", wie es die Ausgräber summierten. Im gleichen Augenblick als das Blut bei der göttlichen Statue angeboten wurde, scheint die Erdgottheit wütend reagiert zu haben, da diese ja alle Opfer die ihr an diesem Tag präsentiert wurden—je nach Perspektive—entweder völlig verweigerte und zerstörte, oder überschnell auffraß. War das die normale Art und Weise in welcher gute Götter essen und trinken? Oder war es ein unwürdiges Opfer? Haben dabei die Priester wohl eines schlampiges "Gericht" hingerichtet?

Hätten diese Priester überlebt, dann hätten sie wahrscheinlich den Dorfbewohnern unterstellt, dass diese nicht die volle Menge von Opfern herbeigetragen haben. Doch wie es sich herausstellte, für diese Priester war es in ihrem Leben und an diesem Ort die letzte Opferfeier. Die Gottheit verweigerte alles was ihr an diesem Tag angeboten wurde. Sie weigerte sich selbst die priesterlichen Ämter ihrer drei Diener zu respektieren. Die königlichen Vorgesetzten dieser Priester, sieben Kilometer nördlich im Palast von Knossos, mussten wahrscheinlich mit dieser Gruppe von Bauern, im Süden, auf eine Weile hin ihre Köpfe ein klein wenig demütiger tragen. Es ist sogar möglich, dass damals ihr Palast zu Knossos von dem gleichen Erdbeben zerstört wurde. Dennoch, mit jedem zusätzlichen „normalen" Erdbeben verblasste die Erinnerung an dieses epoche-machende Ereignis. Die Aristokraten und Priester mögen wohl vorübergehend an Ansehen eingebüßt haben. Doch wir können davon ausgehen, dass mit der Zeit eine andere Art von Opferkult den untergegangenen ersetzt hat. Weder die Herrscher noch ihre Untertanen konnten in einem ontologischen Vakuum existieren. An diesem Moment hätten Reformatoren ihre Chance gehabt, den Pfad der religiösen Evolution abzuändern—falls sie zu jener Zeit relevante Themen am Siedepunkt gehabt hätten. Solange irgend eine neue Praxis die alte Furcht besänftigt hätte, würden wohl die Einzelheiten eines reformierten Rituals nicht ausschlaggebend gewesen sein. Um den täglichen Kampf und Jubel fürs Überleben der Menschen neu zu definieren hätte fast jegliche Art von Umschreibung der Grundlagen Trost gespendet.

Wir wissen nichts über eine prophetische Protest Reaktion im alten minoischen Reich. Bis 1979 wussten wir nicht einmal etwas über dieses Opferereignis welches einem lokalen Kult den Todesstoß gab. Doch jetzt wissen wir, dass dieser Kultus durch einen Eingriff der übermenschlichen Macht gestoppt wurde. Die großartigste fromme Gewohnheit aus der späten Steinzeit, irgend jemanden für eine Gottheit hinzurichten, wurde hier lokal gestoppt und aufgegeben. Die Mutter Erde, von welcher die Erdstöße herkamen, hat ihre alte Religion an diesem Ort eigenhändig zerstört.

Die Erde die da bebte war dieselbige welche die Bauern beim Verrichten ihrer Feldarbeit laufend quälten. Stellen wir uns einmal in die Lage der Erdmutter hinein, der die minoischen Bauern allerhand angetan haben. Ihr wurden regelmäßige Haarschnitte mit Hacken aus Feuersteinspitzen erteilt. Sehr wahrscheinlich waren die Aristokraten und ihre Priester erfolgreich, die Katastrophe für sich zu nutzen und ihre Menschen in eine etwas andere Art von Unterwürfigkeit einzubiegen und wieder zu besänftigen. Als Büßer-Sammler, und als gleichgeborene Erben der Jägermentalität, wussten sie alle instinktiv, dass es von Anfang an für die Menschheit etwas zu bereuen gab und dass sie alle bessere Menschen sein sollten. Alle primitiven Jäger wussten Einiges über ihre Ursünde des Tricksens, des Tötens und des Essens. Was war dann die Ursünde der Menschen die sich zur Domestizierung bekehrt haben? War es das Töten und das Essen einer verbotenen Baum- oder Gartenfrucht wie das ein Geschichtenerzähler ins *Erste Buch Mose* schrieb? Wir wissen dass auch der Anemospilia Fall etwas mit Eigentumsrechten zu tun hatte, mit Autorität und mit dem „Erwerb der Nahrung" als solche—sowie mit all den Früchten welche in diesen vierhundert-und-mehr Gefäßen der Gottheit bewusst als Zahlung für einen Zweck dargeboten wurden.

Ein Opfer für Jahwe/El Elyon wird reduziert

Vor dreitausend und siebenhundert Jahren hätte man von der Insel Kreta auch bis zur nächsten kontinentalen Küste segeln und dann nach Osten und weiter nach Süden wandern können. Innerhalb der gleichen Generation von Menschen hätten wir eventuell auf eine ähnliche Begebenheit hintaumeln können. Wir haben gerade in Anemospilia einen Bergtempel als Aschenhaufen hinterlassen. Ein Mensch wurde dort von einer menschlichen Gesellschaft der Erdmutter geopfert, von Leuten die blinden Glauben praktizierten. Doch die Erdgöttin zerstörte ihren eigenen Tempel, und sie lehnte alle Opfer entschieden ab welche ihr die Menschen gebracht haben. Sie tötete sogar ihre eigenen Priester.

Gleichzeitig, in weiten Teilen der Erde, wurden von anderen Menschen ähnliche Schlachtopfer Riten mit ähnlich heiligen Dolchen vollzogen. Wenn wir so in verschiedenen andern Kulturen und Religionen nachschauen, dann sollten wir jedoch Acht geben, uns nicht von verachtungsgetriebenen Urteilen betrügen zu lassen. Wollen wir anstatt, eher darüber nachdenken dass jeder Satz unserer Erzählung einen hypothetischen Versuch darstellt alte Verhältnisse zu beleuchten. Unsere Worte summieren letzthin nur eine Ansammlung von

Legenden über Steine, Knochen, Schafhäute, morsche Papyri, und frommen Glauben aus unserer menschlichen Geschichte.

Für die Reaktion der Mutter Erde, in Anemospilia, haben wir archäologische Daten, während wir für die Aktionen des Jahwe/El Elyon uns mit alten verschiedentlich edierten Texten begnügen müssen. Inwiefern inmitten deren Worte noch etwas von dem was wirklich vor 3 700 Jahren geschehen war enthalten sein mag, umfassen unsere ältesten überlieferten hebräischen Geschichten eben Texte welche einige Schriftgelehrte im alten Israel/Juda, zwischen 3 000 bis 2 500 Jahren vor unserer Zeit aus Fragmenten, Hörensagen, und aus ihren eigenen Ergänzungsgedanken niederzuschreiben wussten.

Was wäre geschehen wenn Gott einem Mann geboten haben würde seinen einzigen Sohn als Opfer hinzurichten? Was wäre wohl geschehen wenn ein zum Patriarchen erkorener Mann einem solchen Gottesbefehl Gehör geschenkt hätte und damit alle seine Nachkommen im Voraus unmöglich gemacht hätte? Und was hätte geschehen können wenn dieser Patriarch unser eigener Vorfahr gewesen wäre? Was wäre aus uns, und aus allen unseren heiligen Büchern und gespeicherten Wahrheiten geworden? Das ist so das Bündel der existenziellen Rätsel worüber uns die Geschichten über Abraham und Isaak herausfordern. Die Fragestellung an sich war stark genug, um jeden schreibgelehrten Erzähler und Zuhörer zu provozieren.

Jede Geschichte über Menschenopfer erzählt oder erläutert etwas aus der Gedankenwelt einer Tradition von Mördern oder Metzgern. Sie besagt etwas über die Unterwürfigkeit welche hungrig Essende schief als erlösende Heiligkeit zu erkennen suchen. Nachdem der Abraham schon seinen ersten Sohn zusammen mit seiner Mutter in die Wüste verbannt hatte, befahl ihm der Gott aus der Höhe seinen einzigen noch übrigen Sohn auf einem Brandaltar zu opfern.[50]

Derselbe Gott, so wurde es später erzählt, versprach dem Abraham Nachkommen in großen Anhäufungen und viele Nationen.

---

[50]Abraham, falls es ihn wirklich gab, könnte in Palästina während der frühen Bronzezeit gelebt haben. Aber wir haben keinen Beweis dafür, dass Abraham schon einen Dolch aus Bronze besaß, ein Prachtstück von königlicher Qualität wie es in Anemospilia gefunden wurde. Es gibt aber auch keinen Grund warum ein Hirte, von dem gesagt wurde dass er einstens zu Harran in der Nähe des Göbekli Tepe gelebt haben soll, nicht auch noch ein heiliges Lieblingsmesser aus Feuerstein, als Andenken aus dieser nördlichen heiligen Heimat mit sich führte.

Unzählbar wie die Sterne am Himmel sollen sie sein oder dicht wie Sandkörner dem Meer entlang liegen. Die Voraussetzung für diesen Segen war, dass Abraham dem Gott seinen noch verbliebenen Sohn als ein Brandopfer darbringt. Der Möchtegern-Patriarch schickte sich alsbald an, seinen blinden Glauben diesem Gott gegenüber zu beweisen. In einer Geste der ultimativen Frömmigkeit, und in blindem Glauben vertieft—und offenbar auch aus Gier nach der versprochenen Belohnung—war der Mann bereit seine ganze Nachkommenschaft (das heißt, seine Belohnung) zu opfern. Doch ehe etwas aus dieser blinden Frömmigkeit heraus getan werden konnte, änderte der Gott seine Regeln für die Religion des Vaters Abraham.

Im Gegensatz zu der tiefer liegenden Erdmutter in Anemospilia, hat der Gott Abrahams *Aus-der-Höhe*, schon im Voraus von oben her gesehen was sein gläubiger Hirte im Begriff war anzustellen. Er sah was kommen könnte lange bevor Blut aus einer durchschnittenen Schlagader hervorspritzte. Einen Moment ehe der Abraham seine heilige Klinge ansetzen konnte, gebot ihm der Gott Einhalt.

Der Erzähler dieser Geschichte sparte sich eine Menge Probleme indem er die Beweggründe des Gottes nicht zu nennen versuchte, oder sie gar zu rationalisieren probierte. War dieser Gott grausam? War er hungrig? Oder ging es diesem Gott darum, den Bestand der Vernunft eines alten Mannes zu prüfen—wie viel von dieser Vernunft dessen blinden Glauben überdauern könnte? Denn, wenn dieser Mann wirklich hoffte ein Patriarch von Menschenmengen und Nationen zu werden, was hätte der Ausgangspunkt seines tugendhaften blinden Glaubens sein sollen? An welchem Punkt wäre wohl seine Intelligenz als Hirte und als Vorfahre gescheitert? War der Verstand dieses Hirten ausreichend, ihn zu befähigen noch bei der Erziehung eines Enkelsohnes mitzuhelfen? Wer hätte eigentlich der Vater eines solchen Enkelsohnes sein sollen?

Soweit wir jetzt aus den historischen Hinweisen erahnen können, mag die Geschichte über das versuchte Menschenopfer des Abraham vor etwa dreitausend Jahren niedergeschrieben worden sein. Es hätte dann im Laufe von fünf zusätzlichen Jahrhunderten noch weiter ediert werden können, zumeist von Schreibern die in Diensten der davidischen Dynastie standen. Geschichten welche für königliche Dynastien geschrieben wurden hatten natürlich vorweg politische

Ziele. Der König David regierte etwa 1003-971 v. Chr.. Er und der Charakter „Abraham" aus den Urvätergeschichten, hatten gemeinsame Probleme und Interessen. Ein alter Möchtegern-Patriarch benötigte Nachkommenschaft, Gefolgsleute, Ländereien, eine Truppe von streitbaren Männern, sowie einen Bund mit Gott dem Allmächtigen. Der König David brauchte alles das auch.

David wusste von Anfang an welche Leute, in der Abrahamgeschichte als Nachkommen dabei sein mussten. Er bemühte sich eine Gruppe von Stämmen und von kleineren Städtestaaten in ein Königreich zu vereinigen, vorzugsweise unter einem göttlichen Mandat und als Nachkommen eines Patriarchen den sie alle gemeinsam hatten. War es möglich, dass alle die von David eingeladenen Stämme dazu erzogen werden konnten unter die Genealogie eines außerordentlichen Patriarchen zu kommen? Das war so etwa die Herausforderung die dieser schon von Gott erwählte Monarch für sich acceptiert hatte. Um seinen Plan zu erfüllen brauchte er aber Menschen, ein Territorium, und ein göttliches Mandat—alles zusammen in eine spannende Patriarchen Erzählung eingewickelt. Jede Legende, welche die Beteiligung einer aktiven Gottheit in sich einbeschließt wird effektiv zum Rang einer Führungsmythe erhöht. Wir definieren „Mythe" hier als eine Erzählung, welche die menschliche Existenz in einer aktiven Beziehung zur übermenschlichen Dimension darstellt. Legenden unterscheiden sich von Mythen indem sie nicht, oder nicht länger ein aktives Verhältnis mit der übermenschlichen Dimension rationalisieren können.

Der König David brauchte mehr als nur eine Kampftruppe und eine Erzählung. Selbst eine Anhäufung von Menschen, das Territorium und ein Bund mit Gott, waren zusammen noch nicht genug um ein funktionierendes Reich zu gründen. Um seine Monarchie zu sichern benötigte der König Leute die treu zu ihm standen und sein göttliches Mandat anerkannten, vorzugsweise in völligem Gehorsam und blinden Glauben. Das war die königliche Liste, und diese Punkte definierten auch das Verhältniss auf welches hin der König es schaffte seine Schreibgelehrten zu verpflichten. Der Abraham Epos war die grundlegende Geschichte für einen religiösen Kultus welcher von einem König zur Festigung seiner Herrschaft organisiert worden war. Und diese Geschichte wurde im Laufe der Zeit mit manchen Nachbesserungen versehen.

Die Vereinigung von einem Gemenge von verschiedenen Stämmen konnte nicht nur auf der bloßen Grundlage einer religiösen Geschichte geschehen. Die politischen Realitäten mussten übereinstimmen. Wie jeder andere aufsteigende König seit dem Anbruch von Überdomestizierungsmöglichkeiten, so wandte sich auch David an Gruppen gefährdeter Menschen denen er militärischen Schutz anbieten konnte. Im Tausch für deren Sicherheit sollten solche Gruppen dann ihre regionalen Ansprüche dem neuen Reich anpassen. Der von Gott erkorene Begründer des Reichs hat geschickt gearbeitet, um vertrauenswürdige Freundschaften zu erstellen, und er hat diese mit politischen sowie mit religiösen Allianzen gesichert.

Für seinen Regierungssitz übernahm sich der König David eine Stadt der Kanaaniter, die „Jebus“ genannt war. Es kostete ihm etwas Geheimdiplomatie im Voraus, eine gut inszenierte blutlose Übernahme, die Wiederbeschäftigung der vorherigen kanaanäischen Stadtväter sowie die Zusammenlegung des levitischen Jahwe Kultus mit dem kanaanäischen Stadtkultus welcher dem El Elyon (Gott-der-Höhe) huldigte. Organisatorisch erforderte dieser Plan die Zusammenarbeit von hebräischen und kanaanitischen Priestern. Theologisch bedeutete das, dass „Jahwe“ und „El Elyon“ als Aliasnamen galten und sich auf die gleiche allmächtige Gottheit bezogen.

Die Abrahamgeschichten im 1. Mose—die erzählte Geschichten der organisierten Religion, über Begebenheiten die vielleicht siebenhundert Jahre früher geschahen—berichteten von einer freundlichen Begegnung zwischen Abraham und dem Priesterkönig der Stadt Jebus, dessen Name „Melchizedek“ war. Vergleichsweise, ein kanaanitischer Hohepriester, der von David für den vereinigten Kultus installiert wurde, hieß Zadok. Dieser war offenbar den Schreibern des Königs als ein Spross aus der alten königlich-priesterlichen Familie des Melchizedek bekannt.

Das Reich des Königs David wurde so durch die patriarchale Geschichte über das Wirken Abrahams vernäht und legitimiert. Ein göttliches Mandat war nötig, und Schreibgelehrte entwarfen eine Anzahl von geeigneten „Bündnissen“ zwischen Gott dem Allmächtigen und seinem auserwählten Patriarchen, sowie ähnliche Bündnisse für die späteren Könige. Diese Bündnisse multiplizierten sich und wurden im Laufe der Zeit in die Schriften eingegliedert. Das anspruchsvollste dieser Versionen vermachte den Nachkommen des Abraham ein Gebiet, das von den Wadi von Ägypten (Wadi El-Arisch, bzw. Nil-Delta) bis zum Fluss Euphrat hin, welcher an der Stadt Ur vorbeifließt, sich erstrecken sollte. Das Problem mit dieser Erwartung, welches von den damals beteiligten Bündnisanwärtern noch unerkannt blieb, war dass die verkehrsreichste Heerstraße der Welt durch dieses Gebiet verlief. Alle durchziehende Völkerschaften aus Afrika, nach Europa und Asien, mussten einst durch die dortigen Anhäufungen von Ansiedlern hindurchkommen. Die Pfade dort wurden zur Heerstraβe zwischen Ägypten und Mesopotamien.

Einem auserwählten Patriarchen wie Abraham wurden Nachkommen versprochen, so zahllos wie Sterne am Himmel und so zahlreich wie am Meer entlang die Sandkörner liegen. Seine Nachkommen würden siegreiche Eroberer werden. Sie werden die Stadt-Tore ihrer Feinde in ihre Kontrolle bekommen. Und schließlich werden sie ein Imperium aus einer Vielzahl von Nationen beherrschen. Die Kosten für diese besonderen Gefälligkeiten, die für den göttlich erwählten Hirten anfielen, waren Gehorsam und blinder Glaube, einschließlich des frommen Gehorsams von Seiten aller seiner Nachkommen und Völkerschaften. Die Einsicht dass diese Nationen, aus Nachkommenschaft bestehend, einander zu Feinden werden können, wurde von diesen frühen optimistischen Schreibern noch nicht erahnt.

Eigentlich gab es drei Erzväter: Abraham, Isaak, und Jakob (aka Jishrael). Diese scheinen von den Schreibgelehrten des König David zu einer einzigen ursprünglich patriarchalen Familie zusammengekuppelt worden zu sein. Diese Großfamilie der drei ältesten Patriarchen, die sich auf Vater, Sohn, und Enkel erstreckte, waren Abraham in Hebron, Isaak zu Gezer, und Jakob in Bethel. Die Geschichte von dieser sieben-Jahrhunderte-alten kombinierten Familie, von drei Patriarchen aus drei verschiedenen Gegenden, band ein Königreich zusammen das aus Leuten des Abraham im Süden bestand, aus Leuten des Isaak im Westen, und Leuten die dem israelitischen Norden angehörten. Diese ganze Einheit wurde dann als eine Generationen Sequenz erklärt. Der Patriarch aus Bethel, welcher der Mehrzahl der Stämme seinen Namen schon unter einem König Saul verlieh, war Jakob, der auch "Jishrael" (also, ein Partisanenkämpfer Gottes) genannt war.

Das Erzählen einer bedeutenden Geschichte erfordert von vorneauf einen wichtigen Inhalt. Das gewichtigste der Themen, während der Zeit des König Davids, vor drei Jahrtausenden, waren die imperialistischen politischen Systeme der Überdomestizierung—einschließlich der Belastungen von Sklaverei, der Herrschaft von Räubern, und das Schlachten das von Kriegsherren und ritualistischen Priestern ausgeführt wurde. Offenbar versuchte David mit seinen Gefolgsleuten die schlimmsten Schemata der Überdomestizierung zu vermeiden. Das bloße Zustandekommen der Abrahamgeschichte bezeugt, dass der König David zum Abschaffen von rituellen Menschenopfern angetreten war. Seine politischen Ziele mögen wohl nicht ganz so rein gewesen sein wie man gerne vermuten möchte. David war ein kluger Kriegsherr und Intrigant. Er war nicht prinzipiell dagegen, dass bestimmte Leute im Volk auf Umwegen verschwinden sollten. Beim Lesen der Schriften seiner eigenen Chronisten scheint es seine erste Motivation gewesen sein, bei Todesurteilen das letzte Wort zu sprechen und dabei solche Macht von seiten seiner Hohepriester einzuschränken. Offenbar erhoffte er, als Oberbefehlshaber seines Militärs, diese Macht in seinen eigenen sichereren Händen zu behalten. Dennoch, mit seinem Wunsch nach blindem Gehorsam von seiten seiner Gefolgsleute, ebnete er den Weg zur Diktatur für seinen Sohn und Nachfolger, Salomo.

Was immer auch Davids politische Motivationen sonst noch gewesen sein mögen, die Geschichten über den ersten Patriarchen Abraham wurden zunächst erzählt um die vom König (und Gott) auserwählten und deklarierten „Kinder Abrahams" in die Konföderation des Königs zu locken—um Gott und dem König Gehorsam zu leisten. Das gleiche Endziel steckte auch in den Köpfen der Leviten die das Epos vom „Auszug aus Ägypten" verfassten. Diese Schreiber versuchten das neue Königreich Judah/Jishrael anhand einer Gegenüberstellung mit der zum Untergang verdammten Zivilisation von Ägypten zu definieren. Immerhin wurde, dank dieses Feindbildes, die Monarchie eine Weile lang mit einem Anschein von Kohärenz gesegnet. Mit der Installation von Hohepriestern aus der Jahwe sowie auch der El-Elyon-Tradition wurden die Ermächtigungen der beiden Hohepriester praktisch halbiert. Diese Strategie hielt die absoluten Theokraten in Schach, welche unter Umständen wohl versucht hätten als höchste Richter und strenge Henker zu amtieren. Der abrahamische Hirten- und Gründermythos hielt die Überdomestizierung in Schranken und begrenzte den Opferkult des Reiches auf einer früheren Stufe religiösen Organisierens, das heißt, innerhalb der einfacheren Domestikation. Tieropfer wurden erweitert und organisiert. Jedoch Menschenopfer wurden mit Hilfe der Abraham Geschichte deutlich untersagt.

Auf dem Berg Morija hat der Gott-der-Höhe seine neuen Gesetzesworte nicht in Stein graviert, sondern er lehrte seinen angehenden Patriarchen mit Anschauungsunterricht. Gott ließ den Möchtegern Patriarchen einen Widder entdecken der sich, vorsehentlich, in einem Dickicht verfangen hatte. Abraham erkannte den Widder schnell als einen Opferersatz für seinen Sohn. Der Patriarch, ein erfahrener Metzger, der bereits schon ein heiliges Opfermesser in seiner Hand hielt, verstand sogleich was da zu tun war. Die unerwartete Einführung eines Opferwidders in diese Erzählung definiert die göttliche Reform. Sein blinder Glaube hat jedoch dem Abraham eine Rüge eingebracht.

Davids moderaten Bemühungen zur Überdomestizierung ist es anscheinend gelungen, sein Volk zurück in einen primitiveren Domestizierer Kultus zu scheuchen, wobei lediglich wieder Herdentiere geopfert werden sollten. Die Entwicklung des patriarchalen Mythos welche die politisierte Theologie schräg in die Richtung eines blinden Gehorsams zu leiten versuchte, mag vielleicht eine Modifikation aus der Zeit des Salomo darstellen. Der letztere wurde nach ägyptischem Stil mit imperialistischen Ambitionen als ein „Sohn Gottes“ auf den Thron gesetzt. Solomo starb mit dem verdienten Ruf eines Tyrannen. Das altisraelitische Reich zerbrach seinethalber.

Im weiteren evolutionären Zusammenhang kann man für diese alte abrahamische Bundesmythe ein Problem erkennen das viel älter war als es die Schreiber des David hätten erahnen können. Diejenigen, welche schon lange vor der vermuteten Zeit des Abraham, auf den Spuren des Gottkönigs Narmer (Menes, Aha), Menschen geopfert haben, waren noch Jäger die ihre Überdomestizierungs Temperamente den archäisch-göttlichen Raubtier Totems verdankten.

Im Gegensatz dazu standen die Schreiber der Abrahamgeschichte tatsächlich schon auf dem Drehpunkt zwischen der alten Jäger Mentalität und den „zivilisierten" Überdomestizierungs Machtspielen. Möglicherweise waren ihre Vorfahren auf Jahrtausende hin schon auf der Suche nach einem anständigeren Ethos, welcher ihnen aus der Überdomestikation heraus zu einem einfacheren Domestikations Kultus zurück verhelfen konnte.

Jäger auf ihrem direkten Weg zur Überdomestikation haben Menschen drangsaliert und zum Teil versucht auszurotten. Und obwohl der Patriarch Abraham, seiner Geschichte im *Ersten Buch Mose* entsprechend, den höchsten Gott noch Belohnungen nach dem Stil der Überdomestizierer versprechen hörte, so arbeiteten jedoch die Autoren der Geschichte bereits schon daran, für ihre Zukunft einen politisch moderaten Monotheismus zu entwerfen. Der Schritt den sie unternahmen hat, zwangsweise, die Uhr des kulturellen Fortschritts auf die Ebene der einfacheren Domestikation zurückgesetzt.

Inmitten von überwältigenden Überdomestizierungs Experimenten, welche das zerbrechliche alte israelitische Königreich rund umgaben, haben die Schreibgelehrten sich bemüht den Überdomestikations Trend zu reformieren. Mit der Abraham Geschichte gelang es ihnen wenigstens den Opferkult ihrer kleinen Monarchie auf Tier- und Pflanzenopfer zu beschränken. In praktischer Sicht, theologisch, bedeutete das dass dabei im Opferkult der „Appetit" ihres allmächtigen Gottes reduziert worden ist und dass die amtliche Theologie des Kultus mit der Lebensweise gewöhnlicher Domestizierer harmonisiert werden sollte. Auch wenn die Schreiber sich dabei bemühten ihre kleine Monarchie auf sichere Füße zu stellen, so trugen sie dennoch dazu bei das Über-Übel der Überdomestikation überwinden zu helfen, so gut das zu ihrer Zeit eben möglich war.

Der Mensch „Abraham" ist im Laufe der Geschichte zu einem legendären Gründer von drei Strömen monotheistischer Religion geworden—dem Juden- und Samaritertum, Christentum, und Islam. Dazu kamen noch eine Reihe ethnische und konfessionelle Rinnsale. Abraham ist bekannt als Vater von Ismael und Isaak, als Großvater von Jakob (Jishrael) sowie als Vorfahre von Religionsstiftern wie

Mose, David, Salomo, Josia, Esra, Johannes der Täufer, Jesus von Nazareth, Paulus von Tarsus, Mohammad aus Mekka und dessen Nachkommen. Unter ausschlaggebenden Religionsstiftern, welche historisch bedeutsam geworden sind, gibt es wohl für Abraham kaum seinesgleichen. Nachfolger der oben genannten Traditionen betrachten Abraham, wenn nicht länger als ihren Erzvater, so doch als den religiösen Vorfahren unter dessen Einfluss spätere Gründer und prophetische Reformatoren eine Lehrzeit absolviert haben. Abraham stand am Wendepunkt zwischen einfachen Hirten Kulturen und dem Zeitalter der Zivilisation (der Überdomestizierung). Er wurde von seinem Gott, dem Hirten aller Menschen, gestoppt und gezwungen seinen angefangenen Überdomestizierungs Opfer Ritus abzubrechen. Die Goldene Regel von Toleranz innerhalb der eigenen Spezies, welche die meisten Tierarten instinktiv besitzen, muss von der intellektuell wandelbaren Spezies „Mensch“ immer wieder neu gefunden werden, im Zwielicht der Götter.

19

Jäger, Krieger und Ahnen im Alten China

Ausgrabungen bei Anyang und Xian haben neue Perspektiven für prähistorisches Verständnis eröffnet. Wie sind Chinas älteste Krieger Klans und Dynastien aus ihrer Vorgeschichte aufgetaucht? Einige der Texte, auf Orakelknochen gaviert, geben Hinweise auf das was in den Köpfen jener Eliten vorging. Die frühesten königlichen Horden waren zähe Jäger, die sich schnell in Plünderer, Krieger, und anführende Aristokraten verwandeln konnten. Sie ersannen sich ihre Quälereien zum Zweck der Überdomestikation. Nachdem was wir jetzt über Göbekli Tepe wissen, waren es wohl Jäger, Waffenmacher und potenzielle Krieger die später durch Asien streiften, vielleicht im Norden noch Jagd auf Mammut machten, aber anderswo auch fähig waren Herden zu rauben und Domestizierer zu versklaven. Texte auf Orakelknochen stellen uns solche Jäger und Krieger Klans noch aus der Zeit ihrer Ankunft in China vor.

Antike Überdomestizierer, in westlichen Ländern, deren Domäne an das Mittelmeer und den Persischen Golf hinanreichten, haben es zeitweise geschafft die Menschheit zu überwältigen indem sie Führungs Status als „eingeborene Erben" der einzigen schöpferischen Gottheit behaupteten. Wenn solche Allmacht in Frage gestellt wurde, dann war ihre Rückzugs Position, dass sie „Erste Vertreter" oder

„Erste Botschafter" der mächtigsten Gottheit waren—der Gottheit die inzwischen von einem Totem zum Schöpfer sich mutierte. Man kann davon ausgehen, dass allmählich Elemente der paternalistischen Hirtenlogik, und Ethik, in die älteren totemischen Anschauungen der Jäger eingesickert sind.

Mit einem kleinen Unterschied betonten die Herrscher der ersten imperialen Dynastien, in China, noch einen reineren oder wilderen Aspekt der totemischen Jäger Religion, das heißt, sie orientierten sich noch um eine räuberische Ahnenreihe herum. Ein solcher Stammbaum war, im Wesentlichen, die Botschaft die jeder Totempfahl während der Jungsteinzeit zu krächzen versuchte.[51] Es schien logisch, anzunehmen dass der großartigste totemische Vorfahre auch die großartigste Nachkommenschaft hervorbrachte. Innerhalb einer Jäger Kultur war jeder Mann es ohnehin schon gewohnt, stolz auf seine totemische Identität zu sein, sowie auf seinen totemischen Stammbaum. Es konnte niemand sich leisten, den Rang eines totemischen Vorfahren anzuzweifeln, vor allem nicht von jemand der als ein Kaiser so tat, als ob er der mächtigste Jäger in der Welt wäre. Überall dort, wo es dem Nachfahren eines überdomestizierenden Jägers an Heldentaten fehlte, konnte er mit Prahlerei aus der Größe seiner Vorfahren schöpfen. Selbst die jüngsten dieser hochgeborenen Totemisten konnten, an ihren Beerdigungen, noch über die größten und denkwürdigsten Massaker präsentieren.

Chinas Hirsch-Jäger ritt auf einem Drachen

In Bezug auf die Anfänge der chinesischen Zivilisation, sowie auf den Ursprung von Zivilisationen anderswo, ergeben archäologische Quellen ihre Daten in nur kleinen Rinnsalen. Auch in China müssen jene ersten Rinnsale in den Schichten der Steinzeit gesucht werden. Für die Zeit, da man sesshafte Steinzeit Jäger in China findet, kann man auch schon die ersten Spuren von menschlichen Bestattungsopfer antreffen. Anzeichen wurden schon in einem promi-

---

[51]Auf Grund dessen was wir seit Beginn unserer Erzählung am Göbekli Tepe gelernt haben, sind die großen Unterschiede zwischen alter westlicher und alter chinesischer Zivilisation jetzt für uns am Schwinden. Soviel ist beim Überdenken der ersten ägyptischen Dynastie deutlich geworden, und es wird wohl noch deutlicher werden wenn wir den Pfad der Geschichte Chinas weiter verfolgen.

nenten Yangshao Begräbnis vor etwa 6 000 Jahren hinterlassen. Im Jahre 1953 fand man die Überreste von Vorfahren welche sich als Jäger, Bauern, und Fischer sesshaft machten. Als Fischer arbeiteten diese dem Gelben Fluss entlang und auf den Feldern in der Umgegend pflanzten sie den Sorghum. Unser Hinweis betrifft das „Muschel-Drachen und Tiger Grab" in Xishuipo Puyang—in der heutigen Provinz Henan.[52]

Der prominenteste männliche Inhaber (M45) einer aufwendigen Dreikammer Grabstätte wurde von zwei fast mannesgroßen Muschel Darstellungen flankiert—von einem Tiger auf seiner linken Seite und dem ältesten bisher in China gefundenen modulierten Drachen an seiner rechten Seite. Das heißt, ein Drachen Mosaik wurde hier, neben dem Skelett des Mannes in der Hauptkammer mit Muscheln auf dem Boden ausgelegt (Abbildung 39). Eine zweite Darstellung von einem Drachen wurde zwei Kammern weiter südlich gefunden, und es scheint den Geist des Verstorbenen, auf dem Rücken seines Drachen reitend, darzulegen (Abbildung 40).

Wir schreiben hier „auf seinem Drachen", weil man vermuten darf, dass dieser Verstorbene ein Schamane von Führer Rang war; einer der während seiner Lebenszeit mindestens zwei totemischen „Helfern" befahl. Diese waren ein Drache und ein Tiger. Es dürfte eventuell mit dem Tiger auch ein Hirsch einbezogen werden. Aber die Bodenbilder in Kammer Zwei, in der Unterwelt dieses Mannes (hier nicht abgebildet), erscheinen uns nicht gesichert zu sein. Die „exquisite Stein Axt", die im Bericht erwähnt wird, ist in der Abbildung nicht mehr zwischen dem Hirsch und dem Tiger zu

---

[52]Viele der Daten und Hinweise in diesem Abschnitt verdanke ich Du Xiaoyu, die inzwischen an der Universität Nanjing ihren Doktorgrad über die Vorgeschichte Chinas erlangt hat. Ihre Dolmetscher Hilfe während meines Besuchs in Anyang soll hier ebenso, auch im Bezug auf spätere Abschnitte dieses Kapitels, anerkannt werden. Siehe auch: "The Cultural Relics Management Committee, Brief Report of Trial Digging of Xishuipo Site in Puyang," 濮阳西水坡遗址试掘 简报, *Cultural Relics of Central China,* 1988(1). "Cultural Relics Management Committee, Brief Report of Trial Digging of Xishuipo Site in Puyang" in *Huaxia Archaeology,* 1988(1). "Cultural Relics Management Committee, Brief Report of Trial Digging of Xishuipo Site in Puyang," in *Cultural Relics,* 1988(3). "Archaeological Team of Xishuipo Site in Puyang, Excavation Report of Xishuipo Site in Puyang of Henan," in 1988, 年河南濮阳西水坡遗址发掘简报, in *Archaeology,* 1989 (12).

sehen. Und aus solchen begrenzten Daten kann man die Möglichkeit, dass Kammer Zwei eine gewöhnliche Jagdszene mit einem Hirsch als regelmäßige Jagdbeute darstellt, nicht ausschließen. Jedoch, in seiner dritten Kammer scheint der Inhaber dieses Grabs im Begriff zu sein auf seinem Drachen wegzureiten.

Der Verstorbene mag seinen Ruf als Drachenreiter schon zu Lebzeiten verdient haben, in nächtlichen Séancen vielleicht. So etwas kann natürlich nicht mit Sicherheit erschlossen werden. Bilder die auf Begräbnis Gewändern gestickt wurden, aus späteren Han Bestattungen, sowie Themen aus der chinesischen Folklore, zeigen feurige

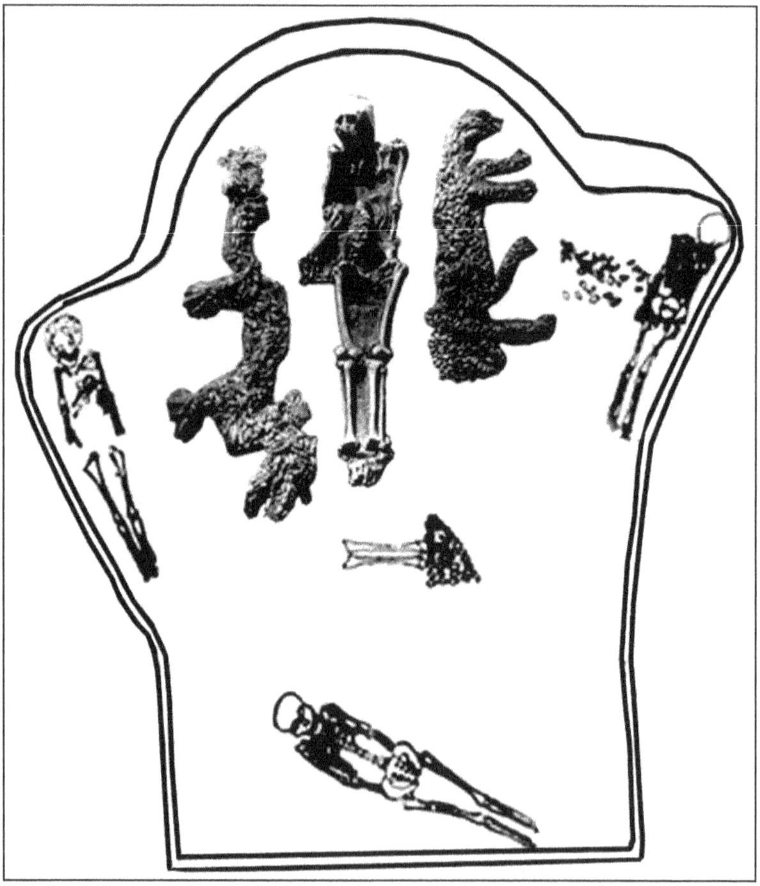

Abb. 39: Raum Eins von Begräbnis M45—Yangshao Grab zu Xishuipo, Puyang. Quelle: Seite 5, Platte Eins, in Cultural Relics of Central China, 1988 (1). Freundlicherweise von Du Xiaoyu zur Verfügung gestellt. Gezeichnet und zusammengefasst vom Autor.

Pferde die zu Drachen wurden.[53] Zudem liebten es die Krieger, bis ins westliche Europa auf Pferden zu reiten und sich selbst als Drachenreiter—als Dragoner—zu fühlen, wohl bis ins Zwanzigste Jahrhundert hinein. Allerdings hatten Yangshao Menschen zu ihrer Zeit noch keine Pferde zum Reiten.

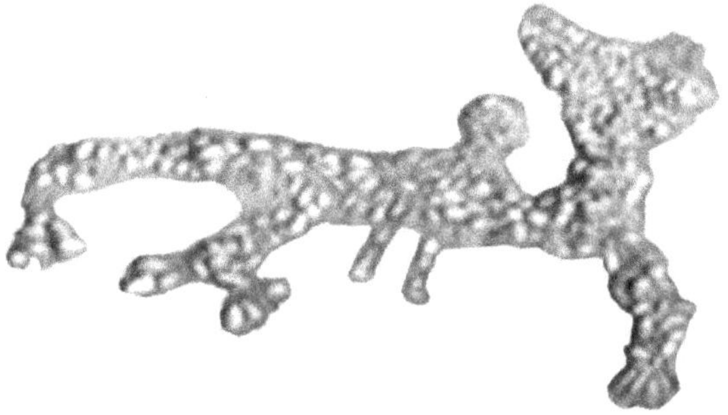

Abb. 40: Drachenreiter. Begräbnis 45, Raum Drei, im Yangshao Grab at Xishuipo, Puyang. Archaeology, 1989, 12, Seite. 1069, 4. Von Du Xiaoyu freundlichst zur Verfügung gestellt. Excerpted vom Autor.

Drei zusätzliche Begräbnisse: Die Bedeutung der drei zusätzlichen Beisetzungen müssen nun auch noch für dieses Steinzeit Grabmal (Abbildung 39, M45) beachtet werden. Die Leichen von drei Menschen, im Jugendalter, sind in ausgeglichenen Ausbuchtungen und nach gemessenen Abständen hinzugelegt worden, etwa wie eine Arbeitsgruppe von Dienern die ihren Herrn umrundeten. Zusammen deuten diese zusätzlichen Skelette, von sechstausend Jahren her, auf den Anfang einer langen Spur von verdächtigen zusätzlichen Bestattungen hin—als Prototypen für Menschenopfer, wie solche später, im Zusammenhang mit königlichen und aristokratischen Gräbern öfters gefunden worden sind.

Als Leser aus dem Westen, die wir vorweg unsere ältesten schriftlichen Quellen unter den alten Texten Ägyptens suchen, und uns dabei auch für Gerüchte über die jägerischen Heldentaten des König Menes interessieren, dürfen wir eventuell jene ägyptische

[53] Siehe zum Beispiel, *Han Tomb 1 in Ma-wang-dui of Changsha,* 马王堆一号汉墓, *Bild 38, Cultural Relics Publishing House, 1973.* (Hier nicht abgebildet)

Legende auch einmal im Lichte der Yangshao Archäologie überdenken. Als sich die eigenen Jagdhunde des Menes gegen ihn stellten flüchtete er, auf dem Rücken eines Krokodils reitend, über einen See. Weil nun die Drachen im alten China auch als Wolken galten so hat wohl der chinesische „Menes"—der Mann in seinem Yangshao Grab—tausend Jahre eher als Menes vom Drachenreiten in der Luft und auf Wolken geträumt.

Dieser frühe Yangshao Drachenreiter hatte einen Nachfolger der ihm, zu seiner Bestattung, drei menschliche Diener mitschickte. Verletzungen wurden an den Halswirbeln von mindestens einem dieser drei gefunden. Natürlich waren diese Opfer vom Nachfolger und Erben hinzugelegt und mitbegraben worden. Wir dürfen vermuten, dass diese nicht ohne praktischen Hintergedanken in die Unterwelt mitgeschickt wurden. Zumindest haben diese zusätzlichen Toten den Rang und die Autorität des Nachfolgers bestätigt, damals schon, hier an dem Ort der jetzt „Xishuipo" genannt wird.

Offensichtlich muss unsere Lektüre über diese Daten hypothetisch bleiben. Noch ehe ich eine Chance hatte, alle Dokumente selber zu konsultieren, wurde meine Anschauung von einigen früheren Kommentatoren bestritten—aus dem Grunde, weil eine „klassenlose" und jungsteinzeitliche Gesellschaft, und ein Grab das 6000 Jahre alt ist, unmöglich drei menschliche Opfer Skelette enthalten durfte. Andererseits versuchen aber die heutigen Erben von angestammten Kulturen irgendwelche Gräueltaten ihrer Vorfahren in der Regel abzustreiten. Den Reaktionen der heutigen Europäer entsprechend sind unsere Aussagen über den Kannibalismus der Bandkeramiker, in Europa, oder Berichterstattung über ein Menschenopfer bei Minoa, ebenso unerwünscht. Ehrung und Verteidigung der Vorfahren ist eine lobenswerte und fromme Haltung in jeder Kultur. Das ist gut so. Zum Mindesten wollen die Abstreitenden jetzt als bessere Menschen dastehen. Zum andern gab es auch den Gedanken über „klassenlose Gesellschaften", zu welchen sich chinesische Archäologen im Jahr 1953 noch verpflichtet wussten. Solche Dogmen werden heute kaum noch erwähnt. Besonderheiten in Bezug auf die Evolutionstheorie von Marx und Engels, oder auf den „Klassenkampf", haben ihre historische Beweiskraft nur ein bißchen länger als ein Jahrhundert aufrechterhalten können. Es scheint nun aber, dass Excesse der Überdomestizierung sehr frühe schon unter den Jägern der Steinzeit Fuß gefasst haben. Jäger der jungen Steinzeit haben als die ersten Anwärter auf heroisch-totemischen Rang ihre Häupter höher getragen; sie standen stolz neben ihren Totempfählen.

Von diesem Zeitpunkt in der chinesischen Vorgeschichte braucht man nicht mehr fragen woher chinesische Kaiser auf die Idee kamen etwaige Drachen oder Großkatzen zu representieren, und warum einige von ihnen später, wie die Wolken-Drachen, auch die Anerkennung und die Herrschaft über das Klima und die Landwirtschaft usurpierten. Das imperialistische Genie der chinesischen Regenten beherrschte seine Menschen als ein landwirtschaftlicher Regen-Drachen und Wohltäter. Die kaiserlichen, totemisch geneigten Überdomestizierer, haben die Erfordernisse der Verwaltung von Domestizierern schon zu Zeiten der steinzeitlichen Yangshao Menschen entschlüsselt—dort am Gelben Fluss, vor sechstausend Jahren.

Nach Betrachtung der vielen Menschenopfer welche später von den Schang ausgeführt wurden, und nach einem Besuch bei der ehrwürdigen Tradition des Konfuzius und seiner Bildungsreform, werden wir dazu noch einen vergleichenden Moment der Xishuipo Szene anfügen wollen. Ich werde aus dieser Sicht erneut auf die feierlichen Veranstaltungen, die ich im Jahre 2002 mit Hilfe von Zhang Zuotang gefilmt habe (siehe Abbildung 43, unten), hinweisen. Wir werden die Gelegenheit nutzen, über das Erbe der drei Yangshao Opfer nachzudenken, denen in Xishuipo, bei der Beerdigung ihres Herrn, vor 6000 Jahren die Kehlen durchgeschnitten wurden.

Hunde, Pferde und Streitwagen der Schang

Das Schang Pantheon, nach Rekonstruktion und Schichtung des Professor David N. Keightley, enthält (1) Schang-Di, den Höchsten Gott, (2) Naturgestalten wie Fluss, Berg, und so weiter, und (3) Ehemalige Herren. Diese drei Schichten göttlicher Wesen ergeben zusammen die „Höheren Mächte" Gruppe des Pantheons. Dann folgen (4) einige berühmte Prädynastische Vorfahren, die in das Schang-Mandat mit eingebündelt wurden, (5) Dynastische Ahnen, und dann schließlich (6) Dynastische Ahnfrauen. Generell war die Kult Betonung auf die Vorfahren auf Stufen 4 bis 6 platziert. Von den

Höheren Mächten (1 bis 3), erscheint Di am wenigsten in der physikalischen Dimension des Schang Ahnen- und Opferkults beteiligt gewesen zu sein.[54]

Die auffälligste Schicht in der frühdynastischen Überdomestikation, in der Archäologie Chinas, wurde an der Stelle der letzten Hauptstadt der Schang Dynastie, „Yin“ genannt, zwischen rund 1300 bis 1050 v. Chr. etabliert. Nahe dem heutigen Anyang wurde die totemisch-dynastische Ideologie, welche tausende von Menschenopfern verschlang einstens rationalisiert. Professor Keightley, der ausführlichste Kommentator zu dieser Sache unter den English-schreibenden Autoren, folgt den traditionell angemessenen Erklärungen uber eine anfängliche *Schang-Di* Gottheit und deren Distanzierung vom Kult als eine Art *deus otiosus*. Das schließt diese Gottheit dann wenigstens von den schlimmsten Verantwortungen für den daraus hervorgegangenen Opfer Kultus aus. Ich selber bin zusätzlich aber dazu geneigt, mir dieses höchste Wesen, *Schang-Di,* als einen totemisch besessenen Schang Urahnen zu denken—als einen der aus diesem Grunde, historisch gesehen sowieso nie ganz definierbar war.

Die archäologischen Opferbeweise zu Anyang reichen dazu aus, jegliche Versuche einer sprachwissenschaftlichen Systematisierung zu überwältigen. Menschenopfer waren offensichtlich systemische Komponente im Schang Imperium, mindestens so bedeutend wie das Konzept vom „Schang-Di“ es selber war. Und „Schang-Di“, als der Schang Ur-Ahne, scheint deshalb meist auf den frühesten und höchsten totembesessenen Vorfahr der Schang Linie zurückzureichen. Er wurde zum Gipfel und Urquell, zum *Di* (*Ti* oder Ahnherr) aller nachfolgenden dynastischen Schang Vorfahren. Die Schang-Dynastie begann wohl schon in mythischer Zeit—im Erlebnis mit dem totemisch besessenen ersten Urvater welcher in der Form eines Menschen zu einem überragenden Jäger und Hordenführer wurde.

---

[54] Siehe David N. Keightley. “The Making of the Ancestors: Late Shang Religion and its Legacy,” in *Religion and Chinese Society,* Band 1, John Lagerwey, Herausgeber. Chinese University Press, Shatin, N.T., Hong Kong (2004), 2006; Seiten 5 und folgende. Keightley hat sich bei dieser Arbeit entschieden für „analytische Zwecke“ für ein „Schang Pantheon“ zu sprechen. Genau genommen ergibt aber eine „Reihe von Vorfahren“ noch kein „Pantheon.“

Die allgemeine Religion des alten China ist verschiedentlich als Ahnen Religion, Familien-ismus, oder gar als etwas völlig Nichtreligiöses klassifiziert worden. Forscher die vergleichend an die Religionen herangehen, haben daher schon immer zwischen Ahnen und Göttern unterschieden. Sie haben sich deshalb auch extra Mühe gegeben die chinesischen von den westlichen Religionen zu unterscheiden. Doch die Frage, ob die ägyptische Osiris-und-Horus Theologie sich wesentlich vom Schang-Di Pantheon unterschieden hat bleibt dabei immer noch offen, zumindest in Bezug auf politische und kultische Konsequenzen.

Die Hauptrichtung der Keightley Abhandlung bietet die Einsicht, dass die Schang Ahnen hauptsächlich zur Unterwerfung der domestizierenden Bevölkerung geschaffen wurden *(were made)*. Über die einfachere Bevölkerung wissen wir allerdings geschichtlich noch sehr wenig. In unserem evolutionären und politisch sensiblen Vokabularium, dürfte dieses „Erschaffen von Ahnen" dann wohl auch als ein „für die Überdomestizierung gekünsteltes Schang Pantheon" definiert werden. In einem wissenschaftlichen Symposium über die Religion würde das Schang „Pantheon" der göttlichen Vorfahren dann, logischerweise, auch unter die Überschrift von „Religion" fallen—genau so wie die Politik und Theologie aus Heliopolis im alten Ägypten fallen würde. Unter kulturellen und politischen Erwägungen würden beide auch als Bemühungen um Rechtfertigungen, sowie als Propaganda zur Stärkung der Überdomestizierung gelten dürfen. Jungsteinzeitliche Totems funktionierten einst als Götter der Jäger, welche dabei auch den totem-besessenen menschlichen Vorfahren entsprachen. Sie blieben auch noch Götter als die Jäger sich in Räuber und Aristokraten verwandelten.

Der älteste Kern des Schang Mandats wurde aus der primitivsten Wolle vom Raubtiergesetz, aus dem rohesten Verhalten archäischer Jäger gesponnen: „Dir gehört was du töten kannst." Könige, Kaiser und Usurpatoren aus der Menschheitsgeschichte haben Macht über ihre Gebiete durch verschiedene Methoden von Menschenjagd und Menschenopfer gewonnen—haben ihren Besitz mit Anteilzahlungen legimitiert. Aber kaum hatte jemand eine solche Ebene von Autorität erreicht musste er, um gewonnene Macht zu behalten, seine Kämpfe weiterführen um seines eigenen lieben Lebens willen. Er musste sein Mandat ständig gegen Usurpatoren mit frischen Demonstrationen seiner Fähigkeit töten zu können beweisen. Das Ziel seiner Demonstrationen war nicht nur zu zeigen *dass* er töten konnte, aber auch, dass er töten *würde*—um seine Besitztümer zu behaupten.

Auf diese Weise wurde die Gewalt der Überdomestizierenden, zum Weiterwirbeln in einen Teufelskreis hinein verdammt, immerfort in Gefahr, spiralenförmig über die Grenzen dieses Kreises hinauszuschleudern. Selbst hoch prinzipierte Herrscher und idealistische Revolutionäre sind irrtümlich in die Terror Falle geraten. Als Mittel, um ein wünschenswertes Ziel zu erreichen, versuchten sie, vorübergehend den Terror defensiv zu nutzen. Ihre Hoffnung war dabei wohl einen Punkt zu erreichen an dem genug Sicherheit errungen sein würde um fortan nur noch Gutes zu tun. Doch ein ebenso primitives Gesetz, der „Wunsch nach Gleichgewicht aus Rache", sorgte dafür, dass nie genug Freiheit blieb um auf „Nur Gutes Tun" überzuwechseln—vollends nicht nachdem man das Böse tun, um das Böse letztlich zu besiegen, so übergut erlernt hatte.

Frühchinesische Zivilisation, wie auch andere Kulturen in der Welt, begann mit neolithischer Technologie und wurde später durch die Zugabe von Feuer und Metallurgie gesteigert. Feuerstein Waffenspitzen wurden dupliziert und in Metall umgeformt. Stattliche beheizbare Bronzegefäße bewiesen ihre Praktikalität nicht nur als Staatsprunkstücke, sondern auch als Kochtöpfe für kannibalische Siegesfeiern. Nebst der Kunst des Bronzegusses, gab es ein weiteres Handwerksfach, das die Macht und die Schichtung des vielfältigen Erbes der Schang Jägerkultur verstärken half. In der Nähe von Anyang war die Domestizierung von Pferden zu einer solchen Zugabe geworden, das heißt, eine Ermächtigung die schließlich mit Wagenbau Technologie verkoppelt wurde.

Nebst Kriegern und Hirten kommandierten die Schang Aristokraten auch noch die Landbauern. Nach Hinweisen von Eingravierungen auf Orakel Knochen, waren das Menschen von denen man erwartete, dass sie die Felder bearbeiteten, den Sorghum säten und ernteten. Aber nur sehr wenig ist über diese einfache Schang Bevölkerung bekannt. Was die Schang Eliten selbst, und die Verwaltung ihrer Domäne anbetrifft, so war es ihnen am Wichtigsten dass sie ihren royalen Bestrebungen zwecks der Erhaltung und der Erweiterung der Jagd nachgehen konnten. Im alten China waren damals die Jäger mit Wucht eingefallen und haben dann, inmitten einer sesshaften Bevölkerung einfach in größerem Stil weitergejagt. Sie unterwarfen sich die eingesessenen Domestizierer und quälten die Hirten. Vermutlich waren es Xiongnu oder Samojeden aus dem Norden und Westen, die in den Orakelknochen-Texten als Gefangene oder als Opfer Kandidaten zusammen mit ihren Herden vermerkt worden sind. Manche Menschen die dort notiert waren mögen wohl auch vorübergehend als „Kriegsgefangene" gegolten haben. Aber wie kann man unter den Zuständen der Schang Herrschaft die Gefangenen von regulären Leuten unterscheiden—solange Kriegs Kampagnen als solche nicht von marodierenden und arbiträren Jagden und Plünderungen zu unterscheiden waren?[55] Es scheint als ob frühe asiatische Domestizierer, Hirten sowie Landbauern, nie in der Lage waren den von Totemgöttern gesteuerten Jäger-Kriegern zu entkommen. Die Eliten waren Jäger die in ihrer neuen Welt als Krieger und Aristokraten sich neu erfunden hatten.

Von den ersten schriftlichen Aufzeichnungen der Schang, ihren Orakel Knochen, erfahren wir über große Truppen von Männern die fürs Jagen engagiert wurden. Der König war viel um seine Pferdewagen besorgt. Im Gebrauch auf offenem Gelände waren diese Kavallerie Vehikel der Bronzezeit offenbar anfällig für Unfälle. Diese waren möglicherweise ein wenig besser geeignet für die Überwachung einer Jagd Strategie von nebenan. Sie eigneten sich, den König als Kommandant einen Meter höher als seine Horden zu platzieren, oder um Ausrüstungen mitzuschleppen—wohl besser als in der Mitte einer Jagd oder im Tumult einer militärischen Schlacht weiterzukommen. Der Schang König bangte darüber, wie Jagdunfälle mit Wagen zu vermeiden wären. Sein Vorlieben für die Jagd war deshalb der Einsatz von „Hunde Soldaten", und sicherlich nicht ohne gute

[55]Herbert Plutschow identifizierte unter den Opfern der Schang zusätzlich auch noch den Ch'iang Stamm von Schafhirten. Siehe: "Archaic Chinese Sacrificial Practices in the Light of Generative Anthropology," *Anthropoetics I*, no. 2, p. 5, December 1995, University of Los Angeles, CA.

Begründung—trotz allen seinen professionell inszenierten Vorsichtsmaßnahmen und seinen Orakel Rücksprachen mit den Oberahnen.

Schang Könige der frühen Bronzezeit engagierten zwei Arten von Offizieren in ihrem Gefolge. Erstens gab es da Männer die mit den Hunden liefen. Die Infanterie griff gemeinsam mit gezähmten Hunden an. Sie stürmten wie Hunde. Diese Krieger und ihre Tiere wurden einfach als „Hunde" bezeichnet. Und dann gab es Offiziere welche die königlichen Pferdekarren fuhren, und diese Männer wurden einfach nach ihren gezähmten Tieren „Pferde" benannt.

Diese sprachliche Besonderheit, Soldaten als „Hunde" oder als „Pferde" zu benennen, verrät nicht nur die Anfangsphase einer Schriftsprache, welche die Kunst der Abkürzung zu beherrschen vermochte, sondern es trägt auch zum ideologischen Profil der Schang Überdomestizierung bei. In den Augen der Schang Eliten waren menschliche Soldaten wirklich wie Hunde oder Pferde. Gewöhnliche Menschen wurden um einige Stufen tiefer unter den Eliten eingeschichtet—so wie auch die anderen Tiere. Und wenn man sich bei Anyang das große Ausmaß von Menschen Schlachtungen ansieht, dann wurden menschliche Wesen wirklich wie das Vieh, oder auch noch abwertender behandelt.

Hunde wurden wohl etwa vor fünfzehn- bis dreißigtausend Jahren domestiziert, oder auch schon früher; oder sie mögen sich vielmehr selber domestiziert haben, wenn sie aus eigener Anregung Mitläufer für die menschlichen Jäger wurden. Die erste Präsenz von Wölfen oder zahmen Hunden hat, jedoch, unter den menschlichen Jägern noch keine Kultur der Domestikation bewirken können. Die Zähmung von Hunden verstärkte anfangs lediglich ein Bündniss zwischen zwei Arten von Raubtieren. Als später dann diese Kombination von Mensch und Hund als gemeinsame Jäger unter menschlichen Kriegsherren und Königen umorganisiert wurde, blieb die Grundfunktion der Menschen die Gleiche, nämlich, zu jagen und zu dienen wie die Hunde. Und beiderlei Arten wurden von ihren totemisch ermächtigten Königen zusammen als Kämpferpaare benutzt. Alle diese domestizierten Arten gehörten zu dem persönlichen Besitz der Eliten. Die menschliche Spezies hatte sich dadurch, in der Tat, ihren Ethos aufgebessert und sich der aristokratisch-göttlichen Kultur der Wölfe angepasst.

Wenn an diesem entscheidenden Augenblick es in der menschlichen Entwicklung wirklich eine Konkurrenz zwischen menschlicher Kultur und der Kultur der Hunde gegeben hat, dann haben die Hunde diesen Wettbewerb aufgrund ihrer Gehorsams-Modellierung gewonnen. Hunde wurden zu Vorbildern für ihre menschlichen Herren. Als hochbegabte Affenmenschen, und als totemverbündete Gott-Menschen, erlernten diese Herren schnell in ihrer führenden Rolle als Tierzähmer zu funktionieren. Was ein Hund bereit war für einen menschlichen Herren zu tun, das wurde künftig von allen Menschen erwartet—alles ebenso getreu für seine totemisch-verbrüderten Obrigkeiten, für vergöttlichte adelige Herren zu tun. Und bis zum heutigen Tage werden im chinesischen Volksmund die Infantristen und Polizisten noch als Hunde benannt, oder—sogar dem Boden noch näherstehend—als Hundsfüße.

Aber was die königliche Macht der Schang noch höher gehoben hat, und was den Rang des ersten totemischen Vorfahren Schang-Di über andere Höhere Mächte, Vorfahren und Könige etabliert hat, waren gezähmte Reitpferde, sowie das zusätzliche Rattern von gezogenen Pferdewagen. Es empfiehlt sich, deshalb, einen kurzen Blick auf die Domestikation von Pferden in Asien zu werfen.

Die ersten Zaun-und-Pfosten Gehege, mit erheblichen Mengen von Pferdemist welche für deren Bewohnung bürgen, in Kasachstan, sind auf etwa 5 000 v. Chr. datiert worden. Wie Rinder, Schafe, und Ziegen anderswo, wurden die Pferde zu Krasni Yar, in Kasachstan wohl des Fleisches und der Milch wegen gehalten.[56] Die frühesten Belege von Pferden die geritten wurden, das heißt, Pferde Zähne die von einem Zaum abgenutzt wurden, sind auch in Kasachstan gefunden worden und kommen aus der Zeit 3 500 bis 3 000 v. Chr.. Nur wenige von diesen Pferden wurden geritten, vielleicht um zu jagen oder um Wildpferde einzutreiben. Die frühesten Wagen die von Pferden gezogen wurden erschienen in Mesopotamien um etwa 2 000 v. Chr.. Solche Wagen zeigten sich in China rund acht Jahrhunderte später, während der Schang-Dynastie, als zweirädrige mit zwei Pfer-

[56]Marsha A. Levine, "Domestication, Breed Diversification and Early History of the Horse," McDonald Institute for Archaeological Research, Cambridge, UK: Http://research.vet.upenn.edu/HavermeyerEsquireBehaviorLabHomePage/Reference.

den bespannte Karren. Pferde wurden zusammen mit ihrem Wagen und Wagenlenker geopfert gefunden, im gleichen Gräberfeld wo man auch Tausende von andern Menschen, bzw. Hunde-Offiziere (Abbildungen 41 and 42) gefunden hat. Yin war die letzte Hauptstadt der Schang Dynastie (etwa 1200-1045 v. Chr.), in der Nähe vom heutigen Anyang.

Mit der Ankunft von Pferden und Wagen begannen die Methoden der Jagd, und des Krieges, sich in Richtung größerer Komplexität abzuändern. Die enge Verbindung zwischen Jagd, militärischer Ausbildung und dem Kriegeführen bestand noch während den Jahrhunderten der Krieger Staaten (475-221 v. Chr.) und darüber hinaus. Heldenhafte Krieger traten gegen wilde Tiere, gegen Tiger und Bullen, mit einem Kurzschwert in bloßen Händen an. Organisatorisch und strategisch gab es keine großen Unterschiede zwischen militärischen Kampagnen und Treibjagden. Großjagden wurden unternommen um Beutetiere den Ahnen zu opfern. Kriege wurden geführt um Gruppen von Menschen, für Arbeit und Opfer zu Ehren der gleichen Vorfahren zu erobern. Hirten und ihre Herden dienten zur Schlachtung sowie als Opfer. Die Jagd gegen Tiere war „virtueller Krieg", war eine exzellente Übung fürs Kriegeführen gegen Menschen. Auch spätere Eroberer in China, wie der Kublai Khan (13. Jht.), schlossen sich noch den alten Traditionen an. Sie jagten Tiere wie man Menschen erobert. Marco Polo, der über ganz Asien auf Wildschafe Jagd machte, fand des Khans Treibjagden schwer von Militär Feldzügen zu unterscheiden. Zehntausende Menschen nahmen an seinen Treibjagden teil.[57]

Alle Kriegsführung der Schang wurde analog als Fortsetzung zur Entwicklung der Ur-Hominiden weitergeführt. Menschlich künstlerische Raubtiere wurden zuerst gegen Beutetiere aufgeführt und wurden sogleich in Rivalität gegen konkurrierende Raubtiere eingesetzt. Shang Hunde- und Pferde-Offiziere standen unter dem Kommando einer erfolgreichen Raubtier Mutation, von gott-besessenen Königen. Diese waren Sprösslinge aus einer totemisch-göttlich gegründeten Dynastie von Ahnen. Das was die Essenz der ersten militärischen Organisationen. Diese wurden dann gegen Büffel, Hirsche und Wild-

---

[57] Siehe Mark Edward Lewis, *Sanctioned Violence in Early China* (SUNY Press, 1990), Seiten 145-146.

schweine eingesetzt—auch gegen die Tiger welche dieselben Beutetiere schon eine lange Zeit früher als die Menschen umkreisten. Vermutlich haben die Könige ihre Wagen gebraucht um das Gebiet ihrer Beutetiere zu erkunden und um Netze und andere Ausrüstungen schneller zu transportieren. Hundeoffiziere wurden dann wie Zaunpfosten stationiert, um die Netze hochzuhalten welche die panisch fliehenden Tiere verlangsamen und verwickeln sollten, um diese darnach zu fesseln oder zu töten, je nachdem es die Lage erlaubte oder der König befahl. Andere „Hunde" trieben Tiere in die Netze.

Der Schang König, beim Planen einer offiziellen Strategie für einen Jagdzug, oder einer Strategie für irgendwelche andere Kampagnen, ließ seine Erwartungen betreffs der Unterstützung von seiten der Ahnen auf Schulter Knochen von Rindern oder auf Schildkröten Panzer eingravieren. Kollektiv werden beiderlei Schreibunterlagen heute von den Ausgräbern als „Orakel Knochen" bezeichnet. Diese Unterlagen wurden dann, mit dem Aufdrücken von glühenden Metallstäben, auf die Zusage von Hilfe die der König von seinen Ahnen erwarten konnte geprüft. Der König unterhielt eine Gefolgschaft von etwa zweihundert Schreibgelehrten, welche die Ergebnisse seiner offiziellen Deutung, sowie dazu seine amtlichen Entscheidungen der Reihe nach eingravierten. Doch allein der König blieb für das ganze Verfahren verantwortlich, sodass die endgültige Entschlüsselung und Interpretation am Ende immer nur gewollt und gültig auf den Knochen geschrieben stand.

Überprüfungen und Verbesserungen wurden auf den gleichen Knochen eingraviert, nach des Königs persönlicher Strenge—scheinbar um sich selbst zu bestätigen und um seine eigenen Ahnen zu beeindrucken. Außer seinen überwachten bürokratischen Schreibern, und des Königs eigenen Ahnen, waren keine weiteren Menschen genug geschult, oder ermächtigt, diese Offenbarungsunterlagen einzusehen. Und so regierten die ersten Könige Chinas von einer intellektuellen Ebene aus, die sich als Autorität direkt unter ihren eigenen Ahnen ausdehnte. Sie regierten mit einer formalisierten Bürokratie, das heißt, mit Hilfe von Pionier Graveuren und Weissage-Assistenten welche lesen und schreiben konnten. Während der König es schaffte, sich so seine Entscheidungen religiös zu rechtfertigen und seine Befehle durch Ahnenmagic zu legitimieren, wurde der Gehorsam der Untertanen in eine künstlerische Hieroglyphenwolke eingehüllt und darin praktisch verschnürt.

Während mit Hilfe schriftlicher Orakel die Regierungskunst des Königs große Stärke und erfinderische Klugheit aufwies, enthielt diese aber auch eine neue inbegriffene Präzision und Verwundbarkeit. Warum war es für den großen König notwendig, alles schriftlich seinen Vorfahren vorzulegen? Hatte er denn nicht von Anfang an die Kontrolle über seinen gesamten Kultus? War es nur eine Frage des Demonstrierens? Musste er seinen Ahnen laufend beweisen, dass er seine Untergebenen besser täuschen und verwalten könne als jene alten die noch ohne die Kunst des Schreibens und ohne Bürokratie zurecht kommen mussten? In einem früheren Kapitel dieses Buches habe ich vermutet, dass das erste gesprochene Wort eines menschlichen künstlerischen Jägers wohl eine Verneinung oder eine Lüge war. Es scheint nun auch, als ob an der Wiege der Zivilisation sich diese evolutionäre Episode des sprachlichen Fortschritts „schriftlich" wiederholt hat. Die erstgeschriebenen Worte auf Haushaltslisten, welche Eigenbesitz registrierten, ehe solcher religiös gerechtfertigt werden konnte, waren wohl ähnlich erschaffene Behauptungen. Im Falle der Schang Bürokratie wurden derartige Wunscheinträge und deren zeremonielle Komplexität mit Ahnenbeteiligung ermächtigt.

Die Befehle der Überdomestizierer benötigten eine scheinbare Präzision, als Ahnen-Vollmachten, welche ihre Untergebenen mit mysterischen Aufzeichnungen beeindrucken sollten. Darüber hinaus, ohne ihre Befehle als absolut bezeugen zu können, hätten die Könige wohl nie ihre eigenen Ahnen effektiv genug beeindrucken können. Zum andern aber wurden sich die beamteten Schreibgelehrten bald bewusst, dass sie wegen geschriebenen Inkonsistenzen des Öfteren zusätzlich gescholten werden konnten. So kam es dazu, dass im alten China schleichwissenschaftliche „Wahrsagerei" nicht für immer geheim bleiben konnte. Während auf Grund ihrer absichtlich beschränkten Aufgaben die Literaten sich langsam befähigten die königliche Herstellung von Orakeln zu durchschauen und anzuzweifeln, so erarbeiteten sich spätere Generationen von Schreibern noch zusätzliche sprachliche Fähigkeiten der Analyse, welche es ihnen ermöglichte zu erkennen wie Überdomestizierungslügen praktisch in offizielle Wahrheiten verwandelt wurden. Eine geschriebene Sprache konnte objektiv durchgedacht werden, für genau das was geschrieben stand. Im Vergleich mit früheren Runden administrativer Anmerkungen und Interpretationen war es möglich Ungereimtheiten zu erkennen welche vordem absichtlich eingefügt worden waren. Auf diese Weise, ohne die früheren bürokratischen Vertuschungen der Schang Könige, hätten die hundert philosophischen Schulen, später—einschließlich die der Konfuzianer, der Taoisten und der Legalisten—keine schriftliche Handgriffe zum Anfassen finden können. Es hätte keine geistlichen Werkzeuge gegeben mit deren Hilfe die Ungereimtheiten und Widersprüche erkannt werden konnten. Ohne solche Erkenntnisse hätten die Volkslehrer nie auf Verbesserungen oder Reformen bestehen können.

Die Leute die gejagt wurden mögen wohl Krieger anderer Gruppen gewesen sein, sowie Hirten mit ihren Rindern, Schafen und Pferden. Alle Domestizierende konnten legitim als Feinde oder Beute erklärt werden, und ihre Besitztümer konnten mit ihnen zusammen konfisziert werden. Sicherlich konnten auch des Königs eigene Schreiberlehrlinge, welche die regierungswichtigen Orakel-Knochen handwerklich beschrifteten, und welche aufgrund ihrer jugendlichen Unwissenheit bestimmt manchmal peinliche Lernfragen stellten, wohl selber leicht zu Opfern reduziert werden. Natürlich konnte die Existenz eines Kriegerreichs, sowie die Ausübung verfeinerter Weissagung um der gesellschaftlichen Ordnung willen, oder auch zur starken Verteidigung der ganzen Schang Dynastie gerechtfertigt werden. Jede aggressive Truppe von Kriegern konnte, anhand der gleichen authorisierenden Kenntnisse, ebenso leicht mobilisiert werden. Die Liebe zum Überleben erforderte Ordnung und Zusammenhalten. Dazu waren Präventivschläge wohl der sicherste Weg um seine Verteidigungskraft intakt zu halten. Größere Mengen von Gewalt waren nötig und in den meisten Fällen genügten, um kleinere Mengen von Gewalt zu unterdrücken.

Vier Inschriften auf Orakel-Knochen ermöglichen einen Überblick über das was als eine gute Jagd hätte gelten können: „Heute ist der *Yi*-Tag; wenn der König jagt wird ihm, den ganzen Tag über, kein Unheil treffen. Es werden keine große Regen fallen.“ [145] „Am *Guimao* (40. Tag) verbrannten wir das Gestrüpp (bei der Jagd) und fingen elf [Wildbüffel], fünfzehn Schweine, ...Tiger, zwanzig junge Hirsche." [146A] „Es sollen die Hunde-Offiziere sein mit denen der König jagen geht, (dann) wird es keine Katastrophen geben" [146B]. „Wenn der König mit den Hunde-Offizieren jagen geht, wird er (Beute) fangen."[58]

Auch gefangene Menschen sind auf den Schang Orakel-Knochen als des Königs Zahlungen an seine Ahnen, im Austausch für deren Zustimmung und Unterstützung vermerkt. Die Weissagung war dieselbe ob der König seine Schulden mit Vieh oder mit Menschenopfer bezahlte. Es war der König der seine Opfer anbot; und es waren die Ahnen die seinen Vorschlag durch Bestimmung der zufälligen Reißlinien auf dem Orakel Knochen entweder annahmen oder ablehnten. Der König selber verfasste die endgültige Interpretation. In der nächsten Instanz erfahren wir was den hungrigen Ahnen als Opfergabe versprochen wurde: „Wenn er zehn Männer (Qiang Gefangene) opfert, dann wird der König Hilfe erhalten. [144]"

Was in der Nähe von Anyang gefunden wurde, an der Wiege der chinesischen imperialen Zivilisation, kann als ein besonders starkes Beispiel für frühe Überdomestikation gelten. Progressive Jäger, aristokratisch auch mit allen Arten von Strategien der Domestikation bekannt, übersprangen die Ziele der herkömmlichen Domestizierung. Von ihrer Kontrolle über Pflanzen und Tiere sind sie direkt zur Unterjochung von Menschen weitergeschritten. Um ihren aggressiven Stil zu legitimieren, haben sie ihre religiöse Kommunikation mit den Ahnen und Göttern mit Feuer manipuliert—und somit ihre Religion mit einer mysteriösen Technologie verstärkt. Unterschiede zwischen menschlichen Kämpfern, Hunden oder Pferden verschwanden wenn, wie es uns die Orakel Knochen belegen, der Herrscher das Schicksal der Untertanen mit Knochenaufplatzungen bestimmte, schon ehe er diese in einen Kampf führte. Der König war Oberhaupt der Schreiber, der Weissager und der Registrare. Er war der Haupt-Korrekturleser seiner eigens beherrschten, auf Orakel basierten Legitimationsbürokratie.

Im Rahmen dieses imperialen Systems waren weder die Götter noch die Ahnen, noch der supreme Ahnherr Schang-Di selbst, in der

[58]David N. Keightley. *The Ancestral Landscape...*, 2000, Seiten 3, 106, 108 und folgende.

Lage etwas zu vermitteln das der Schang Herrscher selber nicht ans Licht kommen lassen wollte. Inzwischen wurden bei Anyang die Skelette von Menschen-Hunden ausgegraben, samt denen von vierbeinigen Hunden, Pferden und zweirädrigen Streitwagen, samt zweibeinigen Pferdelenkern. Es gab darunter sogar einen Elefanten. Die Zahl der archäologisch dokumentierten Opfer, aus dem Zeitraum des Königs Wu Ding, lief in die Tausende.

Hier folgt nun ein Beispiel des Königs Versprechen an Vater *Yi*, auf einem Orakle-Knochen von einem königlichen Graveur eingetragen: „Bei dem Exorzismus (Ritus) des Vaters *Yi*, spalteten (wir) drei Kühe, und gelobten dreißig zerlegte Menschenopfer und dreißig gepferchte Schafe" (I. Bin-Heiji 886; Y891.2). Das Ertrinken von Tieren im Fluss war auch eine Strategie welche die Schang Könige als Opfermethode anwandten: „(Wir) machen Brandopfer dem *Tu*, von drei jungen gepferchten Schafen, einem aufgespaltenen Rind, (und wir) ertrinken zehn Rinder." [59]

Moderne Rationalisierungen beginnen in der Regel mit der Annahme, dass die alten chinesischen Menschen ihren Ahnen gegenüber schon von jeher eine religiöse Gesinnung und intime Beziehung gepflegt haben. So, ob nun heute bestimmte Kommentatoren mit Vorfahren sympathisieren, welche vormals an den Opferfesten der Schang geschlachtet wurden, oder ob sie die klugen Royalen für ihre große Opfermacht bewundern, oder ob bestimmte ausländische Wissenschaftler, motiviert bei Höflichkeit und in der Hoffnung niemanden zu beleidigen das ganze Thema zu vermeiden suchen, so können wir von keinen von diesen irgendwelche nüchterne historische Erkenntnisse erwarten.

Die Tatsache für sensible moderne Gemüter bleibt bestehen, dass im evolutionären Nachhinein ein Beweis, den Ahnen gegenüber aus Frömmigkeit Menschenopfer dargebracht zu haben oder auch zum Zweck der Unterwerfung anderer Menschen strategischen Terror angewandt zu haben, scheint jetzt irgendwie verwerflich. Aber dann haben auch die modernen Gesellschaften des Westens, des Mittleren sowie des Fernen Ostens, noch während des zwanzigsten Jahrhunderts viele tausendmal mehr Menschen umgebracht. Sie haben mehr Menschenopfer zuwege gebracht als selbst die blutigsten Herr-

[59] David N. Keightley. "The Ancestral Landscape…", 2000, Seiten 9, 32, 64.

scher im alten Mittelamerika, im alten China oder andere im antiken Sonstwo geopfert haben mögen, um ihre archaisch priesterlichen oder königlichen Jagdeitelkeiten zu stabilisieren.

Abb. 41: Anyang, China: Shang Dynastie Ausgrabung aus einem Feld von Menschenopfern. Autor Foto, mit freundlicher Erlaubnis vom Anyang Museum.

Unabhängig davon, welche Art von religiösen Entschuldigungen für einen aristokratischen Opferkult geboten werden, unsere historischen Beobachtungen müssen die Tatsache anerkennen, dass die vorgeblich frommen Herrscher kaum die gleichen Religionen wie ihre Opfer praktiziert haben können; gleichfalls gilt auch das Umgekehrte. Es gab nie eine einheitliche chinesische Religion der Ahnenverehrung, es sei denn man meint damit den Teil, der genauer als „kaiserliche Überdomestikation" verstanden werden kann. Das gemeine Volk konnte sich der Gewalt der Stärkeren nicht entziehen.

Religiöse Ehrenbezeugungen waren ausschließlich für die höchsten Ahnen der Gebietenden gedacht.[60] Das heißt für jene, die David Keightley als eine „gemachte" Ansammlung von königlichen Vorfahren unter Schang-Di erklärt hat. Vorfahren, für welche du selber als einfacher Mensch geopfert werden konntest, waren nicht deine eigenen. Wenn du dich als Schang Krieger plötzlich von einer Gruppe bewaffneter Hunde-Offiziere umringt fandest und die Hände hinter deinem Rücken gefesselt bekamst, war die einzige Religion auf die

[60] David N. Keightley: "The Making of the Ancestors: Late Shang Religion and its Legacy," Seiten 3-63 in John Lagerwey [ed.] *Religion in Chinese Society*. Es versteht sich von selber, dass außer Schriften, die von außen her erschaffen wurden, es auch noch eine größere Menge von wichtigeren Arbeiten innerhalb Chinas selber gibt.

du dich noch verlassen konntest, die fromme Hingabe an ihren Schang-Di und an dein Ming (Schicksal). Die Hunde-Beamten, die dich mit Verhaftung und einer Opferfeier ehrten, waren nicht deine Verwandten. Diese Sorte von Hunde konnten wohl selber das nächste Mal an der Reihe sein, wenn ein König oder eine Königin starb—oder wenn jemand von diesen sich von Zahnschmerzen geplagt fühlte.

Abb. 42: Wagen, Pferde und Wagenlenker Opfer.
Foto vom Autor, mit freundlicher Erlaubnis vom Anyang Museum.

Bei einem königlichen Begräbnis wurde der verstorbene Monarch als neuer Ahnen-Kandidat den bereits vergötterten Reihen der höchsten Schang Vorfahren vorgestellt. Während der verstorbene König damit in den Rang seiner göttlichen Vorgänger befördert wurde, inszenierte sein Nachfolger für ihn ein grandioses und bedeutsames Festspiel für dessen Beförderung im Jenseits. Das gleiche Fest galt auch dem Nachfolger für seine eigene Übernahme der Macht über die überlebende Bevölkerung. Das reichliche Schlachten von Tieren und Menschen wurde inszeniert, um den Status der vereinten Generationen von aristokratisch göttlichen Raubmenschen, verstorben oder überlebend, zu heben und zu sichern. Diese Ahnen-Religion basierte auf der allgemeinen Furcht unter den Überlebenden. Die Furcht der Untertanen versprach Stabilität für die Dynastie. Dem gemeinen Volk bedeutete diese Furcht aber weiterhin Versklavung und, eventuell dazu noch, plötzliche Endlichkeit.

Ein verstorbener König, für den Tausende von Menschenleben verschwendet wurden, war zum frommen Vorwand an seiner eigenen Bestattung nicht mehr aktiv dabei. Seine Tage des Menschentötens endeten, als er starb. Aber dann war sein Nachfolger an der Reihe, der das Spielbrett der Macht nunmehr zu seinem Vorteil leeren und neu besetzen konnte. Er konnte dabei zweifelhafte Menschen aus der alten Struktur loswerden, und er konnte Krieger aus einer jüngeren Generation um sich sammeln. Seine selbst erwählten menschliche „Kampfhunde" waren Männer, deren Seelen er mit frischer Schuld zu beladen verstand. Es war eine neue Generation von Killern, die um ihrer eigenen Sicherheit willen es nun nötig hatten dem Herrscher und einander, als Blutsbrüder, die Treue zu schwören, weil alle anderen in der Welt sie als einzelne geächtet hätten. Sie mussten zusammenhalten und ihre Macht an den Ängsten der Schwächeren beweisen, um ihrer gemeinsamen Krieger-Ehre willen.

Die Verbreitung von Angst unter den Untertanen ist etwas, auf das die ganze aristokratische Opferfrömmigkeit am Ende hinauszielt. Das Begräbnis eines Vorgängers war der richtige Zeitpunkt, an dem, mit dem Vorwand offizieller Frömmigkeit, die Regierung geläutert werden konnte. So leicht konnte das Regime über die gesamte Laufbahn des nächsten Herrschers nicht mehr gesäubert werden, es sei denn, natürlich, dass ein Nachfolger sich mit seinen blutigen Reinigungsriten und seiner Selbstlegitimation selbst übernommen hat. Er konnte sich, von Volksaufständen gezwungen, sodann seinen göttlich-hungrigen Ahnen unter Schang-Di schneller zugesellen müssen, als er für sich eine eigene treue Anhängerschaft konsolidieren konnte. Die Dynastie konnte fallen und der Leib des Königs, oder auch sein Kopf, in einem der stattlichen Bronze Kessel zur Siegesfeier eines anderen Herrschers gekocht werden—in einem Kessel, der dann speziell für den nächsten Usurpator, dem neuen Gewinner des göttlichen Mandats, zu Ehren gegossen wurde.

Konfuzius: Ein Lehrer der Höflichkeit im Drachenlager

In vorhergehenden Abschnitten dieses Kapitels haben wir Einblicke gewonnen, wie Steinzeitjäger in China mit den frühesten Stadien der Überdomestizierung verknüpft waren. Es fällt auf, dass die bloße Substitution von Bronze für Feuerstein nichts am Wesen der Steinzeitjäger-Kultur oder deren Religion änderte. Metallurgie schärfte lediglich die Waffen der Jäger und steigerte deren Effekt. Darüber hinaus dienten die berühmten Schang Bronzekessel offenbar als Geräte eines überspannten Kannibalismus.

Aus Hyper-Jägern wurden Hyper-Domestizierer und Aristokraten. Zum gleichen Schritt nach vorn gehörte auch die Kunst des Schreibens, eingeführt um die Kontrolle über Eigentum und Menschen zu verstärken. Tausende von Menschenopfer wurden bei Anyang geopfert, als ob die Herrscher ihre Macht auf die Zahl der Leichen stützen wollten.[61] Ein denkender Archäologe darf fortan sich weniger von der Ahnenfrömmigkeit dieser Schang Eliten beeindruckt fühlen, als von der Tyrannei, welche diese den Lebenden zufügten, um sie schockiert zu halten.

Sieben Jahrhunderte später war es dem weisen Konfuzius und anderen Reformatoren überlassen, sich um religiösen Ausgleich und Menschenwürde zu bemühen, soweit eben diese für die Menschheit in China zu jener Zeit noch erreichbar waren. Ihre Möglichkeiten waren begrenzt. Konfuzius konnte nicht von einem Berg herabkommen, wie angeblich es Mose einst getan hat, mit einer göttlich neugravierten Steintafel, um eine Reihe von neuen göttlichen Geboten zu verkündigen.

In der chinesischen Entwicklung war der Ahnengott Schang-Di, noch mehr einem totemischen Sponsor, einem „Superjäger" ähnlich, als einem allmächtigen Schöpfer oder einem Vater aller lebenden Arten. Er hatte keine Propheten unter dem Volk, und er schien nicht daran interessiert gewesen zu sein, etwaige öffentliche Menschenrechte zu etablieren. Diese Nische war völlig vom regierenden Schang König und seiner esoterischen Wahrsager Bürokratie usurpiert und besetzt gewesen. Archäologische Funde zeigen, dass die ersten beiden Dynastien des alten China, das Schang (ca. 1570-1045 v. Chr.) und das Westliche Zhou (1045-771 v. Chr.), Menschenopfer betrieben. Erst in den darauf folgenden Perioden, wie der „Frühling und Herbst" und in der Zeit der „Krieger Staaten", wurden Menschenopfer als Staats-Rituale aufgehoben. Allerdings wurden tatsächliche Tötungen dieser Art, bei Begräbnissen, erst im Jahr 384

[61]Mehr als 1 200 Opfergruben wurden 1934 bis 1935 bei Anyang, der Hauptstadt der Shang, ausgegraben. Im Jahr 1976 entdeckten die Archäologen 191 Gruben mit mehr als 1 200 Opfer. Siehe Herbert Plutschow, "Xunzi and the Ancient Chinese Philosophical Debate about Human Nature." *Anthropoetics 8,* no. 1, Spring-Summer 2002, East Asian Languages and Cultures, University of California at Los Angeles, CA. Für eine Gruben Probe siehe Abbildung 39, oben.

v. Chr. „offiziell" abgeschafft. Menschenopfer wurden fortan in der Form von Ersatzfiguren aus Lehm und Holz beigesetzt.[62]

Für eine Zusammenfassung verweisen wir wieder auf die sorgfältige Arbeit von Herbert Plutschow: Keiner der prominenten Lehrer oder Philosophen aus den Zeiten des „Frühling und Herbst" und den „Krieger Staaten" kümmerte sich um das Problem der Menschenopfer—nicht Konfuzius (Kong Fuzi, 551-479), Mozi, (ca. 480-390), Menzius (Meng Zi, ca. 382-300), Zhuangzi (ca. 365-280) und Han Feizi (gestorben 233). Während diese die Herrscher der ersten Dynastien als weise vorstellten, scheint es rätselhaft, dass keiner dieser Philosophen nur auch das Menschenopfer irgendwie erwähnt hätte, nicht einmal als ein negatives nicht-mehr-wünschenswertes staatstragendes Ritual. Sie schrieben, als ob es diese Opfer nie gegeben hätte. Sie ignorierten die Tatsache, dass der weise Yao, Shun, Yu, der König Tang von Schang, der Wen und Wu von Zhou, die sie alle als die Väter der guten Staatsführung idealisierten, tatsächlich Menschenopfer veranlassten.[63]

Es gibt in der wissenschaftlichen Meinung einige Unterschiede über das Ausmaß des scheinbaren konfuzianischen „Schweigens." Professor Xu Changqing leitete das Team des Archäologischen Instituts von Jiangxi, welches im Januar 2007 ein 2500 Jahre altes aristokratisches Grab ausgrub, welches kurz vorher entdeckt worden war. Das Grab enthielt die Überreste von siebenundvierzig menschlichen Opfern. Und Xu Changqing erklärte, dass Konfuzius „ein ganzes Leben lang Blutopfer kritisiert hat."[64] Ich stimme dem Professor Xu bei, dass diese Grundstimmung in den Lehren des Konfuzius implizit ist. Dennoch habe auch ich wie Plutschow keine direkten Hinweise gefunden, dass der Mensch Konfuzius sich gegen diese Praxis

[62]Herbert Plutschow. "Archaic Chinese Sacrificial Practices in the Light of Generative Anthropology," *Anthropoetics I*, no. 2, Seite 5 (December 1995), University of Los Angeles, CA.

[63]Herbert Plutschow, in *Anthropoetics 8*, no. 1 (Spring/Summer, 2002). Yao und Shun waren legendäre Weise Könige aus der Antike. König Tang war der dynastische Gründer der Schang. König Wen (regierte 1099-1050 v. Chr.) und der König Wu von Zhou (regierte 1049/45-1043 v. Chr.); sie waren dynastische Gründer der Zhou Dynastie.

[64]Kevin Holden Platt berichtete am 29. Januar 2008 für das *National Geographic News (Oktober 28, 2010).*

je offen ausgesprochen hat. Ich muss deshalb weiterhin die historischen Umstände zu verstehen suchen, welche eventuell die Ambivalenz des lehrenden Konfuzius erklären können.

Bei der Betrachtung der vorrangigen Rolle des göttlichen Schang-Di Ahnherren, über die Schang Regierung und deren Dynastie sowie über dynastische Opfer und Grausamkeiten dürften Konfuzius und andere reformationsgesinnte Lehrer wohl verblüfft dagestanden haben. Als Studierende ihrer Geschichte und ihres Staatswesens wussten sie wahrscheinlich einige Dinge über diese Kultur von Gräueltaten sowie auch über die Tatsache, dass in aristokratischen Kreisen diese Praktiken sich zu ihrer Zeit noch durchsetzten. Offene Kritik an diesen Verfahren hätte damals den Lehrern wahrscheinlich nichts weiter gebracht als Todesurteile, welche dann mit ihrer Vollstreckung nur zur Bestätigung der Praxis beigetragen hätten. Diese Überdomestizierungs-Praktiken hatten Bestand weil sie unter potenziellen Opfermenschen die Todesangst verstärkten und weil sie den Status und die Macht der herrschenden Eliten steigerten. Hätten die Lehrer frank und frei gesprochen, dann hätten in dieser politischen Debatte ihre Worte sehr wahrscheinlich nur das Menschenopfer als Verwaltungs-Notwendigkeit legitimiert. So scheint es, dass der weise Konfuzius zuerst einmal die imperiale Theologie abzuändern versuchte—mit seinem Abrücken vom alten höchsten göttlich-totemischen Ahnherrn der Schang, „Schang-Di" genannt. Wo immer es möglich war, orientierte sich Konfuzius in die Richtung einer breiteren Theologie, des weniger intimen „Tien"—etwa so wie auf Deutsch der Begriff "Himmel" die Benennung "Gott" abzuschwächen vermag.

Das Problem ist leicht zu verstehen, wenn besonderen Menschen zugestanden wird, dass sie wirklich besonders auserwählte persönliche Freunde einer allmächtigen Gottheit sind oder dass sie zur exklusiven Nachkommenschaft eines allmächtigen Ahnherrn gehö-

---

[65]Gründer von Religionen haben sich im Allgemeinen zuerst auf eine Umgestaltung der Ontologie oder Theologie konzentriert. Sie haben sich dabei auf Abänderungen von Voraussetzungen zu verschiedenen sozialen Stilen beschränkt. Siehe zum Beispiel das Schweigen unter den Gründern des Christentums, Buddhismus sowie des Islam über die überdomestizierende Praxis der Sklaverei. Während man am Herzen eines Systems operiert, muss man eben das Schneiden der Zehen- oder Fingernägel bis später warten lassen.

ren. Viele solcher Menschen werden sich dabei einfach zu groß erscheinen, um in der Welt der gewöhnlich Sterblichen weiterhin friedlich koexistieren zu können. *„Tien"* (Himmel) war der Name den Konfuzius zur Benennung der obersten Gottheit vorzog. Er impliziert eine Gottheit, die großräumlicher als der *Schang-Di* erschien, welche aber aus der Sicht des Konfuzius immer noch bedachtsam allen menschlichen Angelegenheiten seine Aufmerksamkeit widmete. Unter diesen Umständen, innerhalb der konfuzianischen Perspektive und Ausgewogenheit, sollte der Name des überragenden *Tien* als die höchste Norm anerkannt und gleichzeitig aber außerhalb der Reichweite der machthungrigen Kaiser gehalten werden. Im Gegensatz dazu war der *Schang-Di* noch viel zu eng mit den hungrigen dynastischen Schang Ahnen und mit deren Opferkult verbunden.

Natürlich enthielt die gesamte Struktur des Konfuzianismus eine Reihe von alten Problemen für Leute, die in den letzten zweitausend-und-mehr Jahren auf seine Lehre angewiesen waren. Der Raum in diesem Buch reicht nicht aus, eine solche Diskussion weiter zu verfolgen. Aber wir empfehlen einen Vortrag von Wm. Theodore De Bary.[66] Weitläufige zweieinhalbtausend Jahre alte konfuzianische Notlösungen werden sich wohl nicht mehr buchstäblich mit einer modernen Vernunft vereinbaren lassen. Wie dem auch sei, zum Zweck einer Lösung für neue Schwierigkeiten müssen zuallererst und trotzdem die historischen Umstände und die Absichten alter Reformatoren in ihrem historischen „Sitz im Leben" verstanden werden.

Konfuzius lehrte Rituale *(Li)*, welche zur Verbesserung von Betragen und Anstand beitragen sollten. Reformation würde dann, hoffnungsgemäß aus solchem Bildungsdruck heraus, durch ein verbessertes gesellschaftliches Verhalten und aus allgemeiner Höflichkeit heraus, bewirkt werden. Zum Beispiel war es Menzius möglich ein fast demokratisiertes Inthronisationsverfahren für die Kaiserwahl vorzuschlagen. Sein Beispiel war der Herrscher Yao der anstelle seines eigenen Sohnes den Shun als seinen Nachfolger wählte. Nach den Angaben von Menzius hatte einst dieser Shun die Führung bei Ritualen: Alle Musiker und Mitfeiernde mochten

---

[66]Wm. Theodore de Bary, "The Trouble with Confucianism." *Tanner Lectures on Human Values.* Vortrag an der Universität von Kalifornien, Berkely, 4. bis 5. Mai 1988. Http://www.tannerlectures.utah.edu/lectures/documents/debary89. pdf.

ihn. Und diese Kaiserwahl basierte dann auf der theologischen Grundlage, dass der Himmel die menschliche Situation ziemlich so sieht, wie es die gewöhnlichen Untertanen selber auch sehen: „Der Himmel sieht und hört es so, wie das Volk es sieht und hört.“[67]

Als nächster Schritt in der breiteren konfuzianischen Sicht der Dinge war es somit, die Hoffnung der Gelehrten die menschlichen Herrscher daran zu hindern, die Absichten des Himmels stören zu wollen. Und auf ihre Weise versuchten dann diese Lehrer, die Gefahren der theokratischen Überdomestizierung zu verringern. Konfuzius und andere klassische Lehrer hatten nicht viele feste exemplarische Präzedenzfälle aus der Geschichte vorzuführen oder solche ihren Schülern zu empfehlen. Vielleicht auch gar keine.

Doch gegen die allgemeine Gefahr, als Lehrer am Ende das kaiserliche System mit einem bloßen Anschein von Menschlichkeit und Ordnung unterstützt zu haben, gebrauchte Konfuzius zweierlei Ritual Komplexe, welche er beiden gesellschaftlichen Dimensionen der sozialen Skala entlang, nach oben und nach unten hin, zu lehren und zu empfehlen begann. Nach oben hin brauchte er Lernstoff der die Macht der Kaiser und der Eliten einzuschränken vermochte. Nach unten hin brauchte er Rituale, um gewöhnliche Menschen zu befähigen, ihr Leben so zu führen, dass sie den Eliten gegenüber sich stärker fühlten.

Um die höheren Schichten zum Umlernen herauszufordern, suchte der Konfuzius ideale Vorbilder aus der Vergangenheit, welche in den legendären Gestalten von nachahmbaren weisen Königen verkörpert waren. Nach unten hin empfahl er den schlichten Leuten ein Gewebe von anspruchslosen Ritualen, die sich in ihrem Totenkult anwenden ließen. Der Ahnenkult der Eliten, mit deren Opferkult verbunden, hatte vordem das ganze Kommen und das Gehen ihrer Untertanen beherrscht. Das strategische Denken des Konfuzius zeigt sich somit verständlich: Je mehr das gemeine Volk die Vorfahren ihrer eigenen Familien zu respektieren und zu feiern lernte, je weniger wichtig wurden für sie die göttlich erklärten Ahnen der Eliten. Das bloße Selbstbewusstsein der Bevölkerung steigern zu wollen, ohne Verknüpfung mit ihren eigenen Vorfahren, hätte fühlbar revolutionär gewirkt. Andererseits konnte aber bescheidene Ehrung

[67] Siehe *Menzius* 18, 7-8; aus der James Legge Übersetzung.

der eigenen Vorfahren vom niedrigen Volk den Eliten gegenüber als edle und ehrenhafte Nachahmung ihrer „aristokratisch vorbildlichen Ahnenfrömmigkeit“ gerechtfertigt werden. Solche Tugenden pflegten ja die Vornehmsten der Eliten unter sich; sie verherrlichten ihre Vorfahren als ihre eigene Ur-Essenz, und sie stärkten damit die Stattlichkeit ihrer Dynastien. Doch dagegen definierte der Konfuzianismus nun für das gemeine Volk auch noch den Pfad einer bescheideneren Ahnenfrömmigkeit. Dieser „verdünnte“ Ahnenkult der Untertanen bewirkte für diese einen unschuldig langsamen Aufstieg, welcher, natürlich und meist unbemerkt, durch die Nachahmung von „höfisch“ fürstlichem Benehmen so ganz nebenbei ein erhöhtes Selbstgefühl unter den Untertanen aufbaute.

In China reicht das Nachahmen der Eliten von seiten der schlichten Bevölkerung heute noch bis zu den Grabbeigaben der ältestbekannten Eliten der Steinzeit zurück. Sechstausend Jahre sind zwischen der obigen Abbildung 39 und der Abbildung 43 (siehe unten) vergangen.

Wenn im Jahr 2002 die Mittel für eine Zeremonie zur Verfügung standen, wurde Zhang Jucai, ein gewöhnlicher Bauer in einem kleinen Dorf in Ningxia, drei Jahre nach seiner Beerdigung zum vollen Rang eines Ahnen seiner Familie befördert. Unter den Pappmaché-Ersatzfiguren auf Abbildung 43 sind noch die gleichen drei Menschenopfer ersichtlich. Da war ein Herrenhaus mit einem männlichen Diener und einer Hausmagd sowie zwei Pavillons, welche den Goldberg und den Silberberg darstellten. Dazu noch ein weiterer männlicher Diener, der für das Pferd des Ahnen verantwortlich war. Diese Ersatzfiguren wurden mit Bündeln von selbstgedrucktem Jenseitsgeld und einer Beigabe von destilliertem Sorghum dem neuen Ahnherrn übers Feuer zugeführt. Es ist erstaunlich, wie in der Volksreligion im modernen China selbst im Jahre 2002 sich noch kein Tabu gegen den Gedanken des Menschenopfers gebildet hat. Konfuzius hat einstens, anscheinend, sein Revolutionsschema recht unsichtbar und glaubhaft etabliert.

Konfuzius lehrte seinen nach oben strebenden Schülern als Herren-Erzieher *(chüntzu)* rituales Benehmen und dazu geeignete Manieren *(li)*, unterschiedlich für die oberen und unteren sozialen Schichten. Aber wie konnte ein Tanz-und-Höflichkeits Lehrer die

Abb. 43. Der dritte Jahrestag der Beerdigung von Zhang Jucai im Sommer 2002 zu Fanmagou in Ningxia. Vier Yin-Yang Schamanen amtieren (unten links). Der Verstorbene war ein gewöhnlicher Bauer, welcher an diesem Tag ein voller Vorfahre wurde und jemand der Nachweltstatus auf der Ebene des alten unteren Adels erreichte. Beerdigungsopfer für ihn waren Pappmachéreplikate: einer Villa, zwei Diener, männlich und weiblich, zwei Pavillons sowie ein Geleitsmann mit Pferd. Alle diese Figuren wurden am Grab verbrannt. Mit freundlicher Einladung zu dieser Veranstaltung von Zhang Zuotang, Neffe von Zhang Jucai. Zuotang ist rechts unten am Feuer, nach vorne gebeugt zu sehen. Der Mann mit Hut, der hinter ihm steht, ist Zuotangs Vater, der Bruder des Verstorbenen. Die Fotos wurden aus Videos vom Autor extrahiert.

Hoffnung hegen oder es wagen, den Kultus der glorreich göttlichen Räuber—der totemisch angereicherten Kaiser, Tiger, Löwen und Drachen zu reformieren? Sicherlich nicht, indem er ihnen die Ethik von Opferlämmern predigte! Aber mit etwas Glück konnte seine Reform durch die Aufstellung von verbesserten Königsmustern gefördert werden, das heißt von Vorbildern, die nachgeahmt werden konnten. Und mit dieser Strategie des Hinweisens und Erzählens berichtete Konfuzius so manches über die besten Könige, die jemals in China regiert haben (konnten).

Die Notwendigkeit, weise Könige als Vorbilder zu präsentieren, war dringender, als faktische Geschichte aufzuwerten oder zu kommentieren. Auch in der wirklichen chinesischen Geschichte, so darf vermutet werden, konnte man so manche Könige finden, die sich eher als Totschläger rühmen lassen würden. Konfuzius, als Reformator, fand sich genötigt den blutigen Herrlichkeitsethos der totemisch räuberischen Eliten ein wenig blasser darzustellen. Er brauchte nachahmenswerte, weichere Vorbilder, um die Eliten zu etwas Besserem zu bekehren. In diesem Sinn ist die Anmerkung des großen Lehrers, betreffs des schon erwähnten weisen Herrschers Shun (23.-22. Jht. v. Chr.), vielsagend:

> Unter denen, die mit Inaktivität *(wu-wei)* regierten,
> sollte sicherlich der Shun gezählt werden.
> Denn welcherlei Maßnahmen hat er unternommen?
> Er stand nur ernst und andächtig da,
> mit dem Gesicht nach Süden gekehrt. Das war alles.[68]

Stellen wir uns das einmal leibhaftig vor! Konfuzius, des Landes berüchtigter Erzieher von höheren Beamten, von Möchtegern-Beratern der Könige und Kaiser. Er gibt diesen Rat! Und dann überdenken wir noch, dass ein Kaiser praktische politische „So-macht-man-das" Antworten erwartete. Zum Beispiel, wie kann man den Menschen Gehorsam einpeitschen? Ein wu-wei Ratschlag konnte einen Kaiser nur ärgern. Konfuzius gab hier keine praktischen Hinweise, mit welcher die Logik oder die Kraft eines kaiserlichen Dekret gestärkt werden konnte.

---

[68] Aus dem Englishen übersetzt. Siehe: Arthur Waley, *The Analects of Confucius*, Book XV, 4. Vintage Books, 1938.

Natürlich war der Rat des Konfuzius nicht als eine einfache humane Erziehungsmethode oder als allgemeine Weisheitsberatung für die Menschen erbeten worden, sondern um Vorteile den Herrschern einzubringen. Die *Chüntzu* Lehrgeschichten wurden über alte weise Könige erzählt, welche einstens besser als die heutigen regierten. Diese alten weisen Könige waren klüger als diejenigen, über welche man letztlich etwas gehört haben konnte. Solche weise Herrscher lebten vor langer Zeit. Shun disziplinierte sich selber mit seiner Methode des „inaktiven Nachdenkens," dem *wu-wei*.

Der einbezogene Vorwurf für die Herrscher war klar und zweifach. Erstens hat Konfuzius die Ideale der rücksichtslosen angestammten Könige umdefiniert und ihre Ahnenvorbilder als besonnene Träumer aufgeweicht, zur Nachahmung bereitstehend. Und zweitens wollte er damit sagen, dass eingriffsloses Regieren besser wäre als die gewalttätige Überdomestikation der Eliten. Auf jeden Fall würde das *wu-wei* den Menschen und dem Land weniger Schaden zufügen. Natürlich konnte ein Tanz- und Höflichkeitslehrer es sich nicht leisten, solch eine Einsicht als seine persönlich logische Überzeugung zu verbreiten. Stattdessen hoffte er, dass seine fiktiven klugen Könige, auf die Länge hin, doch noch ihre Nachkommen inspirieren und zu einem gewissen Grad auch noch zum Nachahmen anregen würden. Ein bisschen weniger willkürlichen Durchsetzungswillen und ein wenig mehr inaktives Nachdenken hätten sicher das Leben mancher Untertanen im alten China verschönert. Wenn immer andächtig darüber nachgesonnen wurde, dann hat der Gedanke an *wu-wei* wohl auch die harte Überdomestikation einer gewaltorientierten Jäger-und-Räuber-Zivilisation zum Weicherwerden verhelfen können.

Die Ziegen des Asasel

Fast alle Rituale in der primitiven Jägerreligion und viele in den Religionen von Domestizierern waren Versuche von Rechtfertigung, Versöhnung und Normalisierung. Für die Jäger einst zählten das Verwunden, das Töten, das Schlachten und Verzehren als belastende Taten. Für Domestizierer wurde der Besitz von unrechtmäßigem Eigentum eine zusätzliche Belastung. Das Schlachten gehörte zu jeder dieser wirtschaftlichen Orientierungen. Manche Hirten brachten den Göttern Anteilszahlungen für ihre Herden als ganze geschlachtete Tierkörper. Erstgeborene Schlachtopfer oder Brandopfer erwarben so die später geborenen Geschwistertiere, aus derselben Mutter, für den menschlichen Verbrauch. Opfertiere beim Jom Kippur, dem alt-israelitischen Versöhnungsfest, wurden als Anteile getötet, für das, was Domestizierer ihrem Gott und dem Kultus des Königs schuldeten. Eine Versöhnungszeremonie huldigte beiden, dem Gott sowie dem sponsornden König, sie reichte vom bloßen Mitmachen mit der Monarchie bis in den Bereich des Überdomestizierens hinein. In den Tagen des steinzeitlichen Jagens jedoch war Asa'sel noch ein göttlicher Herr der Ziegen. Er war noch daran interessiert, seine wilden Ziegenherden am Leben zu erhalten.

20

Die Ziegen des Asasel

Tier Opfer zur Versöhnung

Es gab einmal eine alte Tierhaut, die mit alten hebräischen Buchstaben beschrieben war. Diese Schriftrolle wurde vor etwa zweieinhalb tausend Jahren fertig gestellt. Und weil inzwischen diese Schriftrolle nun Teil einer größeren Sammlung wurde, welche man dann wiederum als ein heiliges Buch anerkannt hat, haben Kopien davon überlebt. Der Text wurde als *Leviticus* oder als drittes Buch der Thora-Sammlung bekannt—als das *Dritte Buch Mose* auf Deutsch. Die Schriftrolle wurde von zuversichtlichen Nachkommen von jüdischen Priestern überarbeitet, offenbar während ihres babylonischen Exils (597/586 bis 539 v. Chr.), und diese Autoren hofften, dass diese Schrift ihnen später einmal als ein Lehrtext dienen könnte. Eines Tages würden sie wieder nach Jerusalem zurückkehren und wieder ihren Tempel aufbauen. Und in diesem Falle bräuchten sie eine gute Anleitung für die Durchführung ihrer antiken Tempelriten, einschließlich der genauen Anleitungen über das Töten und die sakrosankte Darbringung bestimmter Tieropfer.

Diese alt-jüdischen Professionellen haben erinnert, verbessert und umgeschrieben, was sie aus Geschichten und Handlungen in Bezug auf den ersten Kult Israels in einem Zelt-Heiligtum ihrer ersten Hauptstadt, oder auch von den halbmythischen Geschichten über Wüstenwanderungen noch erinnerten. Einige dieser Geschichten wurden einst schon von Gefolgsleuten König Davids (ca. 1003-971 v. Chr.) bei der Staatsgründung zusammengetragen. Sein Sohn, der König Salomo (ca. 971-931 v. Chr.), hat dann die halbnomadische Zeltanlage zu einem Tempel aus Stein aufgebessert.

Folgedessen enthält das alte priesterliche Lehrbuch *Levitikus* nun allerlei von dem, was jene priesterlichen Aspiranten während ihres babylonischen Exils aufgearbeitet und zusammengestellt haben. Es birgt Erinnerungen an historische Aufzeichnungen. Wahrscheinlich schöpften die Schreiber dabei auch noch einige Aufbesserungen für eine angereicherte Zukunft aus ihrem Wunschdenken. Jedes dieser Elemente sollte dazu beitragen, unser Verständnis von der religiösen Tradition, die in den Köpfen der Aufbewahrenden weiterwucherte, zu vergrößern.

Ein Abschnitt in *Levitikus* bietet uns einen unerwarteten Blick in die implizite Jägerreligion die zur Zeit der Anfänge der Domestikation im Fruchtbaren Halbmond noch hätte existieren dürfen. Einiges davon empfiehlt sich etwa wie eine Hypothese über altertümlich Vergessenes, so etwas wie die Domestikationsversuche von Ziegen, Schafen und Rinder. Der Text, den wir für diese Erwägungen gewählt haben, ist *Levitikus* 16, der gleiche Abschnitt der heute noch von den Praktikern des jüdischen Ritus am Versöhnungstag *(Jom Kippur)* gelesen wird. Ein paar Sätze aus diesem Text geben Einblick in das prähistorische vorderasiatische Religionsklima der Domestizierung, auch zu Elementen, deren Wurzeln möglicherweise bis in die Zeit des Göbekli Tepe zurückreichen.

Es muss gesagt werden, dass wir es in diesem Falle mit einem rätselhaften Text zu tun haben, den vielleicht nicht einmal die babylonisch-jüdischen Redakteure des *Levitikus* selber ganz verstanden haben. Aber als Anerkennung sollte vorweg gesagt werden, dass, obgleich diese gemeinte Stelle auch mit dem wichtigsten Grundsatz der monotheistischen Jahwe-Religion im Konflikt stand, man damals trotzdem die problematische Ziegenepisode nicht aus der Geschichte hinausgeworfen hat. Was diese Episode vor einem Rauswurf rettete, war wahrscheinlich ihr einzigartiger Platz in dem rituellen Ablauf der alten Versöhnungstagsfeierlichkeiten. Dazu zählte alles das, was diese Feiernden respektvoll an ihren Ursprungstempel in Jerusalem erinnerte. Die aufgefrischten Riten wurden während ihres babylonischen Exils, das heißt später, als ihnen der Zugriff zum Tempel nicht mehr möglich war, zum köstlichen Erbgut. Die Priester klammerten sich weiterhin an das Wenige, das ihnen noch über die jährlichen Versöhnungsopfer in Erinnerung geblieben war. Sie erinnerten sich daran vielleicht besonders deshalb, weil die kulturellen Umstände der alten Riten historisch schon als sehr verschwommen galten.

Während Israels halbmythischen Wüstenwanderungen war der erste Hohepriester des Jahwe-Kultus ein Mann mit Namen „Aaron." Priesterliche Gedanken, später in Babylon, erinnerten an die originalen göttlichen Anweisungen welche einst dem Aaron, Bruder des Moses, betreffs der ordnungsgemäßen Ausführung der Riten von Gott selber gegeben wurden:

Auszüge aus 3. Mose 16—(Luther Übersetzung)

Sage deinem Bruder Aaron... damit soll er hineingehen [in das Heiligtum]: mit einem jungen Farren zum Sündopfer und mit einem Widder zum Brandopfer und soll den heiligen leinenen Rock anlegen.... (2-4)

Und soll von der Gemeinde der Kinder Israel zwei Ziegenböcke nehmen zum Sündopfer und einen Widder zum Brandopfer.... (5)

Abb. 44: Sündenbock, Gemälde von William Holman Hunt (1827-1910). Mit freundlicher Erlaubnis von Wikimedia Commons.

Und Aaron soll den Farren, sein Sündopfer, herzubringen, dass er sich und sein Haus versöhne; und darnach die zwei Böcke nehmen und vor den Herrn stellen vor der Tür der Hütte des Stifts. Und soll das Los werfen über die zwei Böcke: Ein Los dem Herrn und das andere dem Asasel. Und soll den Bock, auf welchen des Herrn Los fällt, opfern zum Sündopfer. Aber den Bock, auf welchen das Los für Asasel fällt, soll er lebendig vor den Herrn stellen, dass er über ihm versöhne, und lasse den Bock für Asasel in die Wüste. (6-10)

Darnach soll er den Bock des Volks-Sündopfers schlachten und sein Blut hineinbringen hinter den Vorhang und soll mit seinem Blut tun, wie er mit des Farren Blut getan hat, und damit auch sprengen auf den Gnadenstuhl und vor den Gnadenstuhl; und soll also versöhnen das Heiligtum von der Unreinigkeit der Kinder Israel und von ihrer Übertretung in allen ihren Sünden.... (15-16)

Und wenn er vollbracht hat das Versöhnen des Heiligtums..., so soll er den lebendigen Bock herzubringen. Da soll denn Aaron seine beiden Hände auf sein Haupt legen und auf ihn bekennen alle Missetat der Kinder Israel und alle ihre Übertretung in allen ihren Sünden; und soll sie dem Bock auf das Haupt legen, und ihn durch einen Mann, der bereit ist, in die Wüste laufen lassen, dass also der Bock alle ihre Missetat auf sich in eine Wildnis trage; und er lasse ihn in die Wüste. (20-22)

Der aber den Bock für Asasel hat ausgeführt, soll seine Kleider waschen und sein Fleisch mit Wasser baden und darnach ins Lager kommen. (26)

Der eigentlich fehlende Sündenbock

Menschen, die das *Levitikus* Buch als eines ihrer heiligen Bücher geerbt haben, fragen gelegentlich ihre Lehrer, wie diese zusätzliche Gottheit Asasel wohl in das monotheistische Opferdrama von *Jom Kippur* hineinpasst. Die Reihe von Erklärungen hat sich im Laufe der Jahrtausende beeindruckend angefüllt, obwohl die meisten dieser Erläuterungen nichts weiter als geniale Verschleierungen von Unwissenheit darstellen. Darüber hinaus hat eine zweifelhafte Übersetzung des Namens *„Aza'zel"* aus der Vulgata und Septuaginta ins Englische unsere Sprache allmählich mit der Kategorie eines „Sündenbocks" bereichert, als einen Hinweis auf jemanden, der fälschlicherweise durch andere beschuldigt und belastet wird. Wenn man dann wiederum über die ersten Tempelrituale nachdenkt, würde diese Fehlbenennung den amtierenden Hohepriester dort als jemanden darstellen, der beruflich falsches Zeugnis gegen einen Ziegenbock ablegt.

Dennoch war einstens der Begriff „Sündenbock“ *(Scapegoat)* für *Aza'zel* nur ein unschuldiger Übersetzungsfehler, welchen inzwischen einige Sozialwissenschaftler zum vollen Nennerwert unhistorisch aufgenommen und zu einer Kategorie für den wissenschaftlichen Diskurs aufgewertet haben. Diese humorvolle Entwicklung, welche dem "Sündenbock"-Übersetzungsfehler wissenschaftlichen Respekt verlieh, befreit mich heute davon, mit dieser Sache ängstlich umgehen zu müssen. Ich bin somit frei, meine hypothetische Geschichte über den ursprünglichen Asasel, als einem Herrn der Ziegen, zu erzählen; das heißt, über den Asasel als eine göttliche Person, welche schön in den ungefähren evolutionären Zusammenhang der Jungsteinzeit passt. Es ist nahezu unmöglich, für meine evolutionäre Hypothese über den Asasel jetzt falscher zu liegen als der „Sündenbock“, den die Wissenschaftler zu weit über das *Jom Kippur* Ritual hinaus gezerrt haben. Als Nebenprodukt wird dann meine Geschichte auch noch dem Aaron gegenüber um ein wenig gerechter werden, dem ersten Hohepriester der Jahwe-Tradition, sowie gegenüber allen Priestern und Schriftgelehrten die am Ersten Tempel in Jerusalem dienten.

Jedoch viel zu oft wird heutzutage die Geschichte vom jüdischen Versöhnungsfest und vom Asasel zu weit gesponnen, um irgendwie die ohnehin schon verdrehte Logik vom „Sündenbock“ auch noch als Ursache des Antisemitismus zu sehen. . nter den Opfern im alten Jom Kippur waren Ziegenböcke, nicht etwaige versöhnte Semiten. Letztere waren die Opfernden. Anti-Christen, Anti-Muslime oder Anti-Sonstwelche gibt es nicht weil sich Christen, Muslime oder Sonstwelche mit der übermenschlichen Wirklichkeit versöhnt wissen wollen, sondern weil Versöhnte solcher Art gerne sich auch als auserwählte Illuminaten einen unziemlichen Heiligenschein erwerben wollen—vielleicht dieselbe Heiligkeitsmagie anwenden wollen welche einstmals aus Gottes Gnaden, auf Kosten von Ziegen herausgeschunden wurde.

Rinder, Schafe, Ziegen und Priester. Der priesterliche Ritus bei dem ein Ziegenbock dem Gott Jahwe geopfert wurde und ein identischer Ziegenbock dem Asasel gegeben wurde, anerkennt zwei Gottheiten. Darin scheint also für die monotheistische Religion, die den Gott „Jahwe“ anerkannte, ein Konflikt zu entstehen. Es birgt in sich sogar die Möglichkeit, dass an einem Tag im Jahr am Tempel zu Jerusalem, so etwas wie ein „Doppelkultus" anerkannt wurde. Der primäre göttliche Empfänger eines Farren, eines Widders und eines Ziegenbocks war natürlich der Jahwe/El Elyon, dessen kombinierter levitisch-kanaanäischer Kult seinen Thron im Heiligtum zu Jerusalem hatte. Der Empfänger eines zweiten Ziegenbocks war eine Gottheit mit Namen Asasel, welcher irgendwie noch in der Wüste existierte. Das bedeutet, dass Aaron als Bruder des Moses und als erster Hohepriester des Jahwe nicht nur zum Protokoll gab, dass er einmal ein goldenes Kalb-Idol gegossen, sondern auch den Asasel als separaten Herren der Ziegen anerkannt hat, der dann möglicherweise ziegenähnlich ausgesehen haben mag. Dieser Gott lebte in der Wüste und hatte wie Jahwe Anspruch auf ein jährliches Ziegenbock Opfer.[72]

Es gab einen offensichtlichen Unterschied zwischen diesen zwei Gottheiten. Jahwe war der Gott der Domestizierer und Metzger, dem entsprechend bestand er auch darauf, seinen Ziegenbock getötet und hochgeröstet zu erhalten, so wie ihm auch seine anderen Opfertiere hingerichtet wurden. Asasel wurde dagegen sein Ziegenbock lebendig zugeführt. Dieser Unterschied fordert eine Erklärung.

Menschen, welche die Entwicklung der Religionen vergleichend erforschen, haben eine ziemlich klare Vorstellung darüber, welche Art von Gottheit dieser Asasel gewesen sein mag. Wahrscheinlich war er ein Meister der Tiere, eine Gottheit früherer Jäger, welche immer noch auf freier Wildbahn umherschweifte. Abseits des progressiv domestizierenden Nahen Ostens hat diese Gottheit bis in spätere Zeiten hinein überlebt, und sie hat sich in einigen ethnologischen Studien als Meister von wilden Tierherden erblicken lassen. Im Nahen Osten scheinen sich die Spuren dieses Gottes sieben jahrtausende lang den alten Grenzen der Domestizierer entlang

[72]Es gibt keinen Anlass an dieser Stelle auf eine breitere Diskussion über den latenten Polytheismus zur Zeit des Ersten Tempels einzugehen. Die Jahwe-Aschera-Belege vom Sinai sind mittlerweile allgemein bekannt geworden. Unser Ziel ist es nicht, die Grenzen des israelischen Monotheismus aufzuzeigen, dagegen aber Aspekte der Jägerreligiosität aus der Jungsteinzeit zu beleuchten.

erhalten zu haben—lange genug, um vor dreitausend Jahren noch in das priesterliche Lehrgut der davidischen Dynastie einzugehen.

Asasel war offenbar der göttliche Eigentümer wilder Ziegenherden, solange es diese noch gab. Mit dem Erfolg der Domestizierer sah diese Gottheit dann viele ihrer frommen Jäger die Domäne der Jagd verlassen. Ein wildes Tier nach dem anderen aus den übriggebliebenen wilden Herden dieses Gottes wurde von Menschenhand entweder getötet oder zur Zähmung entwandt. Und als die menschlichen Jäger als Domestizierer selber zu Herren von Ziegen, Schafen und Rindern wurden, begann einer nach dem andern der alten göttlichen Tier-Herren seine wilden Herden den Menschen zu überlassen. Es scheint aber, als ob mindestens einer oder vielleicht mehrere unter den Ziegenhirten weiterhin diesem Asasel einen jährlichen Bock als Anteil aus ihren zahmen Herden zugesandt haben. Vor dreitausend Jahren war man sich dessen noch bewusst.

Historisch betrachtet, muss es diesen Opferbrauch einmal gegeben haben. Die Sitte muss zu Zeiten der Monarchen David und Salomo noch stark genug gewesen sein, sodass diese Könige oder auch noch ihre späteren Nachfolger in Judäa die rituale Opfergeste für Asasel neben dem königlichen Kult Jahwes her noch gelten ließen.[73] Die Asasel-Geschichte in *Levitikus* hätte wohl nicht freizügig von monotheistischen Priestern erdichtet werden können. Andererseits muss sie aber aus der Sicht der Monarchie als eine praktische Maßnahme gegolten haben, den Leuten das Opfer einer Ziege für den Asasel als ein Maß administrativer Großzügigkeit zu erlauben—wenn nicht sogar als Anlass zu einem theologischen Schabernack. Eine solche königliche Stiftung hätte wohl einen politischen Unterschlupf für ärmere Ziegenhirtenklans bieten können.

Im Vergleich zu Schafen und Rindern wurden Ziegen als minderwertige Tiere betrachtet. Sie wurden als Vieh der armen Leute

---

[73]Es ist durchaus möglich, dass unser Bild von der davidisch-salomoischen Dynastie hier übermäßig vergrößert wirkt. Manches, was in den Texten dem ersten Tempelkult zugeschrieben wurde, mag historisch übersteigert erscheinen. Aber selbst dann würde das Subjekt von einer archaischen Ziegenbockbefreiung immer noch als Fremdstoff auffallen. Es gab keine guten Gründe, warum einige im babylonischen Exil weilende Priester eine Episode, welche den grundlegenden Monotheismus ihrer Religion stört, einfach erfinden wollten.

eingeschätzt. Doch allemal wurden Ziegen in der Nähe von menschlichen Gehöften gehalten, um junge Hirten einzuüben und um der Familie ihre Versorgung mit Milch zu sichern. Ziegen konnte man auf minderwertige Weide führen, da wo Rinder und Schafe verhungerten. Darüber hinaus war es wohl auch möglich, dass eine politisch anonyme, halbnomadische Schattenkultur von anderweitig unbedeutenden Ziegenhirten sich den Wüsten entlang erhalten haben mag.

Wir vermuten, dass während der Jungsteinzeit im Großraum des Nahen Ostens mehrere göttliche Herren der Tiere als Vorgesetzte und Inhaber bestimmter Tierarten galten. Es gab mit ziemlicher Sicherheit damals einen Herrn der Schafe, einen Herrn der Rinder, vielleicht auch Herren für Kamele und Esel. Aber dann vor etwa zehntausend Jahren wurden zunehmend mehr von den wilden Tieren aus dem wilden Bestand dieser Tierherren von den Menschen geraubt und zur Zähmung entführt. Siebentausend Jahre nach dem Anfang der Domestikation, als der königliche Kultus für den Gott Jahwe in Jerusalem organisiert wurde—was wir zugleich auch als den historischen Orientierungspunkt für *Levitikus* 16 halten—hatten wohl die ursprünglichen göttlichen Herren der Schafe und Rinder schon alle ihre Tiere den Züchtermenschen als Eigentum überlassen. Das bedeutete, dass Schafe und Rinder dort nicht mehr auf freier Wildbahn weideten. Der royal-protegierte Jahwe-Kultus hatte zu diesem Zeitpunkt alle früheren arten-spezifischen Opferriten für welche gezähmte Tiere gebraucht wurden, absorbiert. Der König mit seinem Tempelkult verlangte die Treue aller Besitzer von Schafen und Rindern. Doch es scheint, dass aus irgendeinem andauernten gesellschafts-politischen Grunde eine außerordentliche Erlaubnis für einen Teil des Ziegenkults noch weiterhin genehmigt wurde, weil eine Gruppe von Leuten im alten Israel immer noch glaubten, dass ein Ziegenbock seinem Herren lebendig geopfert werden sollte.

Am Tage der Versöhnung *(Jom Kippur)* opferte der königliche Oberpriester dem Gott, der in den Schriften als „Jahwe" oder „Elohim" erwähnt ist, einen Bullen *(Farren)*, dann einen Widder und schließlich noch einen Ziegenbock. Tieropfer, die anscheinend früher verschiedenen göttlichen Tierherren als Zahlungen für Herden zurückerstattet wurden, sind bei solchen frommen Volksfeiern in den größeren Kultus des Jahwe mit einbezogen worden. Jahwe war der

Gott, der dann als Schöpfer aller Arten von Lebewesen galt. Ausgewählte Tiere wurden so für die allgemeinen Anteilschulden für das ganze Volk bezahlt. Die Menschen selber wurden dabei in die öffentlichen Feste des Monarchen, in seine stille Volkszählungen, in dessen Steuer- und Marktwirtschaft sowie zu weiteren organisatorischen Regelungen verpflichtet. Kurz gesagt, die Leute wurden damit in das ganze Netz des königlichen Überdomestizierungs-Kultus eingeknüpft. Domestizierer wurden verpflichtet, Anteil-Opfertiere für die königlich gesponserte Gottheit beizusteuern. Sie wurden pflichtschuldig, ihrem menschlichen König Folge zu leisten, dem König, der als ein religiös Gesalbter unter dem Mandat desselben Gottes für die Sicherheit aller seiner Tierhälter-Untertanen zuständig war.

Weil nun Ziegen in der Gegend des Göbekli Tepe schon 7 000 Jahre ehe der König Salomo in Jerusalem seinen Tempel bauen ließ domestiziert worden sind, musste die Erinnerung an Asasel diese gesamte fast unglaubliche Zeitspanne überlebt haben. Asasel war eine arten-spezifische Herrengottheit für Ziegen, und der Glaube einiger Ziegenhirten scheint diese lange Zeit überlebt zu haben, um dann, nach dieser langen Zeit, doch noch in der *Levitikus* Schrift Anerkennung zu finden. Während göttliche Meister von anderen Tierarten schon von der Jahwe-Theologie-absorbiert worden waren, das heißt unter die Herrschaft eines einzigen universellen Schöpfers und Besitzers aller Lebewesen gerieten, hatte Asasel seine Unabhängigkeit noch teilweise erhalten können. Natürlich konnte der Kult eines singulären altertümlichen Asasel nur so lange noch von einem König geduldet worden sein, als solches Dulden für ihn zum Regieren nützlich erschien und solange diese Maßnahme seinen angestellten Priestern theologisch als unwichtig erschien.

Eine einzige Ziege pro Jahr an den Asasel abzugeben, das bot fast keine Konkurrenz zu dem zentralen Kult Jahwes, welcher als All-Gott ja sowieso über alles Lebende regierte. Die Priester dieser Jahwe Gottheit waren Literaten, welche als solche, erfolgreich mit weitverbreiteten Bildnis Kulten in Ägypten und im gesamten Nahen Osten konkurrierten. Diese Priester verachteten handgemachte Götzen und verboten künstlerische Abbilder. Ihr Gott Jahwe war ein Sprecher von Worten, ein Förderer der Schreibkunst und ein Gebieter über Schriftgelehrte.

Ziegenhirten, die am Jom Kippur zwei Ziegenböcke zum Opfern beisteuerten, einen für Jahwe und den anderen für Asasel, waren in den Augen der Priester des Aller-Höchsten unbedeutende arme Analphabeten. Anscheinend hatte sich der König entschieden, solche marginalen Menschen als seinen äußeren Ring der Treue und Sicherheit zu pflegen. In seinem ursprünglichen Zelt-Heiligtum hatte Jahwe ja sowieso Prioritätsansprüche auf alle gerösteten Opfertiere, einschließlich den Ziegen. Ihm wurde auch die erste Wahl von einem der zwei Ziegenböcke zugestanden. Und dazu durfte er sogar noch den Ziegenbock Asasels für seine eigenen Zwecke nutzen. Aus dieser Anpassung heraus ersteht nun eine historisch sensible Antwort.

Es scheint, als ob die Priester des Jahwe den Ziegenbock des Asasel als bequemen Mülltransporter zum Zwecke ihres eigenen Kultus verwendet haben, eine nützliche Einrichtung für symbolische Säuberung am Volksfest der Buße. Solch herablassendes Denken kann für die Tatsache bürgen, dass die Existenz des Asasel keine Bedrohung für den Jahwe-zentrierten Monotheismus bedeutete. Jahwes königliche Funktionäre nutzten einfach den niedrigen Volksbrauch der Ziegenhirten als ein Mittel für den Abtransport der symbolisierten Sünden ihres Volkes.[74] Die armen Ziegenhirten mögen wohl nie die implizite Beleidigung ganz verstanden haben. Aber zum Glück haben sich die Zeiten nun geändert. Heutzutage sind Archäologen und Paläontologen froh, archaischen Müll zu finden und zu erforschen, ganz gleich in welcher Form oder in welchen Schichten dieser auch gelegen haben mag. Kulturelle Müllhaufen enthalten wichtige "es-war-einmal" Daten.

Ein hypothetisches Szenario der Domestikation

Bis zu diesem Punkt im Kapitel habe ich *Levitikus* als einen literarischen Beleg aus dem Zeitalter der Überdomestizierung angeführt, das heißt als eine Quelle, deren Bächlein die vorgeschichtliche Konti-

---

[74]Auch wenn die Priester des Jahwe ihr Sühne-Ritual zum Spott des Asasel ausgeführt haben, so musste doch zu ihrer Zeit eine Art lebendiges Ziegenopfer bekannt gewesen sein und zur Verfügung gestanden haben, um für den Spott gebraucht werden zu können. Hätte so etwas nicht existiert, dann wären die Priester in Gefahr geraten, ihre eigenen Schlachtopfer zu verspötteln, im Gegensatz zur Anbietung von blutlosen Opfern an einen Asasel.

nuität aus der Steinzeit erklären hilft. Unser allgemeines Ziel ist es hier, etwas mehr Licht in die Evolution der Hirten Kulturen und Religionen im antiken Nahen Osten zu bringen. Und zu diesem Zweck werde ich eine hypothetische Erzählung zu diesem Thema hinzufügen. Ich werde erzählen, wie unter den besten Umständen während der Schlussphase der Göbekli Tepe Jäger Kultur die Domestizierung von Ziegen hätte geschehen können.

Die ganze Zeit über fühle ich mich trotzdem ziemlich sicher, dass der Asasel Kult sich nicht so reibungslos entwickelte, wie das meine Erzählung darzubieten vermag. Die weitverbreitete Theorie von V. Gordon Childe versteht die Ereignisse der Jungsteinzeit am Fruchtbaren Halbmond entlang im Wesentlichen als eine wirtschaftsangetriebene „Revolution."[75] Aber was war denn „Wirtschaft" damals? Ich denke, wir sollten uns um einen neu erfassbaren hypothetischen Ausgangspunkt bemühen, um eine Denkweise, mit der es möglich sein wird, über rein wirtschaftliche Angelegenheiten hinauszublicken. Es ist ziemlich unwahrscheinlich, dass die *Humanes sapientes* eines Tages einfach errechnet haben, dass die Domestikation eine rationellere Strategie des Überlebens sein dürfte, als es entweder die Jagd oder das Sammeln von wilder Nahrung ermöglichten. Existentielle Reformen von dieser Größenordnung werden wohl kaum aus bloßen Überlegungen über die Wirtschaft in Bewegung gesetzt. Die menschliche Abhängigkeit samt materiellen Bedürfnissen war auch während der Steinzeit schon, was immer es auch über Strecken verkrusteter Entwicklung über Millionen von Jahren hin geworden war.

In Form einer hypothetischen Erzählung werde ich deshalb jetzt spekulieren, wie nach 7 000 Jahren ein genannter Herr der Ziegen, der Asasel, letztendlich an der Wüstengrenze der Könige David oder Salomo erscheinen konnte, um dann vom Jahwe Kult offiziell als ein „Etwas" anerkannt zu werden. Es geschah, während diese Könige selber meist mit ihren eigenen fortgeschrittenen Themen der Überdomestizierung und einem monotheistisch ausgerichteten Kultus engagiert waren. Wir werden versuchen, einen breiteren Zusammenhang zu erspähen, in welchem die Geschichte des Asasel auf

[75] Vergleiche Childe, V. Gordon. *Man Makes Himself.* A Mentor Book, New American Library, New York, 1951 (1936).

zwei Sachgebiete hin hätte angepasst werden können, nämlich auf *Levitikus* 16 hin sowie auf die Daten hin, die zur Zeit am Göbekli Tepe ausgegraben werden.

Soweit sich die Sache jetzt grob überblicken lässt, sind die ersten Ziegen im oberen Euphrattal, in Anatolien oder im Norden des Irak, vor etwa 10000 Jahren domestiziert worden. Und das war etwa die Zeit, als der Göbekli-Tepe-Kult sich abzuschwächen begann. Die Domestizierung von Schafen geschah etwa zur gleichen Zeit wahrscheinlich auf eine ähnliche Art und Weise und in der gleichen Region. Rinder wurden in dieser Gegend vielleicht ein paar Jahrhunderte später domestiziert. Mindestens eine Sorte wurde noch auf der Wildbahn ein oder zwei Jahrtausende später am Çatalhöyük gejagt.

Es scheint vernünftig, anzunehmen, dass Klans von anpassungsfähigen Jägern nicht von Anfang an und nicht gleichzeitig mit der Domestikation von Ziegen und Schafen begonnen haben. Aber sobald einmal Erfolg im Umgang mit einer Tierart zu sehen war, konnte man sich vom Experimentieren mit einer anderen Art nicht lange zurückhalten. Man kann wohl davon ausgehen, dass über eine relativ kurze Zeit sich erfolgreiche Strategien für die Domestizierung im unteren Euphrattal durchsetzten, genau in der Heimat wo die israelitische Sage vom Herdenhüten, von Hirtenkultur und auserwählten Hirten den evolutionären Faden sieben Jahrtausende später weitergesponnen hat. Sagen vom Herdenhüten sowie Experimente des König Davids betreffs gemäßigter Überdomestizierung wurden kräftig romantisiert, um mythologische Unterstützung für seine Regierung zu beschaffen.

Somit erscheint nun eine Erzählung von lebensechten Szenen, die älter als diejenigen des Abraham gewesen wären, geeignet, um eine provisorische Hypothese über den Domestikationsvorgang zu skizzieren. Mit passenden logischen Voraussetzungen für geographische Umgebungen soll unsere Geschichte über Ziegenjäger und ihrem Herrn der Ziegen, dem Asasel, jetzt erzählt werden:

Eine Geschichte der Ziegenzähmung: Irgendwo entlang dem Oberlauf des Euphratflusses ging ein Jäger auf die Jagd. Er folgte den Spuren einer kleinen Herde von wilden Ziegen. Er erlegte und schlachtete einen Ziegenbock und gab ein kleines Anteil davon dem

Asasel, dem Herrn der Ziegen. Die Gottheit akzeptierte das Opferanteil, und so wurde der verbleibende Tierkörper legitimes Eigentum des Jägers. Er trug es mit sich nach Hause und seine Klansleute aßen Fleisch.

Trotz seiner erfolgreichen Jagd war der Jäger missmutig. Es schien ihm, als ob in den letzten Jahren, trotz üppigen Weiden die vom regelmäßigen glazialen Schmelzwasser und zunehmendem Regen grünten, die wilden Ziegenherden deutlich kleiner und weniger geworden waren. Etwas Tragisches schien sich hier zu ereignen und etwas Durchgreifendes musste deshalb riskiert werden. Nur höflich den göttlichen Herrn der Ziegen um mehr Tiere zu bitten, schien in letzter Zeit keine positiven Ergebnisse gebracht zu haben. Als der Mann das nächste Mal auf die Jagd ging tötete er deshalb absichtlich eine Geiß, etwas das anständige Jäger versuchten zu vermeiden. Er übergab seinen Opferanteil für das tote Tier an die Gottheit, schlachtete den Rest und verpackte das Fleisch in die abgezogene Haut, um es heimzutragen. Die zwei Zicklein der getöteten Geiß, die nur ein paar Tage alt waren, trug er lebend nach Hause. Mehrere erwachsene Frauen lebten in seinem Wohnlager. Sie waren Mitglieder seiner Großfamilie, und zwei von ihnen waren Mütter, die Kleinkinder säugten. Sie stillten die Zicklein, bis diese entwöhnt werden konnten, genug entwickelt, um dünnen Mehlbrei aus einem Topf zu schlürfen—natürlich von einem falschen Nippel getäuscht, welcher ein menschlicher Finger war.

Einige Jahre später in der Nähe vom Wohnlager dieser Jägersleute konnte man dazu eine kleine Herde von zahmen Ziegen weiden sehen. Sie grasten dort, von munteren aber jedoch zahmen Nachkommen umschäkert. Die kleine Herde wurde zu diesem Zeitpunkt immer noch als das Eigentum der menschlichen Ammen angesehen. Sie waren es, die diese ursprünglichen Waisentiere als Ersatzmütter säugten und pflegten, für die Geiß welche der Jäger getötet und zum Verzehren zerschnitten hatte. Die Frauen hatten vordem nie Umgang mit dem Asasel, dem göttlichen Herren der Ziegen; jedoch sind sie mit ihrer mütterlichen Hilfe zu Komplizen in der Usurpation der Autorität dieser Gottheit geworden. In jenen Tagen waren es die Mütter und ihre älteren Kinder, welche die jungen gezähmten Tiere in Gewahrsam hielten. Sie bewachten diese fortwährend, genauso wie sie es gewohnt waren, auf menschliche Kinder aufzupassen. So geschah es, dass es meistens die menschlichen Mütter und ihre Kinder waren, die zu den ersten Eigentümern der domestizierten Ziegen wurden. Hätten wir dieses Wohnlager von Jägern ein paar Jahre später wieder besucht, dann hätten wir eine noch größere Herde von lebhaften zahmen Ziegen ein wenig weiter weg vom Lager vorfinden können, bewacht von einem älteren Jungen. Der junge Mann hielt einen langen Stab in seiner Hand, dessen oberes Ende noch den Stummel eines einstigen Gabelzweigs aufwies, der zu einem Haken eingebogen war.

Inzwischen schwanden auf der Wildbahn die restlichen wilden Ziegenherden; allmählich verschwanden sie ganz. Jäger konnten vom bloßen Jagen nicht mehr überleben. Weniger-vorausschauende traditionelle Jäger in benachbarten Wohnlagern hungerten und planten wegzuziehen; und in der Zwischenzeit entschlossen sich einige andere dazu, von anderen Nachbarn gezähmte Herdentiere zu rauben. Natürlich vermuteten die Eigentümer der zahmen Herden diese Gefahr lange im Voraus. Aus diesem Grunde ist ja auch der junge Mann mit dem langen Stecken zu einem festen Bestandteil bei seiner Ziegenherde geworden.

Aber mit welchem Recht konnten neuartige Ziegenhirten Anspruch auf private Herden erheben und dazu noch immer auf der gleichen Strecke des Jagdreviers sitzen bleiben? Warum sollten Tierhorter gut essen, während nebenan die noch ehrlich orthodoxen Jäger hungern mussten? Der sichtbare Stecken eines Ziegenhirten genügte nicht mehr, alle hungrigen Jäger wegzuscheuchen.

In der Tat wurde der junge Hirte von seinem Vater angewiesen, sich nicht mit seinem Stecken gegen einen Jäger zu stellen, der eine Ziege rauben will. Der Vater wollte nicht seinen leiblichen Sohn verlieren, um eine zahme Ziege zu retten. Darüber hinaus erinnerte sich der Vater auch noch an die Zeiten, als auch er selber noch ganz Ziegenjäger war. Er verstand, dass mit einem Alpha-Omega-Opfer für Asasel, jeder Jäger leicht den Raub eines seiner zahmen Tiere rechtfertigen konnte. Asasel, der Jägergott, war ursprünglich nicht dafür bekannt, dass er Ziegenherden als menschliche Besitztümer unterstützte. Alle diese Tiere gehörten dem Gott, solange bis ein Alpha-Omega-Anteil für einen getöteten Ziegenkörper bezahlt wurde.

Diese Regel schien damals das religiöse Fundament des ethischen Jagens gewesen zu sein, so weit sich bis heute noch ein neolithischer Jäger zurückerinnern kann oder möchte.

Nun gut! Das alte Naturgesetz, das Pannen betrifft, war schon vor zehn Jahrtausenden gültig, so wie es heute noch ist: Was immer auch schief gehen kann, wird schließlich schief gehen. Ein Jäger aus einem benachbarten Lager schritt auf die zahme Herde zu und tötete eine Ziege. Er verrichtete sein Anteilopfer an Asasel. Der junge Hirte mit dem langen Stecken hat nicht um seine Ziege gekämpft. Doch wie es vorhersehbar war, verbales Fauchen und Vorwürfe wurden zwischen dem Besitzenden und dem Raubenden reichlich hin- und vorgeworfen. Des Jungen Stab wäre schlecht dazu geeignet gewesen, körperlich einen Mann zu bedrohen der einen Speer trug—einen Stiel mit einer Feuersteinspitze vornedrauf wahrscheinlich am Göbekli Tepe hergestellt. Der Jäger schwang die tote Ziege über seine linke Schulter um anderswo zu schlachten. In seiner rechten Hand trug er den Speer. Beide Männer fühlten sich über diese Begegnung schlecht gelaunt, gegenüber einander sowie über sich selber.

Am Abend gab es ein langes Gespräch zwischen den Söhnen des Ziegenhirten und ihrem Vater. Der ältere Mann war inzwischen Vater mehrerer erwachsenen Ziegenhirten geworden. Glücklicherweise war er auch ein weiser Mensch. Er wusste, dass im Streit mit all den hungrigen orthodoxen Ziegenjägern sein kleiner Klan keine Chancen zum Überleben hatte. Er musste sich deshalb auf einen klugen Plan besinnen, auf eine Strategie, die seiner Sippe das volle Eigentumsrecht über ihre gezähmten Ziegen sichern würde. Und natürlich benötigte eine solche Legitimation eine außergewöhnliche Genehmigung vom Asasel, dem göttlichen Herrn der Ziegen. Der Vater nahm sich eine ganze Woche Zeit, um über einen Plan nachzudenken und um alle seine Worte, die er dazu sprechen musste, abzuwägen. Eine Woche später, so schätzte er, würde der Räuber und sein Klan die Ziege verzehrt haben. Danach könnten diese Leute wieder zum Zustechen versucht sein. Jedoch der Vater war entschlossen, dieses Mal ein solches Unglück zu verhindern. Er hatte sich entschieden, von nun an sich und seine Nachbarn dem Asasel gegenüber zu vertreten. Er würde dem Gott gegenüber die Rolle eines priesterlichen Vermittlers übernehmen Es schien keine andere vernünftige

Lösung für diese Situation zu geben. So, um die Weisheit und den Mut dieses Mannes anzuerkennen und um der Klarheit unserer Erzählung willen, geben wir jetzt diesem ersten Priester der Ziegenhirten, seiner Gottheit entsprechend den Namen „Asa."

Asa, ein Priester des Asasel: Unsere Entscheidung, den Menschen Asa als ersten „Priester" für die Ziegenhalterreligion unter dem Gott Asasel zu benennen, revidiert für uns jene alte Jäger- und Metzgerreligion grundlegend. Diese wird dabei in eine Tradition verwandelt, die für Domestizierer und Metzger funktionsfähig gemacht werden sollte. Wäre es möglich gewesen, alle Jäger im Nahen Osten schnell zu einer rationellen Domestikation und Tierzähmung zu bekehren, unter einer etwas umfassenderen Herrengottheit als es der Asasel war? Oder wäre solch eine Bekehrung damals im Bezug auf einen umfangreicheren Herren von Schafen oder Rindern, oder auf ein Gott-und-Göttin Paar schnell genug gelungen, dann hätten diese Gottheiten später als universelle Persöhnlichkeiten auch für andere Domestizierer auftreten können. Ja, dann hätte vielleicht der Übergang von der Jagd zur Domestikation in dieser Gegend friedlicher geschehen können. Aber fast sicher konnte dieser Kulturwandel nicht auf eine ganz friedliche Weise geschehen. Es dauerte zwölf Jahrtausende, bis heute, bis die Menschen sich von nur einigen wenigen ihrer totemischen Jagdgottheiten loszusagen vermochten. Darüber hinaus spucken in allen unseren modernen Kulturen immer noch die alten archaischen Raubtiertotems, als die gleichen mörderischen Dämonen die sie schon immer waren.

Den kulturellen Grenzen entlang wippend, über vier evolutionäre Stufen hinweg in die neue Richtung wo Nahrungsmittel Knappheiten die anwachsenden Menschen erwartet, erkennen wir einige Stufen ihres Fortschreitens: (1) die Steigerung ihrer menschlichen Intelligenz und Fähigkeiten, (2) das Erfinden und die Herstellung von Feuersteinwaffen, welche effektiveres Jagen ermöglichten, und (3) welches dann wiederum zum erneuten Anstieg der menschlichen Bevölkerungszahlen führte. Jäger konnten Tiere schneller töten als sich die Tiere reproduzieren konnten. Obendrein (4) waren mit dem Schmelzen der Gletscher im Norden des Fruchtbaren Halbmondes immer mehr Tiere befähigt durch die Berge aus der Gegend wegzuwandern. So geschah es, dass trotz eines verbesserten Klimas eine wachsende Bevölkerung von fortschrittlichen Jägern sich selber chronische Nahrungsknappheiten verursachte. Sie mussten dafür entweder das Gebiet verlassen oder aber sich auf Domestizierungsstrategien, das heißt um das systematisch-aktive Kultivieren und Ernten von Lebensmitteln sich bemühen.

Die Asa-Geschichte wird hier erzählt, um zu zeigen, wie der Übergang von der Jagd auf die allgemeine Domestikation schmerzhafte psychische Bekehrungen erforderte. Den humanoiden Jägern ist über Millionen von Jahren das Jagen zur selbstverständlichen Gewohnheit geworden. Jagen und Sammeln waren die einzigen Subsistenzstrategien die unter unseren Vorfahren kulturell und universell ererbt und verstanden wurden. Andererseits erforderte die Kultivierung des Bodens sowie die Domestizierung von Tieren, dass alle Menschen sich selber geistig schnell befähigen mussten. Sie mussten erlernen, wie man Ziegen, Schafe, Rinder und Esel zähmt und adoptiert. Sie selber mussten dabei Diener von Tieren werden, von Tieren, die sie vordem nur zu töten wussten.

Alle Menschen jeden Alters freiwillig und plötzlich aus Raubtieren in friedsam-zahme Wesen zu verwandeln, das wäre selbst mit Hilfe der modernsten Methoden der Kommunikation und der Pädagogik undenkbar gewesen. Diese breite evolutionäre Anpassung gleichmäßig im gesamten antiken Nahen Osten zu bewältigen, das hätte das Mirakel der „Schöpfung“ und auch die biologische Naturgegebenheit von der „Entwicklung“ samt allen „Mutationen“ zusammen um Manches übertreffen müssen. Die menschliche Vernunft kann sich auf höherer geistiger Ebene an die Natur zwar anpassen, jedoch mit nur viel Mühe und mit kulturellen Turbulenzen.

Gottheiten der Jagd im Wettbewerb mit Männern in reduzierte Rollen einzuzwingen, dazu musste die gesamte experimentelle Wippe-Skala (erläutert im Kapitel Zehn) umgestaltet werden. Status-Schichten mussten den Tieren und Pflanzen gegenüber sowie allem dem was übermenschlich schien, nachjustiert werden. Welche einheimische Arten auch immer bestimmt waren, wirtschaftlich wichtig zu werden, wie Schafe, Rinder, oder Getreide Sorten, sie alle mussten von progressiven priesterlichen Schamanen frisch erschaut und in die größere Theodizee eingefügt werden. Visionäre mussten traditionelle göttliche Meister der Tiere an immer weiter entfernten Orten aufsuchen. Alte und nun größer erscheinende Herren der Tiere mussten während ihres Anwachsens gleichzeitig ihre Tiere an menschliche Domestizierer aushändigen. Sie mussten diese den Menschen als Eigentum legitimieren—und obendrein auch noch segnen. Alle diese Umwälzungen mussten geschehen, um die Menschen als Domestizierer und als neue Herren der Tiere zu etablieren.

Größere göttliche Meister wurden von der intellektualisierten Menschheit als Ausgleichsagenten für ihre neue Lebensweise benötigt. Ehe nach dem Zeitalter des Jagens eine neue kulturelle Ordnung legitim werden konnte, mussten solche größeren Götter gefunden und rituell anerkannt werden. Zu alledem brauchte man Erkenntnisse über erweiterte und gesicherte übermenschliche Grenzen. Derartige Grenzen mussten neu definiert, Visionen neu geschaut und Worte neuartig gehört werden. Neue Verträge, Bündnisse oder Mandate musste man mit neuen Göttern aushandeln. Begründungen für Opferverfahren mussten neu formuliert und verschiedene Zahlungs-, Opfer- und Sühneverfahren mussten ersonnen, verstanden und praktiziert werden.

Soweit es sich heute noch vermuten lässt, gab es bis zu dieser jungsteinzeitlichen Krise, als die menschliche Bevölkerung sich verdoppelte und verdreifachte, keinen menschlichen Jägerkopf, der sich zu einem solchen Ausmaß um die Konkurrenz betreffs Nahrungsvorräten hat sorgen müssen. Notstands-Domestizier-Kulte, inspiriert durch neue Götter, brauchten Zeit, um die Angemessenheit ihrer Lösungen zu demonstrieren. Göttliche Besitzer, welche derivativen menschlichen Besitz legitimieren konnten, mussten zu allererst gefunden und verstanden werden, mussten bekannt gemacht und öffentlich angefreundet werden. Neue verständlich gemachte Hoffnungen waren vonnöten.

Eine neue Kultur der Domestizierung musste ihren Fokus finden. Wir wissen, was schließlich geschah. Jäger und Domestizierer in der ganzen Welt überschritten die Grenzen ihrer menschlichen Gleichheitsgewichte und ersannen, an Stelle der bloßen Nutzung von Tieren und Pflanzen, rechtfertigende Methoden der nächst frecheren Überdomestizierung, zur Unterwerfung von anderen Menschen.

Das Ende der Asa Geschichte: Um diese Geschichte irgendwie positiv zu beenden… rief der Priester Asa seine drei Söhne und befahl ihnen, einen dreijährigen Ziegenbock aus der Herde abzusondern und mit diesem ihm zu folgen. Sie trieben das Tier in Richtung des Lagers ihres hungrigen Nachbarn. Aufmerksam, wie Jäger das in der Regel waren, sahen die Nachbarn die vier Männer ihrem Lager näher kommen. Sie sahen, dass der Vater unbewaffnet war und dass nur die drei Söhne Stecken trugen, mit denen sie einen Ziegenbock hinter ihrem Vater herleiteten. Was mochte solch ein seltsames Verhalten bedeuten in dieser Ziegenjäger-Welt!

Am Rande des Lagers warteten die Ziegenhirten höflich, bis die Jäger hervortraten um sie zu begrüßen. Es gab eine kleine Verzögerung, ehe die Jäger sich entscheiden konnten, keine Waffen zu tragen, sondern dafür, ihren Besuchern als vier Männer mit lediglich drei unbespitzten Speerschäften zu begegnen.

Vater Asa war zufrieden, als er die bloßen Schäfte sah, welche die Nachbarn gewählt hatten. Dann sprach er: „Lassen wir Frieden zwischen uns sein! Ich weiß, ihr seid unsicher darüber, warum wir gekommen sind. Wir sind mit guten Absichten gekommen. Wir wollen dabei allerdings bestätigen, dass wir die Herde von Ziegen, die wir durch Zähmung vermehrt haben, als einen Teil unserer Familie betrachten. Unsere eigenen Mütter haben die erste Generation der Zicklein gesäugt, als ob sie in unsere Familie hineinadoptiert wären. Wir hatten das Glück, dass die zwei jungen Ziegen, die wir adoptiert haben, männlich und weiblich waren. Wir haben sie nicht geschlachtet. Wir hielten sie als Haustiere, zuerst zum Spielen für die Kinder, und dann ließen wir sie sich vermehren. Der Bock, den wir angenommen haben, wurde drei Jahre geweidet und dann führten wir ihn zurück auf die Wildbahn. Wir ließen ihn frei gehen als unsere Anteilzahlung an Asasel. In den letzten fünf aufeinanderfolgenden Jahren haben wir, als Teilhaber an Asasels Herde, fünf dreijährige Böcke als unsere Zahlungen an Asasel zurückgegeben. Der Bock, den ihr hier seht ist unsere sechste Rückerstattung. Wir sind gerade auf dem Weg zum Jagdbereich, um ihn frei zu lassen.

Natürlich wissen wir, dass innerhalb kürzester Zeit, Jäger diesen Ziegenbock finden werden. Dieses Tier wird nicht schwierig zu jagen sein. Es wurde gezähmt, um die Gesellschaft von Menschen zu suchen. Auf diese Weise haben verschiedene Jäger aus der Gegend sich Asasels freundliche Böcke holen können, jedes Jahr einen, seit fünf Jahren.

Wir wissen auch, dass solch ein Tier nicht sehr weit als Nahrungsvorrat in hungrigen Jägerfamilien der Region reichen wird. Daher machen wir euch ein Angebot. Wir leihen euch und jedem Häuptling aus den benachbarten Klans, der zu uns kommt, eine trächtige Geiß, um mit der Zucht einer eigenen zahmen Herde zu beginnen. Darüber hinaus wenn ihr, in der Zukunft auf der Jagd noch einige Zicklein findet, dann tötet diese nicht ums Fleisch, sondern nehmt sie mit nach Hause und schließt sie der Herde an. Dann, nachdem in vier Generationen eure Herde sich vervielfacht hat und wenn mehrere Geißen in der Herde trächtig sind, dann könnt ihr uns eine davon als Rückzahlung für die Unsrige zurückbringen, die wir euch als Anfangstier zum Züchten leihen wollen.

Was unseren Beitrag anbetrifft, so müsst ihr keinen dreijährigen Bock dem Asasel jährlich zurückzahlen, wie wir es tun, zumindest nicht für Tiere die aus unserer Herde abstammen. Solange man hungrige Jäger da draußen umherstreifen sieht, denke ich jedoch, dass es trotzdem eine gute Idee wäre, das weiterhin zu tun, mit guten Wünschen für die Jäger. Das würde diese Leute lehren, dass mit Domestizierungsstrategien die Knappheit von Ziegen zur Selbstversorgung hingelenkt werden kann. Von unserem Lager aus präsentieren wir, als eine heilige Pflicht, einen lebendigen Ziegenbock dem Asasel jedes Jahr. Wir werden dabei als Vermittler dem Asasel gegenüber, für die Bezahlung der Herde, die wir begonnen haben handeln. Im Bezug auf frische Zicklein, die ihr für eure Herde aus dem wilden Bereich heimholt, sind solche Anteilopfer eine Angelegenheit zwischen euch und dem Asasel.

„Nun, meine Söhne, lasst uns diesen Bock zwischen die Hügel führen und dort loslassen.“ Und dann, sich nochmals zu seinen Nachbarn hinwendend, sprach Asa: „Falls wir jemand von euch uns auf dem Pfad folgen sehen um zuerst an das Tier hinanzukommen, dann werden wir von ihm keine Kenntnis nehmen. Was immer ihr auch mit dem Tier tut, nachdem wir es dem Asasel zurück gegeben haben, ist etwas das zwischen euch und dem Gott der Ziegen geschieht. Wir werden schnell zu unserem Lagerplatz zurück kehren und werden den Frieden mit unseren Nachbarn suchen. Und wir werden auf euren Besuch warten, so dass wir euch eine trächtige Geiß leihen können und ihr eure eigene Zucht beginnen könnt—mit unseren guten Wünschen und in Anerkennung der Segnungen des Asasel.

An diesem Punkt darf nun wohl unsere jungsteinzeitliche Ziegengeschichte zu ihrem Ende kommen. Wir wissen nicht, ob gerade diese Jäger aus Asas Nachbarschaft auf sein Angebot eingegangen sind. Wie schon erwähnt, nimmt unsere Geschichte vielleicht einen allzu optimistischen Ausblick auf die Friedensmöglichkeiten, welche den Menschen der Jungsteinzeit offen standen. Mehrere weitere tausende von Jahren des Lernens und Adaptierens dürften wohl nötig gewesen sein, bis engeres nachbarschaftliches Zusammenarbeiten in Bezug zur Domestizierung aufblühen konnte. Selbst die frömmelnden Hirtenlegenden, die über die Patriarchen des alten Israel von späteren Schreibern im Dienste des Königs David und seinen Nachfolgern aufgezeichnet wurden, sind noch mit wirtschaftlichen Streitereien über Wasserrechte, Weideland, Eigentumsrechte bezüglich Vieh und Menschen angefüllt, was dann öfters zu Entführungen von Vieh und Menschen, zu heißen Verfolgungsjagden sowie zur Bildung von Kampfallianzen führen musste.

Man kann sich selbst kaum zutrauen, schätzen zu können, wie viel menschliches Blut im Nahen Osten beim Übergang von der Jagd zur Tierzähmung geflossen ist oder wie viele Menschen in späteren Konflikten zwischen nomadischen Hirten und den sesshaften Bauern getötet wurden—und was sonst noch in diesen frühen Jahrtausenden geschah, während die Gletscher schmolzen und darnach die Gegend langsam trockener wurde. Auch wissen wir nicht, wie oft die Menschen, die in den großen Flusstälern Bewässerungskanäle gruben, sich gegeneinander und gegen Störenfriede von außen her verteidigen mussten.

Vermutlich brauchte diese Entwicklung des religiösen Lernens und des Kompromittierens Jahrtausende, einschließlich der dunklen Bündnisse, welche mit immer mächtiger werdenden totemischen Regenten geschlossen wurden. Die totemischen Raubgötter, eher als die wirtschaftliche, soziale oder religiöse Vision eines Asa, haben die Anwendung von Gewalt im Bezug auf die Überdomestikationsgewohnheiten bestimmt. Und dazu kam dann noch der Kannibalismus samt der Tatsache, dass mit befestigten Städten die Gewalt zur Überdomestizierung anstieg, einschließlich der Sklaverei und laufend größerer Schlachten und Kriege. Horden von Menschen kämpften gegeneinander unter der Ägis von mächtiger werdenden alten Raubgöttern der Jagd.

Und letztlich noch, um ein klein wenig fröhlicher über diese klägliche entwicklungsgeschichtliche Bilanz sich fühlen zu können, haben moderne Menschen dem Symptom dieses allgemeinen fortschrittlichen Benehmens den Namen „Zivilisation" angehängt. Es ist eine Bezeichnung die uns heutzutage in den meisten unserer Schulen beigebracht wird, als ein Etwas, das mit einem Hauch von Selbstzufriedenheit und Stolz erwähnt werden sollte.

Bücher Verzeichnis

Allen, Thomas George, trans. *The Book of the Dead or Going Forth by Day*. Studies in Ancient Oriental Civilizations 37. Chicago: University of Chicago Press, 1974.

Andrae, Thor. *Mohammed, the Man and His Faith.* New York. Harper Torchbooks, 1960.

Bartz, Richard. Http://creativecommons.org/licenses/by sa/2.5/deed.en. Munich, "boar" habitat photo.

Bonnet, Hans. *Reallexikon der Aegyptischen Religionsgeschichte.* Berlin: Walter de Gruyter, 1952.

Boas, Franz. *The Central Eskimo.* Bureau of American Ethnology, Smithsonian Institution, Washington D.C., 1888.

Breasted, J. H. *Development of Religion and Thought in Ancient Egypt*. New York: Charles Scribner's Sons, 1912.

Burkert, Walter. *Homo Necans; the Anthropology of Ancient Greek Sacrificial Ritual and Myth.* Peter Bing transl.. Berkely. University of California Press. 1983.

Childe, V. Gordon. *Man Makes Himself.* A Mentor Book, New American Library, New York, 1951 (1936).

Clark, R. T. Rundle. *Myth and Symbol in Ancient Egypt*. London: Thames and Hudson. 1959.

Deacon, A. B. *Malekula, a Vanishing People in the New Hebrides*, ed. Camilla H. Wedgewood. London. Routledge and Sons. 1934.

____. "Geometrical Drawings from Malekula and other Islands of the New Hebrides," ed. Camilla H. Wedgewood. *Journal of the Royal Anthropological Institute, LXIV*. London. 1934.

De Bary, Wm. Theodore, editor. *Sources of Chinese Tradition vol. 1.* New York. Columbia University Press. 1960.

De Waal, Frans. *Chimpanzee Politics; Power & Sex among Apes.* New York. Harper and Row. 1982.

Dehnhardt, Rene. *Die Religion der Olmeken von La Venta: eine religions-archäologische Analyse.* Doctoral Dissertation, Philosophische Facultät der Rheinischen Friedr. Wilhelm Universität, Bonn, 2010.

Dhammika, Ven. S. *The Edicts of King Ashoka, an English Rendering.* Buddhist Publication Society, 1993. Dharma Net Edition, Berkely, 1994, http://www.cs.colostate.edu/~malaiya/ashoka.htlm.

Diodorus Siculus, *Bibliotheca Historica.*

Ehrenreich, Barbara. *Blood Rites: Origins and History of the Passions of War.* Owl Books, 1998.

Eliade, Mircea. *Patterns in Comparative Religions.* New York and Scarborough. Sheed and Ward. 1958.

____. *Shamanism: Archaic Techniques of Ecstasy.* New York. Bollingen Foundation, 1964.

____. The Forge and the Crucible. Chicago. University of Chicago Press. (1962) 1978.

____. *A History of Religious Ideas,* 3 volumes. Chicago: University of Chicago Press, 1985.

Eno, Robert. "Was there a High God Ti in Shang Religion," in *Early China 15*, 1990.

____. "Shang State Religion and the Pantheon of the Oracle Texts," in *Early Chinese Religion,* John Lagerwey and Marc Kalinowski, eds. Leiden and Boston: Brill, 2009.

Erman, Adolf. *Die Religion der Aegypter: Ihr Werden und Vergehen in Vier Jahrtausenden*. Berlin und Leipzig: Walter de Gruyter, 1934.

Faulkner, R. O. *The Ancient Egyptian Pyramid Texts*. New York: Oxford University Press, 1969.

____. *The Ancient Egyptian Coffin Texts*. Warminster, England: Aris and Phillips, 1973.

Freud, Sigmund. *Das Ich und das Es* (1923). Studien Ausgabe, Bd. III. Psychologie des Unbewussten. Fischer Verlag. Frankfurt a.M. 1975.

Galvin, John. "Abydos: Life and Death at the Dawn of Egyptian Civilization." National Geographic. Washington D.C., April 2005: 106-121.

Garstang, John. *Burial Customs of Ancient Egypt.* Great Britain: Kegan Paul Limited, 2002.

Geertz, Armin W. and Michael Lomatuway'ma. *Children of Cottonwood; Piety and Ceremonialism in Hopi Indian Puppetry.* American Tribal Religions series, Volume Twelve. Karl W. Luckert, general editor. University of Nebraska Press, 1987.

Geldner, Karl Friedrich. *Der Rig-Veda. Erster Teil.* Cambridge, Mass. Harvard U. Press. 1951.

Goldin, Paul R. *Ancient Chinese Civilization: Bibliography of Materials in Western Languages.* April 8, 2009.

Goodall, Jane van Lawick. *In the Shadow of Man.* London and Glasgow. Collins Clear-Type Press. 1973.

Guthrie, W.K.C. *The Greeks and Their Gods*. Boston: Beacon Press, 1955.

Haile, Father Berard, O.F.M. *Women versus Men—a Conflict of Navajo Emergence—the Curly To Aheedliinii Version.* American Tribal Religions, Volume Six. edited by Karl W. Luckert. University of Nebraska Press, 1981.

Hali, Awelkhan; Li Zengxiang and Karl W. Luckert. *Kazakh Traditions of China*. Lanham: University Press of America, 1998.

Hantl, Otto. *Der Urglaube Alteuropas, Die Edda als Schlüssel zur* Steinzeit, Tübingen. Grabert-Verlag, 1983.

Hesiod. "Theogony," in *Hesiod, the Homeric Hymns and Homerica,* trans.

H. G. Evelyn White. Cambridge, Mass: Harvard U. Press, 1977.
Hodder, Ian. *The Domestication of Europe.* Oxford: Blackwell, 1990.

____. *The Leopard's Tale: Revealing the Mysteries of Çatalhöyük. London:* Thames and Hudson. 2006.

____. editor. *Religion in the Emergence of Civilization: Çatalhöyük as a Case Study.* Cambridge University Press, 2010.

Jensen, Adolf E. *Das religiöse Weltbild einer frühen Kultur*. Leipzig, 1939.

____. *Mythos und Kult bei den Naturvölkern*. Wiesbaden, 1951. English Translation: *Myth and Cult among Primitive Peoples*. Chicago, 1963.

Jensen, Adolf E. and Heinrich Niggemeyer. *Hainuwele: Volks-Erzählungen von der Molukken Insel Ceram*. Klostermann Verlag, Frankfurt, 1939.

____. *Die Drei Ströme: Züge aus dem geistigen und religiösen Leben der Wemale*. Leipzig, 1948.

Johnson, Buffie. *Lady of the Beasts, Ancient Images of the Goddess and her Sacred Animals.* San Francisco: Harper and Row Publ., 1981.

Joseph, Frank. *The Destruction of Atlantis.* Rochester, Vermont: Bear and Company, 2004.

Keightley, David N. *Sources of Shang History; the Oracle Bone Inscriptions of Bronze Age China.* Berkely. U. of California Press. 1978.

____. *The Ancestral Landscape; Time, Space, and Community in Late Shang China (ca. 1200-1045 B.C.).* Berkely. U. of California, 2000.

____. "The Making of the Ancestor; Late Shang Religion and its Legacy," in John Lagerwey, ed. *Religion in Chinese Society, vol. 1.* Shatin, N.T., Hong Kong, (2004) 2006.

Kitagawa, Joseph M. „The Ainu Bear Festival (IYOMANTE)," in *History of Religions,* The University of Chicago Press, 1961.

Kramer, Samuel Noah, ed. *Mythologies of the Ancient World.* Garden City, New York: Anchor Books, Doubleday, 1961.

____ . *Cradle of Civilization.* New York: Time Inc., 1967.

Krickeberg, Walter. *Altmexikanische Kulturen.* Berlin. Safari Verlag. 1975.

Layard, John. "Maze Dances and the Ritual of the Labyrinth in Malekula." *Folklore XLVII.* Folklore Society Great Britain. 1936.

____. *Stone Men of Malekula.* Chatto and Windus. London. 1942.

Levine, Marsha A., "Domestication, Breed Diversification and Early History of the Horse," McDonald Institute for Archaeological Research, Cambridge, UK. Http://research.vet.upenn.edu/HavermeyerEsquireBehaviorLabHomePage/Reference.

Lévy-Brühl. *How Natives Think.* (1912). Translated by Lilian A. Clare, London, 1926.

Levy, Mark. *Technicians of Ecstasy: Shamanism and the Modern Artist.* Ruth-Inge Heinze Books, 1993.

Lewis, Mark Edward. *Sanctioned Violence in Early China.* Albany. State University of New York Press, 1990.

Li, Shujiang and Karl W. Luckert. *Mythology and Folklore of the Hui, a Muslim Chinese People.* Albany: SUNY Press, 1994.

Luckert, Karl W. *The Navajo Hunter Tradition.* U. of Arizona Press, Tucson, 1975.

____. *Olmec Religion, a Key to Middle America and Beyond.* Civilization of the American Indian Series, Vol. 137. U of Oklahoma Press. Norman. 1976.

____. *Navajo Mountain and Rainbow Bridge Religion.* Flagstaff. Museum of Northern Arizona Press. 1976.

____. *A Navajo Bringing-Home Ceremony; the Claus Chee Sonny Version of Deerway Ajilee.* Flagstaff. Museum of Northern Arizona Press. 1978.

____. *Coyoteway, a Navajo Holyway Healing Ceremonial.* Johnny C. Cooke Navajo Interpreter. Tucson & Flagstaff. Univ. of Arizona Press and Museum of Northern Arizona Press, co-publishers. 1979.

____. *Egyptian Light and Hebrew Fire; Theological and Philosophical Roots of Christendom in Evolutionary Perspective.* Albany. SUNY Press. 1991.

____. *Dragon over America, Religion from Olmec to Aztec,* a downloadable video-script, 2000. <www.historyofreligions.com/dragon.htm>

——. *Out of Egypt an Other Son,* a downloadable video-script, 2002. <www.historyofreligions.com/outofe.htm>

Malotki, Ekkehart and Michael Lomatuway'ma. *Stories of Maasaw, a Hopi God.* ATR series vol. 10. Karl W. Luckert general editor. University of Nebraska Press. 1987.

Mann, Charles C. "The Birth of Religion: The World's first Temple," in *National Geographic,* Washington D.C. June, 2011.

Mauss, Marcel. *The Gift.* Transl. by W. D. Halls. New York, London. W. W. Norton Co. 1990.

Milankovitch, Milutin. "Glacial and Interglacial Scale, NOAA Paleoclimatology," http://www.ncdc.noaagov/paleo.

Mithen, Steven. *After the Ice; a Global Human History 20 000 to 5 000 B.C.*, Cambridge, Mass., Harvard University Press, 2003.

Morgan, Lewis Henry. *Ancient Society, or Researches in the Line of Human Progress from Savagery, through Barbarism to Civilization.* 1877.

Paproth, Hans-Joachim. *Studien über das Bärenzeremoniell.* München. Klaus Renner Verlag. 1976.

Peeples, Lynne. "Did Lactose Tolerance First Evolve in Central, Rather Than Northern Europe?" in *Scientific American.* August 28, 2009.

Plutschow, Herbert. "Archaic Chinese Sacrificial Practices in the Light of Generative Anthropology," *Anthropoetics I,* no. 2, p. 5. University of Los Angeles, CA, 1995.

____. "Xunzi and the Ancient Chinese Philosophical Debate about Human Nature." *Anthropoetics 8, no. 1* (Spring / Summer 2002).

____. "Ancient Human Sacrifice on China's Periphery," in *Anthropoetics 14,* no. 1. 2008.

Pritchard, James B. ed. *Ancient Near Eastern Texts Relating to the Old Testament*, 3rd ed. Princeton, N.J., Princeton University Press, 1969.

Radin, Paul. *Primitive Religion, its Nature and Origin.* New York. Dover Publications. 1957.

Rasmussen, Knud. *Intellectual Culture of the Iglulik Eskimos.* (Report of the Fifth Thule Expedition 1921-1924, Vol. VII, Nr. 1.)

Reichholf, Josef H. *Warum die Menschen sesshaft wurden….* Fischer Taschenbuch Verlag. Frankfurt a. M. 2010.

Renfrew, Colin. *Archaeology and Language: The Puzzle of Indo-European Origins.* New York: Cambridge University Press, 1987.

Richey, Jeffrey. "Confucius (551-479 BCE)." Internet Encyclopedia of Philosophy. Http://www.iep.utm.edu/confucius/.

Riegel, Jeffrey. "Confucius," 2006. Http://plato.stanford.edu/entries/confucius.

Rudolph, Ebermut. *Schulderlebnis und Entschuldung im Bereich säkularer Tiertötung. Religionsgeschichtliche Untersuchung.* Peter Lang Verlag. Frankfurt a. M. 1972.

Sakellarakis, Yannis and Efi Sapouna-Sakellarakis. *National Geographic Magazine.* Washington D.C. February, 1981.

Sayce, Archibald Henry and Edward Gibbon. *Ancient Empires of the East, 1.* Philadelphia: J. D. Morris. 1906.

Schärer, Hans. *Ngaju Religion.* The Hague: Martinus Nijhoff, 1963.

____. *Der Totenkult der Ngaju Dajak in Süd-Borneo.* S'Gravenhage: Martinus Nijhoff, 1966.

Schmidt, Klaus. "The 2003 Campaign at Göbekli Tepe (Southeastern Turkey)." *Neo-Lithics 2/03*. Berlin.

____. *Sie bauten die ersten Tempel; das rätselhafte Heiligtum der Steinzeitjäger*. C. H. Beck, München (2006), dtv edition 2008.

____. *Göbekli Tepe—a Stone Age Sanctuary in Southeastern Anatolia*. Exortiente, www.exoriente.org. (English edition of the 2008 German volume), 2012.

____. "Göbekli Tepe—the Stone Age Sanctuaries. New results of ongoing excavations with a special focus on sculptures and high reliefs." UDK 903.6(560.8)"633/634":636.01. *Documenta Praehistorica XXXVII* (2010).

Smith, Jonathan Z. "A Pearl of Great Price and a Cargo of Yams: A Study of Situational Incongruity." *History of Religions 16*, no. 1 (1976): 1-11.

Spencer, A. J. *Death In Ancient Egypt*. Great Britain: Penguin Books Ltd, 1982.

Turnbull, Colin M. *The Forest People; a Study of the Pygmies of the Congo*. New York. Simon and Schuster. 1961.

Ucko, Peter J. and G. W. Dimbleby. *The Domestication and Exploitation of Plants and Animals*. Aldine Publishing Co. Chicago, New York. 1969.

Vajda, Edward J. "The Dene-Yeniseian Connection," (February 2008 Symposium) in *Anthropological Papers of the University of Alaska*, edited by James Kari and Ben Potter. June 2010.

____. "Ket Shamanism" in *Shaman*, Vol. 18. NOS. 1-2. Spring/Atumn, 2010.

Van Seters, John. *The Hyksos, a New Investigation*. New Haven, Conn., Yale University Press, 1966.

Waley, Arthur, transl. *The Analects of Confucius.* Vintage Book. George Allen & Unwin. 1938.

Wei, Cuiyi and Karl W. Luckert. *Uighur Stories from Along the Silk Road*. Lanham: University Press of America, 1998.

Wild, E. M. et al. "Neolithic massacres: Local skirmishes or general warfare in Europe?" *International Radiocarbon Conf.* 18, Wellington, NZ. 2004.

Wilkins, Jayne, Benjamin J. Schoville, Kyle S. Brown, Michael Chazan. "Evidence for Early Hafted Hunting Technology." *Science Magazine.* Vol. 338 no. 6109 pp. 942-946. 16 Nov. 2012.

Wilford, John Noble. "With Escorts to the Afterlife, Pharaohs Proved Their Power." *New York Times* 16 Mar. 2004.

Wlosok, Antonie. *Römischer Kaiserkult*. Darmstadt: Wissenschaftliche Buchgesellschaft, 1978.

Wörterverzeichnis

USBN 978-0-9839072-5-1 Paperback/Taschenbuch

www.ingramcontent.com/pod-product-compliance
Lightning Source LLC
Chambersburg PA
CBHW031418150426
43191CB00006B/313
9780983907251